Tatort Moers

Widerstand und Nationalsozialismus im südlichen Altkreis Moers

Bernhard Schmidt und Fritz Burger

unter Mitarbeit von Kurt Jakob und Helmut Pitz

mit einem Beitrag von Hanns Dieter Hüsch
und einem Vorwort von Jürgen Schmude

Edition Aragon Verlagsgesellschaft

Die Autoren möchten an dieser Stelle folgenden Personen ihren besonderen Dank aussprechen:

Dem 92jährigen Krefelder Widerstandskämpfer, Autor und Ehrenbürger Aurel Billstein, der uns sein gesamtes Material über Moers aus den Unterlagen der Gestapo-Außenstelle Krefeld zur Verfügung stellte; Christine Hirschmann, die uns mit ihrem guten Gedächtnis ständig half und uns – im Alter von 92 Jahren – im Mai 1993 leider für immer verließ; Paul Gericke, 96, der uns zahlreiche Fotos, Dokumente und Zeichnungen überließ; Käthe Frost, 85, mit deren Fotoalben allein man eine Geschichte der Arbeiterbewegung in Moers hätte illustrieren können. Sie alle standen über die Jahre zu intensiven Gesprächen bereit und hatten Verständnis für unsere Rückfragen. Ohne ihre unermüdliche Mitarbeit hätte ein solches Buch für Moers nicht mehr entstehen können.

Gedankt sei ebenso Bernd Ueltgesforth, der für uns über zwei Jahre in mühevoller Kleinarbeit alle Foto-Reproarbeiten zum Selbstkostenpreis erledigte und einige Fotos beisteuerte; Herrn Dr. Meinhard Pohl im Kreisarchiv Wesel, der freundlicherweise das Manuskript kritisch durchsah.

Den in Moers aufgewachsenen Künstlern Hanns Dieter Hüsch und Hans-Georg Lenzen danken wir, daß sie eigens für unser Projekt zur Feder griffen.

Zu großem Dank sind wir darüber hinaus zahlreichen Institutionen und Personen verpflichtet. Sie sind am Ende des Buches aufgeführt.

Dank schließlich der Kulturstiftung der Sparkasse Moers und der Stadt Moers für erhebliche Druckkostenzuschüsse.

Die Arbeit teilten wir uns so: Helmut Pitz steuerte eine Reihe von Interviews mit Mitgliedern aus Widerstandsfamilien sowie Fotos und andere Dokumente bei. Kurt Jakob besorgte das Kapitel über die Juden. Fritz Burger nahm sich vor allem der Seite der Mächtigen an, Bernhard Schmidt der des Widerstands.

In einer kleinen „Nachbetrachtung" am Ende des Buches versuchen wir einen kritischen Rückblick auf unser Unterfangen. Wer wissen möchte, wer wir sind und was wir uns vorgenommen hatten, kann auch zuerst dort lesen.

Natürlich wird es bei so viel neuem Material Ungenauigkeiten, unrichtige Einschätzungen, Lücken oder Fehler geben. Wir konnten für einen ersten Versuch nicht alles abdecken. Und sicher haben wir auch Dinge übersehen. Hier bitten wir um freundliche Nachsicht – und um Rückmeldung!

edition aragon Verlagsgesellschaft mbH
Neumarkt 7–9
47441 Moers

Lektorat: Irmgard Bernrieder, Peter Kiwitz
Gestaltung: Willi Klauke
Druck: Basis Druck
Satz: S&ES, Vettelschoß
Belichtung: Fotosatz Klaußner

ISBN 3-89535-701-4

Inhaltsverzeichnis

Selbst das Nachkriegsluftbild vermittelt noch einen guten Eindruck vom alten Moers und seinen alten Wällen: Gärten gegenüber dem Ostring, wo heute der „Neue Wall" verläuft.

Vorwort

Die mit diesem Buch vorgelegte Darstellung eines besonders schwierigen Zeitabschnitts der Moerser Vergangenheit gilt keinem erfreulichen Gegenstand. Und doch trägt sie wirksam dazu bei, bei den Menschen in dieser Stadt und Region die Vertrautheit mit ihrer Heimat zu stärken. Dabei leistet das Buch einen Dienst, der allein mit Schilderungen der früheren Vergangenheit oder mit Landschaftsdarstellungen nicht erbracht werden kann.

Es sind weiterbestehende Institutionen in Moers und nachwirkende Lebensleistungen von Trägern bekannter Namen der Stadt, zu denen über Bewährung und Versagen in unheilvoller Zeit berichtet wird. An einem umfassenden derartigen Bericht fehlt es bisher. Diejenigen, die heute und in den Jahrzehnten seit dem Krieg in Moers leben, haben vieles fraglos gelassen, auch als die Spuren noch frisch waren. Das Bemühen um Harmonie und die Scheu vor leichtfertiger Verurteilung der unter ganz anderen politischen Bedingungen lebenden Menschen haben in der Wahrnehmung Kanten und Unterschiede eingeebnet. So herrschte ein freundlich getöntes, im ganzen aber verschwommenes Bild der jüngsten Vergangenheit vor, in dem nur vereinzelt Erinnerungen an den Widerstand mutiger Menschen aufflackerten. Sie blieben weitgehend folgenlos; Kenntnisse über mutige Auflehnung und Verweigerung wurden nicht Allgemeingut.

Das Buch von Schmidt und Burger hilft da ab. Es schließt die bisher bestehende Lücke, indem es die nationalsozialistische Zeit der Moerser Region anschaulich ins Bewußtsein hebt. Das geschieht in einer Tatsachenschilderung unter Nutzung vieler Dokumente und Zeugenangaben, nicht in einem literarischen Werk. Bürgerinnen und Bürger, denen an der Wahrheit über die geschriebene Zeit gelegen ist, haben am Zustandekommen des Buches mitgewirkt. Noch lebende Zeitzeugen sind befragt, der Nachlaß schon Verstorbener ist ausgewertet worden.

Diese Zusammenführung von Eindrücken und tatsächlichen Angaben hat eigenen Reiz und genügt, um uns lebhaft vor Augen zu führen, daß auch das zur Beschaulichkeit und Selbstzufriedenheit neigende Moers in der Zeit der Unrechtsherrschaft kein Hort der Seligen war. Das festzustellen, ist kein Akt der Nestbeschmutzung, sondern Aufräumarbeit mit nachfolgender Hilfe beim Einordnen der Abläufe und ihrer Folgen.

Lehren können leicht gezogen werden. Zum Beispiel diejenige, daß es auch in unserer Stadt Beispiele großer Unvernunft und übler Gesinnung gegeben hat. Rücksichtslosigkeit und Brutalität gegenüber politischen Gegnern und jüdischen Mitbürgern wurden praktiziert, wozu die Darstellung manchmal bewußt von der Nennung der Schuldigen nach so langer Zeit absieht. Besonders wichtig: Die Existenz einer scheinbar gefestigten und allgemein anerkannten bürgerlichen Führungsschicht hat die Stadt nicht vor dem Abgleiten bewahrt; daß auch diese Schicht abgeglitten oder sogar vorangegangen ist, bleibt Ansporn zur Wachsamkeit. Dankbar ist dabei auf diejenigen zurückzublicken, die größten Mut im Widerstand bewiesen haben und dabei zu Opfern geworden sind. Daneben gab es Widerspruch gegen das Regime und es gab kluge und anständige Menschen, die sich dem nationalsozialistischen Herrschaftsanspruch entzogen und durch ihr Beispiel und ihre Hilfe andere schützten und ermutigten.

Es ist erfreulich und auch hilfreich für das Verständnis der Zusammenhänge, daß die Verfasser die Darstellung auf die Zeit der Weimarer Republik ausdehnen und daß sie die Entwicklung in der Nachkriegszeit ebenfalls betrachten. So lassen sich Zusammenhänge herstellen und übrigens auch Versäumnisse der in diesen Zeiten Handelnden erkennen.

Die Verfasser und ihre Helfer haben mit großer Mühe viel Material zusammengetragen und Quellen ausgeschöpft. Sie können so auch manches bisher wenig oder gar nicht Bekannte vorstellen. Diese verdienstvolle Zusammenfassung wird vielleicht dazu führen, daß weitere Quellen erschlossen werden und daß die Diskussion zur Ergänzung oder auch zur Korrektur der vorliegenden Ergebnisse führt. Das ist dann kein Schaden, sondern ein ausgesprochener Gewinn. Denn eine breite Beschäftigung mit dem bisher zu wenig beachteten Abschnitt der Moerser Vergangenheit ist nützlich, vor allem für die Folgerungen, die daraus für die Zukunft zu ziehen sind. Es wird ein schöner Erfolg für die Verfasser sein, wenn sie eine solche kritische Auseinandersetzung anstoßen können.

Jürgen Schmude

Vorwort von Tullio Virdis, Internationaler Kulturkreis Moers

Der Internationale Kulturkreis Moers (IKM) übernahm gerne die Mitherausgabe dieses Buches, da es den Kern seiner Arbeit betrifft: das Eintreten für eine Gesellschaft, die das friedliche Zusammenleben von Menschen verschiedener Kulturen ermöglicht.

In den Jahren seines Bestehens ist der IKM zu einem bekannten Treffpunkt von Menschen in Moers und vor allem in Meerbeck geworden, die unabhängig von ihrer kulturellen Identität das Gespräch miteinander suchen und in gegenseitiger Achtung und Toleranz führen.

Diese Arbeit kann gefährdet werden, wenn in letzter Zeit sehr dreist auftretende Gruppierungen der rechtsextremen Szene mit ihren radikalen, ja verbrecherischen Parolen und Taten die stillschweigende oder gar aktive Zustimmung in größeren Teilen der Bevölkerung finden.

Es war dem IKM deshalb ein wichtiges Anliegen, zu den in Moers durchgeführten Aktionen wider den rassistischen Ungeist und das Aufleben faschistischen Gedankenguts aus der dunkelsten Epoche der jüngeren deutschen Geschichte mitverantwortlich aufzurufen.

Eine eindringliche Mahnung ist die Auseinandersetzung mit unserer Geschichte.

Dabei wird sicher eine besondere Betroffenheit dadurch erreicht, wenn aufgezeigt wird, daß in dieser Stadt, in diesem Stadtteil, in dieser Straße sich damals das Grauenvolle ereignete, daß Menschen hier für ihr christliches, kommunistisches, sozialdemokratisches, von Toleranz geprägtes Weltbild oder für die Zugehörigkeit zu einer anderen Rasse, Religion gelitten haben oder gar gestorben sind.

Die Mahnung „Wehret den Anfängen!" erhält so einen lokalen Bezug und für die hier lebenden Menschen einen konkreten Handlungshintergrund und -anlaß. Wie die Autoren nachweisen, waren gerade Meerbeck und Hochstraß-Scherpenberg mit ihrer durch den Bergbau geprägten Bevölkerungsstruktur in besonderer Weise von faschistischen Verbrechen betroffen.

Aus unserem gesamten Selbstverständnis heraus und als besonders auf diese Stadtteile bezogener Verein begrüßen wir dieses Projekt.

Deutsches Eis (Hanns Dieter Hüsch)

Sagen Sie mal
Essen Sie auch gern Eis?
Auch jetzt noch
Wo es schon so ungemütlich ist
Und im Winter erst
Wenn einem alles Mögliche und Unmögliche
Zufriert
Da gibt es ganze Völkerscharen
Die sitzen in der Eisdiele
Als wäre tropische Hitze
Und allertiefster Sommer
Das könnte ich ums Verplatzen nicht
Ich bin ja sowieso schon son Frierpitter
Ich gehöre ja zu den Männern
Wo meine Frau immer sagt
Wat willze denn mal im Winter anziehn?
Aber nicht daß Sie meinen ich hätte was gegen das Eis
Der Eindruck könnte ja leicht entstehen
Nein nein ich esse schrecklich gern Eis
Schon von Kindesbeinen an
Das ist ja schon sehr lange her
Da gab es ja noch ein Eis für 5 Pfennig
Für 10 das war ja schon ein Mordsbrocken
Der lief einem ja immer schon die Finger runter
So schnell konnte man den gar nicht bewältigen
So ein Eis war ja damals noch eine Sensation
Wie eine Apfelsine
Die Apfelsine das war ein Geheimnisträger
Die gab es erst kurz vor Weihnachten
Heute schmeißt einem doch jeder die Dinger ins Kreuz
Und das Eis war ja damals auch noch so ein
Richtiges deutsches Eis
Fast wie schwarz - weiß - rot
Also nur Schokolade Vanille und Erdbeer
Also eigentlich braun - weiß - rot
Und so ist es ja dann auch geworden
Braun - weiß - rot
Sonst gab es ja nix
Und dann weiß ich noch genau
Das muß so 35 / 36 gewesen sein
Da kamen auf einmal überall die italienischen Eissalons auf
Überall
Und ganz plötzlich
Und die hießen alle Dolomiti

Und da gab es dann alles Mögliche
Also Wahnsinn sage ich Ihnen
Da gab es dann Zitrone Banane Mokka Nuss Himbeer Stachelbeer
Kaffee Melone Pistazie und und und
Und der deutsche Bürger stürmte die italienischen Eissalons
Und konnte sich nicht satt essen
An all diesen vielen verschiedenen Eissorten
Sonntags wurden in den Familien
Nachmittags zum Kaffee wahre Eisorgien gefeiert
Und da hatte der deutsche Bürger auch gleich wieder
Eine politische Philosophie zur Hand
Er sagte nämlich
Und überall ging damals die Rede
Von Kleinstadt zu Kleinstadt
Und sicher auch in mancher Großstadt
Der deutsche Bürger sagte nämlich damals
Das hat alles der Führer gemacht das mit dem Eis
Jaja das hat alles der Führer mit dem Duce
Also mit Mussolini
Besprochen
Das mit dem italienischen Eis
Das ist die Achse Rom - Berlin - Berlin - Rom
Kraft durch Freude auch mit italienischem Eis
Wir danken unserem Führer daß er auch in diesen Dingen
An uns gedacht hat
Jaja der deutsche Bürger machte sich schnell
Einen Reim darauf
Wenn der Führer sich wieder etwas Geniales ausgedacht hatte
Und wenn es nur das italienische Eis war
Und als dann die Juden allmählich aus unserem Ort verschwanden
Da sagte der deutsche Bürger auch nur so vor sich hin
Die Emmy Leyser die sieht man jetzt auch gar nicht mehr
Und dann sagte ein anderer
Die sollen jetzt alle in Holland sein
Und dann sagte wieder einer
Der Führer weiß da gar nichts von
Wenn der Führer davon wüßte würde der toben
Und damit war die Geschichte erledigt
Der Führer wirds schon richten
Der weiß schon was er tut
Er hat uns doch auch das italienische Eis gebracht.

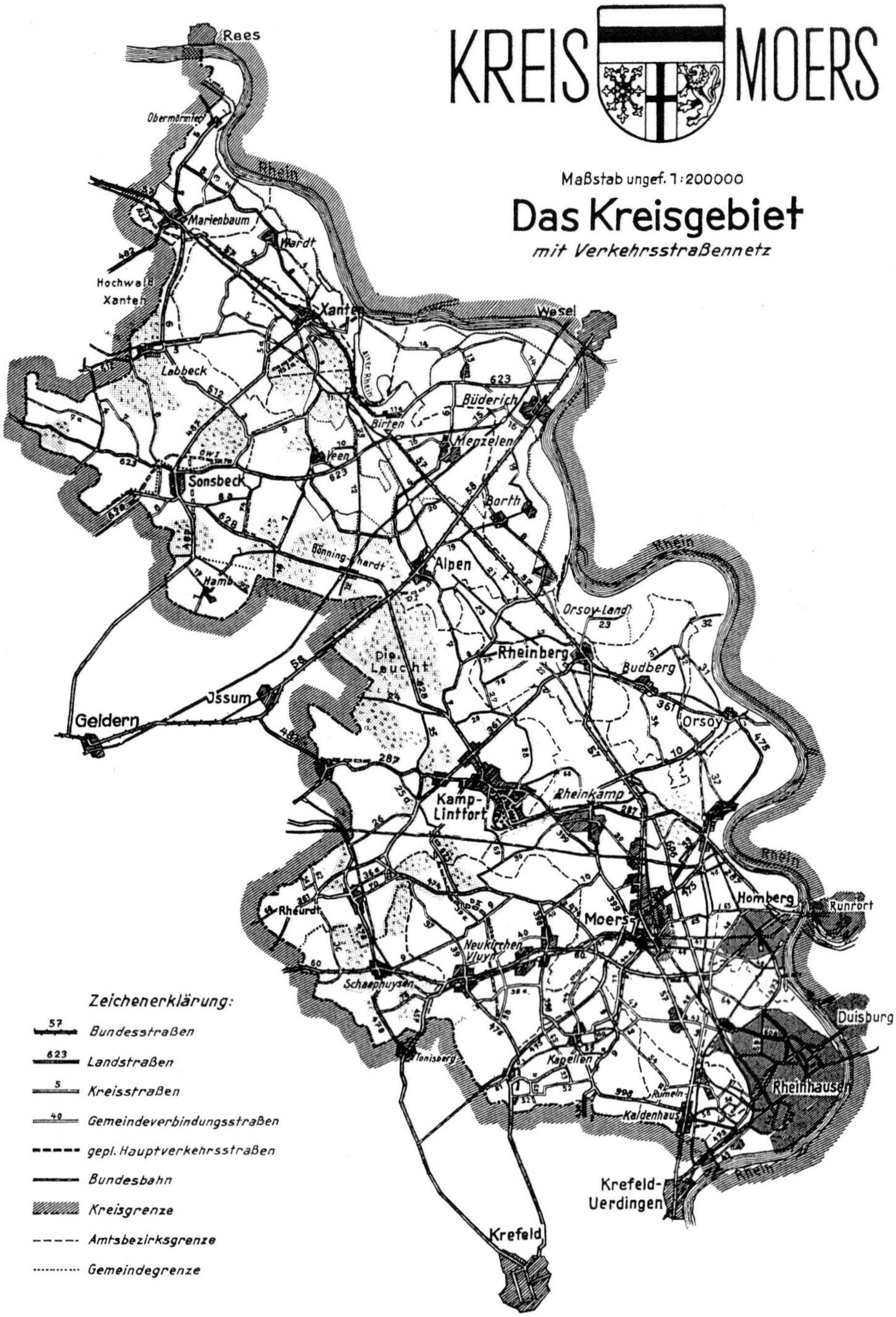

Das Gebiet des Kreises Moers (1857-1975) nach einem Nachkriegsplan

Bernhard Schmidt

> Mehr als die Vergangenheit
> interessiert mich die Zukunft,
> denn in ihr gedenke ich zu leben.
> *Albert Einstein*

Kapitel 1
Moers in den 20er Jahren

1.1 Ein preußisches Kreisstädtchen mit Geschichte

Wie dürfen wir uns Moers in den 20er Jahren vorstellen?

Das Städtchen, das bis zum 30. Oktober 1930 offiziell „Mörs" hieß, hat etwa 25000 Einwohner. Das Dorf Capellen gehört noch nicht dazu. Ebensowenig die seit 1910 zusammengelegte Gemeinde Repelen-Baerl, das spätere Rheinkamp, mit dem Luftkurort Repelen und der Bergarbeiterkolonie Meerbeck.

Dafür ist Moers Hauptstadt des 1857 eingerichteten Kreises Mörs. Er reicht im Norden über Kamp-Lintfort, Orsoy und Rheinberg bis Xanten. Im Süden schließt er Neukirchen(-Vluyn) und Städte wie Homberg und Rheinhausen ein. Damit ist Mörs auch Sitz des von Anbeginn an der preußischen Krone besonders verpflichteten Landrats. Die ehemalige Stadt der Grafen von Moers ist, unterbrochen nur durch Napoleon, seit 1702 preußisch. Seit der Niederlage des französischen Kaisers 1815 gehört sie zur Rheinprovinz – jetzt eine der zwölf vom fernen, aber nicht mehr ungeliebten Berlin aus regierten Provinzen. Die alte, protestantische „Grafschaft" umfaßt den südlichen Altkreis, schließt also insbesondere Neukirchen-Vluyn, Homberg und Rheinhausen ein.

Griebens Reiseführer für den Niederrhein von 1924 nennt Moers „Mittelpunkt des Niederrheinischen Kohlenbergbaus"[1]. Der Landkreis hat 170000 Einwohner und erreicht 70 km Rheinuferlänge. Der Stadtpark mit seinen seltenen Bäumen ist 40 Morgen groß, das alte Grafenschloß beherbergt das Grafschafter Heimatmuseum, der prächtige Damm lädt ein zu Spaziergängen. „Der alte Stadtteil von Moers ist noch heute von Wasser und Wall umgeben und macht den Eindruck eines mittelalterlichen Städtchens".

Die Denkmäler der Innenstadt sind erst wenige Jahrzehnte alt. Alle zeugen von der Verbundenheit der Kleinstadtuntertanen mit der preußischen Krone: „Wilhelm dem Zweiten ... huldigte ... die getreue Grafschaft Moers ... 1902" steht auf der Rückseite des Denkmals für Friedrich I. zu lesen. Dazu die Siegessäule für 1870/1871, ebenfalls auf dem Neumarkt. Sie mußte wenige Jahre später den Nazi-Aufmärschen weichen. Die führenden Hotels heißen Königlicher Hof, Eitel Friedrich oder Deutsche Flotte.

Die Stadt selbst wirbt in einer Anzeige mit wichtigen Ämtern, Schulen und guten Reichsbahn- und Straßenbahnverbindungen. Die Industrie: ein Steinkohlebergwerk, Maschinenfabriken, Gießereien, Getreidemühlen, Schlachthof.

Für Ausflüge in die nähere Umgebung gibt es die „elektrische Bahnverbindung" oder die Kreisbahn:

– Nach Baerl-Orsoy-Rheinberg: „Bei Station Meerbeck rechts große von Utfort (interessantes Rathaus) verwaltete mustergültige Arbeiterkolonie der Zeche Rheinpreußen, links Schacht derselben".

– „Über Repelen (Luftkurort), Lintfort (Bergwerk mit neuzeitlicher Siedlung) nach Kamp".

– „Quer durch die Felder über Bettenkamp, Capellen (hübsches Dorf... Eiben an der Kirche), Schloß Lauersfort nach Crefeld".

– Über Neukirchen nach Vluyn, ein stattliches freundliches Dorf mit 2500 Einwohnern: „in der Nähe die Dickscheheide (neueste Zeche modernster Bauweise mit typischen Kolonieanlagen)".

– Nach Orsoy (auch mit dem Schiff), wo auch die ausgedehnte Werft des Kreises Moers liegt.

– Nach Homberg, das mit seinen 27000 Einwohnern erst 1921 Stadtrechte erhalten hatte: „Der Weg führt durch interessante Koloniebauten, die die Typen der verschiedenen Entwicklungsepochen im Bauwesen der letzten Jahrzehnte zeigen, an den Schächten IV, III, II/I der Zeche Rheinpreußen vorbei".

Industrialisierung und Verkehr

Auffällig für die Region ist, trotz des Kohlebergbaus, die noch immer weitgehend dörflich-ländliche Struktur. Gerade wieder wird dies durch die Kapellener Bäuerin

Rheinpreußen-Schacht V 1928

Katharine Specht bestätigt, die in dem Buch „Maikirschen" in der Mundart des Grafschafter Platt aus der Kindheit in den 20er Jahren berichtet.[2]

Der Steinkohleabbau im südlichen Altkreis Moers begann 1857 am Rhein in Homberg (Schächte I und II, stillgelegt 1912). Danach wanderte er über Hochheide nach Westen (Schacht III, 1894/98; stillgelegt bereits 1914). Zeitgemäß heißt das große Grubenfeld „Rheinpreußen". „Zur Heranführung der Arbeitskräfte aus dem Westteil des Kreises entschloß sich 1883 die Staatsbahn zum Bau einer Sekundärbahn auf der Chaussee von Homberg nach Moers. Damit blieb vielen Bergleuten der Zeche Rheinpreußen der tägliche Fußmarsch erspart".[3] Nach der Abteufung im Jahre 1900 wurde 1904 in Moers-Hochstraß Schacht IV in Betrieb genommen, 1905 im nördlicheren Utfort Schacht V.

Neben den Zechen entstanden gutgeplante Werkssiedlungen[4], die erste bis 1901 in Hochheide. 1907 wurde jene von Meerbeck bezugsfertig. Es kamen Tausende von Zuwanderern, darunter nicht nur viele Schlesier, sondern auch Slowenen, Österreicher, Tschechen, Ungarn, Polen und andere Ausländer.

Im Aufschwung vor dem Ersten Weltkrieg folgten rasch die Zechen Diergardt 1 und 2 in Rheinhausen-Hochemmerich (1910/11), Mevissen 1 und 2 in Rheinhausen-Bergheim (1912/13), Friedrich Heinrich in Lintfort 1912 und Niederberg in Neukirchen-Vluyn 1912/1914. Auch hier nahmen neue Siedlungen den Großteil des Bevölkerungszuwachses auf.

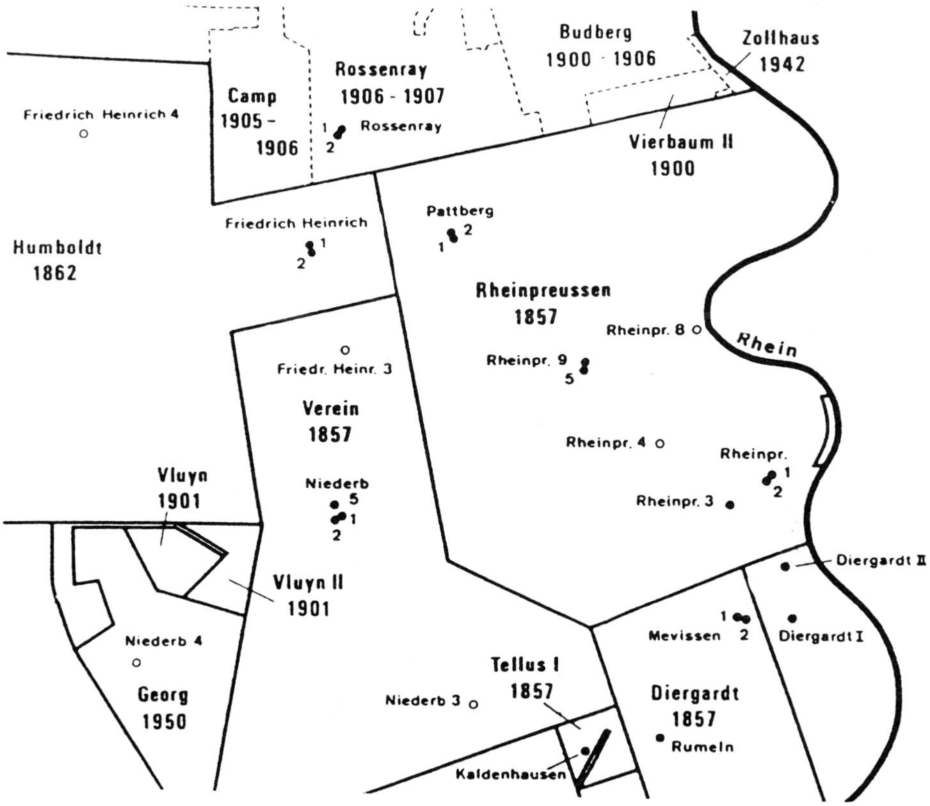

Das Grubenfeld der Rheinpreußen-Schächte

Mit im industriellen Boom der Jahrhundertwende standen die Hütten- und Stahlwerke in Rheinhausen (gegründet 1896) und die Solvay-Chemie in Rheinberg (1906).

1903/1904 wurde die Bahnlinie Duisburg-Moers-Xanten-Kleve gelegt, 1908/09 die Straßenbahn Moers-Homberg-Ruhrort (Rheinbrücke 1907/08), Baerl-Homberg-Friemersheim und Moers-Uerdingen-Düsseldorf. 1913 und 1915 folgten Moers-Kapellen-Krefeld sowie Moers-Repelen-Kamp-Rheinberg.

Eigentlich überraschend: Die „gute alte Zeit" in Moers ist in den Jahren nach dem Ersten Weltkrieg noch gar nicht so lange her. Industrie, Siedlungen und neue Verkehrseinrichtungen sind gerade mal ein bis zwei Jahrzehnte alt. Es ist jenes „Belle-Epoque"-Moers der Kaiserzeit, das so viele alte Moerser von den Steigerschen Fotos kennen. Zu ihm gehören auch „Neubauten" wie das Kreisständehaus (1900/1907), der Schlachthof und das Krankenhaus Bethanien (beide 1908) oder das Utforter Rathaus (1912).

Noch bis in die letzten Jahrzehnte des 19. Jahrhunderts hatten diesseits des Rheins die zweispännigen Postkutschen der Reichspost für die meisten Verkehrsverbindungen gesorgt.[5] Und das so traditionsreiche Moers des 19. Jahrhunderts war doch recht ländlich: es hatte 1858 ganze 3 276 Seelen gezählt, 1885 erst 4 503.

Das Stadtbild

Und wie dürfen wir uns Anfang der zwanziger Jahre die Moerser Innenstadt vorstellen?

Am „Königlichen Hof" kommen die Duisburg-Homberger und die Düsseldorfer Straßenbahnlinien zusammen. Am Altmarkt, Ecke Kirchstraße, liegt der Abzweig nach Utfort, Kamp-Lintfort und Rheinberg. Geradeaus – dort wo 1907 das alte Stadttor Mattorn abgerissen wurde – geht es über die Neustraße und die „Steinschen"-Kreuzung nach Krefeld.

Steinstraße und Kirchstraße sind gepflastert, auch Autos dürfen dort fahren. In diesem Kreuz, am Neumarkt und in der Neustraße, liegen auch die meisten Geschäfte. Ihre Zahl ist wesentlich geringer als heute, die übrige Altstadt ist hauptsächlich Wohngebiet. Viele Kaufleute sind jüdischen Glaubens. Bis auf wenige Ausnahmen wohnen sie im Zentrum. Die Synagoge steht in der Friedrichstraße (heute „Altstadttreff"), wo es jedoch noch keinen Durchbruch hin zu Oberwallstraße und Neuem Wall gibt.

Ein Gutteil schöner Altstadt befindet sich jenseits des Neumarkts – erst in den 70er Jahren werden die alten Häuser dem Beton der Firma Braun (dort seit 1920) und dem des „Neumarktecks" zu weichen haben. Hier, im „Drei-Giebel-Haus" befindet sich bis 1932 auch die jüdische Volksschule. Die meisten Häuser sind niedriger als heute, die Gassen enger. Das Gelände des (heute) „Alten Rathauses" jenseits der Unterwallstraße, neben dem „Alten Finanzamt", ist unbebaut. Dafür verläuft der Moersbach, die Mörse, seeähnlich breit, etwa im Bereich des heutigen Finanzamts oder an der Mühlenstraße.

Das „Rathaus" mit städtischer Polizei und Standesamt befindet sich eingangs der Steinstraße, später „braunes Haus" genannt, neben der Evangelischen Stadtkirche. Einige Ämter sind im Schloß untergebracht, die meisten in der alten Wintgens'schen Villa, Kastell 17/19 (heutiger Rosengarten), die 1942 ausgebombt wurde. Das Landratsamt, die heutige Volkshochschule, liegt an der „Großen Allee". Der Kastellplatz ist noch mit zwei Schulen und einem hübschen Altstadtsträßchen bebaut („Bügeleisen"-Eck).

Straßenbahnen am „Kö", Blick in die Steinstraße. Links das jüdische Möbelhaus Winter.

Der „Kö" aus der Steinstraße heraus, 1928

Die Abzweigung der Straßenbahn am Altmarkt, dem späteren „Platz der Wachau"

Die Neustraße, spätere Adolf-Hitler-Straße, in Richtung Stadtmitte

Friedrichstraße, Ecke Pfefferstraße. Der Torbogen links führt in die Synagoge. Dahinter links bestand noch kein Durchbruch zur Oberwallstraße.

Neumarkt, späterer Hindenburgplatz, Drei-Giebel-Haus mit Judenschule und Kriegerdenkmal, 1905

Bäckerei Mechmann in der Neustraße, daneben Wilhelm Goeres am Pumpeneck / Klompenwenkel

An der Stelle des heutigen „autogerechten“ Neuen Walles befinden sich Gärten, die sich von den Altstadthäusern des heutigen Wallzentrums bis auf die andere Seite zum Ostring ziehen. Ab der Feldstraße besteht in Richtung Bahnhof wenig Bebauung. Im Bereich von (heute) Horten/C&A befindet sich die für Versammlungen geeignete Leyendecker'sche Wiese.

Einen klaren Trennstrich zu den äußeren Bezirken zieht der 1904 errichtete Bahnhof. Jenseits des Bahndamms befindet sich die Arbeiterkolonie. Von dort, aus Hochstraß, Scherpenberg und Meerbeck, kommen die „Koloniebären“. Eine Grenze mitten durch die „Kolonie“ trennt auf der Höhe der L-Straße das nördlich gelegene Meerbeck vom südlicheren Hochstraß, also Repelen-Baerl und Moers. Große Bedeutung kommt den vier Nebenbahnhöfen zu: der Krefelder (oder „katholische“) Bahnhof, die Bahnhöfe an der Repelener Straße, in Hülsdonk und Utfort.

Badende Kinder an der alten Wassermühle, Mühlenstraße, beim heutigen Kreis-Gesundheitsamt

Das alte Rathaus mit der Fassadenmalerei des Moerser Studienrats Oskar Dahl

In der Mattheck am Anfang der Düsseldorfer Straße werden Baracken für die seit Kriegsende anwesende belgische Besatzungsmacht gebaut. In anderen Außenbezirken wie Vinn und Hülsdonk gibt es einzelne Straßen, Wohnhäuser und Bauernhöfe. Mitten in der Stadt kreuzen sich die späteren B 60 (Ost-West) und B 57 (Nord-Süd). Doch ist für die Bevölkerung der öffentliche Nahverkehr, die Straßenbahn, erheblich wichtiger.

Die evangelische Kastellschule 1932, ausgebombt 1944, rechts die Haagstraße

Blick von oben auf das „Bügeleisen" und die evangelische Kastellschule (Nachkriegsfoto)

Der Reichsbahnhof, Hochlegung der Schienen und Unterführung Ende der 20er Jahre

Der „D-Konsum" in der D-Straße, Hochstraß, heute Donaustraße

Der Arbeiter-Konsum „Eintracht“ 1931 in Kamp-Lintfort, Ecke August-/Kattenstraße

Kinder in der Meerbekker Y-Straße, heute Wetterstraße, vor dem Haus des kommunistischen Zechengärtners Heinrich Tripp, etwa 1923

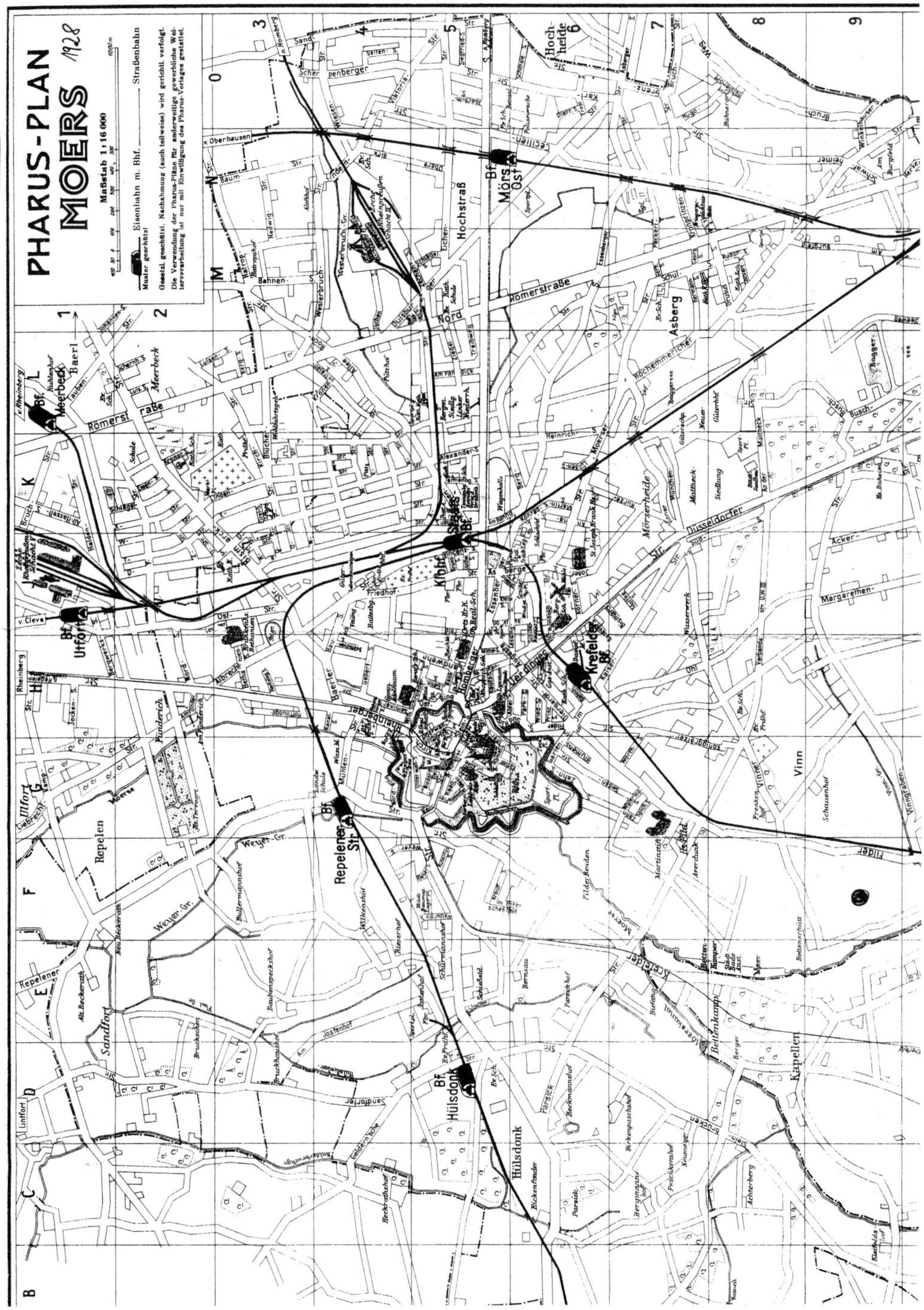

Stadtplan von 1928, auffällig die lokalen Bahnhöfe. Die Straßen in Meerbeck und Hochstraß tragen noch die alten Namen.

Arbeiter, Soldaten, Mitbürger u. Landwirte!

In der heute nachmittag im Kreisständehause stattgefundenen Sitzung der Arbeiter- und Soldatenräte des Kreises Moers in Verbindung mit den Behörden des Kreises (Kreis und Gemeinden) wurde folgendes beschlossen:

1. Für den Kreis Moers ist ein 24gliedriger Zentral-Arbeiter- und Soldatenrat als Zentralrat aus den Gemeinden des Kreises gebildet.

2. Die Bestimmungen des Arbeiter- und Soldatenrates Duisburg haben für den Kreis Moers keine Gültigkeit.

3. Die Polizeibeamten und Gendarmen üben in Zukunft mit den Wachmannschaften des Arbeiter- und Soldatenrates, beide erkenntlich an weißer Binde, den Sicherheitsdienst aus. Den Anordnungen dieser Sicherheitsorgane ist unbedingte Folge zu leisten. Vom heutigen Tage sind nur die so gekennzeichneten Personen zum Sicherheitsdienst berechtigt.

4. Es ergeht an Alle die Aufforderung, jeder an seinem Platze seinem Berufe nachzugehen, damit Ruhe und Ordnung in keiner Weise gestört wird. Inbezug auf die öffentlichen Verkehrsanstalten und Behörden treten keinerlei Aenderungen ein.

5. Waffentragen ist den nicht dazu Berechtigten Soldaten, sowie jeder Zivilperson strengstens verboten. Waffenscheine bedürfen der Bestätigung des unterzeichneten Arbeiter- und Soldatenrates.

6. Wer raubt und plündert wird erschossen.

Moers, den 11. November 1918.

Karl Müller.
Hermann Piel.
Wilh. Heimbach.
Rich. Metschen.

Der Landrat:
von Laer.

11. November 1918 in Moers

1.2 Die zwanziger Jahre

Revolution in Moers?

Die bewegte Geschichte von Moers in den 20er Jahren bleibt noch zu erforschen und zu schreiben.[6] Was man zunächst geschrieben findet, bezieht sich – im Grunde wie in den Jahrzehnten zuvor – zumeist auf die Taten der „Großen". Es sind die Industriellen, die kaisertreuen Beamten oder das Bildungsbürgertum, das oft dem Gymnasium Adolfinum nahesteht. Dabei sind es häufig diese Akteure selbst, die berichten. Eine „Geschichte von unten" oder gar jene der „kleinen Leute" blieb bislang ungeschrieben.[7]

Wie fast allerorts war nach der Abdankung des Kaisers im November 1918 auch in Moers ein „Zentral-Arbeiter- und Soldatenrat" für den Kreis gebildet worden. An seiner Spitze stand der Moerser Sozialdemokrat Karl Müller, erster SPD-Parteisekretär des Kreises. Zu ihm gehörten auch der Kamp-Lintforter Sozialdemokrat Emil Petras und Peter Zimmer aus Moers-Hochstraß, Sekretär der Freien Gewerkschaften und „Bezirksleiter des Bergarbeiterverbandes".[8]

Der 24-köpfige Revolutionsrat, mit dem man nach Auffassung des stellvertretenden Landrats „ersprießlich" zusammenarbeiten konnte[9], gab am 11. November 1918 in der Grafenstadt die nebenstehende Verlautbarung heraus.

Solche Arbeiter- und Soldatenräte gab es in vielen Gemeinden, z.B. auch in Repelen-Baerl und Kamp-Lintfort. Ihre Einflußmöglichkeiten blieben jedoch äußerst begrenzt, da die alte Machtstruktur in Wirtschaft und Verwaltung nicht angetastet wurde. Dies galt ebenso im Lokalen wie auf Reichsebene, wo sich die SPD sogleich mit Reichswehrchef Groener, dem Nachfolger Ludendorffs, arrangierte.

Die Ausübung der öffentlichen Gewalt in Moers und den Nachbarorten ging bereits einen Monat später an die eingerückte belgische Besatzungsmacht über. Diese lehnte eine Zusammenarbeit mit den Arbeiter- und Soldatenräten ab.[10]

Die sozialen Kämpfe der nachfolgenden Monate und Jahre sind für Moers noch genauer zu untersuchen.[11] Anfang Februar 1920 erläßt die Besatzungsmacht einen harten Aufruf gegen mögliche Streiks.[12] (Abb. Seite 32)

Nur wenige Wochen später haben sich Reichsregierung und Ruhrarbeiterschaft des reaktionären Kapp-Putsches zu erwehren (13.-17. März 1920). An den erfolgreichen Kämpfen der Ruhrarbeiterschaft nehmen Bergleute aus Moers teil.

Auch die Jahre danach bleiben unruhig: 1921 sprengen Linksextremisten – die KPD selbst befindet sich auf einem äußerst radikalen Kurs – den Kokerei-Abzugskamin von Schacht IV.[13] Gewerkschaftssekretär und SPD-Mann Peter Zimmer wird von einer Menschenmenge mißhandelt. Sie verdächtigt ihn der Zusammenarbeit mit der belgischen Besatzungsmacht.[14]

Die offizielle Geschichte

Die Moerser Lokalzeitungen der Zeit, der „Grafschafter" und der „Niederrheinische Generalanzeiger", waren sichtlich stärker dem Bürgertum und der Obrigkeit als der Arbeiterbewegung verbunden. Sie berichteten kaum von den sozialen Kämpfen oder lediglich aus der Sicht der damals Mächtigen.

Versucht man einen Überblick über die Zeit anhand des – vollständig erhaltenen – „Grafschafter" und anderer „offizieller" Dokumente, fallen zwei Umstände auf: Das ist zum einen die siebenjährige Besetzung von Moers durch die Belgier, die vier Wochen nach Kriegsende beginnt, 10.12. 1918, und bis zum 31.1.1926 andauert. Und zum

Aufruf.

Die verbündeten und deutschen Behörden der besetzten Gebiete sind davon benachrichtigt worden, daß in der Gegend von Moers eine von Unruhen begleitete Streikbewegung vorbereitet wird.

Um dieselbe Bewegung auf dem rechten Rheinufer zu unterdrücken, hat die preußische Regierung besondere Maßnahmen ergriffen und den Belagerungszustand proklamiert.

Im Einverständnis mit den deutschen Behörden hat die Hohe Kommission entschieden, daß die zur Aufrechterhaltung der Ordnung und die für den Schutz der Arbeitsfreiheit in den besetzten Gebieten notwendigen Maßnahmen ergriffen werden sollen.

Sie erwartet von der Bevölkerung, welcher sie den freien Verkehr zwischen den besetzten Gebieten und dem unbesetzten Deutschland gestattet hat, daß sie sich nicht zu Taten verleiten läßt, welche eine sofortige gewaltsame Unterdrückung notwendig machen würden.

Die Hohe Interalliierte Kommission.

J. W. Spaarmann, Moers

Die Besatzungsmacht verbietet Streikunruhen im Raum Moers, Februar 1920.

Belgische Brückenwache Homberg, 1919

anderen die unglaubliche Kontinuität in der politischen Führung der Stadt: Bürgermeister von Moers blieb über die ganze Zeit hinweg (1917-1937), von zwei unterschiedlich kurzen Unterbrechungen abgesehen, Dr. Fritz Eckert von der Deutschen Volkspartei. Ins Amt eingeführt am 4.1.1917, leitete er zunächst als kaisertreuer Beamter die Geschicke der Grafenstadt bis zum Ende der Kaiserzeit. Später feierte ihn die NS-Presse als einen Mann, der sich 1933 sofort der Bewegung anschloß.

Der erste freie Urnengang in Moers und seinen Nachbarstädten ist der zur verfassunggebenden Nationalversammlung vom 19.1.1919. Erstmals stimmen Frauen mit ab. Das preußische Drei-Klassen-Wahlrecht ist abgeschafft. Die Wahl ergibt im Stadtbezirk Moers eine knappe Niederlage für die „alte" SPD. Sie erreicht 48,3% gegenüber den verbundenen Listen der drei bürgerlichen Parteien Zentrum, Deutsche Volkspartei und Deutsch-Nationale Volkspartei (plus Deutsche Demokratische Partei).

Die erste demokratische Stadtratswahl findet am 14. Dezember 1919 statt. Die SPD und ihre Linksabspaltung USPD treten ein Jahr nach Kriegsende getrennt an. Vor dem Wahltag finden wir von ihnen keine Wahlanzeige im „Grafschafter". Es fehlen ihnen die Mittel, oder ihre Anhängerschaft liest das bürgerliche Blatt nicht. Dagegen plakatieren die Bürgerlichen vor dem Wahltag groß in der Zeitung (Grafschafter, 13.12.1919):

„Repelen-Baerl. Die Bürgerliste bietet auch volle Gewähr dafür, daß die religiösen Bedürfnisse jeder Konfession befriedigt und in der christlichen Schule die Religion in vollem Maße gepflegt und erhalten wird. Deshalb auch alle Frauen: Auf zur Wahl am Sonntag mit Stimmzettel. Himken-Köhlscheidt"

Was will das Zentrum?

Das Zentrum will Frieden und Freiheit für das deutsche Volk und Vaterland. Völkerfrieden und Abrüstung zu Wasser und zu Lande.

Das Zentrum will ein einiges Vaterland unter voller Berücksichtigung der Eigenart seiner Stämme.

Das Zentrum will eine Volksregierung auf Grund des allgemeinen, gleichen, geheimen und direkten Wahlrechtes.

Das Zentrum will keine Klassenherrschaft und Klassenbevorzugung.

Das Zentrum will Existenz und Brot für alle, besonders für die, welche bisher nicht zu ihren Rechte gekommen sind.

Das Zentrum will unter schärfster Erfassung der Kriegsgewinne, eine gerechte Verteilung der Steuerlast auf die leistungsfähigen Schultern.

Das Zentrum will daß jeder die Möglichkeit erhalte seiner Begabung entsprechend sich auszubilden.

Das Zentrum will daß das Glaubensbekenntnis und die politische Gesinnung der Beamten kein Hindernis sei zur Anstellung im Staats- und Kommunaldienste

Das Zentrum will Gewissensfreiheit, Freiheit der Religionsübung und volle Wahrung aller Rechte der Kirche im Staate.

Das Zentrum will Aufrechterhaltung des konfessionellen Charakters der Volksschule und geziemende Berücksichtigung des Religionsunterrichtes im Lehrplan der mittleren und höheren Lehranstalten

Also:

Jeder der seinem Nachbar die Rechte gönnt, die er sebst beansprucht **kann** Zentrum wählen.

Jeder der will, daß das christliche deutsche Vol[k] in seiner Eigenart nicht untergehe,

muß Zentrum wählen.

Anzeigen der Zentrums- und der Deutsch-Nationalen Volkspartei vor der Wahl zur Verfassunggebenden Versammlung von Januar 1919

Was will die Deutschnationale Volkspartei?

Sie will daß **Christentum, Ehe und Familienleben** die **starken Träger** des öffentlichen Lebens werden, daß unser ganzes Volksleben mit den **Lebenskräften des Christentums** durchdrungen wird.

Sie will gesicherte, freie Möglichkeit für die **Kirche** zu ihrer Arbeit und eine weitgehende Fürsorge für die **Volksschule** als Grundlage der Bildung unseres Volkes.

Sie will ein **starkes, deutsches Volkstum,** das seine Einigkeit, Freiheit und Selbständigkeit gegen äußere Macht und fremde Einflüsse jeder Art zu wahren entschlossen ist.

Sie will das Privateigentum schützen gegen die geplanten Eingriffe der Sozialdemokratie und will festhalten an dem Grundsatz der **Privatwirtschaft,** ist aber bestrebt, sie durch die gemeinwirtschaftliche Betriebsform in Genossenschaft, Gesellschaft, Staat und Gemeinde bei den dafür **geeigneten** Betrieben im sozialen Interesse zu fördern.

Sie will unbedingte Fürsorge für die **Kriegsbeschädigten** und die **Hinterbliebenen** der im Kriege Gefallenen.

Sie will **Ausbau** unserer **Sozialpolitik,** Sicherstellung des Koalitionsrechtes **aller** Arbeiter, Erleichterung des sozialen **Aufstieges.**

Sie will Wiederaufrichtung des am Boden liegenden Mittel- und **Handwerkerstandes,** gesicherte Lebensstellung für **Beamte, Lehrer, Militärpersonen, Angestellte, Pensionäre** und **Altpensionäre.**

Sie will die **Erhaltung** eines freien, deutschen **Bauernstandes,** Wiederbevölkerung des platten Landes durch **umfassende Siedelungspolitik.**

Sie will **gerechte Verteilung** der öffentlichen Abgaben nach den Grundsätzen sozialer Gerechtigkeit und Tragfähigkeit, schärfste Erfassung der Kriegsgewinne.

Sie will die Rückkehr von der **Diktatur** einer einzelnen Bevölkerungsklasse, die das Vaterland der Verelendung ausliefert, zu einer geordneten wirklichen Regierung.

Geschäftsstelle der Deutsch-nationalen Volkspartei: „Hotel Kaiserhof", Hombergerstraße 23. Dienststunden 9–12, 3–6 Uhr.

Wer mitarbeiten will, wer Versammlungen gehalten sehen möchte, wer Wünsche und Fragen für die Wahlvorbereitung hat, wende sich dorthin.

Freilich hatte diese später siegreiche Liste, die hier speziell die Frauen anspricht, keine einzige Frau unter ihren Kandidaten. Nicht minder deutlich führen die Bürgerlichen in Moers Wahlkampf (vgl. Anzeigen, S. 36):[15]

Den Sieg in Moers erringen, wenn auch knapp, die bürgerlichen Parteien. Die beiden am weitesten rechts im Parteienspektrum stehenden Gruppierungen, Deutsche Volkspartei und Deutschnationale Volkspartei, treten als „Vereinigte Parteien" an :[16]

	Stimmen	%	Sitze	
Vereinigte Parteien (DVP und DNV)	1972	28,4	11	
Zentrum	1022	14,7	5	
Demokraten	562	8,1	3	= 19
Mehrheitssozialisten	1388	20,0	7	
USPD	1824	26,2	9	
Polen	186	2,7	1	= 17
Insgesamt	6954	100	36	

Aufruf zur Stadtratswahl in Moers!

Habt Ihr die Flugbläter der sozialistischen **Parteien gelesen?**
Sie nennen sich die Parteien der **Ordnung!**
Erinnert ihr Euch der Vorgänge in **Berlin, München,** Düsseldorf, **Hamborn?**
Sie nennen sich die Parteien der **Freiheit und Brüderlichkeit!**
Arbeiter! Euer **Streikrecht** ist bei der U. S. P. zum **Streikterror ausgeartet** und Euer Recht auf Arbeit gefährdet! Ist das Freiheit?!!
Die **Selbstverwaltung** ist in **Gefahr** durch die Gewaltherrschaft **der rathausstürmenden** Kommunisten.
Die planlose **Kommunalisierung** der Werkstätten, Wohnungen u. **Produktionsmittel** führt zum Zusammenbruch des gesamten Mittelstandes in Stadt und Land, zum vollständigen Ruin selbst des sparsamen werktägigen Mannes.
Die **Wohlfahrtspflege**, sowie die **soziale Gesetzgebung** ist **gegen** die Stimme der Sozialdemokraten geschaffen und ausgebaut worden.
Wir treten im Gegensatz zur Sozialdemokratie für eine **nationale und religiöse** Jugenderziehung und Volksbildung ein.
Wir wollen mehr wie je die **Steuerlasten** in gerechtem und sozialen Sinne verteilen und auch das Eigentum des kleinsten Mannes erhalten und schützen.

Darum **Arbeiter, Handwerker, Gewerbetreibende, Angestellte, Beamte, Landwirte, Frauen und Männer**

wählt eine der Listen: **Peschken-Boschmann — Terheyden — Hackenberg.**
Keiner darf fehlen, jede **nicht** abgegebene **Stimme** zählt **doppelt** für **die Sozialdemokraten.**

Deutsche Volkspartei
Deutschnationale Volkspartei

Zentrumspartei
Deutsch-Demokratische Partei

Niederrhein. Mittelstandsvereinigung
Ortsgruppe Moers.

Anzeigen der bürgerlichen Parteien bei der ersten Stadtratswahl in Moers am 14. Dezember 1919

Wähler und Wählerinnen von Repelen-Baerl!

Gebt Eure Stimme allein den Männern der

bürgerlichen Berufsliste
(an der Spitze **Johann Himken,** Baerl),

denn sie sind Männer, die
1. meist in Eurer Mitte aufgewachsen sind und Eure und der Gemeinde Bedürfnisse genau kennen,
2. sie sind Männer, die da festhalten an dem alten Väterglauben in Kirche, Schule und Haus,
3. sie sind Männer, die mit ihrer ganzen Persönlichkeit dafür eintreten, daß Repelen-Baerl selbständig bleibt, damit ihr vor Belästigungen jedweder Art, sowie vor nutzloser, steuerlicher Belastung verschont bleibt.

Ist dies auch Euer Wille, dann eilt am Wahltage mit allen Euren wahlberechtigten Angehörigen, Frau, Sohn, Tochter, Knecht, Magd usw. zur Wahlurne hin und erfüllt Eure Bürgerpflicht. Bleibt Ihr fern, dann seid Ihr als unsere Gegner erkannt!

Zum letzten Male rufen wir euch zu:

Versündigt Euch nicht an Eurer Heimatgemeinde!

Die Presse selbst resümiert sofort ein 19:17 für die Bürgerlichen, andere Koalitionen kommen offenbar nicht in Frage. Noch deutlicher fällt die Sitzverteilung für die Rechte aus in

– Kapellen: DNV 6 Sitze, Bürgerliche 3, SPD 2, USPD 1
– Repelen-Baerl: Bürgerblock 14, Zentrum 1, SPD 5, USPD 4
– und Neukirchen: Vereinigte rechtsstehende Parteien 14, Zechenbeamte 1, Vereinigte linksstehende Parteien 3.

Die Weichen für die Machtverteilung sind damit bis 1933 gestellt. Bürgermeister Dr. Eckert verpflichtet am 7.1.1920 die 36 – ausschließlich männlichen – Stadtverordneten. Unter ihnen befinden sich bei der vereinigten Rechten die Un-

Diese Postkarte schickten die Besatzungssoldaten Jean und Louis am 8.9.1922 nach Belgien. Das Gebäude der Offiziersmesse an der Homberger-/ Ecke Hopfenstraße beherbergte später die Knappschaft.

ternehmer Johannes Peschken (Meerstraße 1) und Peter Boschmann, die die Liste anführen, dazu u.a. der angesehene Rektor der evangelischen Kastellschule Hugo Otto (auch Heimatforscher und -dichter), der Buchhändler Willi Steiger, der Arzt (und Adolfiner) Dr. Wilhelm Fabricius sowie die Landwirte Bruckschen (Hülsdonk) und Berns (Schwafheim). Beim Zentrum fallen Jakob Terheyden, Rektor der katholischen Kastellschule, auf sowie der Kaufmann Bruno Heger (später NSDAP) und der katholische Gewerkschaftssekretär Josef Peil. Erster Mann der SPD ist Karl Müller, der bereits die Liste des Arbeiter- und Soldatenrats anführte. Auf Platz 4 gewählt Anselm Goldschmidt, jüdischen Glaubens. Die USPD vertreten sechs Bergleute und der Schriftleiter Dr. Otto Gabriel.

Bereits bei der ersten Reichstagswahl vom 6.6.1920 konsolidiert sich in der Bergbaustadt die nationalistische Rechte (zusammen 30,4%), bei Schwächung des Zentrums. SPD und USPD erreichen nur mehr 22,4% und 24,6%. Viele Arbeiter verzeihen der SPD nicht ihre Haltung im Kapp-Putsch. Reichsweit ist die Partei von 37,9 auf 21,6% gefallen.[17]

Als stärkste Kraft im *Kreise* Moers erweist sich die Zentrumspartei. Sie hat ihre Hochburgen in Rheinhausen und im katholischen Norden. Hier wird Landrat van Endert 1920 demokratisch ins Amt eingeführt. 1933 muß er aus dem Amt scheiden. In Repelen-Baerl wird am 25.10.1924 Bürgermeister Albert Altwicker gewählt. Er bleibt bis zu seinem Tode 1944 im Amt. Noch länger – bis in die 50er Jahre – wird Kapellens Bürgermeister Hermann Meiwes amtieren, der am 24. Juni 1924 eingeführt wird.

Die soziale Lage in den Nachkriegsjahren ist katastrophal. Die Zahl der Arbeitslosen hat sprunghaft zugenommen, u.a. durch die Demobilisierung vieler Soldaten und den Abbau der Reichswehr. Lebensmittel sind häufig rationiert. Schulkinder

Belgische Besatzungstruppen in Scherpenberg, ca. 1925

in Bettenkamp leiden an Unterernährung, wie die Zeitung schreibt. Wegen Kohlemangels fällt der Schulunterricht aus.

Viele Moerser Familien in der Stadt und auf den Höfen müssen, ebenso wie die Schulen, belgische Einquartierungen in Kauf nehmen. Auf etwa 15 000 Einwohner von Moers kommen 1921 5-6000 belgische und französische Soldaten, nur die Arbeiter-"Kolonien" bleiben verschont.

Das Krisenjahr 1923 in Moers

Dramatisch verläuft in Moers das Inflations- und Krisenjahr 1923, in welchem sich im gesamten Reich die Probleme häufen: Im Januar besetzt Frankreich mit belgischer Unterstützung das Ruhrgebiet, um über „produktive Pfänder" seine Reparationsforderungen zu unterstreichen. Die Reichsregierung ruft zum „passiven Widerstand" auf, der auch am Niederrhein mitgetragen wird („Ruhrkampf 1923-1925"). Neue Zollgrenzen schneiden das Ruhrgebiet vom Reich ab. Der Rhein trennt weiterhin das besetzte Rheinland von der anderen Seite. Rheinbrücke und belgische Besatzung in Moers gewinnen an strategischer Bedeutung. Nur in besonders begründeten Fällen dürfen Moerser über den Rhein nach Duisburg „reisen", die Post nach Duisburg geht über Basel.

Am 26. Januar – während gleichzeitig der Ausnahmezustand über das gesamte Reich verhängt wird – werden BM Eckert und Landrat van Endert von der belgischen Besatzungsmacht, der Hohen Alliierten Kommission in Koblenz, vom Dienst

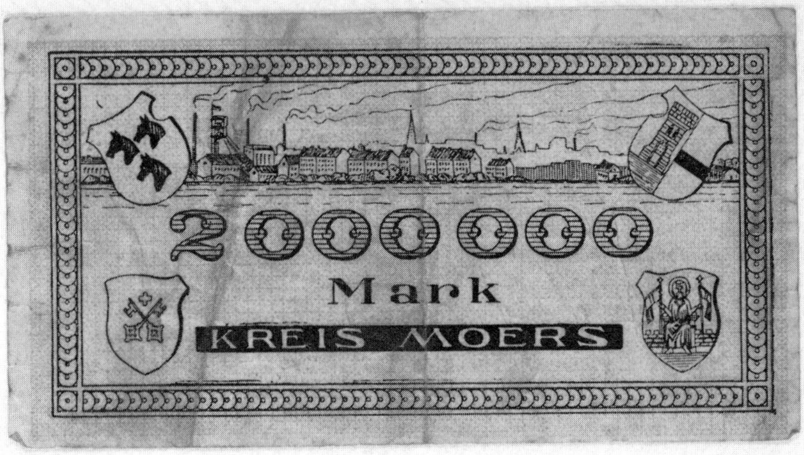

Inflationsgeld von 1923

suspendiert und ausgewiesen. Van Endert habe nicht die Gendarmerie gegen eine Trauerkundgebung in Moers eingesetzt, die sich gegen die Ruhrbesetzung richtete. Die gewählten Gremien wie auch die „treu ergebenen" Beamten, Arbeiter und Angestellten protestieren „mit tiefer Entrüstung" gegen die Enthebung von „Euer Hochwohlgeboren".[18]

Am 30. Juni werden acht belgische Soldaten bei einem Eisenbahn-Attentat auf der Hochfelder Rheinbrücke ermordet. Gleichzeitig beziehen die Besatzungssoldaten in der Moerser Mattheck ihr neues Truppenlager.

Die Inflation erreicht unter den Regierungen Cuno und Stresemann zwischen Mai und November schwindelnde Höhen. Kleinsparer, die keine Sachwerte oder Produktionsmittel besitzen, verlieren das wenige Ersparte. Auch der Papiergeldbestand der Stadtkasse wird über Nacht wertlos. Der Kreis Moers und die Großbetriebe bürgen für den Gegenwert selbstgedruckten Geldes:

Die Meerbeckerin Adelheid Lischka arbeitete in Lintfort im Konsum:[19] „Das war sehr schlimm. Als wir öffneten, standen da schon Gott weiß wieviele Leute. Wir ließen einen Schub rein, die bekamen jeder zwei Pfund Mehl, zum Beispiel. Der nächste Schub bekam nur noch ein Pfund. Da haben wir bedient, manchmal bis 2 Uhr nachts. Jeden Tag gab's Geld. Die Frauen stellten sich nachts schon vor die Tür, und die Männer gingen das Geld abholen."

Die Arbeitslosigkeit ist im Reich seit dem vergangenen Jahr auf weit über 10% angestiegen, im Arbeitsamtsbezirk Moers liegt die Quote mit fast 10 000 Arbeitslosen erheblich höher.

Rheinische Separatisten, die eine von Reich und Preußen unabhängige Rheinische Republik anstreben, ziehen, z.T. bewaffnet und unterstützt von den Besatzungsmächten, durch das Land. Sie erringen Erfolge in der Pfalz und einigen großen Städten. Die Besatzungsmächte (Poincaré) erhoffen sich so einen Pufferstaat

Berufsverkehr in den 20er Jahren

zwischen Frankreich/Belgien und dem Reich. In Krefeld kommt es zu Schießereien. Im Altkreis Moers treten die Separatisten kaum in Erscheinung, wenngleich eine erhaltene Überwachungsliste knapp 150 Personen ausweist, „die nach Angaben von Vertrauensleuten an der separatistischen Bewegung teilgenommen haben – aktiv bzw. passiv –".[20] Dennoch wird vorsorglich das Landratsamt mit spanischen Reitern und Stacheldraht geschützt.

1924–1930: eine gewisse Konsolidierung

Im November 1923 wird mit der „Rentenmark" die Währung saniert. Ende Februar 1924 hebt der Reichspräsident den militärischen Ausnahmezustand auf. Der Dawes-Plan von September 1924 erleichtert die Rückzahlung der Kriegsschulden. Die Besatzungsmächte Frankreich und Belgien schlagen eine Politik ein, die Anfang 1926 in die Räumung des Rheinlands mündet. Im gesamten Reich setzt eine gewisse wirtschaftliche Konsolidierung ein – die „goldenen Zwanziger".

Die Reichstagswahlen von Mai und Dezember 1924 bringen eine Stärkung der deutsch-nationalen extremen Rechten. Auch in Moers-Stadt spiegeln sie eine gewisse Radikalisierung wider (4.5.1924):[21]

	1924	in %	1920	in %
Deutschnat. Volkspartei	2 410	22,8	1 367	14,4
Deutsche Volkspartei	1 122	10,6	1 526	16,0
Deutsche Demokrat. P.	476	4,5	706	7,4
Zentrum	1 548	14,7	1 280	13,4
SPD	1 514	14,3	2 128	22,4
KPD (1920: USPD)	2 794	26,5	2 341	24,6
Sonstige	687	6,5	162	1,7

Ein deutlicher Wähleraustausch nach rechts findet, mit Ausnahme des Zentrums, zwischen den bürgerlichen Parteien statt. Auf der anderen Seite sind SPD-Wähler offenbar z.T. zur KPD abgewandert. Die KPD ist bei dieser Wahl die stärkste Partei in Moers.

Bürgermeister Dr. Eckert und Landrat van Endert dürfen im November 1924 in ihre Ämter zurückkehren. Der Kreis richtet nun die Niederrheinische Verkehrsgesellschaft (NIAG) ein, die mit Bussen neue Überlandverbindungen herstellt.

1925 finden im Juni die Feiern zur 1000-jährigen Zugehörigkeit der Rheinlande zum Reich statt. Am 7. August 1925 spricht ein Spitzenredner der Nationalsozialistischen Deutschen Arbeiterpartei, Dr. Josef Goebbels, in Moers. In Vluyn (1925) und Rheinhausen (1926) entstehen die ersten Ortsgruppen der NSDAP im Altkreis Moers. Am 31. Januar 1926 endet die belgische Besatzungszeit. Abends gerät das Städtchen in einen nationalen Freudentaumel:

Zu den Ereignissen gibt das Gymnasium Adolfinum, nach einem „Befreiungskommers" am 27.3.1926, eine „Denkschrift zum 31. Januar 1926" heraus, „dem Tage der Befreiung der Grafschaft (!) Moers von feindlicher Besatzung". Dr. med. Wilhelm Fabricius erstellt für das Adolfinum eine „Ehrenliste aus dem Abwehrkampf an Rhein und Ruhr". Der deutschnationale Leiter der Anstalt, Friedrich Heinz, schreibt über „Moers und die Zeit des passiven Widerstands" und Bürgermeister Dr. Fritz Eckert berichtet „Aus der Besatzungszeit der Stadt Moers". Sprache und Gedankengut des Bürgermeisters, der auch persönlich unter der belgi-

Der „Grafschafter“ erscheint täglich mit Ausnahme der Sonn- u. Feiertag
Bezugspreis: Durch die Geschäftsstellen, deren Boten und die Post erhalten vom 1. bis 15. Februar 1,00 Reichsmark freibleibend.
Verantw. Schriftleit.: C. H. Gerferts für den Anzeigenteil: R. Lülebrink Rotationsdruck und Verlag: Offene Handelsgesellschaft G. Pannen, Mörs. Geschäftsführer Herm. Pannen, alle in Mörs.
Teleg.-Adr. „Grafschafter Mörs“ Fernspr.-Anschl. Mörs Nr. 28 u. 674. Postscheckkonto Cöln Nr. 11 651.

Der Grafschafter

„Dorf-Chronik und Grafschafter“

General-Anzeiger für Mörs, Homberg und den Niederrhein.

Anzeigenpreis: Für den achtgespalt. 1 mm hoh. Raum 8 Goldpfg., außerh. Mörs 12 Goldpfg. Reklamen 1 mm Höhe 40 Goldpfg. Umrechnung nach d. amtl. Berliner Dollarbriefkurs d. Zahlungsvortag. Rabatt gilt als Kassenrab. u. w. verweig., w. binnen vier Wochen nach Empfang der Rechnung Zahlung nicht erfolgt. Bei gerichtlicher Einziehung und bei Konkurs fällt der Rabatt fort. Für Platz- und Datenvorschriften, für telephonische Aufträge keine Verbindlichkeit
Störungen im Erscheinen infolge höherer Gewalt oder Ausstände rechtfertigen keine Ersatzansprüche

Wöchentl. Beilagen: „Zeit im Bild“ (illustriert), „Haus, Hof und Garten“ (illustriert) „Kunst, Wissen, Leben“, „Zeitfragen“. Monatl. Beilage: „Land und Leute.“

Nr. 26. Mörs, Montag, den 1. Februar 1926. 81. Jahrgang

Der Tag der Freiheit!

Koblenz, 1. Febr. Der Reichskommissar für die besetzten rheinischen Gebiete hat von der Interalliierten Rheinlandkommission eine Mitteilung folgenden Inhalts erhalten:

Die in der Botschafterkonferenz vertretenen alliierten Regierungen haben auf Grund des Artikels 429 des Friedensvertrages beschlossen, am 31. 1. 1926 Mitternacht die im Absatz 1 dieses Artikels bezeichneten deutschen Gebietes zu räumen. Die Besatzungsbehörden sind beauftragt, alle hierzu erforderlichen Maßnahmen zu treffen. Sie werden während einer möglichst kurzen Uebergangszeit die notwendigen Abwicklungsstellen hinterlassen (ohne Hoheitsrechte lediglich zur Abschätzung von Schäden und dergleichen). Die alliierten Regierungen hoffen, daß die deutsche Regierung die Anstrengungen würdigen wird, welche die Rheinlandkommission und die Armeen gemacht haben, um die Räumung in der kürzesten Frist zu ermöglichen, die in dem Schreiben der Botschafterkonferenz vom 16. 11. 25 vorgesehen ist. Die Rheinlandkommission spricht ferner die Bitte aus, man möge provokatorische, das Werk von Locarno störende Kundgebungen aus Anlaß der Räumung vermeiden.

*

Seit der Mitternachtsstunde ist die nördliche Rheinlandzone, ist der Kreis Mörs wieder frei vom Druck der Fremdherrschaft, die mehr als 7 Jahre auf den Landen am Niederrhein lastete. Ledig sind wir geworden eines entwürdigenden Zustandes, gegen den Machtlosigkeit, Gewohnheit und Versunkenheit in Alltagssorgen allmählich abgestumpft hatte, ohne je in uns das Gefühl zwangvoller Unfreiheit verwischen zu können. Was Deutschland im „Frieden“ von Versailles furchtbar teuer erkaufte, den „bewaffneten Frieden“, Entrechtung bis zur Unerträglichkeit, Vergewaltigung und leere Versprechungen, Drangsal und Knechtung, das besetzte Gebiet mußte bis heute und muß zum größten Teil noch fürderhin den Hauptanteil des Kaufpreises tragen. Die Rheinländer nahmen vor 7 Jahren die fast unerträgliche Last der militärischen Besetzung auf sich und schleppten sie um eines höheren Zieles willen ohne Murren, damit die Brüder im Reich frei sein und das neue Deutschland aufbauen konnten.

Heute hat der letzte fremde Soldat unser Gebiet verlassen. Nicht im Ueberschwang des Erlöstseins wollen wir uns heute freuen, sondern uns jener herrlichen Freude hingeben, die der

Reichsregierung vor allem auf die noch andauernde Not der zweiten und dritten Zone. Ich weiß mich in meinem Empfinden eins mit den Bewohnern der befreiten ersten Zone, wenn ich grade in dieser Stunde bestätige, daß die Reichsregierung weiterhin ihre ganze Kraft daran setzen wird, für die Reichsteile, die noch unter fremder Besetzung bleiben, die Last zu erleichtern und die Dauer der Besetzung zu vermindern. Den Bewohnern der ersten Zone aber, die nun am Ende des Leidensweges stehen, den sie aufrechten Hauptes um ganz Deutschlands willen gegangen sind, dankt die Reichsregierung von ganzem Herzen für ihre vaterländische Treue.

Reichskanzler Dr. **Luther**.

Düsseldorf, 1. Febr. Der Regierungspräsident richtete am 31. Januar an die Landräte und Bürgermeister des nunmehr freien Gebietes folgendes Schreiben:

Mit dem Ablauf des heutigen Tages werden die Besatzungstruppen, die die erste Zone besetzt halten, den Regierungsbezirk geräumt haben. Damit wird der ganze Regierungsbezirk von der Besatzung frei sein. Ich benutze gern die Gelegenheit, meine Freude darüber zum Ausdruck zu bringen, und der Bevölkerung den Dank und die Anerkennung zu übermitteln für die vorbildliche Treue, die sie in mehr als 7jähriger Besetzungszeit dem Reiche und dem preußischen Staate bewiesen hat. Zugleich gebe ich mich der Hoffnung hin, daß die nunmehr erfolgte Befreiung dazu beiträgt, das Wirtschaftsleben wieder aufblühen zu lassen und daß es gelingen möge, die wirtschaftlichen und sozialen Nöte, die noch drückend auf der Bevölkerung des Regierungsbezirkes lasten, zu beseitigen. Ich spreche der Bevölkerung des freiwerdenden Gebietes des Regierungsbezirkes zugleich meine herzlichsten Glückwünsche aus.

Köln, 1. Febr. Das hiesige Telegraphenamt hat aus Anlaß der Räumung Kölns an alle mit ihm verbundenen Telegraphenämtern folgenden Gruß gesandt:

Es lodert der Himmel in roter Glut,
Es brennen die Fackeln, es brennt das Blut,
In den Glockensturm jauchzen die Lieder hinein
Es lebe die Freiheit am deutschen Rhein!

Besatzung, an diesem Platz vorbeidefilierend, in Mörs einzog. Und lassen wir an unserm geistigen Auge vorüberziehen die folgenden Wochen, Monate und Jahre bis auf den heutigen Tag. Welche unendliche Menge von Leid, von körperlichen und seelischen Qualen zieht da vor uns auf! Erlassen Sie es mir, Ihnen heute ein Bild von dieser Zeit zu malen, denn Sie alle kennen es. Alle Schichten der Bevölkerung, Sie alle, die Sie hier versammelt sind, haben — der eine mehr, der andere weniger — Ihren Anteil daran. Gedenken wollen wir nur auch an dieser Stelle in stiller Wehmut und in tiefem Mitempfinden derer, die dieser Zeit ihr Leben haben opfern müssen.

Aber wir wollen in dieser Stunde nicht rechten mit der Besatzung ob all des Unrechts, ob all der Qualen, die sie uns bereitet hat. Nicht Haß sei das Gefühl, mit dem wir unsere Herzen vergiften wollen, nein, Freude, Dank und Freude, daß diese Stunde nun da ist, daß wir nun **frei** sind von fremder Besatzung. In diesen Dank wollen wir in erster Linie einbeziehen die führenden Männer unserer Regierung, die immer und immer wieder für das besetzte Gebiet eingetreten sind und die nun schließlich auch unsere Befreiung erreicht haben.

Freilich gab es Zeiten — auch das dürfen und müssen wir hier offen aussprechen — wo wir uns einsam fühlten, wo wir uns **verlassen glaubten** vom unbesetzten Gebiet, von unserem Vaterlande. Wenn wir inzwischen davon überzeugt worden sind, daß nicht fehlender Wille, sondern die Möglichkeit fehlende Ursache war, warum unsere Regierung uns nicht half, dann dürfen wir es mit umso größerem Stolze bekennen, daß wir **nicht Gleiches mit Gleichem vergolten**, daß wir unserm Vaterlande die Treue bewahrt haben. Das sei das erste Bekenntnis, das sei aber auch das feste Gelöbnis für die Zukunft in dieser Feierstunde.

Allerdings, nicht alle haben unserm Volke und Vaterlande in gleicher Weise die Treue bewahrt, **viele waren treulos**. Aber auch sie sollen uns die Freude über diese Stunde nicht trüben, und wir versagen es uns, mit ihnen heute abzurechnen. Wie uns die Geschichte der ältesten Völker die Namen ihrer Treulosen bis auf den heutigen Tag überliefert

Der „Grafschafter“ feiert den Tag der Befreiung von der Besatzungsmacht.

Die Befreiungsfeier in Mörs.

Frei! — Wie Frühlingszauber wirkt dieses Wort, sprengt in aller Herzen die harte Kruste, die Not und Entbehrung und jahrelanger Zwang geschaffen haben, läßt in den Augen der Menschen die Freude aufleuchten, Freude darüber daß nun endlich der Knebelung durch fremde Willkür, die über 7 Jahre lang Herz und Sinn bedrückte, ein Ende gesetzt wurde; und so steht's in den Gesichtern der Menschen geschrieben, die früh am Morgen schon zahlreich die Straßen der Stadt bevölkern: „Einmal nur wieder wollen wir uns ganz von Herzen freuen, einmal wollen wir all' das Elend und all die Not vergessen, die immer noch über dem deutschen Vaterlande lastet, einmal wollen wir ein Fest nach alter Weise feiern, und das Fest gilt dem Tage unserer Freiheit!" Wie hat sich doch mit einemmal die alte, liebe Grafenstadt verändert; die Häuser, die tags zuvor noch ernst und grau auf die Straße herniederblickten, haben Festtagsgewand angelegt. Lange genug mußten ja die Fahnen, die in großer Zeit so oft zur Siegesfeier wehen durften, auf dem Söller liegen, nun flattern sie wieder lustig im Winde. Und alles ist so ganz anders als sonst, sogar Polizei, die einzige „bewaffnete Macht", die uns auch in der Besatzungszeit nicht verlassen hat, hat ein ganz anderes Aussehen bekommen: statt der simplen, blauen Mütze prangen glänzende Tschakos, und Ledergürtel mit Schulterriemen geben der lieben Hermandad ein noch martialischeres Aussehen als sie sonst schon hat.

In den Abendstunden wächst in den prächtig illuminierten Straßen das Gedränge fröhlicher Menschen und mit dem Heranrücken der Mitternachtsstunde kommen die Massen in Fluß und streben alle einem Ziele zu, dem von mächtigen Bogenlampen fast taghell erleuchteten Neumarkt, wo die eigentliche Befreiungsfeier stattfinden soll. Kopf an Kopf staut sich auf dem großen Platze die Menge. Marschmusik ertönt, alte, liebe Weisen, die so lange schweigen mußten. Mit fliegenden Fahnen rücken die Vereine aus der ganzen Stadt heran, vorauf die Feuerwehr mit brennenden Magnesiumfackeln. Es geht auf die 12. Stunde zu. Da — ein Trompetensignal, einen Augenblick erwartungsvolle Stille und dann: machtvoll und inbrünstig braust über den Platz das Niederländische Dankgebet. Entblößten Hauptes singen die Tausende ihren Dank zum Himmel empor. Wie die Klänge verrauscht sind, beginnt Bürgermeister Dr. Eckert seine Ansprache. Man merkt es dem Leiter der Stadt an, daß ihm die Worte aus vollem Herzen kommen, hat er doch am eigenen Leibe spüren müssen, wie fremde Willkür schmeckt. Mit folgenden Worten gibt er der Stimmung Ausdruck, die heute alle Herzen bewegt:

Ich grüße das befreite Mörs!

Sieben Jahre fremder Söldner Knecht,
Sieben Jahre ohne Gesetz und Recht,
Sieben Jahre getrennt vom Vaterland
Streckten wir heimlich zum Schwur die Hand
Jeden Abend und Morgen aufs neu:
„Vaterland, wir bleiben dir treu".

Ja, Vaterland, wir bleiben dir treu, das war unsere Losung auch während der verflossenen sieben Jahre. Denken wir zurück an jenen trüben Dezembermorgen 1918, wo die

Der „Grafschafter" feiert den Tag der Befreiung von der Besatzungsmacht.

Die Pattbergschächte 1927

schen Besatzung zu leiden hatte, könnten kennzeichnend, ja entlarvend, für das deutschnationale Moers und seine Führungsschicht der Zeit sein:

„In unserer Erinnerung steigen auf die beispiellosen Heldentaten unseres in fast vierjährigem Ringen erschöpften Heeres in den gewaltigen Durchbruchschlachten des Westens ... Mit tiefer Scham sehen wir im Geiste die Nutznießer größter vaterländischer Not als Hyänen des Schlachtfeldes an der Arbeit ...“ (S. 3).

Die Belgier nennt der Moerser Bürgermeister eine „Kolonne soldatischer Jammergestalten“, welche „beinahe den deutschen Menschen als Freiwild ansahen“ (S. 4). „In großen Scharen lagen die Belgier in Moers, um ... ins Ruhrgebiet einzurücken. Wie haben die feigen Memmen gebebt und gezittert vor dem Befehl des Vormarsches. Und als ein Telegramm die Annahme des Friedensvertrags verkündete, da zogen sie wie die wilden Zigeuner durch die Stadt, zertrümmerten über 20 Schaufenster und zerstörten alle feinmechanischen Maschinen der Schroeder'schen Fabrik“ (S. 10). Dem „stillen Heldentum“ vieler deutscher Frauen während der siebenjährigen Besatzungszeit stellt Eckert „die schmierigen belgischen Weiber, die mit Schminke und Parfum das Wasser ersetzten“ gegenüber (S. 4).

So weit das Stadtoberhaupt in der Festschrift der vornehmen humanistischen Anstalt. Auch der Schulleiter preist ständig das „Deutschtum“ und freut sich über Moerser Jünglinge, die „den Welschen zum Hohne“ das schöne alte deutsche Schutz- und Trutzlied von der „Wacht am Rhein“ sangen (S. 15).

1926 wird die Arbeitersiedlung Hochstraß, deren Bau 1921 begonnen wurde, fertiggestellt. Rheinpreußen gehört in diesem Jahr zu den ersten drei elektrifizierten Ruhrzechen. Schacht II wird 1925/1926 stillgelegt, dafür beginnt 1927 die Förderung auf Schacht VI (Pattberg I). Ein Jahr später gehen dort die Koksofenbatterien in Betrieb.

Die Moerser Kommunalpolitik konsolidiert sich. Die Stadt baut die von den Belgiern übernommene Mattheck zur Wohnsiedlung um und führt einige der von Berlin geförderten „Reichsbauten“ in eigener Regie weiter, z.B. die Wohnanlage Tobis Kull Ecke Essenberger/Xantener Straße. Erfolge werden Bürgermeister Dr. Eckert auch in der Schulpolitik bescheinigt.[22] Das Adolfinum kann 1928 das umgebaute frühere Lehrerseminar beziehen und gliedert sich eine Aufbauschule an.

Kinder in der Matthecksiedlung 1926

Sein bisheriger Standort in der Homberger Straße wird das Domizil der städtischen Oberrealschule. Das städtische Oberlyzeum wird erweitert. In Hochstraß wird die „Tannenbergschule" fertiggestellt, benannt nach dem Anfangssieg Hindenburgs und Ludendorffs im Weltkrieg. Der Bevölkerung übergeben werden können auch die städtische Badeanstalt im Bettenkamper Meer und eine „mustergültige" Sportanlage in der Mattheck.

Die Zahl der Arbeitssuchenden im Arbeitsamtsbezirk Moers sinkt von fast 10 000 im Winter 1923/1924 bis 1929 auf durchschnittlich 2 000-3 000 im Jahresmittel.

Öffentliches Leben

Mit dem Abzug der Belgier erscheint der „Grafschafter" wieder ohne den Vermerk „autorisé par la censure". Das Blatt versteht sich als Sprachrohr von Bürgertum und Verwaltung. Arbeiterparteien und die harten Arbeitskämpfe finden kaum Beachtung.

Gelesen werden neben dem Konkurrenzblatt „Niederrheinischer Generalanzeiger" (Sitz am Ostring) auch die Parteizeitungen. Die „Volksstimme" (auch „Vosti") der SPD wird in Duisburg gedruckt, hat aber eine Geschäftsstelle in der Homberger Straße 95. Das Büro des „Echos vom Niederrhein" der Zentrumspartei liegt an der Ecke der Homberger- zur Mittelstraße. Die „Niederrheinische Arbeiterzeitung" wird von der KPD in Hamborn gedruckt. Das Moerser Büro liegt eingangs der Kirschenallee. Die Nazis lesen die in Essen erscheinende „Nationalzeitung" und das Gauorgan „Die Volksparole", deren Büro in der Homberger Straße 81 liegt. Radios sind noch wenig verbreitet, schon gar nicht in Arbeiterhaushalten.

Der Abiturientenjahrgang 1905 des Adolfinums, 1930, die Herren sind knapp 45 Jahre alt. Vorn, 2. v.l.: Professor Hofius, stehend, 2. v.l. Oberlandesgerichtsrat Hofius, daneben Oberstudiendirektor Prof. Heinz

Das kulturelle Leben in Moers wird vom alt-ehrwürdigen Gymnasium Adolfinum angeführt. Der Preußische Landtag bescheinigte ihm 1927, eine „besondere Anstalt" zu sein. Den Leiter der Lehranstalt, „Professor" Friedrich Heinz, rühmt der „Grafschafter" anläßlich seines 50. Geburtstags am 4.1.1932: Er habe seine ganze Kraft in den Dienst des vaterländischen Gedankens gestellt, sei langjähriger Ortsvorsitzender der Deutschen Volkspartei wie des Kreiskriegerverbands. Der Hauptmann der Reserve trage die Eisernen Kreuze erster und zweiter Klasse... Noch heute erinnern sich Schüler des Adolfinums, wie er bei festlichen Anlässen in der Pickelhaube auftrat. 1929 kommt zur großen Begeisterung der deutsch-nationalen Grafenstädter der preußische Thronfolger Prinz Eitel Friedrich nach Moers. Er ist Schirmherr des 1851 von Wilhelm Greef („Die Wacht am Rhein") gegründeten illustren Moerser Männergesangsvereins.

Die Begeisterung für den „vaterländischen Gedanken" drückt sich auch in einer Unzahl entsprechender Vereinigungen aus, die sich noch heute im Adreßbuch von 1930 nachschlagen lassen:[23] Marine-Verein „Admiral von Lans", Jungnationaler

Besuch Prinz Eitel Friedrichs 1929: das deutschnationale Moers hat sich fein herausgeputzt.

Grafschafterinnen 1929 beim Besuch Eitel Friedrichs

Das Ehrenmal in Vluyn, errichtet von der Arbeitsgemeinschaft der Vaterländischen Verbände in Vluyn, eingeweiht samt Inschrift 1929

Bund, Kyffhäuserbund, Hindenburgbund (Jugend der Deutschen Volkspartei), Grafschafter Verein für Deutschtum im Ausland, Bund der Kaisertreuen der Grafschaft Moers, Bund der Königstreuen, Tannenbergbund, Kriegerverbände. Eine Versammlung des Grafschafter Kriegervereins und Marinevereins anläßlich der Reichsgründungsfeiern „gestaltete sich zu einer machtvollen vaterländischen

Die Bäckerinnung vor dem Greef-Denkmal im Park. Vierter, vorne v.l., Bäcker Mechmann, sechster Ernst Holla.

Kundgebung gegen Versailler Diktat und Kriegsschuldlüge". Auch viele der Sportvereine ehren die nationalen Tugenden. Der Kreisverband Moers der vaterländischen Frauenvereine zählt 1930 5 459 Mitglieder, darunter 720 allein in Moers. Sehr aktiv in Moers ist der Königin-Luise-Bund. Bejubelt wird der im Rahmen einer großen Ausstellung in Vluyn zur Schau gestellte Holznachbau der „Dicken Berta", des größten Geschützes im 1. Weltkrieg.

Trotz leerer Kassen und hungernder Schulkinder veranstalten alle Gemeinderäte nahezu einen Wettlauf um den Bau von Heldengedenkstätten für die Gefallenen des Weltkriegs.

1928 gibt es 228 Mitbürger jüdischen Glaubens in Moers. Sie sind integriert, aber doch, wie Brigitte Wirsbitzki dokumentiert, mit erheblichen Einschränkungen.[24] In der Nacht zum Karfreitag, am 16. April 1927, wird der jüdische Friedhof in der Xantener Straße geschändet (damals Friedhofstraße). Der oder die Täter werden nie gefaßt (vgl. Kap. 6.8).

Die bessere Gesellschaft trifft sich in der „Sozietät". Eine Sitzordnung von damals spiegelt die Gesellschaft wider.[25] Bürgerlich-konservativ, wie Festschriften und Fotos belegen, ist auch das Handwerk in Moers. Die Innungen der Schneider, Fleischer, Bauhandwerker und jene der Bäcker und Konditoren begehen im Juni 1928 feierlich ihr 25-jähriges Bestehen. Der gewerbliche Mittelstand fürchtete seit dem Krieg um seine Existenz. Doch ist bei ihm auch die bürgerliche Mitte, die die Republik bejaht, vertreten. Bäckerei-Innungsobermeister Ernst Holla engagiert sich in der Zentrumspartei.

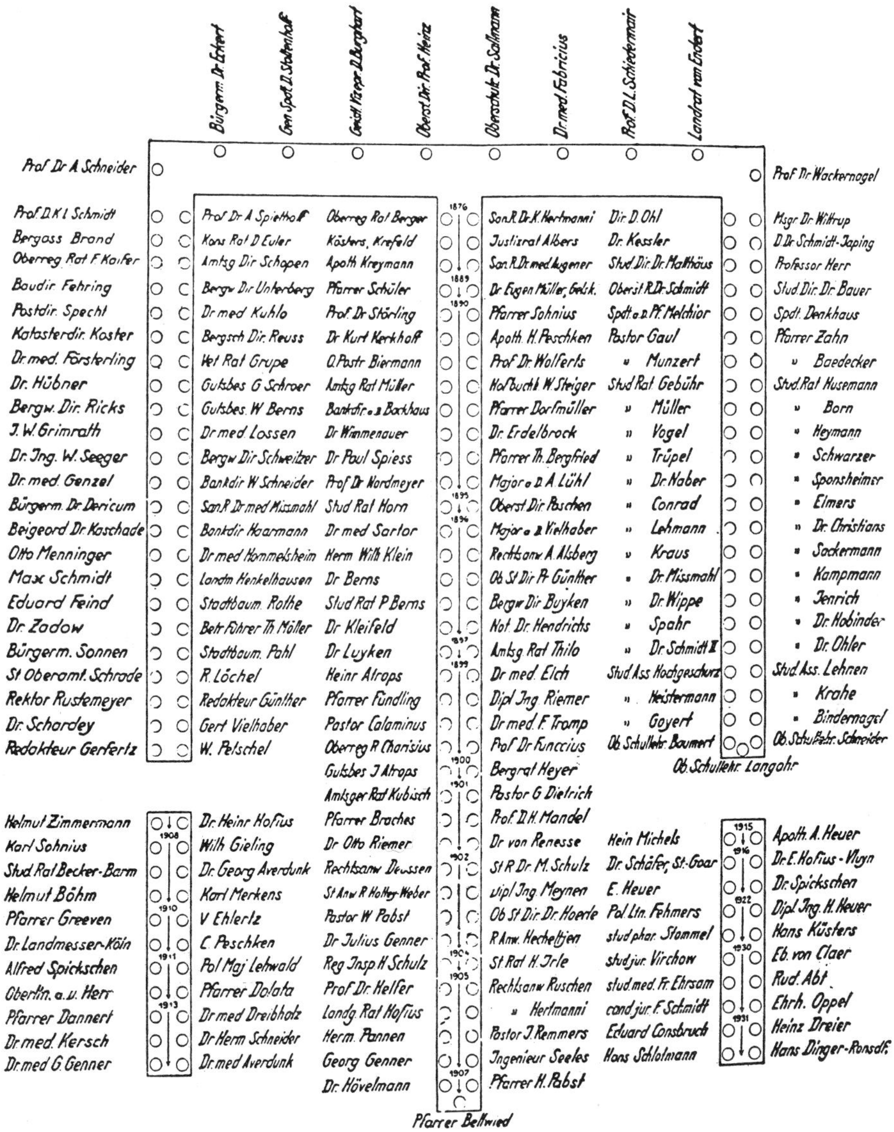

Festtafel vom 9. Oktober 1932 in der „Sozietät“

Die gute Moerser Gesellschaft am Ende der Weimarer Republik

Unweit des Adolfinums in der Homberger Straße praktiziert der mit einer Jüdin verheiratete Zahnarzt Josef Winkelmann, Autor des 1925 geschriebenen Romans „Der tolle Bomberg", der Ende der 20er Jahre sehr erfolgreich verfilmt wird.

Die große Neuerung der Zeit ist das Kino. Es ist, wie Edith Biewend in ihrem auf Moers bezogenen Roman „Letta" schreibt, „Musentempel der kleinen Leute: Oper, Theater, Konzertsaal und Varieté in einem", es läßt die Arbeitslosen für ein Paar Stunden ihr Elend vergessen.[26] Gleichzeitig mit dem Beginn der Weltwirtschaftskrise tritt der Tonfilm seinen Siegeszug an. Die Moerser strömen in die Rheingold- und die Grafschafter Lichtspiele.

1.3 Die Arbeiterbewegung

Die ökonomische Lage der Arbeiterschaft hatte sich mit Krieg und Nachkrieg verschlechtert. Die kleinen Leute waren von den „Hunger-" und „Steckrübenwintern" am härtesten betroffen. Schon im Krieg war es im Kreis Moers mehrfach zu Aufruhr gekommen.[27] Aus vielen Familien waren nun Väter und Brüder im Krieg geblieben. Viele kamen als Invaliden oder krank nach Hause. Aus Meerbeck erzählt Josef Gottschild:[28]

„Mein Vater war auf Rheinpreußen, Schacht 5, als Abdeckmann in der Kokerei beschäftigt. Wir waren 9 Kinder, ich war der Jüngste. Am 7. Oktober 1918 starb der Vater an Grippe. Es begann für uns alle eine schwere Zeit. Erst der Krieg und dann kein Ernährer. Die Mutter stand nun mit vier unmündigen Kindern alleine da. Die Schwestern Ida, Anna, Hedwig, Elisabeth waren in herrschaftlichen Diensten, für Kost und ein kleines Entgelt. Das Geld reichte kaum zum Kleiden, sie konnten uns nicht helfen. Die Mutter bekam keine Rente, da der Vater noch keine fünf Jahre in der Knappschaft war."

Die Revolution von 1918 hatte Verbesserungen für die Arbeiterschaft gebracht, vor allem den achtstündigen Normalarbeitstag, das Koalitionsrecht für die Gewerkschaften und die Erwerbslosenfürsorge. Bald danach erkämpften Bergleute, daß Gewerkschaftler wegen ihrer Aktivität nicht bestraft werden dürften. Die Arbeitszeit wurde auf acht Stunden einschließlich der Ein- und Ausfahrt begrenzt. Dies hat, wie sich Edith Biewend erinnert, für den Alltag im Raum Moers, erhebliche praktische Bedeutung:[29]

„Rudi Reichmann ... wählt als Arbeiter die SPD und ist Mitglied der Gewerkschaft. Die hat den Achtstundentag durchgesetzt, und was das für ein großer Fortschritt ist, können nur diejenigen ermessen, die jetzt zwei Stunden weniger arbeiten dürfen für den gleichen Lohn. Rudi ist nicht mehr so hundemüde, wenn er vom Hüttenwerk nach Hause kommt ... Früher reichte der Schlaf immer grade hin, sich für die nächste Schicht zu erholen, und richtig gelebt wurde nur am Sonntag."

Doch wird der Weimarer Staat nicht der der Arbeiterklasse, jene freie Arbeiterrepublik, von der SPD und Arbeiterbewegung vor dem Krieg so lange geträumt hatten. Die Macht des Großkapitals bleibt unangetastet, noch nicht einmal in den Grundstoffindustrien kommt es zu Sozialisierungen. Die enttäuschten Bergleute hören oft nicht mehr auf die alten Verbände. Im westlichen Ruhrgebiet rufen revolutionäre Syndikalisten erfolgreich zu direkten Aktionen auf. Die SPD-geführte Reichsregierung, politisch verantwortlich für die Unterdrückung nach dem Kapp-Putsch, verliert das Vertrauen vieler Arbeiter und damit die Reichstagswahlen von

Verband der Bergbauindustriearbeiter Deutschlands, Schulung im Mai 1930, Willi Müller aus Meerbeck in der dritten Reihe, über dem sechsten von rechts vorne

Juni 1920. Der „Alte Verband" der Bergarbeiter, dessen Mitgliedschaft sich zwischen 1917 und 1919 vervierfacht hatte, verliert schnell wieder die Hälfte seiner Mitglieder. Der Organisierungsgrad der Bergleute fällt von 45,4% (1918) auf 14,8% im Jahre 1924 zurück, die Bewegung ist gespaltener denn je.[30] Der Bergarbeiterverband sinkt bei den Betriebsrätewahlen im Ruhrbergbau von 45,7% (1920) auf 32,2% im Jahr 1924, während Syndikalisten 7,3 und Kommunisten 34,3% gewinnen. Der „Gewerkverein christlicher Bergarbeiter", der der Zentrumspartei nahesteht, bleibt bei 18-21%. Die Unternehmer wollen 1922 die Vorkriegsarbeitszeit von 8 Stunden für Untertage-Arbeiter und 10 Stunden für Übertagearbeiter wieder einführen. Oft versuchen sie, einseitige Lohnkürzungen zu verordnen. Die Verhandlungposition der Arbeiter wird dabei schlechter, zwischen 1924 und 1926 wird fast ein Drittel aller Bergleute entlassen.

Josef Gottschild erzählt weiter aus Meerbeck: „... aber unsere Aufgabe [als Kinder] blieb, holen, was zu holen war. Die Ernährung war nach dem Krieg ein großes Problem. Die Mutter machte aus allem was, aus Rüben und Früchten, Kraut für's Brot. Wir mußten zur Erntezeit alles Eßbare holen, auch Pilze und Beeren aller Art. Es ging weiter Ährenlesen, Kartoffeln nachhacken, alles in Holzschuhen oder barfuß, für Schuhe war kein Geld da. So hatten wir die Füße viel kaputt, aber wir lebten. Für Schulaufgaben und Spielen gab's auch noch Zeit. Auch Gartenarbeit wurde gemacht. Hühner und Kaninchen wurden gehalten, damit es auch mal Eier und Fleisch gab. Spielen konnte man noch auf der Straße in der Siedlung. Der Verkehr war gering, einige Pferdekarren und Fahrräder, es waren noch Schotterstraßen. Bei Regen gab es viel Schlamm, die Kanalisation war schlecht. Wir hatten auch noch Plumpsklos, die wir selber leermachen mußten... Wir hatten alle am Haus einen Stall, so wurde großes und kleines Vieh gehalten."

Die SPD

Bei den Wahlen zur Nationalversammlung im Januar 1919 hatte die „alte“ SPD – die Mehrheitssozialisten der MSPD – in Moers noch stolze 48,3% erreicht. Nach der Gründung der KPD auch in Moers sind SPD und KPD gleichstark, bei geringfügigen Verlusten der KPD bis 1928. Besoldeter Parteisekretär der Kreis Moerser SPD ist seit 1912 Karl Müller, der später für die Partei in den Reichstag einzog. Nach dem Krieg und der Novemberrevolution sind die Beziehungen zwischen Moers, Homberg und Kamp-Lintfort an der Basis ausgesprochen eng, wie Adolf Haack aus Homberg berichtet:[31]

„Das war 1919. Da wurde in Homberg die Volkshochschule gebildet. Da habe ich Leute getroffen, Hermann Runge, Fritz Runge, und durch die bin ich zur Sozialdemokratie gestoßen. Wir haben dann eine Gruppe gebildet in Moers, in Meerbeck. ... und uns getroffen, einmal in Homberg bei mir zu Hause im Johannenhof, und bei Fritz und Hermann Runge, in Meerbeck... Nach 1918 kamen aber auch viele, die gar nicht zu uns paßten ... 'Novemberlinge'“.

Die Sozialdemokraten in der Reichsregierung enttäuschten – so das Buch über die SPD-Parteigeschichte für Duisburg – viele Hoffnungen der Arbeiterschaft: „Schon eineinhalb Jahre später endeten die Reichstagswahlen vom 6. Juni 1920 für die SPD in den Moerser Industriegemeinden mit einer Niederlage, von der sie sich

SPD im Wahlkampf in Meerbeck, etwa 1928. Auf dem Karren das Plakat: „Ein Esel wie ich wählt bürgerlich“. Sechster von r.v. Karl Friessnegg, 1945/1946 Mitglied des „Vertrauensrates“ der Stadt Homberg, daneben Adolf Haack, ebenfalls Homberg.

Mit dabei am 1. Mai 1929 in Hochstraß, Kirschenallee/Ecke Moselstraße: Hans Schürmann (später als Widerstandskämpfer verurteilt), Hugo Friessnegg (Arbeitersamariterbund), Willi Nöthen, Hilde Hähnel (verh. Igl), Alfred Lemmnitz, Gustav Großmann, Wilhelmine Runge, Gerd Biedermann (SAJ-Führer), Martha Niesel (Mutter von H. und F. Runge), Käthe Frost

in der Weimarer Zeit nie mehr erholen sollte."[32] Parteisekretär für das Moerser Kreisbüro im September 1921 ist bereits Caesar Weyers.

1922 kehren Teile der USPD zur SPD zurück, darunter Emil Bosbach aus Rheinhausen. Die Partei weist, nach dem Krisenjahr 1923, bei den Reichstagswahlen von 1924 leichte Verluste auf, konsolidiert sich aber deutlich bei jenen von 1928. Parallel zur leichten wirtschaftlichen Besserung in Staat und Stadt entwickelt sie ein vielfältiges Leben in allen Bereichen.

Im Kreis Moers ist die SPD zwar in fast allen Kommunalparlamenten vertreten. Doch erreicht sie auch in den Industriegemeinden keine Mehrheit oder Koalitionen, über die sie die Exekutive wesentlich beeinflußt. Ihre Stärke liegt in öffentlichen Versammlungen, im Großbetrieb, auf der Straße und im Freizeitbereich. Die Kultur der Arbeiterbewegung, die für Duisburg vorbildlich untersucht ist[33], umfaßt alle Lebensbereiche. Sie ist zugleich der Versuch einer proletarischen Gegenkultur. Wesensmerkmal der Wohnkultur in den Arbeitersiedlungen ist die Selbsthilfe, wie Jürgen Dzudzek für Duisburg schreibt.[34]

Gegenüber dem „Zechenkonsum" entwickeln die Konsumvereine der Arbeiterschaft den „Arbeiterkonsum", etwa in der Eitelstraße in Meerbeck oder an der Ecke Heinrich- und Homberger Straße in Hochstraß. Hier bekommt man z.T. Kredit, führt ein „Warenkontobuch" und erhält, bei guter Geschäftsentwicklung, später eine Rückvergütung. Selbst bei der Beerdigung helfen parteinahe Organisationen. Die

1. Mai 1927 in Schwafheim, Restaurant Waldeslust. Ansprache des SPD-Parteisekretärs Caesar Weyers

Freidenker-Verbände, die es auch in Moers, Homberg-Hochheide und Kamp-Lintfort gibt, schließen sich 1927 dem „Verband für Freidenkertum und Feuerbestattung" an. Ihr Motto: „Für das Leben, nicht für das Jenseits wollen wir wirken".[35]

Ausflug der Meerbecker SPD-und AWO-Frauen zum „Bienenwirt" nach Millingen, ca. 1925, mit dem Busunternehmen Streup: 1. Reihe, hell: Wilhelmine Holtappels, spätere Runge. Außerdem: Martha Niesel (Mutter Runge), Frauen Buchmann, Streup, Stranski, Brümmer, Schürmann, Hoffmann, Mutter Holtappels

Büro der „Volksstimme" und der SPD in Moers, Homberger Straße 95, im August 1932, mit Käthe Frost (Austrägerin), Redakteur Otto Striebeck und Anni Leupold, Sekretärin. Die drei Pfeile sind das Symbol der „Eisernen Front".

Auch die Frauen unternehmen gemeinsame Ausflüge:

Zentrales Ereignis für die Partei ist jedes Jahr der 1. Mai, der noch kein Feiertag ist. Emilie Thissen war als Kind dabei:[36] „Der 1. Mai war damals für uns der höchste Feiertag. Ich hatte damals ein weißes Kleid, nur für den 1. Mai. Es war sehr schwer, am 1. Mai nicht zu arbeiten. Die standen sowieso schon auf der schwarzen Liste. Und als die Schächte 1 und 2 stillgelegt wurden, waren das die ersten, die entlassen wurden. Mein Vater war gut ein Jahr erwerbslos."

Adolf Haack ergänzt: „Wenn eine Veranstaltung bei Daniels war, dann nahmen alle Vereine, der Chor, Turnverein, die Jugend, alle nahmen teil und bauten ein Programm zusammen. Das war immer schön, der Zusammenhalt." Else Nöthen bestätigt: „... dann haben wir immer gesungen und Volkstänze gemacht. Gesungen wurde 'Brüder, zur Sonne, zur Freiheit', die 'Internationale'..., viele Wanderlieder, aber auch Arbeiterlieder, ein Lied 'Ich bin ein Proletariermädchen, mein Herz gehört dem Proletariat', das sang ... vom Fritz Runge die Frau." Susanne Runge selbst zurückblickend: „Wir sangen nicht nur Tendenzlieder, sondern auch viele Volkslieder, wie sie im Liederbuch der SAJ standen".[37]

Zu den Wahlkämpfen berichtet Emilie Thissen an gleicher Stelle: „Da ... haben wir einen Esel vor einen Wagen gespannt, mit lauter Plakaten, und da stand dran: Ich bin ein Esel, ich wähle bürgerlich. Wenn Wahlen waren, dann sind die Männer, die Mittagsschicht hatten – einige hatten ja Räder –, bis nach Xanten gefahren. Die haben nur nachts plakatiert, sonst kriegten sie da Schläge, und mittags mußten sie ja wieder zur Arbeit."

Die Parteizentrale für den Kreis Moers liegt in der ersten Etage des Büros der Parteizeitung „Volksstimme", Homberger Straße 95 (das Haus ist noch heute erhalten). Lokalredakteur ist Otto Striebeck, nach dem Zweiten Weltkrieg Bundestags-

Selbstgebautes Heim der Sozialistischen Arbeiterjugend an der Römerstraße bei der Einweihung 1926/27. Das Heim beherbergte auch Arbeiterwohlfahrt und Reichsbanner, es wurde 1933 von Nazis aus Repelen in Brand gesteckt. Rechts vorne: drei Schürmann-Schwestern, dazwischen im hellen Kleid Erna Hoffmann, die spätere Frau Fritz Seidels. Rechts mit Hund: Vater Buchmann, der den Bau bewachte, daneben Vater Holtappels (Vater von W. Runge).

Einweihung des Falkenheims in der Mattheck 1927

abgeordneter. Im Sekretariat arbeitet Anni Leupold, deren Vater als einer der führenden Sozialdemokraten in Kampf-Lintfort später mit den „Brotfahrern" verhaftet wird. Sie wird nach Hermann Runge Unterbezirksvorsitzende der SAJ.

Die Jugendarbeit – SAJ

Stärkstes Bindeglied und ständiges Rekrutierungsreservoir für die Partei sind ihre Jugend- und Sportorganisationen. Sie bieten sinnvolle gemeinsame Freizeitgestaltung und führen die Jugend hinaus aus den grauen „Kolonien". Adolf Haack berichtet:[38] „Die Sozialistische Arbeiterjugend muß so um 1919 gegründet worden sein. Wir haben hier [in Homberg] in der Kirchstraße getagt, dann haben wir im Ulmenhof das Heim gekriegt. Entweder waren Leseabende, Liederabende, Spielabende, Volkstänze, im Sommer Wanderungen, Filmvorführungen, Ausstellungen mit der Arbeiterwohlfahrt." Die SAJ in Moers und Meerbeck ist ebenso aktiv. Beide Gruppen bauen sich um 1927 selbst ihr eigenes Jugendheim. Es sind geräumige Holzbaracken mit großer Freifläche in Meerbeck an der Römerstraße (heute etwa Fa. Maihof) und in der Mattheck. In einem Brief von 1978 berichtet Wilhelmine Runge:[39] „Unser Jugendheim, auf das wir sehr stolz waren, das wir nach dem Krieg, als Überbleibsel aus der Besatzungszeit, in Baerl erworben hatten, und in idealistischer Selbsthilfe an der Römerstraße wieder aufgebaut haben. Selbst die alten Nägel wurden wiederverwendet. Ich habe auch in meiner Freizeit fleißig mitgehämmert... Der alte Vater Buchmann wurde Heimwart."

Die Moerser SAJ ist, wie sich Alfred und Gertrud Lemmnitz erinnern, schwächer. Die größere Meerbecker Gruppe steht weiter links und stellt die Altvorderen in der Partei mehr in Frage.

Jung-Falken bei der Meerbecker Kirmes 1929

Meerbecker SAJ auf dem zugefrorenen Rhein, Winter 1929/1930. Ganz rechts Hans Schürmann. Daneben Alfred Lemmnitz, der ein Jahr später einen Großteil der Gruppe zur KPD führte.

Schon die Jüngsten werden, wie sich Hermine Kluten und Käthe Märcz erinnern, einbezogen. Im Alter von 6-8 gehört man zu den „Nestfalken", bis 10 zu den „Küken", bis 12 zu den „Jungfalken", danach zu den eigentlichen, den „Roten Falken". Diese wiederum werden mit 14 in die SAJ überführt. Die Mitglieder hatten auch ihre „Kluft":

Die Gruppe der „Kinderfreunde" wird in Meerbeck von Gerd Biedermann betreut, es gibt Progamme für die 6-10 und die 10-14-Jährigen.

Zu Fuß, mit öffentlichen Verkehrsmitteln und per Fahrrad werden am Wochenende auch Ausflüge in die Umgebung gemacht, am meisten nach Stenden (heute Heimvolkshochschule, benannt nach dem ermordeten Krefelder SPD-Reichstagsabgeordneten Fritz Lewerentz). Beste Kontakte herrschen dabei immer zur Lintforter Gruppe. Sport und Musik werden großgeschrieben.

Auch weite Reisen gibt es, an die Ostsee oder nach Holland zum internationalen Antikriegstag. Von der legendären Kinderrepublik „Solidarität" 1932 in Draveil bei Paris schwärmt Hermine Kluten noch heute:[40]

„Es kamen über 600 Kinder aus mehreren Ländern zusammen. Viele kamen aus Wien mit dem Fahrrad, da hatten die Falken und die Arbeiterjugend ihren Ursprung. Arbeiterkinder kamen ja sonst kaum 'raus, waren oft in einem schlimmen Milieu. Die Entsendung war manchmal eine Belohnung für aktiven Einsatz, man lernte aber auch Ordnung, Disziplin und Gemeinschaftssinn... Der Aufbau war wie eine Republik im großen. Mehrere Zelte bildeten ein Dorf, die Dörfer bildeten die Lagergemeinschaft, immer mit gewählten Vertretern. Das Lagerparlament wählte die Präsidenten, einen Jungen und ein Mädchen. Wir Kinder bestimmten

Jung-Falken vor ihrem Heim in der Mattheck, 1930; links stehend Jupp Leyers, der später mit den „Brotfahrern" verhaftet wurde.

Moerser SAJ mit ihrem Wimpel, ca. 1930, mit dabei: Kinder des später ermordeten Alex Nöthen, Jupp Igl, Adam Erbach, Jupp Leyers, Käthe Holtschneider, Ewald Zimmer, Sohn Peter Zimmers

Meerbecker SAJ im Sauerland 1925. Dritter von links Hermann Runge, dritte von rechts Wilhelmine Holtappels, spätere „Minchen" Runge. Hinten rechts: der spätere Spanienkämpfer Adam Erbach.

SAJ Meerbeck bei einem Ausflug

wirklich vieles. So sollte die richtige Demokratie eingeübt werden. Es gab politische Veranstaltungen und viele Neigungsgruppen, von Künstlern animiert."

Fließende Übergänge in der Mitgliedschaft bestehen von SPD und SAJ zu den „Naturfreunden", die Arbeiter aus der Umgebung der Industrie und den Mietskasernen in die Natur hinauszuführen suchen. Die Ortsgruppe von Moers-Meerbeck wurde 1923 gegründet.

Die kritischsten Genossen, so berichten Käthe Märcz und Alfred Lemmnitz, waren die „Jungsozialisten". Sie trafen sich in Moers in einem Haus am Nordring, hinter dem Wall. Zu ihnen gehörten auch die Brüder Fritz und Hermann Runge.

Reichsbanner

1924/1925 wird auf Initiative der SPD das „Reichsbanner Schwarz-Rot-Gold" ins Leben gerufen, zur Verteidigung der Republik auf der Straße. Ihm schließen sich gelegentlich auch andere politisch Interessierte an, etwa aus der Zentrumspartei.

SAJ Meerbeck und Kamp-Lintfort am Langenberger Sender. Mit Hut Otto Striebeck, Redakteur der Moerser „Volksstimme"

Lintforter SAJ auf dem Fichteplatz, Sommer 1932

Lintforter SAJ bei einer Nachtfahrt nach Brambosch/Leucht zur Waldbeerenzeit. Vierte v.l., kniend: Marie Müller, erste Frau im Moerser Kreistag.

Fanfarenkorps der Lintforter SAJ, ca. 1930

Naturfreunde Moers. Ganz links Thomas Igl, der 1932 in der Steinbrückenstraße von Nazis mit dem Spaten erschlagen wurde.

Paul Schneider, Führer des Meerbecker Reichsbanners. Er wurde 1936 wegen Widerstands zu drei Jahren Zuchthaus verurteilt.

Das Reichsbanner Meerbeck vor der Gaststätte „Glück auf" (Seyock). Links unten kniend neben dem Fahrrad Paul Schneider

Jungbanner Meerbeck, ca. 1927

Spielmannszug des Reichsbanners Meerbeck

Helferinnen bei einem Reichbannerfest in Meerbeck

Indirekt ist es eine Antwort auf die militärisch organisierte Sturmabteilung (SA) der NSDAP. Hermann Runge, Kreis Moerser Parteisekretär von 1931 bis 1933, dazu später im Rückblick:[41] „Die Nazis versuchten immer wieder, die Versammlungen der SPD kaputtzuschlagen. Aber sie haben es nicht geschafft. Wir hatten ein ausgezeichnetes Reichsbanner. Die Kumpels konnten anpacken."

Die Arbeiterwohlfahrt

Die Arbeiterwohlfahrt wurde auf Reichsebene 1919 gegründet, in Moers und Meerbeck kurz danach. Sie ist eine Teilorganisation der SPD, kein unabhängiger Wohlfahrtsverband. Im Gegensatz zur „Wohltätigkeit" bürgerlicher Vereine möchte sie „Kräfte für den sozialen Gedanken mobil machen, die die Not des anderen als eigene tragen helfen". Sozialer Hintergrund ist das Massenelend nach dem Ersten Weltkrieg.[42] Emilie Thissen erinnert sich an die Anfänge in Homberg: „Dann kam hinzu, daß damals die Leute von Polen und der Tschechei hierher kamen und wollten Arbeit haben. Und wer sehr der Kirche zugetan war, der konnte was erhaschen, und die anderen nicht. Und dadurch ist die Arbeiterwohlfahrt hier entstan-

Frauen der Arbeiterwohlfahrt und der SPD Meerbeck mit zwei Flüchtlingen aus Ungarn (links), 1928, mit dabei Frauen Niesel (Mutter H. Runges), Holtappels (Mutter W. Runges), W. Holtappels (spätere Runge), Tochter Buchmann, Buchmann (Mutter des Stadtverordneten), Hofecker, Schürmann, Käthe Frost, Stranski, Weber (AWO-Vorsitzende), Streup

AWO-Nähstube vor der Weltlichen Schule in Kamp-Lintfort, 1926. Die Männer der 4.-6. Frauen von links wurden später als Widerstandskämpfer von den Nazis abgeholt: Helene Stierenberg, Wilhelmine Helmreich und Minna Orlekowski, AWO-Vorsitzende in Kamp-Lintfort bis 1933.

Peter Zimmer vor der Fahne des Moerser Reichsbanners. Zweimal von den Nazis verhaftet, war er später Alterspräsident des ersten Landtags von Nordrhein-Westfalen.

Ferienlager, etwa 1930

Hugo Friessnegg, Kassier des Meerbecker Arbeitersamariterbundes

Arbeitersamariterbund Kamp-Lintfort vor der Weltlichen Schule, 1932

den 1919. Die Leute kamen, die Frauen, und wußten sich keinen Rat. Die Arbeiterwohlfahrt hatte eine eigene Waschküche ... ein großes eigenes Heim, da wurde auch genäht... Das Haus war im Ulmenhof."

Von der AWO-Gründergeneration in Meerbeck und Moers besitzt Käthe Märcz noch Fotos: „Ihr erster Vorsitzender war Rektor Pfleger von der 'Freien Schule' in

25-jähriges Jubiläum des Arbeiter-Rad- und Kraftfahrerbunds „Solidarität" in Meerbeck, 1931

Meerbeck. Zuerst traf man sich privat oder in der Freien Schule. Es gab keine eigenen Räume. Ganz am Anfang waren bereits die Familien Stranski, Schürmann, Hofecker, Weber und Rauer aktiv. Etwa ab 1927 war die AWO mit im Meerbecker SAJ-Heim. Großen Anklang fanden Kurse zur Säuglingspflege und die Nähkurse. Es gab ja auch keinen Kindergarten für Arbeiterkinder."

Der Arbeiter-Samariterbund

Der Arbeiter-Samariter-Bund stammte bereits aus der Kaiserzeit (1909). Emilie Thissen aus Homberg:[43]

„Es gab Wanderkörbe (für Wöchnerinnen), die waren mit Wäsche und Kinderkleidung ausgestattet. Die Wäsche wurde dann schmutzig wiedergebracht und ... gewaschen... Wenn der ASB Wöchnerinnen in Pflege hatte, dann hat meine Mutter dafür gesorgt, daß diese Frauen auch gutes Essen kriegten. Dann hatten Pattberg, der Generaldirektor der Zeche Pattberg, das Geschäft Rüsen, Nünninghoff und so einige Geschäftsleute Essen für diese Wöchnerinnen gespendet.

Wenn jemand starb, mußte meine Mutter die Toten waschen und einsargen... Die Frauen gingen in Kurse, lernten Krankenpflege, machten Erste-Hilfe-Kurse... Wir hier in Homberg hatten einen Krankenwagen, der wurde aber noch gefahren von zwei Männern, einer war vorn, einer war hinten. Da wurde der Kranke hereingelegt, Verdeck darüber gemacht und geschoben bis zum Krankenhaus. Wenn kein Mann da war, haben die Frauen das getan."

Arbeitersport

Die vielen Arbeitersportvereine der 20er Jahre stammen entweder aus der Kaiserzeit oder wurden nach 1918 ins Leben gerufen. Der bis heute aktive Arbeiter Rad- und Kraftfahrerbund „Solidarität" Meerbeck begeht im Mai 1931 feierlich sein

Christian Leupold nach der Haft 1938

Jugendweihe 1924 in der Gaststätte Lohmann. 2. v.l. Lehrer Zischke von der „Freien Schule",

4. v.l. Fritz Runge, späterer Widerstandskämpfer

25jähriges Bestehen. Daneben gibt es den Arbeiter-Turnverein „Zukunft", die „Freien Schwimmer" (bis heute), Boxsportgruppen usw. Politisch Gleichgesinnte finden sich auch beim Brieftaubensport. Den gemeinsamen Einkauf der Futtermittel für die Bergmannsziegen übernahm in Kamp-Lintfort über Jahre Christian Leupold.

Freie Schule / Jugendweihe

Viele Arbeiter schicken ihre Kinder nun auf die „Freie Schule" oder „Sammelschule", wie sie seit Beginn der 20er Jahre in Hochstraß, Meerbeck, Neukirchen und Lintfort eingerichtet werden. Dieser Schultyp entsteht in den Industrieregionen Preußens nach dem „Weimarer Schulkompromiß" von 1919. Die konfessionellen Schulen dominieren aber weiter. Die katholische Kirche in Kamp schließt Eltern und Kinder der „Freien Schule" vom Empfang der Sakramente aus.[44] Alle Interviewpartnerinnen, die sich an die Schule erinnern, tun dies gerne. Hilde Igl:[45]

„Die weltliche Schule war sehr gut, wirklich. Es gab keinen Religionsunterricht, in dem gebetet wurde. Es gab wohl Religionsgeschichte und Lebenskunde, damit man sich ein Bild machen konnte. Die Lehrer waren zumeist überzeugte Demokraten, sehr fortschrittlich. Vom Sozialismus direkt habe ich nichts gehört. Die Erziehung war nicht so autoritär wie anderswo. Es gab auch viel Sport. Und da war auch eine Badeanstalt drin, das war neu. Da kamen auch die anderen Schulen hin. Die abschließende Jugendweihe fand dann im Saal Lohmann statt. Aber leider haben die Nazis das ja schnell wieder beendet."

Volksbühnen und Moerser Volkschor

Die gemeinsame Freizeitgestaltung mündet häufig auch in schauspielerischer Kreativität oder in Singgemeinschaften. Die politische Losung dazu lautet „Die Kunst dem Volke! Die Kunst durch das Volk!"[46] Viele Fotos sind von den Volksbühnen in Homberg, Kamp-Lintfort und Meerbeck überliefert. Von Lintfort schwärmte auch ein Puppentheater der SPD aus, der „Rote Kasper". Die Puppen und die Bühne waren, wie Hermine Kluten berichtet, selbst erstellt. Die Meerbekker Volksbühne spielte Komödien, aber auch Stücke wie „Zyankali" oder „Paragraph 218". Bergmann Karl Jacoby, heute 87, wurde 1923 Mitglied der Homberger Volksbühne und 1929 deren Spielleiter:[47]

„Damals wurde jeden Monat ein Schauspiel oder eine Operette aufgeführt, z.B. 'Kabale und Liebe' von Schiller oder 'Der Gewissenswurm' von Anzengruber... Das Proben machte oftmals Schwierigkeiten, denn die meisten Mitglieder waren

Volksbühne Meerbeck am 23.1.1929, stehend v. l.: Burghard, Adametz, ...?, Gühnemann, Stranski, Hanne Hren (spätere Holtappels), Danek, Meier, Elisabeth Adametz, Martins, Stranski, Bauer; 2. Reihe, sitzend: ...?, Else Walter, Franz Panis, Ida Ricksgert; vorne rechts: Fritz Seidel, späterer Nachkriegsbürgermeister von Rheinkamp

Bergmänner und hatten Wechselschicht... Es fanden Gastspiele in Moers, Repelen-Baerl und Neukirchen-Vluyn statt. Es gab Aufführungen, die von 1300 Besuchern gesehen wurden. Die Volksbühne spielte auch speziell für Arbeitslose. Der Eintritt betrugt 10 Pfennig... Einer der bekanntesten Darsteller, Roman Ebner, wurde während der Nazizeit verhaftet und verbüßte eine längere Zuchthausstrafe.

Aber der Spielbetrieb ging auch in der Nazizeit weiter. Jedes Werk mußte beim Kulturamt der Stadt Homberg oder auch vom Kreis Moers überprüft werden. Auch nach dem Krieg machten wir weiter. Erst mit dem Fernsehzeitalter mußte der Spielbetrieb eingestellt werden."

Auch der noch heute bestehende Volkschor Moers hat seine Ursprünge zwischen Homberg und Moers. 1906 im Büro des Bergarbeiterverbands als „Freie Sänger Hochheide" gegründet, fand er schon bald sein Domizil in Asberg und Hochstraß. 1912 verloren einige seiner Mitglieder wegen Beteiligung am Bergarbeiterstreik ihre Arbeit.[48] 1918 beteiligt sich der Chor an der Revolutionsfeier auf dem Hochheider Marktplatz, ab 1919 probt er – nunmehr als Volkschor Moers – im Lokal Kroppen am Moerser Schlachthof. Karl-Heinz Kenn: „Der Volkschor trat bei Veranstaltungen der Partei oder der Nebengliederungen auf. Er trat auch auf, wenn die Schulentlassung der weltlichen Schule war. Nach dem Singen saßen alle zusammen und es wurde politisiert. Gesungen wurde z.B. 'Hebt unsere Fahne in den Wind'".[49] Ein Konzertprogramm vom 13. März 1927 in Moers zeigt, welch durchaus traditionelles Liedgut von einem solchen Arbeiterchor gepflegt wurde:

Sechs Jahre später wird der Chor gemäß den Richtlinien des „Kampfbundes für Deutsche Kultur Kreis Moers" von den Nazis gleichgeschaltet.

VOLKSCHOR MÖRS

Mitglied des Deutschen Arbeiter-Sängerbundes – Gau Rheinland
Gesamtsängerzahl 80 Musikalische Leitung: Herr B. Rötters, Neukirchen

SONNTAG, 13. MÄRZ, ABENDS 8 UHR, IM SAALE DES HERRN AILBOUT (FRÜHER BLÄSER), MÖRS

KONZERT

(STUHLREIHEN)

Solisten: Fräulein Ilse Kroppen (Klavier)
Herr Hermann Abelmann (Bariton).

VORTRAGSFOLGE:

1. Gemischter Chor:
Schön Rotraud, op. 67, 2 ... R. Schumann
2. Klaviersolo:
Scherzo, b-moll, op. 31 ... Fr. Chopin
3. Frauen-Chor:
a) Die Nacht ... Fr. Schubert
b) Weihe des Gesanges ... W. A. Mozart
4. Bariton-Solo:
Spielmannsleben, Zyklus von 4 Gesängen . Fritz Lorleberg
5. Männer-Chor:
Sternennacht ... Schulken

Bitte wenden!

6. Volkslieder für gemischten Chor und Bariton-Solo:
I. Liebesklage (Chor)
a) Herzeleid ... Silcher 1834, bearb. E. Koch
b) Die drei Röselein, Schwäb. Volksweise, bearb. G. Huber
Bariton-Solo:
c) Lindenlaub 1549 ... bearb. Heinrich Reimann
d) Ein Lied vom Rosengarten 1771, bearb. Heinr. Reimann
II. Abschied (Chor):
a) Abschied auf immer ... Volksweise, bearb. M. Vogel
b) Der letzte Tanz, Zuccalmaglio 1838, bearb. F. Gernsheim
III. Scherz, Bariton-Solo:
a) Erinnerung ans Schätzle 1808, bearb. Heinr. Reimann
b) Schwäbisches Volkslied 1771, bearb. Heinr. Reimann
c) Schwäbisches Tanzlied ... bearb. Heinrich Reimann
Chor:
d) Liebesscherz, Schwäbische Volksweise nach Silcher bearb. A. Keffel
e) Von den zwei Hasen ... Volksweise vor 1820 bearb. Dr. A. v. Othegraven
7. Klaviersolo:
Rondo Capriccioso, e-moll, op. 14. F. Mendelssohn-Bartholdy
8. Chöre mit Klavierbegleitung a. d. Op. „Preciosa", C. M. v. Weber
a) Morgenlied der Zigeuner
b) Zigeuner-Chor
c) Froher Mut.

Der Konzertflügel wurde von der Firma Massong zur Verfügung gestellt.

Einlaß 7 Uhr. Einlaß 7 Uhr.

Eintrittspreis à Person 0.80 Mk.

RAUCHEN IM KONZERTSAAL VERBOTEN.

Druck: Clemens Hengsbach & Co., Duisburg.

Konzert 1927

Die KPD

Ein durchaus vergleichbar aktives Leben wie die SPD entfaltet auch die KPD im Moers der Zwischenkriegszeit. Akten von 1921-1923 weisen auf wilde Arbeitsniederlegungen und Sabotageakte hin, die sich zum Beipiel gegen das Abholen von „Depu-

Mattheck, Ende der 20er Jahre. Viele Männer wurden in der Krise ab 1930 arbeitslos, die Mehrheit stand der KPD nahe.

Moers-Hochstraß, Ecke L-Straße/Lindenstraße, um 1930: Barbara Hirschmann (1946 Mitglied des ersten Kreistages) heiratete Wilhelm Illbruck, den 1935 die Gestapo abholte. Vier Brüder Hirschmann wurden während der Nazizeit als Kommunisten verhaftet, darunter Andreas und Heinrich (oben, 1. und 4. von links). Schwester Cecilie (2. Reihe, 3. v.r.) heiratete Franz Levy, rechts neben ihr, der später im Moerser Polizeigefängnis mißhandelt und zu sechs Jahren Zuchthaus verurteilt wurde. Auch sie war kurz verhaftet. Auch Heinrich Illbruck (vorletzte Reihe, l.o.) wurde 1933 sogleich in „Schutzhaft" genommen.

Steinsetzer Friedrich Pusch, Mitte, in der Hocke, am Königlichen Hof in Moers, dahinter Unternehmer Rippel. Er überlebte später trotz Krankheit im KZ Buchenwald, dank der Hilfe des dort inhaftierten Moersers Adam Erbach.

Einheitsverband für das Baugewerbe

◆

Mitgliedsbuch Nr. 25635

für: Pusch Fried.
(Familienname) (Rufname)

Beruf: Steinsetzer

geboren am: 5 April 1885

in: Ragnit

Eingetreten am: 5. Mai 1931

Ortsgruppe: Mörs

Gewerkschaftlich organisiert seit: 1910.

Im Verband: Steinsetzer bis 1930

Unterschrift des Inhabers: Pusch

Beitritts-marke

Buch wurde ausgestellt am: 18.8.31

Unterschrift und Stempel

Einheitsverband für das Baugewerbe E.V.f.d.B. Bezirk Ruhr-Rhein-Lippe

Der „Einheitsverband für das Baugewerbe" war dem kommunistisch orientierten Dachverband RGO angeschlossen.

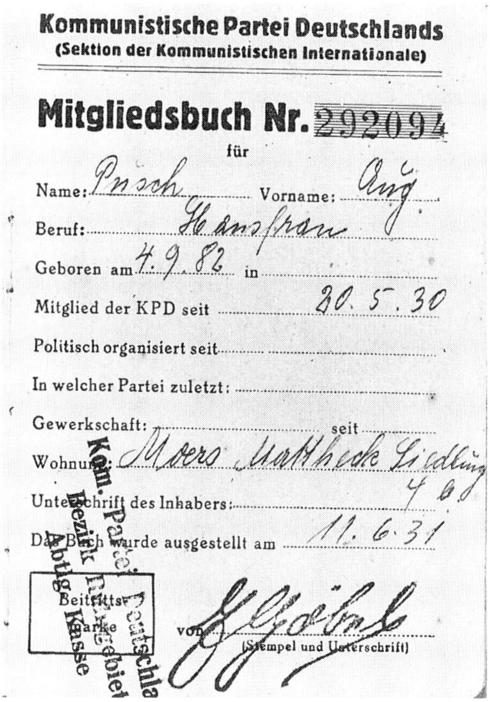
Kommunistische Partei Deutschlands
(Sektion der Kommunistischen Internationale)

Mitgliedsbuch Nr. 292094

für

Name: Pusch Vorname: Aug.

Beruf: Hausfrau

Geboren am 4.9.82 in

Mitglied der KPD seit 20.5.30

Politisch organisiert seit

In welcher Partei zuletzt:

Gewerkschaft: seit

Wohnung: Moers Mattheck Siedlung 4 a

Unterschrift des Inhabers:

Das Buch wurde ausgestellt am 11.6.31

Beitritts-Marke

von (Stempel und Unterschrift)

Kom. Partei Deutschla
Bezirk Ruhrgebiet
Abtlg Kasse

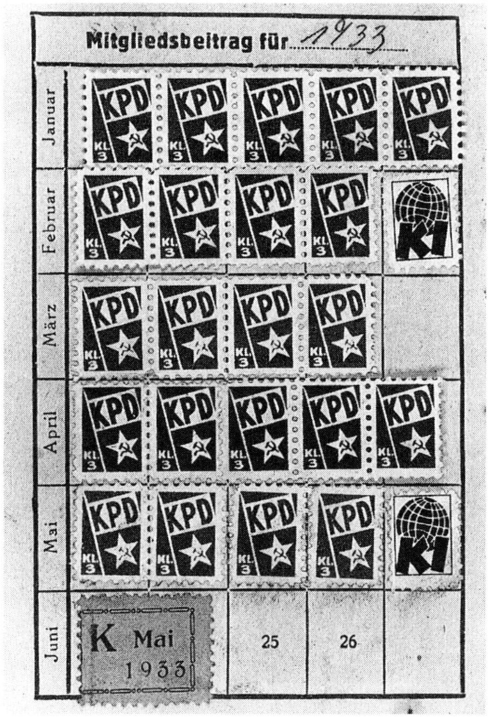
Mitgliedsbeitrag für 1933

Januar	KPD KL. 3	KPD KL. 3	KPD KL. 3	KPD KL. 3	KPD KL. 3
Februar	KPD KL. 3	KPD KL. 3	KPD KL. 3	KPD KL. 3	KI
März	KPD KL. 3	KPD KL. 3	KPD KL. 3	KPD KL. 3	
April	KPD KL. 3	KPD KL. 3	KPD KL. 3	KPD KL. 3	KPD KL. 3
Mai	KPD KL. 3	KPD KL. 3	KPD KL. 3	KPD KL. 3	KI
Juni	K Mai 1933		25	26	

Die Beitragsmarken sind bis Juni 1933 geklebt, als sich die KPD schon in der Illegalität befand.

tatkohle" durch die Besatzungsmacht richten.[50] Im Moerser Stadtrat ist die KPD kontinuierlich durch den Bergarbeiter Richard Schwarzer aus der E-Straße in Hochstraß vertreten. 1919 noch für die USPD gewählt wird er 1924 und 1929 in seiner Funktion bestätigt. 1924 erfolgt der große Sprung der KPD nach vorn, mit acht Ratssitzen auf Anhieb (SPD nur 4). Darunter befindet sich mit Elisabeth Schotes aus der Kirschenallee 55 die erste Frau im Moerser Rat.

Während die SPD durchaus auch Anhänger in der städtischen Mittelschicht hat, stützt sich die KPD praktisch nur auf die Arbeiterschaft. Es sind die zumeist ungelernten Arbeiter, die oft über Generationen aus Armut keine Berufsausbildung erfahren haben. Sehr viele sind zugewandert, teils mit Gründung der Siedlung, teils nach dem Weltkrieg. Unter den Ratsmitgliedern der KPD von 1924 befinden sich neben fünf Arbeitern auch ein Lehrer, ein Vollziehungsbeamter und ein „Fabrikant".

In den reinen Arbeiter-Wohnbezirken ist die KPD mindestens so stark wie die SPD. Ihre Domänen sind der Betrieb und der Betriebsrat, die politischen Versammlungen und die Präsenz auf der Straße. Ein Plakat mit den Forderungen der Kommunisten ist in den Moerser Akten erhalten.[51]

Die Revolutionäre Gewerkschaftsorganisation (auch -opposition, RGO) ist Dachverband für die kommunistisch orientierten Einzelgewerkschaften. Ihr gehören z.B. der Einheitsverband der Bergarbeiter Deutschlands (EVBD) oder der Einheitsverband für das Baugewerbe an.

Über den 1. Mai in Meerbeck berichten Adelheid Lischka, geboren 1906, und Christine Hirschmann, geb. 1900:[52] „Einmal hatten wir einen Umzug, wir gingen die Donaustraße runter. Die ersten waren schon in Moers am Bahnhof. Und die letzten, die standen noch hier in Meerbeck auf dem Marktplatz. Die SPDisten gingen zum 1. Mai zumeist in den Baerler Busch. Die haben sich immer abgesetzt. Zusammen wurde nie marschiert. Einmal trafen sich beide Züge. Aber die SPD schwenkte ab... Der Zug der KPD war der größere. Wir hatten mehr Zulauf. Zu uns kamen die Ärmsten der Armen."

Besonders schlagkräftig und militant ist die Partei in Kamp-Lintfort. Käthe Märcz erzählt, daß sie als Kinder in der Meerbecker Kolonie aus Sicherheitsgründen ins Haus geholt wurden, wenn es hieß „die Lintforter rücken an".

1924 legte sich die Partei den Roten Frontkämpferbund als Kampforganisation zu. Er verstand sich als Gegengewicht zu Stahlhelm und SA/SS und steht in den Arbeitervierteln in Konkurrenz zum sozialdemokratischen Reichsbanner. Am 3. Mai 1929 wird er – auf Dauer – verboten. Im August 1929 veranstaltet das Landeskartell der antifaschistischen Organisationen des Ruhrgebiets (AFSB) ein großes Treffen in Moers (Leyendecker'sche Wiese, Homberger Straße). Dieses wird vom Regierungspräsidenten so beurteilt:[53]

„Die Kundgebung in Moers vom 25.8.29 bewies besonders deutlich, daß es sich um eine Veranstaltung des aufgelösten RFB handelte... In der Nacht vom 24. zum 25. August ds. Js. erschien am Bahnübergang in Moers in Riesenlettern ein Transparent mit der Aufschrift: 'Es lebe die Weltrevolution!' und 'Rotfront-Verbot und doch nicht tot!' Die antifaschistischen Organisationen gebrauchten in Moers besonders auffällig den RFB-Gruß 'Rotfront' unter Drohungen mit der geballten Faust." Kriminal-Bezirkssekretär Imig nannte die Teilnehmer „verkappte Rotfrontbündler".[54]

Am 26. Juli 1931 veranstaltet der „Kampfbund gegen Faschismus" in Orsoy eine große Fahnenweihe. Unter den 650-700 Personen befinden sich wenigstens 100 Frauen

Kaiserstraße mit roten Fahnen für den 1. Mai, ein junger Mann in der Uniform des 1929 verbotenen Rotfrontkämpfer-Bundes. Aus den Häusern 101-121 wurde später ein halbes Dutzend Widerstandskämpfer abgeholt.

und Kinder. „Der Festzug bewegte sich in den von mir ... vorgeschriebenen Straßen. Die Haltung der Zugteilnehmer war korrekt, auffallend gute Disziplin herrschte".[55]

Über die Parteipresse der KPD schreibt der Polizeibericht vom 19. April 1931:[56] „Tageszeitungen und sonstige Zeitschriften der K.P.D. erscheinen im Kreis Moers nicht. Dagegen wird die ... 'Niederrheinische Arbeiterzeitung' vertrieben (Verlag Ruhr-Echo in Essen)... Im Polizeiverwaltungsbezirk Camp werden 600 Exemplare der Niederrheinischen Arbeiterzeitung mit der wöchentlich einmal erscheinenden Bilderbeilage 'Roter Stern' gehalten... In unregelmäßigen Zeitabschnitten wird auf den Zechen 'Die rote Schüttelrutsche' und 'Die Arbeiterfrau' (Zellenzeitungen, die mit der Schreibmaschine angefertigt werden), ausgegeben."

Die Partei unterhält im Kreis Moers mehrere Ortsgruppen. Aus Polizeiberichten gehen folgende Mitgliederzahlen hervor:[57]

Mitglieder	15. April 1931	19. April 1932
Moers-Meerbeck	180-190	300
Neukirchen-Vluyn	220	?
Lintfort	210	280
Homberg	180-200	300
Rheinhausen	102	300
Büderich	30	?

Politischer Leiter der Ortsgruppe Moers-Meerbeck ist 1931 Richard Schwarzer, erster Vorsitzender und technischer Leiter Heinrich Scheffler (Meerbeck, Schlägelstraße 14). Alle fünf Vorstandsmitglieder sind Bergleute. Auch die Führer in den Nachbarstädten sind Bergleute: Anton Andrejczak und Wilhelm Günther in Kamp-Lintfort, Paul Opitz und Heinrich Grehl in Neukirchen-Vluyn.

Schalmeienzug der Linforter KPD, 1932

Häufig werden Kommunisten durch Gerichte bestraft. So wird der Rheinhauser Parteivorsitzende, Blasius Schmidt, während des letzten Bergarbeiterstreiks festgenommen und vom Schwurgericht in Kleve wegen „Anstiftung zu Sabotage" zu einem Jahr Gefängnis verurteilt (1946 Mitglied im ersten Moerser Stadtrat).

Nebenorganisationen

Die Nebenorganisationen der KPD sind noch zahlreicher als jene der SPD, Doppelmitgliedschaften sind ebenso üblich. Auch sie bieten den Mitgliedern eine politische Heimat sowie Schutz in allen Lebenslagen. Schlagkräftige Ortsgruppen des „Kampfbundes gegen den Faschismus" bestehen in Homberg, Rheinhausen und Neukirchen. Oft waren ihnen Betriebswehren (wie in Lintfort) und Erwerbslosenstaffeln angegliedert, letztere bestanden auch in Moers und Meerbeck. Ebenso präsent auf der Straße ist der Kommunistische Jugendverband Deutschlands (KJVD). Er hat um 1930 in Moers ca. 75-80, in Rheinhausen 48-54 und in Lintfort 40-134 Mitglieder.

Die kommunistischen Frauen sind im „Roten Frauen- und Mädchenbund" organisiert. Die Ortsgruppen sind aktiv in Moers (60 Mitglieder), Rheinhausen (34-46) und Homberg (25). Schon 1923/1925 waren 17 Bergarbeiterfrauen zwischen Lintfort und Rossenray zu Geldstrafen wegen „Landfriedensbruchs" verurteilt worden, weil sie sich unerlaubterweise getroffen hatten.[58] Versammlungen mit 300 und 350 Teilnehmerinnen halten im August 1931 das Lintforter „Ortskomitee werktätiger Frauen" und die Lintforter „Frauenstaffel im Kampfbund gegen den Faschismus" ab.[59] Auch die Frauen in Meerbeck hatten, wie Christine Hirschmann und Adelheid Lischka selbst miterlebten, in der Partei durchaus ihr Eigengewicht und zahlreiche eigene Versammlungen.[60] Eine der Aktivsten sei Therese Dimitz gewesen, eine gebürtige Jugoslawin, die auch eigene Vorträge hielt. Sie wurde binnen weniger Tage aus dem Reich ausgewiesen, nachdem sie auf einer SPD-Versammlung im Lokal Biltjes als Gegenrednerin aufgetreten war. Sie emigrierte mit anderen in die Sowjetunion, war aber von den dortigen Verhältnissen schnell enttäuscht. Im Juli 1931 wird folgendes unerlaubte Flugblatt inkriminiert:

ARBEITERFRAUEN VON MÖRS-MEERBECK!!!

Am Freitag, den 10. Juli, abends 8 Uhr, findet im Saalbau Biltjes eine

ÖFFENTLICHE FRAUEN-VERSAMMLUNG

statt. Es spricht die Genossin Frau Beblein aus Hamborn über:

DIE FURCHTBAREN FOLGEN DER NOTVERORDNUNG FÜR DIE ARBEITERFRAUEN!!!

Jede Arbeiterfrau muss mitkämpfen gegen die Notverordnung!!

ARBEITERFRAUEN!! ERSCHEINT ALLE!!!

Komitee Werktatiger Frauen Mörs-Meerbeck.

Walter Kuchta in der KJVD-Uniform

KJVD in Moers ca. 1931; stehend Walter Kuchta, nach Emigration 1935 noch im Krieg zu zwei Jahren Zuchthaus verurteilt

Die „Rote Hilfe" für inhaftierte Antifaschisten, der „Sexualbund", die „Internationale Arbeiterhilfe", die „Kommunistischen Freidenker", der Proletarische Schulverein" und der Sportverein „Freiheit" haben sich in Kamp-Lintfort zum Arbeiterkulturkartell zusammengeschlossen. Dort besteht auch eine Agitations- und Propagandatruppe, die sich „Die roten Rutschenkumpels" nennt. An der Duisburger Schalmeienkapelle wirken viele KPD-Aktive aus dem Kreis Moers mit. Josef Gottschild aus Meerbeck schreibt:

Spielmannszug der Meerbecker KPD mit Josef Gottschild (7.v.l.) und Johann Frevel (r.), beide 1933 in „Schutzhaft“, 1935. Die Gruppe bekam NSDAP-Aufseher, blieb aber weitgehend zusammen.

Die Damen-Handballmannschaft des Rotsport „Fichte“, Moers - Meerbeck, ca. 1932. Stehend, von links: 1 Christine Hirschmann, 2 Bella Hoffmeister, 5 Lene Grunert verh. Pfeiffer, 7 Maria Holzum (verh. Gottfried Hirschmann), 8 Bäbchen Illbruck, geb. Hirschmann. Die Männer der fünf wurden später von den Nazis verhaftet. Der Mann von Klärchen Schelinski, sitzend 3. v.l., kam in der Haft um.

„Der erste Schritt war in die RGO. Das war die Gewerkschaft der KPD. Der nächste Schritt war in die Jugendgruppe, KJVD, der KPD... Über den Sport kam ich zum Tambourkorps. Der Spielmannszug hatte etwas Besonderes für mich. Er hatte seine Wurzeln im verbotenen RFB.“

Die Kapelle des Rotsport Fichte in Meerbeck, ca. 1930

Das im Krieg zerbombte Lokal „Biltjes", mitten in Meerbeck. Dort fanden im Saal Boxsportveranstaltungen und Versammlungen der Arbeiterbewegung statt, später auch die der Nazis.

Anfang 1930 werden in Moers 12 Arbeiter angeklagt, fast ausnahmslos Bergleute, sie hätten unter der Bezeichnung „Freie Spieler" den alten RFB weitergeführt. Die Instrumente waren am 5. Oktober 1929 beschlagnahmt worden.[61] Der Hauptbeschuldigte, Franz Breitenstein aus der Kirschenallee, kam 1933 sogleich in „Schutzhaft".

Josef Gottschild:[62] „Nach dem Verbot 1929 gehörten sie [die Mitglieder des ehemaligen Tambourkorps des RFB] dem Sport an. Der Rotsport entwickelte sich gut.

Geschäftsanzeigen aus den Festschriften der Meerbecker Arbeitersportvereine „Vorwärts“ (KPD-nahe) von 1930 und „Solidarität“ (SPD-nahe) von 1931: „Lohmann“, Ecke Römer-/Bismarckstraße, und „Seyock“, Ecke E-/P-Straße (Mosel-/Zwickauer), waren die Versammlungslokale der Arbeiterschaft. Das jüdische Möbelhaus Winter in der Steinstraße wendet sich hier besonders an Arbeiter. In vielen Städten wurden 1933 Juden und Kommunisten gemeinsam durch die Straßen getrieben, in Duisburg-Wanheimerort hängte man ihnen das Schild „Nach Palästina“ um.

Die Parteien hatte alle ihre Schutztruppen, nur die der KPD war verboten. An die Stelle trat der antifaschistische Kampfbund, denn die Nazis wurden immer frecher. Die Gefährlichsten waren die SA und SS der NSDAP. Sie waren rein militärisch aufgebaut, unter den Augen der Weimarer demokratischen Regierung“.

Die zur Kampfgemeinschaft für rote Sportarbeit gehörenden Gruppen nennen sich in Meerbeck „Freie Spieler“ und „Arbeiter-Turn- und Sportverein Linde“, in Kamp-Lintfort Sportverein „Freiheit“, in Neukirchen Arbeiter-Sportverein „Fortuna“.

1930 feiert der Arbeiter- Turn- und Sportverein "Vorwärts" in Meerbeck sein zehnjähriges Bestehen, dessen Mitglieder mit „Frei-Heil“ grüßen. Vorsitzender Heinrich Tripp klagt in der Festbroschüre über die mangelnde Aufmerksamkeit für die körperliche Ertüchtigung in der Schule und schließt mit einem Appell:[63]

„Schickt die Kinder in die Abteilungen des Arbeiter- Turn- und Sportbundes; nicht in die bürgerlichen Vereine, die die Kinder zu falschem Ehrgeiz durch Höchstleistungen einzelner anfeuern, die nichts mit unsern Zielen gemeinsam haben."

Die Versammlungslokale der Arbeiter sind Lohmann, Seyock und Biltjes in Meerbeck. In Hochstraß-Scherpenberg sind es der Saal Mecheln und die Gaststätte Abel/Kampmann. Deren Wirt, Gert Kempken, ist auch aktiv im sozialdemokratischen „Reichsbanner". Eine Strafprozeßakte führt zum heutigen Zeitzeugen, Josef Gottschild aus Meerbeck:[64] Er hatte 1931 in einem selbstgezeichneten Handzettel, der in der Akte erhalten ist, seine ehemaligen Mitschüler an der Moerser Berufsschule zum proletarischen Massenstreik am 1. Mai aufgerufen, für den die sozialdemokratischen Minister Zörgibel und Severing alle Kundgebungen untersagt hatten.

Christliche Gewerkschaften (und Zentrumspartei)

Die Quellenlage zu den christlichen Zweigen der Arbeiterbewegung in Moers ist noch dürftiger als bei Sozialdemokraten und Kommunisten. Die Gründe dafür sind vielfältig.[65]

Ein Evangelischer Arbeiterverein in Moers hat wahrscheinlich ab der Jahrhundertwende bestanden.[66] Zehn Tage nach Hitlers Machtergreifung berichtet der „Grafschafter" von einer Kreisverbandssitzung der Evangelischen Arbeitervereine. Sie proklamiert unter dem Vorsitz von Pfarrer Lenz aus Moers: „Es geht um den

Christliche Gewerkschaftler, an ihrer Spitze Josef Peil aus Moers vom Zentralverband christlicher Bauarbeiter, vor 1933

entscheidenden Endkampf, um die Lebensmöglichkeit und Zukunftsgestalt von Volk und Vaterland, die nur mit den Kräften des deutschen Protestantismus gesunden werden."[67] Ähnliche Töne schlägt in Moers der „Deutschnationale Arbeiterbund" an, wenn er große Kaiser-Geburtstagsfeiern veranstaltet.[68]

Demgegenüber spielten die katholisch geprägten christlichen Gewerkschaften eine erheblich bedeutendere Rolle. Gerade im harten Alltag erreichten sie so manche Erleichterung für die notleidenden Arbeiterfamilien. Oft waren sie einziger Ansprechpartner für katholische Zuwanderer, denen der Schritt zur SPD und den Gewerkschaften noch unmöglich war. Allerdings waren auch sie – gegenüber dem proletarischen Internationalismus der SPD – bis 1918 stark von der staatstragenden Ideologie „Gott und Vaterland" geprägt. Beispielsweise hatte der 1910 ins Leben gerufene Katholische Arbeiterverein St. Joseph in Meerbeck, von dem eine wertvolle Chronik erhalten ist, während des Weltkriegs ständig „Große Kriegsversammlungen" und „Vaterländische Abende zum Besten unserer Krieger" abgehalten.[69]

Trotz der allgemeinen Radikalisierung zu Beginn der Weimarer Republik vereinigte der „Gewerkverein christlicher Bergarbeiter" bei den ersten Betriebsrätewahlen im Ruhrbergbau etwa 20% der Stimmen auf sich, 1931 sogar 24,2%.[70] Dazwischen lagen ständige Auseinandersetzungen mit den anderen Richtungsgewerkschaften, aber auch Phasen der guten Zusammenarbeit mit dem „Alten Verband". Zu dem Zentrumspolitiker und Reichsarbeitsminister Heinrich Braun geriet der Gewerkverein immer wieder in Gegensatz, im eigenen christlichen Lager war er eher isoliert.[71]

Johann Thamm, Sekretär des Gewerkvereins christlicher Bergarbeiter für den Bezirk Moers, vor 1933

Im Kreis Moers spielten die christlichen Gewerkschaften innerhalb der Zentrumspartei eine gewisse Rolle. Deren wichtigste Mandatsträger, die ja zugleich die Macht im Kreis ausübten, waren Männer wie Rektor Terheyden, Studienrat Dr. Durben, der Bäckermeister Ernst Holla oder der der Zentrumspartei nahestehende Landrat van Endert. Doch trugen auch eine Reihe katholischer Gewerkschaftler parlamentarische Verantwortung. Zu ihnen zählen der Fabrikarbeiter und Gewerkschafter Gerhard van Clev aus Rheinberg (dort Bürgermeister nach 1945), der Schlosser Josef Wahlen aus Rheinhausen und der Bergmann Franz Ruhnau aus Kamp-Lintfort, alle drei bis 1933 im Kreistag. Im Rat der Stadt Moers sitzen von 1919 bis 1933 der Arbeitersekretär Julius Goebel und Josef Peil, Gewerkschaftssekretär des „Zentralverbands christlicher Bauarbeiter".

Hildegard Löhr erinnert sich:[72] „Mein Vater Johann Thamm, Jahrgang 1896, war von 1923 bis 1933 Bezirkssekretär des Gewerkvereins christlicher Bergarbeiter. Sein Büro lag hinter dem Moerser Bahnhof, an der Ecke Kirschenallee/Lotharstraße. Ich meine sogar, er hat das Haus mit der Gastwirtschaft Fischer für den christlichen Gewerkschaftsbund gekauft. Zugleich war er auch einer der Aktiven in der Moerser Zentrumspartei. Er war damals immer mit dem Fahrrad unterwegs. Überall suchte er Bergleute auf, bis nach Xanten und Marienbaum, und sammelte Beiträge ein. 1933 wurde er dann von den Nazis 'rausgeworfen. In dem Haus nistete sich dann die Deutsche Arbeitsfront ein."

Harald Gies hat die Zeit als Kind erlebt:[73] „Wir wohnten im Haus der christlichen Gewerkschaften, hinter dem Bahnhof. Dort befand sich auch ein Büro der Zentrumspartei. Nebenan, bei so einer Toreinfahrt, da war die KPD drin. Und ein Stückchen weiter auf der Lotharstraße, da wohnte ein aktiver Nazi. Und da machten wir Kinder uns dann immer einen Spaß draus: 'Heil Hitler, Herr Schürmann!'.

Gruppe christlicher Gewerkschaftler mit ihren Familien, vor 1933

'Heil Hitler, Kinder!'. Und kam einer oben von der Zentrumspartei runter – die hatten drei Finger gespreizt: 'Frei Volk!'. 'Frei, Kinder!'. Und wenn einer aus der Kommunistenbude herauskam, wir Kinder immer: 'Heil Moskau!'

Mein Vater war Maurer. Wie viele war er 1908 nach Kamp-Lintfort gekommen, um die dortige Kolonie mit aufzubauen. Schon 1912 trat er dem Zentralverband christlicher Bauarbeiter Deutschlands bei. Von dieser Gewerkschaft bekam er, wie noch aus dem Mitgliedsbuch ersichtlich ist, z.B. am 6.11.1925, 33,30 Mark für 9 Tage als 'Streik-, Gemaßregelten- und Sterbeunterstützung'."

1.4 1930-1933: Das Ende der Republik

Aufstieg der NSDAP in Moers

Bis 1928 spielte die Nationalsozialistische Deutsche Arbeiterpartei in Stadt und Kreis Moers als Partei praktisch keine Rolle.

Am 7. August 1925 war vor der völkischen Gemeinschaft des Kreises Dr. Josef Goebbels aufgetreten. Er wollte dort das Verhältnis zwischen der Freiheitspartei Ludendorffs und der NSDAP klären – erfolgreich, wie er später in seinem Tagebuch notierte. 1926 wird zwar eine Ortsgruppe in Moers ins Leben gerufen, doch bleiben die „Völkischen" hier zunächst skeptisch. Die neue Ortsgruppe benennt sich auf Vluyn um. Rheinhausen ist mit 50 Mitgliedern lange die „Hochburg" am Niederrhein. Jahrelang haben dort der Gaukommissar, der Standartenführer der SA und der Sturmbannführer der SS ihren Sitz. Unter Führung dieser beiden Ortsgruppen wird bereits 1927 die SA im Kreis Moers gegründet.[74]

Bei der Reichstagswahl im Mai 1928 kommt die NSDAP im Kreis auf gut 2000 Stimmen (etwa 2,5%), davon fast die Hälfte in Rheinhausen. In Moers-Stadt sind es nur 208 (1,7%). Die Deutsch-Nationale Volkspartei feiert hier mit 2630 Stimmen noch ihren höchsten Erfolg zwischen 1919 und 1933.

Bei den Wahlen der soeben zusammengelegten Gemeinde Neukirchen-Vluyn gewinnt die NSDAP 1928 vier Mandate von 24. Damit ist sie nicht nur erstmals in Preußen in einem Gemeindeparlament vertreten, sondern sie stellt auch gleich den

Vluyner SA 1929. Die SA rekrutierte ihre Anhänger gerade im halbländlichen Milieu.

NSDAP Vluyn 1929

Bürgermeister: Erich Neumann wird u.a. mit den Stimmen der Linken gewählt, da er erklärt, er gehöre seit 1920 keiner Partei an, er ist jedoch Mitglied der NSDAP in Düsseldorf. In der Festschrift zum „Kreisappell" werden die Nazis 1936 voller Stolz schreiben, ihrer Fraktion sei es „durch eine geschickte Taktik" gelungen, den Parteigenossen Neumann als ersten hauptamtlichen nationalsozialistischen Bürgermeister Preußens nach Vluyn zu bekommen.[75]

Bei der Stadtverordneten- und der Kreistagswahl vom 17. November 1929 hält sich der Erfolg durchaus in Grenzen, doch halten die Nazis erstmals Einzug in fast alle Kommunalparlamente. 4 993 Stimmen verhelfen ihnen zu zwei Mandaten im Kreistag (von 36, 12 hält das Zentrum). Weitere erste Sitze erreichen sie in Moers (2) und Kapellen. „Den schlagendsten Erfolg", so die NSDAP später selbst, „erzielte die inzwischen aus der Ortgruppe Moers hervorgegangene Ortgruppe Repelen-Baerl mit fünf Gemeinderatssitzen... Am 2. September 1928 zeigten sich vier SA-

Briefkopf der Moerser NSDAP-Parteizentrale

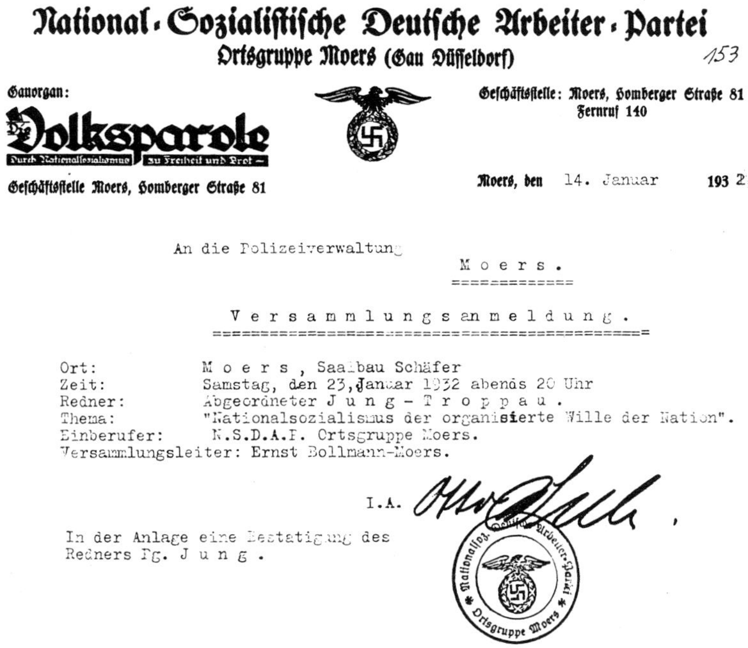

National-Sozialistische Deutsche Arbeiter-Partei
Ortsgruppe Moers (Gau Düsseldorf) 153

Gauorgan:
Volksparole
Durch Nationalsozialismus zu Freiheit und Brot –
Geschäftsstelle Moers, Homberger Straße 81

Geschäftsstelle: Moers, Homberger Straße 81
Fernruf 140

Moers, den 14. Januar 1932.

An die Polizeiverwaltung
M o e r s .

V e r s a m m l u n g s a n m e l d u n g .

Ort: M o e r s , Saalbau Schäfer
Zeit: Samstag, den 23,Januar 1932 abends 20 Uhr
Redner: Abgeordneter J u n g – T r o p p a u .
Thema: "Nationalsozialismus der organisierte Wille der Nation".
Einberufer: N.S.D.A.P. Ortsgruppe Moers.
Versammlungsleiter: Ernst Bollmann-Moers.

I.A. Otto [signature]

In der Anlage eine Bestätigung des
Redners Pg. J u n g .

Nationalsoz. Deutsche Arbeiter-Partei * Ortsgruppe Moers *

Männer Repelens zum erstenmal öffentlich in Uniform, aber erst im Oktober 1929 kam es zur Gründung einer selbständigen Ortsgruppe."[76]

Wie im übrigen Reichsgebiet bringt die Reichstagswahl vom 14. September 1930 einen spektakulären Erfolg der NSDAP. Sie wird in Moers mit 4 260 Stimmen

(28,2%) stärkste Partei (Zentrum 2 017, 13,7%), die DNVP verliert fast die Hälfte ihrer Wählerschaft. Im Kreis erringt sie mit 21,1% den zweiten Platz, knapp hinter dem Zentrum (24,6%). Auch in Repelen-Baerl, Kapellen, Neukirchen-Vluyn, Homberg und Rheinhausen wird sie mit Abstand stärkste Kraft. Lediglich in Kamp-Lintfort bleibt sie mit 1 176 Stimmen weit hinter SPD (1 703), Zentrum (2 708) und der KPD (3 434).

Die führenden Nationalsozialisten in Moers kommen aus dem Mittelstand: Geschäftsleute, Gastwirte, Handwerker. Kreisleiter Ernst Bollmann, geborener Duisburger, kommt im April 1928 nach Moers. Er betreibt mit seiner Frau einen Zeitschriftenladen in der Homberger Straße (Nr. 81). Dort ist auch der Zigarrenladen des Zentrumsstadtverordneten Bruno Heger, der in die NSDAP übertritt und diese für Mittelstand und Katholiken hoffähig macht. Dr. Karl Bubenzer ist Tierarzt aus Repelen-Baerl, Otto Suhr Steiger. Der Zechenarbeiter Gottfried Klinger macht einen Handel mit Uniformen und Parteiabzeichen auf. Später werden Landwirte wie Heinrich Vutz und Peter Ritterskamp sowie der Bauführer Theodor Quast in den Rat gewählt. Äußerst aktiv in Partei und SA auch die Brüder Michels, Geschäftsleute von der Uerdinger Straße. Rudolf Braun, Eigentümer eines Modehauses, tritt erst im Sommer 1933 in den Vorstand des Einzelhandelsverbands ein.

Das Moerser Parteibüro beherbergt zugleich die von Gauleiter Florian in Düsseldorf herausgegebene „Volksparole". Es befindet sich in der Homberger Straße 81, verbunden mit der Färberei und Dampfwaschanstalt Bernhard Schlotmann (Nr. 79). Dort gibt es eine Speisung für Arbeitslose, die auch in Bahnhofsnähe „stempeln" gehen. Gegenüber, neben der Deutschen Bank, die Zentrale der SA in der Sattlerei van der Linden (Nr. 78). Josef Gottschild:[77] „Das Büro der NSDAP war auf der Homberger Straße in der Stadt, in der Wäscherei Schlotmann. Dort war auch ihr Heim, da kauften sie mit einer Erbsensuppe die Arbeitslosen ein. Sie wurden ja von oben bis unten von der Geschäftswelt unterstützt."

Die Partei bezieht ihre Argumente aus dem Versailler „Schandfrieden", der Staats- und Wirtschaftskrise („Durch Nationalsozialismus zur Freiheit und Brot"). Im Kreis schreibt die NSDAP immer wieder das Schicksal des Bauern Sprenger auf ihre Fahnen, „der an der Momm von den Belgiern hinterrücks erschossen wurde".[78] Für ihn wird 1933/1934 am Ossenberger Rheinufer von der Freien Bauernschaft ein Gedenkstein errichtet. In Moers kritisiert die Partei – einem erhaltenen Plakat zufolge – am 2. April 1930 die „unerhörte Pump-Wirtschaft" und die „Anleihe-Mißwirtschaft" von Bürgermeister Dr. Eckert. Zugleich fordert sie „Schaffung von Wohnungen, Unterstützung der erwerbslosen Youngsklaven, Schutz des zusammenbrechenden Mittelstandes".[79]

Voller Aggressivität ist ein Artikel der „Volksparole" vom 4. Februar 1931: „Schüler mit nationalsozialistischer deutscher Gesinnung sind scheinbar vogelfrei am Moerser Gymnasium ... und wenn ein Studienrat Sackermann, dessen deutsche Rassenreinheit stark angezweifelt wird, in seiner masslosen Wut gegen den Nationalsozialismus verschiedene seiner Schüler in brutalster Weise ohrfeigt, um sie zu Geständnissen zu zwingen, so werden wir Moerser Nationalsozialisten uns demnächst mit diesem Herrn etwas näher beschäftigen."[80]

Die Partei gibt 1930/1931 unter der Verantwortung von Ernst Bollmann in Moers ein für kleine Leute geschickt gemachtes „Meckerblatt" heraus. Darin kritisiert sie die „schwarz-roten Bonzen" in Moers, also das die Republik tragende Zentrum und die SPD, und beklagt sich über ungerechte Polizeiaktionen.[81]

Bei der Wählerschaft schöpft die Moerser NSDAP zunächst kräftig aus Deutsch-Nationaler und Deutscher Volkspartei. Als sie ihren großen Sprung nach vorn vollzieht, verlieren beide knapp die Hälfte der Stimmen von den Reichstagswahlen von 1928 zu jenen von 1930, und dies, obwohl die ebenfalls bürgerliche Deutsche Demokratische Partei nicht mehr antritt. Die DVP sinkt anschließend bis zur Bedeutungslosigkeit herab. Während sich das Zentrum sowohl in der Stadt wie im Kreis äußerst konstant hält (sogar bis März 1933), büßt die Sozialdemokratie bis 1933 etwa ein Drittel ihrer Stimmen ein. Sie gibt sicher einen Gutteil an die KPD ab, die ihre Wählerstimmen von 1928 bis 1932 fast verdoppelt, wohl aber auch an die NSDAP.

Den Kampf um die Macht im Kreis Moers suchen die Nazis mit der Zentrumspartei, die von durchschnittlich 43% der Kreis Moerser Katholiken gewählt wird.[82] Bruno Heger, der ehemalige Zentrumsmann, fragt jetzt in Versammlungen: „Kann ein Katholik noch Zentrum wählen?“ Zu einer Massenveranstaltung des Zentrums am 10. Dezember 1930 im Saalbau Schäfer (Neustraße), zu der auch NSDAP-Kreisleiter Bollmann und Bruno Heger eingeladen sind, schicken die Nazis mehrere hundert SA-Leute. Ein Stoßtrupp im Seiteneingang sorgt für Unruhe. Da Bollmann unannehmbare Bedingungen stellt, ist Rektor Terheyden gezwungen, die Versammlung aufzulösen.

1930 wird im Kreis die Hitlerjugend gegründet, 1931 die Partei im Kreis systematisch durchorganisiert. In das Jahr 1933 geht der Kreis Moers mit 15 Ortsgruppen und fast 3 000 Mitgliedern. Zum Jahreswechsel 1930/1931 sitzt Kreisleiter Ernst Bollmann, der spätere Landrat, eine Gefängnisstrafe wegen Beleidigung der Reichsregierung im Moerser Gerichtsgefängnis ab. Zugleich läuft ein Strafverfahren gegen ihn wegen Beleidigung des sozialdemokratischen Stadtverordneten Emil Dörnenburg.[83] Er hatte diesen nach einer Anzeige gegen unzulässige militärische Übungen der SA auf städtischem Gelände als Landesverräter und als Soldaten Frankreichs bezeichnet. Die Artikel aus dem am 31.12.1931 beschlagnahmten „Pottkieker“ zeigen, wie aggressiv er in beiden Fällen bleibt.

Moerser SA beim NSDAP-Parteitag 1931 in Braunschweig

In eigener Sache !..

Oeffentliche Ehrenerklärung!

Die von mir nie gemachte aber von Herrn Staatsanwalt Dr.Henseler mir zugesprochene und von einem hohen erweiterten Schöffengericht zu Duisburg - infolge einer Missdeutung meines seinerzeitigen völkerkund - lichen Vortrages über China - mir zugesprochene Beleidigung des Reichskanzlers Dr. Brüning nehme ich hiermit mit dem Ausdruck der Entrüstung, das man mir überhaupt etwas derartiges zumutete zurück.

Ich habe nie und an keiner Stelle die Meinung vertreten, unser lieber, guter, verehrungswürdiger Herr Reichskanzler sei ein Bonze, der das arme unwissende Volk begaunert und betrügt, ich bin vielmehr von jeher in Übereinstimmung mit dem "Echo vom Niederrhein" der Überzeugung gewesen, dass Herr Dr. Brüning ein Mann ist der sich für das Wohl des Vaterlandes aufopfert.

In dankbarer Erkenntnis dieser Tatsache wünsche ich Herr Dr.Brüning dass er es möglichst bald so gut bekomme, wie ich es jetzt habe.-

E.- B.

Betrifft: 2 J. 958/31 - 4

Betrifft Ermittlungsverfahren gegen Sie wegen Beleidigung pp.

Ich habe das Verfahren eingestellt.

gez.S c h n e i d e r

Neugierige werden nun wissen wollen, wer der hiermit dem Ehrentitel "Landesverräter" belegte SPD.- Stadtverordnete ist. Fragt einmal bei den deutschnationalen Stadtvätern "Seeles und Dr. Giese nach. Die geben ihm wieder ihre Stimme wenn eine Steuerkommission oder so was gewählt wird. Oder fragt mal bei der Knappschaft nach dort kennt man diesen Soldaten Frankreichs auch.-

S.P.D. toleriert die Not.

„Für die Freiheit des deutschen Arbeiters tun wir alles!" –

Unrechtsbewußtsein dürfte beim Kreisleiter der NSDAP kaum aufgekommen sein. Die Justiz zieht das Beleidigungsverfahren so in die Länge, daß Bollmann im Juni 1932 als neugewählter Abgeordneter des Preußischen Landtags unter einen neuen Schulderlaß fällt. Und die andere Strafe darf er, wie zwei Akten des Landratsamts belegen, im Gerichtsgefängnis in „Hitlerkleidung" absitzen. In der verbotenen Naziuniform verhöhnt er die Republik. Der Krefelder SPD-Abgeordnete Fritz Lewerentz unternimmt eine Anfrage im preußischen Landtag, warum es in Moers solche Vorkommnisse geben kann. Auf einer von 1 200 Personen besuchten

Veranstaltung der Moerser NSDAP hingegen verdächtigt Bruno Heger den Moerser Kaplan Dickmann, er habe Lewerentz als dessen „sozialdemokratischer Gewährsmann" das entsprechende Material für seine Anfrage beschafft.[84] Der Kirchenmann erscheint als der eigentlich Schuldige.

Schwere Zeiten

Bereits vor dem „schwarzen Freitag" der New Yorker Börse und dem Übergreifen der Wirtschaftskrise auf das Reich an der Jahreswende 1929/1930 stehen die Zeichen auf Sturm. Keine der Reichsregierungen war über 18 Monate im Amt. Die politische Auseinandersetzung verlagert sich zunehmend auf die Straße, es kommt ständig zu Tätlichkeiten. Die großen Parteien haben sich Schutzorganisationen angegliedert, allein der „Rote Frontkämpferbund" der KPD ist verboten. Viele Anhänger der KPD sind von der Republik enttäuscht, ihr Vorbild sehen sie oft in der Sowjetunion. Die SPD wird als „sozialfaschistisch" bekämpft.

Im April 1930, kurz nach Amtsantritt der zentrumsgeführten Reichsregierung Brüning, kommt es zu massiven Entlassungen, auch im Bergbau in Moers.[85] Im August kündigt der Zechenverband das Lohnabkommen im Ruhrbergbau, um eine Herabsetzung der Löhne zu erzwingen. Reichsweit kommt es im November zu Lohnkürzungen, auch für die Beamten. Der Mittelstand sieht sich gefährdet.

Der Reichstagswahlkampf heizt mit seinen Versammlungen und Umzügen die Stimmung an. Den Nazis gelingt dabei am 14. September der große Sprung nach vorn. Mit der am 10. Dezember von den Nazis umfunktionierten Zentrumsversammlung ist in Moers die Macht faktisch neu verteilt.

Auch das Jahr 1931 wird unruhig. Anfang Januar setzt eine große Streikwelle im rheinisch-westfälischen Industriegebiet ein, auch in Neukirchen und Utfort. Auf

Kämper Meyer Brettschneider Sempell Friedrich Kolkhorst Pötters Armborst Simon Dr. Müller Berger Dohmen Nickel Anlahr Stein Breuers Becker Holthaus Zimmermann Kerstein

Deutsche Solvay Werke, Schachtanlage Borth 13. März 1931.
Vorstand der Niederrheinischen Bezirksknappschaft.

Der Kreistag 1929-1933. Sitzend, v.l.: ...?, Theodor Jordans (Zentrum), Bürgermeister Dr. Fritz Eckert (DVP), Landrat van Endert (mit Stock), Rektor Terheyden (Zentrum), Marie Müller (SPD), ...?; hinter van Endert und Terheyden drei weitere Zentrumsvertreter: Ernst Holla, Johann Boell, Heinrich Reintjes (Nachkriegslandrat). Von rechts, stehend: die Sozialdemokraten Hermann Runge, Peter Zimmer und Wilhelm Walter. 3. Reihe, dritter v.l.: Hofbuchhändler Willi Steiger.

Schacht V, wo starke auswärtige Polizeikräfte zusammengezogen sind, wird ein Zechenbeamter getötet. In Lintfort gibt es einen Toten und mehrere Verletzte, als die Menge zwei Verhaftete befreien will. Doch wird der Streik am 5.1.1931 durch die Polizei gebrochen. Dasselbe Datum – 5.1.1931 – trägt auch ein geheimes Schreiben des Regierungspräsidenten in Düsseldorf an alle Polizeipräsidenten und Landräte. Ihm zufolge soll von nun an über die Entwicklung der KPD und ihrer Nebenorganisationen berichtet werden, und zwar „zusammenfassend laufend" jeweils zum 1.2., 1.5., 1.8. und 1.11. jeden Jahres.[86]

Die antirepublikanischen Kräfte wiederum, NSDAP, Deutschnationale und auch Kommunisten, sind sich einig in einem Volksbegehren gegen die sozialdemokratisch geführte Regierung Preußens. Die Moerser Ortsgruppe des „Stahlhelm" lädt am 7. April zu einer großen Kundgebung im Saalbau Schäfer in die Neustraße ein. Ein Plakat der Rechten, gedruckt bei Pannen in Moers:[87] „Die Stimme des Volkes hat sich gegen die rote Bonzenwirtschaft erhoben. Das Ergebnis der Reichstagswahl vom 14. September hat bewiesen, daß die Zusammensetzung des Preußischen Landtags nicht mehr dem Willen des Volkes entspricht... Die Bonzen kleben / Das Volk verdirbt / Hilf Preußen erheben / Eh Deutschland stirbt!"

Ein Flugblatt der KPD, „Der Kruppprolet", wendet sich an den, wie es wörtlich heißt, „lieben kleinen Metallarbeiter (sprich Bluthund) Severing":[88]

„Verboten alles was nach Revolution riecht, aber die Kehrseite der Medaille wird feinsäuberlich poliert. Faschistenaufmärsche, tja die muß man doch tolerieren...

Wer sind die Feinde der Arbeiterklasse? Ist es etwa links, den Roten Frontkämpferbund zu verbieten, aber das Stahlhelmverbot im Rheinland und Westfalen aufzuheben??? Ist es Arbeiter-Politik, die Arbeiter-Spartakiade in Berlin zu verbieten, aber den Faschistenaufmarsch in Breslau zu stützen?

Liegt es im Interesse der Werktätigen, die kommunistischen Zeitungen dutzendweise zu verbieten, die Versammlungs- und Demonstrationsfreiheit vor die Hunde zu jagen und der Schupo einen Scharfschießerlaß gegen die Arbeiter zu geben? Das hat wohl wenig, gar nichts mit linker Arbeiterpolitik zu tun, das ist das Gesicht des Faschismus! Stürzt das morsche System, verjagt die Speichellecker und Kapitalslakaien Brüning, Severing, Hitler, Braun und Wels!"

Hier werden drei Sozialdemokraten und Reichskanzler Brüning in einem Atemzug mit Hitler genannt. Doch die Kandidaten der kommunistischen Roten Gewerkschaftsopposition erweisen sich bei den Arbeitskammerwahlen auf den Kreis Moerser Zechen als die erfolgreichsten, vor dem sozialdemokratisch orientierten „Alten Verband" und der „Gewerkschaft christlicher Bergarbeiter".[89]

Auch in Moers warnt die KPD vergeblich vor faschistischen Übergriffen. Ein Flugblatt, „Der Moerser Weckruf", beginnt so:[90] „Mörser Bürger Augen auf! Die Mörser Polizei stellt sich schützend vor den Naziverbrecher. Die am Samstag den 18.4.31 von der Kommunistischen Partei einberufene öffentl. Versammlung bei Schäfer, die Stellung nehmen sollte zu den 46 Einbrüchen, die von den Nazibanditen verübt wurden, ist am Samstag den 18.4. von dem Dezernenten Dr. Kaschade wenige Stunden vorher verboten worden. Hier zeigt sich klar und deutlich, daß die Polizeiorgane von Mörs kein Interesse an der Aufdeckung dieser Verbrecher haben... Tagtäglich werden von diesen Helden des 3. Reiches Arbeiter auf offener Straße ermordet, ohne daß die Polizei hiergegen etwas unternimmt."

Die Niederrheinische Arbeiterzeitung vom 25. August 1931 schreibt „Vom linken Niederrhein":[91] „Der Auswurf der Menschheit terrorisiert Rheinhausen. Sieben Nazi-Überfälle an einem Tage. Hitlermord wütet in Hamborn. Polizei schützt das Lokal der Terrorbanden... So zogen [die Nazis] es vor, jeden Arbeiter, der die Hochemmericher Straße (wo ein sogenanntes SA-Heim gebaut wird) einzeln passiert, zu überfallen und mit Totschlägern, Schlagringen, Hämmern und Beilen niederzuschlagen."

Parallel hierzu vollzieht sich eine Eintrittswelle bei der KPD. Viele Jungarbeiter, besonders die arbeitslos gewordenen, kehren der – oft in der Familie angestammten – SPD den Rücken. In Moers treten einige Dutzend Mitglieder der Sozialistischen Arbeiterjugend im September zu KPD und zum KJVD über. In Meerbeck findet dazu ein feierlicher Akt statt. Zur Gruppe gehören viele spätere Widerstandskämpfer. Angeführt wird sie von dem arbeitslosen Schriftsetzer Alfred Lemmnitz, der zuvor mit der Meerbecker Gruppe noch den ruhrgebietsweiten Wettbewerb um die Gewinnung neuer Mitglieder gewonnen hatte und zum Unterbezirksleiter für Moers-Meerbeck, Homberg und Rheinhausen gewählt worden war. Dazu gehören auch die Bergleute Adam Erbach, SAJ-Vorsitzender der Moerser Gruppe, Willi Müller, Hans Schürmann, Albert Förster, Willy Kantuser und der spätere Spanienkämpfer Heinrich Hauser. Rückblickend schreibt Lemmnitz:

„Die Moerser Sozialdemokratische Partei stand rechts. Obwohl die Mitglieder in ihrer Mehrheit Bergarbeiter waren, hatten in der Leitung und in den Versammlun-

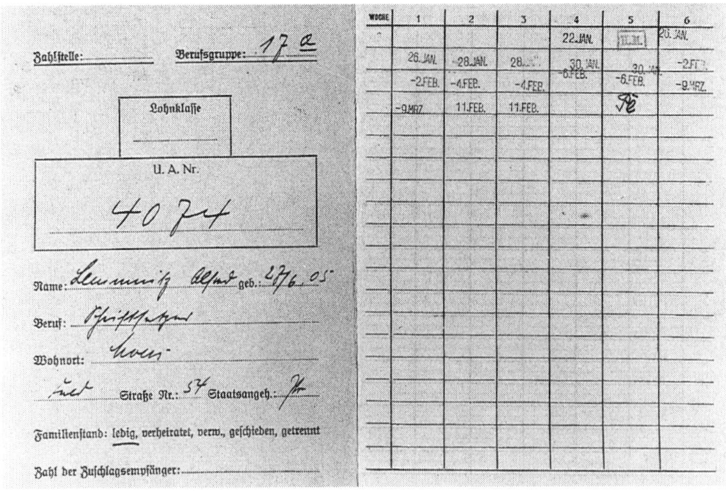

So ging man im Arbeitsamt in der Gabelsberger Straße oder am Kiosk beim Moerser Bahnhof „stempeln".

Steinkohlenbergwerk Friedrich Heinrich
Aktiengesellschaft.

Fernsprecher: Amt Lintfort Nr. 4-9 | Telegramme: Friedrich Heinrich Lintfort Kr. Moers | Postscheck-Konto: Essen Nr. 462 Reichsbank-Giro-Konto Moers | Bahnanschluss: Rheinkamp Strecke Duisburg-Cleve

Herrn
Adam Erbach,
Moers

Lintfort Kreis Moers,

IHRE ZEICHEN | IHRE NACHRICHT VOM | UNSER ZEICHEN | TAG

M.Nr. 1425 7. März 1932

Ich bedaure lebhaft, Ihnen mitteilen zu müssen, daß wir infolge der schlechten Absatzlage gezwungen sind, Ihnen das Arbeitsverhältnis zum 31.3.1932 aufzukündigen.

Sollten die Absatzverhältnisse sich bessern, so stelle ich Ihnen anheim, sich zwecks Wiederanlegung beim Unterzeichneten zu melden.-

Der Betriebsführer:
gez. Eckhardt

Eines der vielen Entlassungsschreiben aus den beginnenden 30er Jahren

gen die Angestellten das Sagen, vor allem die Staatsangestellten. Und davon gab es zu der Zeit in der SPD viele."[92] Auslösend für den Übertritt, so Lemmnitz, späterer DDR-Minister für Volkserziehung, war das Verhalten der SPD bei den Reichstagswahlen 1928:

„Die Wahlkampagne wurde von der SPD unter der Losung 'Kinderspeisung statt Panzerkreuzer!' geführt, und wir von der SAJ und den Jungsozialisten hatten kräftig diese Losung propagiert. Die Regierung des Sozialdemokraten Hermann Müller, die nach den Wahlen gebildet wurde, bewilligte jedoch die Mittel für den Bau des

Panzerkreuzers A. Unsere Empörung war außerordentlich heftig. Aber in den Parteiversammlungen wurden uns große Reden über 'Realpolitik' gehalten."[93]

In Duisburg-Hamborn tritt die von Ferdinand Jahny geführte SAJ fast geschlossen zur KPD über, in Kamp-Lintfort gab es nach Auskunft von Hermine Kluten keine Übertritte.

Die nun an Bedeutung gewinnende kommunistische Bergarbeiterbewegung wird von jungen, arbeitslosen Bergarbeitern getragen. Die großen Gewerkschaften stützen sich vornehmlich auf beschäftigte und meistenteils ältere Bergarbeiter. Im Ruhrgebiet halbieren sich die Belegschaften von Januar 1930 bis zum Tiefpunkt im September 1932 nahezu. 384 000 Bergarbeitern im Januar 1930 stehen im September 1932 nur mehr 196 000 gegenüber.[94] Von 1929 bis 1932 fällt ihr Einkommen um 36%, beim Empfang von Wohlfahrtserwerbslosenfürsorge um 66%.[95]

Im Herbst 1931 formiert sich die politische Rechte. Am 11. Oktober marschieren in Bad Harzburg Nationalsozialisten und deutschnationaler Stahlhelm sowie weitere „nationale" Vereinigungen gemeinsam auf. Teile der Groß- und Schwerindustrie besiegeln ihren Pakt mit Hitler – die „Harzburger Front".

Auch das Jahr 1932 beginnt mit Streiks im Bergbau (4.-6. Januar). Das hierbei übliche Polizeiaufgebot wird in der N-Straße in Meerbeck, so der „Grafschafter", mit Steinen und Schüssen empfangen, die Ordnungshüter erwidern das Feuer. In den Schachtanlagen werden ständig Feierschichten eingelegt. Von März 1931 bis März 1932 sind dies bei Rheinpreußen 100, Rheinland 72, Diergardt-Mevissen 35 und Friedrich-Heinrich 56 (Grafschafter vom 22.6.1932). Zugleich steigt die Zahl der Arbeitslosen im Kreis um 80% von 10 862 auf 18 724. Insgesamt „leben" 47 741 Menschen im Kreis von öffentlichen Mitteln.

Die NSDAP versucht nun auch, in Meerbeck ihre Stärke zu demonstrieren. Bei einer NS-Versammlung am 18. Februar zur Reichspräsidentenwahl sind 600 Personen zugegen. Auszug aus dem Polizeibericht:[96] „Im Versammlungsraum befanden sich viele Anhänger der KPD, die bei Eröffnung die Internationale anstimmten, um so den Redner am Sprechen zu hindern. Die Kommunisten wurden durch Polizei des Saales verwiesen, sodaß die Versammlung ruhig zu Ende geführt werden konnte... [es] hatten sich vor dem Saaleingang und in den Zugangsstraßen bis tief in die Meerbecker und Moerser Kolonie hinein ca. 3 000 Personen gesammelt... Die Straßen waren mit Menschen derart versperrt, daß die Polizei gemeinsam mit den Landjägereibeamten zur Säuberung der Straßen mit dem Gummiknüppel schreiten mußte, nachdem zuvor der Aufforderung an die Massen, die Straße zu räumen, keine Folge gegeben, vielmehr noch Widerstand geleistet wurde."

Im Vorfeld der Reichspräsidentenwahl vom 10. April kommt es in der Wahlnacht zwischen NSDAP auf der einen Seite, Reichsbanner und Zentrumsanhängern auf der anderen zu schweren Zusammenstößen in der Homberger Straße. Etwa 250 Personen haben an der Straßenschlacht teilgenommen, an der Tankstelle Homberger Straße fallen mehrere Schüsse. 14 Personen sind verletzt, zwei davon schwer. Bürgermeister Dr. Eckert verteidigt die Polizei und verurteilt die Schläger, vor allem die der NSDAP. Der Grafschafter vom 18. März zitiert den Bürgermeister aus der Ratssitzung: „Leider hätten sich in der vergangenen Woche politische Auseinandersetzungen abgespielt, die an tierischer Wildheit kaum überboten werden könnten und die nicht in einem zivilisierten Staat, sondern in die wildesten Gegenden von Afrika gehörten. Bei Nacht und Dunkelheit, mit allen möglichen Mordwerkzeugen ausgestattet, sei Jagd auf Menschen und Eigentum gemacht worden." Der Bürgermeister „als

Ortspolizeibehörde" schreibt am 13. März an den Landrat: „Anzunehmen ist jedenfalls, daß höchstwahrscheinlich Anhänger der NSDAP den Streit begonnen haben."[97]

Bei der Wahl erreicht Hitler in Moers, anders als im Reichsdurchschnitt, mehr Stimmen als Hindenburg. Die Landtagswahlen am 24.4. und die Reichstagswahlen am 31. 7. bringen, auch in Stadt und Landkreis Moers, hohe Siege der Nationalsozialisten, doch keine klare Mehrheit. Vor einer Veranstaltung mit Rudolf Hilferding, dem zweimaligen Finanzminister der Reichsregierung, ruft NDSAP-Kreisleiter Bollmann den SPD-Parteisekretär Hermann Runge an: „Nehmen Sie zur Kenntnis: Es spricht kein Jude!"[98] Runge täuscht die Nazis erfolgreich über den Anfahrtsweg, doch zeigt das Beispiel, wie die Nazis bereits Anfang 1932 in Moers auftreten können.

In Preußen, so berichtet der „Grafschafter" am 6. August, wurden in 50 Tagen 322 politische Zusammenstöße gemeldet, mit 72 Toten und 497 Schwerverletzten. Bereits im Mai hatte es im Preußischen Landtag selbst eine Schlägerei mit mehreren Verletzten gegeben, wobei die Nationalsozialisten die Kommunisten „buchstäblich aus dem Saale prügelten" (Grafschafter v. 25.5.32). Im Juni 1932 hatte Reichskanzler von Papen das Verbot von SA und SS aufgehoben, am 20. Juli setzt er in einem Staatsstreich von oben die sozialdemokratische Regierung des „roten" Preußen ab.

Von den Übergriffen im Altkreis Moers zeugen nicht nur Zeitungsberichte, sondern auch zahlreiche erhaltene Strafprozeßakten. Freilich zeigt schon ein erster Blick, nach welcher Seite zumeist das Herz der Richter schlägt.[99] Anläßlich einer von ca. 800 Personen besuchten NSDAP-Versammlung im städtischen Mattheck-Saal am 30. Oktober 1932 werden an einem Telefonmast in der Kurze Straße sämtliche Telefonleitungen durchgeschnitten, um die Übertragung einer Hitlerrede zu verhindern.[100] Die Wogen schlagen in diesem zweiten Reichstagswahlkampf von 1932 hoch, an dem auch Josef Gottschild teilgenommen hat:[101]

„Kurz vor der Wahl zogen die Nazis nochmal durch die Siedlung, mit einem starken Polizeiaufgebot, in die Stadt. Auf der E-Straße am Klever Platz gab es einen gewaltigen Zusammenstoß... Sie zogen durch die Kirschenallee am KPD-Büro vorbei, zerschlugen die Scheiben, trotz Polizei. Das SPD-Büro war auf der Homberger Straße, kurz am Bahnhof. Die SPD wußte uns zu erreichen, sie holten uns. Die Nazis sahen, was da los war, die Polizei auch, so zogen sie mit Gegröl weiter, in die Stadt. Als der Zug vorbei war, kam Peter Zimmer, der Ortsgruppen-Führer der SPD, aus dem Büro und schrie seine Leute an: Schufo rein! Ein SPD-Mann schrie ihn an: sollen wir die Kommunisten, die wir geholt haben, jetzt allein lassen? Einige SPD-Leute blieben bei uns. Wir gingen etwas weiter in die Stadt. Das Nazibüro war 200 Meter vom SPD-Büro entfernt. Wir waren noch nicht ganz da, da wurde aus der Ecke geschossen... Es gab Momente, da standen SPD und KPD sehr nah zusammen, vor allem an den Gräbern unserer Genossen, beider Parteien."

Vor der Wahl, am 29. Oktober 1932, schrieb die Volksstimme, Regionalblatt der SPD und „Tageszeitung für alle schaffenden Stände" fast prophetisch:[102] „Volksgenossen, habt acht!... Wer den Sozialismus will, stimme am 6. November für Liste 2. Wählt ihr alle sozialdemokratisch, so hat die Regierung der feinen Leute die Partie verspielt und Adolf Hitlers Traum vom Dritten Reich, der Diktatur, die sich nur gegen Euch richten soll, ist endgültig ausgeträumt... Ihr seid Eures Glückes eigener Schmied. Schmiedet es!" Und, zur KPD gewandt, unter der Überschrift „Wer hat verraten? Die KPD!":

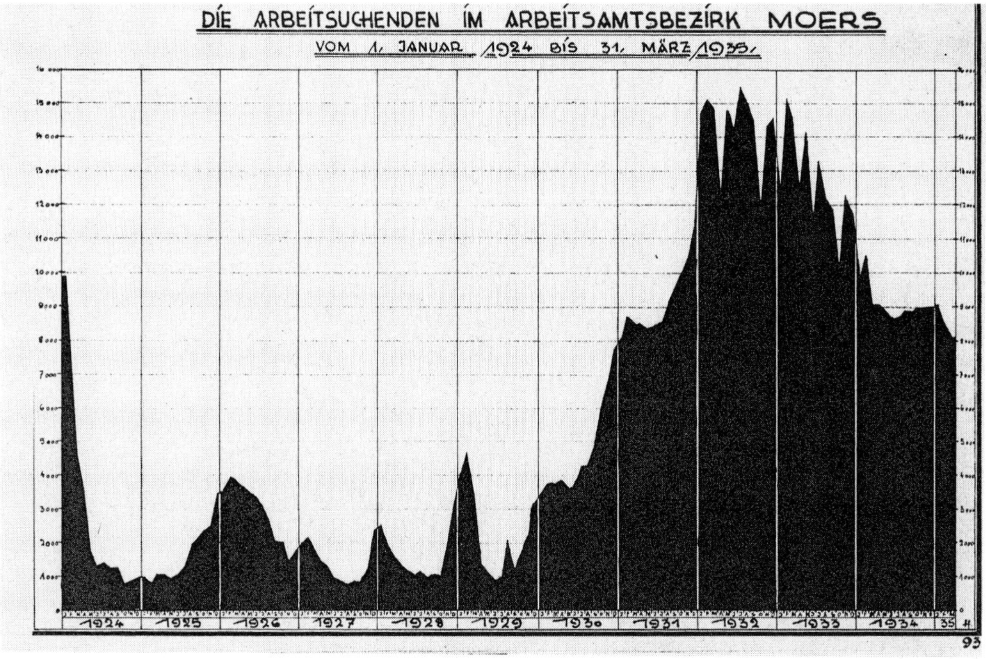

„Die Kommunisten überschütten die Sozialdemokratische Partei mit dem Vorwurf, sie habe am 20. Juli, dem Tag der gewaltsamen Entfernung der sozialdemokratischen Preußenminister 'erbärmlich kapituliert'. Da staunt gar mancher und erinnert sich, wie noch vor etwa Jahresfrist die KPD Arm in Arm mit den Nazis, im Bunde mit dem Stahlhelm und der gesamten Reaktion ihren 'roten' Volksentscheid ausgerechnet gegen die Regierung Braun-Severing unternahm, als deren Beschützerin sie sich plötzlich aufwirft... Wer hat, so fragen wir, jahrelang die Waffe des Generalstreiks, die die KPD am 20. Juli angewandt sehen wollte, stumpf und wirkungslos zu machen versucht? ... Es war die KPD mit ihren irrsinnigen Streik- und Putschparolen, mit ihrer niederträchtigen Hetze gegen die Eiserne Front und mit ihren Spaltungsgebilden gegen die freien Gewerkschaften."

Über die sozialen Verhältnisse der frühen dreißiger Jahre ist eine Art Röntgenaufnahme des Kreises Moers in Form eines 111-seitigen Berichtes des Arbeitsamtes von Anfang 1935 erhalten.[103] Die Daten stützen sich vor allem auf eine Volkszählung vom 16.6.1933: Moers hat eine Wohnbevölkerung von 28 870 Personen und 7 708 Haushalte. 8 870 hauptberuflich Erwerbstätigen stehen 2 635 Arbeitslose und 2 374 „berufslose Selbständige" gegenüber. In den 455 Handwerksbetrieben arbeiten 923 Beschäftigte. Im Arbeitsamtsbezirk leben am 1.9.1934 9 527 Ausländer, d.h. 5,32% der Gesamtbevölkerung. 2 628 kommen aus der Tschechoslowakei (davon etwa die Hälfte deutschstämmig), 1 997 aus den Niederlanden, 1 991 aus Jugoslawien und 1 456 aus Österreich. Von den insgesamt 55 847 Beschäftigten arbeiten 14 357 in der Landwirtschaft, 13 934 im Bergbau, 6 112 in der Metallindustrie, 4 628 im Einzelhandel. Am 1.4.1934 beschäftigt Rheinpreußen 4 459 Personen (1927 waren es 7 584), davon 1 870 auf Schacht IV (1927 3 144), 2 623 auf Schacht V (3 483) und 1 348 auf Schacht VI (163), die Zeche in Neukirchen 1 254, die in Kamp-Lintfort 4 368.

Die Arbeitslosigkeit übersetzt sich in bittere materielle Not. Gertrud Lemmnitz erzählt aus der Mattheck: „Eines Tages war unser Hund verschwunden. Mutter sagte, der wäre sicher weggelaufen. Erst später erfuhr ich, daß sie ihn einer Familie in der Kaiserstraße gegeben hatte. Die haben den gegessen. Da waren fünf Kinder. Aber das passierte damals häufig in der Krise. Immer wieder verschwanden Hunde und auch Katzen".[104]

Landrat van Endert hatte dem Regierungspräsidenten in Düsseldorf schon im Dezember 1931 geschrieben:[105] „Weiter mehren sich die Fälle, in denen auch im hiesigen Gebiet Kartoffeläcker von großen aus benachbarten Großstädten – z.B. aus Krefeld – kommenden Trupps überfallen und rücksichtslos bestohlen werden, sofern nicht polizeilicher Schutz in der Nähe ist. Im ganzen ergibt sich das deutliche Bild einer durch die wirtschaftliche Not und die große Erwerbslosigkeit hervorgerufenen zunehmenden Radikalisierung der werktätigen Bevölkerung."

Zum Jahresende 1932 dringen jugendliche Arbeitslose und Wohlfahrtempfänger in Lebensmittelgeschäfte ein und schreiten dort zur Selbstbedienung. Am 22. Dezember überfallen 20 junge Burschen, wie der „Grafschafter" meldet, die Konsumanstalt 3 der Zeche Rheinpreußen und rauben Lebensmittel:[106]

„Der Bürgermeister als Ortspolizeibehörde — Moers, den 27. Dezember 1932
Betrifft: Störung des Weihnachtsfriedens
Bezug: Verfügung vom 21.12.1932 – L I.
An den Herrn Landrat in Moers.

Am 24. d. M. gegen 11 Uhr versuchten etwa 40 bis 50 Wohlfahrtserwerbslose, welche sich in den Vormittagsstunden auf dem Wohlfahrtsamt gemeldet hatten, in der Burgstr. und Steinstr. durch Rufe wie „Die Erwerbslosen haben Hunger" zu demonstrieren. Bereitgehaltene und sofort eingesetzte Polizeiabteilungen zerstreuten die Schreier innerhalb weniger Minuten. Sechs Burschen im Alter von 26 – 18 Jahren und von denen zugegeben fünf dem Kampfbund gegen Faschismus angehören, wurden, weil als Veranstalter dringend verdächtigt, in polizeilichen Verwahr genommen und bis in die späten Abendstunden festgehalten...

i.V. Dr. Kaschade"

Die Strafzumessungen fallen relativ hoch aus, wie der „Grafschafter" vom 11.3.1933 berichtet.[107]

Totschlag in Hülsdonk

Zum blutigen Ernst werden die politischen Auseinandersetzungen in Moers spätestens im Oktober 1932 im Vorfeld der letzten freien Reichstagswahlen.

Der Maurerpolier Johann Igl und sein Bruder Heinrich sind am 27. Oktober mit dem Fahrrad auf der Rückfahrt von der Arbeit. In der Steinbrückenstraße in Hülsdonk ruft ihnen, bevor sie kurz nach 14 Uhr zu Hause ankommen, bei der Brücke eine Gruppe Arbeitsfreiwilliger „Heil Hitler!" zu. Es sind insgesamt etwa 18 Männer, zumeist beurlaubte SA-Leute. Johann Igl, Mitglied der SPD, antwortet „Da könnte man ebenso gut 'Heil Moskau' rufen". Im Weiterfahren vernimmt er den Ruf „Warte, du Lump, wir schlagen dir die Knochen kaputt", und sieht, wie die Nazis mit Schippen und anderen Geräten in drohender Haltung hinter ihm hereilen. Während Johann Igl kurz vor dem Elternhaus von einigen SA-Leuten umringt

Thomas Igl

wird, holt Heinrich zur Verstärkung zwei weitere Brüder aus dem Haus. Alle drei sind mit Werkzeugen und einer Fußleiste bewaffnet, es kommt zur Schlägerei. Thomas Igl erleidet einen Schlag auf das rechte Scheitelbein und bricht zusammen. Die Brüder ziehen sich vor der Übermacht zurück. Zusammen mit der Mutter schaffen sie den schwer verletzten Thomas ins Haus. Sie hören noch ihre Gegner rufen „Heute Nacht stürmen wir die Bude, dann geht sie in Flammen auf".[108]

Am nächsten Tag stirbt Thomas Igl an seinen schweren Verletzungen. Seine Beerdigung wird zum Politikum. Die Behörden denken daran, die Rheinbrücken zu sperren. Sie fürchten, daß sich die Duisburger Arbeiter in den Zug einreihen, die am 24. Juni dem von den Nazis ermordeten Arbeiter Josef Bischoff in einer machtvollen Demonstration mit 40.000 Menschen das letzte Geleit gegeben hatten. Auch in Moers rufen Sozialisten und Kommunisten zur Teilnahme am Trauerzug auf, dem Polizeibericht nach waren es 2000 Menschen. Viele erinnern sich an das Ereignis, darunter Hildegard Igl, Ehefrau des Bruders Josef Igl: „Wir nahmen als SAJ an dem Trauerzug teil. Dieser war so lang, daß er vom Friedhof in Meerbeck bis hin zum Haus der Igls am Ende von Hülsdonk reichte. Es war ganz ruhig."

Alfred Lemmnitz, der Ende 1932 bereits der KPD angehörte: „Leider, das haben wir damals schon bitter gesagt, waren wir mit den Sozialdemokraten nur im Tode vereint. Es sprach auch Hans Sager, Unterbezirksleiter der KPD. Die Beerdigung war ein großes politisches Ereignis."[109]

Walter Kuchta schrieb dazu 1975 an Aurel Billstein:[110] „An der Beisetzung nahmen fast 2 000 Kommunisten, Sozialdemokraten, Parteilose teil. Thomas Igl war kurz vor seiner Ermordung aus der SPD ausgetreten, seine zwei Brüder, die bei dem Überfall verletzt wurden, waren noch Mitglieder der SPD... Teilgenommen hatten..., darunter fast 300 SA-Leute, die zum Randalieren erschienen waren."

Bereits am 23. November verkündigt ein „Sondergericht" in Cleve das Urteil. Alle Brüder Igl werden freigesprochen. Vier Angeklagte – alle SA-Leute – werden wegen „Raufhandels" zu einer Gefängnisstrafe von je zwei Monaten verurteilt, die Untersuchungshaft kommt voll in Anrechnung. Der Täter war angeblich nicht zu ermitteln. Nach Meinung der Brüder saß er nicht mit auf der Anklagebank. Als schwer begreiflich erscheinen im Rückblick einige Sätze aus der Urteilsbegründung: „Im Hinblick darauf, daß sich derartige Schlägereien in der heutigen durch die politischen Verhältnisse unruhigen Zeit häufen und viele Opfer fordern, hat das Gericht eine empfindliche Freiheitsstrafe als Sühne für erforderlich gehalten. Diese Strafe ist über den Antrag der Staatsanwaltschaft hinausgehend auf 2 Monate Gefängnis bemessen worden".

Als strafmildernd wertet das Gericht, „daß es sich, nach ihrer Beteiligung am freiwilligen Arbeitsdienst zu urteilen, um ordentliche Leute handelt". Sozialisten und auch die Presse der Kommunisten verurteilen aufs schärfste das milde Urteil.[111] Es muß auch ein verbotenes Flugblatt gegeben haben.[112]

Hildegard Igl blickt 1992 zurück:[113] „Das war eine schlimme Geschichte, ganz schlimm. Und das hat die Familie auch nie mehr richtig 'rausgekriegt. Mein Mann war immer irgendwie gestört. Und dann fing er immer wieder mal an davon. Das läßt ja doch keine Ruhe. Dann ist auch noch mein Schwager Johann im Krieg geblieben... Am Grab von Thomas hat es wohl noch nach 1945 eine Gedenkfeier gegeben. Wer das organisierte, weiß ich nicht."

Wie sich der „Grafschafter" bereits Ende 1932 auf die neue Zeit einstellt, wird an seiner Berichterstattung im Falle Igl deutlich. Sein den Deutschnationalen und dem Stahlhelm nahestehender Verleger, Gerhard Pannen, war am 12. August 1932 verstorben. Zwei Tage nach den Vorfällen gibt es eine kleine Meldung:

„Schlägerei fordert ein Todesopfer –
Am 27. d. Mts. entstand auf dem Grenzgebiet Neukirchen-Moers eine Schlägerei zwischen einigen jungen Leuten des freiwilligen Arbeitsdienstes aus Neukirchen und einigen auf Moerser Grenzgebiet wohnenden Personen. Da bei dem Kampf Spaten und andere Schlagwerkzeuge benutzt wurden, gab es auf beiden Seiten je einen Schwerverletzten. Einer der Verletzten mußte dem Krankenhaus in Moers zugeführt werden. Dieser ist dann in der darauffolgenden Nacht an den ihm zugefügten Verletzungen gestorben. Inwieweit politische Momente bei diesem bedauerlichen Streitfall mitspielten, wird die polizeiliche Untersuchung ergeben. Bei dem Verstorbenen handelt es sich um einen ledigen 28-jährigen Mann."

Das Bemühen um „Ausgewogenheit" und journalistische Zurückhaltung mögen hier noch nachvollziehbar sein. Doch würdigt dieselbe Zeitung dem Begräbnis Thomas Igls am 4. November keine Zeile, obwohl der Polizeibericht von 2 000 Menschen und einer „politischen Demonstration" spricht[114] und es sich nach Aussage mehrerer noch befragter Zeitzeugen um *das* Ereignis in der Stadt handelt. Die erste und zugleich längste Lokalmeldung am 11. November beginnt dagegen unter der Überschrift „Totengedenkfeier der NSDAP": „Eine eindrucksvolle Gedächtnisfeier für ihre Toten und für die Helden des Weltkriegs veranstaltete am Mittwoch Abend die Moerser Ortsgruppe der NSDAP ..."

An den beiden Prozeßtagen, dem 23. und 24. November, berichtet der „Grafschafter" mit jeweils etwa einer halben Seite unter den Überschriften „Die Schlägerei in Moers-Hülsdonk vor dem Sondergericht" und „Sondergerichtsprozeß

Hülsdonker Schlägerei. Die Gebrüder Igl freigesprochen. Die Arbeitswilligen erhielten wegen Raufhandels je 2 Monate Gefängnis". Auch diese Meldungen enthalten sich jeder Stellungnahme. Doch sie erwähnen im Gegensatz zum Gericht mit keinem Wort, daß es sich bei den Angeklagten ausschließlich um SA-Leute handelt, also Nazis, die sich wie im übrigen Reich verhalten. Die wohl eigentliche, politische Information für den braven Leser des Grafschafter wird dem Oberstaatsanwalt in den Mund gelegt. Er hält die Igls für „keine Kommunisten".

Braune Grafschaft: die letzten freien Wahlen

Die Moerser Wahlergebnisse bei der letzten freien Reichstagswahl am 6. November 1932 liegen durchaus im Reichstrend. Auch hier geht die NSDAP gegenüber der Juliwahl leicht zurück. In Moers-Stadt erzielt sie 5 840 Stimmen und 37,7% (zuvor 6 160). Die Deutsch-Nationalen kommen auf 10,5%. Moers ist längst nicht mehr „deutsch-national" im Wählerverhalten. Die SPD sinkt auf 14,3%, das Zentrum auf 12,8%. Die KPD bleibt nicht nur die traditionell zweitstärkste politische Kraft, sondern sie erzielt ihr insgesamt bestes Ergebnis während der Weimarer Republik mit 21,3%. Betrachtet man die erkennbar bürgerlichen und kleinbürgerlichen Wahlbezirke für sich allein, dann ergibt sich freilich ein anderes Bild:[115]

	NSDAP	DNVP	Hitlerkoalition zusammen
Moers, Königlicher Hof	47,0%	14,4%	61,4%
Hülsdonk, Vutz	48,9%	17,1%	66,0%
Schwafheim, Hellmich	54,4%	9,5%	64,0%
Kapellen, ganzer Ort	59,1%	20,0%	79,0%
Repelen-Mitte, Jungborn-Ebersbach	67,2%	14,7%	82,0%

Es gehört also ganz in den Bereich der Legendenbildung, daß Moers „brav deutschnational" in die Nazizeit geschlittert sei, unschuldig und gewissermaßen als „Opfer". Gerade hier, in der Provinz, wählten Bürgertum, Mittelstand, städtische Mittelschicht und Bauern massiv nationalsozialistisch – mehr als in der Reichshauptstadt.

Die politische Klasse, vom Bürgermeister, Rat und Verwaltung über das Adolfinum, die Sozietät, den Moerser Turnverein bis hin zu den vaterländischen Verbänden mag dabei großenteils noch deutschnational empfunden haben. Die „alten Moerser" freilich, von denen es so gerne hieß „Mörs, keiner stör's", sind in ihrer Mehrheit als Wähler viel agiler. Sie gehen durchaus mit der Zeit. Ohne die Arbeiterbezirke stimmen sie zu etwa zwei Dritteln für die Hitler-Koalition. Der deutsch-nationale Anteil macht darin nur mehr ein Viertel aus. Diese Aussage dürfte weitenteils auch für die Frauen gelten, die ihr Stimmrecht ab 1918 der SPD und der Republik verdanken.

Diese Zahlen würden noch deutlicher, betrachtete man die Ergebnisse der davorliegenden Reichstagswahlen von Juli 1932. Ein halbes Jahr vor der „Machtergreifung" lag der Stimmenanteil der NSDAP noch um einige Prozentpunkte höher. Erschreckend im Rückblick, wie schnell sich innerhalb von vier Jahren eine „brave" Stadt zur NSDAP hin radikalisieren kann. Bei der Reichstagswahl vom 20. Mai 1928 hatte diese ganze 208 Stimmen erhalten. Dazwischen liegt die Weltwirtschaftskrise, die Moers erst 1930 erreicht.

Die Stimmen für die NSDAP kommen von der kleinstädtischen Mittelschicht oder aus dem eher dörflichen Schwafheim, aus Kapellen oder Repelen. Sie kommen bei derselben Wahl kaum aus den Arbeiterbezirken. Betrachten wir in absoluten Zahlen die vier Moerser Hochburgen von KPD und SPD:[116]

	KPD	SPD	zusammen	NSDAP
Schmitz, Kirschenallee	336	200	536	170
Schlägel und Eisen	343	123	466	143
Mechlen, Hochstraß	403	110	513	216
Kampmann, Homberger Str.	230	315	545	204

Der geringe Anteil der Arbeiterschaft an den Stimmen für die NSDAP kommt auch im Vergleich zur Reichstagswahl von 1928 zum Ausdruck. Die beiden großen Arbeiterparteien gehen, bezogen auf das gesamte Moerser Stadtgebiet, lediglich von 39,6 auf 35,6% zurück. In anderen Städten bricht die NSDAP z.T. etwas stärker in die Arbeiterschaft ein.[117] Die Radikalisierung der Arbeiterschaft in Moers drückt sich eher in der Umkehrung des Stimmenverhältnisses zwischen SPD und KPD aus. Die SPD sinkt von 3 208 auf 2 216, die KPD verbessert sich von 1 780 auf 3 298 Stimmen. Auch hier schwindet das Vertrauen in die Republik.

Die Nachbarstädte und der Kreis Moers zeigen sich mit geringen Ausnahmen der NSDAP gegenüber verhaltener (Zahl der Stimmen):

	NSDAP	DNVP	Zentrum	SPD	KPD
Kreis Moers	31 340	7 943	24 486	10 838	19 531
Stadt Moers	5 840	1 617	1 980	2 216	3 298
Kapellen	763	258	33	110	97
Repelen-Baerl	3 131	942	755	1 054	1 240
Neukirchen-Vluyn	2 321	585	243	322	1 120
Camp-Lintfort	2 421	483	2 790	1 683	3 450
Homberg	5 084	1 306	2 116	2 229	2 990
Rheinhausen	7 276	1 435	3 643	2 222	5 519
Xanten	695	46	1 594	94	314
Krefeld	24 796	6 286	28 520	9 915	18 400

Die Gemeinden mit dem höchsten NSDAP-Anteil im Altkreis Moers sind Neukirchen-Vluyn und die drei heutigen Stadtteile von Moers, gefolgt von Homberg und Rheinhausen. Es ist die alte, protestantische Grafschaft Moers.

In Duisburg und Krefeld behalten Zentrum und demokratische Kräfte zahlenmäßig deutlich die Oberhand. Moers ist also *die* „braune" Hochburg am unteren Niederrhein.

Neukirchen-Vluyn und Kamp-Lintfort am Ende der Weimarer Republik

In der Personalakte des ehemaligen Bürgermeisters Neumann befindet sich folgender „Kurzer Überblick über die Verhältnisse der Gemeinde Neukirchen-Vluyn", der von 1931 oder 1932 stammen dürfte und die neue Politik der bereits regierenden NSDAP rechtfertigt:[118]

„Die Gemeinde Neukirchen-Vluyn zählt zur Zeit rund 9 500 Einwohner. Binnen Jahresfrist wird die Einwohnerzahl voraussichtlich auf 10 000 gestiegen sein. Bis zum Jahre 1915 hatte die Gemeinde eine rein ländliche Struktur. Mit dem Auftreten

Der Bürgermeister.
als Ortspolizeibehörde.

Abt. Nr. II.

Bei Beantwortung wird um Angabe vorstehender Nr. gebeten.

Fernruf: Amt Moers Nr. 14, 27.
Amt Vluyn Nr. 118.

Neukirchen-Vluyn, den 17. Oktober 1932.
Post Neukirchen Kr. Moers

Urschriftlich mit allen Anlagen

dem Herrn Landrat

in

Moers

-.-.-.-.-.-

Landrat Moers
Eing.: 20. OKT. 1932
Nr. L. I.

wieder vorgelegt.

Die kommunistische Gemeindefraktion beruft sich bei ihrer "Beschwerde" zunächst auf die Protest-Resolution des "Kampfbundes gegen Faschismus". Was ist dieser Kampfbund gegen Faschismus? Nichts anderes als eine organisierte Verbrecherbande. Ich bin erbötig, erforderlichenfalls den Beweis hierfür zu erbringen. Aus den verschiedentlich im hiesigen Polizeiverwaltungsbezirk verbreiteten und von den Polizeibeamten sichergestellten illegalen Druckschriften, die mit "Roter Frontkämpferbund" - der bekanntlich verboten ist, - unterzeichnet sind, geht hervor, daß dieser Bund tatsächlich noch fortbesteht. Ich behaupte sogar, daß der sogenannte Kampfbund gegen Faschismus" nichts anderes darstellt als die Fortsetzung des verbotenen Roten Frontkämpferbundes. Es wird die allerhöchste Zeit, daß diese Pestbeule am deutschen Volkskörper durch rücksichtsloses Verbot wegen ihrer staatsfeindlichen und staatsverneinenden Einstellung ausgemärzt wird, wenn nicht langsam aber sicher großes Unheil über das deutsche Vaterland hereinbrechen soll. Wenn nunmehr die kommunistische Gemeindefraktion auf die Entschließung des sogenannten "Kampfbundes gegen Faschismus" Bezug nimmt, so bekennt sie sich damit zu den von diesem Bund gemachten ebenso verlogenen wie infamen unwahren Be-

hauptungen

Geschrieben vor 1933! Der Absender, NSDAP-Bürgermeister Erich Neumann, und der Empfänger des Schreibens sind demokratisch legitimierte Personen der Weimarer Republik...

der Bergwerksindustrie 1916 änderte sich das Bild. Die Niederrheinische Bergwerks-Aktien-Gesellschaft (Doppelschachtanlage mit Wäscherei und Brikettfabrik)..., hat seit dieser Zeit rund 5 000 Menschen in Neukirchen angesiedelt.

Die Belegschaft ... setzt sich, wie das erfahrungsgemäß bei allen neuen Schachtanlagen, die keinen alten Arbeiterstamm haben, der Fall ist, in der Hauptsache aus linksradikalen Elementen zusammen. Der Gemeindevertretung gehören 5 Kommunisten und nur 2 Sozialisten an. Welche Rolle die linksradikalen Elemente gerade im hiesigen Gemeindebezirk von jeher gespielt haben, dürfte auch Fernerstehenden bekannt sein. So hat im letzten wilden Streik im Januar ds. Js. die Belegschaft der hiesigen Zeche am längsten von sämtlichen Schachtanlagen im Streik verharrt. Wie groß auch sonst der Einfluß der linksradikalen Kreise im öffentlichen Leben ist, beweist die Tatsache, daß hier seit Jahren eine 3-klassige weltliche Schule besteht."

In Camp und Lintfort war die Bevölkerung von 1910 bis 1920 von 4 694 Einwohnern auf 17 627 angestiegen. Bis 1930 vermehrte sie sich noch einmal auf 22 261. Über die politischen Mehrheitsverhältnisse im späteren „Kamp-Lintfort" zum Ende der Weimarer Republik berichtet Albert Spitzner-Jahn:[119] Erst im Oktober 1930 konnte sich dort eine lebensfähige NSDAP-Ortsgruppe bilden. Bei der Reichstagswahl 1932 erreicht die NSDAP nur 23,1%, im Reich 37,4%. Bei den Betriebsratswahlen auf Friedrich-Heinrich im April 1932 kommt die nationalsozialistische NSBO auf ganze 12,1%, 1930 erreichen dort die kommunistisch orientierten Gruppierungen etwa 70%. Lintfort heißt im Volksmund auch „Klein-Moskau". In ihrem „Kreisappel" von 1936 schrieb die Kreis Moerser NSDAP später: „Lintfort als eine der roten Zentralen wurde insbesondere von der Ortsgruppe Vluyn liebevoll betreut." Die Reichstagswahl von Juli 1932 weist als stärkste Partei die KPD aus (30,7%), gefolgt von Zentrum (26,2), NSDAP (23,1) und SPD (lediglich 15,3).

Moers: Verträumtheit und Unschuld?

„Moers", so berichtet der heute 96-jährige Zeitzeuge Paul Gericke über das Ende der Weimarer Republik, „das waren keine Nazis. Die waren deutschnational oder vielleicht kaisertreu wie Rektor Wilkening. Aber vor allem deutschnational. Ihr Idol war Seldte, der Stahlhelmführer. Die Moerser waren ordentlich. Die Nazis grölten. Das paßte nicht zusammen. Wenn wir Aufmärsche machten, mit dem Moerser Turnverein und den vielen vaterländischen Verbänden, da gingen die hundert SA-Leute mit ihren Hakenkreuzfahnen drin unter. Die Nazis zogen nach Homberg oder Rheinhausen, wo es Schießereien gab. Auch in Neukirchen waren sie sehr stark."[120]

Doch hatte sich, faßt man zusammen, in der kaisertreu-biederen Kleinstadt bis zum Vorabend von Hitlers Machtübernahme Wesentliches getan:

Die Evangelische Kirche stellte den Nazis mindestens seit Januar 1932 den großen Gemeindesaal in der Homberger Straße zur Verfügung, einige Pfarrer arbeiteten bereits gut mit ihnen zusammen. Das Lokalblatt „Der Grafschafter" zeigte schon bis Herbst 1932 deutlich seine Sympathie gegenüber den künftigen Machthabern. Die Geschäftswelt wird in ihrer deutlichen Mehrheit am 30. Januar die neue Ära mit einem Fahnenmeer in der Stein- und der Homberger Straße begrüßen. Die Richter der Moerser Kammern des Landgerichts Kleve üben Nachsicht mit Nazi-Gewalttätern. Die Justizbehörden sympathisieren mit Naziführer Bollmann. Er konnte als Biedermann und Märtyrer im Gerichtsgefängnis stolz die NS-Uniform tragen und die Republik verhöhnen.

873

Stahlhelm

REICHSGRÜNDUNGSFEIER

des Stahlhelm, Bezirksgr. Moers-Stadt (Stadtgem. Moers)
unter Mitwirkung
des Bundes „Königin Luise" und des Pfadfinderbundes „Westmark"
am Sonnabend, den 21. Januar 1933, 20 Uhr,
im Saalbau Schäfer, Moers, Neustraße.

I. Teil

1. Militär-Ouvertüre . . . . Weber
2. Begrüßung durch den Bezirksgruppenführer.
3. Fahneneinmarsch.
4. Vorspruch, Kamerad Simon.
5. Ansprache des Gauführers Graf Hoensbroech-Geldern: „Was fordert der 62. Jahrestag der Reichsgründung von uns?"
6. Lieder zur Laute, Kamerad Repix.
7. Pariser Einzugsmarsch.
8. Gesangsvortrag des Bundes „Königin Luise".
9. Gesangsvortrag des Pfadfinderbundes „Westmark".
10. Jung Deutschland, Marschlieder-Potpourri . . . . Wenninger
11. Fahnenausmarsch.

II. Teil

12. Film-Vortrag: a) Der Reichsfrontsoldatentag der 200000 Stahlhelmer am 4. September in Berlin.
b) Führerappell in Magdeburg.
c) Das Kreiswehrsporttreffen in Moers im Okt. 32.

III. Teil

13. Soldatenlieder-Potpourri . . . . Hannemann
14. Theaterstück der Ortsgruppe Asberg: „Auf treuer Wacht".
15. Schlußmarsch.

Saalöffnung 19 Uhr. Ab 19 Uhr Marschmusik der gesamten Stahlhelmkapelle Repelen.
Aenderungen vorbehalten!

Der Reinertrag ist bestimmt für die Unterstützung bedürftiger Stahlhelm-Kameraden, insbesondere aus der Arbeiterschaft.

Programmpreis 50 Pfg. Dieses Programm berechtigt zum Eintritt.

Avg. Schroeder, Moers a. Rh.

Moers eine Woche vor der Machtergreifung Hitlers: ein Justizbeamter hinterließ dieses Programm als Schmierblatt in der Prozeßakte Rep 7, 1034.

Und „Deutschnational" bedeutet nicht nur rückwärtsgewandte Unschuld oder Besinnung auf preußische Tugenden, sondern auch – im Parteiprogramm und in der täglichen Praxis – antidemokratische Grundeinstellung, Rassismus und Antisemitismus.[121] Es heißt Entgleisungen rassistischer Art aus der Feder von Bürgermeister Dr. Eckert. Das Stadtoberhaupt findet in den ersten Februartagen 1933 sehr schnell zu den Nazis. Ebenso viele Deutschnationale des Humanistischen Gymnasiums Adolfinum. Einige Adolfiner erwerben, trotz akademischer Würden, erstaunlich schnell die Mitgliedschaft in SA und SS. Die Deutschnationalen sind es, die auf Reichsebene Hitler auf den Schild heben und bald die Nürnberger Rassegesetze von 1935 mittragen werden. „Stahlhelm"-Führer Franz Seldte ist der erste Arbeitsminister Hitlers. Der Moerser „Stahlhelm" wird sich wenige Tage nach der Machtergreifung als Scharfmacher gegenüber der Homberger Polizei profilieren, die gegenüber den Nazis auf den Straßen ihre Pflicht getan hatte.

Schon 1927 war in der Stadt der Judenfriedhof verwüstet worden. Die Täter wurden nie gefaßt. Der Eifer des Kriminalbeamten, des späteren Parteigenossen Imig, ist der dünnen Akte nach nicht eben übertrieben.[122] Der Beamte wird später bei der Verhaftung von Juden und Kleinkindern mehr Energie entwickeln.

Rudolf Kaufmann, der 17 Familienmitglieder, zumeist aus Moers, verloren hat und heute in New York lebt, hat keine gute Erinnerung an das alte Moers:[123] „Am Gymnasium war es furchtbar für mich als Juden. Es waren die Mitschüler, aber auch einige Lehrer. Und nachts beim Einschlafen konnte ich hören, wie betrunkene Horden am Altmarkt das Lied grölten 'Wenn das Judenblut am Messer spritzt'. Und dies kam ja auch von Menschen, die uns ein Leben lang gekannt haben".

Und die Moerser selbst? Sie wiesen bei den letzten freien Wahlen der Weimarer Republik den alten deutsch-nationalen Überbau der Geschichte zu und stimmten massiv für die Nazis. Dies gilt vor allem dort, wo sie als Grafschafter Bauern besonders erdverbunden sind, etwa in Repelen, Kapellen oder Rumeln. Es sind genaugenommen die, die noch am besten in der Krise bestanden hatten.

Moers wurde 1933 also nicht durch ein großes „weltpolitisches" Ereignis aus Berlin überrascht. Es war selbst, stellt man die wichtigsten Elemente zusammen,

Die Alte Garde des Kreises Moers

Das Originalfoto, das sicher viele Personen besaßen, gelangte nicht an die Autoren...

überreif. Bereits über zwei Jahre früher hatten ja seine bürgerlichen Wähler die Nazis bei den Landtags- und Reichstagswahlen zur stärksten Partei gemacht.

In ihrer 40-seitigen und reich bebilderten Broschüre zum „Kreisappell" von 1936 werden die Moerser Nazis später stolz zurückblicken: die Ortsgruppen Moers, Vluyn, Rheinhausen und Xanten stellen nicht weniger als 93 der 102 Träger der goldenen Ehrennadel für frühe NSDAP-Mitgliedschaft, „mit denen der Kreis Moers an der Spitze des ganzen Gaues Essen marschiert".[124]

Kapitel 2
1933: Die Machtergreifung in (und um) Moers

2.1 Der Vorabend der Machtergreifung

In einem Ort kleinstädtischen Zuschnitts wie Moers regierte Anfang 1933 in der Innenstadt noch immer eine gewisse Beschaulichkeit. Die Not der vorausgegangenen Jahre, die hohe Arbeitslosigkeit – natürlich traf sie auch Geschäftsleute und Handwerker, auch die kommunalen Bediensteten hatten Gehaltskürzungen und eine Einschränkung ihres Lebensstandards hinnehmen müssen. Die politischen Sitten waren zum Teil verroht, es gab Auseinandersetzungen auf offener Straße, bis hin zum politischen Mord. Die politischen Entwicklungen des Jahres 1932 waren nicht spurlos am Leben der Grafenstadt vorbeigegangen.

Doch darf man sich nicht täuschen: wenn 300 Menschen einer politischen Versammlung beiwohnten, dann war das ein Prozent der Bevölkerung. Wenn die NSDAP einmal 800 auf die Beine brachte, so muß man daran denken, daß sie stets ihre Anhänger auch aus den Nachbarorten zusammenkarrte, um Eindruck zu schinden; Rheinhauser, Neukirchener, Moerser, ja sogar Duisburger Formationen der SA und SS halfen sich dabei gegenseitig aus. Für die Bewohner der Steinstraße, sofern sie nicht ein kommendes „Geschäft" witterten, lagen die lärmenden Manifestationen noch etwas ferner. Und von Versammlungsverboten, der Observationsarbeit der Polizei auf allen politischen Veranstaltungen, von den Verboten der Presseorgane radikaler Parteien nahm man noch weniger Notiz.[125]

Neben dem Druck der Straße wuchs der Einfluß der Nationalsozialisten in Gremien und im öffentlichen Leben. Daß sie langsam „hoffähig" wurden, ist nicht nur an den Wahlergebnissen abzulesen, sondern auch an der Besetzung von Stellen. Im Januar 1933 ist es nichts Ungewöhnliches, wenn ein NSDAP-Mitglied aus dem Gemeinderat z.B. in den Vorstand der Sparkasse Repelen-Baerls gewählt wird.

In Meerbeck sah es aufgrund des hohen Arbeiteranteils anders aus, doch in Moers schienen die Innenstadt und das Bürgertum merkwürdig unberührt den Alltag zu gestalten.

So tagte am 28.1.1933 der Moerser Turnverein (MTV) im Königlichen Hof, und Vereinsvorsitzender Dr. Fabricius sprach namens des MTV die herzlichsten Glückwünsche zum 87. Geburtstag von Isaak Kaufmann aus. Der angesehene Jude Isaak Kaufmann war Ehrenmitglied des Vereins und Inhaber des Ehrenbriefs der Deutschen Turnerschaft, der höchsten von ihr zu vergebenden Auszeichnung. Die wenigsten konnten sich vorstellen, daß drei Tage später der Auftakt gemacht wurde für Terrorherrschaft und Krieg, auch nicht, daß angesehene Bürger wie Isaak Kaufmann bald verfolgt würden.

Indem Hitler am 30.1.33 zum Reichskanzler ernannt wurde, war die Macht noch nicht „ergriffen". Für die Nationalsozialisten in den Städten und Gemeinden des Altkreises Moers war damit aber die Basis einer Legalität und staatlichen Autorität gegeben. Von hier aus errangen sie schrittweise alle wesentlichen Machtpositionen.

Wahlkampfspuren am alten Moerser Rathaus 1933

Und man darf nicht vergessen, daß der Preußische Innenminister Hermann Göring hieß – als Chef einer wahrhaft preußischen Behörde, deren Beamte vom Regierungspräsidenten über die Landräte zu den Bürgermeistern in entsprechender obrigkeitsstaatlicher Tradition lebten. Landrat van Endert, der städtische Beigeordnete Dr. Kaschade, erst recht der Bürgermeister Dr. Eckert, waren ja beileibe keine Linksliberalen.

In den ersten Tagen gab es noch Reibungsverluste und Auseinandersetzungen mit dem Apparat und den Mobilisierungsversuchen der Gegner, doch war der Aufstieg der Nationalsozialisten in die Machtzentren auch am Ort scheinbar unaufhaltsam. Und diese ersten Tage zeigten auch: der Zerfall (sprich: Kniefall) der inneren Kräfte der Verwaltungsstellen ging rasch und lautlos vonstatten. Die Auseinandersetzung mit den Gegnern des neuen Regimes wurde dagegen ebenso rasch, aber gewaltsam vorgenommen. Die ersten Tage folgten auch in Moers und den Nachbarstädten dem Gesetz der Straße.

2.2 Das Gesetz der Straße

Montag, 30. Januar

Am Nachmittag des 30. Januar ziehen NSDAP und Stahlhelm durch Rheinhausen, abends marschieren sie in einem Fackelzug durch Homberg und durch die „Kolonie" in Hochheide. In dieser Hochburg der Arbeiterparteien wird auf den Zug geschossen, ein Nationalsozialist durch einen Bauchstreifschuß leicht verletzt. Die Teilnehmer des Zuges demolieren das Leninheim der KPD. Bei der Polizei in Moers und Homberg gehen verschiedentlich Anzeigen ein, „wonach Straßenpassanten von Angehörigen der NSDAP angerempelt und mißhandelt wurden."[126] In Moers demonstriert die KPD mit etwa 25o Teilnehmern. Hier kommt es zunächst noch zu keinen ernsten Zwischenfällen.

Die nervöse Stimmung, die Unberechenbarkeit der Situation veranlassen in diesen Stunden alle amtlichen Stellen zu hektischer Betriebsamkeit. Den Provokationen der siegestrunkenen Nationalsozialisten wirksam entgegentreten – das tut niemand und das kann wohl auch mangels geeigneter Kräfte niemand. Die Moerser Polizei etwa besteht aus 21 Männern mit hohem Durchschnittsalter. Ihre Ein-

Neustraße im Fahnenschmuck: schwarz-weiß-rot und Hakenkreuz

stellung ist nicht antidemokratisch, aber sie sind nun der neuen Führung verpflichtet; und diese weiß die staatliche Macht für ihre Zwecke zu nutzen.

Dienstag, 31. Januar

Die Moerser Geschäftsstraßen sind mit schwarz-weiß-roten und Hakenkreuzfahnen übersät. Nicht nur die Nationalsozialisten feiern den Sieg der „Nationalen Front", und sie lassen es sich nicht nehmen, in die Arbeiterviertel vorzudringen. Im Polizeibericht werden die ersten Eskalationen der Gewalt festgehalten:

„Gestern Abend veranstaltete die SA, SS, HJ und der Stahlhelm in einer Stärke von etwa 700 Teilnehmern einen Umzug. Um 18 Uhr setzte sich der Zug von der Seminarstraße aus in Richtung Meerbeck in Bewegung. Während sich auf der Rheinberger-, Baerler- und Bismarckstraße keine Zwischenfälle ereigneten, wurde die Spitze des Zuges, bei welcher sich eine Polizeimannschaft auf Überfallwagen befand, in der Mitte der Kolonie 'Am Platz' aus dem Hinterhalt beschossen. Das Polizeikommando ging sofort gegen die unsichtbaren Schützen vor, von den im Schutze der Dunkelheit flüchtenden Tätern konnte jedoch niemand erfaßt werden. Beim Weitermarsch zertrümmerten Zugteilnehmer die Schaufenster der Geschäftsstelle der KPD in der Kirschenallee und der 'Vosti' in der Homberger Straße."[127]

Ein Bild auf die Bündnispartner der NSDAP und zugleich auf die freudige Berichterstattung des „Grafschafter" wirft ein Bericht der Zeitung über die Kundgebung der nationalen Verbände in Repelen-Baerl:

„Dienstagabend fand sich die SA, SS und die Stahlhelmgruppe Repelen zu einer machtvollen gemeinsamen Kundgebung aus Anlaß des Eintritts der nationalen Führer in die Reichsregierung zusammen. Von der Sammelstelle am Jungborngasthof setzte sich ein langer Fackelzug unter dem klingenden Spiel des Trommlerkorps Repelen und der Stahlhelmkapelle in Bewegung. Die zum großen Teil beleuchteten und mit Bildern des Reichspräsidenten und des neuen Reichskanzlers Adolf Hitler geschmückten Fenster sowie der Flaggenschmuck verliehen dem Dorfbild ein festliches Gepräge. Auf dem Kirchplatz, an dessen Seiten sich eine große Zuschauermenge gesammelt hatte, schloß der Zug mit einer Kundgebung. Im Namen der NSDAP hielt OG-Führer Hetzel eine zündende Ansprache...."[128] Nach dem Horst-Wessel-Lied sprach im Namen des Stahlhelm Dr. Ostertag. Der Grafschafter gibt ihn so wieder: „Der Tag, den alle wahren Deutschen mit Sehnsucht herbeigewünscht hätten, sei herangebrochen: der erste SA-Mann Adolf Hitler und der erste Stahlhelmmann Seldte seien zusammen berufen, die Geschicke des Volkes zu leiten."[129]

Die Deutschnationalen begrüßten die neue Regierung vorbehaltlos – in der Annahme, die „Hitleristen" schon in Schach halten zu können. Von Zentrum und DVP war nichts zu vernehmen, man wartete zunächst einmal ab, eine Haltung, wie sie für diese Parteien auch in den folgenden Wochen charakteristisch ist.

Die KPD mobilisierte ihre Anhänger, man gab Flugblätter heraus, die Mitglieder warteten gespannt ab, waren zu einem geringen Teil bewaffnet, aber noch setzte die Partei die Arbeit in legalem Rahmen fort. In Rheinhausen veranstaltete sie einen Umzug, an dem sich etwa 250 Personen beteiligten. In Hochheide beschloß eine Versammlung der KPD, am nächsten Tag geschlossen zur Stempelstelle zu ziehen und die Zahlung von Unterstützungen zu fordern.

Und die Aktivität der zweiten Arbeiterpartei?

„Um 17.50 Uhr ruft Herr Runge von der SPD an und teilt mit, daß einige seiner Parteifreunde lebhaft Klage darüber führten, daß in Homberg auf dem Rathaus und auf der Polizeiwache die nationalsozialistische Flagge gehißt sei. Herr Runge bittet den Landrat, das Erforderliche zu veranlassen, damit die Fahne entfernt wird. Herr Runge ist dahingehend beschieden, daß als Kommunalaufsichtsbehörde über die Stadt Homberg der Herr Regierungspräsident zuständig sei."[130]

Mittwoch, 1.2.1933

„Soeben, 12.10 Uhr, ruft der Bürgermeister Dr. Eckert an und bittet dringend um 25 Mann Polizeiverstärkung. Die Verhältnisse auf der Hombergerstraße fingen an, sich beunruhigend zu entwickeln. Soeben habe der Abgeordnete Bollmann von der

Recht so!

Moers. Nach langem Zögern hat sich endlich die Moerser Polizeibehörde entschlossen, alle kommunistischen Aufmärsche und Versammlungen zu verbieten. Der Entschluß kommt reichlich spät, nachdem zahlreiche SA-Kameraden mit ihrem Herzblut die Notwendigkeit rücksichtslosen Kampfes gegen das rote Verbrechertum bewiesen haben.

Typisch Rotmord

Moers. Die augenblicklichen Verhältnisse in der Kolonie Meerbeck beleuchtet folgender Vorgang: Der Zeitungsbote der National-Zeitung wurde Mittwoch morgen von einer vertierten Horde Moskowiter angefallen und blutig geschlagen. An 50 dieser Helden stürzten sich auf ihn, rissen ihn vom Rad, nahmen ihm seine Zeitungen und sein Fahrrad ab und ließen ihn blutüberströmt liegen.

Die Nationalzeitung vom 2.2.1933 zeigt das Vokabular des Faschismus

NSDAP bei ihm angerufen, sie, die Nationalsozialisten, hätten Mitteilung, wonach die Kommunisten einen Umzug planten. Bollmann habe ihm erklärt, daß dieser Umzug seitens der Nationalsozialisten mit allen Mitteln verhindert werden würde."[131] wird im Landratsamt notiert.

Auch an anderen Stellen des Kreises eskaliert die Lage, so z.B. in Repelen-Baerl: „12 Uhr 15 rief Herr Bürgermeister Altwicker an und teilte mit, daß die Kommunisten beabsichtigten, heute Abend im Lokal Biltjes in Meerbeck eine Kundgebung zu veranstalten. Er sei sich unschlüssig darüber, ob er mit Rücksicht auf die wegen der gestrigen Vorfälle noch erregte Stimmung in der Kolonie diese Kundgebung nicht vorsorglich verbieten wolle." [132]

Der Homberger Bürgermeister Wendel ruft ebenfalls beim Landrat an und bittet um 100 (statt bisher 5o) Mann Verstärkung an Schutzpolizei. Von einer realistischen Einschätzung der Gefahrenquelle faschistischer Schlägertrupps spricht der Vermerk über einen Telefonanruf des Homberger Bürgermeisters vom 1.2. beim Landrat. „Die an sich verständigen Führer der SA in Homberg, die er gestern Abend zu einer Besprechung bei sich gehabt hat, hätten ihre Leute nicht mehr in der Gewalt, da anscheinend von Rheinhausen die SA Zuzug bekäme."[133]

Wenig später fordert die Polizeiverwaltung Homberg erneut weitere Verstärkung an, weil SA die Hauptverkehrsstraßen besetzt hat und Passanten mit Gummiknüppeln angreift.

Landrat van Endert hat inzwischen beim Regierungspräsidenten eine Entscheidung zu den in Moers und Repelen-Baerl geplanten Versammlungen der Kommunisten erwirkt: beide Veranstaltungen werden verboten.

2.3 Die „Homberger Vorfälle"

Inzwischen spitzt sich die Lage an der Stadtgrenze Moers – Homberg zu. Es kommt zu den Geschehnissen, die später verharmlosend als „Homberger Vorfälle" in die Gerichtsakten eingehen. An dieser Eskalation werden drei Dinge deutlich: 1. Die Nationalsozialisten, d.h. hier vor allem die einfachen „Kämpfer", wollen den Triumph auskosten und alte Rechnungen begleichen. 2. Die Polizeimacht ist wenigstens in Teilen noch um Neutralität bemüht. 3. Auch ein völlig entgegengesetzter Sachverhalt wird von den Nationalsozialisten zu Propagandazwecken umgedeutet.

Die Vorgänge in Homberg sind das beherrschende Ereignis dieser Tage und wirken sich auf den gesamten Kreis aus. Sie sind auch in der Nachkriegszeit häufig beschrieben worden; leider falsch und ohne Kenntnis der Quellen.[134]

In der Hauptstraße Richtung Homberg hielten sich an diesem Mittwoch weder morgens um 10 Uhr noch später Kommunisten oder der erwartete Zug der Erwerbslosen auf. Aber SA und SS – zum Teil aus Rheinhausen – hatten die Straßen besetzt, um den am Vorabend auf der KPD-Versammlung beschlossenen Zug zur Stempelstelle mit allen Mittel zu verhindern. Die aufgeheizte Stimmung der SA drückte ein Nationalsozialist gegenüber den Polizeibeamten so aus: „Ihr habt keine Ahnung. Das sind Kommunisten. Sollen wir uns von diesen Leuten über den Haufen schießen lassen?"[135]

In offensichtlicher Verkennung der Kräfteverhältnisse versuchte nun eine neun Mann starke Gruppe der kommunalen Polizei gemeinsam mit 16 Landjägern unter

Landjägermeister Pließ die Straße zu räumen. Zunächst konnten die Nationalsozialisten in eine Seitenstraße Richtung SA-Heim abgedrängt werden. Als sie Verstärkung erhielten und die Landjäger sich zur Hauptstraße hin zurückzogen, fielen die ersten Schüsse. Die Beamten flüchteten, teilweise in Privathäuser.

Oberleutnant Stechweg, der Chef der Kreis Moerser Landjäger, schilderte in seinem Bericht diese Situation so:

„Als sie aber merkten, daß sich nur sechs Landjägereibeamte in dem Hause befunden hatten, eröffneten sie sofort das Feuer aus Pistolen und anderen Schußwaffen auf die Beamten, die sich nun zur Kolonie Hochheide durchzuschlagen versuchten, als ihnen auch der Weg zur Polizeiwache abgeschnitten war. Von den Landjägereibeamten ist in diesem Augenblick nicht mehr geschossen worden. Auf dem Rückzug in die Kolonie Hochheide ist der Landjägermeister Pliess verwundet worden. Oberlandjäger Schmücker hat noch gesehen, wie Pliess in einem Hause Zuflucht suchte, aber auf einen Anruf von ihm nicht mehr antworten konnte. Später ist Pliess mit mehreren Kopfschüssen tot aufgefunden. Während des Einschreitens der Landjägereibeamten war der Führer der kommunalen Polizeibeamten auf Anordnung des Landjägermeisters Pliess mit den restlichen Polizeibeamten in einer Seitenstraße eingesetzt, um den Landjägereibeamten den Rücken zu decken. Dem Homberger Vorfall sind zum Opfer gefallen: Landjägermeister Pliess, Standort Büderich, tot, Oberlandjäger Störmer, Bruststeckschuß, Oberlandjäger Jörgens – Bauchstreifschuß, Oberlandjäger Heppner – Oberschenkelschuß, Oberlandjäger Jagemast- Fußschuß, außerdem ist der Oberlandjäger Schmücker durch Stockschlagen am Bein leicht verletzt, Störmer, Jörgens – Krankenhaus." [136]

Der Oberlandjäger Heppner gab bei seiner Vernehmung u.a. an:

„Etwa 10 Meter von der Ecke der Augustastraße erhielt ich einen Oberschenkelschuß. Ich fiel zur Erde, sah mich nach dem Heim um, wo etwa noch 3 – 4 Nationalsozialisten standen. Vor dem Heim stand ein SS-Mann, der einen ganzen Pistolenrahmen nach meiner Ansicht auf mich abschoß, die mich aber nicht trafen."[137]

Es gibt kaum Anlaß, an der Darstellung der Landjäger zu zweifeln. Weder waren an der ganzen Auseinandersetzung Kommunisten beteiligt, noch kann angenommen werden, daß die bei weitem in Unterzahl befindlichen Polizeikräfte die Auseinandersetzung provoziert haben. Zwar konnte auch die hinzugezogene Mordkommission aus Düsseldorf nicht ermitteln, wer zuerst geschossen hatte, doch sprechen die Zeugenaussagen und auch der Obduktionsbefund Bände. Selbst die Presse konnte nicht umhin, die Tatsache anzuerkennen, daß die Nationalsozialisten ihr Mütchen an den Polizisten kühlten: „Die Obduktion hat ergeben, daß Pließ zwei Rückenschüsse, einen Armschuß und vier Kopfschüsse erhalten hat. Fast alle Schüsse haben ihn v o n h i n t e n erreicht.

Wie durch Aussagen von Augenzeugen einwandfrei festgestellt ist, haben nationalsozialistische Leute vom Gartenzaun des Hauses aus auf den fliehenden Landjägermeister geschossen. Als dieser im Garten zusammengebrochen war, begaben sich mindestens drei Personen in den Garten und feuerten aus etwa 1/2 Meter Entfernung noch mehrere Schüsse auf den am Boden liegenden Pließ ab..."[138]

Die Nationalsozialisten Markus und Paffrath waren durch Schüsse in den Kopf tödlich getroffen, drei weitere verletzt worden.

Wer den Landjäger Pließ exekutiert hatte, wurde niemals ermittelt, kein Nationalsozialist wurde bestraft. Wer die tödlichen Schüsse auf Markus und Paffrath abgegeben hatte, konnte den Nationalsozialisten gleichgültig sein. Sie wurden zu

Der Grafschafter
General-Anzeiger für Moers, Homberg und den Niederrhein.

Kreis Moerser Nachrichten

Aus

Blutige Zusammenstöße in Homberg.

3 Tote, mehrere Verletzte. — Eingreifen des Reichskommissars Göring.

Am Mittwochvormittag kam es in Hochheide zu Ansammlungen von Kommunisten, die in geschlossenem Zuge nach Homberg ziehen wollten. In Homberg bildete sich eine Abteilung SA und SS-Leute, um den Kommunisten den Weg zu verlegen. In Höhe der Wirtschaft Möhlendick wurde der nationalsozialistische Zug von Landjägern angehalten und zum SA.-Heim an der Wilhelmstraße hin abgedrängt. Da der Eingang des SA-Heims den Ansturm der Zurückgedrängten nicht schnell genug aufnehmen konnte, gab es eine Aufstauung. In die Verwirrung hinein fielen plötzlich Schüsse, was die SA. zu einem Gegenangriff auf die Landjäger veranlaßte, die sich angesichts der Uebermacht zurückziehen mußte. Bei dem kurzen Feuergefecht vor dem SA.-Heim wurde der SS-Mann Paffrath aus Duisburg durch einen Kopfschuß getötet. Der SA.-Mann Marcus aus Homberg erhielt ebenfalls einen Kopfschuß, an dessen Folgen er am Nachmittag im Homberger Krankenhaus verschied. Sturmführer Heckmann erhielt einen Lebersteckschuß, Truppführer Färber-Homberg einen Halsschuß und SA.-Mann Wilh. Stratmann aus Homberg einen Kopfstreifschuß. Bei der Zurückdrängung der Landjäger durch die SA. wurde der Oberlandjäger Prieß aus Büderich in einem Garten erschossen. Verletzt wurden außerdem drei Landjäger durch Bein- bezw. Bauchschüsse.

Protesttelegramm an Goering,

den Reichskommissar für Preußen, abgesandt, in dem die unverzügliche Untersuchung des Falles gefordert wurde. Im Laufe des Abends wurde aus Berlin gefunkt:

Goering greift wegen der blutigen Vorfälle in Homberg-Niederrhein ein.

Amtlich wird aus dem preuß. Ministerium des Innern mitgeteilt: „Montagabend sind in Homberg, Kreis Moers, Nationalsozialisten bei einer Kundgebung für die Reichsregierung von Kommunisten aus dem Hinterhalt beschossen worden. In Verfolg dieser Vorgänge kam es am Mittwoch vormittag zu erneuten Zusammenstößen, in deren Verlauf zwei Nationalsozialisten und ein Landjäger getötet wurden.

Der Kommissar des Reichs für Preußen, Reichsminister Goering, hat sofort strengste Untersuchung und bis zur Klärung der Angelegenheit angeordnet, den Ortspolizeiverwalter, sowie alle Landjäger, die auf Nationalsozialisten geschossen haben, vom Dienst suspendieren zu lassen."

Protesttelegramm des Stahlhelm, Kreis Grafschaft Moers.

Wegen der Vorfälle am Mittwoch in Homberg hat der Stahlhelm, Kreis Grafschaft Moers, folgendes Protesttelegramm an den preußischen Innenminister abgesandt:

„Polizeiverhältnisse im Kreise Moers für die nationale Bevölkerung untragbar. Feuerüberfälle auf Kundgebungen der nationalen Front an der Tagesordnung. Kommunisten in Homberg-Hochheide übten heute Mittwoch Polizeikontrolle. Nicht haltende Autos beschossen. — Straßenbahninsassen untersucht. Läden und Wohnungen nationaler Bevölkerung geplündert. Währenddessen schießt zuständige Polizei in Homberg auf SA. Verlangen tüchtige Polizeikräfte, sonst Notwehr unvermeidbar. Unterschrift Stahlhelm, Kreis Grafschaft Moers."

Der Polizeibericht Homberg

meldet am Mittwoch um 23 Uhr abends über die Vorgänge:

"Am Mittwoch morgen wurde von der Homberger Polizeiverwaltung aufgrund der Meldung, daß von dem Ortsteil Hochheide kommende Erwerbslose an der Grenze Hombergs von Trupps der Nationalsozialisten belästigt würden, ein aus Landjägern und kommunaler Polizei zusammengesetztes Kommando an Ort und Stelle entsandt. Dieses Kommando nahm zunächst einen Mann in SA.-Uniform fest, der einen Polizeibeamten mit einem Knüppel bedroht hatte. Infolge dieser Festnahme sammelten sich etwa 150 Personen an. Die Polizei versuchte die Straßen zu säubern. Hierbei kam es in der Nähe der Straßenkreuzung der Augusta- und Wilhelmstraße zu einer Schießerei, in deren Verlauf der Landjägermeister Prieß durch mehrere Kopfschüsse tödlich verletzt wurde. Weitere vier Landjäger wurden teils schwer, teils leicht verletzt. Auf der anderen Seite wurden nach den bisher vorliegenden Meldungen zwei Personen tödlich und eine Person schwer verletzt.

Die Untersuchung ist zurzeit noch im Gange. Die Mordkommission der L.-K.-Stelle Düsseldorf weilt zurzeit in Homberg und ist mit der Vernehmung der Beschuldigten und Verletzten beschäftigt. Personen, die zu diesen Vorfällen Angaben machen können, werden gebeten, sich im Rathause Homberg bei der Mordkommission zu melden."

Grafschafter vom 2.2.1933

Märtyrern der Bewegung gemacht, und bald darauf wurden Straßen und die evangelische Schule Moerserheide nach ihnen benannt. Die Schuld an ihrem Tod wurde dem Kollektiv der Hitlergegner aufgebürdet. Damit konnten die Nationalsozialisten die planmäßige Ausschaltung des Widerstandes propagandistisch absichern.

Schon am nächsten Tag griff Göring persönlich ein. Aus dem preußischen Innenministerium wurde amtlich mitgeteilt:

„Montagabend sind in Homberg, Kreis Moers, Nationalsozialisten bei einer Kundgebung für die Reichsregierung von Kommunisten aus dem Hinterhalt beschossen worden. In Verfolg dieser Vorgänge kam es am Mittwoch vormittag zu erneuten Zusammenstößen, in deren Verlauf zwei Nationalsozialisten und ein Landjägermeister getötet wurden.

Der Kommissar der Reichs für Preußen, Reichsminister Göring, hat sofort strengste Untersuchung und bis zur Klärung der Angelegenheit angeordnet, den Ortspolizeiverwalter, sowie alle Landjäger, die auf Nationalsozialisten geschossen haben, vom Dienst suspendieren zu lassen."[139]

Rückendeckung bekam Göring auch von deutschnationaler Seite; ihre Kampforganisation, der „Stahlhelm" des Kreises Moers, formulierte folgendes Protesttelegramm an den preußischen Innenminister:

„Polizeiverhältnisse im Kreise Moers für die nationale Bevölkerung untragbar. Feuerüberfälle auf Kundgebungen der nationalen Front an der Tagesordnung. Kommunisten in Homberg-Hochheide übten heute Mittwoch Polizeikontrolle. Nicht haltende Autos beschossen. – Straßenbahninsassen untersucht. Läden und Wohnungen nationaler Bevölkerung geplündert. Verlangen tüchtige Polizeikräfte, sonst Notwehr unvermeidbar. Unterschrift Stahlhelm, Kreis Grafschaft Moers."[140]

In der Rückschau auf die „Kampfzeit" sah es die NSDAP Moers so: „Als die Freude über die Machtübernahme auch in unserem Kreis keine Grenzen kannte und ihren Ausdruck in Aufmärschen und Fackelzügen fand, kam es zu mehreren Feuerüberfällen seitens der Kommunisten. Am 31. Januar sah sich die Ortsgruppe

Moers in der Meerbecker Kolonie überfallen und mußte mehrere Verletzte abtransportieren. Am schlimmsten wütete der Kampf in Homberg und Hochheide, wo es zu einer zweitägigen Schlacht zwischen Männern der Bewegung und den Kommunisten bzw. der Polizei kam. Der 2. Februar 1933 forderte zwei Tote: unsere Kameraden Markus und Paffrath."[141]

Mit der Hinzuziehung starker Polizeikräfte aus anderen Städten wurde in den nächsten Tagen der Straßenkampf in Moers und Homberg „beruhigt". Die propagandistische Aufbereitung, die den Kommunisten die Provokation im ganzen in die Schuhe schob, bot – wie im übrigen Reich – auch in Moers die Rechtfertigung für eine Welle massiver Repressalien für die Gegner des Nationalsozialismus. Der Anfang wurde mit den Kommunisten gemacht.

2.4 Die Übersetzung der Gewalt der Straße in Amtshandlungen

Man kann nicht sagen, daß die Moerser den ersten Triumph der Nationalsozialisten skeptisch zur Kenntnis genommen hätten. Nicht zuletzt aufgrund der wirtschaftlichen Lage, aber auch beunruhigt durch die häufigen Auseinandersetzungen der politischen Gegner war man an einem interessiert: Ordnung. Der Aufmarsch am 30.1. abends war ja von vielen Moersern beobachtet und – begrüßt worden. Es waren nicht nur vereinzelte „Heil"-Rufe in der Homberger Straße zu hören gewesen. Der Februar verging in einer Art gespannter, durchaus wohlwollender Erwartung. Die Beobachtung des äußeren Bildes ergab den überraschenden Eindruck (auch für die Skeptischen): das Chaos ist nicht eingetreten, hier geht eine tatkräftige Regierung legal und im Rahmen der Gesetze zu Werke. Gut, es gab einzelne Übergriffe – die konnte man leicht einzelnen Heißspornen anlasten. Aber im ganzen gesehen, konnte man sich von diesem Hitler und seinen Gefolgsleuten vielleicht doch etwas versprechen, wenn man nicht ohnehin schon den Tag ihrer Machtergreifung herbeigesehnt hatte. Und das waren nicht wenige, die dies gehofft hatten.

Das öffentliche und private Leben ging scheinbar seinen gewohnten Gang, der brutale Druck auf die politischen Gegner blieb den meisten verborgen. Die letzte politische Großkundgebung war der Aufmarsch von 4000 SA-Leuten bei der Beerdigung von Josef Markus gewesen. Jetzt gab es Ortsgruppensitzungen, eine Bauernkundgebung der NSDAP am 13.2., ordentliche Wahllisten zur Stadtratswahl im Grafschafter. Es schien so, als warteten die Führer der Nationalsozialisten auf ein Signal von oben. Die Anpassung an den „Zeitgeist" gelang vielen scheinbar mühelos.

Der Schwiegersohn Pattbergs, Generaldirektor Kost (der später selbst Bekanntschaft mit der Gestapo machte), trug am 14.2. in vorsichtigerer Form als die Nazis den Gedanken der „schicksalsverbundenen Werksgemeinschaft" vor und setzte sich für die „Beseitigung aller werksfremden Elemente" ein.[142] Wer war da gemeint?

Schon am 9.2. meldete der „Grafschafter" Hausdurchsuchungen bei kommunistischen Führern in Moers und Homberg, die ergebnislos verliefen.

Den Irrglauben an die Legalität der nationalen Revolution und die Selbständigkeit städtischer Amtsträger hegte wohl auch noch Bürgermeister Dr. Eckert, wenn er anläßlich einer geplanten SPD-Demonstration seine Überlegungen an den Landrat leitete: „Es handelt sich auch um eine SPD-Veranstaltung, die bis jetzt ihrerseits

Bergwerksdirektor Dr. Heinrich Kost, wohl der einzige Reichswirtschaftführer, der 3 Tage Schutzhaft bekam, bejahte vor allem den neuen Betriebsfrieden.

zu polizeilichem Einschreiten noch keinen Anlaß gegeben hat, auch soll die Demonstration am hellen Tage beendet sein. Ein Verbot würde m.E. sehr viel böses Blut machen. Auch der Herr Preußische Innenminister hat seinerseits lediglich KPD-Veranstaltungen verboten. Es unterliegt für mich freilich keinem Zweifel, daß die örtliche NSDAP ein Verbot als selbstverständlich ansieht. Es darf aber m.E. aus Gründen der Staatsautorität nicht dahin kommen, daß die Zulassung bzw das Verbot solcher Umzüge davon abhängig ist, ob die Veranstaltung der Gegenseite dem örtlichen Führer der NSDAP genehm ist oder nicht. Solange nicht ein allgemeines Demonstrationsverbot für jedermann gültig ergeht, muß ich mich deswegen für die Zulassung aussprechen. Freilich benötige ich erhebliche Verstärkung und zwar mindestens 75 Beamte ab 14 Uhr..."[143]

Dr. Eckert erkannte den politischen Druck und suchte sich nach oben abzusichern, wenn er sich diesem Druck (noch) nicht beugte. Die Nationalsozialisten waren nicht so dumm, den Eindruck zu erwecken, als wären ihnen Recht und Gesetz nur billige Staffage. Die amtlichen Stellen sollten absegnen, was sie mit Druck und Gewalt zu erzielen suchten. Dieses – weitgehend hinter verschlossenen Türen ablaufende – Machtgerangel blieb den Nichtbetroffenen verborgen. Daß die Nationalsozialisten im Kreis alles andere als moderat waren, zeigt ein Blick in die Vorgänge um Versammlungen der politischen Gegner. Die Methoden waren dabei bis in die Formulierungen von Briefen und Anträgen in allen Gemeinden identisch.

Zunächst macht der Kreispropagandaleiter der NSDAP Dr. Reible im Auftrag Bollmanns beim Bürgermeister sogar einen „Rückzieher". Er teilt ihm am 7.2. mit, der Architekt Wieth habe nicht im Namen der Partei gesprochen. Das aufgebrachte Parteimitglied Wieth hatte freilich Dr. Eckert und dem Beigeordneten Dr. Kaschade angedroht, sie würden aufgehängt, wenn sie die SPD-Veranstaltung genehmigten.[144]

Doch was nützt diese Distanzierung einem Bedrohten, wenn keine Garantien gegeben werden. Wie gut die Nazis dieses Klavier spielen konnten („tut uns leid, aber der gesunde Volkszorn ist nicht aufzuhalten"), zeigen schon die nächsten Auseinandersetzungen dieser Art.

So schreibt der Beigeordnete Rheinhausens Reintjes an den Landrat: „Die KPD hat für Freitag den 17. Februar 1933 abends 19 1/2 Uhr im Hochemmericher Vereinshaus eine öffentliche politische Versammlung angemeldet. Wie mir der Ortsgruppenleiter der NSDAP, Herr Lüttgens auf Befragen mitteilt, habe er die Absicht mit etwa 100 SS-und SA-Leuten in die Versammlung hineinzugehen und zu reden. Auf die Frage, ob er dafür eintreten könnte, daß keine Störung vorkäme, antwortete Lüttgens, daß er keine Garantie dafür übernehmen könne. Nach meinem Dafürhalten ist damit zu rechnen, daß es zu ernsten Störungen kommen kann und eine unmittelbare Gefahr für die öffentliche Sicherheit zu besorgen ist. Ich bitte deshalb die Versammlung der KPD auf Grund des 1 Abs. 2 zu verbieten."[145]

Landrat van Endert reagiert sofort und schreibt anderntags zurück:

„An den Herrn Bürgermeister in Rheinhausen.

Betr.: Versammlung der KPD vom 17.2.1933 dortiger Bericht vom 15.2.33

Da nach den dortigen Berichtsausführungen vom 15.2.33 eine unmittelbare Gefahr für die öffentliche Ruhe und Sicherheit gegeben ist, verbiete ich vorsorglich aufgrund des 1 Abs. 2 der Verordnung des Herrn Reichspräsidenten zum Schutz des deutschen Volkes vom 4.2.1933... in Rheinhausen angemeldete Versammlung der KPD. Im Hinblick auf die besonders erregten Verhältnisse im hiesigen Industriebezirk würde eine ernste Störung, die möglicherweise Blutvergießen im Gefolge hätte, zu unübersehbaren Folgen führen können" [146]

Dasselbe geschieht am 20.2.1933 mit der Anmeldung einer öffentlichen politischen Versammlung des Kampfbundes gegen den Faschismus. Der Bürgermeister als Ortspolizeibehörde „hört", daß drei Stürme SA und SS den Saal besetzen wollen – und verbietet die Versammlung. Identisch ist die offizielle Begründung, neu hinzu kommt die „kollektive Haftung" als Argumentationsmuster. So habe die KPD zuletzt nachts mit Farbe geschmiert und Aufschriften wie „Nieder mit Hitler. Rot Front!", „Nieder mit der Regierung Hitler-Papen-Hugenberg!" angebracht, wodurch die Erregung in der Bevölkerung weiter erhöht worden sei.

Ein weiteres Beispiel, das zeigt, wie nunmehr die bloße Drohung mit Gewalt wirkt, ist aus Moers überliefert.

Am 25.Feb. schreibt Bürgermeister Eckert an den Landrat:

„Heute gegen 18 Uhr erschien der SS- und SA-Führer Bergmann mit einem weiteren SS-Mann im Dienstzimmer des Polizeioberinspektors Lautenbach und richtete folgende Frage an ihn: 'Herr Oberinspektor, trifft es zu, daß morgen im Mattheksaal eine öffentliche politische Versammlung stattfindet, in welcher der Landtagsabgeordnete Dr. Rosenfeld aus Berlin spricht?' Lautenbach bejahte dies. Bergmann fuhr fort: 'Herr Oberinspektor, wenn Rosenfeld spricht, sprengen wir die Versammlung. Wir werden niemals dulden, daß dieser Mann, der gelegentlich einer Versammlung die sittlichen Gefühle in unerhörter Weise verletzt hat, sprechen wird.' Der Oberinspektor sagte dem Bergmann zu, das soeben Mitgeteilte dem

Herrn Landrat weiterzuberichten. Bergmann will sich morgen 10 Uhr Bescheid holen. Im Anschluß an dieses Gespräch nahm der Polizeioberinspektor sofort fernmündlich Fühlung mit dem Parteisekretär Runge, welchem die Ausführungen des Bergmann dargelegt wurden. Runge versprach Mitteilung zu geben, ob die Versammlung dann überhaupt stattfinden würde. Er, Runge, wisse nicht, ob es ihm gelinge, einen Ersatzredner zu bekommen. Auf alle Fälle gab Runge das Versprechen, daß Rosenfeld nicht sprechen würde."[147]

Als Runge um 19.15 Uhr mitteilt, die Partei könne keinen anderen Redner stellen, teilt Dr. Eckert dem Landrat seine größten Bedenken mit, und dieser antwortet mit dem üblichem Formbrief, der ein „vorsorgliches Verbot" begründet.

2.5 Kapitulation: Verwaltung als Helfershelfer

Wenn die Nazis Geschichte schreiben, dann ist es die Geschichte des Mannes von der Straße. Der einfache SA-Schläger wird verherrlicht – sein Mut war es angeblich, der den unaufhaltsamen Aufstieg der braunen Machthaber ermöglichte. Von politischen Ränken, von der Unterstützung durch Wirtschaftskreise, von der objektiven Situation ist da nie die Rede – die Bewegung erkämpfte die Macht auf der Straße. Man sollte nicht auf diese Art der Geschichtsfälschung hereinfallen; aber für den kurzen Zeitabschnitt der ersten Februarwoche des Jahres 33 trifft die Darstellung zu. Die Nazis demonstrierten ihren Gegnern und dem indifferenten Teil der Bevölkerung, daß mit ihnen nicht zu spaßen war. Nur drei Wochen später hatte diese Methode der Einschüchterung schon so gut gewirkt, daß der bloße „Wink" mit SA und SS genügte. Der Versuch, zunächst die politische Wirksamkeit der an-

Erich Neumann, der erste NSDAP-Bürgermeister Deutschlands, Neukirchen-Vlyun

deren Parteien zu beschneiden, hatte – wie die obigen Beispiele zeigen – gut geklappt. Gut geklappt hatte hier auch schon das Zusammenspiel zwischen der Partei und den Dienststellen von Stadt und Kreis. Mag auch mancher sich noch in der Rolle des Pilatus gewähnt haben – die Nationalsozialisten konnten sicher sein, daß ihnen vom Verwaltungs- und Polizeiapparat keine Gefahr drohte. Er spielte mit, und man arbeitete rasch nach dem Motto: neue Herren, neue Befehle, neue Ziele – wir machen weiter, wir ziehen mit, wir funktionieren effizient.

Und sie zogen mit.

Vom Bürgermeister Neukirchen-Vluyns Neumann erwartete man ohnehin nichts anderes. Nicht anders die übrigen Bürgermeister „als Ortspolizeibehörde", wie es in den Meldungen an Landrat und Regierungspräsident heißt : Repelen-Baerl, Moers, Camp, Lintfort, Orsoy, Homberg – sie alle melden Vollzug, Verhaftungen, Überstellung in die Gefängnisse in Moers oder Hamborn. Durchführende: Verwaltungsspitze und Polizei. Wohltuend sticht hier nur, wie auch bei späteren von oben angeforderten Spitzelberichten, die Gemeinde Kapellen unter Hermann Meiwes ab.

Am 1. März 1933 – ganze vier Wochen nach Hitlers Berufung zum Reichskanzler – war es soweit. Die braunen Machthaber fühlten sich sicher genug, was die propagandistische Vorbereitung des nächsten Schrittes betraf. Und dieser Schritt mußte nicht g e g e n, sondern konnte m i t den staatlichen Organen vollzogen werden. Am 27.2. brannte der Reichstag – im Endeffekt mißlang im Prozeß und vor der Weltöffentlichkeit der Versuch, dies den Kommunisten anzulasten. In den folgenden Tagen jedoch „zog" die Argumentation. Am 28.2.33 wurde die „Verordnung zum Schutz von Volk und Staat" erlassen, die weitgehende Vollmachten für die Exekutive enthielt. Eine ganz gezielte propagandistische Vorbereitung hatte schon vorher in der Presse von Umsturzplänen, Terrorakten, Schußwaffenbesitz der „Roten" berichtet. Am 1.3.33 wurden auch hier in allen Gemeinden des Kreises die bekannten politischen Führer der KPD verhaftet.

Wie sehr die Verhetzung Raum gegriffen hatte, beweist der Bericht der Polizeiverwaltung Utfort, daß Rathaus und Gasometer gesichert seien. Obwohl zu diesem Zeitpunkt und auch später keinerlei Anzeichen für Anschläge solcher Art sprachen, gab es keine Bedenken seitens des Bürgermeisters, Angehörige der NSDAP als Verstärkung der Polizeikräfte hinzuzuziehen. Altwicker forderte nach einer Besprechung mit den örtlichen SA- und Stahlhelmführern am 1. März 21 Mann an – das entsprach der Stärke der vorhandenen Polizei- und Landjägereikräfte. „Ich hoffe, daß die Bestätigung so schnell erfolgt, daß ich diese Hilfskräfte bereits in den nächsten Tagen verwenden kann."[148] Die Absprache mit der Landjägerei übernahm hier Polizeioberinspektor Mechlen, ein alter Nationalsozialist.

Natürlich konnte sich die Exekutive auf „höheren Befehl" berufen. Per Funkspruch an alle Landräte wurden die Polizeidienststellen angewiesen, „sämtliche führende Persönlichkeiten der KPD ohne Rücksicht auf Abgeordnetenstatus"[149] zu verhaften.

An keiner Stelle des nun folgenden Schriftverkehrs zwischen Düsseldorf und den Gemeinden des Kreises Moers ist auch nur der Hauch eines Zweifels an den Anordnungen zu erkennen, geschweige denn ein Protest oder Widerstand. Nicht die Tatsache an sich, daß eine politische Partei zerschlagen werden sollte, vielmehr die Frage der rechtlichen Absicherung beschäftigte die Verantwortlichen. Der Regierungspräsident in Düsseldorf klärte diese Frage zugunsten des reinen Gewissens mit einem Funkspruch an alle Polizeipräsidenten und Bürgermeister am 3.4.1933:

„MdJ hat entschieden, die Festnahme von KPD-Führern usw. ist wegen Verdacht hochverräterischer Handlungen erfolgt. Es liegt keine Schutzhaft aus politischen Gründen vor. Die Festgenommenen sind daher in der Wahrnehmung des Wahlrechts behindert."[150]

Die Nationalsozialisten waren bemüht, ihrem Handeln einen legalen Anstrich zu geben, wenngleich es schon eine Pervertierung rechtsstaatlicher Grundsätze ist, die Gründe für Verhaftungen im nachhinein und pauschal festzulegen. In guter deutscher Tradition befolgten auch die Verwaltungsstellen am Niederrhein, was von oben kam. Die in jenen Tagen klassische Vollziehungsmeldung lautet etwa aus Repelen-Baerl am 12. April 1933:

„Die in der anliegenden Nachweisung aufgeführten Kommunisten sind heute festgenommen worden." Grund: „Festgenommen aufgrund des Funkspruchs des Höheren Polizeiführers im Westen vom 12. April 33. Bei allen Festgenommenen handelt es sich um sehr tätige Kommunisten, die in dem dringenden Verdachte stehen, Ersatzführer der KPD zu sein."[151]

Am 6.3.33 wurden rechtliche Bedenken von ganz oben weggeregelt: „An alle Polizeibehörden. Zur Richtigstellung irrtümlicher Auffassung wird darauf hingewiesen, daß Schutzhaft im Rahmen des 1 der VO vom 28.Feb. 1933 eine rein polizeiliche Maßnahme ist, bei der jegliche Mitwirkung der Gerichte ausgeschlossen ist. Insbesondere kommt Vorführung vor den Richter nicht in Frage."[152]

Am 28.3.33 waren im Kreis Moers in Schutzhaft genommen worden 137 Personen, die folgenden Parteien angehören: KPD 132 Personen, SPD: 2 Personen, Zentrum: 1 Person, DVP: 1 Person, parteilos: 1 Person.[153]

Und täglich ging es weiter mit Meldungen! Die Befehle kamen von oben, die Durchführung wurde planmäßig abgewickelt. Es war so, als wollten die alten Herren den neuen zeigen, daß sie ihr Geschäft verstünden.

Und am 12. April wissen wir spätestens, was aus der Einstellung des Mannes geworden ist, der nach der Machtergreifung noch eine SPD-Veranstaltung genehmigen wollte. Dr. Eckert schreibt an den neuen Landrat Bollmann:

„Betr.: Kommunistenfunktionäre

Seit dem großen Aufräumen in der Kommunistischen Partei und ihren Nebenorganisationen von Anfang vorigen Monats an sind fortlaufend alle bekanntgewordenen Ersatzführer festgenommen und in Schutzhaft gebracht worden."[154] Auf diese „pflichtgemäße" Ausübung des Amtes konnten sich die Nationalsozialisten bei Dr. Eckert wie bei fast allen anderen Staatsdienern für lange Jahre verlassen.

Die Blitzverordnung am Tag nach dem Reichstagsbrand am 27. Februar des Jahres 1933 und die sofort einsetzende Verfolgung der Kommunisten kamen nicht überraschend; davon kann man sich mit einem Blick auf den Kreis Moers überzeugen. Mit dem Tage der „Verordnung zum Schutz von Volk und Staat" war der permanente Ausnahmezustand auch für Moers Wirklichkeit geworden. Am 3.3. wird in Homberg ein Kommunist erschossen. In zwanzigfacher Stärke der normalen Polizei patrouilliert „Hilfspolizei" durch die Straßen, Hausdurchsuchungen werden vorgenommen; am 5.3., dem Tag der Reichstagswahlen sind in Moers insgesamt 640 Mann aus SA, SS und Stahlhelm im Einsatz. Mit Terror und einem im Hintergrund bereits völlig willfährigen Apparat werden die Ziele des Nationalsozialismus verfolgt. Der Zynismus, der sich in den auch damals schon jedem zu-

SA marschiert durch Meerbeck

gänglichen Äußerungen der Nationalsozialisten zeigt, verlangt keine Interpretation. Im „Grafschafter" kann man zum Beispiel am 11. März nachlesen, wie sich der nationalsozialistische Reichsinnenminister den nächsten Schritt vorstellt:

„Es müsse Schluß damit gemacht werden, daß die Kommunisten in den Parlamenten der Städte, Länder und des Reiches noch etwas zu sagen haben. Wenn am Tage des Frühlingsanfanges, am 21. März, der neue Reichstag zusammentrete, würden die Kommunisten durch dringende und nützlichere Arbeit verhindert sein, an der Sitzung teilzunehmen. Diese Herrschaften müßten wieder an fruchtbringende Arbeit gewöhnt werden. Dazu werden wir ihnen, so fuhr der Minister fort, in Konzentrationslagern Gelegenheit geben. Wenn sie sich dann wieder zu nützlichen Mitgliedern der Nation erziehen lassen, wollen wir sie als vollwertige Volksgenossen willkommen heißen. Sonst aber werden wir sie auf die Dauer unschädlich zu machen wissen."[155]

Von den Drangsalierungen der Verhafteten, von der Not ihrer Familien wurde kaum etwas bekannt, von der einsetzenden Bespitzelung durch Nachbarn, von der Angst um den Arbeitsplatz bei denjenigen, die noch einen hatten, können nicht mehr viele berichten. In der Presse hinterließ der Terror dieser Wochen seine Spur – und immer breitere Kreise werden Opfer. Das Amtsgericht verurteilte die Täter des Überfalls am 22.12.1932 auf die Konsumanstalt. Die Feststellung, daß er von der KPD vorbereitet gewesen sei, führte zu Gefängnisstrafen zwischen 6 und 18 Monaten. Man erfuhr, daß der Kreiswirtschaftsdirektor Bergmann in „Schutzhaft" genommen wurde. SA verhaftete den jüdischen Rechtsanwalt Oster. Sein „Widerstand wurde gebrochen", der Zusammengeschlagene „wurde mit dem Krankenwagen dem Gefängnis zugeführt". Gesinnungsdruck wurde auch deutlich, wenn von „Milde“ die Rede ist. So durfte der Lehrer Prang in Neukirchen trotz seiner von einem Denunzianten gemeldeten Äußerungen zum Horst-Wessel-Lied wieder unterrichten, sollte aber versetzt werden. Dagegen wurde der stellvertretende Direktor des Arbeitsamtes Moers Graßmann ebenso beurlaubt wie drei Arbeiter bei der Moers-Homberger Straßenbahn. Die Begründung weist in die nähere Zukunft: „G. gehörte der SPD an“.[156]

2.6 Der Boykott jüdischer Geschäfte als Testlauf

„Die breite Masse eines Volkes besteht weder aus Professoren noch aus Diplomaten. Das geringe abstrakte Wissen, das sie besitzt, weist ihre Empfindungen mehr in die Welt des Gefühls... Ihre gefühlsmäßige Einstellung aber bedingt zugleich ihre außerordentliche Stabilität... Haß ist dauerhafter als Abneigung, und die Triebkraft zu den gewaltigsten Umwälzungen auf dieser Erde lag zu allen Zeiten weniger in einer die Masse beherrschenden wissenschaftlichen Erkenntnis als in einem sie beseelenden Fanatismus und manchmal in einer sie vorwärtsjagenden Hysterie.

Wer die breite Masse gewinnen will, muß den Schlüssel kennen, der das Tor zu ihrem Herzen öffnet. Er heißt nicht Objektivität, also Schwäche, sondern Wille und Kraft.

Die Gewinnung der Seele des Volkes kann nur gelingen, wenn man neben der Führung des positiven Kampfes für die eigenen Ziele den Gegner dieser Ziele vernichtet.

Ehrenbürger Neukirchen-Vlyuns: Adolf Hitler

Das Volk sieht zu allen Zeiten im rücksichtslosen Angriff auf einen Widersacher den Beweis des eigenen Rechts..."[157]

In diesen Worten Hitlers werden zwei wesentliche Ziele der nationalsozialistischen Anstrengungen in den ersten Monaten deutlich: politisch (und auch physisch) sollen die Gegner ausgeschaltet werden, propagandistisch soll das Volk gewonnen werden, indem es fanatisiert wird. Im ersten Zugriff konnte dem erwarteten Widerstand die Spitze genommen werden.[158]

Die Herzen der Mehrheit waren noch nicht gewonnen. Diesem Ziel dienten von Anfang an konzentrierte Beeinflussungsfeldzüge. Es überrascht nicht, wie sehr auch in dieser Phase die Nazi-Propaganda Negativpropaganda war, mußte doch zugleich auch eine Rechtfertigung für die zum Teil offensichtlich brutalen Unterdrückungsmaßnahmen her. Und: weithin bestehende Unzufriedenheit mit der politischen und ökonomischen Lage mußte – ganz im Sinne von „Mein Kampf" – zum Haß gegen andere umgepolt und nutzbar gemacht werden. Die Propaganda der Nazis in dieser Zeit erscheint bereits gut koordiniert. Am 13.3.1933 war Goebbels Reichspropagandaminister geworden. Der Vergleich nationalsozialistischer oder bürgerlicher überregionaler Presse mit den Äußerungen von Nazigrößen und den Schwerpunkten auf lokaler Ebene zeigt fast identische Themen.

Ein vorläufiger Höhepunkt – nicht nur in propagandistischer Hinsicht – war der Boykott jüdischer Geschäfte Ende März 1933.

Warum die Juden nun als nächste Opfer? Wenn man die schon viel früher festgelegten Grundsatzpositionen der NSDAP zur Rassepolitik und zur angeblichen internationalen Verschwörung einmal außer Acht läßt (obwohl hier die Ursache zu suchen ist), so bietet sich an, diese erste massive Kampagne gegen die jüdischen Mitbürger als geplanten Testfall anzusehen, inwieweit die Bevölkerung bereit war, den Kurs der Propaganda und Einschüchterung mitzugehen. Dies bot sich schon aus dem Grunde an, weil die Linksparteien eine ungleich größere Verankerung in der Bevölkerung besaßen. Man hat den Vertretern der Linksparteien, vorzugsweise den Kommunisten, in diesen Tagen von Seiten der Nazis alles Mögliche versucht anzuhängen. Das reichte von der Schuldzuweisung für Straßenterror über angebliche geplante Sabotageakte, Dynamitbesitz bis zur Stigmatisierung als Kriminelle (besonders beliebt waren die sogenannten Sittlichkeitsdelikte). Auch die Geschichtsschreibung ist hiervon nicht frei geblieben.[159] Der physische und psychologische Terror hatte auch bei der Kommunalwahl nach der Machtergreifung nicht verhindern können, daß in einzelnen Wahllokalen der Anteil der Linksstimmen, ja einer der beiden Arbeiterparteien allein, größer als der der NSDAP war. Man konnte den Widerstand bekämpfen, bedrohen, seiner Spitze berauben – aber man konnte noch nicht hoffen, daß die Masse der Arbeiterschaft bereit war, ihre Einstellung zu ändern. Das Bürgertum hatte seine Bereitschaft zur Anpassung bereits gezeigt, es gab keinen nennenswerten Widerstand, weder organisierten noch individuellen. Wie weit diese Bevölkerungsschicht jedoch bereit war, die Ziele der NSDAP zu übernehmen und aktiv zu unterstützen, mußte sich noch erweisen.

So bot sich auch in Moers an, einen neuen Gegner, ein neues Feindbild auf den Thron zu heben.

Bereits am 28.3. wurden „als Abwehrmaßnahmen der NSDAP gegen ausländische jüdische Hetze" alle jüdischen Geschäfte in Moers, Homberg und Rheinhausen geschlossen.[160] Zuvor waren ein Zentralkomitee und örtliche Komitees „zur Bekämpfung der jüdischen Hetz- und Greuelpropaganda" gebildet worden. Daß

es sich hierbei um keine spontanen Zusammenschlüsse „erregter Volksgenossen" handelte, zeigt sich allein daran, daß die örtlichen Leiter von oben ernannt wurden. Die Reichsparteileitung der NSDAP gab die Parolen aus und regelte die Abfolge, der berüchtigte Julius Streicher als Leiter der Aktion konkretisierte sie. Brigitte Wirsbitzki hat in ihrem Buch „Geschichte der Juden in Moers" beschrieben, wie der Boykott in Moers ablief.[161] Traurig ist es, zu erfahren, daß der Boykott hier eine Woche dauerte (zentral war zunächst nur Samstag der 1.4. angesetzt, dann verlängert und am 2.4. „ausgesetzt" worden) und es keine Berichte von Bürgern gibt, die sich getraut hätten, gegen den Nazi-Terror Zeichen der Solidarität zu setzen.[162] ihrer Eigenart über die notwendigen Unterlagen und Erfahrungen für den Aufbau der Abwehrbewegung verfügt...
13. Zur Finanzierung der Boykottbewegung organisieren die Komitees Sammlungen bei den deutschen Geschäftsleuten." Wo sonst? Wenn in der „Weseler Zeitung" berichtet wird, daß das Geschäft des Kaufmanns Erich Leyens nicht geschlossen wurde, so handelt es sich um einen Einzelfall.[163]

Der Bürgermeister von Moers, Dr. Eckert, meldet am 29.3.1933 lapidar an den Herrn Landrat: „Gestern Nachmittag wurden von der S.A. und der S.S. sämtliche jüdischen Geschäfte zum Schließen veranlaßt. Zu Zwischenfällen ist es hierbei nicht gekommen."[164]

2.7 Systematische Sicherung

Was die führenden Nationalsozialisten im Reich geradezu exzellent vorführten – die Benutzung erreichten Machteinflusses im Staat zur Ausschaltung von Gegenkräften und zum weiteren Ausbau eigener Positionen – das konnten auch die Moerser Führer der NSDAP. Daß es sich bei ihnen nicht nur um den gern so gezeichneten tumben SA-Schläger handelte, sondern um durchaus intelligente, im Umgang mit Institutionen und Papierkrieg gewiefte Taktiker, wird in dieser zweiten Phase der Machtergreifung deutlich. Jetzt ging es mit dem Erreichen „offizieller" Stellen im Apparat darum, die eigene Qualifizierung für Verwaltungsaufgaben nachzuweisen und den hier verbliebenen Gegnern den Garaus zu machen. Die organisatorischen Fähigkeiten der neuen Bürgermeister, Beigeordneten und Polizeichefs werden dabei (und wurden damals in der Bevölkerung) leicht überschätzt[165], berücksichtigt man die Tatsache, daß die zentralistischen Vorgaben nur wenig Spiel zur Eigeninitiative ließen. Zudem war jeder dieser neuen „Bonzen" von eilfertigen, auch eingeschüchterten Angestellten umgeben, die sich in der unangenehmen Situation befanden, ihre nationale Zuverlässigkeit durch Lippenbekenntnisse, vermehrten Arbeitseinsatz und den Einsatz des Ellenbogens ständig neu beweisen zu müssen. Daß dabei im Nebeneffekt „verdiente Kämpfer" mit einem schönen städtischen Arbeitsplatz und Pensionsanspruch entlohnt wurden, konnte überall beobachtet werden. Dies trug sicher auch zu einer gehobenen Attraktivität der Parteimitgliedschaft bei – für Karrieristen und Denunzianten übelster Sorte.

Am 7.April wurde das Gesetz mit dem verharmlosenden Titel „Zur Wiederherstellung des Berufsbeamtentums" verkündet und mit ihm der Bezugspunkt für eine Kette von Säuberungen im Apparat von Stadtverwaltungen und anderen Behörden, den auch die Moerser Nazis geschickt und intensiv zu nutzen wußten. Mit ihm konnten nicht nur die jüdischen[166], sondern vor allem die politisch mißliebi-

Die komplette Stadtverwaltung Moers 1936 mit Polizei, Schlachthof- und Gartenamtbediensteten vorderste Reihe v.l.: 9. Suhr, dann Linden, Dr. Eckert, Bruno Heger, Engfeld, Beilecke, Pauels, Imig

gen Beamten (übrigens ebenso die Angestellten) durch die richtigen Gefolgsleute ersetzt werden.[167] „Hier war auch jenen kleinen, so schmutzigen Motiven des Karrierenehrgeizes, der persönlichen Feindschaft, des einträglichen Denunziantentums Tür und Tor geöffnet, die dann auf allen Gebieten des gesellschaftlichen und kulturellen Lebens und nicht zuletzt in Schule und Universität die nationalsozialistische Machtergreifung so sehr erleichtert und die schuldhafte Verstrickung der Bürger auf den verschiedensten Gebieten besiegelt, ihn durch Furcht und Vorteil mit dem Regime endgültig verbunden, ihm das Rückgrat gebrochen haben: diese wichtigste Voraussetzung jedes totalitären Regimes."[168]

Ein Vorspiel war die Entfernung der gewählten Vertreter aus den Gemeinderäten und aus dem Kreistag. Zunächst waren die KPD-Vertreter dran, dann kam die SPD.

Nun rollten die wesentlichen Köpfe. Der nur kurzfristig beurlaubte Dr. Eckert (Bruno Heger vertrat ihn[169]) konnte später als Parteimitglied weitermachen, sein erster Beigeordneter Dr. Rudolf Kaschade wurde am 26.3. beurlaubt, mußte einige Tage in Schutzhaft verbringen und wurde am 19.4. „einstweilen" entlassen.[170] Am 4.4.33 wurden (für etwas mehr als ein Jahr) zu unbesoldeten Beigeordneten gewählt: Ernst Bollmann, Bruno Heger, Dr. Max Hobinder und Wilhelm Steiger. Dagegen wurde schon Ende März der Rheinhauser Beigeordnete Reintjes in Schutzhaft genommen. Der PG Heinrich Stienen ersetzte ihn, wurde aber schon im Dezember Bürgermeister von Orsoy. Der dortige Ex-BM Sonnen kam als Bürgermeister nach Homberg.[171] Der spätere Bürgermeister von Moers Peter Linden ebenfalls, er wurde zunächst unbesoldeter Beigeordneter in Homberg. Am 1.4. wurde auch der Rheinhauser Bürgermeister Dr. Foller verhaftet. Ihn beerbte ein Oberhausener Nationalsozialist: Kleinert.[172] Am 7.4. enthob der Regierungspräsident den Landrat van Endert seines Amtes.[173]lich eines Sondergerichtsverfahrens wegen Abhörens ausländischer Sender wird berichtet, Bollmann halte van Endert „nicht für absolut charakterlos" (!), während Bubenzer schreibt: „Wir Nationalsozialisten des Kreises haben nie verstehen können, daß man solch einen Mann in späteren Jahren noch an einflußreichen Stellungen beibehielt." Die Liste ließe sich fortsetzen.

Die Verwaltungsspitzen hatte man in der Hand; jetzt kamen die wichtigen Stellen im Machtapparat. Dabei ging es den Nationalsozialisten nicht nur um bestimmte Stellen. Mit dem Hinauswurf einiger Mitarbeiter der unteren Ebenen konnte Angst und Anbiederungsverhalten geschaffen werden. Ein größeres „Ausmisten" war ohnehin nicht vorgesehen, da die Nationalsozialisten eine fachlich gleichwertige Neubesetzung gar nicht aus ihren Reihen absichern konnten. So wurde etwa der Hausmeister beim Arbeitsamt Moers „wegen Schmähung eines Regierungsmitglieds entlassen".[174] Am 7.4. warf der Gemeinderat auf den Dringlichkeitsantrag des neuen Gemeindevorstehers NSDAP-Lüttgens hin fünf Leute aus den Gemeindediensten. Am 19.4.1933 berichtet der Grafschafter: „Aus der Pressestelle der Ortsgruppe der NSDAP wird uns gemeldet: der Polizeioberinspektor Lautenbach wurde Dienstag aus dem Dienst entlassen, weil er nach seiner ganzen bisherigen Einstellung nicht die Gewähr dafür bietet, daß er sich jederzeit rückhaltlos für den nationalen Staat einsetzt." Diese beliebig dehnbare Formulierung sorgte für die gewünschte Verunsicherung: niemand – vielleicht mit Ausnahme der „Alten Kämpfer" – konnte letztlich „die Gewähr bieten", sich „jederzeit" wie gewünscht einzusetzen. Exakt die Wörtchen „jederzeit die Gewähr bieten" dokumentieren eine Kontinuität in den Formulierungen zur Berufsverbotspraxis

Polizeichef Konrad Imig, von vielen gefürchtet

1971 in der Bundesrepublik ebenso wie in entsprechenden Bestimmungen des einstigen „Arbeiter- und Bauernstaates". 1933 reichte schon eine 10 Jahre zurückliegende Teilnahme an einer linksgerichtetetn Veranstaltung; sie konnte im Sinne der Definition die Gewähr ausschließen. Eine Minderheit war zunächst betroffen, die Angst blieb.

Es scheint, als ob die Moerser Nationalsozialisten – diesen Effekt berechnend – eine geschickte Streuung ihrer Säuberungen vornahmen.

Die Führung der Moerser Polizei übernimmt der Kriminalbeamte Imig, ein Mann, den viele, die mit ihm zu tun bekamen, fürchteten. Zehn Tage später wird auch der zweite Mann der Moerser Polizei, Kommissar Höffken, beurlaubt. Neben diesen sind es der Stadtbaumeister Rothe, der Verwaltungsdirektor Overbeck, der Stadtoberinspektor Eckhardt, der Schlachthofhallenmeister Kerkhoff und der Maschinenmeister Olyschläger, die hinausgesäubert werden. Das Verfahren – ordentlich, legal, wohlformulierte Anträge – zieht sich hin, da man höheren Orts noch mehr zu tun hat. Schließlich wollen auch Zigtausende von Fragebögen durchgesehen werden, mit deren Hilfe man Reichsbannerleute und SPD-Mitglieder herausfiltern will.[175] Am 5.10. reißt der Ortsgruppe Moers-Stadt in Person ihres Leiters Otto Suhr, der auch Fraktionsführer ist, der Geduldsfaden. Der Regierungspräsident erhält einen Brief, der die weitgehende Zusammenarbeit von Verwaltung und Partei dokumentiert: „Auf Grund des Gesetzes zur Wiederherstellung des Berufsbeamtentums hat die Stadtverwaltung in Moers mit der politischen Leitung der N.S.D.A.P. und der Stadtverordnetenfraktion, die rein nationalsozialistisch ist, Verfahren gegen die nachstehenden Beamten der Stadt eingeleitet. Diese Verfahren haben das Endziel die Entfernung aus dem Amt oder die Versetzung in den Ruhestand .... daß eine Ablehnung auch nur eines Antrages oder eine Wiedereinstellung auch nur eines Beamten für uns untragbar ist und nicht infrage kommt. Diese Ablehnung ist schon aus den hier herrschenden schwierigen politischen Verhältnissen begründet."[176] BM Dr. Eckert schreibt darunter als Zusatz (mit demselben Ortsgruppenstempel) am 6.10.: „Ich bestätige die vorstehenden Angaben und halte es auch im dienstlichen Interesse für dringend geboten, daß den Anträgen bald möglichst stattgegeben wird."[177]

Gleichzeitig gibt es Schwierigkeiten, weil die neuen Superpolizisten von ihren Gesinnungsfreunden gleich etwas zu hoch versorgt werden. Zunächst geht alles glatt, unter Beteiligung von Bubenzer werden die Figuren im Kreis hin und her geschoben, Bollmann als kommissarischer Landrat bestätigt.

Nach Homberg kommt SS-Sturmführer Eschold, nach Rheinhausen der SS-Sturmbannführer Schütten als kommissarischer Polizeikommissar anstelle des ausscheidenden Polizeioberinspektors Bergmann. Bergmann, der selbst auch SS-Sturmführer ist, kann in Repelen-Baerl zunächst nur „informatorisch" Verwendung finden. Aber ein Posten ist schnell geschaffen: „Bergmann soll demnächst die Leitung der polizeilichen Exekutive übernehmen, während POI Mechlen, der bisherige Leiter des gesamten Polizeiwesens dann nur den Innendienst der Polizeiabteilung führen soll."[178]

In Moers kommt außer Imig für Lautenbach der Motorstaffelführer Hamacher anstelle des ausscheidenden Höffken. In Rheinhausen stößt man auf einen alten Bekannten: der dortige Polizist Mischer hat schon häufig Beschwerden gegen Kollegen geschrieben wegen ihrer politischen „Einseitigkeit" und seiner Benachteiligung (Grund war seine nationale Gesinnung). Nun übernimmt er die Leitung der Kriminalpolizei anstelle des ausscheidenden Kriminalkommissars Schulte. Der SS-Sturmbannadjutant Hilmer soll als Polizeihauptwachmeister eingesetzt werden.

Anfang 1934 waren viele Bestätigungen für die örtlich so bewährten Männer aus der Bewegung noch nicht da. Der SS-Sturmbannführer Schütten konnte nicht zum Lehrgang zugelassen werden, so schreibt der Innenminister, „weil er den festgelegten Anforderungen eines Gemeindevollziehungsbeamten im Offiziersrang nicht

entspricht.“ Dasselbe galt für den Obersturmbannführer Michel, Hamborn, und auch für den Motorradfan Hamacher, Moers.

Der neue Mann in Homberg BM Sonnen fand eine elegante Lösung des Problems. SS-Mann Eschold wurde jetzt nicht mehr als kommissarischer Polizeioberinspektor bezeichnet, sondern als kommissarischer Leiter der Exekutivpolizei – da er kein Gehalt beziehen konnte, erhielt er eine Entschädigung in Höhe der Empfangsbezüge der Besoldungsgruppe. Große Sorgen um die Polizei mußte man sich in der Kreisleitung ohnehin nicht machen: nach dem 30.1.33 traten weitere 15 von den 24 Moerser Polizisten der Partei bei.[179]

Zwei Monate nach Hitlers Ernennung zum Kanzler war die Machtergreifung in Moers durch die Nationalsozialisten noch lange nicht abgeschlossen. Aber die wesentlichen Schritte hatten die Moerser Vertreter der Bewegung erfolgreich getan. Diese Schritte folgten einem zentralen Plan und konnten in ähnlicher Form überall in Deutschland festgestellt werden.

In der ersten Phase bestimmte die offene Gewalt der Straße, d.h. die der SA und SS, das Geschehen.

Die zweite Phase übertrug diesen Druck auf Gremien, Behörden, politische Veranstaltungen, kurz auf das politische Leben der Stadt, und die Reaktion des herrschenden Bürgertums war: die weiße Fahne. Behörden und Apparat paßten sich rasch und glatt an.

In der dritten Phase wurde der gefährlichste Gegner angenommen. Bereits mit Hilfe der staatlichen Macht wurde die Führung der KPD ausgeschaltet.

Die vierte Phase bestand in der planmäßigen Okkupierung der Schaltstellen staatlicher Macht, in der Legalisierung des Terrors.

Wie ging es weiter in Moers?

Es gab immer wieder Hausdurchsuchungen bei einzelnen Familien, die verdächtig waren, zur KPD oder SPD zu gehören, auch solche, aus deren Mitte es bereits Verhaftete gab. Auch wenn nichts gefunden wurde, war die psychologische Wirkung da, und das nicht nur bei den Betroffenen und ihren Freunden. Anpassungsleistung oder schon immer vorhandene Gesinnung dokumentierten sich z.B. darin, daß der Arbeiter- und Bürgerverein in Orsoy sofort gewillt war, Heinrich Möhlenkamp auszuschließen. Der Grund: es wurde bei Möhlenkamp eine Hausdurchsuchung vorgenommen – erfolglos! Das Presbyterium reagierte noch schneller und kündigte ihm die Wohnung.

Die Angst, unliebsam aufzufallen, breitete sich aus, bei denen, die solche Bücher wie „Im Westen nichts Neues“ lasen. Alle Bibliotheken wurden von „Schmutz- und Schundliteratur“ befreit. Die menschenverachtende Wut der Faschisten richtete sich nicht nur gegen das verhaßte Gedankengut: „Ehemalige KPD-Angehörige mußten die Überreste ihrer Bewegung, Bücher und Schundliteratur auf den brennenden Scheiterhaufen befördern.“[180]

Die Welle der Verhaftungen gegen SPD-Führer war kaum verebbt – in der Zeit vom 15. Juni bis 30. Juni wurden in Schutzhaft genommen, in Homberg 19, in Utfort 2, in Rheinhausen 33 Personen[181] – da gab es Ende Juli wieder Razzien „gegen Kommunisten“. Aber inzwischen ist niemand mehr sicher: ein Gemeindegärtnermeister wurde wegen „verächtlicher Äußerungen über das Hoheitsabzeichen der NSDAP in Schutzhaft genommen“.[182] Für eine Harmlosigkeit wurden z.B. auf der Zeche Friedrich-Heinrich „8 Schädlinge“ verhaftet. Wie in allen anderen Fällen berichtete auch hier die Presse detailliert.[183]

Der Regierungspräsident ordnete an, am 25. Juli, vormittags 12 Uhr, „eine schlagartige Kontrolle sämtlicher Verkehrsmittel durchzuführen", u.a. wird im Funkspruch vom 24.7.33 angewiesen, „reichlich SA und SS einsetzen" – eine Anweisung, die im ganzen Kreis Moers umgesetzt wurde. Das Ziel lag sicher nicht in der Auffindung von Material, sondern vor allem in der sichtbaren Präsenz der „Hilfspolizei".

Am 10.9.kulminierte die Politik der Stärke in einer Großrazzia in Meerbeck, bei der Polizei und Landjäger durch 1500 Mann an SA und SS „verstärkt" werden.[184]

2.8 Der Kurs wird klar

Was „Schutzhäftlingen" blühte, darüber konnte es damals keinen Zweifel geben. Am 2.12. droht die örtliche NSDAP Alpens (und es ist für alle Leser des „Grafschafter" präsentiert) unter der Überschrift „Warnung für Miesmacher": „Wenn der eine oder der andere glaubt über Maßnahmen der hiesigen NSDAP zu stänkern, soll er sich gesagt sein lassen, daß im Konzentrationslager noch viel Platz ist... Sollte nun diese Warnung nicht genügen, so wird die Alpener Ortsgruppenleitung diesen Stänkerern Gelegenheit geben, eine Kur in dem eigens dafür hergerichteten Sanatorium Dachau durchzumachen."[185] 'Durchzumachen' – sagt die NSDAP.

Über die Existenz dieser KZ wird offen berichtet[186] dagegen verurteilt das Düsseldorfer Sondergericht (!) einen Mann zu vier Monaten Gefängnis. „Er hatte ein unerhörtes Gerücht weiterverbreitet, wonach die Nationalsozialisten in Konzentrationslagern befindliche Kommunisten hinmordeten und die Nationalsozialisten Arbeitermörder seien."[187]

Wer in dieser Zeit so etwas wie Rechtsprechung erwartete – von Richtern, die doch z.B. am Moerser Amtsgericht nicht ausgewechselt worden waren, der mußte seine Zweifel bekommen angesichts von harten Urteilen wie am Fließband. Daß ein neuer Wind auch bei den Gerichten wehte, konnte man ebenfalls der Lokalpresse entnehmen. Am 7.7. wird Freisler zitiert, daß der neue Grundsatz in der Rechtsprechung sein müsse: „Die Strafe muß ein Übel sein". Und am 3.8. gibt der Grafschafter einem Bericht über das neue preußische Strafvollstreckungs- und Gnadenrecht den Untertitel: „Mit der bislang üblichen Humanitätsduselei wird gebrochen."[188]

Am 28./29 März bei den Betriebsrätewahlen auf den Schächten des Kreises blieb den Nationalsozialisten ein durchschlagender Erfolg verwehrt. Mit beispiellosen Propagandaaufwand erfolgte danach die Umkehrung des 1. Mai in den „Tag der nationalen Arbeit". Schon tags darauf fand die Gleichschaltung der Gewerkschaften statt – alle Führer kamen in Schutzhaft. Was in Berlin begonnen wurde, setzten die örtlichen Machthaber konsequent um. Wo ihnen das Ergebnis der Betriebsratswahlen nicht paßte, wurde korrigiert.

Die „nationalen Verbände" beantragten für mißliebige Betriebsräte den Ausschluß und die Einsetzung linientreuer Arbeiter. So werden z.B. auf den Pattbergschächten Repelen, Schacht I, ausgeschlossen die Hauer Paul Orewek (Revolutionäre Gewerkschaftsopposition – RGO) und Leopold Pachinger (Gewerkverein christlicher Bergarbeiter).

„In beiden Fällen wird der Antrag mit der staats- und wirtschaftsfeindlichen Einstellung der genannten Personen begründet."[189] So läuft es überall, nur in Neukirchen wird der Betriebsrat gleich ganz aufgelöst, und neun neue Mitglieder werden bestimmt. Dasselbe Vorgehen ist auch aktenkundig für Firmen in anderen Bereichen, etwa die Brotfabrik Schütten. Bereits am 19.4. hatte der Gewerkverein christlicher Bergarbeiter Deutschlands, Bezirk Moers, Kirschenallee 3, gegen die Verhaftung des BR-Vorsitzenden bei der Solvay, Decker protestiert, dem man angedroht hatte, er werde so lange in Haft bleiben, bis er zurücktrete. Decker trat nicht zurück.[190]

Die restlichen Strukturen der bürgerlichen Parteien lösen sich fast wie von allein auf. Am 21. Juni, nachdem die NSDAP den letzten SPD-Stadtverordneten aufgefordert hat, den Saal zu verlassen, wird das Zentrum belehrt, daß es keinen Sitz in einem Ausschuß erhalten kann. In Moers legen die letzten vier Zentrumsleute am 14. August, auf einer nur 25-minütigen Stadtverordnetenversammlung, ihr Mandat nieder.[191]

Damit begnügte sich die neue Macht beileibe nicht. Hinter den Kulissen – und von der Öffentlichkeit weitgehend unbemerkt – wurde weiter an der Festigung des eigenen Machtgefüges gearbeitet. Nun kamen auch Randgruppen, Nebenorganisationen und die Kirchen ins Visier.[192]

Es war sicher kein Problem, die Vielzahl an nationalen Vereinen in Moers gleichzuschalten. Daß die 32.000 (!) deutschen Kriegervereine am 4.8. eine einheitliche Fahne erhielten, wurde auch in Moers begrüßt. Im Herbst des Jahres 1933 traten serienweise Vorstände und Vorsitzende von Vereinen und Berufsvereinigungen zurück.[193] Die Guttempler „Grafschafter Treue" sagten sich schon Anfang April, daß Adolf Hitler, der selbst Abstinenzler sei, ihre Arbeit immer würdigen werde.[194]

Es gab wichtigere Gegner des Regimes. Und diese wurden mit allen Mitteln ausgespäht. Erkundungsaufträge an den Landrat – der die Bürgermeister als Ortspolizeibehörde anwies – kamen in der Regel jetzt vom Höheren Polizeiführer im Westen. Sie erstreckten sich zunächst auf die Ersatzführer der KPD, die SPD-Führer, dann deren Nebenorganisationen wie Sportvereine. Auch eventuelle Einheitsfrontbestrebungen sollten beobachtet und 14-tägig weitergegeben werden.[195] Die Kirchen in Moers lebten noch in vergleichbarer Ruhe, man wartete die Bestrebungen ab, die von

Moerser Alltag nach der Machtergreifung

zentraler Seite unternommen wurden.[196] Dagegen wurden die internationale Bibelforschervereinigung Moers-Meerbeck, eine Gruppierung, die keinen großen Rückhalt hatte, bereits im Juni auf Anweisung der Gestapo Berlin verboten.[197]

Schon Anfang Mai meldet Landrat Bollmann an den Höheren Polizeiführer im Westen, daß „Radio", „Reiseverein", „Wiedersehen" und „Treue Moers" als politisch eingestellte Brieftaubenvereine anzusehen seien. da sich die Vorstände dieser Vereine aus SPD und KPD zusammensetzten. Der Polizeiboß schreibt am 15.5.33 zurück: „Die beschlagnahmten Brieftauben sind bei national eingestellten Brieftaubenhaltern sicherzustellen."[198]

Auch in die Schulen wurde das Klima des Argwohns und der Denunziation getragen. Auf der Stadtverordnetenversammlung am 20.10. teilte Fraktionsführer Suhr mit, man habe Dr. Bauer (den Leiter des Lyzeums) gebeten, Aufklärung über die politische Einstellung der Studienrätin Dr. Vossens zu geben, der man franzosenfreundliches Verhalten in ihrer Erziehertätigkeit zum Vorwurf mache! Am 30.6. im Schulausschuß der Stadt war es bereits zu einer Kontroverse zwischen Dr. Bauer und den NS-Vertretern im Schulausschuß gekommen. Man warf der Untersekundanerin (!) Magdalene Grunert vor, in einem Klassenaufsatz stark abfällige Kritik an Regierungsmaßnahmen geübt zu haben. Erschwerend wurde angeführt, ihr Vater sei kommunistischer Funktionär gewesen. Der Vorsitzende, Bürgermeister Dr. Eckert, betätigte sich als besonderer Scharfmacher, wenn er die Frage nach der Berechtigung der Freistelle mit der Befürchtung aufwarf, „daß man in diesem Mädchen eine kommunistische Brut großziehe, die später gegen Volk und Staat auftrete."[199] Dr. Bauer geriet hier in die Lage, auch die Lehrerin verteidigen zu müssen, die die Arbeit nicht schlechter bewertet hatte. Die NSDAP-Mitglieder unterbrachen daraufhin die Sitzung und beschlossen dann mit Mehrheit, sich an den Oberpräsidenten mit der Untersuchung des Verhaltens der Lehrkraft zu wenden.

Postamt Uerdinger Straße 1934

Am 29.7.1933 verkündete Bollmann fast programmatisch: „Die Zeit einer mehr negativen Säuberungsarbeit geht ihrem Ende entgegen". Das war eine Lüge, denn die Kampagnen gegen „Miesmacher" folgten auf dem Fuß. Richtig war, daß die Propaganda sich in der folgenden Zeit bemühte, freundliche Berichte von Hilfsaktionen und Spendenfreudigkeit in den Vordergrund zu rücken. Auch im Grafschafter lesen sich die Titel auf der Lokalseite wie in einem Hausblatt des Roten Kreuzes. Es wurde viel heiße Luft verbreitet – „Repelen-Baerl greift an", „Die Schlacht gegen die Arbeitslosigkeit in... (Rheinhausen, Moers, Orsoy usw)" – und wenig bewegt. Die Wirtschaftslage war katastrophal.[200]

Der Einzelhandelsverband Moers reagierte mit dem Aufruf, freie Arbeitsplätze vornehmlich aus den Reihen der SS und des Stahlhelms (der zu diesem Zeitpunkt längst Hitler unterstellt war) zu besetzen. Wohl dem, der eine niedrige Parteinummer hatte. Dabei wurden auch persönliche Rechnungen in Betrieben und unter Nachbarn beglichen.Bezeichnend ist für diese Zeit auch der Hinauswurf eines Garteninspektors aus der Stadtverwaltung im Oktober 1933. Er hatte sich damit gebrüstet, nur eingestellt worden zu sein, um alles zu notieren. Bollmann teilte mit, „daß er kein Interesse mehr an ihm" habe.[201]

Das Ganze verlief in Richtung: wer die Macht hat, hat das Recht.

Schließlich zelebrierten die Nationalsozialisten sich selbst. Am 15.4. schon wurden in Homberg die ersten Straßen umbenannt, der „Führer" wurde gleich dreimal bedient. In Utfort war es am 16.5. so weit. In ganz Rheinland-Westfalen gab es schulfrei zum 10. Todestag von Schlageter am 27.5. (Tags zuvor wurde in Repelen das Stahlhelmheim „Schlageter" eingeweiht.) Am Hitlertag wurden grundsätzlich „kernige" Ansprachen auf „schlicht-würdigen" Feiern gehalten. In Meerbeck nahmen 4000 am Umzug teil, in Neukirchen 3000. Bollmann sprach vor angeblich 10.000: „Auch hier in Meerbeck, wo noch vor einem Jahr eine solche Riesenkundgebung unmöglich war, liegt der Marxismus im Sterben."[202]

Bernhard Schmidt

„Es waren alles so ehrliche
und brave Menschen"
Christine Hirschmann,
Hausfrau aus der Mattheck, 91

Kapitel 3
Und dennoch: über zwei Jahre organisierter Arbeiterwiderstand: die KPD 1933-1935

3.1 Protest der ersten Stunde: Keine Chance, die Straße zu halten

Die im vorangegangen Kapitel beschriebene Begeisterung für die neuen Herren und das Kräfteverhältnis in Moers-Mitte machen die Widrigkeiten deutlich, mit denen der Widerstand aus den Arbeiterbezirken des Kreises Moers zu kämpfen hat. Zunehmende Verelendung hatten die Menschen aus der Meerbecker „Kolonie" oder Hochstraß, aus Repelen-Rheim, aus der Mattheck, Asberg oder der Kaiserstraße noch stärker an den Rand der Gesellschaft gedrängt – Asoziale, wie man sie gerne nennt. Ideologisch werden die Kommunisten als „fremde Legionäre Moskaus" ausgegrenzt. Viele waren bei den Bergarbeiterstreiks 1930-1931 fristlos entlassen worden, zuletzt im Januar 1933.[203]

Nur in Homberg-Hochheide geht die Arbeiterschaft nach dem 30. Januar im Altkreis Moers in die Offensive. Für mehrere Tage hält sie sich auf den Straßen, nachdem die Nazis provozierend in ihre Siedlung eingedrungen waren und das selbstgebaute „Leninheim" der KPD in der Glückaufstraße demoliert hatten. Der Moerser Arbeiter Walter Kuchta schwärmt im Rückblick:[204]

„Nach dem 30. Januar beherrschten die Arbeiterparteien KPD und SPD zusammen mit dem Kampfbund gegen den Faschismus, dem Reichsbanner Schwarz-Rot-Gold und den freien und christlichen Gewerkschaftern tagelang die Straßen in Homberg-Hochheide. Tausende Antifaschisten, organisierte und unorganisierte, einige mit Karabiner oder Pistole bewaffnet, sicherten Tag und Nacht die Straßen des Stadtteils und hinderten Nazis und Göring-Polizei am Betreten.

Weil währenddessen SA und SS den Ortskern Homberg besetzt hatten, marschierten die Arbeiter von Hochheide geschlossen und bewaffnet nach Homberg, um sich vom Arbeits- bzw. Wohlfahrtsamt ihre Unterstützung zu holen. Weder SA und SS noch Polizei wagten, diese bewaffnete Demonstration aufzulösen oder anzugreifen.

Nachdem es in dieser gespannten Atmosphäre zu blutigen Auseinandersetzungen zwischen SA und Polizei in Homberg gekommen war, nahm der preußische Nazi-Ministerpräsident[205] Göring dies zum Anlaß für einen Großangriff auf die Arbeiterschaft in Homberg-Hochheide. Das wurde Göring nicht zuletzt dadurch ermöglicht, daß solche entschlossenen Abwehraktionen wie die in Hochheide im Reichsmaßstab isoliert blieben. Der ganze Stadtteil mit seinen Zechenkolonien und

Hiervon träumen Jungkommunisten wie der Meerbecker Hilfsarbeiter Willi Müller, der mit Kohle auf Packpapier zeichnet: Arbeiter, die gegen die Gewaltherrschaft aufstehen.

Arbeiter-Wohnvierteln wurde durch hunderte schwerbewaffnete Polizisten, unterstützt von SA, SS und Stahlhelm, vollständig abgeriegelt. An allen Straßenkreuzungen standen bewaffnete Polizeiposten. Auf Polizeiwagen waren leichte Maschinengewehre aufgebaut. Haus für Haus wurde nach Waffen durchsucht, aber bei keinem aktiven Arbeiterfunktionär wurden belastende Materialien, ob Waffen, Schreibmaschinen oder Abzugsgeräte, gefunden. Dennoch wurden viele Arbeiter beschimpft, bedroht, mißhandelt und etwa 80 verhaftet."

Inwieweit hier tatsächlich Aktivisten von SPD, Reichsbanner und christlichen Gewerkschaften an den Ereignissen am Hochheider Markt beteiligt waren, ist unklar.[206]

Am 7. Juni wird die National-Zeitung der NSDAP hierzu ausführlich unter der Überschrift „Rot-Mord erhält gerechte Strafe – Der KPD-Terror des 1. Februar in Hochheide vor Gericht" berichten. „Sechs bekannte Moskowiter", deren Namen genannt sind, haben sich wegen Landfriedenbruchs vor der ersten großen Clever

Strafkammer in Moers zu verantworten. Sie werden, bei einem Freispruch, zu Strafen zwischen fünf Monaten und 1 Jahr 9 Monaten Gefängnis verurteilt.

Verhaltener als der Bericht von Walter Kuchta klingt der Rückblick von Willy Heinskill, damals KJVD-Vorsitzender im Unterbezirk Duisburg, auf diese Tage:[207]

Ich bin in der Nacht des 30. Januar mit Mohr Frisch, dem Besitzer eines Motorrades mit Beiwagen, und mit Fred Lemmnitz herumgefahren... Wir haben den Aufruf zum Generalstreik in die linksrheinischen Betriebsgruppen im Unterbezirk Duisburg gebracht. Ich war der Auffassung: nun wird es zu Aktionen der Arbeiterschaft kommen. Doch schon in derselben Nacht des 30. Januar wurde diese Hoffnung sehr stark enttäuscht. Was wir mitbrachten an Erkenntnissen über die 'Machtübernahme' und ihre Aufnahme in der Arbeiterschaft, das war sehr deprimierend. Aus den Betrieben, aus den Belegschaften, da schlug uns kein Kampfesmut entgegen. Im Gegenteil... Wie ist das zu erklären? Wir hatten schon, ohne zu kämpfen, zu viele Schläge einstecken müssen. Dazu gehörte neben der Massenarbeitslosigkeit und der Auspowerung der Arbeiterklasse auch der fatale Juli 1932[208]."

Große Protestmärsche aus den Arbeitervororten in die Innenstädte gibt es dennoch in Düsseldorf, Wuppertal, aber auch in Solingen, Köln, Hagen und Lüdenscheid[209]. Die Arbeiter skandieren „Nieder mit Hitler", „Hitler bedeutet Krieg". „Doch die Mehrzahl der Betriebsarbeiter", so der Düsseldorfer Widerstandskämpfer Karl Schabrod, „die um ihren Arbeitsplatz bangten, folgte den Anweisungen der SPD- und Gewerkschaftsführungen, die ein 'Abwarten' und ein 'Abwirtschaftenlassen' empfohlen hatten"[210]. Im übrigen sind alle Arbeiterorganisationen damit beschäftigt, ihre Parteibüros und -zeitungen zu schützen. Die Düsseldorfer KPD-Zeitung „Freiheit" und das „Ruhrecho" der KPD in Essen werden sofort verboten.

In Moers selbst beschränkt sich die Arbeiterschaft darauf, zu re-agieren. Wie fast überall im Reich besteht keine Aktionseinheit zwischen SPD und KPD. Wohl gibt es hier, wie immer wieder berichtet wird, Absprachen zwischen SPD und KPD, sich gegenseitig zu helfen, wenn die Parteilokale angegriffen werden.[211]

Am Dienstag, 31. Januar, begibt sich der Zug der siegestrunkenen Nationalen Front von Moers aus provozierend in die Meerbecker Kolonie, wo er beschossen wird und mehrere Personen verletzt werden. Auch in Homberg und Rheinhausen fallen bei den großen „nationalen" Kundgebungen am 31. Januar Schüsse.[212] Aus Repelen, wo die „nationalen Verbände" am 1. Februar eine große Kundgebung durchführen, werden keine Zwischenfälle gemeldet.[213] Am 9. Februar berichtet der „Grafschafter" von ergebnislosen Hausdurchsuchungen bei kommunistischen Führern in Homberg und Moers. Am 23. und 26. Februar meldet er, daß Nationalsozialisten von Kommunisten in Rheinhausen unter Feuer genommen worden seien (ein Verletzter), am 3. März, daß ein Kommunist in Homberg erschossen worden sei (vermutlich Anton Burkels).

Trotz aller Schikanen und Verbote muß auch die KPD ihr Augenmerk auf die Reichstagswahlen am 5. März richten – der Reichstag wurde am 1. Februar aufgelöst – sowie auf die in Preußen für den 12. März angesetzten Kommunalwahlen.

3.2 Der Reichstagsbrand als Vorwand: Verfolgung und Verhaftung von KPD-Führern

Die Falle schlägt auch im Altkreis Moers zu

Aufgrund der am Tag nach dem Reichstagsbrand erlassenen „Verordnung zum Schutz von Volk und Staat" vom 28.2.1933 läuft im gesamten Reich eine ungeheure Verhaftungswelle an. Allein in den Großstädten an Rhein und Ruhr werden 5 000-6 000 Personen festgenommen[214], zumeist Kommunisten.

Auch in Moers kommt es sofort zur Verhaftung führender Persönlichkeiten. Diese auszuschalten, ist ein Leichtes, wird die KPD doch seit Januar 1931 reichsweit systematisch überwacht. Auch der Moerser Landrat hatte pflichtgemäß diese geheimen Berichte vierteljährlich erstellen lassen und weitergeleitet. Die bereits zwei Jahre funktionierende Falle braucht jetzt nur noch zuzuschlagen.

Daß der Reichstagsbrand nur Vorwand ist, läßt sich auch lokalgeschichtlich nachvollziehen: bereits am 25. Februar sendet Bürgermeister Dr. Eckert mit eigener Unterschrift die neueste Liste von 15 „Funktionären der KPD und ihrer Nebenor-

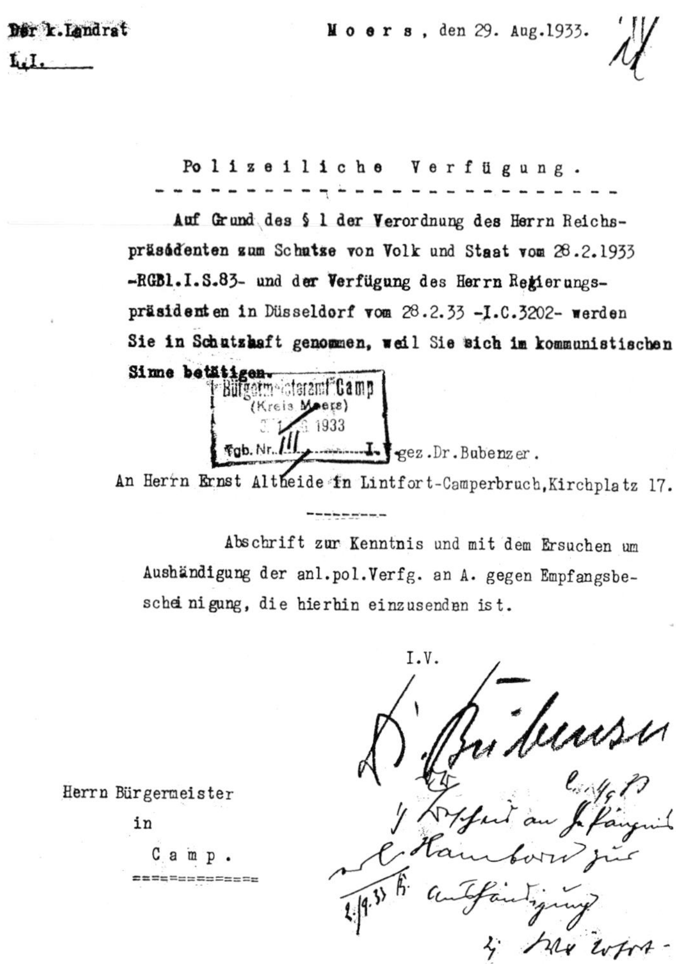

Der k.Landrat
L.I.

M o e r s , den 29. Aug.1933.

P o l i z e i l i c h e   V e r f ü g u n g .

Auf Grund des § 1 der Verordnung des Herrn Reichspräsidenten zum Schutze von Volk und Staat vom 28.2.1933 -RGBl.I.S.83- und der Verfügung des Herrn Regierungspräsidenten in Düsseldorf vom 28.2.33 -I.C.3202- werden Sie in Schutzhaft genommen, weil Sie sich im kommunistischen Sinne betätigen.

Bürgermeisteramt Camp (Kreis Moers) 1933 Tgb. Nr. 111

I.V. gez.Dr.Bubenzer.

An Herrn Ernst Altheide in Lintfort-Camperbruch,Kirchplatz 17.

Abschrift zur Kenntnis und mit dem Ersuchen um Aushändigung der anl.pol.Verfg. an A. gegen Empfangsbescheinigung, die hierhin einzusenden ist.

I.V.

Herrn Bürgermeister
in
C a m p .

Moerser sind nicht unbeteiligt an den Verhaftungen, hier NSDAP-Kreisleiter Dr. Bubenzer, Vertreter des Landrats

ganisationen" an den Moerser Landrat. Den Namen des SPD-Mannes Bernhard Jung, Alexanderstr. 4, „Führer der freien Gewerkschaften (Gewerkschaftskartell)", liefert er gleich mit.[215]

Am 1. März werden in Moers verhaftet:[216]

Adam Erbach	Bergmann	Filderstr. 12
Max Pfretschner	Glasschleifer	Essenbergerstr. 60
Richard Nass	Bauarbeiter	Neustr. 29
Karl Hoffmeister	Bauarbeiter	Matthecksiedlung 41 d
Andreas Hirschmann	Bergmann	Matthecksiedlung 54 d
Oskar Pfeiffer	Arbeiter	Asbergerstr. 19
Paul Linsel	Arbeiter	Kronprinzenstr. 52
Johann Meimers	Arbeiter	C-Straße 37
Wilhelm Frakowiak	Elektriker	E-Straße 5
Alexander Sirnik	Bergmann	E-Straße 36

Josef Friedrich		N-Straße 3 g
Theodor Jansen		Ulmenstr. 10
Franz Breitenstein	Bergmann	Kirschenallee 53
Anton Grunert	Bergmann	Matthecksiedlung 99 d
Alois Weiser	Bergmann	Uerdingerstr. 105
Wilhelm Engeln	Bauarbeiter	Matthecksiedlung 47 c
Richard Buchmann	Bergmann	Cecilienstr. 13
danach:		
Heinrich Illbruck	Bauarbeiter	Annastr. 33
Josef Voss (6.3.)	Arbeiter	Kronprinzenstr. 52

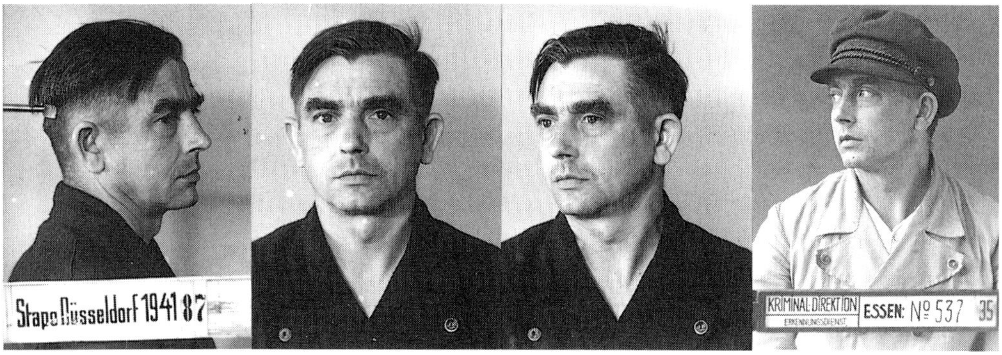

Zu den ersten „Schutzhäftlingen" gehören Richard Buchmann, langjähriges Ratsmitglied (Gestapofotos 1941, 1935), Wilhelm Engeln (links) und Alois Weiser.

Hausfrau Christine Hirschmann wird nicht verhaftet, wohl aber ihr Mann.

Verhaftet sind auch Kandidaten für die Stadtratswahl am 12. März. Die vier erstplacierten werden gewählt, unter ihnen R. Buchmann, A. Erbach und W. Engeln. Alfred Lemmnitz, mittlerweile Kandidat für Duisburg: „Ich wurde am 1. März mit der gesamten Unterbezirksleitung verhaftet, wir hatten in Repelen-Baerl eine illegale Zusammenkunft, die völlig unkonspirativ war. Ich bin dann ... nach Duisburg überführt worden, denn das Gefängnis im Rathaus von Repelen-Baerl faßte solche Massen nicht. Und dort habe ich erfahren, daß ich bei der Stadtverordnetenwahl gewählt worden bin.“[217]

Am Abend des 1. März, 19.15 Uhr, notiert der stellvertretende Landrat Grotjan, daß im Kreis insgesamt 65 KPD-Führer verhaftet wurden und es Unterbringungsprobleme gibt (daneben die Zahlen einer nicht datierten Liste, wenige Tage später):[218]

Alpen	1	1
Büderich	2	2
Camp	8	12
Homberg	6	8
Moers	13 + 3	21 (2 entlassen)
Neukirchen	14	25
Rheinhausen	8	17
Repelen-Baerl	10	9
	65	93

Auffällig die hohe Zahl von Verhaftungen in Neukirchen-Vluyn, wo bereits ein NS-Bürgermeister regiert. Kapellen meldet lediglich: „Führende Persönlichkeiten der KPD sind hier nicht vorhanden. Bei der gestrigen Durchsuchung bei den Funktionären der KPD und SPD wurden 75 Stück des anliegenden Flugblatts beschlagnahmt. gez. Meiwes“.

In Moers werden Haussuchungen bei der Geschäftsstelle der KPD und bei fünf führenden Kommunisten durchgeführt. Auch die SPD bekommt einen Vorgeschmack: ihre Geschäftsstelle und das Lokal der „Volksstimme“ werden durchsucht, dazu einige Wohnungen. Die „Rechtsgrundlage“ für die Polizei zur Verhaftung von Kommunisten läßt sich aus einigen Funksprüchen an die Landräte und Polizeidienststellen ablesen: „Sämtliche führende Persönlichkeiten der KPD ohne Rücksicht auf Abgeordnetenstatus“ sind zu verhaften. Oder, am 3. März (vor der

Wahl): „Ministerium des Innern hat entschieden, die Festnahme von KPD-Führern ist wegen Verdacht hochverräterischer Handlungen erfolgt. Es liegt keine Schutzhaft aus politischen Gründen vor. Die Festgenommenen sind daher in der Wahrung ihres Wahlrechts behindert."

An „Ersatzführern" werden am 12.3.1933 aus Repelen-Baerl in Schutzhaft genommen:

Gustav Schwede	Bergmann	Z-Straße 20
Franz Schwede	Bergmann	Eisenstr. 15
Erich Sell	Bergmann	Glückaufstr. 35
Paul Kurowski	Bergmann	Lindenstr. 37
Friedrich Hastermann	Bergmann	Schlägelstr. 14
Friedrich Jirsak	Bergmann	Bahnstr. 66/26 (Utfort)
Heinrich Tripp	Gärtner	Y-Straße 21
Karl Hoffmann	Bergmann	Z-Straße 9
Johann Frevel	Invalide	X-Straße 32
Willi Müller	Bergmann	Lindenstr. 41
Josef Bien	Bergmann	W-Straße 13
Wilhelm König	Bergmann	Windmühlenstr. 45
Karl Ballon	Bergmann	D-Straße 152
Heinrich Gorres	Bergmann	Prinzenstr. 22 (Baerl)

Nach einem Bericht des Landrats – noch ist es der Zentrumsmann van Endert – an den Höheren Polizeiführer im Westen sind am 16.3.1933 im Landkreis Moers an kommunistischen Führern in Polizeihaft genommen:

Moers	18	Alpen	1
Utfort	9	Büderich	3
Neukirchen	25	Xanten	1
Camp	12		—
Homberg	11		105
Rheinhausen	25		

Nach dem Stande vom 27.3.1933 befinden sich insgesamt 137 Personen in „Schutzhaft", die folgenden Parteien angehören (Aktennotiz von einem fernmündlichen Bericht des Landrats an den Regierungspräsidenten):

KPD	132
SPD	2
Zentrum	1
DVP	1
parteilos	1

Am 12. April 1933 schreibt Bürgermeister Dr. Eckert an den Moerser Landrat: „Seit dem großen Aufräumen in der Kommunistischen Partei und ihren Nebenorganisationen von Anfang vorigen Monats an sind fortlaufend alle bekanntgewordenen Ersatzführer festgenommen und in Schutzhaft gebracht worden."

Ein Funkspruch vom 11. April fordert noch einmal ausdrücklich auf, alle noch bekanntwerdenden Ersatzführer zu verhaften und Grenzübertritte zu verhindern. In dem nunmehr 14-tägig vom Landrat abzuliefernden Rapport heißt es zum Beispiel für den Zeitraum vom 15.-30. Juni, daß in Homberg wieder 19, in Utfort zwei und in Rheinhausen 33 Personen verhaftet worden seien.

Vor der Kommunalwahl am 12. März verbreitete die KPD einen Handzettel „Schlagt die Mörder und Verleumder":[219] „Durch einen ungeheuren Terror hat die

Das Moerser Polizeigebäude, früher Amtsgericht, auf der Uerdinger Straße neben dem Postamt: rechts neben dem Eingang die Polizeiwache, dahinter das Büro Konrad Imigs. In den Zellen hinter dem Gebäude werden Häftlinge mißhandelt, vorne häufig die Angehörigen angebrüllt und schikaniert. Aus dem Utforter Rathaus sind keine Mißhandlungen überliefert. Die Polizeiwache befand sich links über dem Eingang.

faschistische Blutregierung es verstanden, für sich einen – parlamentarischen – Wahlsieg herauszuholen. Durch ungeheure Verleumdungen, Lügen, Verwirrungsmanöver, durch nationale Weihrauchparolen, unter der Führung der Nazis hat das kapitalistische System sich noch einmal für kurze Zeit gerettet... Jetzt müßt ihr ihnen beweisen, daß ihr... nach wie vor gegen Kapitalismus-Faschismus-Hunger und Krieg seid... Heute noch schmachten unsere Spitzenkandidaten hinter Schloß und Riegel. Darum wählt nur die Liste der Kommunisten!"

Zwischen dem 11. und 15. März verteilen Karl Rautenberg und Wilhelm Kantuser aus Hochstraß und Meerbeck ein mutiges Flugblatt „Es lebe die Revolution":[220]

„Die vergangenen Wahlen haben ganz klar gezeigt, daß das Wahlrecht ein Instrument der herrschenden Klasse ist...

Der Reichstag mußte brennen, um der Regierung die Möglichkeit zu geben, verschärft gegen Kommunisten vorgehen zu können... Im ganzen Reich sind in ganz kurzer Zeit eine halbe Million Kommunisten verhaftet worden... Wahrheit ist, daß das Volk noch nie so betrogen worden ist... Daß die Kapitalisten noch nie so gejubelt haben wie gerade jetzt... Die wahnsinnige Zollpolitik verschlechtert die Lebenslage und fördert die Kriegspolitik. Die Arbeiter müssen den Ernst der Stunde erkennen, es muß gehandelt werden. Denn Abwarten heißt Krieg (!). Wir rufen Euch zu: 'Der Feind steht im eigenen Land'. Zerschlagt die kapitalistische Staatsmacht mit Hilfe des politischen Massenstreiks. Brecht diesen Terror. Entwaffnet die Helfer der Kapitalsgesellschaft. Nehmt die Waffen an Euch. Für die Bewaffnung des Proletariats... Bringt Opfer in Eurem Interesse."

Der verzweifelte Aufruf ist Wasser auf die Mühlen der NSDAP, die seit dem Reichstagsbrand behauptet, die KPD bereite den bewaffneten Staatsstreich vor. Die beiden Jungkommunisten – Kantuser ist erst 19 – werden schon drei Wochen danach von einem Moerser Schöffengericht wegen „Anreizung zu Gewalttätigkeiten" zu fünf und drei Monaten Gefängnis verurteilt. Beide werden ihrer Überzeugung treu bleiben. Der eine wird im spanischen Bürgerkrieg kämpfen, der andere am Niederrhein in Zuchthaus-Haft sterben.

Die Opfer

Was bedeuten die Verhaftungen für die Betroffenen? Die Familien wissen, wenn überhaupt, nur gerüchteweise vom Verbleib ihrer Angehörigen. Oft werden die Inhaftierten mehrere Wochen in Einzelhaft gehalten. Sie dürfen zumeist keinerlei Besuch empfangen und bekommen weder Begründungen für ihre Verhaftung zu hören, noch werden sie einem Richter vorgeführt. Seine Verhaftung beschreibt Josef Gottschild aus Meerbeck:[221]

„Ich war am 2. März in Rheinhausen, und kam in der Nacht zum dritten nach Haus mit dem Fahrrad. Ich kam in der Moerser Siedlung an, da sah ich Mannschaftswagen der Polizei und SA- und SS-Leute. Sie holten Kommunisten aus den Wohnungen... Ich schlief sehr unruhig. Stand früh auf, um wegzugehen, ich zog mich gerade an. Da poltert's an die Tür. Wer davor stand, die Landjägerei: Sie sind verhaftet. Machen Sie keine Umstände, es wird geschossen...

Wir gingen bis auf die Bismarckstraße, dort stand ein Mannschaftswagen, etwa auf der Höhe der Wirtschaft Schuen. Da saßen schon welche. Es war sehr dunkel, ich konnte keinen erkennen... 'Schnauze, das wirst Du schon sehen, wo's hingeht'. Es ging nach Duisburg. Bei der vorhergegangenen Hausdurchsuchung nahmen sie ein Fahrrad, eine Querflöte und eine Fanfare mit. Von den Sachen sah ich nichts

Willi Müller wird 1933 zweimal in „Schutzhaft" genommen. Später zeichnete er seine eigene Verhaftung und Haft.

mehr wieder... Kurz vor Ende des Monats Juli 1933 wurden wir entlassen..., ich ging von Duisburg zu Fuß nach Haus...

... Ich saß diesmal von Anfang August bis Mitte September 1933 in Moers, es war die Zeit der Moerser Kirmes. Ich hab sie akustisch erlebt, es war laut genug. Ich wollte wissen, warum man mich eingesperrt hat... Vor der letzten Woche des September wurde ich entlassen. Da bekam ich die Frage beantwortet: In Meerbeck wurden Flugblätter verteilt. Man sagte mir: Es hat sich nicht erwiesen, daß Sie beteiligt waren. Ich durfte nach Haus. Die Zeit hatte ich mal wieder weg."

Als betroffene Ehefrau, damals mit zwei kleinen Kindern in der Mattheck, erinnert sich Christine Hirschmann:[222]

„Wir wußten überhaupt nicht, wo die unsere Männer hingebracht hatten. Wir sind direkt nach Moers hin, Edith Erbach, Bela Hoffmeister und ich. Da waren sie aber nicht, am Gericht. Dann sind wir mit dem Fahrrad nach Duisburg gefahren. Da waren sie nicht. Und unten in Hamborn, da ist das Gerichtsgefängnis, da wa-

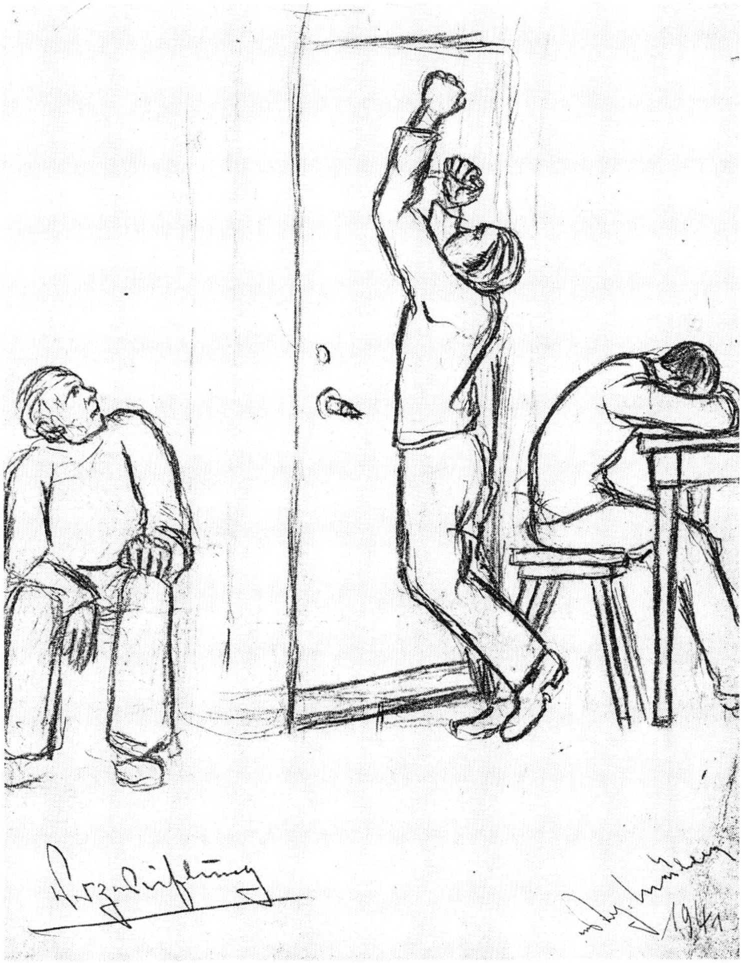

ren sie auch nicht. Mittlerweise war große Aufregung. Da waren drei Gewerkschaftler in Duisburg, die hatten sie erschlagen. Und wir fragten uns: was haben die jetzt mit unseren Männern gemacht? Dann erzählte uns einer: fahrt doch mal nach Anrath, hinter Krefeld, da ist auch ein großes Zuchthaus. Der Beamte am Tor fragte uns, wie wir heißen. Ja, sagte er, die Männer sind hier. Ach Gott, war das für uns eine Erlösung! Sprechen durften wir aber nicht mit ihnen, wir brauchten erst einen Besuchsschein aus Moers...

Haussuchungen hatten wir oft. Aber die Polizisten waren immer korrekt... Sie gingen immer gleich ins Schlafzimmer... Wohl hatte ich Angst – der Imig kam einmal persönlich –, daß die einem gefährliche Sachen mit reinbringen. Und draußen versuchten sie, die Kinder auszufragen. Die hielten aber dicht."

Auch die in Moers Inhaftierten setzen sich mutig zur Wehr. Zehn von ihnen machen sofort eine gemeinsame Eingabe, welche zwischen dem 3. und dem 10. März wegen unklarer Zuständigkeit zwischen Ortspolizei/Bürgermeister und Kreispolizei/Landrat hin- und hergeschoben wird:[223]

„Beschwerde.

Da wir auf Anweisung der Regierung unserer Freiheit ohne jede Veranlassung beraubt wurden, ohne jegliche gesetzliche Unterlagen, legen wir hierdurch den schärfsten Protest ein und stellen folgende Forderungen:

1. Grund der Verhaftung, Art der Haft und Dauer der Haft. Alle Vergünstigungen wie die Untersuchungsgefangenen. Hierunter fällt 1) Besuch 2) Zusatznahrungsmittel

Gestellung einer Tageszeitung, kostenloses Rasieren wöchentlich 2 mal, samstags und mittwochs. 2 Freistunden am Tag mit der Möglichkeit, sich zu unterhalten mit einem Vorder- sowie Hintermann beim Spaziergang, da wir es ablehnen, wie Strafgefangene zu spazieren...

5. Wir fordern, daß wir unser Wahlrecht ausüben können...

6. Bekanntgabe der Wahlergebnisse durch Radio, weil hier im Gefängnis kein Radio vorhanden ist.

Wir ersuchen, daß wir im Verlauf des heutigen Tages unbedingt Antwort auf unsere Beschwerde erhalten...

Nachtrag: wenn Polizeiverwaltung in Moers nicht zuständig, dann sofortige Weiterleitung an die Stelle, die zuständig ist. Die politisch Inhaftierten."

Die Unterschriften stammen von P. Linsel, J. Meimers, W. Engeln, R. Buchmann, A. Sirnik, W. Frakowiak, T. Jansen, A. Weiser, A. Erbach und O. Pfeiffer. Vom 23. März sind vier ähnlich lautende handschriftliche Briefe datiert: „In die vierte Woche geht unsere Verhaftung. Bis heute hat man mir noch keine Gelegenheit gegeben, mit meiner Frau noch einem anderen Familienangehörigen auch nur 10 Minuten Fühlung zu nehmen."

Der Vertreter des Moerser Bürgermeisters, Dr. Kaschade, bemerkt dazu an den Landrat am 25.3.1933 in aller Härte:

„In der Anlage überreiche ich vier Beschwerden der politischen Häftlinge Kraus, Friedrich, Erbach und Hirschmann mit der Bitte um Ablehnung. Es ist richtig, daß den von hier untergebrachten KPD-Führern der Besuch von Angehörigen und sonstige Vergünstigungen nicht gewährt werden. Die Frauen sind aber in aller Offenheit über die Gründe unterrichtet: solange immer noch unzulässige Flugblätter verteilt und Schmierereien an den Wänden vorgenommen werden, liegt ... zu besonderem Entgegenkommen kein Anlaß vor. Die KPD hat es selbst in der Hand, die Lage ihrer Führer durch legales Verhalten zu verbessern. Die Bezugnahme auf die Gefängnisordnung ist absolut abwegig, da die Inhaftierten durch die Unterbringung in den Gerichtsgefängnissen in keiner Weise Gerichtsgefangene geworden, sondern nach wie vor polizeiliche Häftlinge geblieben sind."

Knapp zwei Monate nach der „Machtergreifung" argumentiert das Moerser Bürgermeisteramt nicht rechtsstaatlich, sondern politisch. Die Kommunisten sind ja selbst schuld...

An die Haftbedingungen erinnert sich der Krefelder Arbeiter Paul Plänksken:[224]

„Nach drei Tagen transportierte man uns zum Jägerhof (uns wurde er unter dem Namen Schlägerhof bekannt) nach Düsseldorf, wo der Leidensweg für viele erst begann. Es gab nichts zu essen und nichts zu trinken. Die Nächte verbrachten wir auf dem Zementboden. Erst nach zwei Tagen konnten wir unsere Notdurft auf der Toilette verrichten.

Einer der ersten, die vernommen wurden, war Emil... Als er durch unseren Raum zum Klo geführt wurde, habe ich ihn lediglich an seiner Kleidung wiedererkannt, so hatte man ihn zugerichtet. Else hatte einige Tage später, als wir bereits in Mörs waren, seine Unterwäsche gesehen. Sie war förmlich in Blut getränkt.

Aber auch uns gab man 'Nachhilfestunden' im Keller. Vier kahle Wände, an der Decke ein Haken, daran ein Seil, woran unsere auf den Rücken gedrehten Hände gebunden wurden. Bei jeder Frage, die wir beantworten sollten, wurde das Seil angezogen, so daß wir den mit Sand bestreuten Boden nicht mehr unter den Füßen hatten. Unter Zubrüllen der unflätigsten Wörter und unter dauernden Hieben mit einer Raubtierpeitsche versuchten sie dann, Aussagen aus uns herauszuschlagen... Daß unter dieser unmenschlichen Folter manch einer weich wurde, kann nur der verstehen, der selbst diese Prozedur mitgemacht hat...

Zum Glück fanden wir dort [Polizeipräsidium Düsseldorf] Beamte, die mit äußerster Vorsicht die schwer geschundenen Körper der Massakrierten behandelten. Zur Ehre der Beamten wie auch der Gefängniswärter sei gesagt, daß sie sich, von geringen Ausnahmen abgesehen, uns gegenüber sehr korrekt verhielten... Am Nachmittag fuhr man uns nach Krefeld direkt ins Gerichtsgefängnis. Die Gestapo konnte der Masse der immer noch aktiven Gegner nicht Herr werden. So wurden wir kurzerhand nach Mörs transportiert."

Der bei seiner Verhaftung 48jährige Moerser Bergmann Josef Czerwinski legte 1949 schriftlich nieder:[225] „Ich wurde am 25.5.1935 von Polizeikommissar Imig verhaftet. Wurde am nächsten Tage von Moers nach Essen überführt. Hier wurde ich vernommen über die Frage: 'sind Sie in der KPD oder in der Betriebszelle?' Diese Frage habe ich mit 'nein' beantwortet. Darauf wurde ich mißhandelt und mit der Faust ins Gesicht geschlagen. Dann mußte ich mich über den Stuhl legen und wurde mit der Drahtpeitsche geschlagen. Hierbei hat mir noch einer die Kehle zugedrückt, damit ich nicht schreien konnte."

Josef Gottschild wird während der Haft nicht mißhandelt:[226] „In Duisburg war ein großer Bau... Wir hatten zur Zeit Stahlhelmer als Wache. Ich klopfte an die Tür, es wurde aufgemacht... Da sagte mir ein Stahlhelmer: 'bald sind wir bei Euch... wir sollen in ihre Uniform, das mach ich nicht mit...'."

Wieder andere Erfahrungen macht Heinrich Eisl aus Oestrum:[227] „Nach 24 Stunden auf der Polizeiwache in Rheinhausen wurde ich in Moers eingeliefert. Von dort ging es später nach Düsseldorf ... und nach Duisburg. Natürlich wurden wir mißhandelt. Einmal lag ich schon nach fünf Minuten. Man mußte ja immer die Hände an der Hosennaht haben und strammstehen. Und dann hatte man plötzlich eine im Gesicht. So verbrachte ich etwa ein halbes Jahr im Gefängnis. Die Anklage lautete auf 'Postanlaufstelle' und Deckadresse für die KPD, Fortführung der Partei und Waffenschmuggel... Ich habe immer nur gesagt, daß ich überhaupt nichts weiß, und das war besser so. Wer unter den Schlägen ein bißchen erzählt hatte, der bekam noch mehr, damit er alles erzählt. Am 28. Februar wurde ich aus Mangel an Beweisen freigesprochen...

Ich lief zu Fuß von Duisburg nach Hause und traf meinen Arbeitskollegen Alfred Hitz. Er wollte an diesem Tag dem ersten, der ihm über den Weg liefe, einen ausgeben, und tat es auch. Ein Jahr später gingen auch die SPD-Genossen hoch, das war die Geschichte mit den Handzetteln in der Brotfabrik. Den Alfred haben sie gleich auf dem Duisburger Polizeipräsidium erschlagen, in dem Bau bin ich vorher auch gewesen."

Freiwilliger Arbeitsdienst

Nicht verhaftet wird zunächst der Moerser Arbeiter Walter Kuchta:[228]

„Um den Verhaftungen zu entgehen, die illegale Arbeit besser zu tarnen, meldeten sich nach Absprachen einige Mitglieder des KJVD zum Freiwilligen Arbeitsdienst. Gleichzeitig sollte hier gegen die beginnende Militarisierung im Lager agitiert werden. Mitglieder des KJVD aus Moers, Kamp-Lintfort und Homberg-Hochheide traten im März 1933 in das Stahlhelm-Lager Homberg-Hochheide ein und bildeten nach kurzer Zeit eine Widerstandsgruppe, die aus sieben Mitgliedern bestand.

Im Lager gab es Mitglieder des Kyffhäuser-Bundes, Jungstahlhelmer, Mitglieder der Kittelbach-Piraten, sowie Arbeiter-Sportler und Mitglieder bürgerlicher Sportvereine. Einige wenige von den 60-80 Lagerinsassen waren für die Nazis. Alle waren freiwillig eingetreten, da es keine Arbeitsplätze gab und niemand Unterstützung erhielt, da die Eltern oder Geschwister für die Betreffenden mitsorgen mußten. Hinzu kamen die ständigen Auseinandersetzungen um das tägliche Brot, Kleidung und Schuhwerk im Elternhaus.

Das Lager wurde angeblich unterhalten durch finanzielle Spenden des Mittelstandes und der Rheinpreussen-Schächte.

Die Ausrüstung bestand aus einem Arbeits-Anzug, Drillich, und Schuhen. Unterwäsche und Mäntel gab es nicht. Der Arbeitseinsatz erfolgte beim Bau einer Umgehungsstraße in Homberg. Acht Stunden wurde gearbeitet und die Norm eines Straßenbauarbeiters verlangt. Die Entlohnung betrug 30 Pfennig täglich. Beiträge zur Sozial-Versicherung bezahlte die Lagerführung nicht. Bei Krankheiten wurde mit Mühe und Not ein Krankenschein vom Wohlfahrtsamt besorgt. Die Verpflegung war aufgrund der schweren körperlichen Arbeit oft schlecht und zu wenig...

Im April gab es dann die erste große Meuterei. Das gesamte Lager, außer dem Truppführer weigerte sich zum Morgenappell trotz dreimaliger Aufforderung anzutreten. Nach dem Frühstück wurde auch der Abmarsch zur Arbeitsstelle verweigert. Es wurden folgende Forderungen gestellt:

1. Ein größeres Frühstück muß gegeben werden.
2. Beim Mittagessen größere Portionen mit mehr Fleisch und Wurst.
3. Bei anhaltendem Regen muß einmarschiert werden.
4. Die Lagerführung hat dafür zu sorgen, daß ein zweiter Arbeitsanzug gestellt wird.
5. Statt Exerzieren soll nach Arbeitsschluß nur Sport getrieben werden.

Die Forderungen 1., 2., 3. und 5. wurden erfüllt. Nach einigen Wochen im Mai 1933 waren die alten Zustände wieder eingerissen. Schlechtes und zu wenig Essen, gesteigerte Arbeitsantreibung, sowie Weiterarbeit bei Regen.

Es kam zur zweiten Meuterei, die wiederum drei Tage anhielt... Das Essen wurde zwar verbessert und die Portionen vergrößert. Aber nun kam die SS-Führung aus Homberg ins Lager. Einige Kameraden wurden als angebliche Rädelsführer stundenlang verhört, bedroht und verwarnt. Die Stahlhelmführung wurde abgelöst, das Lager wurde durch die Nazis übernommen".

Rückblick durch einen Verantwortlichen: Adam Erbach

Über die Zeit von 1933/1934 gab der Moerser Adam Erbach der WAZ am 7.6.1969 ein Interview:[229]

„Die Parteimitglieder bildeten Gruppen von fünf bis acht Mann. Diese Zellen standen miteinander in Verbindung. Wir haben jede Betriebsratswahl beeinflußt;

Adam Erbach, von einem Mithäftling gezeichnet

auf allen Schachtanlagen wurden Kommunisten in diese Gremien gewählt... Anfang März holten die Nationalsozialisten zum ersten großen Schlag gegen die KPD aus. Im Kreis Moers verhafteten sie über hundert Führer und Funktionäre... Weitere 41 kamen in der zweiten Märzhälfte in Schutzhaft. Bei Haussuchungen fielen der Gestapo Waffen, Munition, Druckschriften, Schreibmaschinen und Vervielfältigungsapparate in die Hände".

„Zur Verstärkung der Polizei", so Erbach weiter, „traten im September 1933 über 1500 SA- und SS-Leute in Aktion. Sie durchkämmten alle Bergarbeiterkolonien des Kreises. Ergebnis der Großrazzia: 23 Verhaftungen. Die Polizei- und Justizgefängnisse füllten sich schnell. Im emsländischen Moor nahe der holländischen Grenze warteten Konzentrationslager auf die Gegner des Regimes. Eisenbahnwaggons brachten die Schutzhäftlinge aus dem Ruhrgebiet und vom Niederrhein in die KZ's Börgermoor, Esterwegen und Neusüstrum.

Während die Funktionäre hinter Stacheldraht saßen, versuchten die zurückgebliebenen KP-Mitglieder, ihre Untergrundtätigkeit wieder aufzunehmen. Sie ersetzten die Führungskräfte und bildeten neue Zellen des Widerstands. Mitte 1934 gab es in Rheinhausen wieder eine 200 Mann starke KPD-Organisation, die jedoch nicht lange arbeiten konnte... Die illegale KPD in Moers wurde ebenfalls Mitte 1934 wieder aufgebaut und knapp ein Jahr später, am 13. Mai 1935, von der NSDAP erneut zerschlagen."

Der Lebenslauf von Adam Erbach ist sicher nicht untypisch:[230]

„Der jetzt 35 Jahre alte [Gestapoakte 1940] und nicht vorbestrafte Angeklagte hat zunächst in Duisburg und sodann in Moers die Volksschule besucht. Nach der Entlassung aus der Schule im Jahre 1918 wurde er auf der Zeche Rheinpreussen in Moers als Jungbergmann beschäftigt. Von 1920 – 1930 war er als Bergmann unter

Tage tätig. Auf Veranlassung eines Freundes namens Alfred Lemmnitz besuchte er dann in Leipzig etwa fünf Monate lang die dortige Volkshochschule...

Der Vater des Angeklagten war Sozialdemokrat und Freigewerkschaftler, der seinen Sohn schon von früher Kindheit an im marxistischen Sinne erzog. Schon im 14. Lebensjahre trat der Angeklagte in Moers der SAJ bei, worin er ... Funktionen, wie die eines Kassierers, Schriftführers, Ortsgruppenleiters, dann im Jahre 1926 die Funktion des stellvertretenden Unterbezirksleiters und zwei Jahre später den Posten des Unterbezirksleiters in Moers bekleidete. Im Jahre 1922 trat der Angeklagte als 18jähriger der SPD bei ... Posten eines Bezirkskassierers ... in Moers stellvertretender Schriftführer.

Da ihm die Politik der SPD nicht radikal genug war, trat er Ende September 1931 zur KPD über. Gleichzeitig wurde er auch Mitglied des KJVD. Bereits nach kurzer Zeit wurde er Zellenleiter der KPD, im Herbst 1932 Pol. Leiter der Ortsgruppe in Moers und anschließend Gebietsinstrukteur für den linken Niederrhein. Letztere Funktion hatte er bis zur Machtübernahme inne. Im März wurde er als Stadtverordneter der KPD in Moers gewählt, konnte aber das Mandat infolge Auflösung der KPD nicht mehr ausüben.

... war der Angeklagte von 1918 bis zur Machtübernahme im 'Bergarbeiterverband Deutschlands' freigewerkschaftlich organisiert. Während seiner Zugehörigkeit zur KPD gehörte er auch der RGO an... Vom 28. Februar 1933 bis Mitte Juni 1933 befand er sich wegen seiner früheren politischen Betätigung als Funktionär der KPD in Schutzhaft." „Zur Sache selbst" stellt das Urteil fest [Zusammenfassungen und wörtliche Zitate]:

„Nach Entlassung aus der Schutzhaft wurde der Angeklagte erst nach einer gewissen Zeit von Alfred Lemmnitz (vor der Machtübernahme Unterbezirksleiter im KJVD, mittlerweile verurteilt zu 1 Jahr 9 Monaten Gefängnis) von der Notwendigkeit der Wiederaufnahme der alten Parteiarbeit überzeugt. Durch Hermann Vennemann (verurteilt zu 10 Jahren Zuchthaus) erhielt er Kontakt mit dem Bezirksleiter "Max". Ab Frühjahr 1934 doch Übernahme der politischen Leitung und des Wiederaufbaus der Ortsgruppe in Moers mit 60 Mitgliedern. Zusammen mit Ferdinand Jahny (15 Jahre Zuchthaus) und Walter Kuchta (vier Jahre) übernahm er die Leitung des Gebiets links des Rheins, zu dem der Unterbezirk Moers mit Moers, Rheinhausen, Lintfort, Baerl und Neukirchen gehörte (sog. Dreierkopf des Unterbezirks).

Belieferung einzelner Ortsgruppen mit illegalen Schriften, Kontakte zu Frau Siebeneichler (sechs Jahre Zuchthaus), die eine Anlaufstelle übernahm, zu Hermann Vennemann (für Schutz der Partei vor Spitzeln und Verrat, Zersetzungsarbeit in NS-Organisationen), Karl Rautenberg (5 Jahre Zuchthaus, in seinem Prozeß als 'erster Mann in Moers' bezeichnet; Verteilung illegaler Schriften), zu Rudolf Schmauch in Rheinhausen (10 Jahre Zuchthaus; Wiederaufbau des dortigen KJVD), Paul Ulrich (7 Jahre), welcher an der Stelle des Angeklagten die Leitung der illegalen Organisation in Moers übernehmen sollte, Unterbringung maßgeblicher Funktionäre... Etwa im März 1935 faßte der Angeklagte den Entschluß, ins Ausland zu flüchten, weil er befürchtete, wegen seiner illegalen Betätigung festgenommen zu werden. Er begab sich nach Emmerich und überschritt die deutsch-holländische Grenze."

Weiterer Lebenslauf in Kapitel 6.4.

KZ Börgermoor und Moorsoldatenlied

Viele Moerser Antifaschisten der ersten Stunde werden in die Moorlager verschleppt. Am 1. August 1933 gibt es einen Sammeltransport von 38 „Schutzhäftlingen" aus Moers, Lintfort und Rheinhausen in das KZ Börgermoor.[231] Zu den Gefangenen gehört auch Johann Esser, der Dichter des Moorsoldatenliedes, der nach dem Krieg in der Moers-Meerbecker „Kolonie" wohnte (Marienburger Straße). Er ist seit Jahren regelmäßig in den Polizeiberichten des Moerser Landrats aufgeführt (z.B. 5.1.1931):[232] „Bergmann Johannes Esser, geb. 5.4.96 zu Wickrathshahn, Kreis Grevenbroich, wohnhaft in Rheinhausen, Asterlagerstr. 108". In dieser Form ist Esser dort dreimal verzeichnet, als Schriftführer der KP-Ortsgruppe Rheinhausen, als Vorsitzender der dortigen Revolutionären Gewerkschaftsopposition (RGO) und auch als Schriftführer des Einheitsverbands der Bergleute Deutschlands (EVBD).

Der Düsseldorfer Karl Schabrod (Autor mehrerer Bücher über den Widerstand) und Wolfgang Langhoff (bereits damals bekannter Schauspieler, später Intendant des Deutschen Theaters in Ostberlin) sitzen 1933 ebenfalls im KZ Börgermoor ein. Sie planen einen gemeinsamen Unterhaltungsnachmittag, um Widerstandskraft und Moral nicht sinken zu lassen. Ihr Bericht unter dem Titel „Wir sind die Moorsoldaten" ist wörtlich dem Buch „Der rote Großvater erzählt" entnommen:[233]

„Ja, das war der Johann Esser, ein Bergmann aus Moers... Der 'Dichter' war ... ein ruhiger, älterer Mann. Ich sagte ihm: 'Könntest Du nicht mal so ein Lied dichten, das wir dann alle zusammen im Lager singen können? Verstehst Du, das darf natürlich kein Lied sein, das die SS uns verbieten kann. Es müßte auf unser Lager Bezug nehmen und auf unsere Familien zu Hause. Weißt du, so ein Heimatlied, bloß nicht so kitschig...' 'Ja, so etwas kann ich schon machen', sagte der Kamerad bedächtig... Der Sonntag kam. Wir probierten noch am Vormittag das neue Lied, das unser Bergarbeiter gedichtet hatte, und wozu ein kaufmännischer Angestellter die Melodie machte. Das war Rudi Goguel, auch aus unsrer Baracke zehn...

Und dann hörten die Lagerinsassen zum erstenmal das 'Börgermoorlied', das inzwischen schon eine volksliedhafte Popularität erreicht hat. Einer sagte: 'Kameraden, wir singen euch jetzt das Lied vom Börgermoor, unser Lagerlied. Hört gut zu und singt dann den Refrain mit.'

Schwer und dunkel, im Marschrhythmus, begann der Chor:
'Moor und Heide nur ringsum
Vogelsang uns nicht erquicket,
Eichen stehen kahl und krumm.
Wir sind die Moorsoldaten
Und ziehen mit dem Spaten
Ins Moor ...'
Tiefe Stille. Wie erstarrt saß alles da, unfähig mitzusingen, und hörte noch einmal den Refrain:
'Wir sind die Moorsoldaten
Und ziehen mit dem Spaten
Ins Moor...
Hier in dieser öden Heide
Ist das Lager aufgebaut,
Wo wir ferne jeder Freude
Hinter Stacheldraht verstaut.

...
Ich sah den Kommandanten. Er saß da, den Kopf nach unten, und scharrte mit dem Fuß im Sand. Die SS still und unbeweglich.
'Heimwärts, heimwärts jeder sehnet,
Zu den Eltern, Weib und Kind.
Manche Brust ein Seufzer dehnet,
Weil wir hier gefangen sind.
Wir sind ...
Auf und nieder gehn die Posten,
Keiner, keiner kann hindurch.
Flucht wird nur das Leben kosten,
Vierfach ist umzäunt die Burg.
Wir sind ...'
Sie blickten nicht nach rechts und nicht nach links. Ihre Augen sahen über den Stacheldraht weg – dorthin, wo der Himmel auf die endlose Heide stieß. Diese Strophe hatten die Kameraden sehr leise gesungen und setzten plötzlich laut und hart mit der letzten Strophe ein:
'Doch für uns gibt es kein Klagen,
Ewig kann's nicht Winter sein,
Einmal werden froh wir sagen:
Heimat, du bist wieder mein!
Dann ziehn die Moorsoldaten
Nicht mehr mit dem Spaten
Ins Moor...'
Und der letzte Refrain, das: 'Nicht mehr mit dem Spaten', wurde laut und mächtig gesungen. Die Erstarrung löste sich. Bei der Wiederholung des Refrains sangen alle neunhundert Mann:
'Dann ziehn die Moorsoldaten
Nicht mehr mit dem Spaten
Ins Moor!'

Damit schloß unsere Veranstaltung, und die einzelnen Baracken zogen diszipliniert und ruhig in ihre Quartiere zurück. Das Moorsoldatenlied wurde zwei Tage später vom Kommandanten verboten... das Lied war so ein Zeichen unserer Gemeinsamkeit, unserer Verbundenheit im Kampf gegen Hitler, gegen die Faschisten... Der Entlassene nahm das als bleibendes Andenken mit nach Hause und als Aufforderung, den Kampf gegen diese Tyrannei fortzusetzen. Es war ein Trotzlied, ein Trotz- und Kampflied und ein Lied der Kameradschaft".

Dem Dichter Johann Esser und dem Moorsoldatenlied widmete Werner Röhrich, langjähriger Landrat des Kreises Wesel, zu dem Moers heute gehört, 1980 einen einfühlsamen Nachruf unter dem Titel „Johann Esser – Poet und Patriot":[234]

„Johann Esser, der Verfasser der 'Moorsoldaten' lebte derweilen bescheiden in der Moerser Bergarbeiterkolonie – inmitten unter uns... [er] wuchs in einem Waisenhaus auf und arbeitete nach der Schulentlassung als Weber. 1920 siedelte er nach Rheinhausen ... über und wurde Bergmann im niederrheinischen Revier. Zuvor hatte er als Frontsoldat den 1. Weltkrieg überstanden, war durch einen Knieschuß verwundet worden und hatte sich in Rußland schwere Erfrierungen zugezogen...

Er trat der Arbeiterbewegung bei, wurde Gewerkschaftsmitglied, ging in die KPD, wurde in den Betriebsrat seiner Zeche und in den Stadtrat von Rheinhausen gewählt. Und er begann zu schreiben. Inspiriert durch die vielen großartigen Vertreter der damals blühenden Arbeiterdichtung in Deutschland verfaßte Johann Esser viele Gedichte und Geschichten, die die Welt der Arbeit und der darin verhafteten Menschen beschrieben... Sie sperrten ihn ein in die Konzentrationslager Börgermoor und Oranienburg. Nach der Entlassung war er lange Jahre arbeitslos. Die ständigen Verhaftungen, die Not der Familie während der jahrelangen Arbeitslosigkeit zerstörten die Gesundheit seiner jungen Frau. Später, Jahre nach ihrem Tod, heiratete er eine Leidensgenossin, deren erster Mann bei einer Demonstration von den Nazis erschossen worden war."

Zum Lied der Moorsoldaten schreibt Röhrich: „Sie sangen dieses Lied zuerst im Konzentrationslager Börgermoor. Sie sangen es im spanischen Bürgerkrieg. Sie sangen es bei der Befreiung im Jahre 1945. Sie sangen es bei den Kampagnen gegen die Wiederaufrüstung und gegen die Atombewaffnung. Sie sangen es bei den Protestveranstaltungen gegen den Vietnamkrieg. Und sie sangen es zuletzt beim Maidanek-Prozeß in Düsseldorf... Es war das Lied des deutschen Widerstands gegen Terror, Verfolgung und Unterdrückung. Es ist heute das Lied des Kampfes gegen Unrecht und Gewalt in aller Welt geworden..."

Die Ereignisse nach März 1933

Anläßlich des Hitler-Geburtstages am 20. April 1933 und zum 1. Mai kehren die ersten 57 Kreis Moerser „Schutzhäftlinge" nach Hause zurück, weitere 67 KPD-Mitglieder bleiben in Haft.[235] Ihre Partei ist jetzt verboten, obgleich sich beide Arbeiterparteien bei den Wahlen im März 1933 trotz des Drucks der beginnenden NS-Diktatur gut gehalten hatten (Stimmen in Moers-Stadt):

	Reichstag 6.11.1932	Reichstag 5.3.33	Kommunalwahl 12.3.33	
SPD	2 216	2 172 (13,2%)	1 757	(4 Mandate)
KPD	3 298	2 694 (16,3%)	1 692	(4 Mandate)

Alois Weiser, Wilhelm Engeln (beide befanden sich ebenfalls in „Schutzhaft"), Adam Erbach und Christine Hirschmann können ihre Ratsmandate nicht mehr antreten. Zahlreiche weitere Genossen sind verhaftet, die alten Betriebsräte aufgelöst und „gleichgeschaltet". „Die Partei war auch am 12. März noch die stärkste Partei im Ruhrgebiet", erinnert sich Alfred Lemmnitz.[236] „Aber das hieß nicht, daß wir unsere Kräfte überschätzten... Durch die vielen Streiks vorher waren unsere Betriebsgruppenmitglieder entlassen worden ... dann war nicht an Generalstreik zu denken."

Verboten sind auch die Nebenorganisationen der KPD. Josef Gottschild:[237] „In der Zeit meiner Abwesenheit hatte sich der [alte Meerbecker] Spielmannszug gesammelt, die noch da waren. Sie hatten sich dem Meerbecker Schützenverein angeschlossen... Der hatte einen Nazikommissar über sich. Es war Gustav Wiedig, ein Geschäftsmann aus Meerbeck... Der Spielmannszug hatte als Kommissar einen alten SA-Mann über sich. Der SA-Mann war Fritz Froebrich. Beide wußten mit ihren Aufgaben nichts anzufangen. So war es für uns eine gute Deckung, denn der Verein war stolz auf uns. Wir spielten unsere alten Lieder, nur die Internationale nicht, die war zu bekannt."

Im April gehen Großbetriebe verstärkt dazu über, sich unbequemer Mitarbeiter zu entledigen. Auf Rheinpreußen werden Willi Müller und andere fristlos entlassen. Walter Kuchta:[238] „Am 15.4.1933 wurden auf der Schachtanlage Diergard-Mevissen in Rheinhausen-Bergheim wegen staats- und wirtschaftsfeindlicher Einstellung, durch einen Anschlag am schwarzen Brett der Markenkontrolle... 20 antifaschistische Bergleute fristlos entlassen... Unter ihnen die Leitungsmitglieder der Betriebszelle der KPD, Ewald Kuchta und Adolf Hänel aus Moers, Paul Tursaß, Rheinhausen... es gab zwei Entlassungsgruppen."

13 Postämter des Kreises werden bei einer Aktion im Mai nach Propaganda und Waffen durchsucht[239], selbst Brieftauben sind nach einer Verfügung des preußischen Innenministers zu beschlagnahmen.[240] Adelheid Lischka berichtet aus Meerbeck, daß die Polizei unzählige Male gekommen sei und ihr Mann keine Tauben mehr halten durfte, aus Angst vor Spionage. „Sie gingen mit ihm auf den Söller und er mußte allen die Hälse abdrehen. Eduard kamen dabei die Tränen."[241]

Im Mai und Juni waren auch die SPD und die ihr nahestehenden freien Gewerkschaften ausgeschaltet worden. Am 27. Juni berichtet die Zeitung von der vollzogenen Gleichschaltung bei den christlichen Gewerkschaften. Mittlerweile legen überall im Kreis auch die Gewählten der Zentrumspartei ihr Mandat nieder (für den Kreis Moers gemeldet am 29.7., Stadt Moers am 14.8.).

Statt des von vielen Arbeitern erhofften „heißen Sommers" geht die Drangsalierung auch in Moers weiter (Datum der Meldung im „Grafschafter" in Klammern): Razzien gegen Kommunisten (mehrfach Ende Juli); acht Verhaftungen auf der Zeche Friedrich Heinrich (4. August); „Schutzhaft" für fünf „Pflichtarbeiter" in Rheinhausen wegen abfälliger Äußerungen über die nationale Erhebung (30. August); Wilhelm A. aus Meerbeck bekommt wegen Waffenbesitzes acht Monate Gefängnis, Ewald K. aus Homberg, ein ehemaliger Kommunist, vier Monate (4. September); bei einer Großrazzia der Kreispolizei in Arbeiterwohnbezirken, verstärkt durch 1500 SA- und SS-Leute, werden 23 Menschen verhaftet (10. September).

Am 30. September läßt Landrat Bollmann weitere KPD-Aktive in das KZ Börgermoor und am 30. November alle übrigen „Schutzhäftlinge" in die KZ-ähnliche Arbeitsanstalt Brauweiler einweisen.[242] Am 6.12.1933 berichtet er über die „bemerkenswert ruhige Lage im Kreis Moers", wo sich nur noch 43 Personen in „Schutzhaft" befänden.

3.3 Die Parteiorganisation bleibt bestehen, die illegale Arbeit geht weiter

Die KPD rechnete 1933 mit einem Verbot, nicht jedoch damit, daß die Verfolgung derart brutal sein würde. Trotz der massiven Verhaftungen schafft sie es, im ganzen Reich ihre Organisationsstruktur bis 1935 aufrechtzuerhalten. Detlev Peukert schätzt, daß sie bis 1935 10% ihres Mitgliederstandes weiterführen kann und jeder zweite der 300 000 Kommunisten für einige Zeit mehr oder minder intensiv an illegalen Aktivitäten beteiligt ist.[243] Den vorhandenen Organisationswillen und die hohe Risikobereitschaft führt er u.a. auf die ultralinke politische Kehrtwendung der KPD-Führung seit 1928, die Radikalisierung der Mitglieder, ihren durch Erwerbslosigkeit bedingten sozialen Abstieg sowie eine durch die Verfolgung eingetretene psychische Verhärtung zurück. So heißt es in einem Aufruf der KPD--

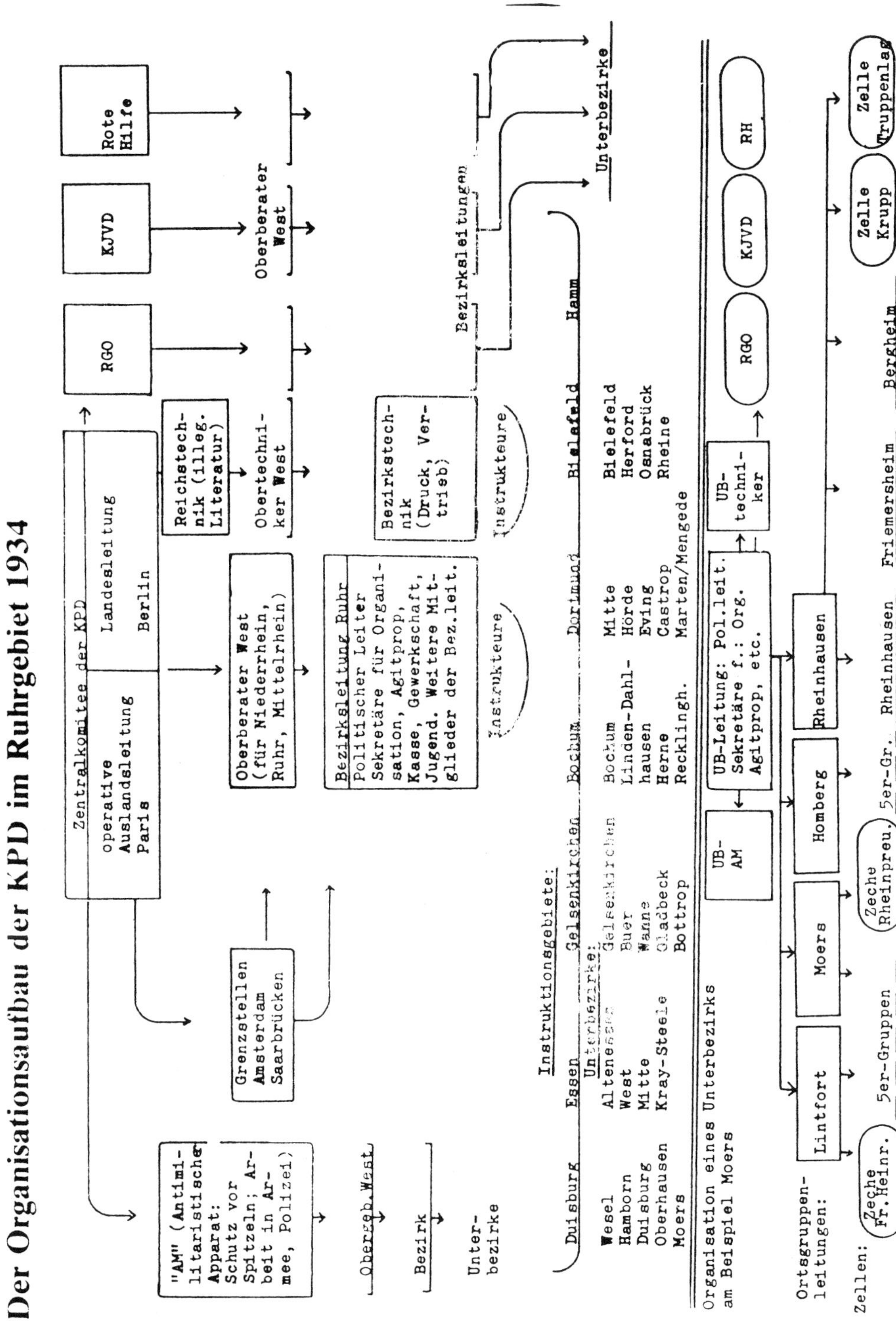

Moers als Beispiel für einen gut strukturierten Unterbezirk der illegalen KPD in Peukerts ausführlicher Studie „Ruhrarbeiter gegen den Faschismus"

Bezirksleitung Niederrhein von Juni 1933: „Je härter der Kampf, je zäher werden wir und hoffnungsfroh sagen wir: Je eher kommt unser Sieg und umso schöner wird er sein!"[244]

Viele Flugblätter aus der Zeit bis Sommer 1935 oder auch ein Bericht des zuständigen Duisburger Dezernenten belegen[245], daß die Stimmung bei den Bergleuten gegenüber den neuen Machthabern gereizt bleibt, obwohl diese mit größtem Propagandaaufwand ihre – in Wirklichkeit sehr bescheidenen – wirtschaftlichen Erfolge zu preisen suchten, etwa, als am 1.8.1934 der Schacht VII (Pattberg II) in Repelen die Produktion aufnimmt.

Für den in der Illegalität wieder gelungenen Organisationsaufbau der KPD im Ruhrgebiet weist Detlev Peukert den Unterbezirk Moers beispielhaft aus:[246]

„Ähnlich bedeutend [wie in Duisburg-Hamborn] gestaltete sich die seit 1933 ununterbrochene Organisationstätigkeit im Unterbezirk Moers unter der Leitung der Kommunisten Ferdinand Jahny und Adam Erbach. Ortsgruppen bestanden in Moers, Meerbeck, Kamp-Lintfort, Rheinhausen u.a.; Betriebsgruppen gab es auf den Schachtanlagen Friedrich-Heinrich in Kamp-Lintfort, Rheinpreußen IV in Moers, Rheinpreußen V in Meerbeck, Rheinpreußen VI in Utfort, Diergardt in Rheinhausen, Diergardt-Mevissen und der Niederrheinischen Bergwerks-AG in Neukirchen, sowie der Kruppschen Friedrich-Alfred-Hütte in Rheinhausen. Insgesamt waren etwa 220 Mitglieder bis 1935 in illegalen Gruppen der KPD, Unterbezirk Moers, erfaßt. Der langjährige Betriebsrat auf der Zeche Friedrich-Heinrich, Anton Andrejczak, hatte auch eine Organisation der Roten Hilfe wiederaufgebaut."

Moers als Beispiel auf dem Brüsseler KPD-Kongreß 1935

Ein Bericht über den industrialisierten südlichen Altkreis, die protokollierte Rede des Moerser Bergmanns Max Langusch („Werner") anläßlich der Brüsseler Konferenz der KPD vom 3.-15. Oktober 1935, ist unmittelbar überliefert.[247] Max Langusch starb 1944 im Zuchthaus Brandenburg.

„Genosse Werner, Ruhrgebiet.

Genossen!... Zunächst will ich einen kurzen Überblick über den Stand in unserem Gebiet, einem reinen Bergarbeitergebiet, geben. Nach den Vertrauensrätewahlen hatten auch wir unter dem Terror der Faschisten sehr zu leiden. Der Bestand unserer Organisation sank auf 80 Mitglieder. Im Laufe der Zeit gelang es uns, ihn wieder auf 220 Mitglieder zu heben. Wir hatten eine verhältnismäßig gute organisatorische Grundlage. Zum größten Teil bestanden unsere Gruppen aus drei Genossen; dort, wo es nicht anders ging, aus drei bis fünf Genossen. Auf allen Schachtanlagen – dort gibt es eine der größten Schachtanlagen Deutschlands und außerdem vier andere – hatten wir Zellen; auf der größten eine Zelle von 17 Genossen, auf den vier anderen zählten die Zellen 8 bis 14 Mitglieder. Die Erwerbslosen in unserem Gebiet sind vorwiegend Bergarbeiter... Wir konnten feststellen, daß wir bei den Märzwahlen nicht an Stimmen verloren, sondern trotz der Verhaftungen unser Stimmenverhältnis verbessern konnten. Das Ergebnis der Vertrauensrätewahlen zeigte, daß wir unsere Stimmenzahl auf allen Schachtanlagen halten konnten. Als die Faschisten dazu übergingen, unsere gewählten Vertrauensräte ... zu verhaften, entstand eine große Bewegung unter den Arbeitern. Auf einer Schachtanlage mußten die Faschisten unseren Vertrauensrat auf den Druck der Arbeiter hin wieder freilassen, und die Belegschaft setzte durch, daß er wieder eingestellt wurde...

Max Langusch

Auf derselben Schachtanlage hatte man in der jüngsten Zeit versucht, eine ganze Kameradschaft auf Grund des schlechten Gedingeabschlusses mit dem Mindestlohn nach Hause zu schicken, das heißt mit einer Mark unter dem Durchschnitt. 140 Mann waren an diesem Betriebspunkt beschäftigt, davon zwei Genossen. Diese verstanden es, die Sache so zu organisieren, daß die 140 Mann geschlossen zur Direktion marschierten und erst vier Stunden später einfuhren, erst dann, als sie ... die Zusicherung erhalten hatten, daß ihr voller Lohn ausgezahlt werde. Diese Beispiele zeigen: Wenn unsere Genossen tatsächlich an die tagtäglichen Ereignisse anknüpfen, ist es möglich, die Arbeiter in den Kampf zu führen.

Genossen! Wie war das Verhältnis zur SPD in unserem Gebiet! Wir hatten schon in der legalen Zeit ein ziemlich gutes Verhältnis. Das wirkte sich bei der letzten Reichstagswahl vor Hitlers Machtantritt aus. Da haben wir auf Grund dessen, daß oft von den Faschisten versucht wurde, unsere Büros zu demolieren und zu zerschlagen, mit den Sozialdemokraten eine Abmachung getroffen, uns gegenseitig zu helfen...

Nach der Machtergreifung Hitlers konnte man feststellen, daß in den Köpfen der sozialdemokratischen Arbeiter die Illusionen über Demokratie usw. im Schwinden begriffen waren. Vor allen Dingen zeigte sich das nach der schmählichen Kapitulation ... der SPD im Reichstag. Aber es war eben so, daß unsere Genossen nicht den richtigen Ton ... fanden, und das Hauptgewicht darauf legten, einen Übertritt zur KPD zu erreichen. Wir haben es im Laufe der Zeit verstanden, auch ohne die Leitung der SPD, die nun einmal noch nicht dazu zu bewegen war, mit den sozialdemokratischen Arbeitern am Stempelamt, in der Grube usw., eine einfache Form der Einheitsfront zu schaffen... Wir vereinbarten, daß wir uns, wenn irgendwie Verhaftungen bevorstanden, gegenseitig warnen wollten... Jede Woche, beim Empfang des Stempelgeldes, traten die Genossen der SPD von allein an uns heran und gaben uns ihren Beitrag für die verhafteten Genossen.

Als dort ein führender Funktionär der SPD starb, besprachen wir uns mit den Genossen, und alles, was nur mitgehen konnte, ging zu dieser Beerdigung. Das hat einen großen Eindruck auf die sozialdemokratischen Arbeiter gemacht. Sie sahen den Willen unserer Genossen, mit ihnen in einer Front zu marschieren. Wir konnten nachher, als unser Stadtverordneter starb, feststellen, daß auch Beerdigungen Demonstrationen werden können. Weit über 600 Mann beteiligten sich daran, darunter ein sehr großer Teil sozialdemokratischer, wie auch Zentrums- und christlicher Arbeiter."

Mutige Moerser Mattheck:
Schaltpunkt zwischen Rheinschiffahrt und den Niederlanden

Der bedeutendste Widerstand im Westen des Reiches entsteht, mindestens in den ersten Jahren der Naziherrschaft, bei der Arbeiterschaft an Rhein und Ruhr. Eine der wichtigsten Informationsschienen läuft, z.T. bis zum Ende des Krieges, über die Rheinschiffahrt. Der Ruhrorter Hafen und der Niederrhein werden zur Kontaktbrücke zwischen den heimischen Untergrundorganisationen und den emigrierten Führungsgruppen im angrenzenden Ausland.

Viele Druckschriften kommen aus den Niederlanden. Dieselben Gruppen, die Informationen einschmuggeln, leisten zumeist auch Hilfe bei der Unterbringung und Emigration von Antifaschisten.[248] Im März 1935 stehen in Hamm 17 Rheinschiffer unter Anklage, die nach monatelangen Schiffskontrollen einzeln festgenommen werden. Sie hatten auf ihren Kähnen zwischen Rotterdam, Amsterdam und Duisburg-Ruhrort Material gebracht.

Auch Moers (u.a. die Wohnung Siebeneichler im Ohl) und die Moerser Mattheck spielen hier eine wichtige Rolle, wie Zeitzeugen immer wieder bestätigen. Der Ruhrorter Schiffer Fritz Müller berichtete 1982:[249]

„Diese gefährdeten Menschen wurden irgendwie – zum Beispiel mit dem Schiff – nach Ruhrort geschleust und uns dort von Unbekannten übergeben. Wir wußten nicht, wer sie waren, woher sie kamen usw. Bei Nacht und Nebel haben wir sie dann zur Mattheck-Siedlung nach Moers gebracht. Dort warteten – an einer uns insgeheim mitgeteilten Stelle – Genossen auf uns, die wir auch nicht gekannt haben; die haben die verfolgten Menschen (Juden zum Beispiel) dann weitergeschleust, wahrscheinlich über Schleichwege nach Holland gebracht..."

Ob hierbei das Moerser Ehepaar Gustav und Sophie Orscheck, dem die Gestapo 1939 Verbindung mit einem jüdischen Paßfälscher in Amsterdam und den Verkauf gefälschter niederländischer Pässe an Juden in Deutschland vorwirft, beteiligt war, konnte nicht mehr festgestellt werden.[250] Zu dieser Arbeit, die niemals entdeckt wurde, Heinrich Schmitz vom dreiköpfigen illegalen Unterbezirksvorstand der Moerser KPD:[251]

„Wir hatten kein festes Quartier. Wenn ich irgendwo hinkam, nach Moers oder nach Homberg, dann habe ich gesagt: 'So, liebe Genossen, ihr müßt mich für heute Nacht unterbringen.' So habe ich jede Nacht in einem anderen Bett geschlafen zu dieser Zeit... In der weiteren Entwicklung ging bei uns eine Schreibstelle in der Matthecksiedlung in Moers hoch. Das war ein altes Belgierlager; da wohnte einer unserer Genossen. Wir gaben eine dort hergestellte Zeitung mit 200-300 Exemplaren heraus und brachten sie über die verschiedenen Ortsleitungen unter die Bevölkerung. Die Stelle ging dann hoch. Dabei gab es eine Reihe von Verhaftungen."

Magdalene Pfeiffer, damals 16 Jahre alt, wohnte mit den Eltern in der Mattheck:[252] „Mit Willi Illbruck brachte ich so Ende 34 oder Anfang 35 manchmal Flugblätter in den Ruhrorter Hafen, auch mit Material von der Partei. Ich hab' dann am Fahrrad die Tasche gehabt und er hat das Material da im Hafen abgeliefert, so daß er nur noch ein paar Schritte dort zu tun hatte. Und da hab' ich natürlich auch ein mulmiges Gefühl gehabt, über die Brücke. Und ich hab gedacht, wenn sie jetzt in deine Tasche sehen, dann bist du geliefert. Dabei sind wir getrennt geradelt, so als wenn wir gar nicht zusammengehören. Ich glaube, zwei oder drei mal hab ich das gemacht. Er wird sich wohl immer jemanden anders genommen haben."

3.4 KPD-Widerstandsgruppen: Mutiges Meerbeck-Hochstraß

Der härteste Kern des Widerstands in Moers, Repelen-Baerl, Kamp-Lintfort, Homberg und Rheinhausen geht von jungen Kommunisten aus, die bei der Arbeiterschaft in den Großbetrieben Rückendeckung erfahren. Im Verteilen von Flugblättern haben sie seit Jahren Übung. Dennoch werden sie immer wieder verhaftet, auch denunziert. So meldet beispielsweise der „Grafschafter" vom 7.9.1933 die Festnahme von vier Kommunisten in Meerbeck, die vom Fahrrad aus morgens um 5 Uhr Flugblätter verteilten.

Im März 1934 fliegt eine Gruppe von acht Homberger KPD-Leuten im Alter zwischen 25 und 35 Jahren auf:[253] Karl Lerch, Josef Otto, Georg Braun (Hochheide), Albin Gasdorf, August Herndorf und Johann Schneider. Zu ihnen gehört auch der Moerser Schlosser Heinrich Kersken und der 1898 in Utfort geborene Bergmann Ludwig Krispin. Sie werden am 19. November nach dem alten 86 Strafgesetzbuch wegen „Vorbereitung zum Hochverrat" zu Gefängnis von 1 und 2 Jahren verurteilt – und noch nicht zu Zuchthaus, wie die meisten späteren Angeklagten. Ludwig Krispin, der bereits 1933 vier Monate „Schutzhaft" erdulden mußte, wird sich der Einweisung in ein KZ durch Flucht entziehen, um dann die Republik in Spanien zu verteidigen (Kapitel 6.4).

Gruppe Willi Müller:
Drei Jahre Zuchthaus für einen 15-jährigen Meerbecker

Eine Vierer-Gruppe um den Hilfsarbeiter Wilhelm Müller aus Meerbeck wird Anfang Juli 1934 verhaftet.[254] Hierbei kommen erstmalig für Moers die Bestimmungen des Strafgesetzbuches in der Fassung vom 24. April 1934 zur Anwendung, die für politische Delikte auch Todesstrafe und lebenslänglich Zuchthaus vorsehen. Bei dem Urteil des Oberlandesgerichts Hamm vom 20. Februar 1935 erschrecken nicht nur die hohen Strafen, sondern auch die Jugend der Angeklagten. Hauser, wie Scholz zum Zeitpunkt der Verhaftung noch 15 Jahre alt, erhält drei Jahre Zuchthaus. Der 18jährige Josef Leiß ist Bruder von Wenzel Leiß, die Familie wird 1943 durch Sippenhaft ausgelöscht (Kapitel 6.6). Hier Auszüge aus dem Urteil:

Im Namen des Deutschen Volkes !
In der Strafsache gegen
1) den Hilfsarbeiter Wilhelm Müller aus Meerbeck, Lindenstr. 41, geboren am 2.9.1912 zu Hornhausen,
2) den Berufslosen Stefan Hauser, aus Moers, N-Str. 19 G, geboren am 30.7.1918 zu Moers, Tschechoslowakischer Staatsangehöriger,
3) den Bergmann Josef Leiß aus Moers, B-Str. 76, geboren am 3.3.1916 zu Hochstrass,
4) den Schmiedelehrling Werner Scholz aus Meerbeck, D-Str. 76 G, geboren am 30.12.1918 in Bottesberg, Krs. Waldenburg,
Sämtlich zur Zeit im Gerichtsgefängnis in Hamm (Westf.) in Untersuchungshaft, wegen Vorbereitung zum Hochverrat
hat der II. Strafsenat des Oberlandesgerichts in Hamm in der Sitzung vom 20. Febr. 1935 ... für Recht erkannt:
Die Angeklagten sind des Verbrechens der Vorbereitung zum Hochverrat schuldig und werden deshalb, wie folgt verurteilt:
Müller zu einer Zuchthausstrafe von 2 Jahren und 6 Monaten,
Hauser zu einer Zuchthausstrafe von drei Jahren,
Leiß zu einer Gefängnisstrafe von 1 Jahr und 4 Monaten,
Scholz zu einer Gefängnisstrafe von neun Monaten.
...
Die Kosten des Verfahrens fallen den Angeklagten zur Last.

Gründe
I. Die KPD erstrebt, wie gerichtsbekannt ist, die Änderung der Verfassung des Deutschen Reiches und die Errichtung einer Diktatur des Proletariats nach russischem Vorbild im Wege des gewaltsamen Aufstandes. ...
II. Den Angeklagten wird zur Last gelegt, zu Moers und Meerbeck im Jahre 1934 das hochverräterische Unternehmen, mit Gewalt die Verfassung des Reiches zu ändern, vorbereitet zu haben, wobei die Tat zum Teil darauf gerichtet war, zur Vorbereitung zum Hochverrat einen organisatorischen Zusammenhalt herzustellen oder aufrechtzuerhalten und die Massen durch Herstellung oder Verbreitung von Schriften zu beeinflussen.
Verbrechen, strafbar nach 80 Abs. 2, 83 Abs. 2, Abs. 3, Ziffer 1 und 3 , 86, 86a Stgb, in der Fassung des Gesetzes vom 24.4.34.
Die Hauptverhandlung hat folgenden Sachverhalt ergeben:
In Moers und Umgebung wurde Ende 1933 der KJVD neu ins Leben gerufen. Schon nach kurzer Zeit war es dem Verband gelungen, in der Hitler-Jugend Fuß zu fassen und ... Die Mitglieder waren in Dreiergruppen eingeteilt und zahlten Wochenbeiträge von 0,05 Pfg., die zur Anschaffung von Kommunistischen Zeitungen (Rote Fahne und Junge Garde), von Abzeichen und angeblich auch von Waffen bestimmt waren... Am 30.4.1934 wurden in Moers auf den Straßen Wurfzettel aufgefunden, die mittels eines Handdruckkastens hergestellt waren ...: 'Jungarbeiter mit dem KJVD gegen Militarismus', '... für die Bezahlung des 1. Mai'... Zu den Führern des KJVD in Moers und Meerbeck gehörten die vier Angeklagten."

Ein Bericht der von Willi Müller geleiteten KJVD-Betriebszelle auf der Schachtanlage Rheinpreußen aus dem Juni 1933 ist erhalten:[255]

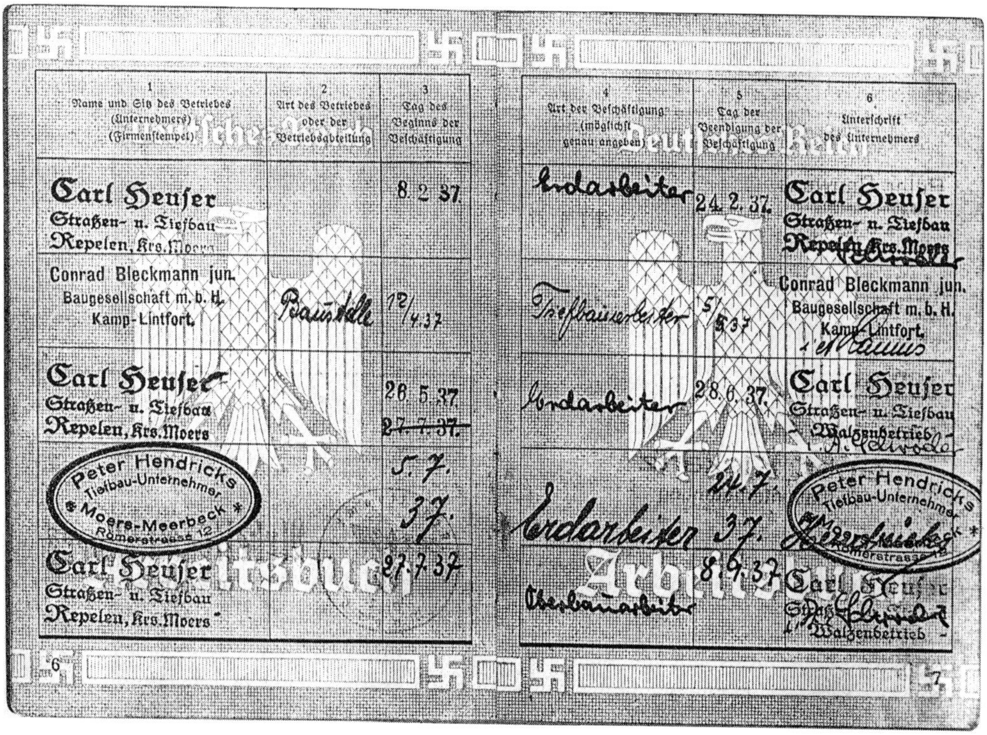

1 Name und Sitz des Betriebes (Unternehmers) (Firmenstempel)	2 Art des Betriebes oder der Betriebsabteilung	3 Tag des Beginns der Beschäftigung	4 Art der Beschäftigung (möglichst genau angeben)	5 Tag der Beendigung der Beschäftigung	6 Unterschrift des Unternehmers
Carl Heuser Straßen- u. Tiefbau Repelen, Krs. Moers		8. 2. 37.	Erdarbeiter	24. 2. 37.	Carl Heuser Straßen- u. Tiefbau Repelen, Krs. Moers
Conrad Bleckmann jun. Baugesellschaft m. b. H. Kamp-Lintfort.	Baustelle	12/4.37	Tiefbauarbeiter	5/5.37	Conrad Bleckmann jun. Baugesellschaft m. b. H. Kamp-Lintfort.
Carl Heuser Straßen- u. Tiefbau Repelen, Krs. Moers		26. 5. 37. ~~27. 7. 37.~~	Erdarbeiter	28. 6. 37.	Carl Heuser Straßen- u. Tiefbau Walzenbetrieb
Peter Hendricks Tiefbau-Unternehmer Moers-Meerbeck Römerstrasse 12		5. 7. 37.	Erdarbeiter	24. 7. 37.	Peter Hendricks Tiefbau-Unternehmer Moers-Meerbeck Römerstrasse 12
Carl Heuser Straßen- u. Tiefbau Repelen, Krs. Moers		27. 7. 37	Oberbauarbeiter	8. 9. 37	Carl Heuser Straßen- u. Tiefbau Walzenbetrieb

6 Deutsches Reich Arbeitsbuch 7

Aus dem Arbeitsbuch Willi Müllers

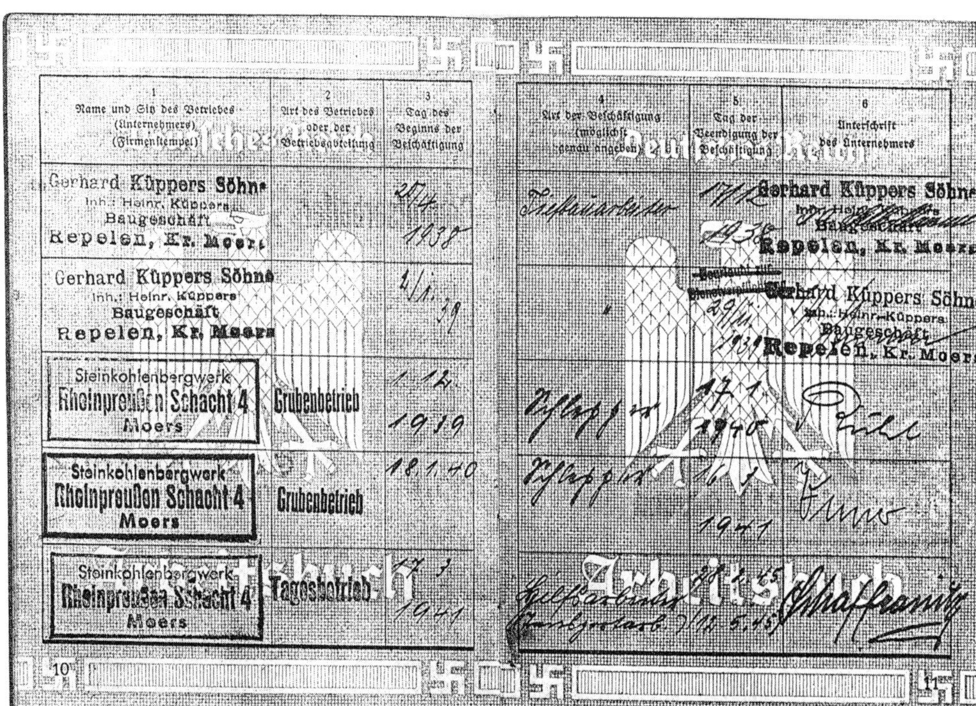

1 Name und Sitz des Betriebes (Unternehmers) (Firmenstempel)	2 Art des Betriebes oder der Betriebsabteilung	3 Tag des Beginns der Beschäftigung	4 Art der Beschäftigung (möglichst genau angeben)	5 Tag der Beendigung der Beschäftigung	6 Unterschrift des Unternehmers
Gerhard Küppers Söhne Inh.: Heinr. Küppers Baugeschäft Repelen, Kr. Moers		27/4 1938	Tiefbauarbeiter	17/12 1938	Gerhard Küppers Söhne Inh.: Heinr. Küppers Baugeschäft Repelen, Kr. Moers
Gerhard Küppers Söhne Inh.: Heinr. Küppers Baugeschäft Repelen, Kr. Moers		4/1. 39	"	29/11. 1939	Gerhard Küppers Söhne Inh.: Heinr. Küppers Baugeschäft Repelen, Kr. Moers
Steinkohlenbergwerk Rheinpreußen Schacht 4 Moers	Grubenbetrieb	1. 12. 1939	Schlepper	17. 1. 1940	[illegible]
Steinkohlenbergwerk Rheinpreußen Schacht 4 Moers	Grubenbetrieb	18. 1. 40	Schlepper	16. 1. 1941	[illegible]
Steinkohlenbergwerk Rheinpreußen Schacht 4 Moers	Tagesbetrieb	17. 3. 1941	Hilfsarbeiter [illegible]	28. 4. 45	[illegible]

10 Deutsches Reich Arbeitsbuch 11

Drei Stationen im Leben Willi Müllers: Mitglied der Sozialistischen Arbeiterjugend am SAJ-Heim, Römerstraße, im August 1931 (vor dem Übertritt zur KPD); 1946 mit Werner Röhrich (bei den Falken); 1965 als Buddhist in seiner Meerbecker Wohnung, vor einem selbstgemalten Bild, das die Allgüte des zukünftigen Buddhas Maitreya darstellt.

„In den Zellensitzungen sprechen wir über die Zustände in unserem Betrieb... Verladung, Grube, Schlosserei. Es sind Berichte über Antreiber, über arbeiterfeindliche Maßnahmen der Zechenverwaltung, der Steiger und Meister und über betriebliche Zustände. Die Berichte werden ausgearbeitet, mit politischen Tagesfragen verbunden und für unsere Betriebszeitung verwendet... Die Genossen oder Vertrauensleute, die an den Kippern beschäftigt sind, werfen die Flugblätter auf das laufende Band... Nie wurde etwas gefunden und die Genossen waren immer unschuldig. Die Zechenverwaltung, die Steiger und Meister toben wie die Wahnsinnigen, wenn unser Roter Jungkumpel erscheint. Denn wenn sie sich nicht anständig benehmen, werden ihre Namen mit Beschreibung ihrer Person in unserer Zeitung veröffentlicht. Die Faschisten suchen und spitzeln nach uns, aber sie finden uns nicht. Unsere Zeitung erscheint überall: auf der Verladung, auf den Lesebändern, in der Grube, an den Wagen, die durch das Revier fahren. In der Schlosserei 'fallen' sie sogar von der Decke. Unsere Antreiber mäßigen sich und das Vertrauen zu uns wächst unter den Jungarbeitern."

Auf den privaten Alltag solcher Jungarbeiter in Meerbeck wirft eine Begebenheit aus dem Leben Josef Gottschilds Licht:[256] „Ich bekam Schwierigkeiten mit meinem besten Verbindungsmann, Richard Scholz. Es war der Bruder meines Schwagers Willi, er war auf der Demag, ein guter Verbindungsmann mit Duisburg. Sein Freund war ein SA-Mann, August Gottsche hieß er. Er hatte ein Mädel, durch sie gab's einen Konflikt. Er wurde eifersüchtig und drohte dem Richard sehr massiv: laß die Finger von dem Mädel, sonst laß ich dich hochgehn. Ich weiß genau, was ihr treibt, ich kenn deinen Umgang. Er zielte auf mich, weil wir viel zusammen waren."

Der Meerbecker Anagarika Subhuti alias Willi Müller

Willi Müller wurde am 2. 9.1912 in Hornhaus bei Magdeburg als fünftes von sieben Kindern geboren. Die Familie übersiedelte 1913 nach Meerbeck, wo der Vater Arbeit auf Schacht V fand, jedoch bald Soldat werden mußte. Nach dem Krieg wurde der Vater, aktiver Sozialdemokrat, als Betriebsratsvorsitzender und Mitglied des „Alten Bergarbeiterverbands" mehrmals entlassen, doch die Familie erfuhr die praktische Solidarität anderer Genossen.

Besuch der Evang. Volksschule Meerbeck, dann der dortigen „Freien Schule", großes Talent zum Zeichnen; jedoch „Traumberuf" Buchillustrator nicht möglich, da Willi als 7jähriger ein Auge verlor. Etwa gleichzeitiger Eintritt ins Berufsleben (Tagesarbeiter auf Schacht V ab 5.9.1927) und in die Sozialistische Arbeiterjugend. Übertritt – bei erheblichen Spannungen in der Familie – mit zahlreichen Genossen Ende 1931 in den KJVD, die Jugendorganisation der KPD, da „zwischen der Ideologie der Partei [SPD] und ihrer Tagespolitik ein stets größer werdender Widerspruch klaffte"[257]. Dort bald zum Betriebszellen- und Politischen Leiter gewählt. Herausgeber der Betriebszeitung „Der Rote Ruhrkumpel", die alle 14 Tage auf drei Schachtanlagen erschien, und des „Jungen Rebell" für die Meerbecker Siedlung.

W. Müller: „1933, nach der sogenannten Machtergreifung Hitlers, gingen wir gut vorbereitet in die Illegalität. Nachdem wir die Unzuverlässigen – und das waren nicht wenige – abgehängt hatten, bauten wir unsere Gruppe neu auf und sicherten uns und unsere Arbeit durch Straffung der Organisation nach dem Dreiergruppenprinzip und Einführung von Tarnnamen sowie Verbesserung des Verteilersystems für unsere Druckschriften. Außerdem richteten wir Zersetzungszellen in der Hitler-Jugend und im Arbeitsdienst ein."[258] Inhalte der Arbeit: Warnung der Bevölkerung vor den heimlichen Kriegsvorbereitungen, Malen von Wandparolen beim Besuch Görings in Moers usw.

Vom 5.4.-27.4.1933 in „Schutzhaft"; Befreiung daraus laut eigenem Lebenslauf, weil der älteste Bruder Fritz mit einem von Willi gemalten Hitlerportrait zu Landrat Bollmann ging, welcher ausrief: „Das kann unmöglich ein Kommunist sein, der das gemalt hat"[259]. Entlassung bei Schacht V am 31.8. aus politischen Gründen, nach abermaliger „Schutzhaft" vom 16.-30.8.1933.

Verhaftung und zweieinhalbjährige Haftstrafe vom 3.7.1934 bis 3.1.1937. „Es war eine Einsamkeit, die gezeichnet war von Angst und Ungewißheit. Zunächst empfand ich das Alleinsein als Gefangener als unerträglich. Wie ein wildes Tier rannte ich in meiner Zelle auf und ab. Ich weiß nicht, wieviel Kilometer ich pro Tag zurückgelegt habe. Ich rüttelte an den Gitterstäben meiner Zelle, trommelte gegen die gepanzerte Tür, denn ich war ja noch ein blutjunger Mensch, 21 Jahre alt. Schließlich ergab ich mich in mein Schicksal ... und begann, mich in die Bücher zu vergraben, die ich bekam" (aus: Liebe zur Einsamkeit, Maschinenskriptum).

Zuwendung zum Buddhismus durch ein in der Zuchthausbücherei zufällig vorhandenes Buch, z.T. unterstützt durch einen Zuchthausgeistlichen. „Aber mein Interesse an religiösen Fragen hatte eine tiefe Kluft zwischen meinen Genossen und mir aufgerissen. Man sah in mir einen Verräter, man brachte mir Hohn, Spott und Verachtung entgegen"[260].

Nach der Haft 1937-1939 Bauhilfsarbeiter bei mehreren Repelen-Baerler Firmen, 1939-1945 Arbeit als „Schlepper" auf der Zeche Rheinpreußen, Schacht IV, wo Willi Müller sehr unter der schlechten Behandlung von Fremdarbeitern litt[261]: „... als ich später Kontakte knüpfte ... zu russischen Kriegsgefangenen, wurde es fast lebensgefährlich für mich" (Lebenslauf, S. 11).

1945-1950 Versuch, als Kunstmaler zu leben, zugleich Gründung einer pazifistischen „Freien Sozialistischen Jugend" und deren Überführung in die sozialistischen „Falken". 1948 Begründung der „Buddhistischen Gemeinde am Niederrhein" in seinem Haus in der Meerbecker Lindenstraße (41 g) und Annahme des Namens Rev. Anagarika Subhuti, 1971 Einrichtung eines kleinen Tempels dort. Zugleich immer Arbeit mit psychisch Kranken, drogengefährdeten Jugendlichen und Kriegsdienstverweigerern, Einsatz für Tiere. 1985 WDR-Fernsehfilm über sein Leben als Widerstandskämpfer und Buddhist.

Verstorben am 27.2.1990, mehrseitige Würdigung 1993 in dem Werk „Deutsche Buddhisten": „Wilhelm Müller, Buddhistischer Missionar und sozialpolitischer Aktivist"[262]. W. Müller: „Niemand kann, nach der Lehre des Buddha, seine eigene Erlösung verwirklichen, ohne sich auch für das Wohlergehen der anderen – Menschen und Tiere – einzusetzen."[263]

Die Gruppen um Walter und Ewald Kuchta: In Ketten durch die Homberger Straße

Schon am Tag nach dem Müller-Prozeß, dem 21. Februar 1935, urteilt das OLG Hamm eine weitere Widerstandsgruppe aus Moers und Rheinhausen ab, die Ende August 1934 verhaftet wurde.[264] Die Delikte sind wieder unter der Überschrift

„Vorbereitung zum Hochverrat" das Verteilen von Flugblättern, die Betätigung im verbotenen KJVD und Verbindungen zu illegalen Funktionären der KPD. Zur Gruppe gehören der bei der Verhaftung 19jährige Gelegenheitsarbeiter Walter Kuchta, geb. 1914 in Moers-Hochstraß, und der Arbeiter Anton Wolkinger, geb. 1911 in der Steiermark, beide aus Moers-Asberg. Wolkingers Bruder Franz wird nach sechs Monaten Untersuchungshaft freigesprochen.

Unter der Überschrift „Rheinhausen – Gerechte Strafen für Volksverräter" berichtet der „Grafschafter" vom 23.2.1935 in Moers knapp über das Urteil:

„Der 3. Strafsenat des Oberlandesgerichts in Hamm i. Westf., verhandelte am 21. Februar gegen mehrere Personen von hier wegen Vorbereitung zum Hochverrat und fällte folgende Urteile: Gegen Anton W. und Hans P. je drei Jahre Zuchthaus; gegen Walter K. zweieinhalb Jahre Zuchthaus; gegen Hans F. zwei Jahre Gefängnis und gegen Erich M. eineinhalb Jahre Gefängnis."

Dies ist – einspaltig und mit acht Zeilen Länge – nach 1934 die einzige Nachricht des „Grafschafter" über politische Urteile in der alten Grafschaft Moers. Alle anderen Massenverhaftungen und Verurteilungen dieser Jahre werden unerwähnt bleiben.

Walter Kuchta, über dessen weiteren Lebensweg im Kapitel 6.5 zu berichten sein wird, baute nach dem Krieg das VVN-Archiv in Köln auf. Er berichtet 1975[265] aus der Sicht der Betroffenen unter der Überschrift

Solidarität gab neuen Mut und Zuversicht

„Anfang Februar 1935 wurden wir, 11 Jugendliche aus Moers und Rheinhausen ... von schwerbewaffneten Polizeikräften vom Gerichtsgefängnis Moers, Haagstraße, durch die ganze Hauptstraße (Homberger Straße) der Stadt zu Fuß mitten auf der Straße zum Bahnhof geführt. Die erste und letzte Reihe waren zu drei Mann aneinandergekettet. Wie erstaunt waren wir, als zum Zeichen der Verbundenheit und Solidarität zu beiden Seiten der Straße auf den Bürgersteigen ca. 200 Bekannte, noch tätige Widerstandskämpfer, Freunde und sogar Nachbarn uns entgegenspaziert kamen. Beim Passieren unseres Gefangenentransportes nahmen alle zu einem kurzen Gruß die Mützen und Hüte ab. Manch einer zeigte unauffällig die geballte Faust.

Am Moerser Bahnhof hatten sich über 60 Angehörige und Verwandte versammelt... Um weitere Auseinandersetzungen mit den Angehörigen zu vermeiden, führte uns die Polizei sehr schnell auf den Hochbahnsteig.

Diese gezeigte Verbundenheit und Solidarität gab uns so starken Auftrieb, daß wir im Eisenbahn-Gefangenen-Wagen nach Hamm lautstark gemeinsam die Internationale sangen. Ich selbst wurde durch den Polizeitransportführer beim Gesang erwischt. Er drohte mit Anzeige wegen Gefangenen-Aufwiegelung und haute wieder ab. Später kam er zurück und bemerkte, er hätte Verständnis für die Lage der politischen Gefangenen.

Später – 1942 – bei Transporten von Holland durch Deutschland, bei meiner zweiten Verhaftung, behandelten uns alle Begleit-Kommandos, Polizei und SD, schlimmer als Vieh."

Insgesamt 52 Jahre Zuchthaus verhängte der 4. Strafsenat des OLG Hamm am 28. Oktober 1935 gegen zehn weitere Angeklagte aus Duisburg, Rheinhausen und Moers.[266] Die Strafen für Wiederaufbau der KPD, Herstellung und Verteilung von Flugschriften und der „Roten Fahne", Geldsammlungen für die „Rote Hilfe" und

Aufbau eines Verteilerapparats im Bezirk Duisburg-Hamborn und Kreis Moers lagen zumeist zwischen vier und acht Jahren. Der Bergmann Ewald Kuchta aus Moers, Bruder des vorgenannten Walter Kuchta, erhielt vier Jahre Zuchthaus, der Schreiner Wilhelm Elsenbruch wurde nach acht Monaten Untersuchungshaft freigesprochen.

Waffenlager in Meerbeck: Gruppe Rautenberg/Freiberg
In den ersten Monaten des Jahres 1935 fliegt in Hochstraß und Meerbeck eine Widerstandsgruppe von etwa zwölf zumeist jungen Leuten auf, die in Kleingruppen organisiert sind. Die Handzettel waren am 4. März in der Kolonie sowie auf Schacht 4 und 5 aufgetaucht. Beschlagnahmt wird auch eine 12-seitige illegale Zeitung, „Der Bergarbeiter. Organ der Bergarbeiter des Ruhrgebiets, Nr. 2, Februar 1935". Sie bezeichnet Rheinpreußen IV als eine Hölle, wo sich seit der Machtergreifung die Zahl der Betriebsunfälle um 20-30% erhöht hat. Andere gestempelte Flugblätter rufen zur Unterstützung des Bergarbeiterverbands auf: „Kumpels / Die Löhne sinken – die Preise und Profite der Zechenbarone steigen. Gewerkschaftseinheit tut not!"

Im Verfahren vor dem OLG Hamm „gegen Rautenberg und Genossen" werden 16 Moerser Kommunisten zusammengefaßt.[267] Kern des Widerstandsrings sind die Familien Freiberg und Rautenberg:

Karl Rautenberg	Albert Freiberg
Paul Zittlau	Ernst Freiberg
Wladislaus Szutarski	Wilhelm Frakowiak
Paul Stollenwerk	Heinrich Bossert
Georg Hirschmann	Wilhelm Hunnenberg
Andreas Hirschmann	Alfred Schmidt
Jacob Boegen	Fritz Menzel
Johannn Lajer	Peter Engelskirchen

Das Urteil ergeht am 22. April 1936. Alter, Beruf und Strafzumessung für die einzelnen Angeklagten können dem Anhang 10.5 entnommen werden. Neben einem Freispruch wird neunmal Zuchthaus und sechsmal Gefängnis verhängt. Gegen weitere 20 Personen, die z.T. eine lange Untersuchungshaft erleiden, wurde das Verfahren eingestellt. „Viele von uns", so berichtet Wladislaus Szutarski im Oktober 1993, „wurden nicht von der Polizei aufgespürt. Das ist der Vorteil der kleinen Gruppen. Man wußte ja immer nur von der eigenen Gruppe. Auf jeden Verhafteten kamen vielleicht noch fünf andere."

An vielen Stellen geht die Prozeßakte in die Niederungen des Verrats und der Denunziation: „Vertraulich wurde hier mitgeteilt, daß in der Wohnung des ehemaligen KPD-Funktionärs Albert Freiberg ... ein Waffenlager" gefunden wurde. Dabei handelt es sich um fünf Pistolen, fünf Sprengstoffkapseln und 623 Revolver-Patronen. „Es waren", so die Freiberg-Schwiegertochter H. Ziegelmeier, „alte und rostige Pistolen, die kaum mehr funktionierten. Und dafür das ganze Unglück."[268] Albert Freiberg wird zu sieben Jahren Zuchthaus verurteilt, Karl Rautenberg zu 5. Der V-Mann erklärt, „daß das illegale Treiben der KPD führend in Händen des Zittlau und des Rautenberg liegt. Als dritter im Bunde zählte Anton Wolkinger, der

Ernst Freiberg und Hildegard Rautenberg heiraten Ende 1937: nach zweijähriger Haft waren gerade ihr 28-jähriger Bruder Karl und sein Vater Albert, Vorsitzender des Freidenkerverbands, ermordet worden.

Karl Rautenberg † aus der Moselstraße, etwa 1933

am 21. Februar 1935 in Hamm wegen kommunistischer Umtriebe zu drei Jahren Zuchthaus verurteilt worden ist."

Das Flugblatt bringt der auf der Zeche beschäftigte, 36-jährige SS-Mann Jakob S. aus Moers-Mitte zur Anzeige. Er beschuldigt zudem Andreas Hirschmann aus der Mattheck, ihm zu Hause nicht geöffnet zu haben, weil er vermutlich zuerst ein Vervielfältigungsgerät verstecken mußte. Hirschmann seinerseits macht dem Richter plausibel, daß die Aussagen des SS-Mannes nur aus Haß und Rachsucht erklärlich seien, da er – und nicht der SS-Mann – in den Vorstand des Sportvereins Hülsdonk gewählt worden sei.[269]

Einzelnen Angeklagten wird ihre Anwesenheit anläßlich der „Massenbeteiligung bei der Beerdigung des ehemaligen kommunistischen Funktionärs Richard Schwarzer im Oktober 1934" vorgehalten (langjähriges Mitglied des Moerser Rates). Sie hätten dabei „unter Vorantragung eines roten Kranzes das Symbol der Zusammengehörigkeit der ehemaligen KPD dargestellt".

Die beiden zu den höchsten Strafen Verurteilten, die ein Grab auf dem Moers-Meerbecker Ehrenfriedhof haben, überleben die Haft nicht. In der Vollzugsakte vermerkt die Strafanstalt Düsseldorf-Derendorf, daß Albert Freiberg am 3.2.1936 aus Lüttringhausen kommend zur ärztlichen Behandlung in das dortige Krankenhaus aufgenommen wurde. Am 5. Februar 1937 verstirbt der 52jährige, die Ärzte bescheinigen Herzschwäche und Lungenentzündung. Karl Rautenberg geht denselben Weg. Zu seinem Tod am 20.3.1937 attestieren die Ärzte dem 27jährigen Herzschwäche, begleitet von einer Gehirnembolie.

Der Witwe Albert Freibergs wird 1955 von einem Dortmunder Gericht jegliche Wiedergutmachung abgesprochen, „da nicht auszuschließen ist, daß die Straftat teilweise bereits vor dem 30.1.1933 begangen worden ist" (Akte 6382). Zwei Jahrzehnte zuvor war sie von Kripo-Chef Konrad Imig aus dem Polizeigebäude verwiesen worden: er fuhr sie an, erst einmal zu Hause ihre rote Bluse zu wechseln.[270]

Massenverhaftung und Massenprozeß: die Widerstandsgruppe Jahny

Zum schwersten Schlag für die Arbeiterschaft am linken Niederrhein gerät die Verhaftung von über 80 kommunistischen Bergleuten aus dem Raum Moers-Lintfort und Stahlarbeitern aus Rheinhausen Ende Mai 1935, die zur Gruppe Jahny gehören.[271] Mit ihnen werden an Rhein und Ruhr mehr als 250 Arbeiter festgenommen, zumeist gestandene Arbeiterführer. Ihr weit verzweigter, mutiger Widerstand, die Vorgeschichte dazu, die schwierigen Lebensverhältnisse, die einzelnen Schicksale, der Verrat durch einen Moerser Arbeiter wären ein eigenes Buch wert – ein „Germinal" des 20. Jahrhunderts für das niederrheinische Kohlerevier. Der Kölner Karl Schabrod hatte offenbar ein solches Unternehmen bereits geplant.[272]

Zwei Ausschnitte aus den über 80 erhaltenen politischen Lebensläufen von 1949 mögen die interessanten Hintergründe belegen[273]:

> Der Eisenhobler Otto Schönborn aus Rheinhausen, geb. 1876 in Duisburg schreibt von sich: „ gründete 1906 Ortsgruppe des Deutschen Metallarbeiterverbandes in Differdingen/Luxemburg, in Verbindung mit Diedenhofen. Wurde 1909 gemaßregelt. Bekam in Rheinhausen Arbeit bei Krupp. 1909 der SPD beigetreten, 1916 bei

der Spaltung in die USPD und Spartakus-Bund. Im Ersten Weltkrieg drei Jahre Beisitzer beim Gewerbe-Gericht. 1917 zu sechs Monaten Gefängnis verurteilt (Flugblattverteilung), in Berufung wegen Mangel an Beweisen freigesprochen. Anfang 1919 von der belgischen Besatzung verhaftet, wegen offen gezeigtem Spartakismus. Sechs Monate in Rheindahlen, dann ausgewiesen ins Rechtsrheinische. In Duisburg auf der Niederrheinischen Hütte Arbeit gefunden. 1920 erhielt ich wieder die Einreise ins Linksrheinische. 1920 in die KPD eingetreten. 1925 im Gemeinderat bis 1933, in der Hütte im Betriebsrat von 1926 bis 1933. Drittes Reich: 1933 entlassen... 1944 von der Arbeit verhaftet, acht Tage festgehalten, Attentat auf Hitler."

Karl Sausner aus Kamp-Lintfort, geb. 1883 in Schlesien, Gewerkschaftler seit 1908 und Gründer der „Freien Sängervereinigung in Lintfort": „Im Januar 1919 wurde ich Mitglied der SPD und war bei der Wahl zur Nationalversammlung aktiv tätig. Im Bergarbeiterstreik April 1919, als Noske in Werden mit Maschinengewehren auf unsere Delegierten schießen ließ, habe auch ich, wie manch alter SPD-Genosse, den Austritt aus der SPD vollzogen und mich der neugegründeten KPD angeschlossen... Im Kapp-Putsch war ich Mitglied des örtlichen Exekutivausschusses und Leiter des Versorgungsausschusses für die kämpfenden Genossen an der Lippe-Front."

Zeitgleich mit diesen Verhaftungen im Mai 1935 läuft, etwa in denselben Dimensionen, die Zerschlagung eines der größten sozialdemokratischen Widerstandsringe im Westen des Reiches (unter Führung von Hermann Runge aus Moers), der im nächsten Kapitel zu behandeln sein wird. Weitere Massenprozesse, zumeist gegen Kommunisten, finden überall an Rhein und Ruhr statt. In Duisburg beispielsweise sind in den Verfahren Spindler, Jandt und Krebs 52, 42 und 141 Arbeiter, zumeist Bergleute, angeklagt.[274]

Der Hamborner Bergmann Ferdinand Jahny hält den großen linksrheinischen Widerstandskreis zusammen. Nach einem KZ-Aufenthalt von April 1933 bis März 1934 wird er Instrukteur des illegalen KPD-Unterbezirks Moers und Verbindungsmann zur Bezirksleitung in Essen. Der 1903 Geborene ist seit 1924 Mitglied der SPD und des Alten Bergarbeiterverbands. 1931 tritt die gesamte Sozialistische Arbeiterjugend in Hamborn auf seine Initiative zum Kommunistischen Jugendverband über.

Die Widerstandsgruppe setzt sich, wie die Prozeßakten ausweisen, aus auffällig vielen Berginvaliden zusammen, die wegen Steinstaublunge oder Gasvergiftungen ausgeschieden waren und mit einer kärglichen Knappschaftsrente dahinvegetieren (so etwa Hugo Trox). Einige andere sind seit den Streiks von 1930/1931 arbeitslos oder 1933 aus politischen Gründen entlassen worden. Aber auch für die Aktiven verschärft sich in den ersten Monaten des Jahres 1935 die soziale Lage im Bergbau. „Der Reallohn sank, Arbeitslosigkeit und Feierschichten dauerten an. Im Mai 1935 bedeuteten zum Beispiel die Feierschichten auf Neumühl I/II 30 bis 40 RM weniger im Monat für eine Bergarbeiter-Familie".[275]

Zur selben Zeit freilich jubelt Deutschland dem Führer zu. Mitte Januar hatte die Saar für den Anschluß an das Reich votiert, und bei den Wahlen in der Tschechoslowakei im Mai werden die Sudetendeutschen stärkste Partei.

Das Netz der Gruppe reicht von Essen über Duisburg und Moers bis hin nach Kamp-Lintfort, Neukirchen und Schaephuysen. Verbindungen bestehen nach Emmerich zur Auffangstelle für deutsche Emigranten. Die einzelnen Gruppen operieren relativ unabhängig voneinander, etwa jene auf Rheinpreußen. Ein innerer Abwehrapparat gegen Spitzel und Verräter nimmt sich auch der von der Gestapo gesuchten Funktionäre an. So bleiben einige Gruppen unerkannt oder ihre Mitglieder können, wie Adam Erbach, rechtzeitig fliehen.

Am 17. Januar 1936 stehen 80 Personen der Gruppe Jahny – als Teil des Verfahrens gegen „Grausam und Genossen" – vor dem 3. Strafsenat des Oberlandesgerichts in Hamm. Sie hatten Zeitungen und Flugblätter auf den Schachtanlagen „Diergardt" und „Rheinpreußen" verteilt und auch eigene Betriebszeitungen gegen die Zustände im Dritten Reich geschrieben. Die Gesamtstrafe für ihren „Versuch, die Verfassung des Reiches gewaltsam zu ändern", beträgt 305 Jahre und sechs Monate. Durch ihren organisatorischen Zusammenhalt und die Beeinflussung der Massen vermittels Schriften hätten sie „Vorbereitung zum Hochverrat" begangen. Die Liste der Angeklagten und ihrer Strafen:[276]

	Jahre/Monate Zuchthaus
1) Bergmann Ferdinand Jahny, Hamborn, Immelmannstraße 4	15
2) Invalide Hermann Vennemann, Gerdt b. Baerl, Heinestraße 12	10
3) Ehefrau Agnes Siebeneichler, Moers, Im Ohl 8	6
4) Arbeiter Paul Siebeneichler, Moers, Im Ohl 8	2
5) Bergmann Franz Levy, Moers, Lindenstraße 3	6
6) Former Jakob Wolff, MO-Asberg, Römerstraße 61	6
7) Schiffer Friedrich Pietsch, MO-Asberg, Kronprinzenstr. 52	4/6
8) Bergmann Emanuel Slomka, Moers, Moselstraße 52	5/6
9) Bergmann Heinrich Lösch, Moers, Lippestr. 16	3/6
10) Bergmann Leopold Schöberl, Moers, Lindenstraße 4	3/6
11) Bergmann Heinrich Moder, Moers, Alsenstraße 8	3/6
12) Bergmann Johann Berns, Moers, Moselstraße 5	2/3
13) Bergmann Josef Czerwinski, Moers, Norkusstr. 19	2/9
14) Arbeiter Andreas Pachner, Moers, Duisburgerstraße 48	6
15) Bergmann Emil Gaidt, Moers-Asberg, Hugostraße 2	2/3
16) Bergmann Richard Buchmann, Moers, Cäcilienstr. 13	6
17) Glasschleifer Max Pfretschner, Moers, Hombergerstraße 399	3
18) Bergmann Erich Sell, Meerbeck, Glückaufstraße 35 6	
19) Bergmann Franz Schwede, Meerbeck, Eisenstraße 15	3
20) Bergmann Gustav Schwede, Meerbeck, Warndtstr. 22	2/9
21) Bergmann Heinrich Vennemann, Meerbeck, Wellerstraße 34	3/6
22) Bergmann Hermann Scheffler, Meerbeck, Römerstraße 31	2/9
23) Bergmann Josef Bien, Meerbeck, Weserstr. 11	4/6
24) Bauarbeiter Karl Hoffmeister, Moers, Matthecksiedlung 41	5
25) Stuckateur Ernst Stahlschmidt, Moers, Matthecksiedlung 66 g	2/9
26) Arbeiter Rudolf Klein, Moers, Matthecksiedlung 32 a	2/9
27) Former Heinrich Klöttgen, Moers, Matthecksiedlung 21 a	2 Gef.
28) Zechenarbeiter Heinrich Gorres, Baerl, Hindenburgstr. 22	Freispruch
29) Bergmann Friedrich Jirsak, Repelen-Rheim, Böllkenstr. 9	Freispruch
30) Bergmann Peter Moczigemba, Lohmannsheide, Hermann. Göring-Straße 60	Freispruch

31) Säger Hubert Perchthold, Baerl, Hindenburgstr. 22	Freispruch
32) Bergmann Karl Lösch, Moers, Kaiserstr. 121	5
33) Invalide Adolf Ende, Meerbeck, Wegstraße 19	1/9
34) Bergmann Christian Klos, Kamp	7
35) Bergmann Johann Galwelat, Lintfort	15
36) Bergmann Karl Hardt, Lintfort	5
37) Bergmann Josef Born, Lintfort	4/6
38) Bergmann Johannes Fickel, Lintfort	2/6
39) Bergmann Ernst Hassler, Lintfort	2/3
40) Bergmann Peter Költgen, Lintfort	6
41) Invalide Hugo Trox, Lintfort	4
42) Bergmann Michael Hoffmann, Lintfort	2
43) Bergmann Jakob Peters, Lintfort	3
44) Bergmann Johann Haider, Lintfort	9
45) Bergmann Josef Fox, Lintfort	3
46) Berginvalide Karl Sausner, Kamp	1/9
47) Bergmann Anton Andrejczak, Lintfort	8
48) Bergmann Friedrich Lahrmann, Rheinhausen	6/6
49) Rangierer Rudolf Jarabeck, Rumeln	4/6
50) Bergmann Philipp Munkes, Rheinhausen	4/6
51) Arbeiter Paul Radtke, Rheinhausen	5
52) Arbeiter Fritz Suhle, Rheinhausen	5
53) Invalide Karl Brüning, Rheinhausen	5
54) Invalide Johann Meier, Rheinhausen	2/6
55) Umwalzer Josef Michalski, Rheinhausen	3
56) Arbeiter Kurt Krause, Rheinhausen	6
57) Bergmann Paul Tursas, Rheinhausen	4
58) Bergmann Paul Adamek, Rheinhausen	3
59) Kaufmann Moritz Lippmann, Rh-Hochemmerich	2 Gef.
60) Elektroschweißer Richard Seeger, Rheinhausen	2
61) Maschinenarbeiter Otto Weicker, Rheinhausen	4
62) Arbeiter Josef Breske, Rheinhausen	4
63) Arbeiter Walter Reinke, Rheinhausen	4
64) Arbeiter Paul Genat, Rheinhausen	4
65) Arbeiter Hugo Dilba, Rheinhausen	3/6
66) Schmelzer Hermann Merk, Rheinhausen	Freispruch
67) Arbeiter Franz Dath, Rheinhausen	Freispruch
68) Arbeiter Franz Kapalla, Rheinhausen	Freispruch
69) Eisenhobler Otto Schönborn, Rheinhausen	3/6
70) Fabrikarbeiter Franz Westphal, Rheinhausen	2/6
71) Arbeiter Josef Bernatek, Rheinhausen	2/9
72) Arbeiter Leo Peplinski, Rh-Hochemmerich	3
73) Arbeiter Emil Kloweiler, Friemersheim	2/9
74) Hüttenarbeiter Rudolf Selch, Friemersheim	2/3
75) Arbeiter Alfred Behle, Friemersheim	2/9
76) Maschinist Arthur Jeschke, Friemersheim	3
77) Berginvalide Karl Keip, Lintfort	4/6
78) Ehefrau. Dorothea Schönborn geb. Schmandra, Rheinhausen	3

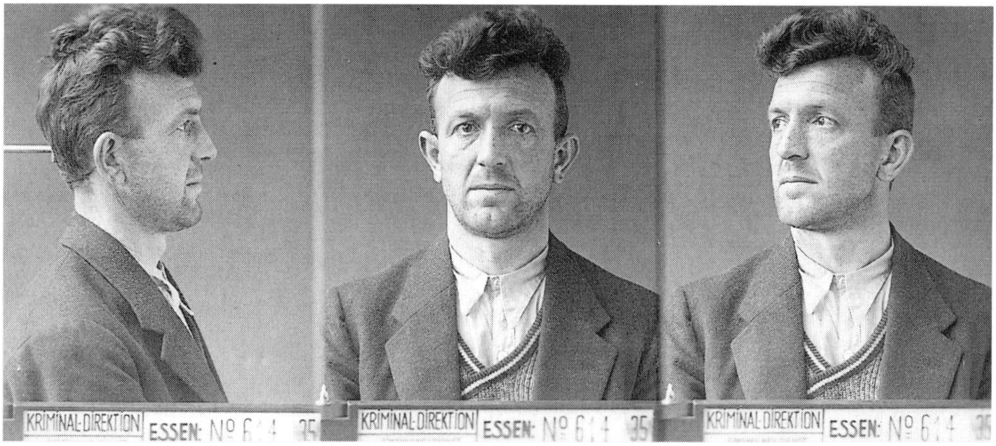

Karl Hoffmeister aus der Mattheck, Vater dreier Kinder und einer der vielen Verurteilten aus dem Jahny-Prozeß

63

Franz Levy Mörs Mattheck 35
geb. 10.10.00 in Klokocin
Seit 1929 war ich Mitglied der K.P.D als Kassierer
der Betriebszelle Schacht IV. 1932 übernahm ich die
Literatur der Ortsgruppe Mörs. Bei der Machtübernahme
durch die N.S.D.A.P. war ich mehreren Schikanen
ausgesetzt. Durch die Mörser Krim.Polizei wurde
meine Wohnung von vorne bis hinten durchsucht.
Ein zweites mal maschierten 20 S.A. Leute durch
meine Wohnung und suchten meinen Schwager,
der nach Holland war. 1933 war ich Mitglied
der illegalen K.P.D als Gruppenkassierer. 1935 im
Mai wurde ich durch die Essener Gestapo im
Hause Langasch verhaftet. Bei der Überführung
in das Polizeigefängnis wurde ich durch Imig
geschlagen und getreten. Auch bei der Vernehmung
durch die Essener Gestapo wurde ich mit Faust-
schlägen traktiert. Die Beamten sind mir unbe-
kannt. Nach 8 Monaten Untersuchungshaft wurde
ich zu 6 Jahren Zuchthaus verurteilt, die ich
in Lüttringhausen verbüßt habe.

80 solcher „politischer Lebensläufe" fertigten Moerser Antifaschisten 1949 an.

79) Schneider Richard Wilczek, Baerl — Freispruch
80) Arbeiter Oskar Pfeiffer, Moers — Freispruch

Weder der „Grafschafter" in Moers noch andere Zeitungen berichten über diese Mammutprozesse oder die Festnahmen. Offenbar paßt ein solches Verhalten der Arbeiterschaft nicht ins Bild. Dasselbe gilt für die Massenverhaftungen von Sozialdemokraten um Hermann Runge.

Der Hauptangeklagte Ferdinand Jahny aus Hamborn und Johann Galwelat aus Kamp-Lintfort, beide zu den Höchststrafen von 15 Jahren verurteilt, werden am 13. April 1945 aus dem Zuchthaus Lüttringhausen geholt. Wenige Tage vor dem Einmarsch der Amerikaner werden sie von der SS mit 69 Mitgefangenen in die Wenzelnbergschlucht geführt (heute Gedenkstätte). Jeweils zu zweit mit Stacheldraht gefesselt werden sie mit Genickschuß niedergestreckt. Nach einem Bericht des Anstaltsleiters, Dr. Engelhardt, hatte Generalfeldmarschall Model, Befehlshaber des teilweise umzingelten Ruhrkessels, noch am 7.4.1945 den Befehl ausgegeben, 500 Lüttringhauser Häftlinge der Sicherheitspolizei auszuliefern und dem Höheren SS- und Polizeiführer „die nähere Regelung" zu überlassen.[277]

Weitere sieben Moerser und Kamp-Lintforter finden bis 1945 den Tod im Zuchthaus, im Strafbataillon oder beim Bombenräumkommando: Hermann Vennemann, Jakob Wolff, Gustav Schwede, Hermann Scheffler, Friedrich Jirsak, Adolf Ende und Anton Andrejczak. Andere kehren mißhandelt, gefoltert und fürs Leben gezeichnet zurück, darunter die Moerser Emanuel Slomka, Heinrich Lösch und Franz Levy.

3.5 Einige Schicksale

Lintforter Arbeiterführer kommen im Bombensuchkommando um: Anton Andrejczak und Ernst Altheide

Anton Andrejczak, geb. am 11.4.1898, wurde Bergmann und trat 1923 der KPD bei, zwei Kinder.[278] Die „Schutzhaft" vom 1.3.1933 bis 13.2.1934 dauert fast ein Jahr, da er sich zunächst weigert, die Verpflichtung zu unterschreiben, sich nach der Entlassung nicht gegen den NS-Staat zu betätigen.

1935 erhält der Arbeitslose keinen Wandergewerbeschein, weil Landrat Bollmann argumentiert: „Aus den Kampfjahren ist mir A. persönlich als äußerst rühriger Funktionär bekannt, auf dessen eifrige bolschewistische Agitation es vornehmlich zurückzuführen ist, daß die Bergbau-Gemeinde Lintfort zeitweise zu einer Hochburg des Kommunismus am Niederrhein werden konnte. A. steht m.E. auch heute noch dem Kommunismus geistig nahe." „Der Antragsteller", so der Landrat am Ende seines zweiseitigen Schreibens vom 7.3.1935, „muß sich bemühen, in einem anderen Arbeitsverhältnis, das ihm, nicht wie im Wandergewerbe, soviel persönliche Freiheit läßt, sein Brot zu verdienen. Hierbei ist allerdings zuzugeben, daß seine politische Vergangenheit und seine Tätigkeit als kommunistischer Funktionär ihm hierbei gewisse Schwierigkeiten bereiten."

Warum er keine Chance hat, Arbeit zu finden, beschreibt Walter Kuchta so:[279] „Anton Andrejczak war bis 1933 jahrelang Betriebsratsvorsitzender der damals

Außenkommando Kalkum des Zuchthauses Lüttringhausen: auf dem Gruppenfoto r.u. Anton Andrejczak (mit Glatze), Lintforter KPD-Führer; Bombenentschärfung mit politischen Häftlingen aus Kamp-Lintfort: links Anton Andrejczak † (von hinten), daneben Hans Haider und (breitbeinig) Ernst Altheide †.

größten Schachtanlage Europas, Friedrich Heinrich in Lintfort (6 000 Mann Belegschaft). Er war außerdem Vorsitzender der RGO und später Vorsitzender des Einheitsverbands der Bergarbeiter Deutschlands im Kreis Moers. Der Verband war mitgliedermäßig der stärkste in Deutschland. Während des zweimaligen Lohnraubs durch Brüning'sche Notverordnungen führte er beide Male die Belegschaft im Streik. Außerdem war er Fraktionsführer der KPD im Gemeindeparlament Camp-Lintfort, und ein sehr bekannter und beliebter Führer der Bergarbeiter."

Anton Andrejczak wird im Jahny-Prozeß 1936 zu acht Jahren Zuchthaus verurteilt, obwohl ihm so gut wie nichts nachzuweisen ist. Offenbar hatte er die „Rote Hilfe" für Kamp-Lintfort wieder organisiert.[280] Am 24.5.1943 hätte er entlassen werden müssen, doch ersucht die „Luft-Munitionsverwertungsanstalt – Sprengkommando – in Düsseldorf-Kalkum, Außenstelle des Zuchthauses Lüttringhausen" am 20.2.1943 (möglicherweise, um ihn vor einem KZ-Aufenthalt zu schützen), ihn dort zu belassen. Er habe sich dort seit Juni 1941 „gut bewährt und auch bis heute keinen Anlaß zu Klagen gegeben". Am 13.4.1943, so dieselbe Be-

Ernst Altheide †

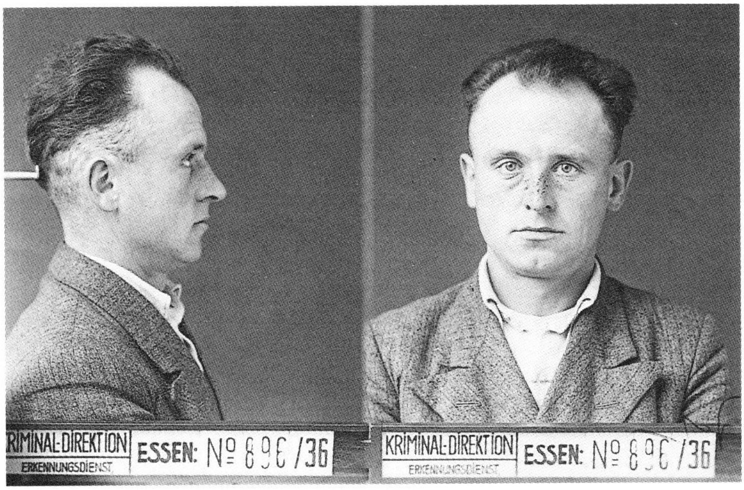

hörde an die Gestapo, ist Anton Andrejczak „bei der Ausgrabung einer Fliegerbombe tötlich [sic] verunglückt".

Ernst Altheide, geb. am 11.11.1902 in Bochum-Stiepel, arbeitete seit dem Besuch der evangelischen Volksschule als Bergmann, zwei Kinder.[281] Im Sommer 1930 tritt er in die KPD ein, danach Agitpropleiter der Ortsgruppe Kamp-Lintfort, Mitglied auch im Sexualverband, der Internationalen Arbeiterhilfe und der Roten Hilfe. Im Januar 1931 wird er anläßlich der großen Streiks bei der Lintforter Zeche Friedrich Heinrich entlassen. Schutzhaft vom 21. März bis 20. Mai 1933 und vom 8. August bis zum 2. Dezember 1933. Im Januar 1934 erneut festgenommen wegen Herstellung von Häuserblockzeitungen, Verurteilung zu einem Jahr Gefängnis.

Um wieder Arbeit zu haben, Meldung Ende April 1936 als freiwilliger Landhelfer nach Schleswig-Holstein. Dort am 2.11.1936 wegen Hochverrats festgenommen und im (nachstehend erwähnten) Ulrich-Prozeß zu 10 Jahren Zuchthaus verurteilt.

Kam am 29.1.1944 bei Entschärfen eines Bombenblindgängers in Duisburg-Laar um (Außenkommando des Zuchthauses Lüttringhausen).

Moerser Ratsmitglieder im KZ: Richard Buchmann und Wilhelm Engeln

Richard Buchmann, geb. am 18.2.1900 in Hochheide, wurde zunächst Bergmann und erlebte das Ende des Ersten Weltkrieges als Soldat. Bereits 1920 tritt er der KPD bei, ab 1926 auch der Roten Hilfe und der Internationalen Arbeiterhilfe. 1929 wird er in den Moerser Rat gewählt.[282]

Lange „Schutzhaft" vom 1.3.1933 bis 29.1.1934, am 12. Juni antwortet ihm Landrat Bollmann auf eine Haftbeschwerde in aller Härte: „Wie die polizeilichen Feststellungen ergeben haben, waren Sie als fanatischer Anhänger der KPD bekannt und tätig gewesen. Es ist nicht zu erwarten, daß Sie Ihre Gesinnung geändert haben, vielmehr ist zu erwarten, daß Sie nach Ihrer Entlassung die hetzerische Tätigkeit wieder aufnehmen werden."[283] Im selben Sinne schreibt der stellv. Landrat Dr. Bubenzer auch der Ehefrau Buchmann.[284] Ab Sommer 1934 Betätigung in der illegalen KPD auf Veranlassung des Politischen Leiters Max Langusch.

Der Landrat des Kreises Moers

Geschäftszeichen: L I A /II d 1 Nr.784.
(In der Antwort anzugeben)

Moers, den 9.Mai 1941.

Fernsprecher: Moers 2511

(Geldsendungen nur auf das
Postscheckkonto Köln 10602
Reichsbank-Girokonto Krefeld
Konto 3296 bei der Kreissparkasse Krefeld
der Staatlichen Kreiskasse in Krefeld für das Konto des Landratsamtes Moers unter Angabe der Zweckbestimmung)

An

die Geh.Staatspolizei,

Staatspolizeileitstelle

in Düsseldorf.

Staatspolizei...
12. MAI 1941
Anl.

II A 1
Eing. 13. Mai 1941
B. Nr. 1305/41
S. B.

Betrifft: Richard B u c h m a n n, Moers.

Schreiben vom 30.4.41 – ohne Nr.

Der Bürgermeister in Moers berichtet wie folgt:

"Buchmann ist hier als ein unbelehrbarer und unverbesserlicher Kommunist bekannt. Der erfolgte Strafvollzug wird seine Gesinnung und politische Einstellung noch nicht zu einer inneren Umstellung gebracht haben.

Es wird Schutzhaft für erforderlich gehalten, zumindestens bis zur Beendigung des Krieges. Ein Notstand seiner Familie liegt nicht vor."

In Vertretung:

Kreisinspektor Arthur Proma und Kreispersonalamtsleiter de Fries „erfüllen ihre Pflicht". Richard Buchmann, Moerser Ratsmitglied vor 1933 und nach 1945, überlebt im KZ. Seine beiden Kinder, 1933 fünf und ein Jahr alt, sehen ihn bis 1945 so gut wie nicht. Hermann Brandenbusch fällt sofort an der Ostfront.

Verhaftung in der Cecilienstraße 13, Hochstraß, am 26.5.1935 mit der Gruppe Jahny. Verurteilung zu sechs Jahren Zuchthaus am 17.1.1936.

Bürgermeister und Kreispolizeibehörde halten 1941, zum Ende der sechsjährigen Zuchthausstrafe, „Schutzhaft" für erforderlich, „zumindestens bis zum Ende des Krieges". Währenddessen schreibt Frau Buchmann einen ebenso verzweifelten wie mutigen Brief, an dessen Ende deutlich der deutsche Gruß (Heil Hitler) fehlt.

Am 25.9.1941 wird Richard Buchmann mit einem Transport in das KZ Sachsenhausen geschickt, wo er bis Kriegsende wie durch ein Wunder überlebt.

Im Oktober 1993 erzählte Tochter Gertrud:

„Mein Vater war über die gesamte Nazizeit eingesperrt. Als sie ihn 1933 holten, war ich sechs. Einmal sollte er mit der Straßenbahn aus dem Gefängnis kommen. Wir standen da und warteten, aber er kam nicht. In der Cäcilienschule wurden wir als Kinder gehänselt. 'Dein Vater ist doch im Pitterkasten', hieß es. Mutter hatte keinerlei Unterstützung. Am schlimmsten war es zwischen 1943 und 1945.

Mit 17 war ich BDM-Führerin. Imig, der Mann von der Kripo und einer der großen Nazis, stolperte über meinen Namen:

Nationalsozialistische Deutsche Arbeiterpartei

Gauleitung Essen

Gaugeschäftsstelle:
Essen, Friedrichstraße 1
Fernruf Nr. 51661
Postscheck Essen 1570

Unsere Tageszeitung „National-Zeitung"
Geschäftsstelle und Schriftleitung der Zeitung
Essen, Herkulesstraße 5
Fernruf: Sammel-Nr. 50151

Kreisleitung Moers

Kreispersonalamt

Fernruf: Sammel-Nr. 2222 Moers
[B]ankkonto: Kreissparkasse Moers, 1214

Ihr Zeichen: Unser Zeichen: (bei Antwort angeben)

L I A/II al 542

Sti/Kl.

Moers, den 6. Mai 1942.
Südring 2a

An das

Landratsamt,

Moers.

Landrat Moers
Eing.: - 8. MAI 1942
Nr.

Betrifft: Auskunft über den Vg. Hermann Brandenbusch, Moers, Kaiserstr. 119
jetzt Mattheck 6
geb. am 29. November 1906 in Essen

Gegen die Wiedererlangung der Wehrwürdigkeit bestehen in politischer Hinsicht Bedenken.

Heil Hitler!

Nationalsoz. Deutsche Arbeiterpartei * Kreisleitung Mörs *

PA Kreispersonalamtsleiter

Was, Du bist BDM-Führerin?
Ich kann doch nicht anders, ich muß ja!
Wenn du frech bist, kommst du da hin, wo dein Vater ist!
Auch wenn ich nichts getan habe? Ach, so seid ihr Nazis also!"

Wilhelm Engeln, geboren am 26.3.1906, hätte gerne studiert, da ihm alle „Köpfchen" bescheinigten.[285] Doch es reicht in der kinderreichen Bergmannsfamilie aus der Kirschenallee noch nicht einmal zu einer Lehre. Mit 27 wird der aktive Gewerkschaftler und Kommunist in den Moerser Stadtrat gewählt, wenige Tage vor der Wahl, am 1. März 1933, wird er jedoch in „Schutzhaft" genommen. 1935 heiratet er, doch war die Angst ständig präsent, wie seine Ehefrau berichtet: 'Wenn was sein sollte, ich geh' hinten raus und verschwinde, mach dir dann keine Sorgen'... „Sie brachten ihn nach Sachsenhausen, Oranienburg, und behielten ihn ein halbes Jahr. Keiner wußte, warum. Jeden Tag lief ich zur Polizei in der Uerdinger Straße. Die vier Beamten Schäfers, Wegmann, Schneider und Cullmann waren in Ordnung. Alle kannten meinen Mann und hatten Anteil. Cullmann war ein feiner Kerl. Sie

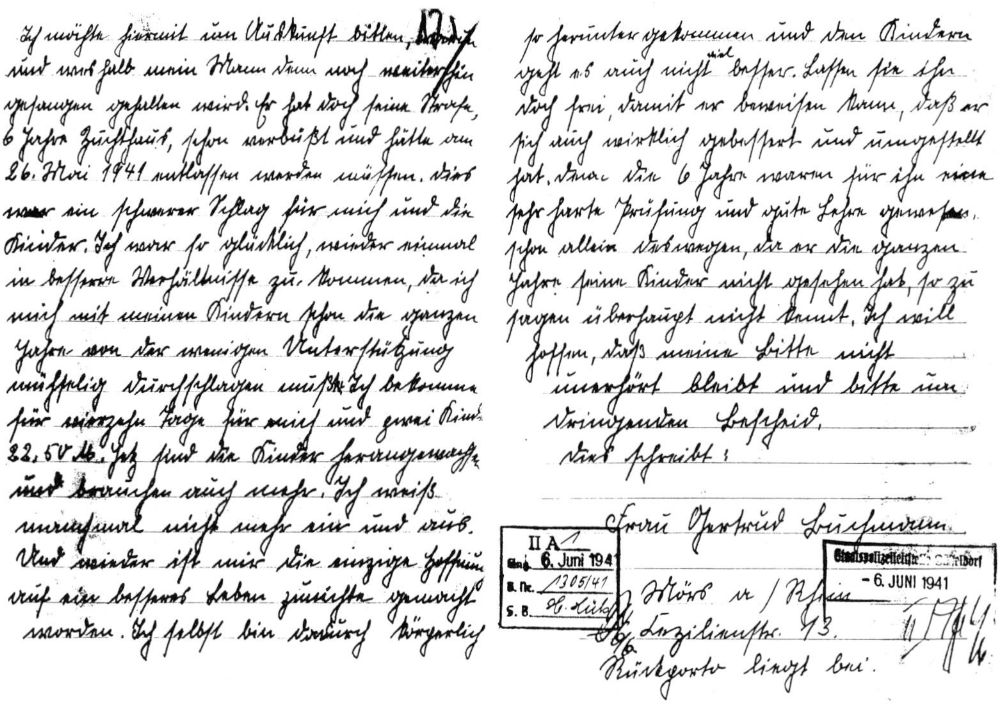

Ich möchte hiermit um Auskunft bitten, und weshalb mein Mann denn noch weiterhin gefangen gehalten wird. Er hat doch seine Strafe, 6 Jahre Zuchthaus, schon verbüßt und hätte am 26. Mai 1941 entlassen werden müssen. Dies war ein schwerer Schlag für mich und die Kinder. Ich war so glücklich, wieder einmal in bessere Verhältnisse zu kommen, da ich mich mit meinen Kindern schon die ganzen Jahre von der wenigen Unterstützung mühselig durchschlagen mußte. Ich bekomme für vierzehn Tage für mich und zwei Kinder 22,50 RM. Jetzt sind die Kinder herangewachsen und brauchen auch mehr. Ich weiß manchmal nicht mehr ein und aus. Und wieder ist mir die einzige Hoffnung auf ein besseres Leben zunichte gemacht worden. Ich selbst bin dadurch körperlich so herunter gekommen und den Kindern geht es auch nicht viel besser. Lassen Sie ihn doch frei, damit er beweisen kann, daß er sich auch wirklich gebessert und umgestellt hat. Denn die 6 Jahre waren für ihn eine sehr harte Prüfung und gute Lehre gewesen. Schon allein deswegen, da er die ganzen Jahre seine Kinder nicht gesehen hat, so zu sagen überhaupt nicht kennt. Ich will hoffen, daß meine Bitte nicht unerhört bleibt und bitte um dringenden Bescheid.

Dies schreibt:

Frau Gertrud Buchmann
Moers a/Rhein
Cäzilienstr. 43.
Rückporto liegt bei.

II A 1
Eing. 6. Juni 1941
B. Nr. 1305/41
S. B.

Staatspolizeileitstelle Düsseldorf
– 6. JUNI 1941

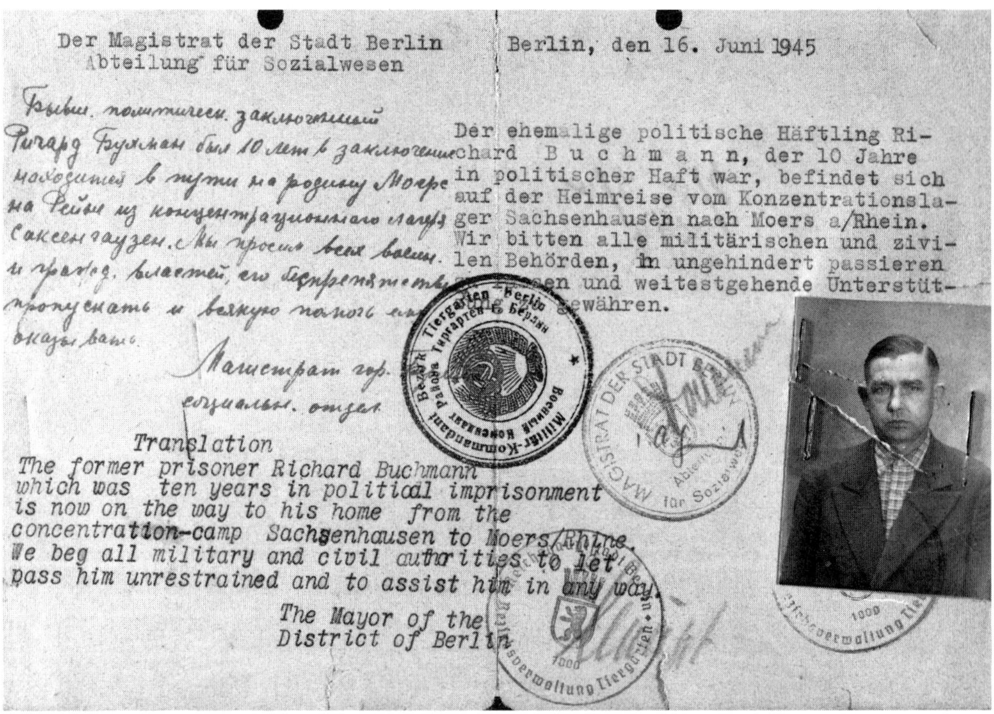

Der Magistrat der Stadt Berlin
Abteilung für Sozialwesen

Berlin, den 16. Juni 1945

Бывш. политическ. заключенный Рихард Бухман был 10 лет в заключении находится в пути на родину Моерс на Рейне из концентрационного лагеря Саксенгаузен. Мы просим всех воен. и гражд. властей его беспрепятственно пропускать и всякую помощь ему оказывать.

Магистрат гор.
социальн. отдел

Der ehemalige politische Häftling Richard Buchmann, der 10 Jahre in politischer Haft war, befindet sich auf der Heimreise vom Konzentrationslager Sachsenhausen nach Moers a/Rhein. Wir bitten alle militärischen und zivilen Behörden, ihn ungehindert passieren zu lassen und weitestgehende Unterstützung zu gewähren.

Translation
The former prisoner Richard Buchmann which was ten years in political imprisonment is now on the way to his home from the concentration-camp Sachsenhausen to Moers/Rhine.
We beg all military and civil autorities to let pass him unrestrained and to assist him in any way.

The Mayor of the
District of Berlin

halfen mir sogar bei der Vermieterin, Frau G. aus dem Länglingsweg. Die sagte nämlich, als ich ihr die Miete bringen wollte: 'Ne, ne, so'ne Lütt woll'n wer net in unserem Hus'. Will kam im September kahlgeschoren zurück, die Fahrt mit 40

Meine genaue Anschrift:
Schutzhäftling
Engeln Wilhelm
Nr. [illegible]
Block 8
Konz.-L. Sachsenhausen
Oranienburg bei Berlin

Oranienburg -9.7.37 Sommerfrische am Lehnitzsee, großes Freibad

Deutsches Reich 12

Konzentrationslager Sachsenhausen
Oranienburg bei Berlin

Auszug aus der Lagerordnung:
Jeder Häftling darf im Monat 2 Briefe oder 2 Postkarten empfangen und auch absenden. Die Briefzeilen müssen übersichtlich und gut lesbar sein. Postsendungen, die diesen Anforderungen nicht entsprechen, werden nicht zugestellt bzw. befördert. Pakete jeglichen Inhalts dürfen nicht empfangen werden. Geldsendungen sind zulässig; es kann im Lager alles gekauft werden. Nationalsozialistische Zeitungen sind zugelassen, wenn dieselben unter Streifband direkt vom Verlag geschickt werden.
Der Lagerkommandant.

Witwe Engeln
Moers (Rheinland)
[illegible] 67.

Wilhelm Engeln 1940

Mark mußte er selbst bezahlen. Er war nur noch Haut und Knochen... Wenn er schlief, zuckte er plötzlich oder er schreckte hoch. Ich fragte, was ist, aber dann wollte er gar nichts sagen. Der Schrecken, den er in sich hatte, kam dann in der Nacht." Nach Krieg und Gefangenschaft verstarb Wilhelm Engeln 1958.

Ratsmitglied in Repelen-Baerl: Hermann Scheffler

Zu den Verurteilten des Jahny-Prozesses gehört auch Hermann Scheffler, langjähriger Betriebsratsvorsitzender der Schachtanlage Rheinpreußen V und Mitglied der Ortsbezirksleitung des Einheitsverbands der Bergleute. 1929 in den Gemeinderat von Repelen-Baerl gewählt, war er Sprecher der dortigen KPD-Gruppe.[286] Die Prozeßakte stellt zu ihm fest: „Infolge Beteiligung am Streik im Januar 1931 hat auch der Angeklagte Scheffler seine Arbeit als Bergmann verloren und ist seit dieser Zeit erwerbslos." Er ist verheiratet und hat ein Kind. Am Weltkrieg hat er von

1914 bis 1918 teilgenommen, Verwundetenabzeichen in Schwarz. Ein Lebenslauf von 1949 sagt über ihn:[287]

„Hermann Scheffler war Mitglied der KPD seit 1921 und gehörte der illegalen KPD Ortsgruppe Meerbeck bis zu seiner Verhaftung am 21.6.1935 an. Bei ihm fanden des öfteren Haussuchungen durch die SS, SA sowie der örtlichen Polizei statt, bei deren Aktionen ihm auch sein Fahrrad beschlagnahmt wurde. Nach seiner Entlassung mußte sich Scheffler bei der Polizei melden, wo man ihm gewaltsam die Wehrwürdigkeit aufzwang. Im Jahre 1942 zog man ihn zur Wehrmacht ein. Er fiel an der Ostfront am 21.11.1943."

Hermann Vennemann, nach dem in Rheinkamp, Eicker Wiesen, eine Straße benannt ist, wurde am 14.9.1895 in Homberg geboren. Seit 1919 war der Bergmann Mitglied der KPD, bereits 1930-1932 fanden bei ihm in Gerdt Haussuchungen statt. Alte Meerbecker kennen ihn als Ringsportler, der u.a. im Lokal Biltjes kämpfte. 1933 kommt er sofort für sechs Wochen in „Schutzhaft".[288] Die Anklageschrift sagt, daß er „infolge einer Herzerkrankung schon seit Herbst 1929 arbeitsunfähig ist und seit dieser Zeit eine Knappschaftsrente in Höhe von monatlich 50,86 RM bezieht. Er ist ledig und auch nicht vorbestraft. Er ist 40 Jahre alt und hat ... am Weltkrieg teilgenommen, ist einmal verwundet und einmal verschüttet worden." Sein mitangeklagter Bruder Heinrich erfährt von Mithäftlingen Hermanns, daß er in der Voruntersuchung schwer mißhandelt wurde. Bereits am 6. Juni 1936, ein halbes Jahr nach dem Urteil, stirbt Hermann Vennemann im Zuchthaus Lüttringhausen an den Mißhandlungen und den Folgen der Haft. Die Meerbeckerin Adelheid Lischka hat ihn dort zweimal besucht:[289] „Ich hab gesagt, ich will den Vater meines Sohnes besuchen und hab auch die Erlaubnis gekriegt. Beim ersten Gespräch, da war er noch in Ordnung, da war auch sein Bruder dabei. Beim zweiten Mal kam ich an einem Sonntagmorgen ans Tor, da mußte man die Scheine zeigen. Und da sagte der zu mir: 'Wie? Hermann Vennemann, der ist doch schon längst tot!' Ich stand da... Die hatten wohl angerufen, daß der Hermann sehr krank wäre. Ein Zellengenosse von ihm sagte mir, seine letzten Worte seien gewesen: 'Nur harte und intensive Arbeit kann uns noch helfen.' An Gehirnschlag ist er gestorben. Da hat sich auch keiner hinterher getraut, ein Wort zu sagen."

Als Frau verurteilt: Agnes Siebeneichler

Von Agnes Siebeneichler, einer der beiden innerhalb der Widerstandsgruppe Jahny verurteilten Frauen, ist ein 1949 geschriebener „politischer Lebenslauf" erhalten (VVN-Archiv 3487, 78):

„Als Tochter des Bergmanns Johann Skrypszak am 24.3.1912 geboren in Moers, besuchte ich dort die Volksschule. Mein Vater sowie meine Geschwister standen der sozialistischen Bewegung nahe. Ich war bis 1933 in der proletarischen Organisation tätig und bin 1932 der Kommunistischen Partei beigetreten. Nach der Machtübernahme durch die Nazis habe ich aus innerster Überzeugung den Kampf gegen das verfluchte System weitergeführt. Als Kurier der Kampfgruppe Jahny habe ich die Weiterleitung illegaler Flugschriften und Zeitungen als Arbeitsgebiet gehabt. Im direkten Kampf mit der Gestapo habe ich illegale Kämpfer schützend versteckt... Als durch Verrat im Jahre 1935 die Kampfgruppe Jahny von der Gestapo verhaftet wurde, bin auch ich verhaftet und später zu sechs Jahren Zuchthaus verurteilt worden. Diese ... habe ich in den Strafanstalten Ziegenhain und Dreibergen verbüßt.
A.S., Moers-Asberg, Hochemmericher Straße 6"

Agnes Siebeneichler, Im Ohl 8, erhält im Jahny-Prozeß sechs Jahre Zuchthaus. Der jungen Frau wird nicht ein Tag erlassen.

Außerdem erzählte die 81jährige 1993:[290]

„Ich wurde zusammen mit meinem Mann morgens abgeholt. Das war im Ohl 8. Der Kripochef Imig, das war ein gemeiner Kerl. Die schnauzten immer so. Aber ich persönlich kann nichts sagen, ich wurde nie mißhandelt. Der Richter hat gesagt, ich wäre unbelehrbar. Ich hab auch keine Miene verzogen. Die sechs Jahre habe ich voll abgebüßt... Mein Mann wurde während der Haft schwer mißhandelt. Er wurde 1942 dem Bewährungsbataillon zugeteilt. Er hat den Krieg überlebt, doch zog er ein Bein nach. Mit meinem zweiten Mann wohnte ich dann in der Mattheck. Später fand ich dann doch wieder Arbeit, bei Michels in der Uerdinger Straße. Das war wohl eine Steppdeckenfabrik, aber die stellten fast nur noch Kriegsmaterial her, Taschen für die Soldaten usw. Ich habe dort immer nur nachts gearbeitet, bis zum letzten Tag des Krieges.

Nachher, nach dem Krieg, da wollte keiner etwas gemacht haben. Da waren sie alle so verlogen, die Herren da am Amt. Oh waren die freundlich, du lieber Himmel. Der einen, die ich da unten getroffen habe, der hab ich aber Bescheid gesagt. Ihr Mann war ein übler Nazi.

Und den, der uns alle verraten hat, den haben sie versoffen in der Zeche. Die haben den da auf dem Pütt umgelegt, in Gelsenkirchen war das. In Moers kriegte der keine Arbeit mehr. Wen der alles auf dem Gewissen hat! So viele Familienväter! Aber seine Frau hat ihm noch ein schönes Grab besorgt, hier auf dem Vinner Friedhof. Wie er umgekommen ist? Er soll da ertrunken sein. Das war wohl als Unfall getarnt.

Doch, es war richtig, was wir damals gemacht haben. Man kann ja nicht alles durchgehen lassen. Das ist doch wie heute. Aber heute ist ja die Regierung wohl gegen die Nazis, hat der Kohl zumindest gesagt."

3.6 Nachlassen des organisierten Widerstands

Auch die letzten großen politischen Prozesse in Hamm zeigen, wie gut die Arbeiterschaft im südlichen Altkreis Moers zusammenhielt. Wieder sind in jedem der Verfahren mehrere Orte vertreten, diesmal auch Neukirchen-Vluyn.

Ein Verfahren vom 12. November 1936 richtete sich gegen Anton Schnapp aus Duisburg-Beeckerwerth, Peter Vierkante (Friemersheim), Erich Althoff (Rumeln) und die Rheinhausener Karl Rumanowski (Leiter der KPD-Ortsgruppe), Erich Scherenberger, Ernst Kuhn und Friedrich Olischläger.[291] Die acht Angeklagten, zumeist zwischen 25 und 35, erhalten Strafen zwischen einem Jahr und drei Monaten Gefängnis und vier Jahren Zuchthaus.

Der Kamp-Lintforter Bergmann Willy Bertscheit erhält dabei mit vier Jahren Zuchthaus die höchste Strafe. Das Urteil belegt die Arbeit der Lintforter KPD: „Einige Wochen nach seiner Entlassung aus der Schutzhaft [von März bis Oktober 1933, d. Verf.] traf der Angeklagte Bertscheit mit einem bereits wegen Vorbereitung zum Hochverrat abgeurteilten Haider zusammen. Dieser überredete ihn zur Mitarbeit in der illegalen KPD. Er machte ihn auch mit einem wegen Hochverrats verfolgten Erbach bekannt. Der Angeklagte Bertscheit übernahm dann die Funktion eines Stadtteilleiters von Lintfort. Neben ihm war der genannte Haider als Org.-Leiter, und die bereits wegen Vorbereitung zum Hochverrat verurteilten Keip und Born als Hauptkassierer bzw. Betriebszellenleiter tätig."

Eine Brutalität, die angesichts der Konsolidierung des NS-Regimes im Gefolge der Berliner Olympiade schwer verständlich erscheint, begleitet das letzte große Verfahren. Fünf der 19 Personen, die um den 12. Oktober 1936 wegen gemeinsamen Hörens des Moskausenders und anderer Delikte verhaftet werden, werden ihren Widerstand mit dem Tod bezahlen. Hauptangeklagter ist der als Bergmann tätige Bäcker Paul Ulrich, der von Lintfort nach Moers verzogen war:[292]

Bergmann	Paul Ulrich	Moers
Arbeiter	Johann Meimers	Moers
Bauarbeiter	Wilhelm Kever	Moers
Bergmann	Wilhelm Pietsch	Moers
Elektriker	Adolf Ende (Sohn)	Meerbeck
Bergmann	Friedrich Jirsak	Repelen-Rheim
Bergmann	Matthias Gaidt	Repelen-Rheim
Bergmann	Paul Mattner	Neukirchen-Vluyn
Bergmann	Nikolaus Zimmer	Neukirchen-Vluyn
Bergmann	Adolf Deuse	Neukirchen-Vluyn
Bergmann	Karl Niehörster	Neukirchen-Vluyn
Bergmann	Wilhelm Klossek	Neukirchen-Vluyn
Bergmann	Michael Hofmann	Neukirchen-Vluyn
Bergmann	Matthias Köhler	Kamp-Lintfort
Bergmann	Ernst Altheide	Kamp-Lintfort
Arbeiter	Erich Janke	Kamp-Lintfort
Bergmann	Alexander Ruland	Homberg
Bergmann	Johann Esser	Rheinhausen-Oestrum

Ein Urteil vom 27. April 1937 richtet sich gegen acht der Angeklagten, von denen zwei freigesprochen werden. Die anderen sechs erhalten zwischen 2 und 10 Jahren Zuchthaus. Der Lintforter Ernst Altheide, 10 Jahre Haft, kommt im Bombenräumkommando um (vgl. vorangegangenen Abschnitt). Paul Ulrich, der ebenfalls zwei Kinder hat, erhält sieben Jahre Zuchthaus und stirbt 1943 im KZ Mauthausen. Adolf Deuse, später Mitglied des ersten Nachkriegsgemeinderates in Neukirchen, stirbt 1947 an den Folgen der Haft. Friedrich Jirsak, hier mitverhaftet, aber angeklagt im Jahny-Prozeß, ist verschollen.

Alexander Ruland, der nach dem Krieg ein Grab auf dem Homberger Ehrenfriedhof erhielt, wird unmittelbar nach der Verhaftung von der Gestapo zu Tode gequält. Die erhaltenen Dokumente behaupten, er habe sich, nachdem er einen Freund aus Neukirchen schwer belastet habe, mit einem Taschentuch erhängt. Dies läge schon wegen seines ausgeprägten proletarischen Ehrbegriffs nahe.[293] Die geläufige Gestapo-Legende, jemand habe sich aus Gram darüber den Tod gegeben, daß er Freunde schwer belastet habe, wird im Kapitel über den SPD-Widerstand wiederkehren.

Die zahlreichen Verhaftungen und Morde schwächen die KPD und ihre Nebenorganisationen entscheidend. Die Verschärfung des Strafrechts 1934 und die brutale Unterdrückung hielten jetzt doch fast alle ab, weiterzumachen. Die Arbeiterschaft ist in ihrem Widerstand weitestgehend alleingelassen. Hinzu kommt, daß immer mehr Leute Arbeit finden. Dies geschieht nicht selten auf Kosten beschäftigter Frauen, und eine echte wirtschaftliche Gesundung ist, entgegen der Propaganda und der Stimmung, noch immer nicht zu verzeichnen. Doch absorbiert die neue Aufrüstung bereits viele zusätzliche Arbeitskräfte. Josef Gottschild:[294]

Alex Ruland, KP-Führer aus Homberg, ein besonders kräftiger Mann: binnen zwei Tagen Untersuchungshaft ermordete ihn die Essener Gestapo. Seine damalige Braut lebt heute in Moers.

Moerser Arbeiterkultur: Willi Müllers zeichnet seine Arbeitskollegen.

„ Am 11. März 1935 bekam ich Arbeit auf Schacht V bei Rheinpreußen... Es war eine kolossale Umstellung, nach fünf Jahren Arbeitslosigkeit. Da ich schon von 1929-1930 in der Grube war, war mir der Anfang nicht ganz fremd... Zu Hause gab's wieder ein geordnetes Leben. Partei und Jugend lief nicht mehr viel im Ort. Der Spielmannszug hatte zu tun, am 1. Mai und Schützenfest. Sonst erlahmte alles... Am 26. September 1936 wurde geheiratet."

„Allerdings", so Josef Gottschild, „hörte man bei Rheinpreußen schon die Losung 'Die Räder müssen rollen für den Sieg'. Untertage wie übertage wurden Grubenwagen aufgestellt, in denen jedes Eisenstück, jeder rostige Nagel gesammelt werden mußte, es hieß Materialsparen."

Dennoch macht sich Solidarität weiter bezahlt. Noch im Sommer 1936 wehrt sich die Rheinpreußen-Belegschaft erfolgreich gegen unbezahlte Überstunden für den Neubau des Hydrierwerkes. Die Zechenleitung sieht sich gezwungen, einen entsprechenden Erlaß nach dem Eingreifen des Vertrauensrates zurückzunehmen.[295] Einen ähnlichen Erfolg erzielen im Krieg, unter Lebensgefahr, die Beschäftigten der Kruppschen Kleineisenzeugfabrik in Rheinhausen, die am 16. August 1943 kollektiv die Arbeit niederlegen.

Tatsächlicher, wie auch symbolischer Abschluß des organisierten Arbeiterwiderstands im Altkreis mag die von der Moerser Kripo gut überwachte Beerdigung des am 5.2.1937 in der Haft verstorbenen Albert Freiberg sein. Die Trauerrede auf dem Meerbecker Friedhof hält der Bergmann Karl Rademacher, ein alter Moerser, wie Freibergs Schwiegertochter Hildegard Ziegelmeier berichtet:[296] „Er sagte, daß auch wir im Sinne des Toten leben und sterben werden, und wurde selbst praktisch vom Grab weg verhaftet." Er erhält seinerseits drei Jahre Zuchthaus und KZ.[297]

Bereits ab 1935 konnte die KPD reichsweit nicht mehr damit rechnen, daß sich Aktivisten weiter opfern ließen. Zu groß und allzu bekannt ist die Gefahr. Zugleich findet ein Umdenken statt: die Genossen von der SPD sind jetzt nicht mehr der „sozialfaschistische" Feind. Vielmehr beschließt die Partei auf ihrem Brüsseler Exiltreffen im Oktober 1935 die Strategie der gemeinsamen Volksfront. Es ist aber schon zu spät. Auch die KPD hatte den Faschismus unterschätzt. Detlev Peukert faßt dies so zusammen:[298] „Diese illegale Massenarbeit, die unzählige Opfer kostete, weil sie der Gestapo verhältnismäßig viele Eingriffsmöglichkeiten bot, lebte von der Hoffnung auf einen schnellen Umsturz. Sie konnte sich nach Verhaftungswellen ein-, zweimal reorganisieren, dann war das kommunistische Kräftereservoir jedoch erschöpft. Bis 1935 verflog die Revolutionshoffnung..."

Einige Aktive aus dem Altkreis Moers setzen den Widerstand in der Emigration fort oder versuchen sogar, ihn während des Krieges fortzuführen (vgl. Kapitel 6).

Zwei Nachbemerkungen seien hier gestattet:

Der Autor dieses Kapitels, nach dem Krieg aufgewachsen, brauchte selbst Monate, um zu begreifen, daß dieser KPD-Widerstand nicht der einer kleinen, aber dafür um so radikaleren Minderheit gewesen sei. Es war vielmehr jener *der* Arbeiterschaft aus den Kohlezechen und den Betrieben der Schwerindustrie am Niederrhein. Das Verhältnis von 150 für Moers-Stadt nachgewiesenen Verhaftungen bei der KPD und 50 bei der SPD entspricht durchaus auch deren jeweiliger Wählerschaft in den „Arbeiter-Kolonien" im Jahre 1932.

Ein weiteres: Presse und Rundfunk hatten diesen Widerstand so gut wie vollständig verschwiegen. Er konnte also auch nicht im Bewußtsein der Menschen in

Moers nach 1945 sein, selbst wenn sie sich dafür interessiert hätten. Um so wichtiger wäre es für das geschichtliche Bewußtsein in der Kleinstadt gewesen, ihm damals schon Ehre zu zollen und ihn bald danach zu dokumentieren.

Bernhard Schmidt

„Daß man überhaupt noch lebt,
muß man sich wundern."
Susanne Runge, 92

Kapitel 4
Zwei Jahre Widerstand: die SPD 1933-1935

4.1 Verfolgung und Auflösung der SPD

Auf so Schlimmes nicht gefaßt
In der Öffentlichkeit ist der Widerstand der Moerser Sozialdemokraten gegen die nationalsozialistische Gewaltherrschaft weder zu Beginn noch später erkennbar.

Im „Grafschafter", der bereits mit den neuen Machthabern sympathisierenden Moerser Lokalzeitung, kommen die Sozialdemokraten ab dem 30. Januar 1933 praktisch nicht mehr vor. Dagegen werden ständig die Missetaten von Kommunisten angeprangert, gegen die sich „notwendige" Polizeiaktionen richten. Freilich hatte die SPD auch vor 1933 nicht im Rampenlicht gestanden, spielte sich doch der eigentliche Machtkampf im Kreis Moers hauptsächlich zwischen Zentrum und NSDAP ab. Erwähnt sind zwischen Februar und Juni lediglich einzelne Entlassungen wie die des stellvertretenden Arbeitsamtsdirektors in Moers: „Graßmann gehörte der SPD an."[299] Auch der „Beobachter am linken Niederrhein", die Lokalbeilage der „National-Zeitung" der NSDAP für Moers, Geldern und Cleve, schenkt der SPD wenig Aufmerksamkeit.

In ihrer Opposition gegen das Hitlerregime tat sich die gesamte SPD zunächst schwer. Sie hatte 1932 bei der Reichspräsidentenwahl keinen eigenen Kandidaten aufgestellt. Sie unterstützte auch nicht, obgleich sie sich eindeutig als „Partei der Arbeiterklasse" verstand, den Kommunisten Ernst Thälmann. Vielmehr hatte sie mit der Losung „Schlagt Hitler – darum wählt Hindenburg" den Feldmarschall als das kleinere Übel empfohlen. Nun mußte sie mitansehen, wie dieser den NSDAP-Führer legal mit der Regierungsverantwortung betraute. Als bislang „staatstragende" Partei der Weimarer Republik verpflichtet, verboten sich ihr illegale Handlungen bis zu den angesetzten Wahlen am 5. und 12. März 1933. Für diese Politik steht der Name Otto Wels', der jegliche außerparlamentarische Maßnahme gegen den drohenden Faschismus ablehnte. Andererseits stimmten am 23. März in Berlin alle 94 anwesenden Reichstagsabgeordneten der SPD gegen Hitlers Ermächtigungsgesetz. Allerdings herrschte in weiten Teilen der SPD auch die Theorie vor, man solle Hitler an die Macht kommen lassen, damit erkennbar wird, wie schnell er „abwirtschaftet".

Die Partei hatte im Juli 1932 den Staatsstreich des Reichskanzlers von Papen hingenommen, als dieser „von oben" die sozialdemokratisch geführte Regierung Preußens absetzte. Hermann Runge, seit 1931 Parteisekretär der Moerser SPD, sagte dazu 1971 im Rückblick, daß es damals nur eines „Knopfdrucks bedurft hätte, dann wäre das Reichsbanner marschiert; es hätte sich sofort die preußische Polizei angeschlossen, dann wäre es aus gewesen mit der Papenregierung".[300]

Lähmend auf die SPD dürfte sich aber auch ausgewirkt haben, daß sie bei den Reichstagswahlen des letzten Jahres zugunsten der KPD vielerorts erhebliche Einbußen erlitten hatte. Zur Erinnerung noch einmal die Stimmenzahl der beiden Arbeiterparteien im südlichen Altkreis Moers bei dieser letzten freien Wahl am 6.11.1932:[301]

	SPD	KPD
Moers	2 216	3 298
Repelen-Baerl	1 054	1 240
Kapellen	110	97
Kamp-Lintfort	1 683	3 450
Neukirchen-Vluyn	322	1 120
Homberg	2 229	2 990
Rheinhausen	2 222	5 519

In den Arbeiterbezirken von Moers-Hochstraß, Meerbeck, Kamp-Lintfort und Neukirchen dominiert jetzt klar die KPD, die dort nicht selten um das Doppelte bis Vierfache stärker ist. Im Zuge der Radikalisierung waren viele Jungarbeiter und Arbeitslose von der SPD zur KPD übergegangen. In Duisburg-Hamborn war die gesamte Sozialistische Arbeiterjugend zur KPD übergetreten, in Moers-Meerbeck ein großer Teil von ihr (unter Führung von Alfred Lemmnitz).

Stärken der SPD sind ihre Verankerung bei den gestandenen älteren Arbeitern, die Verflechtung mit den traditionellen Gewerkschaftsorganisationen, ihr Hineinwirken in die Angestellten- und Mittelschicht, die Kontakte aus parlamentarischen Gremien. Dies alles ließ sie jedoch auch „legalistischer" werden.

Hermann Runge, zugleich Vorsitzender des „Reichsbanners" und der „Eisernen Front" in Moers, hatte noch im November 1932 an einer Sitzung mit Teilen des SPD-Vorstands in Berlin teilgenommen. In Anbetracht der Stimmeneinbußen der

Drei gestandene Sozialdemokraten auf der Friedhofsbank am Sportplatz in Meerbeck: Urlich, Reinhold Büttner (Mitte), und Wilhelm Höschen, etwa 1932

NSDAP bei der Reichstagswahl wurde dort nicht die Vorbereitung auf die Illegalität diskutiert, sondern lediglich der Vorschlag von Fraktionsführer Otto Wels akzeptiert, kleine „Pioniergruppen“ zu bilden, die dunkle Machenschaften der Nationalsozialisten enthüllen sollten.[302] Zugleich wurde dort eine Zusammenarbeit mit der KPD abgelehnt. Zu sehr schreckte deren Slogan „Sowjetdeutschland kommt nach dem Faschismus“.

Auf der Rückreise von Berlin, so Bludau, hatte Runge in Gedanken schon seinen „Pioniertrupp“ aufgebaut. Und nur wenige Tage später stellte er ihn mit Reichsbannerleuten der Meerbecker Bergarbeitersiedlung zusammen. Der Hausmeister der Knappschaft in Moers half im Keller seiner Wohnung bei der Herstellung und Vervielfältigung der Flugblätter, mit denen Nazis wegen ruchbar gewordener Affären angegriffen wurden. Die Gruppe steckte die eilig angefertigten Agitationsschriften in Türschlitze und Telefonkabinen.

Den Polizeiakten nach verlangte Hermann Runge am 31. Januar beim Landrat telefonisch, die nationalsozialistische Flagge auf dem Rathaus und auf der Polizeiwache in Homberg zu entfernen.[303] Überliefert ist auch die Planung eines SPD-Demonstrationszugs, den Bürgermeister Dr. Eckert am 3. Februar zunächst noch genehmigen wollte.[304] Doch war der Druck seitens der Nazis bereits zu groß. Die Partei ging daraufhin nicht auf die Straße. Auch weitere Schritte der Parteileitung oder der Parteibasis für öffentliche Aktionen anläßlich der „Machtergreifung“ sind nicht überliefert.

Duisburg erlebte am 5. Februar noch eine öffentliche Massenkundgebung mit rund 8 000 Teilnehmern auf dem König-Heinrich-Platz und einen langen Demonstrationszug durch die Innenstadt. Zentrale Großkundgebungen der „Eisernen Front“ in Essen am 5. und 11. Februar indes wurden zwar nicht verboten, jedoch von SA und SS gesprengt.

Bereits am 31.1.1933 höhnte die örtliche „National-Zeitung“ der NSDAP: „Während die Rosaroten sich nicht so schnell erholen konnten und vorläufig noch passiv blieben, veranstaltete die Kommune allenthalben mit viel Tamtam Protestkundgebungen.“

Arbeiter-Einheitsfront?

Weder mündliche Berichte noch die zahlreichen Akten des Landratsamtes Moers für das Jahr 1933 lassen für die Zeit unmittelbar nach der „Machtergreifung“ auf eine konkrete oder gar spontane Zusammenarbeit zwischen KPD und SPD in Moers oder im übrigen Altkreis schließen. Dort wo die Basis sie in den Betrieben wollte, etwa auf der Hamborner Zeche Neumühl, wurde sie durch die Führung vereitelt.[305]

Zumeist hatten sich aber auch die Aktiven beider Parteien weit auseinandergelebt. Man sah sich, man kannte sich recht gut, man ging gemeinsam zur Arbeit oder zur Stempelstelle, die Kinder besuchten gemeinsam die „weltliche Schule“ in Meerbeck oder Hochstraß. Doch verbrachte man die Freizeit getrennt in konkurrierenden Sport-, Kultur- und Jugendorganisationen, ebenso beim 1. Mai, politischen Versammlungen und Umzügen. Und selbst beim Wohnen gab es ausgesprochene „SPD-Straßen“, wie etwa die E- oder Jahnstraße und die Lindenstraße in Meerbeck, oder in Hochstraß „Am Pandick“ (heute Peter-Zimmer-Straße) und die Häuser der Homberger Straße vor der Einmündung Römerstraße. Und am wichtigsten: es gab keine

Einheitsgewerkschaft. Die ideologischen Gräben waren tief, man spürt es bis heute in allen Interviews. Oft ging der Riß, wie bei den Geschwistern Wilhelmine Runges, mitten durch die Familie.

Absprachen hatte es lediglich – unter Einschluß des Zentrums – für die Verteidigung der Partei- und Parteizeitungslokale gegeben. Gemeinsames Auftreten, wie etwa bei der Beerdigung Thomas Igls, waren selten. Erst 1-2 Jahre danach, unter dem Druck der Diktatur, fand man in einzelnen Betrieben bzw. Bereichen zu mehr Gemeinsamkeit (Bericht Langusch, Kap. 3.3).

Schon Anfang März 1933, also kurz nach der Verhaftung der kommunistischen Führer, fragte der Polizeipräsident in Düsseldorf besorgt alle Landräte, wo KPD und Reichsbanner zusammenarbeiteten (wie z.T. in Essen). Der Moerser Landrat bestätigte am 20. März zusammenfassend ein „freundliches Verhalten zwischen den Organisationen", daß „Einheitsfrontbestrebungen zwischen KPD und SPD bestanden haben und auch noch bestehen", daß aber „eine Zusammenarbeit bisher nicht festgestellt werden konnte".[306]

Dazu hatte Dr. Kaschade am 16.3. für die Stadt Moers berichtet: „Es haben hier derartige Bestrebungen bestanden, auch schon vor der Wahl, die sich aber an der Führerfrage gänzlich zerschlagen haben. Örtliche Abmachungen zwischen beiden Parteien für den Fall eines General- bzw. Teilstreiks, die hier allerdings vielseits besprochen werden, sind ebenfalls von der Führerschaft abgelehnt worden."

Der Bürgermeister von Repelen-Baerl am 15.3.: „Hier ist wohl von der KPD der Versuch unternommen, mit der SPD eine Einheitsfront zu gründen. Der Versuch ist jedoch angeblich schroff abgelehnt worden."

Der Bürgermeister von Camp: Der Versuch zur Bildung einer Einheitsfront ... „wurde hier auf Betreiben der KPD im Juli 1932 unternommen. Verhandlungsführer seitens der KPD war der politische Leiter Paul Günther ... und seitens der SPD der Ortsvorsitzende des Bergindustriearbeiterverbands Schmelzing. Die KPD verlangte in der Einheitsfront und die RGO bei Streiks die Führung. Mit diesen Forderungen war die SPD nicht einverstanden, die Verhandlungen sind deshalb gescheitert."

Das regionale Geschehen faßt Detlef Peukert zusammen:[307] „Den Appell der Bezirksleitung Ruhrgebiet der KPD an SPD und Gewerkschaften, den antifaschistischen Generalstreik auszurufen – er wurde am 31. Januar 1933 in 'Kämpfer' und 'Ruhr-Echo' veröffentlicht –, lehnte die sozialdemokratische Führung ab, um sich einen legalen Spielraum unter der Regierung Hitler zu sichern."

Viele Ruhrarbeiter dachten damals, wie Zeitzeugen immer wieder berichten, mit Wehmut an den erfolgreichen massiven gemeinsamen Widerstand der Arbeiterschaft im Kapp-Putsch 1920 zurück, der freilich auch, nach Novemberrevolution und Spartakusaufstand, den Beginn der unüberbrückbaren Spaltung markierte.

Vertreibung aus den Gemeinderäten / Verfolgung

Die SPD im Kreise Moers blieb nach der „Machtergreifung" zunächst für vier Wochen von Gewaltakten, besonderen Schikanen oder Hausdurchsuchungen verschont. Die der Partei verbundenen freien Gewerkschaften des ADGB im Kreisgebiet legten im Gefolge der Homberger Vorfälle am 7. Februar beim Landrat Protest gegen das Verhalten der SA ein und erklärten, daß sie ihre Mitglieder nicht von einem „organisierten Selbstschutz" abhalten könnten, falls die Polizei sich wieder so verhielte.[308] Es folgten jedoch keine erkennbaren Aktionen.

Behördliche Eingriffe gegen die SPD oder ihre Mitglieder sind ab dem Reichstagsbrand nachgewiesen, als auch reichsweit die SPD-Presse verboten wurde und das Versammlungsrecht für die SPD eingeschränkt wurde. Am 28. Februar wurden die Geschäftsstellen der SPD und der „Volksstimme“, beide Homberger Straße 95, sowie das jüdische Zigarrengeschäft Bloch, Steinstraße, und vier Privatwohnungen durchsucht (Jakob Brücksken, Georg Weimert, Rudolf Weiß, Peter Zimmer).[309]

Wenige Tage zuvor, für den 26. Februar, 15 Uhr, hatte die SPD um Genehmigung einer Veranstaltung der Eisernen Front im Matthecksaal ersucht. Sie erhielt diese

Bereits eine Woche nach dem inszenierten Reichstagsbrand und der Verhaftungswelle gegen Kommunisten: die örtlichen Behörden liefern, auf Ersuchen des Höheren Polizeiführers im Westen vom 7.3.1933, die Namen der führenden Sozialdemokraten an den Landrat. Die Unterschrift für Moers leistete Bürgermeister Dr. Eckert selbst.

Der Bürgermeister
als Ortspolizeibehörde.
.....

Moers, den 29. März 1933.

Eing.: 31. MRZ. 1933
Nr. ....

An

den Herrn Landrat,

Moers.

Betrifft: Führer der S.P.D., des Reichsbanners und der Eisernen Front.
zu L I 2162 vom 24. März 1933.

Führer der S.P.D. sind:

1) Dörnenburg, Emil, geb. 18.11.1888, Moers, Homberger Str.24,
2) Zimmer, Peter, " 3. 9.1868, " " 180,
3) Bandusch, Adolf, " 18. 3.1885, " Grüner Weg 3,
4) Müller, Wilhelm, " 20. 9.1895, " Oststr. 7,

Führer des Reichsbanners:

1) Weiss, Rudolf, " 6. 1.1890, " Hubertusstr.12,
2) Kempken, Jakob, " 23. 5.1889, " Hügelstr.2,
3) Weimert, Georg, " 8. 4.1891, " Arnulfstr.7,
4) Zimmer, Peter, " 3. 9.1868, " Homberger Str.180,

Führer der Eisernen Front:

1) Dreyer, Otto, jun. geb. 3.12.1909, " Ziegelstr.21,
2) Metzchen, Wilhelm, " 28.11.1893, " Trajanstr.7,
3) Hattwig, Fritz, (Schufo) " 19. 9.1898, " Am Pandick 45

Dr. Eckert

Lfd. Nr.	Der Funktionäre N a m e n:	Stand:	Wohnung:	Geboren am: am:	Ort:	Staats-angehörigkeit:	Welches Amt hat er inne?
	B. Sozialdemokraten.						
	1. Parteivorstand.						
1	Leuchtenberger Fritz	Invalide	Meerbeck, T-str.26	18/I. 1884	Stadebeckshöh, Kreis Reichenbach.	Preuße	Vorsitzender.
2	Köhn, Erich	z.Zt. arbeitslos.	Meerbeck, Schlägel-42	25/6. 1906	Bruckhausen Hamborn.	"	Stellv. Vorsitzender.
3	Beer Arthur	Invalide	Bismarckstr. 75a	24/I. 1884	Altwasser, Krs. Waldonburg.	"	Schriftführer
4	Knoll August	Hauer	X-str. 35	14/4. 1885	Kriskau, Liegnitz.	"	Kassierer
	2. Reichsbanner.						
1	Fährle, Gustav	Bergmann	Meerbeck, D-str.146	31/12. 1890	Schweidnitz Klein-Mahlendorf.	Preuße	Techn.Führer
2	Schneider, Aug.	Bergmann	Meerbeck, D-str. 151	16/11. 1886	Grottkau	"	Vorsitzender
	3. Eiserne Front.						
	Die Leitung der „Eisernen Front" liegt z.Zt. in Händen der Leitung der „S.P.D." (siehe unter B. 1.)						
	4. Freie Gewerkschaften.						
1	Müller, Friedrich	Bergmann	Meerbeck, Lindenstr.41	23/8. 1880.	Hornhausen, Aschersleben	Preuße	Betriebsrat

Die Leitung des Reichsbanner hat unterm 26.3.1933 nach hier mitgeteilt, dass das Reichsbanner lt. Vorstandsbeschluß vom 26.3. ds. Js. aufgelöst sei. (Tgb.Nr. II/1217).

Führer der S.P.D., des Reichsbanners und der Eisernen Front.

Lfd. Nr.	Zu und Vorname	Geburts- datum	Geburts- ort	Wohnung	Staatsangehörigkeit
	a) Führer der S.P.D.				
1.	Kühnel Oskar	2.12.93	Schweidnitz	Grabenstraße 2 c	Pr.
2.	Weissflog Kurt	20.2.84	Niederhasslau	Hauptstraße 113d	Sahhsen
3.	Stappen Mathias	23.3.73	Kreutzberg	Kreuzstraße 23 a	Pr.
4.	Schiller Albert	24.3.93	Berlin	Hauptstraße 105a	Pr.
5.	Tille Adolf	21.8.93	Neustadt	Hauptstraße 109	Pr.
6.	Schroers Heinrich	23.3.00	Rellinghausen	Nordstraße 2 a	Pr.
7.	Lenk Ferdinand	22.8.74	Rempesgrün	Ringstraße 4 v	Sachsen
	b) Reichsbanner.				
1.	Böhm Ernst	26.2.01	Weisstein	Kreuzstraße 21b	Pr.
2.	Kropp Richard	18.3.80	Reinsdorf	Kreuzstraße 10a	Pr.
3.	Schrinner Gustav	6.6.77	Neustrunz	Kreuzstraße 19	Pr.
4.	Stappen Mathias	wie unter Nr. 3 unter a)			
5.	Schiller Albert	" " " 4 " a)			
	c) Eiserne Front.				
	wie Nr. 1 bis 7 unter a).				
	d) Einheitsfront.				
1.	Sorg Johannes	13.2.85	Mühlbach	Buchenplatz 9	Pr.
2.	Just Georg	27.1.88	Koppitz	Bendschenweg 23	Pr.
3.	Friese Ernst	31.8.91	Fellhammer	Hugenstraße 46 b	Pr.
4.	Grehl Heinrich	1.10.98	Grunau	Drüenstraße 47	Pr.
5.	Krymann Wilehelm	10.7.78	Moers	Buchenplatz 8	Pr.
6.	Sistig Lorenz	3.2.93	Bochum	Grabenstraße 17a	Pr.

Neukirchen-Vluyn

139

Tätigkeit	Name: Zuname	Name: Vorname	Geburtsdatum und Ort	Wohnort Strasse
		Sozialdemokratische Partei. (Ortsgruppe Lintfort)		
1.Vorsitzender	Kwesch	Karl	26. 1. 1899 Penzberg	Lintfort, Auguststr.95d
2.Vorsitzender	Schmelzing	Robert	12. 4. 1889 Holthausen	Camperbruch, Pappelstr.1
Kassierer	Leupold	Gustav	22.10. 1879 Wüste	Lintfort, Auguststr.93d.
		Reichsbanner. (Ortsgruppe Lintfort)		
I.Vorsitzender	Michel	Wilhelm	30. 3. 1893 Esborn	Lintfort, Auguststr.79a
II. "	Weichbrodt	Robert	19.10. 1878 Liesniwo	Camperbruch, Moerserstr.289
Schriftführer	Horn	Gustav	2.11. 1910 Gutten	Lintfort, Eyllerstr.169
1.Kassierer	Leupold	Gustav	22.10. 1879 Wüste	Lintfort, Auguststr.93d
Führer des akt.Reichsbanners	Böhmer	Heinrich	6. 4. 1896 Duisburg	Lintfort, Auguststr.72a
Jugendleiter	Schiller	Ernst	31.10. 1890 Reinsdorf	Lintfort, Auguststr.53a
Zugführer III.Zug	Marquardt	Jgnatz	2. 5. 1896 Duisburg	Lintfort, Auguststr.77b.

jedoch nicht.[310] Eine Veranstaltung mit Dr. Rosenfeld kam am 24.2. in der Duisburger Tonhalle zustande, wurde jedoch wegen angeblich regierungsfeindlicher Äußerungen von der Polizei abgebrochen. Entgegen der bestehenden Gesetzeslage wurden ab März in Moers auch keine geschlossenen Mitgliederversammlungen der Partei mehr erlaubt, da sie „den Motiven der Gesetze" und „den Zielen der Regierung" entgegenstünden.[311]

Auch die persönliche Verfolgung begann kurz nach der Verhaftung der kommunistischen Führer. Bereits am 7. März ersuchte der Höhere Polizeiführer im Westen ergebenst, „bei den staatlichen und kommunalen Polizeiverwaltungen und in den Landkreisen Listen der Führer der SPD, des Reichsbanners und der Eisernen Front anzulegen". „Personen", so sagt die Anordnung weiter, „die für die Herstellung der Einheitsfront SPD-KPD eintreten, sind besonders zu kennzeichnen."[312]

Aus Kapellen erging Fehlanzeige. Moers, Repelen-Baerl, Neukirchen und Kamp-Lintfort lieferten die abgebildeten detaillierten Listen.

Bei den Wahlen am 5. und 12. März hielt die SPD im wesentlichen ihre Mandate. Schon am 11. März hatte SA in Bochum die Hauptverwaltung des freigewerkschaftlichen Bergbauindustrieverbands besetzt und den Verbandsführer, den Reichstagsabgeordneten Fritz Husemann (später im KZ ermordet) in „Schutzhaft" genommen. Im Kreis Moers waren am 27. März einer Liste des Landrats zufolge zwei SPD-Leute verhaftet.

Die Gemeindevertretungen und der Kreistag traten erstmals im April zusammen. Bei der Kreistagssitzung am 13.4. in Moers, die vom NSDAP-Kreisleiter Bollmann als kommissarischem Landrat geleitet wurde, waren die vier KPD-Vertreter bereits ausgeschlossen. Aber auch die vier gewählten Vertreter der SPD erschienen nicht, aus Gründen, die das Protokoll nicht erkennen läßt. In einem noch vorhandenen Schreiben hatte sich Hermann Runge für die Abwesenheit seiner Fraktion entschuldigt. Von den acht Zentrums-Abgeordneten blieb die Hälfte fern. Vor der Sitzung waren an die Fraktionen Eintrittskarten „nach Verhältnis der Stärke" der einzelnen Parteien ausgegeben worden: NSDAP 30, Zentrum 16, Deutschnationale Volkspartei 8 (zusammen 54).[313] Die Stimmung in den „parlamentarischen" Gremien richtete sich bereits so heftig gegen die SPD, daß ihre Mitglieder wohl auch nicht mehr gegen den Ausschluß der gewählten KPD-Ratsmitglieder hätten protestieren können.

Der 1. Mai wurde 1933 erstmals zum Feiertag erhoben, was viele Arbeiter für den neuen Staat einnahm. In Duisburg wurde der Tag der Arbeit für die gesamte Region in ein großes Massenspektakel umgemünzt, alle Stände und Berufsgruppen marschierten in das Stadion ein.

Doch wurden schon am 2. Mai allerorts die der SPD nahestehenden freien Gewerkschaften aufgelöst, viele ihrer Führer in Schutzhaft genommen. In Moers wurde das Gewerkschaftshaus in der Homberger Straße 162 (hinter der Kreuzung Heinrichstraße) besetzt und geschlossen, die Mitarbeiter entlassen. Unter ihnen befand sich Bernhard Jung, Angestellter des „Alten Bergarbeiterverbands" und der Rechtsschutzsekretär Walter Leese. In Duisburg verschwanden am selben Tag vier Gewerkschaftler, deren Leichen man später im Hünxer Wald auffand. Der Moerser Landrat indes konnte am 27.5. an den Höheren Polizeiführer im Westen Vollzug melden: bei der „Gleichschaltung" im Kreis Moers habe es keine Störungen gegeben, das Gewerkschaftseigentum sei beschlagnahmt.[314]

Am 3. Mai meldet der Landrat in Moers nach Düsseldorf, daß die Reichbanner-Ortsgruppen Moers, Meerbeck, Neukirchen-Vluyn, Homberg und Orsoy aufgelöst seien und nur die von Rheinhausen und Camp noch bestünden: „Die Ortsgruppe Moers des Reichbanners ruht vollständig".[315]

Am 1. Juni berichtet der „Grafschafter" von der Ausweisung der SPD-Gemeindeverordneten aus den Räten von Moers und Repelen-Baerl. Die National-Zeitung der NSDAP meldet dazu am 3. Juni: „Ohne Sozis [Überschrift] – Repelen-Baerl. Nachdem Bürgermeister Altwicker die Sitzung eröffnet hatte, beantragte und forderte die NSDAP-Fraktion, daß die zwei Verordneten der SPD den Sitzungssal verlassen, da ihre Anwesenheit eine Brüskierung des deutschen Volkes bedeute. Die zwei Verordneten entfernten sich sofort ohne Widerspruch." Am 17.6. forderte diese SPD-Gemeinderatsfraktion[316], vertreten durch Hermann Schiller, Johann Steegmann und Johann Möller, beim Regierungspräsidenten ihre Rechte ein, doch der Landrat vermerkte auf dem Schreiben „inzwischen überholt".[317]

Für Kapellen meldet der „Grafschafter" am 13. Juni 1933 Vollzug. Wilhem Anlahr wurde am 9. Juni aus dem Rat verbannt.[318]

Ebenfalls am 1. Juni berichtet die National-Zeitung der NSDAP in ihrer Beilage „Beobachter am linken Niederrhein" unter der Überschrift „Eine erregte Stadtratssitzung in Moers":[319]

№ 269
Aufgen. Moers, den 26/2 1935
Zuname: Dörnenburg
Vorname: Emil
Geburtsdatum: 18.11.1888
Geburtsort:
Kreis:
Stand: Bergmann
Verbrecherklasse:
Gestalt:
Größe: 1,73 m.
Haare:
Bart:
Augen:
Stirn:
Nase:
Mund:
Zähne:
Gesicht:
Bes. Kennz.

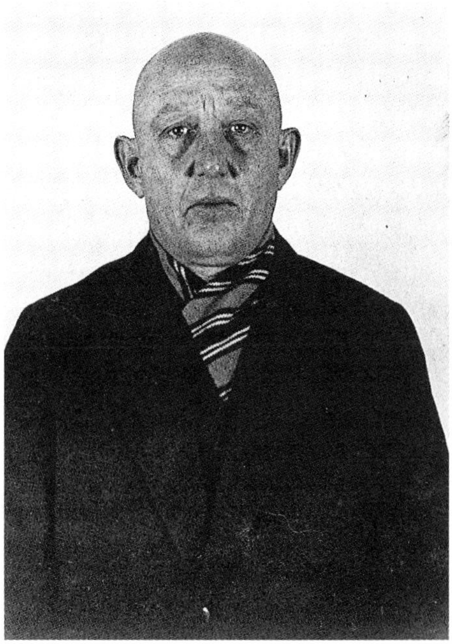

Vorder- und Rückseite eines Haftausweises im Gerichtsgefängnis. Der Hausmeister der „Knappschaft" in der Homberger/Ecke Mittelstraße arbeitete eng mit Hermann Runge zusammen.

„Eine besondere Dreistigkeit zeigten die zwei SPD-Vertreter, die geglaubt hatten, daß sich die Wogen der Erregung jetzt wohl etwas geglättet hätten, denn dieses Mal, wo auf der Tagesordnung ihre Einführung stand, waren sie tatsächlich erschienen. Sie hatten aber die Rechnung ohne die Nationalsozialisten gemacht, denn in nicht mißzuverstehender Weise erklärte unser Pg. Fraktionsführer Otto Suhr, daß die Nationalsozialisten es nicht duldeten, daß Vertreter einer landesverräterischen Gruppe, die noch vor kurzem über den Straßburger Sender Hetzreden über Deutschland verbreiteten, sich mit nationalen Menschen an einen Tisch setzen wollten. Er stellte ihnen eine Frist von 60 Sekunden, um den Sitzungssaal zu verlassen; die Feiglinge zogen es aber vor, sofort auf französisch Abschied zu nehmen."

Am 22.6. wurde die SPD reichsweit endgültig verboten. Nur wenige Wochen später wurden zahlreiche prominente Aktive der Partei in Konzentrationslager eingewiesen. Darunter befanden sich selbst jene Mitglieder der Parteiführung, die sich unter Führung des Reichstagspräsidenten Paul Löbe den Forderungen der Nazis weitgehend unterworfen hatten. Am 25.6. berichtet der Moerser „Grafschafter" erstmals von der Festnahme von vier Aktiven der Moerser SPD. Es sind der auf Platz 1 der SPD-Liste gewählte Stadtverordnete Emil Dörnenburg sowie G. Weinert, F. Hattwig und Killig.

Emil Dörnenburg[320]

Ein Findelkind, geboren am 18.11.1888. Früh aktiv in SPD und Gewerkschaft. Wohnte als Bergmann in Mülheim-Dümpten, bevor er wegen Steinstaublunge den Beruf wechseln mußte und als Hausmeister der Knappschaft 1924 nach Moers

kam (Homberger Straße 24, Ecke Hopfenstraße). Seine Frau Rosalie, geb. Czwojdrak, stammte aus Posen, die vier Kinder (von denen noch zwei leben), wurden zwischen 1912 und 1917 geboren.
1929 wurde er auf Platz 2 hinter Peter Zimmer in den Moerser Rat gewählt. Beleidigungsklage im Januar 1932 gegen Naziführer Ernst Bollmann, der ihn einen Landesverräter und Soldaten Frankreichs genannt hatte.[321] Abermals Wahl in den Moerser Rat am 12.3.1933. Schwierigkeiten bereits sechs Wochen zuvor (und Hilfe durch Direktor Pötters), als die Nazis am Tag der Machtergreifung das Haus der Knappschaft stürmten und nach der schwarz-rot-goldenen Fahne suchten. Diese hatte ein ebenfalls bei der Knappschaft beschäftigter SA-Mann vorher selbst versteckt.
Erstmals verhaftet im Zuge des SPD-Verbots im Juni 1933, dann wieder im Februar 1935, gut drei Monate vor der Massenverhaftung von Moerser „Brotfahrern"; Anklagevorwurf oder Prozeßakten unbekannt. NSDAP-Kreisleiter Dr. Bubenzer setzte sich für seine Entlassung ein und kümmerte sich auch um seine Frau (gutes Verhältnis zu ihm auch nach 1945). Nach Haftentlassung Arbeit und Wohnung bei Baustoffhandlung Karl Fahr, Augustastraße, und bei NIAG. Abermalige Verhaftung im Krieg, Haftanstalt in Mönchengladbach (1944?).
Nach dem Krieg hatte Emil Dörnenburg große Gesundheitsprobleme. Der stets hilfsbereite, sachliche und ruhige Mann, der überzeugen konnte und Einfluß auf Menschen hatte, hätte vielleicht Moerser Bürgermeister werden können, stand jedoch nicht so gern in der Öffentlichkeit (s. auch Kapitel 8, Grundsteinlegung des neuen Rathauses). Führende Sozialdemokraten wie Hermann Runge, Peter Zimmer oder Wilhelm Müller oder auch der KPD-Mann Adam Erbach gingen bei ihm aus und ein. In der Wohnung in der Augustastraße gaben sich bis 1947 auch ehemalige Nazis die Klinke in die Hand, um Hilfe bei der Entnazifizierung zu bekommen. Verstorben am 23.3.1961.

In Rheinhausen wurden – neben 22 KPD-Mitgliedern – auch 11 SPD-Aktive verhaftet, in Kamp-Lintfort drei. Erstmals durchkämmte die Polizei auch Arbeitersiedlungen, die überwiegend von SPD-Mitgliedern bewohnt wurden.[322] Hämisch vermerkt die National-Zeitung der NSDAP am 28. Juni: „Sie können es nicht lassen! – Moers. Am Samstag, 24. Juni sind sieben führende Personen der SPD in Schutzhaft genommen worden. Weiter wurden am Montag, 26. Juni, fünf von den kürzlich entlassenen Kommunisten erneut in Schutzhaft genommen. Am gleichen Tage wurde auch die Braut eines Kommunisten festgenommen ... [die mit erhobener Faust und „Rot-Front" gegrüßt hatte]".

Am 26. Juli erhielten die ins Amt eingeführten Kreistagsmitglieder Hermann Runge, der schon Wochen zuvor seinen Arbeitsplatz verloren hatte, und Emil Bosbach per Postzustellungsurkunde vom kommissarischen Landrat den Bescheid: „Zufolge höherer Weisung gebe ich Ihnen hiermit auf, sich Ihres Mandats als Abgeordneter zum Kreistage des Kreises Moers zu enthalten, widrigenfalls Ihre polizeiliche Inhaftnahme nach § 1 der Verordnung zum Schutz von Volk und Staat vom 28. Februar 1933 – RGBL.I.S.83 – erfolgen wird". Emil Bosbach, SPD-Vorsitzender in Rheinhausen, wurde länger in Untersuchungshaft gehalten, weil er sich öfter über einen nationalsozialistischen Polizeiführer beschwert hatte.[323] Von den beiden anderen heißt es: „Krämer hat inzwischen sein Mandat niedergelegt, Salzmann ist noch nicht eingeführt".

Verschiedene Meldungen des Landrats ab Juni 1933 zur politischen Lage sagen: „SPD und freie Gewerkschaften nicht aktiv."[324]

4.2 Die Brotfabrik „Germania": bedeutendste Widerstandsorganisation der SPD im Rheinland

Der Plan zu einem organisierten Widerstand von Sozialdemokraten in Moers dürfte bereits am 31. Januar entstanden sein, als die durch die Stadt ziehenden Nationalsozialisten die Fensterscheiben der sozialdemokratischen „Volksstimme" zertrümmerten und einen Redakteur blutig schlugen.[325] Der Parteiapparat der SPD war zwischen März und dem endgültigen Verbot im Juni zerfallen. Auf den Aufbau einer illegalen Organisationsstruktur im gesamten Reich wurde verzichtet. Ab Sommer 1933 sammelte sich der emigrierte Parteivorstand in Prag („SOPADE"). Die Verbindung mit den vielen, jetzt noch bestehenden „informellen" Gruppen lief zumeist über „Grenzsekretariate" wie jene in Arnheim, Brüssel oder Antwerpen.

Die ersten Schritte für die – später bedeutendste – sozialdemokratische Widerstandsorganisation am Niederrhein wurden etwa im Juni 1933 in Moers getan, „als im benachbarten Duisburg die Erinnerung an die Terroraktion der SA am 2. Mai noch lähmendes Schweigen verbreitete"[326]. „Ein Reichsbannermann schafft konspirative Verbindungen" lautet die Überschrift bei Bludau.

Es waren Gespräche zwischen Hermann Runge, der noch im April an der letzten SPD-Reichskonferenz in Berlin teilgenommen hatte, und den ebenfalls arbeitslos gewordenen Moerser Gewerkschaftlern Bernhard Jung und Walther Leese. Auf dem Heimweg vom Arbeitsamt waren sie „einige Monate nach der Bildung der nationalen Regierung" gemeinsam der Ansicht, daß diese Regierung bald scheitern würde.[327] Ehemalige Gesinnungsgenossen sollten in Verbindung bleiben, um danach wieder Einfluß ausüben zu können. „Bei einer späteren Gelegenheit", so die Gerichtsakten, „erklärte Runge den Zeugen Jung und Leese, daß in Hamburg, in Sachsen und anderen Gegenden bereits eine regelrechte illegale Tätigkeit entfaltet wurde und daß er versuchen wolle, mit dem im Auslande befindlichen Parteivorstande Verbindung zu erlangen."[328]

Mit Bahn und Fahrrad reiste Hermann Runge – er ist 30 Jahre alt – ab August/September bis Gelsenkirchen und Solingen. Kontakt hatte er auch nach Düsseldorf zur Sekretärin des früheren Parteibüros. Sie stand mit dem nach Holland emigrierten Parteisekretär Ernst Schumacher in Verbindung und bekam von diesem bald über einen Rheinschiffer illegale Schriften geliefert. Auch Runge verteilte die vom SPD-Exilvorstand in Prag herausgegebene „Sozialistische Aktion".

Zu seinen Abnehmern gehörten die Ruhrorter Lehrerin Hanna Niederhellmann, die im September ihre Arbeit wegen Zugehörigkeit zur SPD verlor und bereits Kontakte zu einer Exilzeitschrift in Holland unterhielt, und der Duisburger Sebastian Dani, der Erfahrungen als Brotverkäufer mitbrachte. Wichtige Kontakte bestanden zu ehemaligen SAJ-Funktionären, die untereinander in Verbindung geblieben waren. Zu ihnen zählte der Bezirksjugendsekretär der SAJ Ernst Gnoss aus Duisburg-Hamborn. Viele Weiterverteiler kamen auch aus der Gewerkschaftsbewegung und verfügten über weitverzweigte Kontakte.

„Jeden Morgen", so berichtete Hermann Runge später, „mußte ich mich um acht Uhr bei der Polizei im Utforter Rathaus melden. Da ging es immer sehr human

Brotfabrik „Germania" in Duisburg-Hamborn, 1993

Hermann Runge und Walter Leese als Brotfahrer, vermerkt im Album der Runges: Nach Arbeitslosigkeit wieder Aufstieg und Verdienst.

zu... Der alte Polizeichef ... [hatte] mit dem damaligen Bürgermeister von Repelen-Baerl dafür gesorgt [hatte], daß ich nicht sofort verhaftet wurde..."[329] Damals residierte „als Chef der Ortspolizei noch ein Bürgermeister, der trotz Zugehörigkeit zur Deutschnationalen Volkspartei gegen die Nationalsozialisten war. Er erließ keinen Schutzhaftbefehl gegen Sozialdemokraten, sondern kam Görings Befehlen nur insoweit nach, als er veranlaßte, daß die listenmäßig geführten sozialdemokratischen Funktionäre und Gewerkschafter sich täglich um 8 auf der Polizeiwache im Rathaus melden mußten".[330]

Kommunisten freilich wurde eine solch rücksichtsvolle Behandlung in Repelen-Baerl nicht zuteil (auch nicht in Moers, Kamp-Lintfort oder Neukirchen), sie befanden sich bereits zu Dutzenden in Konzentrationslagern wie Börgermoor. Zu ihnen unterschrieb der von Runge gelobte Bürgermeister Altwicker bereits am 1. März 1933 eigenhändig an den Landrat die „besondere Bitte", „die Festgenommenen, die sich alle in der KPD außerordentlich intensiv betätigt haben, unter allen Umständen bis kommenden Dienstag festzuhalten. Eine frühere Freilassung ... würde die Behördenautorität, auf deren Erhaltung es gerade jetzt ankommt, außerordentlich schwächen und in den kommunistischen Kreisen den Eindruck hervorrufen, daß die Festnahme zu Unrecht erfolgt sei. Ein solcher Eindruck, der den radikalen Elementen neuen Mut geben würde, muß aber unter allen Umständen vermieden werden."[331] Der vermeintliche NS-Gegner Altwicker, nach dem in Moers eine Straße benannt ist, kündigt im selben Schreiben für den nächsten Tag die Gründung einer Hilfspolizei mit SA und Stahlhelm an.

Über Hanna Niederhellmann bekam Hermann Runge Arbeit als Brotfahrer bei der Brotfabrik Kordass (oder Kordahs) in Duisburg-Hamborn. Diese lag in der Nähe des bereits vom Widerstand geprägten Obermarxloher „Dichterviertels" und des Bahnhofs, „ein idealer Treff für Illegale".[332] Deren neuer Besitzer wurde im Herbst 1933 der aktive Sozialdemokrat August Kordass. Obgleich erst 28jährig, brachte er das Geschäft wieder in Schwung und stellte dazu eine Reihe früherer Sozialdemokraten ein, darunter auch die Moerser Jung und Leese. Diese sorgten für die Verbindung nach Homberg, Rheinhausen, Moers, Meerbeck, Kamp-Lintfort, Rheurdt und Dinslaken. Andere erweiterten die „Geschäftbeziehungen" nach

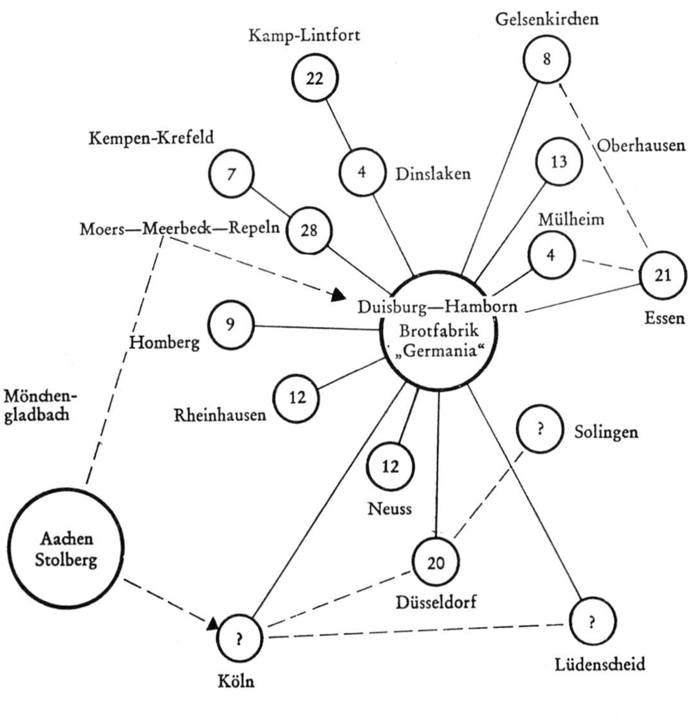

Aus den Akten ermittelte Zahl der Abonnenten des Widerstandskreises „Germania"

Mülheim, Essen, Solingen und Düsseldorf. Kordass wußte um den Vertrieb illegaler Schriften, beteiligte sich aber selbst nicht daran.

Die Brotkutscher, die in den Arbeitersiedlungen über eine große Bekanntschaft verfügten, schufen sich so, wie Walter Leese 1948 an einen Freund schrieb, auch eine neue materielle Existenz:[333] „Im Februar 1934 wurde mir durch den Genossen Runge eine Stelle ... vermittelt. Wir beide warben hier in unserem Bekanntenkreis Kunden und belieferten sie mit Brot unter der Devise: 'Sieg oder Tod, wir fahren Brot!' Nach anfänglichen Schwierigkeiten war es uns doch im Laufe eines Jahres möglich geworden, uns einen Wochenlohn von 45.— RM zu erarbeiten. Wir konnten uns sogar, wenn auch auf Stottern, einen kleinen Opel Lieferwagen kaufen. Die Sache hätte gut weiterlaufen können, wenn ..."

Hermann Runge, der damals in Meerbeck, Scharnhorststr. 10, wohnte (heute Elsterstraße): „Ich mußte meine Ware in Hamborn holen und dann in Homberg über die Rheinbrücke. Ein paarmal bin ich von den Nazis kontrolliert worden. Aber die sind nie auf den Gedanken gekommen, in den Zwiebackpackungen nachzusehen... Solche Fahrten machte ich mit dem Fahrrad... Ich war in Moers der Verbindungsmann. Meine Kontakte gingen bis Bonn und Aachen und bis nach Lüdenscheid und Bielefeld, den ganzen Niederrhein eingeschlossen. Wir hatten überall sogenannte Fünfergruppen gebildet. Verheiratete Genossen, die Kinder hatten, wurden für diese Funktion nicht genommen. Das Material, das ich besorgt hatte, wurde von den Kurieren der verschiedenen Orte an einer bestimmten Stelle in Moers abgeholt. Manchmal schoben wir auch Flugblätter unter die Haustüren und legten sie in Telefonzellen. Aber nicht in großen Massen, das war zu gefährlich. Wenn ich mir heute überlege, was man alles riskiert hat."[334]

Auch andere Tarnungen wurden gewählt, um die Abnehmer aufzusuchen: Zeitungsausträger, Versicherungsvertreter, Hausierer. Grenzübertritte erfolgten gelegentlich als Touristen mit Tagespassierschein, auch zwischen Holland und Belgien. Eine wichtige Anlauf- und Verteilstelle für die illegalen Schriften war der Tabakkiosk am Duisburger Bahnhof. In Moers legte, so die Prozeßakte, Runge einzelne Exemplare im Vorraum der Post und in der Fernsprechzelle am Bahnhof nieder.

Christine, die Frau von Alfred Hitz aus der Rheinhausener Arbeitersiedlung Bergheim, berichtet:[335] „Alfred erhielt die Schriften aus den Niederlanden. Er nahm mich mit, sozusagen als Tarnung. Mit Fahrrädern fuhren wir zur deutsch-niederländischen Grenze. Wir befuhren meist Waldwege. Irgendwo übernahm er dann kleine mit Parolen beschriftete Zettel. Es waren durchsichtige, dünne Faltblätter, etwa 50 cm lang, die sehr klein zusammengefaltet waren. Die Zettel wurden im Rahmen des Fahrrads nach Rheinhausen gebracht und an etwa 40-50 Leute in Rheinhausen verteilt. Meist versteckte er die Zettel auch im Hosenumschlag und steckte dann eine Fahrradklammer darüber. Viele wollten die gar nicht entgegennehmen. Sie hatten Angst, daß man sie findet. Viele Empfänger waren Bergarbeiter." Ein häufiger Treffpunkt für die Lesezirkel und die Weitergabe der Broschüren war eine im Wald bei Rumeln gelegene Stehbierhalle (heute Ausflugslokal „Waldborn").

Aus den Akten ermittelte Bludau die Abonnentenzahlen der „Germania" außerhalb von Duisburg-Hamborn. Da sie auf den Ermittlungen der Gerichte beruhen und mit den Geständnissen nicht sämtliche Verbindungen herausgepreßt werden konnten, war die Zahl der Abonnenten vermutlich viel größer (vgl. Abb.).

Hermann Runge selbst nimmt Kontakte zum Grenzsekretariat der SPD in Holland auf, das unter der Leitung des vom Exil-Parteivorstand eingesetzten Gustav

Ferl steht. Manchmal fährt er zu illegalen Konferenzen nach Antwerpen, Lüttich oder Eupen. In Brüssel trifft er einmal mit Otto Wels zusammen. Die Grenzübertritte sind so schwierig wie gefährlich. Doch gibt es, wie Runge immer wieder berichtet, in jenen Jahren noch hilfreiche bzw. verständnisvolle Polizisten (in Kempen für den Passierschein) und Zöllner (in Aachen). Auch kommt es zu Geheimtreffen mit prominenten Sozialdemokraten, die mit gefälschten Pässen einreisen, z.B. in Düsseldorf mit Fritz Heine, der in Prag die Verlagsarbeit leitet. Die Schriften kommen zunächst häufig über die Internationale Transportarbeiterföderation (ITF) und zuverlässige Matrosen in die Häfen nach Ruhrort oder Neuss. Die ITF steht unter Leitung des mit Ernst Schumacher zusammenarbeitenden Edo Fimmen. Sie beherbergt unter ihrem Dach die freien Eisenbahner-, Binnenschiffer, Seeleute- und Hafenarbeitergewerschaften und erwies sich als die wohl bedeutendste gewerkschaftliche Widerstandsorganisation bis zum Ende des Krieges.

Die Funktion des Widerstandskreises ist neben der gegenseitigen Bestärkung und Ermutigung eine mehrfache: es gibt wieder einen systematisierten Informationsaustausch unter den Betrieben, den Arbeitersiedlungen usw. Dieser wird auch regelmäßig, später sogar nach einem vorgegebenen Schema, gesammelt und nach Prag gesandt. Daraus entstanden die bekanntgewordenen „Deutschlandberichte" der SOPADE. Vor allem aber gibt es Informationen von außen, auch Vorgaben und Handlungsanweisungen durch die Partei. Beispielsweise den Aufruf, beim Hitlerreferendum über den Austritt Deutschlands aus dem Völkerbund am 12. November 1933 massiv mit „nein" zu stimmen. Berichtet wird über die Aufrüstung oder über Affären und Propagandalügen der Nazis.

Die Schriften werden in der Regel für 10 Pfennige verkauft und zweimal wöchentlich ausgeliefert. Sie sind zumeist auf dünnem Papier gedruckt und passen in die Westentasche. Oft ist die Titelseite getarnt, z.B. als „Platons Gastmahl" oder „Die Kunst des Selbstrasierens". Die „Sozialistische Aktion" oder der „Neue Vorwärts" werden den Brotfahrern förmlich aus den Händen gerissen. Hier wird nach all den in den Arbeitervierteln erlittenen Demütigungen Hoffnung aufrechterhalten, eine Perspektive aufgezeigt. Anstelle der verbotenen Parteistruktur sollten lose Lesezirkel die Partei über die Verbotszeit retten, um „nach dem Zusammenbruch des Faschismus ... als Sozialdemokraten politische Verantwortung zu übernehmen, ohne in die Verbrechen der Hitlerzeit verstrickt zu sein".[336]

Dabei wird Hitler immer wieder – mit wechselnden Begründungen – der baldige Weg in den Abgrund prophezeit.

Nach gelegentlichen, eher verhaltenen Aufrufen zur Revolution und zur Selbstbefreiung der Arbeiterklasse richten sich viele Hoffnungen auf einen Putsch der Reichswehr, unter Beteiligung der Deutschnationalen, also der bürgerlichen Kräfte. Diese platzen jedoch spätestens mit der Röhm-Affäre am 30. Juni 1934. Dokumentiert sind auch die – ungehört verhallten – Rufe nach internationaler Hilfe an die 2. Internationale und die westlichen Demokratien. Die Sprache ist häufig offen und radikal, die eines revolutionären Sozialismus, etwa in folgendem Gedicht:

„Novembersturm! Revolution!
Wir werden uns wieder besinnen,
nichts darf uns Enttäuschung und Hindernis sein.
Die Arbeiterklasse muß sich selber befreien!
Neu beginnen!"[337]

Das „Prager Manifest" der Exil-SPD vom 28. Januar 1934 fordert u.a.: „Im revolutionären Kampf die Knechtschaft durch das Recht der Freiheit, die Gesetzlosigkeit durch die Ordnung des Sozialismus zu überwinden, ist die Aufgabe der deutschen Arbeiterbewegung ...". Eine revolutionäre Regierung solle die siegreiche Revolution sichern u.a. durch Einsetzung eines Revolutionstribunals, Aburteilung der Staatsverbrecher, Aufhebung der Unabhängigkeit der Richter, völlige Erneuerung des Offizierscorps, sofortige entschädigungslose Enteignung des Großgrundbesitzes und der Schwerindustrie ...

In der „Sozialistischen Aktion" lassen sich zwischen Januar und Februar 1934, so Bludau, „die Wandlungen von einer versöhnlichen Haltung gegenüber den Kommunisten im Interesse einer revolutionären Kampffront gegen den Nationalsozialismus zu einer Ablehnung der Einheitsfront mit den Kommunisten ... deutlich ablesen".[338] Der Exilvorstand wolle nunmehr gegenüber den Hegemoniebestrebungen der KPD im Widerstand die eigene Arbeit stärker als bisher vorantreiben. „Ungeachtet der internen Auseinandersetzungen mit den Vertretern der 'alten' und 'neuen' Linken ('Neu-Beginnen'), ging der 'innere Kreis' um Otto Wels in Prag schon Anfang 1934 spürbar auf Gegenkurs gegen die Einheitsfront".[339]

Auf einer Geheimkonferenz in Brüssel im Mai 1934 mit den Führern illegaler SPD-Gruppen wird die Frage einer Einheitsfront mit den Kommunisten nicht diskutiert. Im Mittelpunkt steht ein Referat des Finanzexperten Dr. Hilferding, der den Zusammenbruch des Nationalsozialismus voraussagt.[340] Die Mitglieder des Exilvorstands (darunter Wels, Hertz, Crummenerl und Hilferding), so Bludau weiter, geben ihrer Überzeugung Ausdruck, daß das NS-Regime über kurz oder lang zusammenbrechen würde. Der Leiter des für das Rheinland zuständigen Grenzsekretariats, dem Runge zuarbeitet, ist Gustav Ferl, der frühere zweite Vorsitzende des „Reichsbanners Schwarz-Rot-Gold". Er war seit 1925 Reichstagsabgeordneter und ist innerhalb der SPD erklärter Repräsentant der revisionistischen Richtung.[341]

Alfred Lemmnitz, damals KPD-Funktionär im Unterbezirksvorstand Duisburg-Moers, schreibt über die Brotfahrer:[342] „Die Leitung dieser illegalen sozialdemokratischen Organisation lehnte jedoch jede Zusammenarbeit mit uns ab, indem sie erklärte, daß wir sie gefährden würden." Im Gespräch ergänzte er, daß ihm aber die Existenz des Widerstandskreises nicht bekannt gewesen sei. Dieser habe streng konspirativ gearbeitet.[343] Den Prozeßakten Runge nach spielte hier auch das schlechte Abschneiden der SPD bei der Abstimmung im Saarland eine Rolle. Dort hatte die Partei mit der KPD zusammengearbeitet.[344]

Die Bedeutung des Netzes

Am 31. März 1934 berichtet Ferl aus Brüssel über die erfolgreiche Arbeit des Widerstandsnetzes an den Parteivorstand in Prag: „Werte Genossen, im Westen nimmt jetzt die Arbeit festere Formen an. Die Genossen sind sich auch einig darüber, daß für den Oberrhein und Teile des Niederrheins R. in M. [Runge in Moers] die Führung haben soll... Mit sozialistischen Grüßen – F.G. [Gustav Ferl]".

Zur Bedeutung der Organisation konnte der Exil-Vorstand in Prag Ende Juni 1934 schreiben:[345] „Heute, nach einem Jahre vollkommener Illegalität, wissen es die braunen Machthaber im 3. Reich, weiß es die Welt: die deutsche sozialdemokratische Bewegung lebt."

In der Tat, so der Duisburger Forscher Manfred Tietz, hatte die verbotene SPD an Rhein und Ruhr ein großes Widerstandsnetz aufgebaut, das von der holländischen Grenze im Westen und Nordwesten bis nach Ostwestfalen und bis ins Sauerland sowie in den Kölner Raum reichte. Mittelpunkt und Schaltzentrale war die Hamborner Großbäckerei Kordahs, genannt „Germania".

Das Funktionieren des Netzes / Die Rolle Hermann Runges
Rückblickend sagt Hermann Runge von sich nur, er sei der „Verbindungsmann" in Moers gewesen. Tatsächlich ist er jedoch Initiator und treibende Kraft beim Ausbau des Widerstandsnetzes, der Mann, der auch im Kontakt mit Brüssel die Fäden zusammenhält. Als später unter den zahlreichen Verhafteten die „Rädelsführer" für einen Prozeß des Volksgerichtshofs zusammengefaßt werden, richtet sich dieser gegen „Runge und andere". Den Prozeßakten zufolge gewann der Angeschuldigte Dani „auf der Zusammenkunft in Antwerpen den Eindruck, daß Runge der leitende Funktionär für die westdeutsche Organisation war, der von Brüssel auch mit Material beliefert wurde und dem als nächsthöhere Funktionäre die Angeschuldigten Schiefer und Gnoss unterstellt waren. Für Süddeutschland bestand ... eine entsprechende Organisation, die mit Straßburg zusammenarbeitete."[346]

Ernst Gnoss in Solingen, früherer SAJ-Vorsitzender in Duisburg-Hamborn, erhält die Schriften über Sebastian Dani und den Düsseldorfer Frank (Gnoss war nach dem Krieg einer der ersten Landtagspräsidenten, später auch Minister in Düsseldorf). Hermann Runge liefert außer an seine Brotfahrerkollegen an folgende Unterverteiler: Bernhard Jung aus Moers, Paul Schneider aus Meerbeck (der auch einen Bericht über Rheinpreußen für den Exilvorstand lieferte), Paul Schneider in Hochheide, Robert Krause in Rheinhausen, Hanna Niederhellmann in Ruhrort, Robert Schmelzing in Kamp-Lintfort und Josef Hellenbrock in Krefeld. Walter Leese aus Moers versorgt die Bergarbeitersiedlungen am linken Niederrhein zusammen mit Hermann Runge. Bei den Abnehmern werden Lesezirkel mit Gruppen zu jeweils etwa fünf Personen gebildet. Das folgende Schema zeigt das verzweigte Netz der Weiterverteiler, zu denen auch Fritz Runge in Essen gehört:[347]

Das Verteilernetz der Brotfahrer

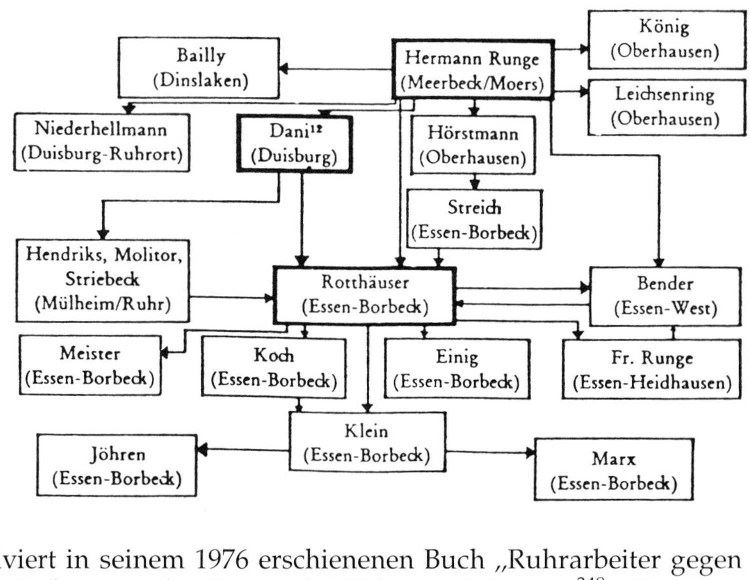

Detlev Peukert relativiert in seinem 1976 erschienenen Buch „Ruhrarbeiter gegen den Faschismus" die Bedeutung des Germania-Widerstandskreises.[348] Mit seinen

Lesegruppen stelle dieser lediglich einen Ausschnitt aus der sozialdemokratischen Widerstandsbewegung dar, viele Gruppen habe er nicht erfaßt, andere hätten sich ihre Literatur über andere Kanäle beschafft, wie in Herne oder Bochum. Der Gegensatz der SOPADE-Zirkel zu den aktiven Gruppen junger antifaschistischer Sozialdemokraten trete selbst noch in der Urteilsbegründung hervor: „Was die Strafbemessung anbelangt, so war zunächst zu berücksichtigen, daß es sich ... nicht um fanatisch und kämpferisch eingestellte Staatsfeinde handelt, sondern daß die Angeklagten durchweg typische ehemalige SPD- und Gewerkschaftsfunktionäre sind, die mehr in Theorien und Debatten wirken, als im aktiven Kampf."

„Daher verwundert es nicht", so Peukert weiter, „daß sich die Teilnehmer einer erneuten Konferenz in Lüttich Anfang August 1934 gegen die Einheitsfront aussprachen. Otto Wels, ehemaliger SPD-Vorsitzender, wandte sich in seiner Rede, unterstützt von Haas, Ferl, Schumacher und Erich Ollenhauer, ausdrücklich gegen die Einheitsfrontvorschläge, die soeben von der ZK-Tagung der KPD gemacht worden waren. Auf seine Frage nach der Meinung der zur Konferenz ausgewählten illegalen Funktionäre erklärte mit anderen auch Hermann Runge, daß er wegen der ideologischen Unterschiede von KPD und SPD gegen die Einheitsfront sei."

Demgegenüber bleibt natürlich die Frage offen, ob eine reichsweit funktionierende „proletarische Einheitsfront" – wäre sie denn noch zustande gekommen und hätten ihre Organisationen die Repression überstanden – zu diesem Zeitpunkt dem Regime tatsächlich viel mehr hätte entgegensetzen können.

4.3 Die Enttarnung der Gruppe

Auch beim Auffliegen des Widerstandskreises um die Brotfabrik „Germania" spielt Moers eine entscheidende Rolle. Am 4. Januar 1935 schreibt Otto Suhr dem NS-Kreisleiter in Duisburg:[349]

„Vertraulich.

In meiner Eigenschaft als Ortsgruppenleiter, Beigeordneter und Polizeidezernent der Stadt Moers sehe ich mich veranlaßt, Ihnen nachstehendes mitzuteilen.

Es ist hier festgestellt worden, daß die Gewerkschaftssekretäre der ehemaligen SPD der Ortsgruppe Moers-Meerbeck, und zwar: Bernhard Jung, Walter Leese und Hermann Runge ... bei der Firma August Kordass, Brotfabrik Germania in Duisburg-Hamborn ... als Brotkutscher eingestellt worden sind und die hiesigen Bergarbeiterkolonien bereisen. Ihre Kundschaft setzt sich hauptsächlich aus ehemaligen Marxisten zusammen und dürfte ihre Beschäftigung mit einer getarnten politischen Tätigkeit verbunden sein.

Ich bitte Sie, darüber Feststellungen zu treffen, und den betreffenden Betriebszellenobmann darüber zu hören. Interessant wird es sein, zu erfahren, durch welche Vermittlung die Vorgenannten in den Betrieb gekommen sind. Vielleicht ist der ganze Betrieb nur von Kommunisten durchsetzt. Wer ist der Inhaber der Firma und wie ist dessen politische Einstellung?

Ihrer Antwort sehe ich entgegen.

Heil Hitler!

gez. Suhr, Ortsgruppenleiter"

„Eine andere Methode", Karl Schwesig, Zeichnungen zum „Duisburger Brotfabrikprozeß", Antwerpen 1936

Erst jetzt wird in Duisburg deutlich, daß auch die dortige Deutsche Arbeitsfront (DAF) bereits Klage über die Brotfabrik geführt hatte, da „nur noch frühere Reichstagsabgeordnete, Gewerkschaftssekretäre und sonstiges lichtscheues Gesindel der SPD in dem Betrieb beschäftigt werden".[350] Die Gestapo in Düsseldorf verfügte offenbar noch über keinerlei Kenntnis oder Hinweise. Sie wird erst aktiv, als sie aus Berlin erfährt, daß sich in ähnlichen Widerstandsringen in Braunschweig, Kassel, Hannover und Koblenz ehemalige SPD-Funktionäre als Seifenverkäufer tarnen. Doch auch bis zum 28. Mai bleiben der Einsatz von V-Leuten und die Überwachung von Telefongesprächen zwischen Hamborn und Moers erfolglos.[351]

Doch schon in der darauffolgenden Woche, zwischen dem 31. Mai und dem 6. Juni, werden in Aachen, Duisburg, Moers, Mönchengladbach, Kamp-Lintfort, Gelsenkirchen, Düsseldorf, Essen, Mülheim und Oberhausen 74 Verdächtige verhaftet. Kurz darauf trifft es ebenso viele Sozialdemokraten im Raum Düsseldorf. Allein in Hamborn sind es 53 Personen am 3. und 4. Juni, als in der Brotfabrik alle Anwesenden und Ankommenden mitverhaftet werden. Überall an Rhein und Ruhr setzt ein Kesseltreiben gegen Mitglieder von SPD und Reichsbanner ein. Mehrere Hundert werden eingekerkert, viele gefoltert. Die Presse erfährt von „hygienischen Mängeln" in der Brotfabrik. Lediglich im Nebensatz wird erwähnt, daß es auch staatsfeindliche Umtriebe gebe. Die Massenverhaftungen werden ebenso verschwiegen wie die Widerstandstätigkeit von Sozialdemokraten im Bunde mit Gewerkschaftlern.

Hermann Runge:[352] „Am 29. Mai 1935 wurde ich verhaftet. Am Vorabend waren Alfred Hitz aus Rheinhausen und Schumacher aus Moers noch bei mir. Da bekam ich durch unseren Kurier aus Mönchengladbach die Nachricht: Hermann, in Lüdenscheid, Mönchengladbach und Köln sind führende Leute hoch. Der nächste wirst du wahrscheinlich sein. Verschwinde!

Was machen wir jetzt, sagte ich zu Hitz. Emigrantenbrot essen, das ist hartes Brot. Und kann ich das, jetzt ausreißen, ohne schon sicher zu sein, daß sie mich wirklich in den nächsten Stunden holen. Dann heißt es doch, ja, erst hat er uns in die illegale Organisation reingebracht und jetzt hat er sich verdrückt. Die Opfer sind wir. Das muß ich mir gründlich überlegen. Nachts um zwei Uhr wurde ich verhaftet."

Und weiter: „Die Dortmunder Gestapo[353] holte mich mit Hilfe der Moerser Polizei aus dem Bett und brachte mich nach Dortmund. Andere Parteigenossen ... kamen nach Duisburg. In der Untersuchungshaft wurden dann Alfred Hitz aus Rheinhausen, Alex Nöthen aus Moers, Gustav Grossmann und Reinhold Büttner aus Meerbeck (das war der Vater des späteren Bundestagsabgeordneten Fritz Büttner) von der Gestapo umgebracht."

In Dortmund wird Hermann Runge in das berüchtigte Folterzentrum „Steinwache" eingeliefert (das 1992 als antifaschistische Mahn- und Gedenkstätte eingerichtet wurde). Dort nehmen ihn Verhörspezialisten in Empfang, die schon seit längerem an Kommunisten erprobt hatten, wie man Geständnisse erpressen konnte. „In Dortmund wurde ich sofort verhört und geschlagen... Ich wurde nach unten gebracht, in einen Bunker – Eisenstäbe und eine Holzpritsche – hier habe ich drei Wochen mit Tag und Nacht auf dem Rücken gefesselten Händen zugebracht."

Runge, nach der Erzählung, wie ihm ein Polizeibeamter nachts immer wieder heimlich die Handschellen abnahm: „Hätten wir nicht die Hilfe von einer ganzen Reihe von Sozialdemokraten gehabt, ... wären Hunderte Sozialdemokraten mehr umgekommen." Auch im Duisburger Polizeigefängnis wird er wieder geprügelt, kann dort aber auch einmal kurz mit Paul Schneider aus Homberg, dem früheren Jugendleiter des Reichsbanners, und Peter Zimmer aus Moers sprechen.

„Inzwischen wurden aus den zweihundert Verhafteten achtzehn sogenannte Rädelsführer herausgesucht. Zu denen gehörte ich auch. Im Mai 1936 ... bekam ich meine Anklageschrift überreicht. Der Polizeibeamte, der sie mir übergab, sagte: Mensch Hermann, da hängt der Tod dran. Vierundzwanzig Stunden später mußte ich sie schon wieder abgeben."

Der Prozeß gegen „Runge und andere" vor einer eigens nach Düsseldorf angereisten Kammer des Volksgerichtshofs findet erst nach der Berliner Olympiade statt, am 30. November 1936. Aufgrund der Geständnisse zeichnet die 95seitige Anklageschrift ein recht genaues Bild der Entstehung und der Verzweigung des Widerstandsnetzes auf. Die Anklage lautet auf Hochverrat. Runge habe „an dem Aufbau einer illegalen sozialdemokratischen Organisation mitgewirkt, die die Einfuhr und Verbreitung hochverräterischer Druckschriften ... und die Übermittlung von Nachrichten über innerdeutsche Verhältnisse in das Ausland zum Gegenstand hatte". Der Staatsanwalt beantragt 15 Jahre Zuchthaus für Hermann Runge, der NSDAP-Gauleiter verlangt ein Todesurteil. Der Pflichtverteidiger sagt zu Wilhelmine Runge: „Kommen Sie nicht zur Gerichtsverhandlung. Einer von den 18 Männern soll den Kopf verlieren. Und das wird wahrscheinlich Ihr Mann sein. Ersparen Sie sich besser das Schauspiel". Das Gericht zeigt jedoch „Milde". Am 11. Dezember 1936 wird das Urteil verkündet: 9 Jahre Zuchthaus für Hermann Runge.[354]

Gestützt auf die Schriften des Prager Exilvorstands stellt das Gericht – wie auch die gesamte spätere NS-Rechtssprechung – ausdrücklich fest, daß sich die SPD seit der nationalen Erhebung in ihren Zielen und Methoden nicht mehr von den Parteien unterscheidet, die schon vorher den gewaltsamen Aufstand auf ihre Fahnen geschrieben hatten. Die übrigen 17 Angeklagten werden wegen „Vorbereitung eines hochverräterischen Unternehmens unter erschwerenden Umständen", oder wegen Beihilfe dazu, mit einer Ausnahme (1 Jahr 4 Monate Gefängnis) zu Zuchthausstrafen von 2 Jahren 6 Monaten bis zu 7 Jahren verurteilt.

„Die Vernehmung der Hanna Niederhellmann", Karl Schwesig, Antwerpen 1936; Die Lehrerin Johanna Niederhellmann (1891-1956) wurde mit den „Brotfahrern" zu drei Jahren Zuchthaus verurteilt. In ihrer Wohnung in Ruhrort fand bereits im April 1945 die erste Besprechung Duisburger Gewerkschaftler statt.

Wilhelmine Runge:[355] „Während dieser ganzen Zeit wußte ich nicht, wo mein Mann hingebracht worden war ... Ich ging immer wieder zur Gestapo[356] und fragte. Beim erstenmal warfen sie mich hinaus. Dabei wurde ich gegen die Flurwand geschleudert. Aber das hielt mich nicht davon ab, immer wieder nach meinem Mann zu fragen... Ich hatte schreckliche Angst, daß mein Mann schon tot wäre. Im Dinslakener Wald waren getötete Gewerkschaftsangestellte aus Duisburg verscharrt worden. Ich horchte überall herum. Bis mir nach Wochen jemand sagte: In Duisburg sind welche eingeliefert worden. Vielleicht ist er dabei.

Ich weiß nicht, woher mir der Gedanke zuflog. Ich packte frische Wäsche ein und fuhr mit dem Fahrrad von Moers über Ruhrort nach Duisburg. Ich bin ins Polizeipräsidium gegangen und hab einfach gesagt: Ich will frische Wäsche für meinen Mann abgeben, für Hermann Runge. Der Polizeibeamte nahm die Wäsche. Ich dachte, ich würde umfallen... Nach einer Weile kam er wieder und brachte ein Bündel Wäsche. Ich griff danach. Ja, soviel ich auf den ersten Blick sehen konnte, war das die Wäsche, die mein Mann bei seiner Verhaftung getragen hatte. Er lebte also. Ich bin in rasendem Tempo nach Hause gefahren. Mutter rief ich, Mutter, das ist seine Wäsche. Wir haben sofort alles auseinandergenommen und nachgesehen, ob sie blutig war. Wir wußten doch, daß die Männer gefoltert wurden...

Sie setzten mich [Polizeipräsidium in Duisburg] mit dem Gesicht zur Wand und fielen mit Fragen über mich her. Um mich zum Reden zu bringen, brachten sie einen Gefangenen bis in die Türöffnung. Sie führten ihn sofort wieder ab, ohne daß ein Wort fiel. Ich kannte ihn. Dann verhörten sie mich weiter... Ich war kaum fähig, wieder mit dem Rad nach Hause zurückzufahren, so fertig war ich. An der Rheinbrücke konnte ich nicht mehr und mußte mich hinsetzen. Wenn Du jetzt runterspringst, dachte ich, hat alles ein Ende. Dann weißt Du von nichts mehr. Aber das durfte ich nicht. Ich mußte doch zu Hause erzählen, was man mich gefragt und was ich geantwortet hatte. Wenn ich tot wäre, würde die Gestapo mir alles in den Mund legen können. Das wollte ich nicht. Ich mußte durchhalten, das war ich meinem Mann und den Parteigenossen einfach schuldig.

Vollkommen zerschlagen kam ich nach Moers zurück. Trotzdem erzählte ich sofort in allen Einzelheiten, was vorgefallen war. Ich vermutete nämlich, daß ich auch bald verhaftet würde. Aber das geschah nicht. Ich wurde wohl überwacht. SS- und SA-Leute kamen. Aber ich hielt zu meinem Mann und meiner Überzeugung."

Zuvor hatte Wilhelmine Runge die Gefahr unterschätzt: „Als er ... verhaftet wurde, ging ich nach Hamborn zur Firma Kordas, um ihm die Arbeitsstelle zu sichern, denn ich hoffte, daß er bald zurückkommt."[357]

Mit dem ab 1939 in Lüttringhausen tätigen Zuchthausdirektor Dr. Engelhardt haben Hermann Runge und viele Mitgefangene Glück im Unglück. Er versucht bis in die letzten Kriegstage, seine Hand schützend über viele der politischen Gefangenen zu halten.[358]

Hermann Runge: „Am 11. Juni 1944 hatte ich meine Haftzeit fast herum. Da erklärte die Gestapo: Runge kommt nicht raus. Seine Briefe und seine Unterhaltungen im Zuchthaus beweisen, daß er noch immer Sozialdemokrat ist. Ich wäre also nach meiner Entlassung aus dem Zuchthaus von der Gestapo verhaftet worden. Aber der Zuchthausdirektor setzte sich für mich ein. Er sorgte dafür, daß ich bei der Firma Vorwerk in Wuppertal als Schlosser unterkam. Er hatte mit dem leitenden Ingenieur gesprochen. Beide beriefen sich darauf, daß die Firma Rüstungsbetrieb Gruppe I wäre und mich als Fachmann unbedingt brauche. Vorwerk stellte damals Richtgeräte für die schwere Flak her. Ich kam also nicht ins KZ."

Auch am Ende des Krieges hat Runge, dem es zuvor gelungen war, Kontakte nach draußen zu knüpfen, Glück: „Da kam am 13. März 1945 ein Holländer zu mir an meinen Arbeitsplatz. Er sagte: Hör mal, du sollst die Ohren steif halten. Das war das verabredete Zeichen. Es war also soweit... Dann lief ich in den Waschraum. Von da aus verließ ich sofort das Fabrikgelände." Ein SPD-Parteisekretär in Wuppertal besorgt ein erstes Versteck. Am 22.4. kommen die Amerikaner, er kann auftauchen.

Erst später erfährt er, daß die Gestapo noch kurz zuvor politische Gefangene, darunter etwa 50 aus Lüttringhausen, am Wenzelnberg durch Genickschuß ermordet hat. Unter den Opfern, die zuvor mit Stacheldraht aneinander gefesselt werden, befinden sich auch Ferdinand Jahny, der Hauptangeklagte des großen Prozesses gegen Kommunisten und Gewerkschaftler im Kreis Moers, und der Bergmann Johann Galwelat aus Kamp-Lintfort (vgl. Kap. 3.4).

4.4 Hermann und Wilhelmine Runge

Hermann Runge, geb. am 28.10.1902 in Konradsthal, Kreis Waldenburg, Niederschlesien.[359] Kam mit den Eltern 1913 nach Meerbeck. 1917-1920 Schlosserlehre, Arbeit bis 1931 als Schlosser und Schmied auf Rheinpreußen, Schacht IV. Mitglied der SPD seit 1920, 1919-1929 ehrenamtlicher Funktionär im Deutschen Metallarbeiter-Verband. Volkshochschule in Tins/Thüringen. 1922-1932 Kreisvorsitzender der SAJ. Heirat 1929 mit Wilhelmine Holtappels („Minchen"), die er in der Meerbecker SAJ kennengelernt hatte. Mitglied des Gemeinderats von Repelen-Baerl und des Kreistags von 1929-1933. Parteisekretär der Kreis Moerser SPD 1931-1933, seit 1924 Schriftführer. Illegal tätig nach eigenen Aufzeichnungen ab 12.5.1933. 1935 wurde auch sein Bruder Fritz verhaftet.

1946 Mitglied des Moerser Stadtrates, des Kreistags und des Kreis-Entnazifizierungsausschusses. 1948 Berufung mit weiteren 27 Sozialdemokraten in den 65-köpfigen Parlamentarischen Rat, der das Grundgesetz der Bundesrepublik Deutschland ausarbeitete. 1949-1957 Mitglied des Bundestags, danach des NRW-Landtags. SPD-Parteisekretär in Düsseldorf. Verstorben am 3.5.1975.
Alle noch Lebenden sind sich im Urteil über Hermann Runge einig: er war ein integrer Mann. Und die Jüngeren bestätigen, daß man von ihm viel lernen konnte. Alfred Lemmnitz, der 1931 zahlreiche Mitglieder der Meerbecker SAJ mit sich zur KPD geführt hatte: „Ein sauberer Mensch. Wir hatten sachliche Differenzen, besonders in der Illegalität. Aber wir argumentierten nie mit ideologischen Schlagwörtern unserer Parteien."[360] Und auch Christine Hirschmann bestätigte, daß der damals ebenfalls zur KPD übergewechselte Adam Erbach nach 1945 die guten Beziehungen zu den Runges nie abbrach.

Wilhelmine Runge, geb. Holtappels, wurde am 1.12.1907 in Utfort geboren und wuchs zusammen mit 6 Geschwistern auf.[361] Volksschule in Meerbeck bis zum 14. Lebensjahr. Danach 1½ Jahre Hilfsarbeiterin in Krefeld, anschließend 1½ Jahre Hausangestellte in Bad Godesberg – beides damals typisch für Mädchen aus Arbeiterfamilien. Danach Halbtagsstellung in einem Geschäftshaushalt in Moers, Homberger Straße. Eheschließung am 25.3.1929 mit Hermann Runge.
Nach Schulentlassung aktiv in der SAJ, Leitung von Spiel- und Gesangsabenden, und in der Arbeiterwohlfahrt. Etwa 1932 Leiterin der SPD-Frauengruppe in Meerbeck. Nach Festnahme ihres Mannes ebenfalls Brotfahrerin bei „Germania", Übernahme seiner und W. Leeses Kunden; nach Juli 1937 bei Brotfabrik Bido in Scherpenberg. Mehrfach ausgebombt. Verhaftung am 28.4.1943 für einen Tag, da sie einen kommunistischen Funktionär bei seinem illegalen Aufenthalt durch Brotmarken unterstützt haben soll. Freilassung jedoch nach Unterschrift unter den nachfolgenden Text:[362]
„Ich wurde heute darüber belehrt, daß ich über die Einzelheiten meiner hier stattgefundenen Vernehmung mit keiner anderen Person sprechen darf. Mir wurde erklärt, daß ich im anderen Falle mit meiner sofortigen Festnahme zu rechnen habe. Diese staatspolizeiliche Verwarnung habe ich verstanden.
Ich werde in Zukunft bemüht sein, zu beweisen, daß ich nicht gewillt bin, mich an einem hochverräterischen Unternehmen zu beteiligen. Sollte ich darum in Zukunft nochmals in einer verdächtigen Weise von anderen Personen angegangen werden, werde ich die Wahrnehmungen sofort der Kriminalpolizei in Moers mitteilen."
Bereits im Herbst 1945 rief Wilhelmine Runge in ihrer Wohnung in der Homberger Straße (162, unten das frühere Gewerkschaftsbüro) eine Jugendgruppe, Vorläufer der „Falken" ins Leben. 1946 wurde sie Ausschußmitglied im ersten Moerser Kreistag. 1950 brachte sie ihr einziges Kind zur Welt. Sie verstarb am 6. 1. 1979.

Johanna Theiss, Frau von Wilhelmines Bruder Gustav Holtappels, berichtet:[363] „Wenn Minchen einmal im Vierteljahr nach Lüttringhausen durfte, um ihren Hermann kurz zu besuchen, kam sie hinterher zuerst zu uns. Sie lud ihr Leid bei uns ab, wie man so sagt. Einmal weinte sie bitterlich. Der Rechtsanwalt hatte ihr in tröstender Absicht gesagt, daß Hermann in ein Konzentrationslager käme, wenn er bald aus dem Zuchthaus entlassen würde. Als Hermann Runge dies hörte, wur-

Wilhelmine Runge in den 30er Jahren

Hermann Runge

Wilhelmine Runge fährt während der Haft ihres Mannes mit Pferdefuhrwerk und Kleinwagen über das Land.

de er jedoch ganz weiß und steif: wenn du das einleitest, schneide ich mir die Pulsadern auf. Er wußte also, was dort geschah. Der Hermann war ein selten feiner Mensch. Nach dem Krieg wollte er eine Wiedergutmachung erst nicht annehmen: 'Es hat mich doch keiner gezwungen, das zu tun'. Aber mein Mann und andere überzeugten ihn. Dann bauten die Runges das Häuschen in Lohausen.

Fritz und Hermann, die beiden Brüder, verstanden sich gut, aber sie waren grundverschieden. Fritz war immer sehr optimistisch. Hermann hatte immer Zweifel, ob die Dinge klappen. Nach dem Krieg sagte er: wenn man sich der Politik verschreibt, darf man eigentlich nicht verheiratet sein."

Schwägerin Anna Wartmann und Käthe Märcz bestätigen: „Fritz war der lustigere Typ. Hermann war mehr der Kämpfer, er kämpfte für den Sozialismus. Man merkte, daß er Schlosser war, er konnte zupacken, eigentlich in allen Dingen."[364] „Die beiden", so Susanne Runge, „sahen nicht aus wie Brüder, nicht in der Größe und nicht im Äußeren".[365]

Fritz Runge, Hermanns Bruder, von Beruf Bergmann, geb. am 3.6.1901 in Konradsthal, Kr. Waldenburg, gehört auch zu den 1935 Verhafteten. Als sozialdemokratischer Stadtverordneter in Essen wurde er bereits am 21.6.1933 für drei Monate in „Schutzhaft" genommen. Dennoch brachte er danach als Kassierer eines Vereins für Feuerbestattung viele ehemalige Genossen zusammen, die Angehörige von Inhaftierten unterstützten.[366] Er wurde am 1. Mai 1935 nach der Maifeier mit zahlreichen Genossen abermals verhaftet. Der Leiter der Gruppe, Franz Voutta, starb nach seiner Verhaftung an den Mißhandlungen durch die Gestapo. Fritz Runge wird zu 4 Jahren 3 Monaten Zuchthaus verurteilt. Später überlebt er das Bewährungsbataillon und wird nach 1945 Polizeichef von Essen.

Susanne Runge, die über 90jährige Ehefrau von Fritz, auf die Frage, ob es richtig war, Widerstand zu leisten: „Es war notwendig. Und man hat's getan. Aber, ob es viel genutzt hat... Und da ist der Krieg noch dazwischengekommen. Daß man überhaupt lebt, muß man sich wundern... Klar, ich würde diese politische Arbeit immer wieder machen, wenn ich jung wäre."

4.5 Angeblicher Selbstmord: Das Schicksal der vier Ermordeten

Mit den ermordeten Reinhold Büttner, Gustav Großmann, Alex Nöthen und Alfred Hitz entrichtet der Altkreis Moers den höchsten Blutzoll bei den verhafteten Brotfahrern. Einzelne Fälle mit Todesfolge gab es außerdem in Essen und Köln.

Noch lange nach dem Krieg waren diese Tatsachen nur wenigen bekannt. 1968 steht in einer Kölner Examensarbeit von Alois Tack zum Thema „Die nationalsozialistische Machtergreifung im Kreis Moers" zu lesen:[367] „Nach Angaben von Parteisekretär Runge sollen (!) in dem Folterkeller der Gestapo im Duisburger Polizeipräsidium im Juni und im Juli 1935 vier SPD-Mitglieder aus dem Kreis Moers umgekommen sein: Reinhold Büttner und Gustav Großmann aus Repelen-Baerl, Alex Nöthen aus Moers und Alfred Hitz aus Rheinhausen. Nach Mitteilung des damaligen Kreisleiters der NSDAP, Dr. Bubenzer, soll Reinhold Büttner jedoch Selbstmord begangen haben. Die Gestapoakte Büttners gibt dazu keine Auskunft, Gestapoakten über die übrigen Personen existieren nicht, so daß der Sachverhalt offen bleibt (!)."

In Fußnoten beruft sich Tack auf mündliche Auskünfte von Dr. Bubenzer und Hermann Runge, „der in Duisburg inhaftiert war und diese Information von anderen Häftlingen erhielt". Tack, in dessen Arbeit sich insgesamt keine wesentliche Kritik an den Moerser Naziverantwortlichen findet, hätte in den von ihm sonst so häufig zitierten Gestapounterlagen auch ein Schreiben der Gestapo Duisburg vom 29.4.1936 finden können. Darin wird von allen vier Opfern behauptet, sie hätten Selbstmord begangen. Die Art, mit der hier wider besseres Wissen die Unwahrheit plausibel gemacht wird, kann bis heute erschrecken:[368]

Preußische Geheime Staatspolizei
Geheimes Staatspolizeiamt
Br.-Nr. : II 1 A 2 - 816/36.
Bitte in der Antwort vorstehendes Geschäftszeichen und Datum anzugeben.

Berlin SW 11, den 24.April 1936.
Prinz-Albrecht-Straße 8
Fernsprecher: A 2 Flora 0040
1225/36

Geheim

II 1 A II/498

Betrifft: Brotfabrik"Germania",Duisburg.
Bezug : ./.
Anlagen: ./.

Mit der Bitte um Kenntnisnahme wird folgendes übermittelt :

Im Auslande werden zur Zeit unwahre Berichte über den Prozeß gegen den Inhaber der Brotfabrik "Germania",Duisburg,verbreitet.In Z ü r i c h und K o p e n h a g e n will man wissen,daß der Prozeß gegen eine 400 Personen starke Belegschaft, welcher man insgesamt sozialdemokratische Umtriebe bezw.Gründung einer sozialdemokratischen Organisation vorwirft,bevorsteht.Ein B i t t n e r ,N ö t e n ,M o r s m a n n und ein H i t z seien während der Voruntersuchung ermordet worden.

Es ist anzunehmen,daß der Urheber der Gerüchte im dortigen Bezirk wohnhaft ist .

Im Auftrage :
gez.H e l l e r .

An die
Staatspolizeistelle
D ü s s e l d o r f .

Beglaubigt :
Kanzleiangestellte.
Hö.

Die Geheime Staatspolizei
Staatspolizeistelle
für den Regierungsbezirk Düsseldorf
Außendienststelle Duisburg
Nr. II 1 A/1452/36.
Bitte in der Antwort vorstehendes Geschäftszeichen und Datum anzugeben.

Duisburg, den 29. April 1936.

101

Stapo Düsseldorf
2. MAI 1936
2 Anlagen

Urschr. mit 2 Anlagen
der
Preussischen Geheimen Staatspolizei,
Staatspolizeistelle für den
Regierungsbezirk Düsseldorf
in D ü s s e l d o r f

zurückgereicht.

Die in der dortigen Verfügung Genannten:
Hitz, Nöthen, Büttner und Großmann (nicht Rohresmann) wurden im Sommer 1935 im Zuge der von hier aus bearbeiteten Hochverratssache gegen "Hermann Runge und 172 Andere" wegen Beteiligung am Aufbau der illegalen SPD festgenommen. Das Verfahren ist getrennt worden, sodass ein Teil der Beschuldigten vom Oberreichsanwalt Berlin unter Aktz.9 J 479/36 - "Hermann Runge u.A." -,der Rest vom Generalstaatsanwalt Hamm unter Aktz.6 O Js - 596/35 - "Kordass u.A." - verfolgt wird.

a.) Der Bergmann Alfred H i t z, geb.am 21.6.08 zu Essen, Deutscher, evgl.,verheiratet, zuletzt wohnend Essen, Karolingerstr.15, wurde am 25.6.35 festgenommen. Hitz, ein eingefleischter langjähriger Marxist, bat bei seiner mündlichen Vernehmung, sich zur Sache selbst schriftlich äussern zu dürfen, nachdem er 8 weitere Mittäter angegeben hatte. Seiner Bitte wurde entsprochen. Er hat sich dann in seiner Zelle am 5.7.35 erhängt. Mit seinen schriftlichen Aufzeichnungen hatte er tatsächlich begonnen, diese jedoch nach Schilderung seines Lebenslaufes abgebrochen, sodass vermutet werden darf, dass er entweder aus Reue über seine Angaben oder zur Schonung seiner Mittäter Selbstmord begangen hat. Die 8 von ihm beschuldigten Personen wurden später festgenommen und gestanden ihre Tat ein. ~~In dieser Angelegenheit ist bereits am 24.7.35 - Tgb.Nr.1340/35 - berichtet worden.~~

b.) Der Invalide Reinhold B ü t t n e r , geb.am 22.4.79 zu Niederhermsdorf, Deutscher, Diss.,verheiratet, zuletzt wohnend Moers-Meerbeck, Bismarckstr.61, wurde

am

102

am 25.6.35 festgenommen. Er gehörte der SPD von 1907 und dem Reichsbanner von 1925 bis zum Umbruch an. Im alten Bergarbeiterverband war er von 1905 bis zur Gleichschaltung durch die DAF. Am 5.7.35 machte er in seiner Zelle im Polizeigefängnis Duisburg seinem Leben durch Erhängen ein Ende, vermutlich um keine Verwandten belasten zu müssen.

c.) Der Invalide Alexander N ö t h e n, geb.am 5.1.85 zu Moers, Deutscher, Diss., verheiratet, zuletzt wohnend Moers, Hombergerstr.82, wurde am 25.6.35 festgenommen. Er war Mitglied der SPD von 1924 bis zur Machtübernahme und 1931 bis 1932 Stadtverordneter der SPD-Fraktion in Moers. Von 1918 bis zur Gleichschaltung durch die DAF war er frei gewerkschaftlich organisiert. Nach seiner verantwortlichen Vernehmung erhängte er sich am 7.7.35 in seiner Zelle im Polizeigefängnis Duisburg, wahrscheinlich aus Angst vor der zu erwartenden hohen Strafe.

d.) Der Bergmann Gustav G r o ß m a n n, geb.am 9.9.86 zu Obersalzbrunn, zuletzt wohnend Moers-Meerbeck, Elbestr.34, wurde am 10.7.35 festgenommen. Ohne mündlich oder schriftlich vernommen worden zu sein, erhängte er sich in der auf seine Festnahme folgenden Nacht aus unbekannten Gründen in seiner Zelle im Polizeigefängnis Duisburg.

Über die unter b.) bis d.) genannten Personen ist bereits am 2.8.35 - Tgb.Nr.1432/35 - berichtet worden.-

Schmitz

Zuvor war die Gestapo in Berlin tätig geworden, weil, nur wenige Monate vor der Berliner Olympiade, die Morde bis ins Ausland bekannt wurden.

Richtiggestellt werden alle Spekulationen spätestens durch den Bericht von Christine Hitz (später verheiratete Spanier) über die brutale Ermordung ihres Mannes. Dieser konnte auch kurz vor seinem Tod noch seinen Zellennachbarn Friedrich Anlahr – einen Arbeitskollegen auf der Zeche Mevissen, der ebenfalls aus der Bergheimer Sielung kam – durch Klopfzeichen über die ihm zugefügten grausamen Folterungen informieren.[369]

Alfred Hitz

Christine Spanier war damals Ehefrau des Bergmanns Alfred Hitz, nach dem heute in Bergheim der zentrale Platz benannt ist. Sie heiratete 1937 den ebenfalls wegen Hochverrats zu zwei Jahren Zuchthaus verurteilten Rheinhauser Heinrich Spanier. Sie berichtet über die Ermordung ihres ersten Mannes:[370]

„... haben wir am 14. Juni 1935 geheiratet und am 21. wurde mein Mann 27 Jahre, und am 24. haben sie ihn geholt. Er ging abends auf Nachtschicht, und da haben sie ihn von der Zeche geholt. Wir kriegten Bescheid, wir sollten nach Duisburg kommen. Ich bin mit der Schwägerin hingefahren. Aber es war nichts zu machen. Wir kriegten ihn nicht zu sehen, und wir konnten nicht mit ihm sprechen... Und dann am 4. Juli kriegte ich Bescheid, mein Mann hätte sich erhängt. Können Sie sich das vorstellen, wie das auf eine Frau wirkt, die 20 Tage verheiratet war? Ich habe es im ersten Moment nicht geglaubt. Mein Mann war dafür keine Natur. Der hätte auch eher gekämpft als wie aufgegeben. Dann mußten wir wieder nach Duisburg. Dann haben sich etliche Sachen ergeben. Also es hieß zuerst, wir könnten meinen Mann sehen. Wir kriegten unten die Sachen. Und er hätte sich erhängt.

Da war der Gürtel, da war der Schlips, alle Sachen waren unten verwahrt. Das hatte er gar nicht in der Zelle gehabt. Und da habe ich schon gesagt, womit er sich erhängt habe? Da gab es keine Antwort. Wir saßen vor dem Schreibtisch, die Schwägerin neben mir, und da kamen die Beamten rein und brachten ein Bild.

„Eine besondere Methode im Duisburger Polizeipräsidium", Karl Schwesig, Antwerpen 1936

Und ich guckte so und da sah ich, daß das mein Mann war. Und der Beamte sprach was vom linken Ohr. Und da fragte ich, was ist mit dem linken Ohr? Auch keine Antwort. Aber nachher im Sarg haben wir es gesehen. Es war ganz zerfetzt von einem Schuß. Die hatten die linke Seite fotografiert. Man sah nur eben, daß das mein Mann war.

Den Sarg haben wir dann später ja auch aufgemacht ... und dann haben wir gesehen, wie der aussah. Es war wirklich, man kann sagen, kein Knochen mehr, wo er hingehörte. Das Genick war durch, die linke Seite war zerschossen und die Finger, als wenn er sich gegen ein Messer gewehrt hätte...

Und auch bei der Beerdigung, hinter jedem Baum und hinter jedem Strauch die Gestapo... Die Reichsbannerkameraden waren alle mitgegangen, es hat keiner gescheut, da mitzugehen. Ja, das hat vielleicht auch die Verhaftungen in der nächsten Woche ausgelöst. Nur war das dann anders. Die hatten alle einen Prozeß... Ich wohnte dann wieder in Bergheim. Es ging dann bei mir mit Hausdurchsuchungen weiter. Der Arzt sagte mir dann, ich wäre in Hoffnung. Ich bekäme ein Kind. Das war eigentlich meine Rettung. Ich war aber so verzweifelt, ich hätte mir das Leben nehmen können. Ich habe gedacht, das überstehst du nicht. Die haben immer gesagt, wenn ich das sage, was ich im Grab gesehen habe, muß ich mein Kind im KZ zur Welt bringen. Ich habe damals nicht gesagt, mein Mann ist so umgekommen, ich habe gesagt, der ist im Bergwerk verunglückt. Das muß man sich mal vorstellen. Immer aus Angst, daß man selber geholt wird."

Christine Spanier bzw. Hitz, die in den 60er Jahren ein SPD-Mandat im Moerser Kreistag innehatte, bekam die Diktatur selbst weiter zu spüren: „Arbeitsbuch geschlossen, politisch nicht einwandfrei".[371]

Reinhold Büttner

Am 24. Juli 1947 lieferte der spätere Bundestagsabgeordnete Fritz Büttner folgenden Lebenslauf seines Vaters Reinhold Büttner an den SPD-Bezirk Niederrhein und die Vereinigung der Verfolgten des Naziregimes:

„Mein Vater wurde am 22.4.1879 als jüngstes von 7 Kindern im Waldenburger Bergland geboren. Schon in der Kindheit lernte er alle Sorgen und Nöte einer Bergarbeiterfamilie kennen. Als Schulkind mußte er in der Landwirtschaft schon mitverdienen. Als junger Mann stieß er zur sozialistischen Bewegung, der er im wahrsten Sinne des Wortes bis in den Tod treu geblieben ist. Sowohl in der SPD als auch im alten Bergarbeiterverband hat er Funktionen innegehabt... In Schlesien hat er sich auch in der Volksbühne in Waldenburg und in der Genossenschaftsbewegung eifrig betätigt. Er ist wohl nie Egoist gewesen... Seine uns Kindern und der Bewegung so oft in der Tat bewiesene Parole war: „Sozialist sein heißt, sich auf die Seite der Mühseligen und Beladenen stellen". Er war ein gläubiger Idealist, den nur seine schwere Krankheit gehindert hat, bis zum letzten Atemzug nach außen hin Aktivist zu sein. Umso schärfer führte er einen geistigen Kampf, dessen Schläge mancher Gegner der Arbeiterbewegung zu spüren bekam. An allen organisierten, disziplinierten Bergarbeiterstreiks hat mein Vater teilgenommen. Er haßte alles Extreme und Undisziplinierte, sein Leben dabei manchmal aufs Spiel setzend. Er war Sozialist, aber auch ein guter Deutscher, dem die Einheit sehr am Herzen lag. Ich denke dabei an seinen Einsatz in der Separatistenzeit, wo er sich gleich als Aktivist im Kampf gegen die Separatisten zur Verfügung stellte... Ich weiß noch, wie er sich manchmal zu Wahlversammlungen un-

Reinhold Büttner im Kreise seiner Familie (2.v.r.u.); rechts oben sein Sohn Fritz, späterer Bundestagsabgeordneter

serer Bewegung geschleppt hat, nur um den Nazis zu beweisen, daß noch welche da sind, die ihren falschen Parolen nicht glauben. Er ... ist unermüdlich gewesen im Kampf gegen den Nazismus, auch über das Jahr 1933 hinaus, sodaß meine Mutter um ihn und unser Familienglück sehr besorgt war. Ihre Sorge war nicht unbegründet. Nach 32jähriger glücklicher Ehe wurde sie am 5. Juli 35 für immer auseinandergerissen.

Einige Jahre später starb dann auch unsere gute Mutter, der tragische Tod unseres Vaters hatte ihr, die gleichfalls der sozialistischen Bewegung angehörte, so zugesetzt, daß auch sie ein indirektes Opfer des Nazismus wurde.

Lange Jahre hat mein Vater als Schöffe beim Amtsgericht Moers gewirkt, er ist auch sonst noch in Schulausschüssen und Kommissionen gewesen... Die Gestapo gab uns die Leiche zur Beerdigung frei. Der Trauerzug wurde zu einem Demonstrationszug, von Gestapo und Polizei bewacht."

Frieda Büttner, Frau des verstorbenen Sohnes Richard, ergänzt:[372] „Die Familie meines Schwiegervaters kam 1910 von Schlesien nach Moers. Verhaftet wurde Reinhold Büttner 1935 zur Meerbecker Kirmes. Es war in der Nacht von Samstag auf Sonntag, um 2 Uhr. Bei der Verhaftung sagte er: 'Ich habe mit meinen 52 Jahren nie etwas mit der Polizei zu tun gehabt und werde nun wie ein Schwerverbrecher abgeführt.' Etwa 14 Tage später wurde er im Duisburger Polizeipräsidium ermordet. Mein Mann wurde dorthin beordert, um die Leiche zu identifizieren. Seine Bitte, Auskünfte über den Tod des Vaters zu bekommen, wurde abgelehnt. Ihm wurde auch Festnahme angedroht, falls er nicht sofort verschwände.

Später ließ man verlauten, Vater sei auf der Flucht umgekommen. Er war aber wegen seines Ischiasleidens schwer gehbehindert. Die Beisetzung erfolgte auf dem Friedhof Lohmannsheide."

Nach Reinhold Büttner ist in Moers/Eicker Wiesen eine Straße benannt.

Gustav Großmann
Gustav Großmann wurde 1886 in Schlesien geboren.

1923 übersiedelte der Bergmann mit der Familie nach Moers-Meerbeck. Auch hier war er im Bergarbeiterverband und in der SPD tätig, wurde Knappschaftsältester. Eine Atemwegserkrankung hinderte ihn, politisch aktiver zu sein.

Trotzdem wurde er am 9. Juli 1935, einem Samstagabend, verhaftet und bereits am Sonntagmorgen ermordet. Auf dem Friedhof Lohmannsheide (Baerl) fand er seine letzte Ruhestätte. Sein Sohn Gustav, der etwa 14 Tage zuvor verhaftet worden war, durfte nicht an der Bestattung des Vaters teilnehmen. Nach dem Vater ist in Moers-Eicker Wiesen eine Straße benannt.

Gustav Großmann junior, geboren am 24.2.1908 in Schlesien, 1926 Bergmann in Moers, Mitglied der SPD seit 1927, ferner im Reichsbanner, im damaligen Bergarbeiterverband und beim Arbeitersport: wurde am 23.6.35 in Moers verhaftet, in Duisburg im Polizeipräsidium 14 Tage lang verhört, 13 Monate im Duisburger Gerichtsgefängnis inhaftiert, dort schwer mißhandelt. Die Folgen waren bis zuletzt sichtbar.

Alex Nöthen
Über Alex Nöthen berichtete seine Tochter Inge Wenzel, geb. Nöthen, am 20. März 1987: „Mein Vater wurde am 5.1.1885 in Moers geboren. Als Bergmann war er Mitglied des Bergarbeiterverbands, später wurde er Betriebsratsvorsitzender, 1928 Grubenkontrolleur. Seit 1918 war er Mitglied der SPD. Mitte 1933 wurde er aus politischen Gründen entlassen. Ich selbst mußte damals das Moerser Lyzeum verlassen, da kein Geld mehr da war. Ende Juni 1935 wurde mein Vater wegen angeblichen "Hochverrats" festgenommen und ins Polizeipräsidium Duisburg verschleppt. Am 7. Juli 1935 wurde er ermordet. Seine Leiche wurde in Moers auf dem Friedhof Klever Straße aufgebahrt. Die Beisetzung erfolgte dann auf dem Meerbecker Friedhof. Der

Alex Nöthen, links oben, neben seinem Sohn Willi bei dessen Hochzeit 1930. Ganz rechts Elisabeth Brümmer, spätere Schwiegertochter des ebenfalls ermordeten Reinhold Büttner.

Trauerzug wurde von der Polizei überwacht. Daß er Selbstmord begangen haben soll, konnten wir nicht glauben. Vater war immer sehr aktiv, er lebte gerne."

Nach Alex Nöthen ist in Moers-Scherpenberg eine Straße benannt.

4.6 Die weiteren Opfer: Mutiges Meerbeck-Hochstraß

Die sogenannten Brotfahrer-Prozesse des Oberlandesgerichts Hamm gegen insgesamt 167 Angeklagte fanden in drei von einander getrennten Verfahren zwischen dem 30. Juni und dem 4. August 1936 statt. Sie wurden in Duisburg geführt, wo sich die Beschuldigten im Untersuchungsgefängnis befanden. Im ersten wurden 58 rechtsrheinisch wohnende Mitglieder der Gruppe aus den Städten Essen, Gelsenkirchen, Oberhausen, Mülheim, Dinslaken und Duisburg verurteilt (6 O.Js. 596/35 gegen den Bauarbeiter Hermann Rotthäuser u.a.). Zu ihnen gehörten Fritz Runge aus Essen, Johanna Niederhellmann aus Ruhrort und Peter Bailly aus Dinslaken.

Die Nazi-Presse berichtet über diese Prozesse, die bereits vor der Olympiade liefen, überhaupt nicht. Der „Neue Vorwärts" der SOPADE in Prag vom 16. August 1936 titulierte: „Braune Justiz-Olympiade. Massenprozeß gegen illegale Sozialdemokraten in Rheinland-Westfalen. – 600 Angeklagte, 450 bereits abgeurteilt. – Viele hundert Jahre Zuchthaus. – Unmenschliche Folterungen in der Voruntersuchung."

Im dritten Prozeß hatten sich 48 Angeklagte aus dem linken Niederrhein, südlich der heutigen A 40 zu verantworten (6 O.Js. 596/35, gegen den Weber Wilhelm Linkenheil aus Odenkirchen u.a.). Zu ihnen zählen viele Krefelder und Mönchengladbacher. Die 11 Rheinhauser sind fast alle Bergleute:

Robert Kraus, Berginvalide	2 J,	10 M	Zuchthaus
Friedrich Anlahr[373], Bergmann	2 J,	4 M	Zuchthaus
Wilhelm Müller, Grubenmaurer	1 J,	2 M	Gefängnis
Dietrich Kleuken, Bergmann	1 J,	6 M	Gefängnis
Albin Ginhold, Bergmann	1 J,	2 M	Gefängnis

Max Rybacki, Bergmann	1 J,	5 M	Gefängnis
Ernst Voss, Bergmann	1 J,	4 M	Gefängnis
Leo Salewska, Bergmann	1 J,	4 M	Gefängnis
Friedrich Simon, Bergmann	1 J,	2 M	Gefängnis
Albert Hummes, Bergmann	1 J,	1 M	Gefängnis
Fritz Matull, Hüttenarbeiter	1 J,	4 M	Gefängnis
verurteilt am 4.1.1937:			
Johann Haßhoff, Bergmann (Oestrum)	1 J,	4 M	Gefängnis

Die 61 Angeklagten aus dem zweiten Prozeß, der dasselbe Aktenzeichen trägt, kommen alle aus dem Altkreis Moers. Das Urteil gegen den Brotfahrer Walter Leese aus Moers und andere wird am 22. Juli 1936 verkündet, die Angeklagten befinden sich alle im Duisburger Gerichtsgefängnis in Untersuchungshaft. Acht von ihnen kommen aus Moers selbst, vier aus Repelen und 16 aus Meerbeck. 9 sind in Homberg beheimatet, 23 in Kamp-Lintfort. Auch hier gilt wieder, wie schon beim KPD-Widerstand: mutiges Meerbeck-Hochstraß.

Die Zahl der verurteilten Sozialdemokraten im Altkreis Moers beträgt damit, einschließlich Runges und der vier Ermordeten, über 75.

Die Strafen schwanken zwischen 3 Jahren und 5 Monaten Zuchthaus (für Walter Leese) und 8 Monaten für den bereits 68-jährigen Peter Zimmer. Das höchste Strafmaß trifft in Meerbeck Paul Schneider II (mit 3 Jahren und 4 Monaten Zuchthaus), in Repelen den späteren Bürgermeister Johann Steegmann (mit 2 Jahren und 2 Monaten Zuchthaus). Die meisten der Verurteilten sind zwischen 30 und 35 Jahre alt, viele sind über 40, einige über 50. Auch sie sind zumeist Bergleute oder Berginvaliden. Viele von ihnen sind, wie die Runges, Schlesier.

Aus Moers, Meerbeck und Repelen werden verurteilt (genauere Angaben s. Anhang 10.4):

Walter Leese	Moers	Hermann Hoppe
Bernhard Jung		Friedrich Brandt
Wilhelm Müller I		Gustav Grossmann
Heinrich Elsner		Peter Zimmer
Paul Schneider	Meerbeck	Gustav Fährle
Heinrich Schroth		August Schneider
Fritz Leuchtenberger		Wilhelm Wolf
Hermann Schiller		August Knoll
Theodor Scholz		Wilhelm Röricht
Max Scholz		Paul Pätzold
Paul Ullrich		Wilhelm Herrmann
Heinrich Huhndorf		Friedrich Wilhelm
Johann Steegmann	Repelen	Paul Langer
Walter Ulrich		Wilhelm Platen

Aus Hochheide und Homberg werden als Angehörige des „Germania"-Widerstandskreises verurteilt:

Paul Schneider, Bergmann	3 J		Zuchthaus
Roman Ebner, Bergmann	1 J	4 M	Gefängnis

Josef Beischl, Bergmann	1 J	2 M	Gefängnis
Josef Cigan, Invalide	3 J		Zuchthaus
Wilhelm Kleinhorst, Steiger a.D.	1 J	4 M	Gefängnis
Wilhelm Schumacher, Reisevertreter	1 J	6 M	Gefängnis
Friedrich Golkowsky, Invalide	1 J	6 M	Zuchthaus
Oskar Wintges, Werkmeister	1 J	4 M	Gefängnis
Heinrich Diecks, Werkmeister	1 J	2 M	Gefängnis

Aus Neukirchen-Vluyn stammt keiner der verurteilten Brotfahrer, obgleich es auch dort vereinzelt Widerstand gegeben hat, etwa durch Eduard Priewisch.[374] Bereits 1934 wird der Neukirchener SPD-Mann Adolf Abt zu 9 Monaten Gefängnis wegen Widerstands gegen das NS-Regime verurteilt. Er hatte bereits 1918 am Aufstand der Matrosen in Kiel und 1920 bewaffnet gegen den Kapp-Putsch gekämpft.[375]

Die höchste Strafe bei den verurteilten 23 Lintfortern trifft den späteren Nachkriegsbürgermeister Robert Schmelzing. Die dritthöchste Strafe handelt sich Karl Lohmeier ein. Auch er sollte nach 1945 – Vorsitzender der Kamp-Lintforter Arbeiterwohlfahrt bis 1958 – einer der „Männer der ersten Stunde" werden.

Robert Schmelzing, Bergmann	3 J	3 M	Zuchthaus
Karl Lohmeier, Bergmann	2 J	4 M	Zuchthaus
Johann Orlikowski, Bergmann [eigentlich Orlekowski, d.Verf.]	1 J	7 M	Zuchthaus
Emil Petras, Berginvalide	1 J	5 M	Gefängnis
Christian Leupold, Invalide	1 J	2 M	Gefängnis
Heinrich Kampmann, Bergmann	2 J		Zuchthaus
Hermann Sablowski, Bergmann	1 J	6 M	Zuchthaus
Fritz Islaker, Markenkontrolleur	1 J	2 M	Gefängnis
Josef Fiedler, Bergmann	1 J	7 M	Gefängnis
Ludwig Loos, Bergmann	2 J	6 M	Zuchthaus
August Rathmann, Bergmann	1 J	6 M	Zuchthaus
Albert Kirchhoff, Bergmann	1 J	10 M	Gefängnis
Mathias Bobik, Arbeiter		7 M	Gefängnis
Friedrich Stierenberg, Bergmann	1 J	6 M	Zuchthaus
Richard Helmreich, Bergmann	1 J		Gefängnis
Peter Schwarz, Bergmann	2 J	2 M	Zuchthaus
Peter Kersken, Berginvalide		6 M	Gefängnis
Emil Mildenberger, Bergmann	1 J	9 M	Zuchthaus
Josef Baus, Invalide	1 J	2 M	Gefängnis
Johann Buchheim, Bergmann	2 J		Gefängnis
Heinrich Trautmann, Bergmann	2 J	3 M	Zuchthaus
Otto Pachel, Berginvalide	1 J	2 M	Gefängnis
Franz Pokovc, Bergmann	1 J	2 M	Gefängnis

Unter den Verurteilten des Altkreises Moers befindet sich keine Frau. In einem anderen Verfahren fanden Minna Orlekowski (Kamp-Lintfort), deren Mann zu 1 Jahr und 7 Monaten Zuchthaus verurteilt worden war und die Ehefrau Friedrich zur Oven (Kamp-Lintfort; nicht selten steht in Prozeßakten nur der Vorname des Ehemanns) milde Richter und wurden am 7. Oktober 1936 freigesprochen: „Beide Angeklagte sind schon 59 und 57 Jahre alt, Mütter mehrerer Kinder, und bisher noch unbestraft. Ihr Verschulden ist nicht besonders groß, zumal ein nachweisbarer Schaden dadurch, daß sie die Broschüre nicht abgeliefert haben, nicht entstanden ist."[376] Minna Orlekowski ist keine geringere als die angesehene Gründerin der Kamp-Lintforter Arbeiterwohlfahrt, deren Vorsitz sie von 1921-1933 innehatte.

Mit einem Freispruch war bereits der im August 1933 verhaftete 53-jährige Leiter der Kamp-Lintforter „Volksbühne", Albert Börner, davongekommen. Ihn hatte die damals 18-jährige Ehefrau H.L. angeschwärzt, er habe sie noch nach dem Verbot als Schauspielerin zurückgewinnen wollen.[377] Offenbar wollte sie sich bei den neuen Machthabern anbiedern.

Von der Zerschlagung des „Germania"-Widerstandkreises sollten sich die Sozialdemokraten im Altkreis Moers bis zum Kriegsende nicht mehr erholen, der organisierte Widerstand brach völlig zusammen. Freilich sollten viele der Opfer in späteren Jahren Polizei, Justiz und Kreiswehrersatzämter noch weiterbeschäftigen. Im Gefolge des Attentats vom 20. Juli 1944 wurden auch im Altkreis Moers 20-30 Personen verhaftet (vgl. Kap. 6.7). Zu ihnen gehörten auch einige führende Sozialdemokraten.

4.7 Einzelschicksale

Zu einer Reihe weiterer führender Sozialdemokraten aus dem Widerstand haben die Autoren Informationen und Bilder erhalten. Einige von ihnen werden anschließend vorgestellt. Dabei werden die späteren Bürgermeister Johann Steegmann (Repelen-Baerl) und Wilhelm Müller (Moers) erst im Nachkriegskapitel gewürdigt.

Paul Schneider

Paul Schneider, der mit 3 Jahren und 4 Monaten Zuchthaus die höchste Strafe als Meerbecker erhielt, wurde am 5.3.1905 in Kunzendorf/Oberschlesien geboren. Der gelernte Hufschmied kam ca. 1925 nach Meerbeck und wurde Bergmann auf Schacht IV. Seit 1926 als Mitglied des „Reichsbanners" zuerst Stabsführer, dann Ortsgruppenleiter in Meerbeck (Fotos in Kap. 1). Verhaftung am 1.6.1935 im Haus Gustav Fährle, Verbüßung der Strafe im Zuchthaus Vechta/Emsland. Die Ehefrau sagte dem 7jährigen Sohn: „Dein Vater ist zur Kur". Von Kindern auf der Straße erfuhr er, daß dieser „im Pitterkasten" war. Nach Strafverbüßung wieder bei Rheinpreußen, Federzeichnungen für die Werkszeitung „Schüttelrutsche".

Die Gestapo lehnt für den „überzeugten marxistischen Funktionär" eine Wiederzuerkennung der Wehrwürdigkeit ab. Doch wird ihm diese Ende 1941, nach dem deutschen Überfall auf die Sowjetunion, verliehen.[378] Nach Genesung von einer schweren Kriegsverwundung Verlegung nach Ungarn, dort seit 1945 vermißt.[379]

Gustav Fährle

Gustav Fährle, geb. am 31.12.1890 in Schweidnitz/Schlesien, kam 1910 nach Meerbeck, als Bergmann-Zimmerhauer bei Schacht V. Schon früh im Alten Bergarbeiterverband organisiert, SPD, Arbeiter-Radsportverein „Solidarität", „Schufoführer" im Reichsbanner, „techn. Leiter der Reichsbannerjugend".

Sollte nach Machtübernahme die Meerbecker SA führen, wenn er die Fahne der Republik, Schwarz-Rot-Gold, öffentlich auf dem Marktplatz verbrennen würde,

Bernhard Jung mit seiner Ehefrau Caroline

Gustav Fährle mit Ehefrau Martha und Tochter Else

ein Ansinnen, das er ablehnte. Wurde, als sich die Polizei bereits in seinem Vorgarten auf die Lauer legte (Donaustraße 14,6) von einer Jugendlichen aus der Nachbarschaft gewarnt. Hanna Theiss: ich blieb nicht stehen, sondern ging an ihm vorbei, ohne ihn anzusehen, „da warten schon welche auf Sie". Vorübergehende Aufnahme in der Familie Fritz Seidel (späterer Bürgermeister), dann doch Verhaftung und 2 Jahre Moorlager im Emsland. Nach dem Krieg wieder aktiv in SPD und bei IGBE, verstorben 1978 im Alter von 88 Jahren.[380]

Bernhard Jung

Über den Brotfahrer *Bernhard Jung* gab seine Schwägerin Franziska Reuther am 3.3.1991 zu Protokoll (zum Teil wörtlich): Bernhard Jung wurde am 23.6.1901 in Essen geboren. Er erlernte den Bergmannsberuf auf der Zeche Friedrich-Heinrich in Kamp-Lintfort und besuchte Gewerkschaftsschulungen. Später Gewerkschaftssekretär im „Alten Bergarbeiterverband", als Nachfolger des pensionierten Sekretärs Temper. Vor 1933 Schulungen im Arbeits- und Sozialrecht, um Kollegen beim Arbeitsgericht Rechtsbeistand gewähren zu können.

Am 2. Mai 1933 wurde das Gewerkschaftshaus in Moers besetzt und geschlossen, die Mitarbeiter entlassen. Ende 1933 bis 1935 gehörte er mit Walter Leese und anderen Kollegen zum Kreis um Hermann Runge, die bei der Brotfabrik Kordass in Hamborn tätig waren und illegal Flugblätter verteilten.

Am 3.6.1935 verhaftet, verurteilt zu 2 Jahren 6 Monaten Zuchthaus, inhaftiert in Vechta/Emsland (ähnlich dem berüchtigten Moorlager Börgermoor). 1937 entlassen wegen schwerer Erkrankung (TBC). Lagerarzt verfügte Entlassung wegen Vermutung von baldigem Tod. Lange krank, dann arbeitslos.

Nationalsozialistische Deutsche Arbeiter-Partei
Gau Essen

Dienststelle der Gauleitung:
Essen, Friedrichstraße 1 (Thomaehaus)
Fernruf Sammel-Nr. 51661

Unsere Tageszeitung: „National-Zeitung"
Moers, Steinstraße 30
Fernruf: 2287

Kreisleitung Moers
Kreispersonalamt

Fernruf: Sammel-Nr. 2222 Moers
Bankkonto: Kreissparkasse Moers, Konto-Nr. 1214
Dienststunden: 8-13 und 15-19 Uhr

Ihr Zeichen: –
Unser Zeichen: (bei Antwort angeben) Ju. Pr./Kl.

Moers, den 31. Juli 1940.
Göhring 2a

An die
Polizei-Verwaltung
z.Hd.d. Kriminalinspektors
Pg. I m i g ,
M o e r s .

Betrifft: Auskunft über den Vg. Bernhard J u n g , Moers-Hochstraß, Alexanderstraße 4

Der allgemeine Ruf des Obengenannten ist in politischer Hinsicht äußerst schlecht. Jung gehörte früher der SPD an und betätigte sich in dieser Partei als Parteisekretär. In dieser Stellung hat er vor der Machtübernahme die nationalsozialistische Bewegung mit allen ihm zu Gebote stehenden Mitteln in der unfairsten und gemeinsten Weise bekämpft. Auch nach der Machtübernahme konnte festgestellt werden, daß Jung in keiner Weise sich bemühte, mit seinen marxistischen Anschauungen zu brechen. Auch in dieser Zeit versuchte er, im geheimen seine marxistische Tätigkeit fortzusetzen und illegale Gruppen zu bilden. Infolge Weitergabe und Vertrieb marxistischer, illegaler Flugblätter wurde er nach der Machtübernahme mit einer Zuchthausstrafe von 2 Jahren und 6 Monaten bestraft. Seit der Entlassung des Jung aus dem Zuchthaus hat man keine Ansätze bemerken können, die auf eine Änderung seiner politischen Haltung schließen lassen können. Sein Verhalten zur Bewegung und zum heutigen Staat ist immerhin noch passiv.

Die absolute politische Zuverlässigkeit kann dem Jung nicht zugesprochen werden, da er innerlich den nationalsozialistischen Staat nie bejahen, sondern stets verneinen wird.

Heil Hitler !
Der Kreisleiter
Vertreter im Amt.

Kreispersonalamtsleiter Prang äußert sich sehr skeptisch zu dem Sozialdemokraten Bernhard Jung, bei dessen Antrag auf „Wiedergewinnung der Wehrwürdigkeit".

Später einige Monate Vertrieb von Büchern für einen medizinischen Verlag. Dann durch Vermittlung von Peter Zimmer und Dr. Heinrich Kost (Bergbau) beschäftigt in Markscheiderei Rheinpreußen. 1944, nach Attentat auf Hitler, wieder verhaftet, Zuchthaus Anrath bei Krefeld. Bald entlassen und in einer Bewährungseinheit der Wehrmacht im Raum Aachen eingesetzt. Im Januar/Februar 1945 von Dr. Kost für Rheinpreußen reklamiert und freigestellt.

Nach dem Krieg maßgeblich am Aufbau der SPD in Moers beteiligt. 1946 Leiter des Arbeitsamtes Moers. 1952-1965 Arbeitsdirektor der Hibernia-AG Gelsenkirchen. 1975 gestorben.

Walter Leese

Walter Leese, am 1.7.1901 als Bergmannssohn in Stockum b. Witten geboren, mit 15 Jahren Bergarbeiter. Seit 1917 Gewerkschaftler, seit 1920 SPD-Mitglied. 1925 Hochzeit, zwei Kinder. 1927-1929 Abendkurse, 1929/30 Staatl. Fachschule für Wirtschaft

Walter Leese mit Ehefrau Lydia („Lilli") und Sohn Gerhard 1928

und Verwaltung. 1931 Angestellter des „Verbands der Bergarbeiter Deutschlands" in Dortmund und Bochum, ab Februar 1933 in der Geschäftsstelle Moers, Wohnung Am Pandick. Entlassung Mai/Juni 1933. Brotfahrer bei Fa. Kordass ab Februar 1934[381]. Verhaftet am 1.6.1935, im Juli 1936 zu 3 Jahren Zuchthaus verurteilt. Strafverbüßung in Vechta und in der Torfbaggerei des Oldenburger Moores (von Peter Bailly aus Dinslaken ist bezeugt, daß die Gefangenen auf dem Marsch ins Moor bei Vechta von der Bevölkerung mit Steinen beworfen wurden[382]). Nach Ablauf des „Ehrverlustes" zum Wehrdienst gezwungen[383], Einberufung 1942, bald Frontbewährung.

„Als Brotfahrer verdient Leese [1942] wöchentlich 38.- Rm netto. An Miete bezahlt er monatlich 33.- Rm an die Bergmannssiedlung Moers-Hochstraß... hat heute noch 601,50 Rm ... an das Wohlfahrtsamt in Moers zurückzuzahlen ... Schulden für den Unterhalt seiner Familie während seiner Inhaftierung."[384]

Nach Kriegsgefangenschaft, ab September 1945, Wiederaufbau der Gewerkschaften im Kreis Moers, Geschäftsstellenleiter der IGBE, Vorsitzender der Niederrheinischen Knappschaft.

Peter Zimmer

Nach Peter Zimmer ist in Moers-Hochstraß eine Straße benannt, in der früher viele Sozialdemokraten wohnten (Am Pandick). Er wurde am 3.9.1868 in Neustadt/Kirchhain (Kreis Marburg) geboren.[385] Nach Wanderschaft durch verschiedene Länder kam der gelernte Schreinergeselle 1886 zurück, trat 1890 in den Bergarbeiterverband und 1891 in die SPD ein. 1911 kam der „blaue Peter" (der von einem Grubenunfall blaue Narben im Gesicht trug) als Gewerkschaftssekretär nach Moers, 1927 wurde er Kassierer des SPD-Ortsverbandes Moers.

Schwere körperliche Mißhandlung 1921 (vgl. Kap. 1.2). Mitglied des Reichsbanners von der Gründung bis zu seiner Auflösung. 1929 Stadtverordneter in Moers, zugleich Mitglied des Kreistags und des Provinziallandtags.

Peter Zimmer: 1921 von radikalen Arbeitern mißhandelt, 1935/1936 im Gefängnis, 1944 abermals verhaftet, nach 1945 Alterspräsident des ersten NRW-Landtags.

Am 6.6.1935 mit den „Brotfahrern" festgenommen, am 22.7.1936 zu acht Monaten Gefängnis verurteilt. Eine 1937 neu angelegte Personenakte der Gestapo verdächtigt ihn weiterhin der „illegalen Betätigung". Im August 1944, im Gefolge des Attentats vom 20. Juli, abermals verhaftet.

1945 Schutz für den Bergbau gegenüber den Siegermächten, 1946 Alterspräsident des ersten gewählten Landtags von Nordrhein-Westfalen. Gestorben am 19.1.1957 und unter großer Anteilnahme der Bevölkerung beigesetzt. Unter den Vertretern des öffentlichen Lebens der ehemalige Bundesvorsitzende der IGBE, August Schmidt, den Zimmer einst in die Arbeit eingeführt hatte. Gedicht in der NRZ: „Nun ist er tot, der tapfere Blücher vom Niederrhein..."[386]

4.8 Andere politische Kräfte

Andere politische Kräfte als SPD und KPD spielten in Moers offenbar keine Rolle. Weder die Überwachungsakten zu Ende der Weimarer Republik noch die Gestapoakten weisen etwa auf Anarchisten, Anarchosyndikalisten oder auf andere Gruppierungen der Arbeiterbewegung in Moers. Dies bestätigen auch Zeitzeugen.

Die im Duisburger Widerstand aktive Sozialistische Arbeiterpartei (SAP, auch Willy Brandt) war in Moers als Partei nicht präsent, wie Alfred Lemmnitz bezeugt.[387] Ihr angehört haben könnte der Lehrer Karl Dittmer in Moers, zu dem Karl Völker aus Duisburg nach der Haftentlassung 1935 wieder Kontakt aufnahm.[388]

4.9 Nicht alle Meerbecker waren nur Opfer

In der Regel tat man sich in der Meerbecker „Kolonie“ gegenseitig nichts. Immer wieder berichten Zeitzeugen, daß Nazis in der Nachbarschaft wohnten, auch SA-Leute oder Polizisten. Man kannte die unterschiedliche Einstellung der anderen – aber die meisten waren korrekt. Und: „Vor dem kräftigen Polizisten Windhuys, der gleich um die Ecke wohnte, hatten Groß und Klein ziemlichen Respekt“.[389]

Allerdings gab es auch einige Ausnahmen. Zu den Scharfmachern zählte sicher Lehrer X von der Evangelischen Volksschule in Meerbeck. Er wohnte in der Schule jenseits der Bismarckstraße und war offenbar auch der starke Mann der Meerbekker SA. Zwei alte Meerbeckerinnen berichten: „Als das mit Hermann [Runge] alles passierte, hat er geschrien 'sofort erschießen'. Durch Meerbeck ging er immer in der braunen Uniform. Und grüßen konnte man ihn nur mit 'Heil Hitler!'. Aber nach dem Krieg, da wurde der noch geehrt, im Sportverein und so. Er wurde ja an die 90.“ Noch eine Meerbeckerin ergänzt: „Wer weiß, was der alles auf dem Gewissen hat, der... Meinen jüngsten Bruder, den hat der gezwiebelt. Der wollte nicht in die Hitlerjugend“.[390]

Auch Frieda Büttner gab bereits 1987 zu Protokoll: „Einer der Hauptverantwortlichen für die Verhaftung und somit auch den Tod [von Reinhold Büttner] war ein ehemaliger Lehrer Namens X aus Meerbeck. Nach dem Kriege wurde X [zunächst, d. Verf.] nicht wieder in den Schuldienst übernommen. Für ein gutes Leumundszeugnis wandte er sich auch an meinen Mann, ehemaliger Schüler von ihm und Sohn des ermordeten Reinhold Büttner. Dieser wies das Ansinnen mit großer Bestürzung ab.“[391]

„X“, so die unterschiedliche Wahrnehmung seines Berufskollegen Paul Gericke, „war ein netter, freundlicher Mann. Er konnte gut mit den Leuten. Er war besonders aktiv in der NSV, besonders in der Frauenarbeit. Nach dem Krieg setzte sich der Pastor für ihn ein.“[392]

Hanne Theiss, Schwägerin der Runges, berichtet von einem anderen Fall:[393] „Auf der Donaustraße, da wohnte neben uns ein scharfer Nazi namens Y. Der wollte immer die Fährles drankriegen, bis dann auch die Nazis im Vorgarten auf den Gustav Fährle warteten. Eine andere Nachbarsfamilie, die hat er ständig drangsaliert. Und wenn er uns sagte, wir sollten auch die Nazifahne hissen, habe ich ihm gesagt, die seine wäre doch schon so schön groß.“

Kapitel 5
1934 – 1938: Gleichschaltung, Ausschaltung und Propaganda

5.1 Wie sich der Faschismus etabliert

Die Geschichte der Jahre 1934 – 1938 ist auf der einen Seite die der Fortsetzung des Widerstandes: 1933 überrascht, entwickelt er sich weiter und findet neue Formen. Zugleich ist sie die des Faschismus in Moers in seiner „Blütezeit". Er erringt – nicht abschließend – den Sieg über die Opposition und auch über die Skepsis vieler Unentschlossenen. Die Geschichte dieser Jahre offenbart das Bild der höchsten Akzeptanz des Regimes. Gerade diese Phase lebt fort in den Köpfen der Ewiggestrigen und der neuen Rechtsradikalen, unter Ausblendung des Terrors gegen jedweden Widerstand, obwohl doch die Zeit des Krieges mehr Spuren hinterlassen hat.

Die volle Entfaltung seiner Macht und seiner Propaganda erlebte die nationalsozialistische Diktatur von 1934 bis zum Kriegsbeginn; sie erfaßte alle Bereiche gesellschaftlichen Lebens und ist in ihrer Verästelung kaum umfassend darstellbar. Sicher, es gab noch so etwas wie ein „privates" Leben für diejenigen, die sich mit dem System arrangiert hatten. Doch ist es für uns heute kaum noch vorstellbar, wie stark das öffentliche Leben, die nationalsozialistische Umgestaltung aller Bereiche auch das Privatleben bestimmten. Neben der Geschichte des Widerstandes ist auch zu zeigen, wie es den Nationalsozialisten gelungen ist, die Mehrheit der Bevölkerung in Moers zur Mitarbeit bzw. zur Duldung ihres Regimes zu bringen. Der Alltag im Nationalsozialismus in einer Stadt: Die Mehrheit hat Vorgehen und Propaganda des Faschismus begrüßt, ja zum Teil enthusiastisch gefeiert.

Wie hat die Entwicklung der faschistischen Diktatur auf Ortsebene „funktioniert"?

1. Der psychische und physische Terror gegen die Opposition wird fortgesetzt. Er wird nun potentiell ausgeweitet auf alle Bevölkerungskreise und weist damit auf die Praxis der Unterdrückung in den kommenden Kriegsjahren hin.

2. Die wirtschaftliche Entwicklung und anfangs vor allem ihre Vermittlung bilden einen wichtigen Baustein für die Akzeptanz der Diktatur.

3. Die organisatorischen Maßnahmen der Nationalsozialisten zur Erfassung des gesamten gesellschaftlichen Leben greifen. Die Gleichschaltung von Sportvereinen und Verbänden und das System der Wohnbereichsorganisation lenken Handeln und Denken der Menschen.

4.Propagandistische Aktionen und soziale Einrichtungen der NSDAP dienen als Mittel zur Gewinnung hohen Ansehens.

5. Die nationalsozialistische Ideologie ist kein Hirngespinst mehr. Faschistische Erziehung und Kultur, das Bild der Frau und Mutter, der Rassismus – „es muß etwas dran sein".

6. Die fortschreitende Militarisierung der Gesellschaft bereitet den Krieg vor.

17.00 So begrüßt Moers einen Umzug

17.20 Ganz Moers auf den Beinen!

7. Fast nicht zu glauben: Stilisierung und Gigantomanie. Die Eigeninszenierungen der „Bewegung“ werden „angenommen“.

8. Und dennoch: Brüche in der Wirklichkeit – Sand im Getriebe des Apparats und erste Widersprüche zeigen sich.

9. Die Geschichte von den „Ehrenmännern“. Bürgerliche Anpassung – das ist auch eine Lektion in Zivilcourage.

5.2 Erweiterung des Terrors

Neben der Fortsetzung von Hausdurchsuchungen, Verhaftungen, Prügel und Folter wurde der psychische Druck auf alle „Volksgenossen“ so erweitert, daß niemand mehr sicher sein konnte. Die immer wieder auch in der Presse ausgeschlachteten Beispiele von einzelnen Fällen zeigen ebenso wie die zunehmende Verrohung der Sprache im Umgang mit Andersdenkenden, welchen Charakter auch die Moerser Machthaber hatten. So kann man im Grafschafter 1934 vom Bürgermeister Neumann aus Neukirchen-Vluyn lesen, was die Stunde geschlagen hat: „Auch möchte ich denjenigen, die heute glauben, unter dem Vorwand, nationalsozialistisch zu handeln, aber nichts anderes kennen, als zu stänkern und ihre lieben Mitmenschen zu verunglimpfen, ins Stammbuch schreiben, daß diesen der NS und damit das wahre Deutschtum so eingebleut werden muß, damit die braune Farbe auf dem Buckel überhaupt erst sichtbar wird.“[394]

Im Zusammenhang mit der Entmachtung der SA und der Ermordung Röhms und etlicher seiner Führer am 30.6.1934 ist auch in Moers zu beobachten, daß die terroristische Variante der Machtergreifungstechnik voll unterstützt wird. Zwar gibt es hier keinerlei Anzeichen für eine Rebellion gegen Hitler, kurzfristig wird ein Arbeitslager besetzt, dann finden nur noch „Treuekundgebungen“ statt. Aber es ist schon bemerkenswert, wie Bollmann auf der Linie der Zentrale liegt, wenn er am 3.7.34 auf der Saarkundgebung vor Tausenden erklärt: „Wir stehen hier um ein Panier, und wer uns trennen will, den morden wir.“[395] Tatsächlich von Mord, brutalster Prügel und zunehmend willkürlicheren Gerichten bedroht waren dieje-

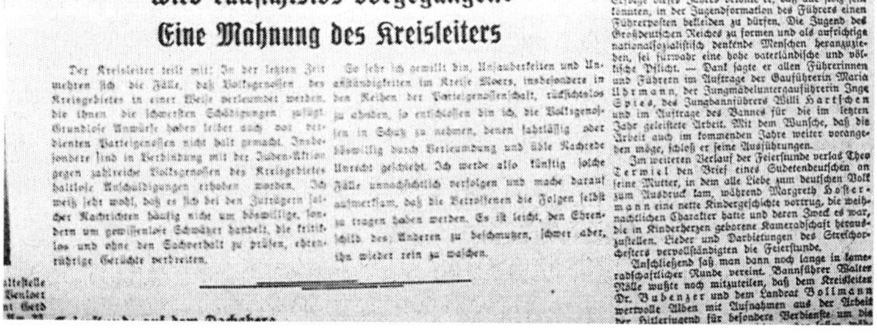

Der Grafschafter
Anzeiger für Moers, Homberg und den Niederrhein
Freitag, den 23. Dezember 1938

oerser Nachrichten
Aus dem Verbreitungsgebiet des „Grafschafter“

Gegen Verleumder und gewissenlose Schwätzer wird rücksichtslos vorgegangen!

Eine Mahnung des Kreisleiters

Der Kreisleiter teilt mit: In der letzten Zeit mehren sich die Fälle, daß Volksgenossen des Kreisgebietes in einer Weise verleumdet werden, die ihnen die schwersten Schädigungen zufügt. Grundlose Anwürfe haben selbst auch vor verdienten Parteigenossen nicht halt gemacht. Insbesondere sind in Verbindung mit der Juden-Aktion gegen zahlreiche Volksgenossen des Kreisgebietes haltlose Anschuldigungen erhoben worden. Ich weiß sehr wohl, daß es sich bei den Zuträgern solcher Nachrichten häufig nicht um böswillige, sondern um gewissenlose Schwätzer handelt, die kritiklos und ohne den Sachverhalt zu prüfen, ehrenrührige Gerüchte verbreiten.

So sehr ich gewillt bin, Unsauberkeiten und Unanständigkeiten im Kreise Moers, insbesondere in den Reihen der Parteigenossenschaft, rücksichtslos zu ahnden, so entschlossen bin ich, die Volksgenossen in Schutz zu nehmen, denen fahrlässig oder böswillig durch Verleumdung und üble Nachrede Unrecht geschieht. Ich werde also künftig solche Fälle unnachsichtlich verfolgen und mache darauf aufmerksam, daß die Betroffenen die Folgen selbst zu tragen haben werden. Es ist leicht, den Ehrenschild des Anderen zu beschmutzen, schwer aber, ihn wieder rein zu waschen.

die zu dieser ersten Jahresabschlußfeier gekommen waren. Wenn die vielen Jungen und Mädel in der Jugend des Führers eine große Gemeinschaft seien, so sagte er, so nur darum, weil sich eine gute Führerschaft zur Erreichung dieses Zieles eingesetzt habe. Nach einem kurzen Rückblick auf die geschichtlichen Erfolge dieses Jahres betonte er, daß alle stolz sein könnten, in der Jugendformation des Führers einen Führerposten bekleiden zu dürfen. Die Jugend des Großdeutschen Reiches zu formen und als aufrichtige nationalsozialistisch denkende Menschen heranzuziehen, sei fürwahr eine hohe vaterländische und völkische Pflicht. — Dank sagte er allen Führerinnen und Führern im Auftrage der Gauführerin Maria Uhrmann, der Jungmädeluntergauführerin Inge Spies, des Jungbannführers Willi Hartschen und im Auftrage des Bannes für die im letzten Jahr geleistete Arbeit. Mit dem Wunsche, daß die Arbeit auch im kommenden Jahre weiter vorangehen möge, schloß er seine Ausführungen.

Im weiteren Verlauf der Feierstunde verlas Theo Termiel den Brief eines Sudetendeutschen an seine Mutter, in dem alle Liebe zum deutschen Volk zum Ausdruck kam, während Margreth Hostermann eine nette Kindergeschichte vortrug, die weihnachtlichen Charakter hatte und deren Zweck es war, die in Kinderherzen geborene Kameradschaft herauszustellen. Lieder und Darbietungen des Streichorchesters vervollständigten die Feierstunde.

Anschließend saß man dann noch lange in kameradschaftlicher Runde vereint. Bannführer Walter Nölle wußte noch mitzuteilen, daß dem Kreisleiter Dr. Bubenzer und dem Landrat Bollmann wertvolle Alben mit Aufnahmen aus der Arbeit der Hitlerjugend für besondere Verdienste um die

Zeitungsüberschriften im Grafschafter: Druck

nigen, welche den Kampf noch aktiv führten. Aber schon wer den Mund auftat, mußte seine Zunge hüten und seines Gesprächsgegenübers gewiß sein. Immer wieder waren „Meckerer“ Gegenstand öffentlichen Drucks. Am 20.10. 34 fand eine der vielen Veranstaltungen „Kampf den Verleumdern“ mit Bubenzer, Bollmann und SA-Führer Dahlem statt. Damit auch dem letzten sein Risiko klar vor Augen geführt wurde, teilte die Kreisleitung mit: „Der in Verfolg der Verleumder-Aktion am Mittwoch von der Kriminalpolizei vergebens gesuchte Gerichtsassessor Pahl, Moers, hat sich ... gestellt. Er wurde wie seine Genossen Kolb und Schulte in Haft genommen und wird mit ihnen einem Sondergericht zugeführt werden.“[396] Solche Artikel kehren mit Regelmäßigkeit wieder, wobei sie auch dem Zweck dienen, Gerüchte über die Kreisleitung zu dementieren.[397] Wenn man von den deutlichen Aktivitäten gegen den Widerstand aus den Arbeiterparteien einmal absieht, so wird klar, daß mit fortschreitender Sicherung der Macht und dem Ausbau des Polizei- und Bespitzelungsapparates die Anlässe für Drangsalierungen nichtiger werden. In einer Zeit, in der das System kaum gefährdet werden konnte, drangen die Spitzenleute der örtlichen Partei auf harte Strafen und erzeugten so ein Klima der Angst.

Fünf Monate Gefängnis gab es z.B. 1936 für einen vom Gaswerk Entlassenen, der Eingaben bei der Stadt machte und mit Formulierungen wie „Luderwirtschaft“ Ärger erregte.[398]

Letztlich waren auch einfache Parteimitglieder nicht sicher, es sei denn, man hatte Beziehungen zu einem der höheren Würdenträger.

5.3 „Aufschwung“

Die wirtschaftliche Krise wurde bei weitem nicht so nachhaltig und schnell beendet, wie es die nationalsozialistische Propaganda und auch Nachkriegseinschätzungen nahelegten. Ein sich bereits Ende 1932 abzeichnender Aufschwung kam der NSDAP entgegen, doch hielt die größte Misere bis weit ins Jahr 1934 hinein an, und auch nach drei Jahren nationalsozialistischer Herrschaft lagen im Kreis Moers Produktions- und Beschäftigungszahlen noch unter denjenigen von 1929. Die ersten Vierteljahresberichte der Niederrheinischen Industrie- und Handelskammer nach der Machtergreifung beschäftigten sich denn auch mit einer trostlosen Situation: „Eine Belebung hat nicht stattgefunden“.[399]

November 1933 : „Die Wirtschaftslage gemessen an der Kaufkraft der Bevölkerung bleibt trostlos.“ Auch die König-Brauerei in Duisburg meldete zu diesem Zeitpunkt Rückgänge gegenüber dem Vorjahr – besonders in den Arbeiterbezirken.[400]

Die Durchschnittsbeschäftigung im Bergbau lag nach der Machtergreifung bei 38,6 %, im September 1933 erreichte Diergardt-Mevissen den Tiefststand mit nur noch 15 Arbeitstagen im Monat. Die Geschäftsführung allerdings bezeichnete die Haltung der „Gefolgschaft“ in dieser Zeit als vorbildlich. 1934 gab es noch über 80, 1935 immer noch 51 Feierschichten wegen Absatzmangels auf den Rheinhauser Zechen. Auf Rheinpreußen und den Schachtanlagen in Neukirchen und Lintfort war die Lage nicht anders.

Die Förderung der Zeche Rheinpreußen erreichte zwar 1935 mit 5,55 Mill. Tonnen noch nicht einmal den Förderstand von 1913, aber gemessen an der Lage der

Hotel Jungborn, Repelen
Inhaber: W. Olmesdahl, Telefon 330
Gut eingerichtete Fremdenzimmer, Bäder im Hause
Fließendes Wasser, bürgerliche Küche, Weine erst. Häuser
Spezial-Ausschank der Dortmunder Actien-Brauerei
Gründungslokal der hiesigen Ortsgruppe der NSDAP seit 1926
Judenfreies Lokal!

Alt-Orsoyer Schenke
Bes.: Hugo Kersken jr.
Ruf 256
Garten- und Kaffeerestaurant
Das beliebte Ausflugsziel der Nationalsozialisten!

Sämtliche Bekleidungsstücke für die SA, SS, HJ, BdM, Kletterwesten, Koppel, Brotbeutel, Feldflaschen, Abzeichen.
Der neue SA-Mantel
Fahnen, Wachsfackeln.
Pg. P. Geiling, Moers
Adolf-Hitlerstraße 23
Amtl. Verkaufsstelle der RZM

D. Nünninghoff, Homberg
Das leistungsfähige Kaufhaus für Manufaktur- und Modewaren
Parteiamtlich zugelassene Verkaufsstelle für SA-Kleidung usw.

Gaststätte Deutsches Haus
Adam Mevissen, Neukirchen
Verkehrslokal der NSDAP / Ruf 296 / Dortmunder Kronen-Bier

Schuhmacherei
Lederhandlung
Emil Windhaus
Moers, Hombergerstr. 91
SA- u. SS-Stiefel werden gut und billig besohlt

SA- und HJ-Uniformen
nur von
Pg. Hermanns, Moers

Haus Langenhorst
Homberg-Hochheide
„Zur guten Quelle“
Dortm. Union-Bier
Verkehrslokal der SA und SS

Für den Wehrsport liefert Marschkompasse, Feldstecher usw.
Brillen-Kaiser, Moers
Steinstraße 11

Ausrüstungen für Gliederungen der N.S.D.A.P.
bei Pg.
Gottfr. Klingen, Moers
Hombergerstraße 22, Tel. 237

Anzeigen 1933: Wachstumsbranchen

Rudolf Heß bei der Eröffnung der Adolf-Hitler-Brücke (Uerdinger Rheinbrücke)

vorausgehenden Jahre konnten die Nationalsozialisten dies bereits als Erfolg verbuchen. Das größte Werk der Region – die Krupp-Hüttenwerke in Rheinhausen – mußte zwar auch 1934 noch Feierschichten einlegen, war aber deutlich im Aufwärtstrend. Autobahn- und Brückenbau zusammen mit der Übernahme eines speziellen Bewehrungsstahls im Februar 1933 führten zu einer Erhöhung der Rohstahlerzeugung um 80% im Geschäftsjahr 1933/34 gegenüber dem Vorjahr. Die Belegschaft von 5690 im Jahre 1932 erhöhte sich auf 10.000 im Jahr 1936; in diesem Zeitraum wurde die Stahlerzeugung verfünffacht.[401]

Die Weltstahlerzeugung wuchs in dieser Zeit enorm, wurde aber bei weitem vom Zuwachs der deutschen übertroffen.[402] Zulieferer und das Steueraufkommen im Kreis profitierten vom staatlicherseits auf Pump produzierten Teilaufschwung. Ein heftiges propagandistisches Begleitprogramm brachte die Anfangserfolge ins Bewußtsein der Bevölkerung.

Der „Aufschwung" wurde in der Hauptsache herbeigeredet, aber er ließ auf sich warten. Es wurden Saareichen gepflanzt und einige Prestige-Objekte angekurbelt, z.B. die Errichtung einer Zentralmolkerei in Moers, der Bau der neuen Rheinbrükke, Deichbauten in Orsoy. Über mehrere neu aufgelegte Arbeitsbeschaffungsprogramme – das sogenannte Reinhardt-Programm – konnten Städte zinsfreie Darlehen für öffentliche Arbeiten abrufen. Die Stadt Homberg lieh sich so z.B. im Jahr 1933 für Instandsetzungsarbeiten 38.000 RM.[403] Zweifellos konnte das örtlichen Betrieben mittelfristig etwas Entlastung bringen, doch alles in allem konnte hiermit die Situation noch nicht verbessert werden. Besonders in den Arbeiterhaushalten verschärfte sich die Lage. Entgegen vollmundiger Versprechungen der Nationalsozialisten wurde der Lohn eingefroren. Die tatsächliche Arbeitsleistung des einzelnen erhöhte sich durch den Druck der „Betriebsgemeinschaft", durch Bespitzelung und das Fehlen des Korrektivs der Gewerkschaften immer mehr.

Der Krankenstand im Arbeitsamtsbezirk Moers lag im Januar 1933 bei 4,09% der Gesamtarbeitnehmerschaft. Im März 1935 war er um ein Drittel auf 2,75% zurückgegangen.[404]

Der Vorrang der Schwerindustrie, überhaupt der rüstungsrelevanten Bereiche gegenüber dem konsumptiven Sektor war in dieser Zeit gut durchsetzbar. Die Lage der Betriebe hatte sich insgesamt – gemessen an dem tiefen Einschnitt der Weltwirtschaftskrise – verbessert, vor allem die der großen Konzerne. Einen Wirtschafts"boom", wie er in vielen Büchern als Grund für Hitlers Akzeptanz angegeben wird, gab es nicht; schon gar nicht für die kleinen Leute. Wie sie den Pfennig umdrehen mußten, kann man z.B. an den Fahrgastzahlen der Straßenbahnen ablesen: obwohl der Verkehr zwischen der Friedrich-Alfred-Hütte und dem gesamten Altkreis Moers deutlich zunahm, konnte dieses Fortbewegungsmittel der Arbeiter z.B. auf der Straßenbahn Friemersheim – Homberg – Baerl „mit den im Jahr 1938 verkauften 720.730 Einzelfahrscheinen bei weitem nicht mehr die 1928 erzielten Ergebnisse erreichen."[405]

Einen eher bescheidenen Ausgleich, der fast ausschließlich symbolischen Wert für die Betroffenen hatte, versuchte man durch soziale Maßnahmen zu schaffen. Wichtig ist in diesem Zusammenhang die Feststellung, daß es sich für die Arbeitslosen und Arbeiter nicht um ein Anrecht handelte, sondern ein Almosen, das die Machthaber je nach Situation und auch je nach Wohlverhalten der Familie einsetzen konnten. Dennoch sahen viele Menschen in diesen Jahren einen großen Fortschritt: auch wenn der Stundenlohn sank – in der Lohntüte war mehr, man arbeitete mehr; und für diejenigen, die die Not der vorausgegangenen Jahre am eigenen

Früh wird die kriegswichtige Industrie angekurbelt - bei der Grundsteinlegung zum Treibstoffwerk 1936

Leib gespürt hatten, war das schon etwas: arbeiten zu d ü r f e n und keine hungernden Kinder mehr!

Die Arbeitslosigkeit im Kreis konnte innerhalb von 2 Jahren nach offiziellen Zahlen auf etwa die Hälfte gesenkt werden.

Diese Legende („Hitler hat die Arbeitslosen von der Straße geholt") hat einen winzigen wahren Kern, die Essenz aber ist Lüge. Daß zu Beginn des Jahres 1936 immer noch fast 10 Prozent der Erwerbsfähigen arbeitslos waren (im Kreis Moers gemeldet: 7206 am 31.1.1936), geht in der Jubelstimmung um den wirtschaftlichen Aufschwung fast unter. Zudem geben die Zahlen ein völlig falsches Bild wieder: etliche hunderttausend Arbeitsstellen wurden durch das „Frauenprogramm" frei – nicht etwa „geschaffen". Frauen wurden als Beamtinnen einfach entlassen, aus den Betrieben gedrängt, mit Ehestandsdarlehen geködert. Es ist bezeichnend, daß von den 9.768, die in den ersten zwei Jahren im Kreis Moers wieder Arbeit gefunden hatten, nur 7 Prozent Frauen waren. In der Verwaltung untergekommene SA-Leute schönten die Statistik, auch die Insassen von Gefängnissen und Konzentrationslagern und die zwangsweise Frühpensionierten minderten die Zahlen.[406] Die Einführung der allgemeinen Wehrpflicht am 16.3.1935 und die Schaffung des obligatorischen Reichsarbeitsdienstes am 26.6.1935 tat ein Übriges. So wurden Frauen und Männer mit jeweils spezifischen Maßnahmen aus dem Kreis der Arbeitenden genommen: nach 2 Jahren Nationalsozialismus gab es hier 45,9 % weniger gemeldete Arbeitslose – die Zahl der unterstützten Arbeitslosen war dagegen um 65 % gesunken!

Im Kreis Moers sah die Lage noch vergleichsweise gut aus durch die massiv angekurbelte Schwerindustrie, die tatsächlich Neueinstellungen vornahm – insgesamt aber darf man das Aufatmen der der ärgsten Not Entronnenen nicht mit dem Nachweis einer erfolgreichen Wirtschaftspolitik der Nazis gleichsetzen. Im März 1935 gab es im Arbeitsamtsbezirk Moers 42.824 Beschäftigte – das sind gegenüber Juni 1929 9.397 oder 18 Prozent weniger.[407]

5.4 Gleichschaltung

Unter dem Begriff der „Gleichschaltung" wird verstanden die organisatorische Ausrichtung aller bestehenden Vereins- und Verbandsformen, aber auch die Neuschaffung von Unterorganisationen der NSDAP und die massenhafte Einbeziehung der Bevölkerung in deren Aktivitäten. Den folgenschwersten Eingriff bedeutete natürlich neben den Verboten der Parteien und ihrer Nebenorganisationen die Vernichtung der Gewerkschaften und die Eingliederung aller Betriebszugehörigen in der Deutschen Arbeitsfront (DAF).[408] Die – wie es die Nationalsozialisten nannten – „Erfassung" der Bevölkerung erfolgte zunächst durch die Partei selbst.

Am Beispiel der Ortsgruppe Hochstraß-Scherpenberg,[409] einer Zusammenlegung, die damals mehrheitlich Arbeiterviertel in ihrem Einzugsbereich hatte, kann der Umfang der totalen Erfassung exemplarisch gezeigt werden. Bei 10.550 Einwohnern dieses Gebietes erfaßte die Partei hier am 1.6.1935 299 Mitglieder – ein Parteimitglied auf ca. 35 Bewohner. Das war nicht viel, wie Ortsgruppenleiter Giesen 1937 schreibt, denn „die Bevölkerung des Ortsteils Scherpenberg war bei der Machtübernahme stark mit marxistischen und kommunistischen Elementen durchsetzt."[410] Das sollte sich bald ändern. Die Ortsgruppe teilte wie überall ihr

Donnerstag, den 13. Januar 1938

s dem Verbreitungsgebiet des „Grafschafter“

Die Haustafel der NSDAP.

Als der Reichsorganisationsleiter Dr. Ley im April des vergangenen Jahres die Neuorganisation der Partei in Zellen und Blocks anordnete, verfügte er gleichzeitig, daß in jedem deutschen Hause zur Unterstützung der Zellen- und Blockleiter eine für das ganze Reich einheitliche Haustafel anzubringen sei.

Gebiet in Zellen und Blocks auf, die zum „Hoheitsgebiet" der jeweiligen Leiter erklärt wurden. Es gab sieben Zellenleiter mit jeweils 4 Blocks und den entsprechenden Blockleitern – ab 1936 10 Zellen mit insgesamt 5o Blocks. Der Einflußbereich eines Blocks erstreckte sich auf 60 bis 80 Familien. Exakt dieser Einteilung entsprechend gab es Ortsgruppen, Zellen und Blocks der Nationalsozialistischen Volkswohlfahrt (NSV), der DAF, der NS-Frauenschaft und des Reichsluftschutzbundes. Vor diesem Hintergrund werden die astronomisch hohen Zahlen von politischen Leitern und Amtswaltern verständlich, die – z.B. anläßlich von Parteitagen oder Vereidigungen – der Bevölkerung das Bild einer geradezu gigantischen Organisation zeigten.[411] Die Ortsgruppe der NSDAP hatte Mühe, neben den 76 politischen Funktionen der Partei – bei 418 Mitgliedern Ende 1937 – trotz vieler Doppelfunktionen auch die der Nebenorganisationen zu besetzen.[412] So konnte es geschehen, daß sich Opportunisten als Blockleiter des NSV „hochdienten", aber auch Leute mehr oder weniger „hineingeschoben" wurden, ein Verfahren der Rekrutierung, das nach dem Krieg eine z.T. willkommene Darstellungsmöglichkeit des eigenen NS-Werdegangs ergab.

Gerade die umfassende Einbeziehung aller Parteigliederungen zumindest in die unterstützende und propagandistische Tätigkeit, läßt es nahezu unmöglich erscheinen, zu trennen zwischen „guten" Taten und Verbrechen in dieser Zeit. Die strikte zentrale Steuerung und die beileibe nicht harmlose Grundhaltung der führenden Moerser Nationalsozialisten lassen manche Nachkriegslegende unglaubwürdig erscheinen. Es gilt die Regel: kein Blick auf das Winterhilfswerk ohne Blick auf Bespitzelung und Gefängnisse!

Aufmarsch in der Mattheck, rechts die „Amtswalter"

Sicher ist richtig: zu den Aufgaben von Zellen und Ortsgruppenleitern gehörte der Blumenstrauß zur Silberhochzeit ebenso wie der persönliche Einsatz bei der Verteilung von gesammelten Hilfsgütern bzw. bei den (viel zahlreicheren) Sammlungen selbst. Die Nachricht, daß ein Familienmitglied im Krieg gefallen war, wurde vom Ortsgruppenleiter überbracht, auch die Unterbringung von Bombengeschädigten organisierte die Ortsgruppe. Darüber sollte man nicht vergessen, daß die Verantwortung für dieses nun vielleicht durch menschliche Gesten gemilderte Elend bei eben denselben lag. Bände über das „gute" Verhältnis der Partei zu ihren Volksgenossen spricht z.B. folgender Vorfall. Am 27.3.1935 stiefelten die politischen Leiter Meerbecks zu einer Kundgebung in der Stadtmitte, Ortsgruppenfahne voran (1934 gestiftet vom Bürgerverein). In der Baerler Straße ging J.N. – Hände in den Hosentaschen – an dem Trupp vorbei. Der Ortsgruppenleiter stellte ihn zur Rede und wollte erzwingen, daß N. einige Schritte zurückgehe, um den Deutschen Gruß durchzuführen. N. weigerte sich, wurde der Polizei übergeben und später zu drei Wochen Gefängnis verurteilt.[413]

Ende 1937 waren 28,2% der Einwohnerschaft in Hochstraß-Scherpenberg Mitglieder der DAF, 15% der NSV beigetreten und über 20% im Reichsluftschutzbund.[414]

Über die Funktionäre der Partei wurde die Kontrolle jedes „Volksgenossen" – Teilnahme, Spendenverhalten und Ruf in der Nachbarschaft – nahezu lückenlos. Ihren Einfluß erhielten diese kleinen Teilhaber der Macht durch den Faktor Angst. Ob eine neue Arbeitsstelle, die Frage des Kriegseinsatzes, Sonderdienste, Sonderzuteilungen anstanden: das Charaktergutachten des Blockleiters konnte den Ausschlag geben.[415]

Im selben Zug erfolgte der Zugriff auf die Jugend. Begegnungen der Hitlerjugend, des Bundes deutscher Mädel und der Pimpfe ersetzten die traditionellen Vergnügungen der Jugend und errangen die Meinungsführerschaft. Die organisatorischen Voraussetzungen waren rasch geschaffen, der Kampf um die Jugend war den Nationalsozialisten wichtig genug. HJ-Heime entstanden, auch das Pulverhaus am Schloß ging in die Hände des deutschen Jungvolks, wurde im April 1934 „Pimpfenhaus". Bereits am 11.11.1934 konnten die ersten Früchte dieser Beeinflussung geerntet wer-

Jungvolk der HJ in der Kirschenallee

Zeltlager auf dem Dachsberg. HJ-Bann 237 Moers tritt an.

den. 145 Hitlerjungen wurden in den Moerser Ortsgruppen in die Partei „eingegliedert". Das sogenannte „Landjahr" machte viele der Kinder mit dem organisierten Leben vertraut. Uniformen, Ausflüge und durchaus jugendgemäße Formen des Gemeinschaftserlebnisses zogen gut. Der Dachsberg bei Kamp-Lintfort wurde zur Zentrale der Freizeit- und Schulungsaktivitäten der Hitlerjugend des Kreises, vor allem das Jungvolk verbrachte in dem groß angelegten Zeltlager manche Woche und bereitete sich auf Wettbewerbe und Leistungsabzeichen vor.[416]

Dabei verlief die Eingliederung der Jugend, die eher zwangsweise vorgenommen wurde, nicht immer glatt. Auf der Suche nach Landjahrwilligen mußte öfter Druck angewendet werden, wenn Eltern versuchten, ihre Kinder unter Hinweis auf Mitarbeit in der Landwirtschaft o.ä. freizubekommen. Auch diejenigen, die von Amts wegen werben sollten, funktionierten nicht immer. So beklagt sich in Neukirchen-Vluyn der Landjahrbeauftragte bei Bürgermeister Neumann: „Bezeichnenderweise stellt die Ernst-Moritz-Arndt-Schule in diesem Jahr wieder keine Kinder."[417]

Die Gleichschaltung vieler Vereine und vor allem der Berufsverbände – sofern sie nicht durch NS-Organisationen ersetzt wurden – war schon 1933 erfolgt. Auch Organisationen und Dachverbände von der Größe und verhältnismäßig apolitischen Einstellung etwa der deutschen Turnerjugend waren schon im ersten Jahr der nationalsozialistischen Herrschaft auf Linie. „Die Schar" – Beilage der Zeitschrift „Turnerjugend" liefert an Artikeln: Das Führerprinzip, Revolution mit Schlagsahne, Der Gaskrieg und seine Abwehr.[418] Wenig später übernahm der Reichsjugendführer die Turnerjugend in die Hitlerjugend.

Nun wurde auch noch der letzte Winkel auf seine Konformität mit dem Nationalsozialismus ausgeleuchtet. Dabei bedurfte es oft kaum noch der gewaltsamen Auswechslung der Führer solcher Organisationen. Am 13.Oktober 1934 hielt der Lyzeumsbund Moers seine 6. Jahreshauptversammlung in der Sozietät ab. Frl. Graeber, die den Geschäftsbericht erstattete, meinte, eine „Gleichschaltung" des Bundes sei nicht nötig, da er „seit seiner Gründung auf nationaler Grundlage gestanden habe."[419] Als wolle man dies auch beweisen, wurde über rassische Gesetzmäßigkeit sowie Blut und Heimat referiert, danach gab es Kaffee, Kuchen und fröhliche Geselligkeit – ein damals übliches Programm.

Im Nachhinein beklagt man auch bei der „Sozietät" den neuen Einfluß, wiewohl in dieser Einrichtung genügend auch nach der Machtergreifung einflußreiche Männer saßen. Erst 1935 mußte nach Verhandlungen mit dem Landrat das Gebäude auch dem Winterhilfswerk zur Verfügung gestellt werden. „Gleichzeitig wurde die Satzung in einigen Punkten außer Kraft gesetzt und durch 'Verfahrensvorschriften' im Sinne des Führerprinzips ersetzt."[420]

Durch die Vereinfachung des Aufnahmeverfahrens wurde die Exklusivität der Runde beeinträchtigt. 1944 waren es 440 statt wie sonst üblich 120 bis 130 Mitglieder – lästig zwar, aber von keinen Repressionen begleitet: dazu war die Sozietät zu konform.

Zur Gleichschaltung gehört aber auch der – nicht von oben angeordnete – Schwenk hin zum Zeitgeist, den viele Gruppen verblüffend reibungslos vollzogen. So fuhr der Chor des MGV Moers zum Sängertag nach Nürnberg, und was brachte er dort zu Gehör? Die „Werke" des Komponisten Knöchels: 1. Dem Führer, 2. Opfer, 3. Es ziehen die Standarten, 4. Wir brechen die Ketten, wir machen uns frei, 5. Ein deutsches Kredo.[421]

Neue Organisationen, neue Leitungen, neue Inhalte, neue Formen. Wir beschränken uns auf je ein Beispiel und könnten doch Dutzende anführen:

Neue Organisationen: z.B. der Bund nationalsozialistischer Juristen. Die Anmeldeliste schon Ende des Jahres 1933 weist neben überzeugten Nationalsozialisten wie dem Kreiswirtschaftsdirektor Dr. Reible[422] auch Dr. Grotjan, die rechte Hand des alten Landrats van Endert aus.[423]

Neue Leitungen: Der Bauernschaft steht jetzt der Kreisbauernführer Vutz aus Hülsdonk vor, der z.B. am 4.5.1934 vor den Jungbauern des Kreises über „Blut und Boden sind der Urquell der Nation" referiert.[424]

Neue Inhalte: Das Turn- und Sportfest des Stadtsportverbandes weist den Wehrsportmehrkampf aus, der folgendes umfaßt: 1. 25 km Gepäckmarsch mit 25 Pfd. Gepäck in 3,5 Std. – 2. Kleinkaliberschießen – 3. Schwimmen – 4. Keulenweitwurf (500 gr.) 5. Hindernislauf (mit genau vorgeschriebenen Kletter- und Kriechhindernissen). Was fehlt, ist nur die Ersetzung des Kleinkalibers durchs Sturmgewehr und die Keule durch die Handgranate.

Neue Formen: Das Meerbecker Ehrenmal (4 Säulen und ein Altar) wird mit angetretenen Formationen von Bürgermeister Altwicker eingeweiht. Professor Heinz hält die Rede.

Die Totalisierung des täglichen Lebens hatte damit Einzug auch in Moers gehalten. Wie sagte Bubenzer so schön: „Jetzt ist es vorbei mit der alten Parole: Moers, niemand störs."

5.5 Volkswohlfahrt

Es ist offenbar, daß sich die örtliche Propaganda in Moers in die zentralen „Wellen" einfügte.[425] Die Bedeutung der richtigen Propaganda, wie sie die Moerser Nationalsozialisten sahen, erläutern zwei Selbstzeugnisse:

„Neben dieser äußeren Erfassung der Betriebe, Verwaltungen und Menschen des Kreises lief die innere Erfassung durch die Propaganda der Bewegung. Die alten klassenkämpferischen Gegensätze mußten durch eine neuerliche intensive Bearbeitung überbrückt werden."[426]

Eintopfsonntag auf dem Hindenburgplatz (Neumarkt)

„So war es möglich, diese riesenhafte Betreuung vorzunehmen, und immer mehr wurde das Volk aus den Armen des Kommunismus errettet."[427]

Der erste große Trick bestand in einer verblüffenden Verbindung: die eigenen Taten wurden hochgewertet, die linke Opposition als demagogisch hingestellt. Das Bild des wahren Sozialismus sollte in den Augen der Adressaten das Antlitz des Nationalsozialismus tragen. So mehren sich neben den Erfolgsmeldungen von allen „Fronten" die Überschriften vom „Sozialismus der Tat". Eine mehrere Monate andauernde Kampagne kulminiert 1934 in der Aussage: „Das Winterhilfswerk ist Sozialismus der Tat."[428] Am 29.März 1934 berichtet der Grafschafter von insgesamt 36 Massenkundgebungen des NSV im Kreis Moers: „90.000 unter der Devise 'Sozialismus ist Wirklichkeit geworden'".[429] Auch 1936 heißt es: „Siege, geführt und errungen vom Tatsozialismus".[430] Und am 3.7. 1937 wird das erste Gemeinschaftsessen auf den Pattbergschächten für alle Jugendlichen unter 18 mit der Überschrift „Vorbildlicher Tatsozialismus" gefeiert. Pg. Scherl koordinierte das Ritual, alle standen am Anfang auf, faßten sich an den Händen und riefen: „Wir wünschen uns allen guten Hunger" – hinterher war dasselbe gefordert, nur war die vorgeschriebene Parole jetzt: „Wir sind alle satt geworden".[431]

Das ändert sich – von oben verordnet – schlagartig. Jetzt heißt es plötzlich zum Tag der nationalen Solidarität (einem der vielen Sammeltage): „Ein überwältigendes Bekenntnis zum Christentum der Tat".[432]

Diesen demagogischen Absichten, dem Gegner das Wasser abzugraben, stellten sich viele direkte Versuche, einzuschüchtern und ein erwünschtes Verhalten zu produzieren, an die Seite. In der gesamten Vorkriegszeit reißt die Kette der Berichte und Kampagnen gegen „Miesmacher" nicht ab. Sie wird erst im Krieg abgelöst durch den propagandistischen Kampf gegen die Drückebergerei und Unvorsichtigkeit („Feind hört mit"). Sie heißen „Egoisten" oder „Schwätzer", „Berufsnörgler" und „Verleumder" – und dokumentieren auf ihre Weise, daß es dem Nationalsozialisten in Moers nie ganz gelungen ist, ein „Orwellsches 1984" mit völlig einheitlichem Denken und Handeln zu schaffen. Auch eine ganze Reihe von Veranstaltungen beschäftigt sich immer wieder mit diesem Thema. Am 28.3. klären gar 3 Autokolonnen mit Gaurednern auf „im Kampf gegen Miesmacher und Kritikaster".[433]

Dem Bestreben, den Nationalsozialismus als den wahren Wohltäter der Zeit hinzustellen, dienten vor allem die häufigen Sammlungen. Sie wurden durchgeführt von allen Nebenorganisationen, aber auch demonstrativ – z.B. am Tag der nationalen Solidarität in der Vorweihnachtszeit von den Parteigrößen. Eine zentrale Stellung nahmen dabei die Nationalsozialistische Volkswohlfahrt und mit ihm das Winterhilfswerk ein. Die NSV verfügte ab Anfang 1934 über einen eigenen „Amtswalterstab" und koordinierte Sammlung und Verteilung von Geld und Sachgütern. Nicht ohne Druck wurde Mitgliedschaft und Teilnahme an Veranstaltungen und Sammlungen vieler erreicht. Ein Beispiel von vielen stammt aus der „allgemeinen Dienstanweisung für die Reichsbahnbeamten". Unter 3 Nationalsozialistische Haltung steht zu lesen: „b) Der Reichsbahnbeamte liest die nationalsozialistische Tagespresse... c) Seine Opferbereitschaft beweist er besonders gegenüber der NSV und dem WHW. Wenn irgend möglich wird er auch Mitglied der NSV."[434]

Dazu gehörten auch außergewöhnliche Sammlungen, die sich den Themen der zentralen Propaganda anpaßten. So sammelte der Kreis Moers erst für arme Kinder und alte Kämpfer in Not in Österreich, dann für notleidende Sudetendeutsche, später für ausgewählte Städte oder Stadtteile, die besonders unter den feindlichen „Terrorangriffen" zu leiden hatten. Regelmäßig durchgeführt wurden durch die NSV in Moers: die Reichsstraßensammlung, die Reichsgeldsammellisten, die Gaustraßensammlung, der Tag der nationalen Solidarität, die Eintopfsonntage und Werbeveranstaltungen bzw. Kundgebungen; hinzu kamen sonstige Spenden und Beiträge. Am einträglichsten erwiesen sich die Ende 1933 eingeführten „Eintopfsonntage" – bei denen man sich praktisch nicht ausschließen konnte nach dem Motto: sehen und gesehen werden. Für eine Spende ersetzte die Gulaschkanone der Partei die heimische Mahlzeit, im Altkreis Moers brachte das bei vier Eintopfsonntagen pro Winter mehr Geld ein als alle regelmäßigen Straßen- und Listensammlungen zusammen. Das Gesamtergebnis der Sammlungen für das WHW betrug im Reich von 1933 bis April 1939 fast 2,5 Milliarden Reichsmark.[435] Die Sammelergebnisse in den sogenannten Kriegswinterhilfswerken überschritten diese Zahlen noch deutlich.

Für das Winterhilfswerk hatte sich die Kreisleitung etwas Besonderes einfallen lassen. Im WHW 35/36 wurde das „Opferbuch des Kreises" aufgelegt. Ein Buch

„Eiserner Klomp" auf dem Neumarkt

von 90 cm Höhe, 60 cm Breite und 85 Kg Gewicht. Unter großem Begleitgeschrei konnte man sich für eine Spende mit seinem Foto und der Spendenhöhe im Buch verewigen. Am Ende waren es 3300 Bilder auf 330 Seiten mit einem Spendenaufkommen von 59.000 Reichsmark. Noch publikumswirksamer war die Aktion im WHW 1936/37, der „eiserne Klomp".

Der größte Holzschuh der Welt von über vier Metern Länge und 8 Zentnern Gewicht war eigens angefertigt worden und wurde in zahllosen Aktionen von Ortsteil zu Ortsteil gezogen und „benagelt". Ein schwarzer Nagel kostet 10 Pfennig, der rote 5o. Für eine Mark war ein silberner zu haben und für 5 RM ein goldener. Vom 24.1. bis zum 4.4. 1937 wurde täglich berichtet: „Klomp in Hochstraß", „wie Schwafheim nagelte" usw. Nach 130.000 Nägeln wurde mit einem Sammelergebnis von 51.000 RM auf dem Hakenfeld in Homberg die Abschlußkundgebung vor Tausenden Schaulustigen durchgeführt. Ein Jahr darauf wurde nach gleichem Modell das „Mosaik des Kreises Moers" zusammengesetzt, das sich bis heute im Schloß unter einer Täfelung versteckt.

5.6 Die deutsche Frau und Mutter, deutsche „Kultur"

In den Bereichen von Kultur und Erziehung schlug sich die nationalsozialistische Ideologie in teils trivialer teils besonders verhängnisvoller Weise nieder, wobei unter Erziehung nicht nur die Veränderungen in den Schulen, sondern auch der Teil propagandistischer Arbeit gemeint ist, den die Nationalsozialisten mit dem Begriff der „Volkserziehung" belegten.

Von eigentlicher Kultur zu sprechen angesichts der fortschreitenden Hinwendung zum erdverbunden Primitiven wirkt fast wie ein Hohn. Kulturelle Veranstaltungen wie Sonnwendfeiern und der völkisch überhöhte Erntedank beweisen ebenso wie die Theaterstücke und Filme der Zeit nur eines: es kann in den Bestrebungen der Nazis kaum ein anderes Ziel erkannt werden als die Ausbildung eines raffinierten Barbaren, angefüllt mit dumpfen (aber steuerbaren!) Trieben, bar jeden kritischen Geistes. Hätte dies nicht als Transportband für militaristisches und rassistisches Gedankengut mit all seinen katastrophalen Folgen gedient – man würde es heute nur noch lächerlich finden, wobei die Frage, in welchem Bereich man die gruseligsten Eindrücke gewinnt, offenbleiben kann.[436]

Stark gefördert wurden naturalistische und naive Darstellungen in der Malerei – die sich hier vor allem am bäuerlichen Leben orientierte – und in der Dicht"kunst" ebenfalls Heimat- und Bodenverbundenes. Joseph von Lauff, Erich Bockemühl, Franziska Rademacker (übrigens alle keine gebürtigen Niederrheiner) oder Erich Brautlacht – sie erzählen von Bauern und Schneidermeistern, vor allem aber von der schwerblütigen Landschaft des Niederrheins. Henriette Brey „schreibt mit sicherem Blick und feinem Verständnis von der schwerblütigen, herben, aber kernhaften Art ihres Landes."[437]

Einer der bekannteren Moerser Künstler, Heinz Selter, stellt 1935 Plastiken aus, die als „erdverhaftet" bewundert werden oder „mütterliche Gebeseligkeit", „frauliche Reife" zeigen. Nur der Hitlerkopf – damals ein Muß jeden Bildhauers – wird dezent kritisiert: „Die Büste des Führers ist eine technisch gekonnte Arbeit, die allerdings stärker die körperhaften Äußerlichkeiten der Züge als das Seelisch-Geistige des Führerkopfes hervorhebt".[438] Einige Monate später wird dieser Kopf im

Stütze
für landw. Haushalt sofort gesucht. (Landwirtstochter bevorzugt).
zu erfrag. in den Gesch.

2 Zimmer
zu vermieten.
Zu erfrag. in den Gesch.

2 Zimmer-Wohnung
zum 15. Juli zu vermieten.
Mörs, Mühlenstr. 1.

Eine Auswahl vaterländischen Schrifttums für alt und jung

Hitler, Mein Kampf, 2 Bände	je 2.85
Hitler, Mein Kampf in 1 Band gebunden	7.20
Czech-Jochberg, Hitler	2.85
Schmidt-Pauli, Männer um Hitler	4.50
Hitler, wie ihn keiner kennt	2,85
Wendt, Hitler regiert	1.50
Das braune Heer	2.85
Aus Hitlers Heimat (Mit Ahnentafel	2.85
Sommerfeldt, Hermann Göring	1.50
Jobst, Schlageter	2.50
Brandt, Schlageter	1.80
Moeller van den Bruck, Das dritte Reich	2.90
Ewers, Horst Wessel	2.90
Der Tag der nationalen Arbeit	1.—
Die Nationalversammlung von Potsdam	1.—
Schenzinger, Der Hitlerjunge Quex	3.75
Thimmermann, Der Sturm auf Langemarck	1,90
Grimm, Volk ohne Raum	8.50
Grimm, Der Oelsucher von Duala	4,80
Steinhardt, Wir reiten still, wir reiten stumm	4.20
Brandt, Der Weg durch die Hölle	5.—
Winkler, Der Groß-Schieber	5.—
Stratz, Volk in Wehr	4.20
Nassen, Kapital u. Arbeit im dritten Reich	1.50
Kugler, Friedrich der Große	4.80
Kriegsbriefe gefallener Studenten	5. —
Schwarte, Der Weltkrieg	2.85
Spethmann, Der Ruhrkampf 1923/1925	5.20
Wegbereiter u. Vorkämpfer f. d. neue Deutschland	1.50

Gerhard Pannen, Buchhandlung
Mörs, Steinstraße 20

Die führende Buchhandlung bietet an.

Adolfinum aufgestellt. Zum Glück scheint der Niederrhein nicht sehr gesegnet gewesen zu sein mit namhaften Künstlern, so daß uns allzuviele Zeugnisse erspart geblieben sind. Eine Ausnahme bildet vielleicht Ludwig Munzert, ein Bildhauer, Schüler Thoraks – mit dementsprechenden Skulpturen.

Ein gewisser Niedergang des allgemeinen Niveaus drückt sogar die Staatspartei selbst. Eine eigens eingerichtete Berliner Stelle zieht schon Anfang 1934 107 Fälle von „Verkitschung" nationaler Symbole aus dem Verkehr. Dazu gehört das Sofakissen mit eingesticktem „Deutschland erwache" und Hakenkreuz, die Tabaksorte SA-Reserve" und – so meinen jedenfalls die Berliner Kulturwächter – „zahllose SA- und SS-Puppen geschmacklosester Ausführung".[439]

Der Zugriff auf die deutsche Frau und Mutter hatte da schon anderen Zuschnitt. Alle Mutterkreuzehrungen (bis Kriegsbeginn im Kreis Moers über 3000!) und Lobhudeleien an die Frau dürfen nicht davon ablenken, daß ihre Lage im Dritten Reich denkbar übel war. In der ersten Phase wurde – auch um die Arbeitslosigkeit zu drücken – massiv dafür geworben, nur noch Mutter zu sein. So erhielten allein von August 1933 bis Herbst 1937 800.000 Frauen Ehestandsdarlehen (verbunden mit dem Ausscheiden aus einem bisher ausgeübten Beruf!). Schon im April 1933 wurde die Zulassung von Studentinnen auf 10% der Studierenden begrenzt.[440]

Mit Erlaß vom 21.8.1933 regelte der Regierungspräsident, daß „alle Lehrerinnen an öffentlichen mittleren Schulen, die mit einem unkündbar angestellten Beamten verheiratet sind, zu entlassen" seien[441]. Auch alle anderen Lehrerinnen im Bereich der weiterführenden Schulen, deren wirtschaftliche Versorgung durch den Mann gesichert erschien, sollten durch die Bürgermeister festgestellt und für die Entlassung vorgeschlagen werden.

Die berufstätige Frau paßte aus ökonomischen und propagandistischen Gründen nicht ins Bild. Man wollte Frauen, „die sich ihrer hohen Verantwortung als Trägerin und Hüterin neuen Lebens bewußt sind und stark und froh ihrer heiligen Naturaufgabe dienen wollen."[442] Schon in der Schule und im BDM wurde darauf hingearbeitet. Im Kreis war es die Abteilung Kultur-Erziehung-Schulung der NS-Frauenschaft, die die Grundlage „für die gesamte Arbeit an(!) der Frau" bildete, von der es später heißt: „Die rassepolitische Arbeit steht dabei wohl an vorderster Stelle."[443]

Die „SS Pflegestelle 20" in Düsseldorf, dem Rasse- und Siedlungshauptamt der SS unterstellt, verschickte nach Moers Bögen über zukünftige SS-Bräute, die z.B. folgende Fragen enthielten:

„Halten Sie die zukünftige Braut als Frau eines SS-Angehörigen geeignet?
Ist sie zuverlässig oder unzuverlässig?
Kameradschaftlich oder herrschsüchtig?
Häuslich oder flatterhaft, putzsüchtig etc.?"[444]

Nachhilfe für allzu selbständige Frauen konnte auf einer der „Gaubräuteschulen" gegeben werden...

Als man die Frauen wieder in den Büros und Fabriken brauchte, wurden sie (schon ab 1937) zurückgeholt. Erst recht später in der Rüstungsproduktion und im „totalen Krieg": das ganze Gerede von der Frau am heimischen Herd war plötzlich wieder Schall und Rauch. Doch zunächst umwarb man die Frau mit zahllosen Veranstaltungen und „Ehrentiteln". So fand im April 1934 die Ausstellung „Mütter sind das Volk" im Landratsamt statt. Das „Karin-Göring-Haus", die Mütterschule in Moers, wurde am 18.2.1935 feierlich eröffnet. Am 14.5.1934 berichtet der Grafschafter von einer Feier der NS-Volkswohlfahrt: „Ehret unsere deutschen Mütter". Die Führerin der NS-Frauenschaft Thea Bollmann spricht auf Hausfrauen- und Bäuerinnen-Treffen. Pflichtstunden, Hausarbeitskurse, Ehevorbereitungskurse, Rot-Kreuz-Lehrgänge, später das Pflichtjahr banden auch die Frauen, denen der Aufstieg in die Kaste der politischen Leiter oder die Gemeinderäte verwehrt war (sieht man von den Funktionen in den speziellen Frauenorganisationen einmal ab), in das Leben im nationalsozialistischen Staat ein.

Das BDM-Werk „Glaube und Schönheit" versuchte auch in Moers Fuß zu fassen, mit Beginn der Kriegshandlungen verschwand es wieder in der Versenkung.[445] In ihm sollten die 18 – 24jährigen jungen Frauen erfaßt werden, doch schon bald kam es zu Kollisionen mit der Nationalsozialistischen Deutschen Frauenschaft (NSF), die bereits einen großen Teil der 18 bis 30jährigen aufgefangen und in die „frauengemäßen" Dienste gezogen hatte. Immer mehr der unteren Funktionen in der NSV mußten Frauen anvertraut werden, ohne daß sie nennenswerten Einfluß auf diese Organisation ausübten. Auch so eine hochrangige NS-Führerin wie Thea Bollmann erhielt z.B. in der Presse wenig Raum; es waren die Männer, die zitiert wurden, wenn sie den Frauen Dank abstatteten und sie für weiteren Einsatz mit markigen Reden aufmunterten. Mit 10 – 14 Jahren im Jungmädelbund, mit 14 – 18 Jahren im Bund Deutscher Mädel: in den Jahren 34 – 39 wurde aus dem pfadfinderähnlichen Zusammensein der Anfangszeit zunehmend der verpflichtende Dienst.[446]

5.7 Praxis der Rassepolitik in Moers

Eine Kette von Gesetzen und Verordnungen, die den „Rassegedanken" pflegten, hatte auch in Moers ihre Auswirkung, wurde aber, da es ja „Einzelfälle" betraf, nicht weiter zur Kenntnis genommen. 1933 waren es die Gesetze „Zur Wiederherstellung des Berufsbeamtentums" (7.4.33), das „Reichskulturkammergesetz" (22.9.33), das „Schriftleiter-Gesetz" (4.11.33). 1935 das Wehrgesetz, die „Nürnberger Gesetze" u.a., die nach und nach ihre Wirkung entfalteten. Die „Juden unerwünscht"-Schilder vor Geschäften und Restaurants nahmen zu, eine langsame Gewöhnung an die Diskriminierung einer Bevölkerungsgruppe fand statt, bis zur zentral geplanten „Reichskristallnacht" 1938.[447]

Die Rassentheorie, diese Grundsäule der faschistischen Ideologie, mußte den Menschen nähergebracht werden, schließlich konnte man keinen Unmut bei den Volksgenossen riskieren. War doch allein die Beschaffung eines Ariernachweises eine manchmal zeitraubende, mitunter angsteinflößende Beschäftigung, der zumindest alle, die arbeiten oder heiraten wollten, nachkommen mußten.[448] Auch hier überließen die Nationalsozialisten nichts dem Zufall.

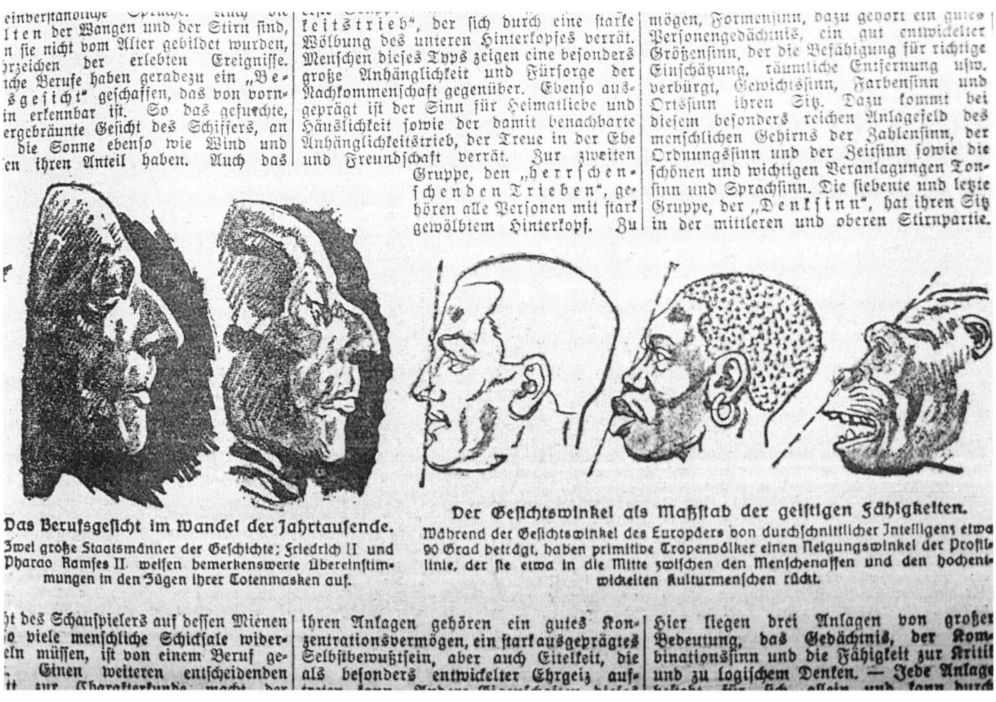

...lten der Wangen und der Stirn sind, ...n sie nicht vom Alter gebildet wurden, ...rzeichen der erlebten Ereignisse. ...che Berufe haben geradezu ein „Be...sgesicht" geschaffen, das von vorn...in erkennbar ist. So das gefurchte, ...ergebräunte Gesicht des Schiffers, an ... die Sonne ebenso wie Wind und ...en ihren Anteil haben. Auch das

...keitstrieb", der sich durch eine starke Wölbung des unteren Hinterkopfes verrät. Menschen dieses Typs zeigen eine besonders große Anhänglichkeit und Fürsorge der Nachkommenschaft gegenüber. Ebenso ausgeprägt ist der Sinn für Heimatliebe und Häuslichkeit sowie der damit benachbarte Anhänglichkeitstrieb, der Treue in der Ehe und Freundschaft verrät. Zur zweiten Gruppe, den „herrschenden Trieben", gehören alle Personen mit stark gewölbtem Hinterkopf. Zu

mögen, Formensinn, dazu gehört ein gutes Personengedächtnis, ein gut entwickelter Größensinn, der die Befähigung für richtige Einschätzung, räumliche Entfernung usw. verbürgt, Gewichtssinn, Farbensinn und Ortssinn ihren Sitz. Dazu kommt bei diesem besonders reichen Anlagefeld des menschlichen Gehirns der Zahlensinn, der Ordnungssinn und der Zeitsinn sowie die schönen und wichtigen Veranlagungen Tonsinn und Sprachsinn. Die siebente und letzte Gruppe, der „Denksinn", hat ihren Sitz in der mittleren und oberen Stirnpartie.

Das Berufsgesicht im Wandel der Jahrtausende.
Zwei große Staatsmänner der Geschichte; Friedrich II und Pharao Ramses II. weisen bemerkenswerte Übereinstimmungen in den Zügen ihrer Totenmasken auf.

Der Gesichtswinkel als Maßstab der geistigen Fähigkeiten.
Während der Gesichtswinkel des Europäers von durchschnittlicher Intelligenz etwa 90 Grad beträgt, haben primitive Tropenvölker einen Neigungswinkel der Profillinie, der sie etwa in die Mitte zwischen den Menschenaffen und den hochentwickelten Kulturmenschen rückt.

...ht des Schauspielers auf dessen Mienen ...o viele menschliche Schicksale widerspiegeln müssen, ist von einem Beruf ge... Einen weiteren entscheidenden

ihren Anlagen gehören ein gutes Konzentrationsvermögen, ein stark ausgeprägtes Selbstbewußtsein, aber auch Eitelkeit, die als besonders entwickelter Ehrgeiz auf...

Hier liegen drei Anlagen von großer Bedeutung, das Gedächtnis, der Kombinationssinn und die Fähigkeit zur Kritik und zu logischem Denken. — Jede Anlage

Artikel im Grafschafter am 5.2.1934 zur „Hygiene-Ausstellung" im Schäferschen Saal

Landrat Bollmann (l.) mit dem Feldführer des DRK und Kreisinspektor für Rassepolitik Dr. Kuhlo

Anfang Februar 1934 wurde in Moers damit begonnen, der Bevölkerung die entsprechenden „Grundgedanken" für die später beginnende systematische Ausrottung der „Nichtarier" nahezubringen. Eine große sogenannte „Hygiene-Ausstellung" im Schäferschen Saal sollte die Bewohner über die Rassepolitk der Nationalsozialisten auf quasi wissenschaftlicher Grundlage (des)informieren. Räumlich im Mittelpunkt stand zwar die Ahnentafel des Führers, aber der eigentliche Zweck war die Herausstellung der Überlegenheit der arischen „Herrenrasse". Auch Dr. Enke vom Gesundheitsamt warb für den Besuch dieser Ausstellung in einem langen Artikel.

Für ein im nationalsozialistischen Sinne funktionierendes Ärztewesen – das bei seiner Gutachtertätigkeit durchaus auch Auslesefunktion hatte – mußte die „richtige" Besetzung entscheidender Stellen vorgenommen werden. So wundert es nicht, wenn Anfang 1935, als die Leitung des neu eingerichteten Kreisgesundheitsamtes besetzt werden mußte, die Nationalsozialisten der Stadt mit allen Mitteln „ihren" Mann durchzubringen versuchten. Der höheren Orts vorgesehene Medizinalrat Dr. Kroes wird von der örtlichen NSDAP denunziert und schließlich kaltgestellt. In einem Schreiben an den Regierungspräsidenten wird ein Gespräch zwischen Kreisamtsleiter Quast und Dr. Kroes verwendet, um ihm eine negative Einstellung anzukreiden. Auch Bollmann erinnert sich in seinem Schreiben an ein Gespräch mit ähnlicher Tendenz, das er mit Dr. Kroes zwei (!) Jahre zuvor gehabt haben will. „Bezeichnend ist ja auch die Tatsache, daß er als Kreisarzt es bis heute nicht verstanden hat, sich in die vielseitige Aufklärungs- und Schulungstätigkeit der nationalsozialistischen Bewegung auf gesundheitlichem Gebiet einzuschalten."[449]lich des Gesetzes zur Wiederherstellung des Berufsbeamtentums die politische Zuverlässigkeit von Kroes verneint. Kroes wird abserviert, unter anderem mit dem Argument, Dr. Enke wolle nicht mit ihm als sein Stellvertreter zusammenarbeiten.[450] So wurde dann alles klar für Enke, der sich schon hinreichend qualifiziert hatte: seine Propagandatätigkeit wurzelte in seinen Posten als Kreisbeauftragter für Rassenpolitik, Abteilungsleiter im Amt für Volksgesundheit und Bannarzt bei der Hitlerjugend. Auch ein neuer Stellvertreter wird geholt. 1940 weisen die Akten nur ein Nicht-Parteimitglied aus.[451]

Anfang 1936 weiß der Grafschafter zu berichten: „Dr. Enke (Kreisbeauftragter für Rassenpolitk) hat in Anwesenheit von Kreisinspektor Dr. Kuhlo an mehreren

Abenden etwa 500 Personen über Rassenkunde, Vererbungslehre, rassenhygienische und eugenische Gesetze geschult."[452]

Auch die Ortsgruppenleiter aus Moers wurden zur Schulung ins Rassepolitische Amt nach Berlin geschickt und sollten als Multiplikatoren wirken. So konnte der Boden bereitet werden für die nun immer deutlicher werdenden Einschränkungen der Arbeits- und Lebensgrundlage der jüdischen Bürger in Moers.

Ein besonders düsteres Kapitel der Geschichte des Dritten Reichs kann hier nur kurz dargestellt werden, steht aber in klarem Zusammenhang zur Personalpolitik im Gesundheitswesen und zur Propaganda: das der Euthanasie bzw der Zwangssterilisierungen.

Mit Erlaß des Gesetzes „Zur Verhütung erbkranken Nachwuchses" vom 14. Juli 1933 waren die ersten Weichen gestellt worden, die folgerichtig zur verbindlichen Einrichtung von Beratungsstellen für Erb- und Rassenpflege an den Gesundheitsämtern zum 1.4.1935 führten. Weit schwerwiegender aber war die Tatsache, daß nun die Gesundheitsämter in Zusammenarbeit mit allen hierfür geeigneten Einrichtungen und Personen wie z.B. Schulen, Sozialämtern, Ärzten, Hebammen die Zwangssterilisation einzuleiten hatten.

Welches Ausmaß an menschenverachtender Gewalt auf diesem Gebiet angewandt und hingenommen wurde, können wir für den Altkreis Moers relativ genau verfolgen.[453]

Welches Ausmaß an persönlichem Leid sich bereits 1934 auch im Krankenhaus Bethanien abspielte, werden wir dagegen wohl nie begreifen können.

Im Jahr 1935 wurden 49 Krankenanstalten mit namentlich benannten Ärzten im Verwaltungsbezirk Düsseldorf ermächtigt, Sterilisationen an sogenannten Erbkranken durchzuführen, darunter auch das Krankenhaus Bethanien in Moers mit dem Chefarzt Dr. Försterling und Oberarzt Dr. Haeuber. Anfang 1936 kam das Bertha-Krankenhaus der Firma Krupp hinzu.[454] Wieviele Menschen der Durchführung des Programms „zur Verhütung erbkranken Nachwuchses" in den ersten Monaten zum Opfer fielen, wissen wir nicht. Jedoch wurden im Kreis Moers nachweislich von 1935 – 1941 308 Menschen – meist im Krankenhaus Bethanien – zwangsweise sterilisiert. Die Praxis begann 1934, aber erst im Jahr 1935 setzte ein geordnetes Berichtswesen ein, die Namen der operierenden Ärzte wurden jetzt festgelegt. Der Grund hierfür ist zu suchen in der Angst des Regimes vor den Reaktionen des Auslandes. Offensichtlich war man zunächst rasch und „unbürokratisch" zu Werke gegangen – mit der Folge, daß sich beliebige Ärzte am „Programm" beteiligten. Es kam infolge der rüden Behandlungsmethoden zu zahlreichen Todesfällen. Dies rief das Innenministerium auf den Plan, das auf die kritischen Stimmen im Ausland aufmerksam machte und zu mehr Sorgfalt anhielt. Auch später noch gab es in Moers Eingriffe trotz schon bestehender Schwangerschaft, jedoch war man vorsichtig genug, von solchen Methoden Abstand zu nehmen, wie sie noch Mitte 1935 etwa in Düsseldorf praktiziert worden waren, wo es in einem OP-Bericht lapidar heißt: „Bei der Unfruchtbarmachung wurde ein 34 cm langer Foet entfernt mit der Placenta."[455] Auch diese Frau starb, wie viele andere, an den Folgen eines solchen Eingriffs. In Moers machte man sich vor allem Sorgen um den guten Ruf, weniger um die Menschen. In einem Bericht vom 2.11.1935 über Hetze gegen das Gesetz zur Verhütung erbkranken Nachwuchses schreibt Dr. Enke an den Regierungspräsidenten: „Nach der Mitteilung der Kreisleitung der NSDAP Moers wurde außer der Kanzelpropaganda der katholischen Kirchen kei-

Jahresbericht

über die Durchführung des Gesetzes zur Verhütung erbkranken Nachwuchses

Berichtszeit vom 1. Januar bis 31. Dezember 19 36.

Gesundheitsamt: Moers **Einwohnerzahl:** 189 000

Höherer Verwaltungsbezirk: Düsseldorf **Land:** Preußen.

Anzeigenerstattung [1])

1. In die Berichtszeit aus dem Vorjahr **übernommene** noch nicht erledigte **Anzeigen**			230
2. Im Berichtsjahr (gem. Art. 3, Abs. 4 der 1. VO. zur Ausf. des Ges. z. V. e. N.) **neu erstattete Anzeigen**[2]) insgesamt			227
und zwar von	beamteten Ärzten[3])	35	
	nichtbeamteten Ärzten	80	
	Anstaltsleitern und Anstaltsärzten	28	
	sonst. anzeigepflichtigen Personen	84	
3. Im Berichtsjahr **abschließend bearbeitete Anzeigen** insgesamt		117	
davon **nicht weitergegeben**			
wegen	unbegründeter Anzeige	2	
	zu hohen Alters	–	
	Fortpflanzungsunfähigkeit	–	
	Alters unter 10 Jahren	6	
	sonstiger Gründe	3	
4. Endbestand der noch **nicht abschließend bearbeiteten Anzeigen**			378

Antragstellung [4])

		Männer	Frauen
5. Im Berichtsjahr **gestellte Anträge** insgesamt		106	
und zwar von	Amtsärzten (ohne Zusatzanträge)	106	
	Anstaltsleitern (ohne Zusatzanträge)		
	Erbkranken selbst		
	gesetzlichen Vertretern		
6. Die unter Ziffer 5 gezählten Anträge[5]) wurden gestellt			
wegen	angeborenen Schwachsinns	28	56
	Schizophrenie		I
	man.-depressiven Irreseins		
	erblicher Fallsucht	12	8
	erblichen Veitstanzes		
	erblicher Blindheit		
	erblicher Taubheit		I
	schw. erbl. körperl. Mißbildung		
	schweren Alkoholismus		

Durchführung

		Männer	Frauen
7. Im Berichtsjahr wurden auf Grund von Beschlüssen der Erbgesundheitsgerichte Unfruchtbarmachungen durch chirurgischen Eingriff und durch Strahlenbehandlung (§ 11 des Ges. z. V. e. N.) durchgeführt insgesamt		24	38
und zwar wegen	§ 1 Abs. 2 Z. 1 (angeb. Schwachsinns)	15	30
	§ 1 Abs. 2 Z. 2 (Schizophrenie)		
	§ 1 Abs. 2 Z. 3 (man.-depress. Irreseins)		
	§ 1 Abs. 2 Z. 4 (erblicher Fallsucht)	9	7
	§ 1 Abs. 2 Z. 5 (erblichen Veitstanzes)		
	§ 1 Abs. 2 Z. 6 (erblicher Blindheit)		
	§ 1 Abs. 2 Z. 7 (erblicher Taubheit)		I
	§ 1 Abs. 2 Z. 8 (schw. erbl. körp. Mißbdg.)		
	§ 1 Abs. 3 (schweren Alkoholismus)		
8. Die Durchführung der Unfruchtbarmachung a) wurde **ausgesetzt:**			
wegen	freiwilliger Aufnahme in eine Anstalt		
	Lebensgefahr (ohne kurzfr. Aussetzg.[6])		6
	bestehender Schwangerschaft		
	schon bestehender Unfruchtbarkeit		
b) **unterblieb**			
wegen	Todesfalls		
	Unauffindbarkeit		
	sonstiger Gründe[7])		
9. Die Durchführung der Unfruchtbarmachung erforderte Zwangsmaßnahmen in Fällen		I	I
10. Schwangerschaftsunterbrechungen aus erbpflegerischen Gründen (§ 10 a d. Ges. z. V. e. N.)			2
11. **Nachweisung der Meldungen gem. Art. 8 der 1. VO. z. Ausf. d. Ges. z. V. e. N.**			
a) Eingriffe auf Grund der Ziff. 4 Abs. 1 d. Ges. zur Änderung d. Ges. z. V. e. N. vom 26. 6. 35		Männer	Frauen
	α) Unfruchtbarmachungen aus gesundheitlichen Gründen	–	16
	β) Entfernung der Keimdrüsen	–	–
b) Eingriffe auf Grund der Ziff. 4 Abs. 2 d. Ges. zur Änderung d. Ges. z. V. e. N. vom 26. 6. 35	Freiwillige Entmannungen		
12. **Nachweisung der Meldungen gem. Art. 12 der 4. VO. z. Ausf. d. Ges. z. V. e. N.**[8])			
a) Schwangerschaftsunterbrechungen aus gesundheitlichen Gründen (§ 14 d. Ges. z. V. e. N.)		––	
b) Fehlgeburten[9])		726	
	davon mit fieberhafter Komplikation 39		
c) Frühgeburten[9])		46	
	davon mit fieberhafter Komplikation 5		

Anmerkungen siehe Rückseite.

Moers, den 18. Januar 1937.

Dr. Schulten
(Amtsarzt)

ne Propaganda und kein Widerstand gegen dieses Gesetz wahrgenommen. Bei der Durchführung der Sterilisierungsanträge ist bisher nur in einem Falle die polizeiliche Vorführung einer Unfruchtbarzumachenden notwendig gewesen."[456]

Bis 1938 gehen jährlich mehr als 200 neu erstattete Anzeigen ein, die Masse von ihnen kommt nicht etwa von den beamteten Ärzten oder Anstaltsleitern, sondern von frei praktizierenden Ärzten oder „sonstigen anzeigepflichtigen Personen". Lehrer und Hebammen meldeten auffällige Personen, Ärzte wurden aktiv, wie im Fall eines Bergmannes aus Moers, wenn im Verlauf einer Krankheitsgeschichte zweimal eine Ohnmacht eingetreten war. Die angezeigten Personen mußten sich einer äußerst peniblen Untersuchung unterziehen, anschließend entschied das Erbgesundheitsgericht, bei dem auch Moerser Ärzte mitwirkten.[457] Die Kosten mußten die Familien selbst tragen.[458] 1939 erreichten die Zwangsmaßnahmen ihren Höhepunkt im Kreis Moers: 92 Personen wurden sterilisiert, auch Taube und Hüftgelähmte waren darunter.[459] Mehrere ausländische Frauen aus Meerbeck wurden ebenfalls sterilisiert, wenn sie sich nicht wie eine Frau aus der Weserstraße am 9.3.38 dem Zugriff durch Flucht ins Ausland entzogen.[460]

Auch die Durchführung der Euthanasie wurde 1939 energisch angepackt, 120.000 Menschen – psychisch Kranke, Behinderte oder einfach Abgeschobene fielen in Deutschland dem „Gnadentod" zum Opfer. Auch über die bekannten Anstalten in Bedburg-Hau und Süchteln führte der Weg der „Lebensunwerten" in die Vernichtungslager...[461]

5.8 Der Griff nach den Schulen

Die Moerser Schullandschaft war – auch wenn man die heute zum Stadtgebiet gehörenden Schulen in Meerbeck oder Kapellen nicht berücksichtigt – durchaus reichhaltig. Neben den 13 Volksschulen (plus der später aufgelösten jüdischen Schule) gab es ein differenziertes Berufsschulangebot, die Oberrealschule und das Lyzeum (Oberlyzeum), die später beide unter der Leitung Dr. Bauers standen, das Gymnasium Adolfinum sowie die ihm angegliederte Aufbauschule.[462]

Was änderte sich im Schulleben? Kurz: das geistige Klima und die äußere Form.[463] „Die Schule ist in jenen Jahren Schule geblieben: Hausaufgaben, Klassenarbeiten usw. behielten ihren Stellenwert."[464] Bei dieser Aussage von Dr. Marx, dem Leiter des Adolfinums nach dem Krieg, sind Zweifel angebracht. Wenn das Thema des Klassenaufsatzes „Errungenes und Erwünschtes in meinem Vaterlande" heißt, und – wie in diesem Fall am Lyzeum tatsächlich geschehen – jeder Schüler und Lehrer damit rechnen muß, daß seine Worte von strammen Nazis auf ihre Gesinnungstreue überprüft werden könnten, dann bedeutet das nichts anderes als: Schule blieb nicht Schule, sondern wurde nationalsozialistische Schule. Dies betraf die Inhalte des Unterrichts, den Lehrplan, die zusätzlichen Dienste und Aufgaben und das Verhältnis von Lehrenden und Lernenden.

Es gab eine äußere Schulreform, die in Moers in besonderer Weise das Adolfinum betraf, weil es nicht mehr unter dem damals zur Sonderform erklärten Status „Gymnasium" lief. Doch können wir hier nicht ausführlich auf die Entwicklungen der einzelnen Schulformen eingehen.[465] Die Reform konnte in Moers ohne nennenswerten Widerstand durchgeführt werden. Professor Heinz, der Leiter der nunmehr „Staatliches Adolfinum – Gymnasium in Umwandlung zur Oberschule

Inhaltsverzeichnis.

Nr.	Datum:	Art der Arbeit:	Zl.
1	3. 7.41.	Dkl: Die Hauptbestandteile des deutschen Volkes.	–
2	20. 8.41.	Warum u. wie muß ich im Haushalt sparen	2-
3	11. 9.41.	Dkl: Der Jude ein Volksschädling	–
4	18. 9.41.	Dkl: Volk in Gefahr.	–
6	25. 9.41.	Dkl: Was bestimmt die Kraft von Deutschland	–
7	25. 9.41.	Dkl: Aufbau u. Kreislauf der Wirtschaft	–
8.	2.10.41.	Dkl: Deutschland hat keine Kolonien.	–
9.	9.10.41.	Dkl: Deutschlands Bedarf, eigene Bodenschätze u. Einfuhr.	–
10	16.10.41.	Dkl: Was der Osten für unser Volk bedeutet	–
11	23.10.41.	Dkl: Was hat uns das Schanddiktat von Versailles genommen.	–
12	30.10.41.	Probearbeit aus Gesundheitslehre	2
13	13.11.41.	Dkl: Die Heimat.	–
14	20.11.41.	Dkl: Warum arbeite ich.	–
25	27.11.41.	Dkl: Das deutsche Arbeitertum	–
16	4.12.41.	Probearbeit: aus Reichskunde"	2-
17	8. 1.42.	Dkl: Das deutsche Bauerntum	–
18	15. 1.42	Dkl: Die politische Erziehung des Reichsbürgers.	–
19	22. 1.42	Dkl: Der erste Vierjahresplan.	–
20	29. 1.42.	Dkl: Der zweite Vierjahresplan	2-3
21.	5. 2.42	Probearbeit aus Gesundheitslehre	2-

Themen aus einem Schulheft der hauswirtschaftlichen Berufsschule für Jungen und Mädchen" genannten Schule, schreibt in einem damals und später zu Recht als Rechtfertigungstext angesehenen Artikel: „Im Vordergrund werden in Zukunft in der neuen Oberschule die deutschkundlichen Fächer und damit die Behandlung der Kultur des eigenen Volkes stehen, Fächer, an deren wissenschaftlichem Charakter heute niemand mehr zweifelt, Fächer, die in erster Linie berufen sind, Bildung und Erziehung des Schülers im Dritten Reich zu beeinflussen."[466] Die Schleifung der traditionsreichen „schola illustris", die es ja tatsächlich war, enthüllt der Schulleiter gerade da, wo er sich bemüht, sie zu kaschieren:

„So ist die alte Tradition, die für so viele frühere Schüler und alte Grafschafter etwas Ehrfurchtgebietendes und zu Verehrendes in sich schließt, nicht unterbrochen, ja es ist eine Verbindung mit den Forderungen der neuen Zeit geschaffen. – Überall, wo nordisches Blut in einer mehr als tausendjährigen Geschichte hinkam, hat es eine hohe Allgemeinkultur geschaffen. Nordisches Blut war auch die Grundlage der berühmten hellenistischen Geisteskultur. Nordisches Wesen gibt auch unserer Zeit sein Gepräge, läßt auch in ihr eine hochstehende Wissenschaft erblühen. Möchte es unserer Anstalt vergönnt sein, an bescheidener Stelle vorbereitend mitarbeiten zu dürfen, Lehrer wie Schüler sich fühlend als des Führers treue Gefolgsmannen!"[467]

Flankierend wurden einige Schulaufsichtsbeamte ausgewechselt. Wer erwartet hatte, daß die Nationalsozialisten in diesem wichtigen Bereich „investieren" würden, um auch über die Erziehung der Jugend ihre Macht zu festigen, muß sich wundern. Die Klassenstärken stiegen leicht an, Lehrerstellen wurden gekürzt, die Ausgaben für die Volksschulen in Moers verringerten sich von 130,51 RM pro Kind im Jahr 1931 auf 68,71 RM im Jahr 1938. So kann in einer Vorlage für den Verwaltungsbericht der Stadt Moers 1936-38 erfreut berichtet werden, es sei „eine erhebliche Verbilligung der Schulunterhaltungskosten festzustellen."[468] „Investiert" wurde vor allem in eine Flut von Regelungen, Erlassen und Maßnahmen zur gesinnungsmäßigen Ausrichtung der Schulen.

Der erste Schritt war eine Kette von Feiern und Gedenkstunden – über den emotionalen Charakter des Gemeinschaftserlebnisses war zunächst besser eine kurzfristige Beeinflussung von Lehrern und Schülern zu erwarten, als vom Unterricht selbst. So gab es am 8.März schulfrei wegen der Reichstagswahl, am 11.3. wurde der Gefallenen des ersten Weltkrieg gedacht, es gab den „Tag von Potsdam" am 21. März und den „Tag der nationalen Arbeit" am 1.Mai – all dies wurde im Stil der neuen Zeit mit nationalen Reden gefeiert. Am 27. Mai gab es wiederum schulfrei: Albert-Leo-Schlageter war 10 Jahre tot, und auch das war ein Anlaß für neuartigen Geschichtsunterricht in den Schulen. Diese „Gedenktagspädagogik" setzte sich später fort. Neu war z.B. der Fahnenkult.[469] Symbolische Handlungen – eine Vorliebe der Nationalsozialisten – wurden auch bei den Umbenennungen der meisten Schulen vollzogen. Es hießen im 3. Reich:

ev. Kastellschule	Hans-Schemm-Schule
ev. Schule Moerserheide	Markus-Paffrath-Schule
ev. Schule Schwafheim	Albert-Leo-Schlageter-Schule
ev. Schule Asberg	Horst-Wessel-Schule
kath. Kastellschule	Dietrich-Eckart-Schule
kath. Alexanderschule	Langemark-Schule
kath. Schule Duisburger Str.	Herbert-Norkus-Schule

Was man in der Grundschule malte.

kath. Schule Asberg | Wilhelm-Gustloff-Schule
Gemeinschaftsschule Vinn | Manfred-v-Richthofen-Schule
Gemeinschaftsschule Hülsdonk | Herbert-Howarde-Schule

Nur die Tannenbergschule hieß natürlich immer schon so (und so ist es geblieben).[470]

Die Lehrer sahen sich in einer neuen Rolle. Der NS-Lehrerbund, dem am Adolfinum z.B. fast alle Lehrkräfte angehörten, sah es so: „Lieber ein mittelmäßiger Unterrichter mit hervorragenden Charakterwerten als ein ausgezeichneter Wissenschaftler und technischer Könner mit schlechtem Charakter."[471] Das hieß in der Praxis für die Lehrer, daß sie ihre „hervorragenden Charakterwerte" ständig unter Beweis stellen mußten: durch Anwesenheit bei Veranstaltungen, durch Spenden, Mitgliedschaft im NSV (mindestens!), durch demonstratives Lesen des „Stürmers" im Lehrerzimmer, durch „Glaubensbekenntnisse" auf Konferenzen und nicht zuletzt durch die Teilnahme an politischen Schulungen und Lehrgängen. Niemand kann heute wirklich beurteilen, was hier von Lehrkräften aus Überzeugung oder gar niederer Gesinnung, aus Opportunismus, Angst oder Selbstschutz geschah und ob nicht der eine oder andere unter dem Deckmantel nationaler Sprüche der Menschlichkeit den Vorzug gab und – auch danach handelte. Skepsis scheint angebracht, was die milde Beurteilung seiner Untergebenen durch Dr. Marx angeht[472], im ganzen scheint die Lehrerschaft keine allzu großen Schwierigkeiten gehabt und bereitet zu haben, was die Durchführung nationalsozialistischer Erziehung angeht. Erwähnenswert im positiven Sinne erscheinen Dr. Marx, Ferdinand Peus und Dr. Wigge am Adolfinum[473] und Dr. Bauer und Dr. Martin am Oberlyzeum. Dr. Bauer

Ev. Volksschule Moerserheide, ab 1937 Markus-Paffrath-Schule: ein „Rahmen" für die Erziehung

wird nachgesagt, er habe sich der Verpflichtung zu öffentlichen Reden durch ärztliche Atteste entzogen, dabei aber zugleich die Amtsgeschäfte weitergeführt. Sein mutiges Eintreten für Mitglieder seines Kollegiums in dieser Zeit ist bezeugt.

Lehrer wurden – nicht nur was Entscheidungsrechte in Konferenzen anging – in ihrem Freiraum beschnitten, einmal informell durch die Präsenz von HJlern in Uniform – mithin potentiellen Aufpassern – und durch neue Richtlinien und Erlasse.

Die Schwerpunkte dieser inhaltlichen Formierung lagen nicht von ungefähr auf den Kerngebieten der nationalsozialistischen Ideologie. Der imperialistische „Volk ohne Raum"-Ansatz – an den weiterführenden Schulen auch vertreten durch den Verein für das Deutschtum im Ausland und seine Veranstaltungen – verband sich dabei mit der Rassekunde, die die Überzeugung von der Überlegenheit des Ariers zu stützen hatte.[474] Die Theorien von der Zurückdrängung deutschen Blutes durch „Minderwertige" waren nicht nur Gegenstand im Fach Biologie, sondern in allen Fächern bis hin zu den Textaufgaben des Mathematikbuches. Unterstützend für diese inhaltliche Ausrichtung auf deutsche Größe wirkte die Änderung der Stundentafel. In allen weiterführenden Schulformen in Moers wurden die Ideologiefächer zu Lasten des Anteils der Sprachen und teilweise der Naturwissenschaften in ihrem Stundenanteil verstärkt. In den Grundschulen bekam ein dumpfer Führerkult großes Gewicht. Hinzu kam die Höherbewertung des Körperlichen gegenüber dem Geistigen, wie sie auch in den veränderten Auslesekriterien abgesichert wurde.[475] Wie in allen gesellschaftlichen Bereichen, so wurde auch in der Schule – die zu allen Zeiten ein hohes Maß an Kontinuität benötigt hat – der „Aktionismus" Trumpf. Lehrerkonferenzen, z.B.. am Adolfinum, auf denen 20 und mehr neue Erlasse bekanntgegeben wurden, waren keine Seltenheit. Häufig wurde von oben auf neue Anlässe hingewiesen, auf die im Unterricht einzugehen sei. Die „Beschäftigung" der allermeisten Jugendlichen in der HJ (und anderen sogenannten Jugendgruppen von Vereinen wie dem VDA) tat ein Übriges und wirkte auch wieder in die Schule hinein.

Was hier so komprimiert und auf den damaligen „Zeitgeist" bezogen an Entwicklung angesprochen wird, vermag nicht zu verdeutlichen, was es für den einzelnen hieß. So wie einige Lehrer Repressalien ausgesetzt waren oder wie Maria Djuk, Lehrerin in Schwafheim, in den Tod ging, so gab es für eine nicht unerhebliche Zahl von Schülern Leid und Diskriminierung. Die jüdischen Schüler wurden aus den Schulen entfernt – kein Widerstand regte sich. Pennälerstreiche wurden als staatsgefährdend angesehen. Eine Glühbirne im Rockaufschlag wurde zur „Verunglimpfung hoheitlicher Symbole"[476], jugendlicher Leichtsinn hatte bittere Folgen für Säumige bei den obligatorischen Diensten (z.B. Brandwachen). Wer nicht das Glück hatte, blond zu sein und eine Sportskanone oder aus einem national gesinnten Elternhaus zu stammen – der mußte bei seinen Aufsätzen doppelt aufpassen.

Professor Lenzen, damals Schüler am Adolfinum, erinnert sich:

„Mit Nationalgefühlen und Zukunfts-Euphorie wurde man selbstverständlich auch in der Schule eingestimmt und 'ausgerichtet'. Die Überwindung der Folgen des Versailler Vertrages, die Rückkehr zur nationalen Autonomie, die Programmierung neuer Wertmaßstäbe und Ziele wurden von den meisten Lehrern als Erfolge begrüßt; einige ließen deutlich erkennen, daß sie sich für das neue Regime und seine Thesen aktiv einzusetzen bereit waren. Sie erschienen zu den traditionellen und den neu verordneten Feier- und Gedenktagen in Uniform – der Chef und sein Stellvertreter sogar als Militärs, mit Pickelhaube und Säbel – während die Minderheit mehr oder weniger dezidiert ihre Skepsis und ihre Ablehnung zu erkennen

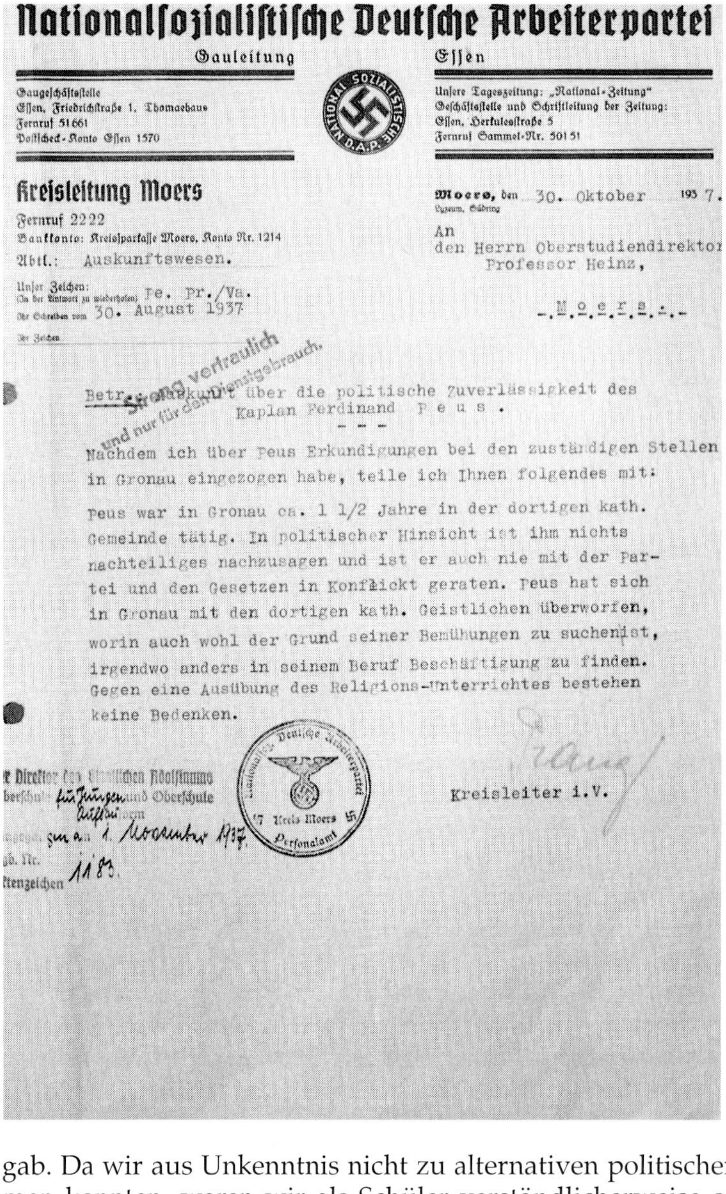

Nationalsozialistische Deutsche Arbeiterpartei

Gauleitung Essen

Gaugeschäftsstelle
Essen, Friedrichstraße 1, Thomaehaus
Fernruf 51661
Postscheck-Konto Essen 1570

Unsere Tageszeitung: „National-Zeitung"
Geschäftsstelle und Schriftleitung der Zeitung:
Essen, Herkulesstraße 5
Fernruf Sammel-Nr. 50151

Kreisleitung Moers
Fernruf 2222
Bankkonto: Kreissparkasse Moers, Konto Nr. 1214
Abtl.: Auskunftswesen.
Unser Zeichen: (In der Antwort zu wiederholen) Pe. Pr./Va.
Ihr Schreiben vom 30. August 1937
Ihr Zeichen

Moers, den 30. Oktober 1937.
Lyzeum, Südring

An
den Herrn Oberstudiendirektor
Professor Heinz,

-.M.o.e.r.s.-.-

Streng vertraulich
und nur für den Dienstgebrauch.

Betr.: Auskunft über die politische Zuverlässigkeit des
Kaplan Ferdinand Peus.

\- - -

Nachdem ich über Peus Erkundigungen bei den zuständigen Stellen in Gronau eingezogen habe, teile ich Ihnen folgendes mit:

Peus war in Gronau ca. 1 1/2 Jahre in der dortigen kath. Gemeinde tätig. In politischer Hinsicht ist ihm nichts nachteiliges nachzusagen und ist er auch nie mit der Partei und den Gesetzen in Konflickt geraten. Peus hat sich in Gronau mit den dortigen kath. Geistlichen überworfen, worin auch wohl der Grund seiner Bemühungen zu suchen ist, irgendwo anders in seinem Beruf Beschäftigung zu finden. Gegen eine Ausübung des Religions-Unterrichtes bestehen keine Bedenken.

Nationalsozialistische Deutsche Arbeiterpartei
Kreis Moers
Personalamt

Kreisleiter i.V.

Direktor des staatlichen Adolfinums
Oberschule für Jungen und Oberschule
Aufbauform
Eingegangen am 1. November 1937.
Tgb. Nr. 1183.
Aktenzeichen

Lehrerbespitzelung: Die Kreisleitung antwortet Prof. Heinz. Noch bestehen keine Bedenken gegen Kaplan Peus.

gab. Da wir aus Unkenntnis nicht zu alternativen politischen Vorstellungen kommen konnten, waren wir als Schüler verständlicherweise offen für die geopolitische Zukunftsmusik und für die Aussichten auf die „große Bewährung", und nahmen bei den wenigen Lehrern, die ihre Zurückhaltung und ihre Befürchtungen zu artikulieren wagten, eher Mißmut und Konservativität als wahre Gründe an.

Die Ausgrenzung unserer jüdischen Mitschüler haben wir dumpf und ohne Überlegungen anzustellen, hingenommen. Aber da war auch bei den Älteren wohl kein klarer Protest mehr möglich: Ich erinnere mich, daß wir bei den Brüdern Kaufmann in der Neustadt einen Besuch machten. Es mußte aber die Dunkelheit abgewartet werden, und auch ohne daß mich meine Eltern darauf hingewiesen hätten, verstand ich instinktiv, daß dieser Besuch geheim bleiben mußte, daß ich niemandem davon erzählen durfte."[477]

5.9 Fortschreitende Militarisierung

Eine zunehmende Militanz der Sprache drückt sich in Moers vor allem im Zusammenhang mit der Behandlung von Gegnern des Nationalsozialismus aus. Wörter wie „rücksichtslos", „brutal", „ausmerzen" erfahren eine positive Umwertung – in einem eher langsamen Prozeß der Gewöhnung ist es später nichts Schockierendes mehr, wenn im Bericht über eine Verurteilung von Gründern des „Sexualreformbundes" der Untertitel des Grafschafter lautet: „Die Volksgemeinschaft wird vor diesen Untermenschen geschützt."[478] In einer Gesellschaft, in der das Militär in hohem Ansehen stand, fand auch niemand Anstoß an Formulierungen wie: „Heute rücken die Schulrekruten an!" (gemeint waren die I-Dötze)[479] oder „Feind erledigt", wenn die HJ Nachtübungen machte.

In Moers gab es schon vor 33 haufenweise Kriegervereine, von denen die Marinevereine „Mimmi Wallmichrath" und „Admiral von Lans" auch Jugendgruppen unterhielten.[480] Die große Freude an Paraden konnte nun noch besser ausgelebt werden; Professor Heinz, Kreisverbandsführer der Kriegervereine, muß in dieser Hinsicht eine schöne Zeit erlebt haben. Selbst Generaldirektor Kost knüpfte auf einer Gedenksteinenthüllung in seiner Rede an Treitschke[481] an: „Ohne Helden und Heldenverehrung geht ein Volk zugrunde."[482]

Die Musterungen wurden wieder als wichtiges Ereignis zelebriert, eine Ausstellung zum Weltkrieg 1914 – 1918 wanderte anschließend zum Teil in die Hände des

Sie lachen noch: erste Musterung in Moers

Üben für den Krieg: Handgranatenweitwurf in Hochstraß

Grafschafter Heimatmuseums, und liebevoll schrieb der Grafschafter über „die olde Knök", als die Jahrgänge 93 bis 96 in Moers gemustert wurden. [483]

Auch in ganz praktischen Dingen rückte man näher ans Kriegshandwerk : vom Handgranatenweitwurf bei den Sportfesten bis zum Motto beim 35-Jahr-Fest des Moerser Schießvereins von 1903: Üb Aug' und Hand für's Vaterland! Daß hierdurch eine „Lust" auf Krieg entstand, kann nicht angenommen werden.

Aber eine Bevölkerung, die „antritt", „sich formiert", von den Pimpfen bis zum Flaggeneinholen vor Schulen und Berufsverbandstreffen – die gewöhnt sich auch daran, daß ihr Leben nicht nur in militärischem Vokabular beschrieben wird, sondern in paramilitärischen Formen abläuft.

Dennoch war klar: nicht jeder eignet sich zum Helden, schon gar nicht kriegserfahrene Landser aus dem 1. Weltkrieg, die nicht hochdekoriert, sondern behindert zurückgekehrt waren. Auch entsprechend der Illusion, daß der Nationalsozialismus gar nicht den Krieg wolle, vielmehr sich nur verteidigen müsse, war es erfolgversprechend, die Einstellung des Volkes auf den Krieg über den „Zivilschutz" einzufädeln. Der Reichsluftschutzbund wurde zu einer der mitgliedsstärksten Unterorganisationen der Nationalsozialisten ausgebaut. Man folgte hier einer Einsicht, die schon Ende 1935 – z.B. im Artikel „Die 'Zivilbevölkerung' im Kriege von morgen" im Grafschafter – verbreitet wurde: „Diesen Unterschied zwischen Kämpfer und Nichtkämpfer wird es zukünftig zwar völkerrechtlich vielleicht noch, in Wirklichkeit aber nicht mehr geben."[484] Werbeveranstaltungen wie das Gastspiel des „Luftschutztrupps Ekkehard"[485] führten geradewegs über die „Woche des deutschen Luftschutzes" und Verdunklungsübungen (ab 1934) zu den drakonischen Strafen für Verdunklungssünder in den Kriegsjahren.

Eine Auswahl von Überschriften des Grafschafter in den Jahren 1934 – 1938:

8.1.1934	"Luftschutz schafft Arbeit"
14.5.1934	"Luftschutz ist Selbstschutz"
19.10.1935	"Verdunkeln – aber wie?"
22.4.1937	"Tag der Luftwaffe"
17.9.1938	"Vom 18.-25. ist die Woche der Volksgasmaske"
21.9.1938	"10 Gebote für die Herrichtung von Luftschutzräumen"

Vorträge wie der von Lettow-Vorbeck am 3.9.37 zum Kolonialgedanken, Übungen der Sanitätskolonnen, Verpflichtungsfeiern des Roten Kreuzes und der immer wiederkehrende Heldengedenktag kamen hinzu. Woran denkt der Leser bei einer Anzeige für „Präservativ-Krem"?? Richtig! Sie hilft gegen Wundwerden und Blasen bei Märschen.[486]

5.10 Die Eigeninszenierungen der „Bewegung"

Ein besonderes Merkmal auch der faschistischen Führer in Moers war ihr Hang zur Selbstdarstellung und ihre Vorliebe für „gigantische" Paraden, Aufmärsche, Kundgebungen. Einerseits wurde damit das Fußvolk ständig in Bereitschaft und Bewegung gehalten, andererseits sollte allen die „Größe" des Nationalsozialismus demonstriert werden. Schließlich zelebrierte sich die Bewegung selbst.

Die Höhepunkte alljährlicher Aufmarsch- und Propagandatätigkeit waren zugleich Selbstbeweihräucherung und Personenkult. Am 30.1. wurde der Tag der Machtergreifung gefeiert – nicht ohne in jedem Jahr neue Aspekte über das Leben der „alten Kämpfer des Kreises" auszugraben. Am Führergeburtstag fanden überall Feiern statt, meist verbunden mit der Übernahme von Pimpfen in die HJ. Der Reichsparteitag diente zur Vorstellung der „Nürnbergfahrer", die politischen Leiter hielten vorher Appelle ab und marschierten gemeinsam los (natürlich nur zum Bahnhof). Auch der 9.11. war ein „heiliger" Gedenktag: man gedachte anläßlich des Marsches auf die Feldherrnhalle der Gefallenen der Bewegung: das waren in Moers bzw. Homberg vorzugsweise der SA-Mann Markus und der SS-Mann Paffrath.

Waren diese – im ganzen Reich begangenen – Fixpunkte noch fast ausschließlich Domäne der Partei selbst, so beteiligten sich bei den Kundgebungen in den Orten oder im Kreis stets nahezu alle Gliederungen – es kam dann zum „Aufmarsch der Formationen". Jede Ortsgruppe hatte ihre eigenen Tagungen, von denen der geringste Teil im Saal stattfand. Der Kreisappell sah Tausende Spalier stehen. Doch

Die vielseitig eingesetzte „Propagandawand" der NSDAP Moers - hier bei der Eröffnung des Treibstoffwerkes

13./14.6.1936: Kreisappell der NSDAP

das war noch lange nicht alles: jede Untergliederung der Partei (wie NSV, BDM, NS-Hago, KDF usw.) trat für sich an die Öffentlichkeit, und der Aufmarsch mit anschließender Kundgebung und Reden gehörte immer dazu. Wenn die Ortsgrößen Bubenzer, Bollmann, Suhr, Reible, Dahlem, Prang , Heger, Michel und die anderen Ortsgruppenleiter nicht selbst sprachen, so standen sie auf einer Tribüne, um den Massen wenigstens zuzuwinken. So wurde jeder Erntedank, jede Amtswaltertagung, jede Kreisführertagung der Feuerwehr zugleich zu einer Kundgebung für den Führer – mit den lokalen Führern vorneweg.

Aber auch das war bei weitem nicht alles. Die Rasseideologen schulten, das NSV sammelte oder bewirtete gleich 1000 Kinder gleichzeitig mit Kaffee und Kuchen [487], der RLB warb, die SA-Standarte 193 exerzierte und veranstaltete Körperkulturabende, die HJ machte ihr Gebietsführerlager, es gab Landdienstlagerbesuche hochgestellter Nazibonzen, Orts- und Kreisgruppenversammlungen des NS-Lehrerbundes, der Kampfgemeinschaft Deutscher Architekten, Aktionen des NS-Fliegerkorps, des NS-Kraftfahrerkorps, Veranstaltungen zuhauf, und auf jeder „Altbauernehrung" trat wenigstens eine Abordnung an und sprach ein Ortsbauernführer, ein Kreisbauernführer, einer der Kreis-, Gau- oder Reichspropagandaredner, ein Hauptabteilungsleiter II beim Reichsnährstand oder gar der Landesbauernführer Eltz von Rübenach.[488] Da die einzelnen Ortsgruppen – wie auch beim Reichsberufswettkampf und ähnlichen Wettbewerben – durch Inspektionen und Bewertungen untereinander in Konkurrenz gehalten wurden, und das alles entscheidende Merkmal die Masse, die Zahl war, wetteiferten die Gliederungen der Partei ständig darum, wer die meisten Mitglieder und Volksgenossen „auf die Beine brachte". Ohne Druck ging es da manchmal nicht, aber das System der sozialen Kontrolle und der Denunziation, die Blockwarte vorneweg, registrierte jeden, der sich ausschloß vom großen Aufmarschtaumel.

Die großen Kampagnen dieser Zeit – die Saarlandabstimmung, der Reichstagswahlkampf 1936, die Volksbefragung zur Annektion Österreichs 1938 – hatten noch einmal eine Vervielfachung des Propagandaaufwandes zur Folge. Zwischen dem 26.3. und dem 10.4.1938 wurden allein im Kreis Moers 124 Veranstaltungen („großzügige Abstimmungspropaganda") geplant.[489] Am 12.4. gab Goebbels daraufhin eine „Versammlungsruhe" bis zum 29.4.1938 bekannt, in der keine Partei- und DAF-Veranstaltungen stattfinden sollten. Dieser einmalige Vorgang wurde in Moers allerdings durch zahlreiche Führer- und öffentliche Geburtstagsfeiern unterlaufen.

Zur Reichstagswahl fanden beispielsweise nach der Großkundgebung im Saal Schäfer am 23.3.1936 folgende Kundgebungen statt: Bergheim: Saal Gräfen, Oestrum: Saal Pauls, Hochstraß-Scherpenberg: Saal Brinkmann (mit Bubenzer), Kapellen: Lakum, Orsoy: Saal Fischer, Eversael: Saal Berns (mit Heger jr.), Lintfort: Saal Gabel und Boers (mit Gauleiter Florian).

Übrigens gab es eine solche Vielzahl von „Sondertagen", daß der einfache Volksgenosse den Überblick verlieren konnte. Auch wenn sie nicht immer mit Aufmärschen verbunden waren, sollen hier ein paar das Bild des Alltags im Dritten Reich abrunden: Tag des Betriebswanderns (2.5.), Reichsopfertag, der deutsche Bergtag, Tag des deutschen Mittelstrecklers (!), von Muttertag und 1. Mai ganz zu schweigen. Die Presse, in der Berichte von solchen Veranstaltungen oft einen Großteil der übrigen Berichterstattung überdeckten, war es, die der Darstellungssucht der Moerser „Goldfasanen" den Rahmen schuf. So bleibt hier nicht allein der allgemeine Propagandazweck zu zeigen, sondern der Personenkult, den auch die Moerser Chef-Nationalsozialisten pflegten.

Glück hatten die Moerser – weil sie sich nicht die Beine in den Bauch stehen mußten –,wenn eine der „Größen" Moers nur von ferne streifte. So blickte Göring im April 1934 nur vom Schiff in die „herbe abendliche Niederrheinlandschaft". Wenige Tage später kommt der Gauleiter Terboven nach Moers; vor den Angetretenen verlangt er: „Es wird erwartet, daß Moers am Sonntag ein einziges Fahnenmeer bildet". Der Grund liegt im Goebbels-Besuch auf der neuen Rheinbrücke. Am 24. Mai ist er hier, der angekündigte Führerbesuch am 29. Juni fällt der Röhm-

Hoher Besuch Dezember 1934: Göring flankiert von Bollmann (l.) und Bubenzer (r.)

Grafschafter Trachten beim Göring-Besuch

Affaire zum Opfer. Wochenlang auf Trab hielt die Moerser der Göring-Besuch am 2. Dezember 1934. Zweimal war die Vorbereitung angelaufen (die Kreisleitung hatte deshalb alle parallelen Veranstaltungen untersagt), zweimal mußte sie kurzfristig um 14 Tage verschoben werden. Gauleiter Terboven und Reichsorgaleiter Ley waren mehrfach in Moers, Rudolf Heß eröffnete die neue Uerdinger Rheinbrücke, die damals natürlich Adolf-Hitler-Brücke hieß.

Ein wenig haben wir den Blick gelenkt auf das Fußvolk, das mit Begeisterung oder auch zähneknirschend die Masse für das große Schauspiel abgab. Wir wollen darüber nicht vergessen, daß für viele diese Aufmärsche zu den beeindruckendsten Erlebnissen gehörten. Die Anziehungskraft und die Begeisterung, die vor allem Jüngere erfaßte, kann man heute kaum noch ermessen. Es war tatsächlich so: viele Male bildete Moers ein Fahnenmeer, und viele Male auch berauschten sich Tausende am Gefühl des „Aufbruchs" und der „Volksgemeinschaft".

Die Nationalsozialisten wußten das – und nutzten es für ihre Zwecke. Daß sie mit der Zeit dem eigenen Rausch, der auch ein Machtrausch war[490], zunehmend verfielen, dokumentieren die Selbstinszenierungen der Bewegung. Die Hervorhebung der „alten Garde" und mancherlei völkischer und Blut- und Bodenkitsch mögen mit dazu beigetragen haben, daß mit dem Ende dieser Phase auch der Beginn einer schleichenden Entfremdung zumindest eines Teils der Bevölkerung zu verzeichnen ist.

Aber davon unberührt feierte sich die „Bewegung" selbst weiter. Am 30. Januar, dem Tag der Machtergreifung, und am 9. November, dem Tag der „Alten Kämpfer", war das schon immer so. Jetzt kamen hinzu Hochzeiten und Geburtstagsfeiern der örtlichen Führer, die mit SA-Spalier und unendlichen Lobgesängen in der Presse begleitet wurden. Die Artikel über Beförderungen wurden langsam pein-

Der Altmarkt hieß jetzt „Platz der Wachau"

lich. Bis hinab zu den Pimpfen reichte die Verleihung von Titeln, die in der Zeitung gewissermaßen im 10er-Pack ausgespuckt wurden.[491]

Im Grafschafter am 2.9.1938 konnte man auch nachlesen, wie man den „Blutorden" beantragt, was niemand interessiert haben dürfte, denn erst 1940 erhielt SA-Obertruppführer Berns den ersten des ganzen Kreises. Am 2.2.1935 erhielten drei Moerser wegen ihrer Verdienste um die Bekämpfung des Spartakistenaufstandes den „Schlageterschild mit Eichenlaub und Schwertern" verliehen, gelegentlich werden die Träger der goldenen Ehrennadel der Partei geehrt. Und im August 1940 überschlagen sich die Nationalsozialisten hier förmlich, hat man doch der SA-Standarte 193 den Zusatz „Moers" verliehen, und der größte Führer aller Zeiten hat die Standarte mit der „Blutfahne" persönlich geweiht. „Moers ehrt die braunen Soldaten Adolf Hitlers" – durch die Benennung des Platzes in der Kolonie am 7.8.1938 als „Platz der SA".[492] Straßen-, Schul- und Gebäudebenennungen waren ein weiterer sichtbarer Ausdruck der Selbsteinschätzung der Nationalsozialisten als „historische Figuren".

5.11 Die „netten Nazis" von Moers

Bollmann, der kernige, auch leutselige, so nett dreinschauende Landrat und alte Kämpfer, Bubenzer, „Karl von Baerl" , der so gut Platt sprach und brillante Ideen und Großzügigkeit miteinander verband: diese „geschönten Figuren" sind erhalten geblieben in der Legende von den in Moers angeblich moderateren Führern; eine Legende, die bis auf den heutigen Tag wirksam ist.

Der Herzog von Windsor besucht die Zeche in Kamp-Lintfort 1937

Ernst Bollmann, geboren am 12.12.1899 in Duisburg, arbeitete zunächst als Angestellter, dann als Kaufmann. 1925 trat er in die SA ein, vorher wirkte er von 1919 bis 1923 im „Deutschvölkischen Schutz- und Trutzbund". 1928 übernahm er den Aufbau und später die Leitung der Ortsgruppe der NSDAP Moers.

„Neben unserem Haus in einer winkligen Straße der Innenstadt befand sich ein winziges Ladenlokal. Der Inhaber dieses Ladens verkaufte Parteiabzeichen, Armbinden, Fahnen und ähnliche Dinge. Sehr gut ging es ihm nicht. Des öfteren kam er an unsere Hintertür und bat meinen Vater um etwas Farbe, schwarz, weiß oder rot. 'Ich bezahle dann nächste Woche', sagte er. Eines Tages war der Laden leer und unser Ernst B. wurde Landrat und Kreisleiter der NSDAP. Bezahlt hat er nie."[493] Als er im Mai 1942 Oberbürgermeister von Oberhausen wurde, hatte er nicht nur sechs verschiedene Funktionen auf Gauebene, sondern war zwischenzeitlich Chef der NIAG geworden, saß im Vorstand des Rheinischen Sparkassenverbandes und im Verwaltungsrat der Rheinischen Provinzialbank.[494]

Der Tierarzt Dr. Karl Bubenzer aus Baerl beerbte Bollmann als Landrat und blieb bis zum Kriegsende zugleich Kreisleiter der NSDAP.

Bollmann, der Abweichlern unverhohlen mit dem Tod drohte, und Bubenzer, der Moerser Frauen noch 1945 das Mutterkreuz vor den knurrenden Bauch heftete, Bollmann und Bubenzer, die volksnah die Erbsensuppe löffelten – sie unterzeichneten die Deportationslisten von Moerser Juden, sie unterzeichneten, forcierten zum Teil persönlich und begleiteten propagandistisch Verhaftungen, Entlassungen und Drangsalierungen im ganzen Kreis.

Dabei war vor allem Bubenzer ein Mann von beachtlicher Intelligenz, mit besten Verbindungen zum Bürgertum und – siehe die speziellen Winterhilfswerkaktionen im Kreis – zündenden Ideen. Seine überregionale Erfahrung wußte er geschickt propagandistisch zu nutzen. Er war direkt nach dem „Anschluß" in Österreich tätig, übernahm nach der Besetzung Norwegens dort kurzfristig Organisationsaufgaben und leitete bis zum Ende Befestigungsarbeiten an der niederrheinischen Front. Als stellvertretender Reichstierärzteführer, seit dem 21.4.1939 auch Mitglied des Reichstages und weitgereister Propagandaredner, verstand er es, die Nazis „hoffähig" zu machen. Es gelang ihm in Moers gut, auch Intellektuelle einzubinden, und so traten nach einiger Zeit alte Kämpfer wie Klinger und Heger in den Hintergrund, und Männer wie Dr. Reible und Otto Suhr bestimmten zusammen mit den konvertierten Bürgerlichen das Geschehen. Aus diesem Eindruck speisen sich die Geschichten von den zivilisierteren Moerser Nationalsozialisten, denen der Stallgeruch der SA-Schläger nicht mehr so stark anhaftete. Vergessen wird dabei, daß sich im Schlagen, Verhaften, An-den-Pranger-stellen, Umbringen die Nationalsozialisten in Moers nicht von denen anderer Städte unterschieden.

Als Denkanstoß in dieser Richtung könnte auch der Blick auf den stellvertretenden Kreisleiter Heinrich Prang dienen, von dem der Xantener Polizeihauptwachtmeister Gries am 26.1.1939 aussagte, er neige „besonders, wenn er Alkohol getrunken hat, zu Exzessen".[495] In der Nacht vom 10. auf den 11.November 1938 trinkt der führende Nationalsozialist Prang in seiner Heimatstadt Xanten mit ein paar Kumpanen in drei verschiedenen Kneipen. Anschließend geht man sich die zuvor („Reichskristallnacht") demolierten Wohnhäuser von Juden anschauen. Um halb drei in der Nacht werden Fenster bei Norbert Jorissen zertrümmert: „Wenn du uns die Juden nicht herausgibst, wirst du an die Wand gestellt." Die nachfolgende Hausdurchsuchung durch die besoffenen Braunhemden ergibt keine Anzeichen, daß der solcherart Heimgesuchte Juden versteckt hat (dabei ist z.B. der Rechtsberater Karl Hübbers, der nur 2-3 Schnäpse und 10 – 12 Bier getrunken haben will, aber bei der Polizei betont:"Ich war weder angetrunken noch betrunken"). In der nachfolgenden polizeilichen Untersuchung sagen alle Zeugen aus, daß Prang die treibende Kraft war. Das Verfahren wird aufgrund Prangs eigener Ausssage, daß er nur mitgegangen sei, um mäßigenden Einfluß auszuüben, eingestellt.[496] Nach dem Krieg wurde Prang wegen Verletzung der Menschenrechte und Teilnahme an Mißhandlungen verurteilt. Das Urteil wurde später wieder aufgehoben.[497]

Selbstredend waren fast alle diese Naziführer neben der Parteitätigkeit durch gut besoldete offizielle Positionen in der Verwaltung belohnt worden. So war Dr. Reible neben seiner Eigenschaft als Leiter des Kreispropagandaamtes auch Verwaltungsdezernent der Kreiskommunalverwaltung, Bruno Heger saß nicht nur im Verwaltungsrat der Sparkasse, sondern war auch Leiter der Einzelhandelsvertretung der Industrie- und Handelskammer Krefeld, Geschäftsstelle Moers, Ortsgruppenleiter Michels leitete nebenher das Kreisamt für Beamte. Daß ausgerechnet der Scharfmacher und Schläger Fritz Imig Leiter des „Kreisrechtsamtes" wurde, wundert schon nicht mehr. Ebenfalls eine Tatsache ist, daß sich viele der Naziführer begünstigten, etwa bei der Zuteilung von Futtermitteln als Ortsbauernführer, bei der Vergabe von Aufträgen oder Kriegsgefangenen. Zufall, daß gerade die Firma Prang Söhne aus Xanten Blechnäpfe für ein Kriegsgefangenenlager auf Schacht III in Homberg lieferte?[498]

5.12 Brüche in der Wirklichkeit – Sand im Getriebe

Fassen wir zusammen: auch wenn man den – gefälschten – Wahlergebnissen nicht trauen darf: die Akzeptanz des nationalsozialistischen Systems war gewaltig gewachsen. Selbst in den vorher nazi-feindlichen Arbeiterbezirken der Stadt faßte die NSDAP Fuß. Aber es gab auch eine gegenläufige Entwicklung.

Fahnenübergabe an den SA-Sturm 193

Die Grenzen der oben dargestellten Propaganda hat für die Mehrheit des deutschen Volkes erst der Krieg aufgezeigt. Dennoch werden die ersten Risse in der Fassade des monolithischen Blocks Einheitsgesellschaft sichtbar. Die Kritiker – die tatsächlich existent und trotz aller Kampagnen nicht ausrottbar waren – wurden sie wieder zahlreicher? Das ist schwer zu beurteilen: gab es eine höhere Zahl solcher kleinen Widerstandshandlungen von bisher passiven Leuten, war es Ausdruck der geänderten Taktik der Reste des organisierten Widerstandes oder entsteht dieser Eindruck nur, weil der faschistische Machtapparat immer sensibler auf solche Vorfälle reagierte? Jedenfalls mehren sich die Berichte von Verhaftungen und Strafen wegen „Meckerns". Anlässe gab es auch im Alltagsleben abseits der Ebene der Gewaltanwendung genug. Die Nazibonzen – auch der Landrat Bollmann war fett geworden! – hatten sich ihre Pfründe gesichert, das blieb der Bevölkerung nicht verborgen. Die vielen Sammlungen nervten und belasteten. Versammlungen und Kundgebungen wurden zur Gewohnheit und damit zur lästigen Pflicht. Gemeckert wurde über die Kreisleitung, aber auch über einzelne Ämter und Vorschriften. So unterliefen Handwerker bestehende Regelungen. Bäkker wurden verurteilt, weil sie frisches Brot an ihnen gut bekannte Kunden verkauft hatten. Das war seit September 1937 verboten: „Durch diese Maßnahme soll die Verschwendung von Brot, die der Verzehr frischen Brotes mit sich bringt ... vermieden .. werden."[499]

Die Kreisleitung erkannte die Situation und ging zum Teil darauf ein. Ein Artikel mit der Zwischenüberschrift „Niemand muß müssen" am 9.9.1937 (nämlich nach Nürnberg zum Reichsparteitag mitfahren) ist schon ungewöhnlich für die Zeit. Ortsgruppen beklagen die ersten „Karteileichen". Den Hauptredner nicht mehr hören wollten viele am 1. Mai 1937: „So trefflich der Aufmarsch auf dem großen Sportfelde war, so bedauerlich war es, daß viele Aufmarschteilnehmer den Festplatz verließen, was von Landrat Bollmann zu Beginn seiner Festansprache gebührend gerügt wurde."[500]

Konnte jemand bei solcher demonstrativer Antihaltung ertappt werden, wurden die nationalsozialistischen Führer unangenehm. So im Fall zweier Händler, die 10 bzw. 5 Pfennige fürs WHW „spendeten". Sie wurden in der Presse an den Pranger gestellt, und Bubenzer schrieb dazu: „Durch diesen Beweis niedrigster Gesinnung haben sich die beiden Genannten außerhalb der Volksgemeinschaft gestellt."[501] In anderen Fällen soll man die Personen „laufengelassen" haben.[502] Trotz drakonischer Strafen[503] und der Rede von Sicherheit und Ordnung ist es den Nationalsozialisten mitnichten gelungen, die Zahl der Straftaten einzudämmen. Die Zeitungen dieser Jahre wimmeln von Meldungen über Diebstähle, Betrügereien, Vergewaltigungen. Aus Rheinhausen wissen wir, daß 1937 573 Straftaten gemeldet wurden (das sind 75 mehr als im Vorjahr) – die Aufklärungsquote von unter 50% spricht nicht dafür, daß die Nationalsozialisten die Kriminalität unter Kontrolle hatten. Allerdings gab es ja auch „neue" Straftaten, die in diese Statistik eingingen, da politischer Widerspruch kriminalisiert wurde. Trotzdem: wenn in einer Nacht 7o Tonnen Stahl geklaut werden (1937 von der Baustelle an der neuen Rheinbrükke), wenn immer wieder von Raub und Vergewaltigung auf offener Straße selbst in der zensierten Presse die Rede ist, dann gehört der Spruch ins Reich der Legende: „Unter Adolf war man auf den Straßen noch sicher."

Trotz mancher Vertuschung bekam auch das Bild vom Parteimann, der sich ganz dem Dienst am Volk widmete, in den Augen der Bevölkerung häßliche Flekken, wenn man z.B. folgende Aktionen von NSDAP-Mitgliedern erfuhr: der Kassenwalter der DAF in Moers unterschlug Gelder; Otto K., Kamp-Lintfort wurde als Kriminalassistent wegen wissentlich falscher Anschuldigung zu 10 Monaten Gefängnis verurteilt; Hans P. wurde wegen versuchten Totschlags und räuberischer Erpressung verurteilt; Heinrich F. aus Rheinhausen gab sich als Kriminalbeamter aus und vergewaltigte ein 13jähriges jüdisches Mädchen.[504]

5.13 Bürgerliche Anpassung – die Ehrenmänner

Eine Stadt von insgesamt doch kleinstädtischem Zuschnitt wie Moers verfügte auch über eine Art von Führungsschicht. Diese manchmal als „Honoratioren", manchmal als Elite wahrzunehmende Anzahl einflußreicher Bürger bestimmte durch ihre Positionen viel im alten Moers. Wenn wir der Frage nachgehen, wie sich diese Schicht in der Zeit des „Tausendjährigen Reiches" verhalten hat, so muß zunächst geklärt werden, wer damit gemeint ist. Nicht wie man vermuten könnte, die wirtschaftliche Stellung des einzelnen spielte dabei die alleinige Rolle. Vielmehr gedieh im Klima der Grafenstadt eine geistige Oberschicht. Zu diesen Akademikern, die es zu „etwas gebracht" hatten, gehörten auch die Vertreter der Wirtschaftskraft und politischen Macht, das heißt im Klartext: die Führungsriege der Zechen und die politisch relevanten Köpfe in der kommunalen Verwaltung. Demgegenüber spielten Großbauern – obwohl doch einflußreich in einem Zweig, der das zweite Standbein des Kreises war – eine geringere Rolle.

Ein großer Teil dieser Elite gehörte der Moerser Gesellschaft „Sozietät" an.

Die Gesellschaft definiert sich am besten, indem auf das alte Ziel, „die Förderung eines gegenseitigen menschlichen Verständnisses und Sich-Näherkommens vor allem zwischen Männern, die im öffentlichen Leben standen",[505] abgehoben wird. Erhellt sich der Charakter der Sozietät, indem man einen Blick auf den Weinbestand und seine Pflege wirft? Im Januar 1921 beispielsweise verfügte die damals 120 Mitglieder zählende Gesellschaft über Weinbestände in Höhe von 90 – 100.000

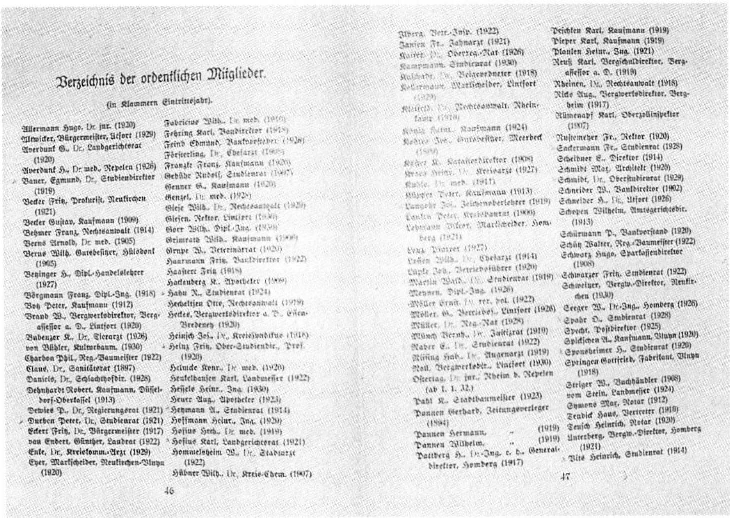

Verzeichnis der ordentlichen Mitglieder.

(in Klammern Eintrittsjahr).

Allermann Hugo, Dr. jur. (1920)
Altwicker, Bürgermeister, Utfort (1929)
Averdunk G., Dr., Landgerichtsrat (1920)
Averdunk H., Dr. med., Repelen (1926)
Bauer, Egmund, Dr., Studiendirektor (1919)
Becker Fritz, Prokurist, Neukirchen (1921)
Becker Gustav, Kaufmann (1909)
Behmer Franz, Rechtsanwalt (1914)
Berns Arnold, Dr. med. (1905)
Berns Wilh. Gutsbesitzer, Hülsdonk (1905)
Betzinger H., Dipl.-Handelslehrer (1927)
Börgmann Franz, Dipl.-Ing. (1918)
Boß Peter, Kaufmann (1912)
Brand W., Bergwerksdirektor, Bergassessor a. D., Lintfort (1920)
Bubenzer K., Dr., Tierarzt (1926)
von Bühler, Kulturbaum. (1930)
Charbon Phil., Reg.-Baumeister (1922)
Claus, Dr., Sanitätsrat (1897)
Daniels, Dr., Schlachthofdir. (1928)
Dehnhardt Robert, Kaufmann, Düsseldorf-Oberkassel (1913)
Dewies P., Dr., Regierungsrat (1921)
Durben Peter, Dr., Studienrat (1921)
Eckert Fritz, Dr., Bürgermeister (1917)
van Endert, Günther, Landrat (1922)
Enke, Dr., Kreiskomm.-Arzt (1929)
Eyer, Markscheider, Neukirchen-Vluyn (1920)
Fabricius Wilh., Dr. med. (1910)
Fehring Karl, Baudirektor (1919)
Feind Edmund, Bankvorsteher (1926)
Försterling, Dr., Chefarzt (1909)
Franzke Franz, Kaufmann (1920)
Gebühr Rudolf, Studienrat (1907)
Genner G., Kaufmann (1920)
Genzel, Dr. med. (1928)
Giese Wilh., Dr., Rechtsanwalt (1920)
Giesen, Rektor, Lintfort (1930)
Gorr Wilh., Dipl.-Ing. (1930)
Grimrath Wilh., Kaufmann (1909)
Grupe W., Veterinärrat (1920)
Haarmann Fritz, Baudirektor (1922)
Haastert Fritz (1918)
Hackenberg K., Apotheker (1909)
Hahn R., Studienrat (1924)
Hecheltjen Otto, Rechtsanwalt (1919)
Heckes, Bergwerksdirektor a. D., Essen-Bredeney (1920)
Heinsch Jos., Dr., Kreissyndikus (1918)
Heinz Fritz, Ober-Studiendir., Prof. (1920)
Helmcke Konr., Dr. med. (1920)
Henkelhausen Karl, Landmesser (1922)
Hessels Heinr., Ing. (1930)
Heuer Aug., Apotheker (1923)
Heymann A., Studienrat (1914)
Hoffmann Heinr., Ing. (1920)
Hofius Hch., Dr. med. (1919)
Hofius Karl, Landgerichtsrat (1921)
Hommelsheim W., Dr., Stadtarzt (1922)
Hübner Wilh., Dr., Kreis-Chem. (1907)

46

Ibers, Betr.-Insp. (1922)
Janßen Fr., Zahnarzt (1921)
Kalfer, Dr., Oberreg.-Rat (1926)
Kampmann, Studienrat (1930)
[illegible], Dr., Beigeordneter (1918)
Kellermann, Markscheider, Lintfort (1929)
Kleifeld, Dr., Rechtsanwalt, Rheinkamp (1919)
König Heinr., Kaufmann (1924)
Kohser Joh., Gutsbesitzer, Meerbeck (1909)
Kohler K., Katasterdirektor (1908)
Kroes Heinr., Dr., Kreisarzt (1927)
Kuhlo, Dr. med. (1911)
Küpper Peter, Kaufmann (1913)
Langohr Jos., Zeichenoberlehrer (1919)
Laufen Peter, Kreisbaurat (1908)
Lehmann Viktor, Markscheider, Homberg (1921)
Lenz, Pfarrer (1927)
Lossen Wilh., Dr., Chefarzt (1914)
Lüple Joh., Betriebsführer (1920)
Martin Wald., Dr., Studienrat (1919)
Meynen, Dipl.-Ing. (1926)
Möller Ernst, Dr. rer. pol. (1922)
Möller, G., Betriebsf., Lintfort (1926)
Müller, Dr., Reg.-Rat (1928)
Münch Bernd., Dr., Justizrat (1910)
Naber E., Dr., Studienrat (1922)
Nissing Hub., Dr., Augenarzt (1919)
Noll, Bergwerksdir., Lintfort (1930)
Ostertag, Dr. jur., Rheim b. Repelen (ab 1. 1. 32.)
Pahl K., Stadtbaumeister (1923)
Pannen Gerhard, Zeitungsverleger (1894)
Pannen Hermann, " (1919)
Pannen Wilhelm, " (1919)
Pattberg H., Dr.-Ing. e. h., Generaldirektor, Homberg (1917)
Peschken Karl, Kaufmann (1919)
Pieper Karl, Kaufmann (1919)
Planken Heinr., Ing. (1921)
Reuß Karl, Bergschuldirektor, Bergassessor a. D. (1919)
Rheinen, Dr., Rechtsanwalt (1918)
Ricke Aug., Bergwerksdirektor, Bergheim (1917)
Rümenapf Karl, Oberzollinspektor (1907)
Rustemeyer Fr., Rektor (1920)
Sackermann Fr., Studienrat (1928)
Scheibner E., Direktor (1914)
Schmidt Max, Architekt (1920)
Schmidt, Dr., Oberstudienrat (1929)
Schneider W., Bankdirektor (1902)
Schneider H., Dr., Utfort (1926)
Schopen Wilhelm, Amtsgerichtsdir. (1913)
Schürmann P., Bankvorstand (1920)
Schütz Walter, Reg.-Baumeister (1922)
Schwarz Hugo, Sparkassendirektor (1908)
Schwarzer Fritz, Studienrat (1922)
Schweiner, Bergw.-Direktor, Neukirchen (1930)
Seeger W., Dr.-Ing., Homberg (1926)
Spahr O., Studienrat (1928)
Specht, Postdirektor (1925)
Spickschen A., Kaufmann, Vluyn (1920)
Sponsheimer H., Studienrat (1920)
Springen Gottfried, Fabrikant, Vluyn (1918)
Steiger W., Buchhändler (1908)
vom Stein, Landmesser (1924)
Symons Max, Notar (1912)
Tendick Hans, Vertreter (1910)
Teusch Heinrich, Notar (1920)
Unterberg, Bergw.-Direktor, Homberg (1921)
Vits Heinrich, Studienrat (1914)

47

Mitgliederliste der Sozität vor 1933

Reichsmark – „goldene zwanziger Jahre". Man entschloß sich über die Ausgabe von 100 Anteilscheinen zu je 500,- Mark weitere 50.000 in Wein anzulegen. „Die Anleihe hat sich dadurch als ersprießlich erwiesen, daß viel Wein angekauft wurde und die Sozietät dadurch bei der Stabilisierung der Papiermark im November 1923 mit einem größeren bezahlten Weinbestand in die Goldmark kam."[506]

Daß sich die Mitglieder und damit auch die „Sozietät" vom „unglücklichen Ausgang" des Krieges[507] rasch erholt hatten, läßt sich vielleicht an den 21 086 Flaschen Wein ablesen, über die sie im Jahr 1954 wieder verfügten.

Wie ein „Who is Who" der Stadt liest sich die Mitgliederliste der Gesellschaft Sozietät im Jahre 1932: Von Generaldirektor Kost über die Bürgermeister Dr.Eckert und Altwicker, die Lehrer Prof. Heinz, Dr. Christians, die Kreisverwaltungsspitze (van Endert, Grothjahn), die Ärzte Dr. Enke und Dr. Kuhlo, Tierarzt Dr. Bubenzer, Amtsgerichtsrat Dr. Hofius bis zu Rechtsanwalt Kleifeld findet sich hier die „Creme" der Stadt wieder. Die obige Auswahl vereint, was die Zeit des Dritten Reiches anging, ein Merkmal: bis auf den amtsenthobenen van Endert wurden alle Parteimitglieder[508]. Nun war die „Sozietät" keine nationalsozialistische Unterorganisation, auch nicht eine Hochburg. Aber sie mußte – von der Satzungsänderung einmal abgesehen – nicht „gleichgeschaltet" werden, denn die Masse ihrer Mitglieder stand in keinem Widerspruch zum neuen System. Umschlagplatz zu sein für die neuesten Entwicklungen im politischen Raum, ein wenig kultureller Elfenbeinturm und Stätte der „Pflege" guter Beziehungen untereinander – das konnte die Gesellschaft auch im Dritten Reich leisten.

„Wir konnten uns damals nicht über den Mangel an Erlebnissen beklagen. Ein Geschehnis jagte das andere."[509] „Und es war nur zu natürlich, daß alle diese Begebenheiten am Stammtisch in der Sozietät eingehend besprochen wurden... Und nun gar der Ausbruch des zweiten Weltkrieges!" Die Deportation der jüdischen Mitbürger wurde nicht „eingehend besprochen".[510]

Die Ehrenmänner

Eine zweite einflußreiche Institution im öffentlichen Leben der Stadt war das Adolfinum. Seine Rolle in der Stadt ist evident. Das lag nicht nur an seinem Ausstoß an Akademikern. Für die damalige Stadt war sein Einfluß ein immenser –

Professor Heinz, Leiter des Adolfinums, Kreiskriegerverbandsvorsitzender

zahlreiche Festschriften, z.T. gemeinsam mit der Stadt herausgegeben, legen davon Zeugnis ab. Auch die personelle Vernetzung mit wichtigen Einrichtungen und Vereinen machte die führenden Männer des Vereins ehemaliger Adolfiner zu mehr als bloßen Traditionspflegern.[511]

Prof. Heinz war hier die auffälligste Persönlichkeit.[512] Heinz, am 4.1.1882 geboren, war nicht nur fast 30 Jahre lang Leiter des Adolfinums, mit 34 einer der jüngsten deutschen Professoren, mit 70 Jahren Doktortitel, er nahm an zwei Kriegen teil und besaß zahlreiche Ehrenämter. In Moers wurde er zu einer fast legendären Erscheinung.[513] 20 Jahre lang – von 1955 bis 1975 – war er Vorsitzender der „Sozietät". Vor der Machtergreifung in der Deutschen Volkspartei und im Kreiskriegerverband aktiv, sah man Heinz immer, wenn es galt, ein „Hoch auf das Vaterland" auszubringen oder gegen Versailler Diktat und Kriegsschuldlüge aufzutreten.[514] Dabei fand sich die DVP in Moers, mit ihrem damaligen Vorsitzenden Heinz, 1930 durchaus in Gegnerschaft zur NSDAP.[515] Nach dem 30.1.33 wird Heinz Parteimitglied, weiht mehrfach Gedenkstätten und Ehrenmale mit ein, nimmt Paraden ab und läßt an seiner Schule exerzieren und Flaggen hissen. Man kann ihm nicht nachsagen, er sei ein „Scharfmacher" gewesen, aber ein typischer Vertreter der Oberschicht seiner Zeit.[516] Und so wie früher den Kaiser, so würdigt nun Heinz den Führer. Auch in der Schule:

„Bei der Eröffnung der Konferenz gedachte der Direktor in kurzen Worten der Verdienste unseres Führers, dessen Geburtstag dieses Jahres mit dem Schulanfang fast zusammenfällt, und hob die innere Stärkung unseres jungen Staates durch die Einführung der allgemeinen Wehrpflicht hervor. Mit einem dreifachen Sieg-Heil auf den Führer schloß das Gedenken."[517] Niemand kann heute beurteilen, inwieweit sich der einzelne – noch dazu in so exponierter Stellung – bei Kontakten zu NS-Stellen, im Konfliktfall oder bei offiziellen Feiern dem Druck der Verhältnisse entziehen konnte.[518] Bestürzend ist die absolut unkritische Stellung zu dieser Zeit, die sich auch in Prof. Heinz späteren Einlassungen zeigt. So berichtet Prof. Heinz in dem ihm eigenen geschwollen-vernebelnden Stil, der den faschistischen Eroberungskrieg auf den Begriff des „annus terribilis" reduziert, über die Sozietät im Krieg: „Kulturelle und künstlerische Veranstaltungen mit erfreulich gutem Besuch, die sämtlich einen zeitbedingten Charakter trugen und nicht auf Sensationen eingestellt waren, durchpulsten das gesellschaftliche Leben und boten den Mitgliedern eine willkommene Ablenkung und Erholung. Speziell von den auf beachtlicher Höhe stehenden musikalischen Darbietungen kann man sagen, daß sie frei von hochmütigem Ästhetentum in eindrucksvoller Weise die Verklärung der deutschen Seele in der Melodie boten..."[519]

Es findet sich kein Anhaltszeichen dafür, daß Professor Heinz dem neuen System gegenüber n i c h t aufgeschlossen war. Die Kreisleitung, Abteilung Auskunftswesen, teilt Professor Heinz nach Erkundigungen an der früheren Arbeitsstelle des Kaplans Ferdinand Peus in Gronau mit, daß sie keine Bedenken habe gegen eine Ausübung des Religionsunterrichts. Eine Routineanfrage durch Heinz?

Eingebettet in das hohe Ansehen, das man in der Stadt genoß, überstand man die Besatzungszeit und die Entnazifizierung und konnte schon wenige Wochen nach dem „Zusammenbruch", den man noch bedauert hatte, wieder an die alte Zeit anknüpfen."Mein lieber ... Als ich meinen letzten Brief an sie abfaßte[520], war ich noch voll des Glaubens an den deutschen Sieg, ließ ich Zweifel und Bedenken, die schon damals an mich herangetragen wurden, garnicht gelten; ich konnte mir einfach nicht denken, daß uns der Himmel, der uns bis dahin so sichtbar gesegnet hatte, abermals, genau wie 1918, im letzten Augenblick im Stich lassen würde. Nun ist das Nichtfürmöglichgehaltene dennoch Wirklichkeit geworden. Sich hier über die Gründe des neuerlichen Zusammenbruchs, der sich ja schon in dem Geschehen vom 20. Juli v. J. andeutete, und meine persönlichen Gedanken bezüglich desselben zu äußern, dürfte sich erübrigen. Fest steht heute nur so viel, daß alles Kämpfen, Leiden und Opfern der Nachkriegszeit umsonst war, daß wir unser Vaterland im Glanze nun nicht mehr werden schauen dürfen, es uns höchstens vergönnt ist, bescheidene Mitarbeiter beim Legen der Fundamente für den Neubau unseres Reiches zu sein, das – das ist mein felsenfester Glaube – auch die gegenwärtige grauenhafte Zeit mit all ihrer Erbärmlichkeit und Unzulänglichkeit überstehen wird..." und: „Herr Professor Heinz, mit dem ich gestern zu einem Glase Wein zusammen war, übermittelt Ihnen seine herzlichsten Grüße..."[521]

Juli 1945 – das war eine Zeit der großen Not für die Bevölkerung, es war auch die Zeit, da die Wahrheit über die grauenvollen Verbrechen der Nationalsozialisten den Deutschen überall in Wort und Bild von ihren Siegern vorgehalten wurde. Der Verfasser des oben zitierten Briefes, Amtsgerichtsdirektor Karl Hofius, Mitglied der Sozietät und des Vorstandes des Vereins ehemaliger Adolfiner, kann derweil schon wieder weintrinkend über die nächste Dolchstoßlegende nachdenken. Grauenhaft war nicht das Dritte Reich, sondern die Niederlage. Während Ortsgruppenleiter oder der letzte Bürgermeister Linden im „Umerziehungslager" in Hemer saßen, konnten die Ehrenmänner der Stadt bereits wieder ihren bescheidenen Beitrag zum Legen eines Fundaments koordinieren. Mit dem Gewicht seiner Position schreibt Prof. Heinz am 29.11.1945 an das Postamt: „Herr Oberlandesgerichtsrat

Der Grafschafter
General-Anzeiger für Moers, Homberg und den Niederrhein.

erser Nachrichten

Landgerichtsrat Hofius zum Amtsgerichtsdirektor in Moers ernannt.

Der bisherige Landgerichtsrat Karl Hofius in Duisburg ist mit Wirkung vom 16. März 1934 zum Amtsgerichtsdirektor in Moers ernannt worden. Da er einer alten Familie des Niederrheins entstammt, sich stets als hervorragend vaterlands- und heimattreuer Mann bewiesen, sich schon frühzeitig unter persönlichen Opfern der nat.-soz. Bewegung angeschlossen hat, so ist es wohl angebracht, an dieser Stelle seines Lebensganges und seiner Verdienste zu gedenken.

geschafft. Die Folge dieser ganzen [illegible] war, daß ein höherer [illegible] Polizeibeamter, ein Typ des Novembersystems, sich schließlich an die Besatzung wandte und seine Entfernung von Hamborn forderte. Am 27. August 1923 wurde er darauf von der belgischen Polizei festgenommen und in das Gefängnis in Duisburg eingeliefert, am 18. September von hier in das Gefängnis in Aachen überführt und am 25. September 1923, betreut von den Rechtsanwälten Dr. Karl Hegener-Duisburg und Dr. Springsfeld-Aachen, von dem dortigen Kriegsgericht wegen Förderung des passiven Widerstandes zu 2 Monaten Gefängnis verurteilt und nach deren Verbüßung am 26. Oktober 1923 ausgewiesen, nachdem schon vorher seine Amtsenthebung ausgesprochen worden war. Da seine Wiederzulassung zum Amte wegen seiner Einstellung zu erreichen unmöglich war, verblieb er in Elberfeld, an dessen Landgericht er zum 1. 10. 24 planmäßiger Richter wurde.

Hier kam er bald zu der Erkenntnis, daß seine Einstellung, die schon seinen Sturz durch die Besatzung herbeigeführt hatte, auch den eigenen vorgesetzten Stellen nicht genehm war. Neue Schwierigkeiten traten auf, die sich schließlich zu vereinten Angriffen der gesamten Links- und Zentrumspresse gegen ihn verdichteten. Infolgedessen bat er Ende 1927 um seine Versetzung an das Landgericht in Duisburg, wo er am 1. Januar 1928 seinen Dienst antrat, von einem Zentrumsblatt mit dem Gruße „Für Duisburg gerade gut genug" willkommen geheißen. Wenn auch die Gegensätze blieben, so verliefen doch die folgenden Jahre bei oft übermäßiger dienstlicher und außerdienstlicher Arbeit in verhältnismäßiger Ruhe. Nachdem dann im Jahre 1933 Volkskanzler Adolf Hitler die Macht ergriffen hatte, kam es im April zu einer offenen Aussprache die alle bisherigen Gegensätze bereinigte und ihm

Der national gesinnte Amtsgerichtsdirektor Dr. Hofius

i.R. Hofius bearbeitet gemeinsam mit mir die Wiederaufrichtung des durch Bomben- und Brandeinwirkung zerstörten Archivs des Adolfinums....

Als eine Persönlichkeit, die ... kann Oberlandesgerichtsrat Hofius für die Wiederaufbauarbeit nicht entbehrt werden. Zu diesem Zwecke benötigt er dringend einen Fernsprechanschluß..."[522]

Es gab zu diesem Zeitpunkt 200 wiederhergestellte Anschlüsse insgesamt in Moers für Verwaltung, Sieger, Krankenhäuser, Hebammen, Ärzte, Polizei und Feuerwehr.[523] Der Richter Hofius war derjenige, dem bei seiner Ernennung zum Amtsgerichtsdirektor 1934 der Grafschafter bescheinigte: „hat sich schon frühzeitig unter persönlichen Opfern der nat-soz. Bewegung angeschlossen".[524]lich seiner Versetzung in diese Stadt mit dem Satz „Für Duisburg gut genug" empfing.

Während seiner Tätigkeit in Hamborn 1923 hatten Polizeibeamte „verräterische Elemente" auf seine Veranlassung hin in den unbesetzten Teil Deutschlands gebracht, was ihm zwei Monate Gefängnis und Amtsenthebung einbrachte. In Wuppertal überwarf er sich aufgrund seiner Einstellung mit den dortigen Demokraten des „Novembersystems", so daß ihn die Zentrumszeitung 1927 in Duisburg mit der Überschrift „Für Duisburg gerade gut genug" empfing.

Entnazifiziert wurde Karl Hofius rasch, die Führung des NS-Fliegerkorps und einfache Parteimitgliedschaft bedeuteten, daß er als Mitläufer eingestuft werden konnte.

Folgenreicher als beim Mitmachen und anschließenden Wiederherauswinden ist die Adaption der braunen Gesinnung, wenn sie mit größerer Macht gepaart erscheint. Dr. Eckert, der Bürgermeister von Moers seit dem 1.4.1917, verkörpert dies beispielhaft. Die Moerser kannten ihn als einen Mann von Format. 1914 bei Arras, 1915 an der Somme verwundet, seit 1910 Beigeordneter in Remscheid, galt der gelernte Jurist als ausgesprochener Verwaltungsfachmann. Die belgische Besatzungs-

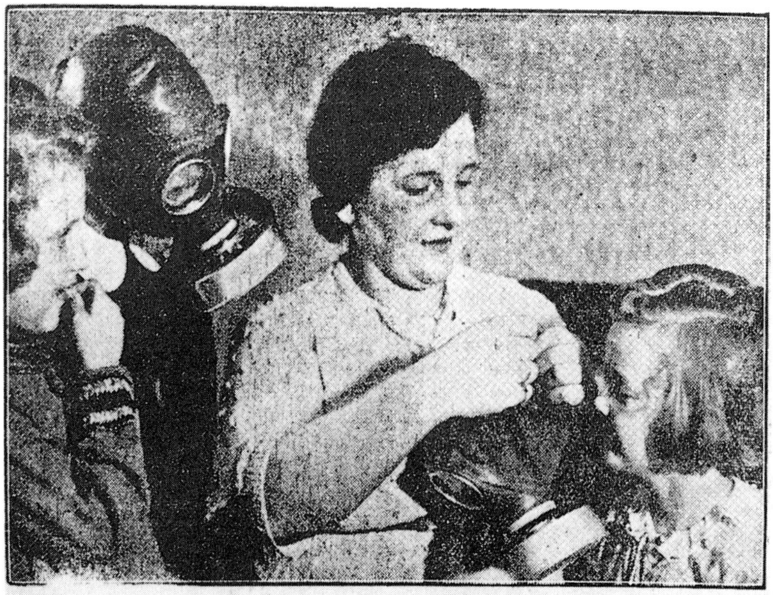

(Foto: RLB. LG. VIa / Chevalier)

Kein Kind ohne die Volksgasmaske!

Wer die deutsche **Volksgasmaske** besitzt, **darf** sich in einem Ernstfalle gesichert gegen **die Gefahren der chemischen Kampfstoffe** fühlen. Jede deutsche Mutter sorge daher, **daß auch ihre Kinder** — soweit sie **nicht** mehr nur an das Haus gebunden sind — **in den Besitz der Volksgasmaske** kommen.

Der Krieg rückt näher

macht hatte ihn 1923/24 ausgewiesen, am 20.10.1924 nahm er seine Dienstgeschäfte nach Aufhebung des Ausweisungsbefehls wieder auf.[525] In außerordentlich schwierigen Zeiten hatte er die Verwaltung der Stadt erfolgreich geleitet, engagiert gegen die Verwilderung der politischen Sitten Stellung bezogen. Auch „Nazi-Bollmann" bekam am 18.3.1932 in der Stadtratssitzung von ihm zu hören, daß seine Hände schon stark mit Blut befleckt seien.[526] Eine Woche genügte im Februar 1933, um aus ihm einen der willfährigsten Erfüllungsgehilfen des NS-Terrors zu machen. Sein Diensteifer in der Verfolgung des Widerstandes ist dokumentiert.[527] Und so kann ihm auch zum 60. Geburtstag von den Nationalsozialisten der Satz gewidmet werden: „Als aufrechter und ehrlicher Deutscher begrüßte auch er die Machtübernahme durch den Führer und gliederte sich sofort in die Reihen der Gefolgsmannen Adolf Hitlers ein; vom 30.Januar 1933 an hat er als Oberhaupt der Stadt Moers glückhaft und erfolgreich Aufbauarbeit geleistet."[528]

Bürgermeister von Moers 1917 - 1937 Dr. Eckert

Kapitel 6:
Verfolgung und Widerspruch

Fritz Burger

6.1 Männer mit Rückgrat

Von den Männern, die in der Stadt hohes Ansehen genossen und genießen, waren einige nicht Mitglieder der Sozietät. Ihr Beispiel soll zeigen, daß es auch im Bürgertum der Stadt etwas gab, das einer von ihnen nach dem Krieg bescheiden so charakterisierte: „Wir haben nicht Widerstand geleistet, aber Widerspruch".[529]

Dr. Wilhelm Marx, geb.am 30.6.1906, kam am 1.10.1936 ans Adolfinum. Bezeichnend für ihn war, daß er nie Aufhebens um seine Person machte. Nach dem Krieg, als er die Schule zwischenzeitlich kommissarisch leitete, lehnte er es ab, obwohl vom Kollegium und von der Behörde gedrängt, die Leitung zu übernehmen. Nach dem Weggang des daraufhin ernannten Leiters Prehn wurde er 1950 doch Schulleiter bis zum Jahre 1972. Von seinen Schülern erhielt er den Beinamen „Padder" Marx, in dem sich die Hochachtung vor einem Mann mit hohen Ansprüchen – vor allem an sich selbst – und der Güte und Zuwendung für den einzelnen ausdrückte. Sein phänomenales Gedächtnis und seine unnachgiebige Führung waren aber auch gefürchtet von allen, die es im Zeichen der Jugend mit dem Pfad der Tugend mal nicht so genau nahmen. Es sind von ihm keine auffälligen, mutigen Taten aus der Zeit des dritten Reiches bekannt, und doch war jedem, der ihn kannte, schon damals klar, daß er nie ein Freund dieses Systems war. Sein Schüler Hanns Dieter Hüsch: „Er verkaufte uns als erster Demokratie, unter dem Tisch."[530]

H.Scheler beschreibt ihn so:

„Schon nach der ersten Stunde wußten wir, wes Geistes Kind er war und was wir von ihm zu erwarten hatten... Wir begriffen auf einmal Zusammenhänge, erkannten Auswirkungen, sahen die Welt mit neuen kritisch geschärften Augen... Hier bekamen wir das Rüstzeug für die geistige Auseinandersetzung mit der Zeit... Die Streitgespräche gingen oft noch nach dem Unterricht weiter, zum Teil in der Wohnung des Lehrers."[531] Während er alle ehemaligen Parteigenossen in seinem Kollegium nach dem Krieg mit äußerster Milde beurteilte, nahm er auf sich – der er der Partei immer fern stand und kein Mitglied war – den Teil der Schuld, den er selbst tragen zu müssen glaubte.[532] Wie sagte noch Dr. Rendenbach (der Theatermann und Lehrer, der in den Dreißigern dem Kollegium die Ansichtskarten von den NS-Schulungen schickte): „Jawohl, ich war in der Partei. Und als der Krieg verloren war, habe ich gemerkt, daß ich scheinbar der einzige war. Seitdem frage ich mich immer wieder, wie der Hitler und ich das alles ganz allein geschafft haben."[533]

Eine enge Freundschaft verband Dr. Marx mit dem evangelischen Pfarrer Erich Vowe und dem katholischen Kaplan Ferdinand Peus. Die beiden Letztgenannten unterrichteten ebenfalls am Adolfinum.

Peus, den Zeitzeugen als „Feuerkopf" beschreiben[534], wird von Dr. Marx erwähnt: „das, was wir hätten tun sollen und zu einem Teil auch getan haben, bestand darin, diejenigen Werte, die in jenen Jahren bekämpft oder verspottet wurden, mit starkem Gewicht in die Waagschale zu legen. Das waren vor allem die christlichen. Unser katholischer Religionslehrer Ferdinand Peus hat es mit der starken Kraft seines Herzens getan. Ob wir evangelischen Religionslehrer das gleiche von uns sagen können, ist mir nicht sicher.“ Peus wurde während des Krieges für einige Tage in Schutzhaft genommen, weil er einen Brief vervielfältigt und verbreitet hatte, der in eindringlicher Form an die jungen Soldaten appellierte, sich nicht dem Kadavergehorsam hinzugeben.[535]

Pfarrer Erich Vowe studierte in Berlin Theologie bei Siegmund Schulze, der damals Honorarprofessor für Jugendkunde und Jugendwohlfahrtspolitik war. Er engagierte sich früh dafür , die „Jugend von der Straße zu holen“.[536] Diese soziale und praktische Orientierung brachte er 1935 mit nach Moers. Er schloß sich dem Barmer Bekenntnis an und war in seinem Wirken in Moers der NSDAP stets ein Dorn im Auge. Seine Gestapoakte zeigt denn auch, daß er mit taktischem Geschick und Geradlinigkeit den Weg des Widerspruchs ging, bis er 1939 eingezogen wurde.[537]

Vowe wurde mehrfach durch die Gestapo vernommen, es wurden Zeugenaussagen gegen ihn gesammelt und Predigten überwacht. Im einzelnen wurde ihm vorgeworfen: Herausgabe und Versendung von Rundschreiben, Vergehen gegen das Heimtückegesetz durch staatsabträgliche Äußerungen, Abhaltung einer Konfirmandenfreizeit ohne Genehmigung, öffentliche Bekanntgabe von Kirchenaustritten.

Vowe wurde nie verhaftet. Zeitzeugen schätzen dies so ein, daß sich die Kreisleitung des Rückhaltes von Vowe in der Bevölkerung bewußt war und lieber keinen Eklat riskierte.

Im Gegensatz zur Selbstgefälligkeit mancher Moerser Honoratioren hat diese drei, Marx, Vowe und Peus, Bescheidenheit und Fähigkeit zur selbstkritischen Reflexion ausgezeichnet. Wenn es unter den Vertretern des Bürgertums Vorbilder gibt, dann sind sie hier zu suchen.

Um diese drei gruppierte sich ein Kreis, der sich ab dem Jahr 1938 regelmäßig – anfangs meist in der Wohnung Erich Vowes – versammelte. Ihm gehörten auch Dr. Karl Wigge, Dr. Waldemar Martin, Helmut Werkle, der Apotheker Smidt, Hubert Weihrauch und Hermann Immel an. Zwei evangelische Geistliche (Vowe, Werkle), ein katholischer Kaplan (Peus), vier Lehrer (Dr. Marx und Dr. Wigge am Adolfinum, Dr. Martin am Lyzeum, Immel kurzzeitig am Lyzeum, später am Martinsstift und in Neukirchen tätig) und ein Apotheker: was verband diese Männer? Man traf sich und sprach über „Gott und die Welt“, was zu jener Zeit vor allem theologische und politische Fragen der aktuellen Situation hieß. Dr. Martin unterhielt Kontakt zur Widerstandgruppe um Karl Goerdeler und besprach dies auch offen in der Gruppe. Dennoch hat nach dem Krieg keiner der Beteiligten für sich selbst den Begriff des „Widerstandes“ in Anspruch genommen, eher im Gegenteil um eine nüchterne und bescheidene Sicht der eigenen Haltung sich gesorgt.

„Wenn wir zusammenkamen, wurde immer als erstes ein dickes Kissen auf das Telefon gelegt, damit auch ja keine fremden Ohren mithören konnten. Was uns selbst anging, wußten wir: hier kann sich einer auf den anderen verlassen.“[538] Daß dies absolut notwendig war, ist den Männern des Kreises bewußt gewesen, denn allein drei unter ihnen machten unliebsame Erfahrungen mit der Gestapo. Gerade Erich Vowe mußte gewahr sein, ständig beobachtet und bespitzelt zu werden. Das hat die Mitglieder des Kreises nicht abhalten können, sich auch über die Kriegsjahre hinweg – trotz einiger Einberufungen – weiterhin zu treffen. Es existieren

Wirken im Stillen: Paul Beilecke, hier als Soldat 1915

naturgemäß keine Protokolle oder Aufzeichnungen von den Treffen, doch kann man in Kenntnis der beteiligten Persönlichkeiten festhalten: hier wahrten wenigstens neun Bürger ihren kritischen Verstand und hielten trotz der Bedrohung durch den nationalsozialistischen Überwachungsstaat Verbindung und Freundschaft aufrecht, was sich in ihrem Wirken als Erzieher niederschlug. Sie ist eine der wenigen Gruppierungen überhaupt, aus deren Mitte nichts bis an die Ohren der Gestapo drang – sogar deren bloße Existenz blieb ihr verborgen.

Über die Haltung Dr. Egmont Bauers und Helmut Werkles wird an anderer Stelle berichtet.[539] Und sicher wird es noch mehr Bürger gegeben haben, die der Verblendung nicht auf den Leim gingen, solche, die wie die oben Genannten wenig Aufhebens um ihre Einstellung, ihre Gefährdung machten – sie ist deshalb hier nicht überliefert. Freilich: es sind wenige gewesen.

Einer von ihnen war Paul Beilecke, den die Moerser aus der Nachkriegszeit als Stadtamtmann und Mitarbeiter der „Moerser Woche" kennen. Auch das Bändchen „Eine Führung durch Alt-Moers" entstammt seiner Feder. Paul Beilecke wurde am 28.1.1891 in Kelbra am Kyffhäuser geboren und kam 1911 nach Moers, wo er 1914 in die Stadtverwaltung eintrat und 1924 Stadtoberinspektor wurde. Nach dem Krieg hat er sich um das Stadtarchiv verdient gemacht, auch die Gestaltung der 650-Jahr-Feier der Stadt lag wesentlich in seinen Händen. Er galt als ein recht unzugänglicher Mensch, doch kann man seinen Humor und seine brillante Feder z.B. an Antwortschreiben auf Beschwerden erkennen. Nur wenige Moerser wissen, was Paul Beilecke während des Dritten Reiches tat. Frau M., jüdischer Abstammung, entging als einzige der in Moers im Jahr 1938 noch ansässigen Juden, außer der Familie Lewkowicz, der Deportation und Vernichtung. Einer der ganz wenigen, die wußten, daß Frau M. im Haus versteckt wurde, war Paul Beilecke. Konrad Imig, der schon an der Verhaftung vieler Moerser beteiligt gewesen war und Beilecke kannte, war mehrfach bei ihm und hielt ihm vor, zu wissen, wo die Jüdin versteckt sei. Im anderen Fall – der Familie Lewkowicz – war Beilecke direkt beteiligt an der Rettung von Frau und Kindern der Familie. „Er hat uns immer Bescheid gesagt, wenn ein Transport anstand. Er hat gewußt, was mit den Leuten passierte und wann sie abgeholt wurden. Bei der Stadt hat niemand mehr gewußt, daß es uns gab, die dachten, in der Mattheck gibt es keine Juden mehr. Meine Mutter hat bis zu ihrem Ende von Beilecke erzählt: 'Wenn der nicht gewesen wäre, hätten wir nicht überlebt'."[540] Auch die Nachbarn schwiegen, die Solidarität in der Mattheck und Paul Beileckes Wirken im Hintergrund ermöglichten es Frau Lewkowicz und ihren fünf Kindern in Moers der Ausrottung zu entgehen.

6.2 Kirchenkampf

Eine so große Macht und Einflußnahme auf das öffentliche Leben, wie sie die Kirchen in Deutschland repräsentierten, konnte die nationalsozialistische Diktatur nicht ungehindert neben sich bestehen lassen. So mußte zwangsläufig der Kampf um die Zurückdrängung des kirchlichen Einflusses entbrennen – ein Kampf, der mit allen Mitteln geführt wurde. Kennzeichnend für diese Auseinandersetzung war, daß die Nationalsozialisten nur temporäre Erfolge erzielten. Zwar unterwarfen sich Teile der Kirchen oder waren korrumpierbar – aber trotz massivster Unterdrückung, die Hunderte von Gläubigen und Geistlichen mit dem Leben bezahlten, trotz aller geschickten Spaltungsversuche, gelang es dem Nationalsozialismus nicht völlig, das Beharrungsvermögen der Kirchen zu überwinden. Dabei muß man die höchst unterschiedliche Lage bei evangelischer und katholischer Kirche berücksichtigen und kann deren Haltung im Dritten Reich nur getrennt verfolgen. Faktisch kam es im Dritten Reich auch zu keiner Zusammenarbeit zwischen beiden Kirchen.

> Katholische Ratten
> in Zucker gebacken,
> mit Mehl gerührt,
> zum Teufel geführt!"[541]

So riefen die Schulkinder der Kastellschulen einander zu – auch die katholischen den evangelischen, dann wurde einfach das erste Wort ausgetauscht. Nicht nur in der Mattheck holten Eltern ihre Kinder von der Straße, wenn sie mit Gleichaltrigen der anderen Konfession spielten.

Der Hauptgrund für die nicht erfolgte Zusammenarbeit der beiden Konfessionen lag aber nicht allein in der historisch gewachsenen Konkurrenz, sondern an einer einfachen Tatsache: beide Kirchen – v.a. die evangelische – waren vorrangig mit sich selbst beschäftigt.

Die Katholische Kirche

Im Vergleich zur evangelischen Kirche hatte die katholische die günstigere Ausgangsposition, was das Existieren unter den Bedingungen des Faschismus angeht. Die hierarchische Struktur, die durch ihren supranationalen Charakter auch Rücksichten der Nazis gegenüber dem Ausland erzwang, und die traditionelle „Arbeitsteilung" zwischen den kirchlichen Institutionen sowie einem „weltlichen Arm" machten die katholische Kirche insgesamt immuner gegen Einflüsse von außen. Die Seelsorge konnte – freilich mit Kniefällen vor den Herrschenden – eher das bleiben, was sie vor 1933 gewesen war. Durch das Reichskonkordat mit dem Heiligen Stuhl im Juli 1933 erhielt sie auch einen einigermaßen gesicherten Entfaltungsraum. Das kann man auch an solchen Auseinandersetzungen ablesen wie der Beflaggungsfrage. Während die Evangelischen Kirchen des Kreises zu Anlässen wie dem 1. Mai 1934 praktisch alle zumindest schwarz-weiß-rote Fahnen von den Kirchtürmen wehen ließen und in Hochstraß, Kapellen, Homberg, Camp, Rheinhausen und von der Stadtkirche auch die Hakenkreuzfahne, demonstrierten die katholischen Kirchen in den ersten Jahren noch ihre Unabhängigkeit. In Asberg, Meerbeck, Repelen, Moers-Stadt und Homberg hingen am 1.5.1934 ausschließlich Kirchenfahnen – im ganzen Kreis zog nur die Kirche in Hochheide die Hakenkreuzfahne auf.[542]

Auch sonst wahrten die katholischen Gemeinden ihre angestammten Rechte, was von den Nationalsozialisten argwöhnisch, aber auch relativ hilflos beobachtet wurde. Aus Orsoy wird berichtet, daß „erstmalig bei der Prozession am 3.6. 1934 die Christuskönigfahne in provozierender Weise wie eine Sturmfahne von Fahnengruppen begleitet" getragen wurde.[543] Und aus Moers schreibt der NSDAP-Fraktionsvorsitzende Otto Suhr:

„In Moers und in Moers-Hochstraß haben aus Anlaß des Fronleichnamstages schon immer Prozessionen stattgefunden. In Moers-Asberg dagegen wurde in diesem Jahre das erstemal eine Prozession abgehalten. Die Beteiligung war eine fast hundertprozentige. Der Ortsteil war geschmückt wie bei keiner anderen Gelegenheit. Der Zug zog durch die ganze Gemeinde und außerdem durch die Mattheck-siedlung, die frühere Hochburg der KPD."[544]

Die Auseinandersetzungen im politischen Raum waren von katholischer Seite anfangs eher auf die gewachsene Verbindung „ihrer" politischen Partei – des Zentrums – bezogen und bekamen hier von vorneherein klare Konturen. Auch die christlichen Gewerkschaften waren katholisch bestimmt, und so verwundert es nicht, wenn hier für Moers ein Schwerpunkt der Konflikte aufzufinden ist.

Freilich hatten auch die kirchlichen Einrichtungen selbst unter dem Regime zu leiden. Zeitlich später als die evangelischen Jugendgruppen wurden auch die „Neue Deutsche Jugend" und andere Zweige der katholischen Kirche verboten oder in die HJ überführt, die Beeinträchtigung katholischer Vereins- und Pressearbeit wuchs.[545] Eine Hauptmethode der Nationalsozialisten war die propagandistische Verleumdung der Kirche und des Klerus. Viele Artikel im „Grafschafter" über angebliche Sittlichkeitsdelikte oder die unglaublichen Reichtümer der Klöster dienten dem Ziel, die Gläubigen von der Kirche zu entfremden. Zahlreiche Verfahren wurden angestrengt, so daß der „Grafschafter" am 2.12.1937 auf der Titelseite meldet, daß nahezu 8.000 Prozesse gegen verbrecherische Mönche erfolgen würden – beispiellos angesichts einer Gesamtzahl von 16.000 männlichen Ordensangehörigen in Deutschland. Der Reichsminister für kirchliche Fragen Hans Kerrl wird dazu zitiert: „An solchen Eiterbeulen könne der Staat nicht achtlos vorübergehen, sondern müsse sie ausbrennen."[546] Die tatsächliche Zahl der angestrengten Verfahren blieb weit hinter diesen Unkenrufen zurück. Trotz intensiver Bespitzelung und massiver Propaganda waren Ende 1937 eben nicht 8000, sondern ganze 242 Urteile gesprochen und 955 Verfahren eingeleitet worden. In diesen Zahlen sind die vielen Anzeigen wegen „Kanzelmißbrauchs", Verstößen gegen das Flaggen- und Sammlungsgesetz und Vergehen gegen das Heimtückegesetz enthalten. Nur wer genau las, konnte erkennen, daß die Geschichte von den katholischen Priestern und Mönchen, die zur Hälfte Sittlichkeitsverbrecher waren, zusammengelogen war. Ungeachtet der fortgesetzten Hetze der NS-Blätter und der zunehmenden staatlichen Übergriffe blieb die Masse der katholischen Geistlichen und Bischöfe moderat gegenüber dem System. Einzelne Predigten wie die des Bischofs von Münster von Galen, die Kritik übten, blieben die Ausnahme; auch noch als die Nazis dazu übergingen, Klöster und Priesterseminare wegen „volksfeindlicher Bestrebungen" zu schließen und das Vermögen einzuziehen. Eine der in der Erzdiözese Köln verbreiteten Kanzelverkündigungen anläßlich der Schließung eines Priesterseminars zeigt denn auch die Widersprüchlichkeit der katholischen Position, auch wenn es darum ging, den Besitzstand der Kirche zu verteidigen: „An Klerus und Gläubige richte ich die inständige Bitte, die schmerzliche Angelegenheit des Priesterseminars zum Gegenstand ihrer Gebete zu machen. Unser einmütiges und beharrliches Gebet möge erwirken, daß unsere Krieger, die mit solchem Heldentum kämpfen und leiden, um das Vaterland vor dem gott- und christusfeindlichen Bolschewismus zu bewahren, bei ihrer Rückkehr eine Heimat wiederfinden, in welcher der christlichen Kirche die zu ihrem Leben notwendigen Einrichtungen nicht fehlen."[547]

In einem Hirtenwort aller Bischöfe vom Juni 1941, das in allen Kirchen verlesen wurde, griffen die Oberhirten die Einschnitte in die materielle Substanz der katholischen Kirche auf. Der Beschlagnahme katholischen Vermögens, der Beseitigung der katholischen Kindergärten und Schulen und der Ausschaltung des schulischen Religionsunterrichts begegneten sie mit dem Aufruf, die religiöse Erziehung nunmehr in der Familie fortzusetzen. Allerdings waren etliche Proteste der Bischöfe vorausgegangen, und die Gemeinden wurden zumindest von den Vorgängen informiert. Besonders scharf wandten sich die Bischöfe gegen die Kirchenaustritte: „Wenn der Versucher an ihn herantritt mit dem Judasansinnen des Kirchenaustrittes, dann kann er ihm nur, auch um den Preis schwerer irdischer Opfer – das Heilandswort entgegenhalten: 'Weiche von mir Satan...'. '...mir soll die Zunge am Gaumen kleben, wenn ich – irdischen Lockungen oder Drohungen weichend – an meinem Taufgelübde zum Verräter würde.'"[548]

Damit war den Gläubigen eher gedroht, denn geholfen worden – die Zahl der Kirchenaustritte in Moers nahm in den Kriegsjahren deutlich ab, stieg aber in Relation zu den Zahlen der evangelischen an. In den Jahren 1937 bis 1939 hatten in Moers Monat für Monat 50 bis 80 Gläubige den Schritt aus der Kirche vollzogen. Insgesamt werden es etwa ein Drittel der gut 11 000 Katholiken gewesen sein.[549] Für eine Anstellung bei kommunalen oder staatlichen Einrichtungen, über die natürlich die Partei entschied, konnte es damals von Vorteil sein, bei der Frage nach der Konfession „gottgläubig" anzugeben.

Nicht alle fielen auf die nationalsozialistische Propaganda herein, wie das politische Vaterunser von 1942 zeigt, das im Frauen und Mütter-Verein St. Marien in Hochstraß entstand:

„Komm Herr Hitler sei unser Gast,
gib uns die Hälfte von dem,
was du uns versprochen hast.
Gib uns zu essen,
nicht Eintopfgericht und Hering,
sondern was du ißt und Hermann Göring.
.....
Feste feiern – Nonnen entschleiern,
Männer entmannen – alles versteuern,
das nennst du: Deutschland erneuern.
Vieh ohne Futter,
Volk ohne Butter,
Hitler ohne Frau,
auf zehn Metzger eine Sau,
das ist Deutschlands Wiederaufbau,
Oh Hindenburg du stolzer Streiter,
dein Gefreiter weiß nicht mehr weiter."[550]

Der Druck der staatlichen Terrororgane auf Pfarrer und Gläubige wuchs parallel zur Propaganda in den Jahren 1937/1938 an und erreichte im Kreis Moers – anders als bei der evangelischen Kirche – seinen Höhepunkt ab 1942. Für den Kreis Moers exi-

Auch er bekam Schwierigkeiten mit der Gestapo: Kaplan Ferdinand Peus

stieren mindestens von 44 Priestern und Gläubigen Akten der Gestapo. Karl Fries aus Neukirchen mußte zehn Tage Schutzhaft ertragen, weil er sich abfällig über die Sonntagsarbeit der Bergleute geäußert hatte.[551] Kaplan Hermann Büscher aus Meerbeck litt ebenfalls unter den Nazis und emigrierte über Holland nach Amerika. Allerdings kann man aus der hohen Zahl der hiesigen Verfahren nicht auf einen breiteren Widerstand schließen. Die Masse der Verfahren wurde eingestellt, es handelte sich um Vorgänge wie das einmalige Verstoßen gegen das Reichsflaggengesetz, weil z.B. einige Pfarrer nicht wußten, daß auch zum Reichsgründungstag zu flaggen war. Neben Ferdinand Peus war es vor allem Carl Neuendorf, Kaplan in Moers, dem eine „staatsfeindliche Einstellung" zugeschrieben wurde. Peus leitete das ND-Heim auf der Uerdinger Straße und hatte im Umgang mit der Jugend „eine etwas lockere Lippe".[552] Als die katholische Jugend keine Fahrten mehr machen durfte, unternahm Neuendorf trotzdem solche mit Meßdienern und gab sie als Schulfahrten aus. Er war aktenkundig bei der Gestapo u.a. wegen seiner abfälligen Äußerungen über das Landjahr. Vor einer Gruppe von Gläubigen sagte er einmal: „Wir sind alle PGs – ihr seid Parteigegner, ich bin Priester Gottes". Mit dem Kaplan Moll in Meerbeck war Neuendorf befreundet – wenn es „Klick" in der Leitung machte, unterhielten sich die beiden am Telefon lateinisch weiter.

Eine Mahn- und Sühnestätte für die Opfer des Nationalsozialismus am Niederrhein in der Krypta des Xantener Doms birgt neben der Asche aus den Todeslagern von Auschwitz, Bergen-Belsen und Dachau drei niederrheinische Blutzeugen: Karl Leisner aus Kleve verstarb an den Folgen seiner Haft in Dachau. Heinz Bello aus Wesel wurde für seine Glaubensüberzeugung am 29.6.1944 hingerichtet. Gerhard Strom aus Haldern bei Rees starb 1942 ebenfalls in Dachau, wohin er wegen seiner offenen Predigten verschleppt worden war. Daneben erinnert die Grubenlampe von Nikolaus Groß an den am 23.1.1945 hingerichteten Sekretär der christlichen Gewerkschaft.[553]

Christliche Arbeiterbewegung und Zentrum

Mehr noch als die SPD-nahen „freien Gewerkschaften" des ADGB hatte die Führung des Gewerkvereins Christlicher Bergarbeiter die Bedrohung durch die Machtergreifung der Nationalsozialisten verkannt. Dies wurde besonders auf deren letzter Generalversammlung für das gesamte Reich und der Rede Heinrich Imbuschs am 12. März 1933 deutlich.[554]

Etwa sechs Wochen später, Ende April, gab es noch einen Versuch, die Richtungsgewerkschaften auf Dachverbandsebene zu vereinigen. Doch dieser wurde mit dem 2. Mai zunichte gemacht, als auch in Moers das Haus der freien Gewerkschaften geschlossen wurde.

Das Ende der christlichen Gewerkschaften in Moers liest sich im „Grafschafter" vom 28. Juni 1933 folgendermaßen:

„Moers – Gleichschaltung der christlichen Gewerkschaft.

Unter Leitung des Kommissars Grunert und des Kreistagsabgeordneten Quast wurde die Gleichschaltung der Christlichen Gewerkschaften in Moers vollzogen. In Frage kamen in erster Linie der Verband Christlicher Bergarbeiter und Bauarbeiter. Die neue Leitung der Christlichen Gewerkschaften hat die NSBO durch ihren Kreisobmann Pg. Otto Elbing übernommen. Die bisherigen Gewerkschaftssekretäre Peil und Gresch sind bereits vorsorglich gekündigt worden.

Sekretäre der christlichen Gewerkschaften: links Josef Peil, rechts Johann Thamm. Die Deutsche Arbeitsfront übernahm 1933 ihre Büros.

Unter die Übernahme fallen auch alle Nebenorganisationen und Unterstellen sowie die katholischen und evangelischen Arbeitervereine, weil diese sich nicht allein mit kulturellen Angelegenheiten beschäftigen, sondern auch wirtschaftliche und gewerkschaftliche Fragen erledigen. Aus diesem Grunde ist auch der katholische Arbeitersekretär Thamm seines Postens enthoben worden. Zweck der Organisation ist die Zusammenfassung all dieser Vereine in eine einheitliche Gewerkschaftsorganisation unter einer einheitlichen Führung. Die kulturellen und religiösen Belange der rein religiösen Vereine werden hierdurch nicht berührt; es handelt sich bei der ganzen Aktion um eine Zusammenfassung auf Arbeits- und wirtschaftlichem Gebiete."

Auf eine illegale Widerstandstätigkeit waren christliche Gewerkschaftler überhaupt nicht vorbereitet. Die ihnen verbundene Zentrumsfraktion hatte im Reichstag Hitlers Ermächtigungsgesetz am 24. März zugestimmt. In Moers war Dr. Durben Ende April vom Kreis-Vorsitz der Partei zurückgetreten, für kurze Zeit folgte ihm Emil Underberg.

Im Juli löste sich die Kreispartei auf.

Von Mut zeugt Ernst Hollas Auftreten in jener Kreistagssitzung, aus welcher der Fraktionsvorsitzende der NSDAP, Otto Suhr, die SPD-Vertreter „binnen 60 Sekunden" verjagt hatte (vgl. Kapitel 4.1). Die Nationalzeitung der NSDAP schreibt dazu am 1. Juni (der Satzbau ist beibehalten):

„Zu einer längeren Debatte versuchte der Zentrumsabgeordnete Holla seine Politik der letzten Jahre zu verteidigen, erhielt aber von den Pg. Bollmann und Suhr eine solche Abfuhr, wie er sie wohl kaum je eingesteckt hat."

Ebenso höhnisch heißt es zur letzten Sitzung des Moerser Kreistages am 29. Juli: „Die Zentrumsgrößen van Clef, Rheinberg, Terheyden, Moers und Wahl, Rheinhausen haben es vorgezogen, schleunigst ihren Austritt zu vollziehen."

Und schließlich am 15.8.1933, unter der Überschrift „NS-Stadtparlament in Moers / Zentrum und DNVP ausgeschaltet":

„Eine kurze, aber interessante Stadtratssitzung fand am Montagnachmittag im Sitzungssaal des alten Schlosses statt. Als besonders erfreuliches Zeichen trat diesmal die Kaltstellung der Reaktion und der schwarzen Systemvertreter in Erscheinung. Nunmehr befindet sich die Vertretung der Stadt Moers ausschließlich in Händen von Nationalsozialisten, so daß hierdurch eine ruhige und sichere Weiterentwicklung unbedingt gewährleistet ist."

Da am 20. Juli auch das Konkordat zwischen Hitler und dem Vatikan abgeschlossen wurde, gab es für katholische Gewerkschaftler oder Politiker wenig Anlaß, an einen Widerstand ähnlich jenem der KPD zu denken.

Die Nationalsozialisten freilich übten Rache. Sie holten, wie immer wieder von alten Moersern berichtet wird, Zentrumspolitiker (und auch andere) nachts aus den Betten und ließen sie zum Hohn öffentlich in der Stadt Wahlplakate abwaschen. Teilweise wurden sie auch mißhandelt. Zu den so Gedemütigten gehörten der christliche Gewerkschaftler Josef Peil, Ratsmitglied seit 1919, Kaplan Ferdinand Peus aus Moers-Mitte und profilierte Zentrumspolitiker wie Juwelier Franz Brauer (Steinstraße/Ecke Neumarkt), Rektor Terheyden und Dr. Peter Durben.

Eine der Töchter erinnert sich:

„Mein Vater wurde von der SS abgeholt, nachts um zwei. Dann wurde er mit anderen zusammen durch die Stadt getrieben. Mit Schrubber und Eimer mußten sie Wahlplakate entfernen, auch die der Nazis. Ich war damals noch Schulkind. Mein älterer Bruder ging direkt zum Kreisleiter. Er würde sofort nach Berlin fliegen, zu einer hochgestellten Persönlichkeit. Um 15 Uhr war mein Vater wieder frei. Mißhandelt wurde er nicht. Das Ganze muß sich Anfang der Nazizeit abgespielt haben."

Auch Karl-Heinz Peil erinnert sich:[555]

„Auch mein Vater wurde bei einer dieser Aktionen abgeholt. Die Familie bangte damals sehr zu Hause, wir waren mit sechs Kindern. Vater war zunächst arbeitslos, später bekam er eine Stelle als Magazinarbeiter auf der Zeche Niederberg/Dickscheheide.

Trotzdem traf sich mein Vater immer wieder mit seinen politischen Freunden. Sie bildeten eine Art Ring christlicher Gewerkschaftssekretäre. Das habe ich allerdings erst im nachhinein begriffen. Die besuchten sich gegenseitig als Vertreter getarnt und verkauften „Paderborner" Landbrot oder Schnürsenkel. Verhaftet wurde aus diesem Kreis meines Wissens hier aber niemand.

Meine Mutter hatte oftmals Angst, denn mein Vater trank eben auch sein Gläschen Bier, da bei Kroppen, im Lokal. Er war ein sehr selbstbewußter Mann, und er hielt mit seiner Antihaltung gegen die Nationalsozialisten nicht hinter dem Berg.

Mein Vater starb bereits 1940, mit 61 Jahren. Er hat das alles nicht verwinden können."[556]

Harald Gies gibt zu Protokoll:[557]

„Mein Vater war im Verband christlicher Bauarbeiter und Zentrumsmitglied. Einmal kam die Gestapo zu uns nach Hause, das hatte aber nichts mit meinem Vater zu tun, er war kein Funktionär. Das war auch später, etwa 1935/1936. Wir waren damals Meßdiener und haben die Kirchenzeitung rundgetragen. Da sind mal zwei Nummern beschlagnahmt worden, und die hatte der Kaplan Neuendorf bei uns deponiert. Es gab aber keine Haussuchung, die haben nur gefragt. Mutter hatte die Zeitungen gut versteckt."

Die Tochter Johann Thamms, Hildegard Löhr, und ihr Mann Heinrich-Peter berichten:[558]

„Mein Vater war Bezirkssekretär beim Gewerkverein christlicher Bergarbeiter. Nach seiner Entlassung 1933 arbeitete er als Versicherungagent. Er war ein westfälischer Dickschädel. Zu Hitlers Geburtstag hat er noch 1933 und 1934 die schwarz-rot-goldene Fahne gehißt. Nebenan wohnte ein SA-Mann. Er wurde auch zweimal verhaftet, jeweils für sechs Wochen etwa. Er traf sich auch weiterhin mit den alten politischen Freunden, meist christliche Gewerkschaftler. Dazu gehörten die Duisburger Martin Heix (aus Büderich) und Gottfried Könzgen. Könzgen wurde später im KZ umgebracht[559]. Die Nazis mochten Vater nicht. Obgleich er schon 42 war, mußte er 1939, noch vor Kriegsausbruch, gleich einrücken."

Auch in den folgenden Jahren gibt es in Moers – wie in Kamp-Lintfort[560] – eine Reihe von Zeugnissen fehlender Unterordnung aus dem katholischen Sozialmilieu für die Zeit bis zum Kriegsende.

Die Evangelische Kirche

Die evangelische Kirche war, bedingt durch ihren demokratischeren Aufbau, wesentlich anfälliger gegenüber Zersetzungsversuchen, die in sie hineingetragen wurden. Zudem war die parteipolitische Bindung ihrer Gläubigen breiter gestreut; im national gesinnten Protestantismus konnte nationalsozialistisches Gedankengut früh Fuß fassen. Das evangelische Vereinshaus in der Hombergerstraße war z.B. Schauplatz von Versammlungen der Nationalsozialisten seit 1931.

Entscheidenden Anteil an der nachfolgenden Auseinandersetzung im evangelisch-kirchlichen Raum hatte die „Glaubensbewegung Deutsche Christen" (DC), die sich im Frühjahr 1932 reichsweit unter Führung des Pfarrers Hossenfelder formierte. Im Kirchenkreis Moers waren die Deutschen Christen vertreten durch ihre Exponenten Pfarrer Grewel aus Hoerstgen und Pfarrer Voß („Kreisleiter" der DC) aus der Gemeinde Hochemmerich. Der Baerler Ortspfarrer Greeven warb ebenfalls öffentlich für die Deutschen Christen.[561]

Nach der Machtergreifung traten die Vertreter der Deutschen Christen massiv in die Öffentlichkeit und reklamierten für sich entscheidenden Einfluß in der Kirche. Inzwischen war aus dem Kirchenbund die Konstruktion einer nach dem „Führerprinzip" ausgerichteten Reichskirche gebildet worden. Das Ziel war klar: Aushebelung der presbyterial-synodalen Ordnung. Der Wehrkreispfarrer Ludwig Müller wurde „Reichsbischof" von Hitlers Gnaden.

Auch in Moers begann der Kirchenkampf nicht mit der Gründung der Bekennenden Kirche und damit der manifestierten Spaltung, sondern auf theologischem Gebiet 1932, auf kirchenpolitischem gleich nach der Einsetzung des „Reichsbischofs". Noch vor der Barmer Synode faßte das Organ der bekenntnistreuen kirchlichen Organisationen der Westprovinzen die Lage so zusammen: „Nach den bisher ergangenen Notverordnungen ballen sich in den Händen des Reichsbischofs derartige Machtbefugnisse zusammen, wie sie niemals ein Kirchenfürst besessen hat ... Man sollte sich ... darüber keinem Zweifel hingeben, daß wer die Macht hat, auch die Möglichkeit hat, das neue Recht zu gestalten."[562]

Bei den Kirchenwahlen im Sommer 1933 errangen die Deutschen Christen die Mehrheit und okkupierten planmäßig – nach dem Vorbild der staatlichen Machtergreifung – die entscheidenden Stellen. Bei dieser Kirchenwahl entfielen in Moers 22 Sitze auf Vertreter der Deutschen Christen, die Liste der positiven Christen errang 12, die Volkskirche (liberal) 14 Sitze.

Freilich konnten sie in den Gemeinden des Kreises Moers nicht ihrem Wahlergebnis gemäß Fuß fassen.

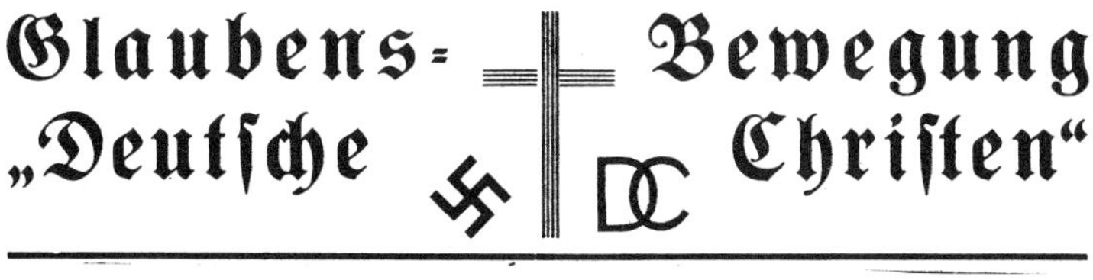

Kopf von Flugblättern der Deutschen Christen

Das lag auch am polemischen und unverhohlen machtlüsternen Gebaren der Deutschchristen, das vielen Gemeindemitgliedern zuwider war. Man war nicht gegen Hitler und die Partei, doch Nachrichten über die Aufstellung von geschmückten Hitlerbildern auf dem Abendmahlstisch und das Absingen des Horst-Wessel-Liedes während des Gottesdienstes, wie es an anderen Orten schon geschehen war, diskreditierten die „braunen Christen".[563] Sie wurden bald von oben, was solche Manifestationen anging, „zurückgepfiffen". Auch der Regierungspräsident in Düsseldorf bemerkte bei seiner Überwachungstätigkeit über die Bekenntnissynoden, daß bestimmte DC-Vertreter für Zulauf bei der Bekennenden Kirche sorgten.[564] Zudem bildeten sich innerhalb der Deutschen Christen Strömungen, denen die Haupttendenz ihrer Vereinigung nicht völkisch genug war, so daß es zu Austritten und der Bildung von eigenen „Kirchen" oder im Grunde heidnischen Gemeinschaften kam. Sie alle konnten sich nicht lange halten. Die hier ansässige „Deutsche Glaubensbewegung Völkische Glaubensgemeinschaft" mit Ortsgruppen in Rheinhausen und Homberg löste sich 1936 wieder selbst auf.[565] Hardliner innerhalb der Kirchenhierarchie gab es allerdings noch genug, und um sie scharten sich andere. Wie tief die offizielle evangelische Kirche gesunken war, kann man dem Brief des Landesbischofs Sasse der Thüringer evangelischen Kirche entnehmen, mit dem er den hiesigen Gemeinden ein übles, von ihm selbst verfaßtes Traktätchen zusandte: „In dem entscheidenden Endkampf des deutschen Volkes gegen die Judenheit stehen mit an vorderster Front die besten Kräfte der deutschen Vergangenheit. Es bedeutet eine Stärkung unserer Kampfkraft, wenn in vorderster Linie der große deutsche Prophet Dr. Martin Luther seine Stimme erhebt, und zur Befreiung des deutschen Volkes von den Juden fordert: weg mit ihnen! Unser durch lange Jahre hindurch gemeinsam getragener Kampf für das Werk des Führers läßt mich Sie bitten, zu prüfen, inwieweit die in der Anlage beigefügte Schrift als Kampfmittel in dem Weltkampf unseres Volkes gegen die Juden eingesetzt werden kann."[566]

Nun war aber manches so abwegig nicht, wie es heute klingen mag. Auch die evangelische Gemeinde Moers beschloß am 18.4.1933 ein Gedenken anläßlich des Geburtstages des Herrn Reichskanzlers in der Stadtkirche abzuhalten. „Damit wollte das Presbyterium... dem Führer Deutschlands sein Vertrauen bezeugen und ihn in ihre Fürbitte für Reich und Volk einschließen."[567]

Auch konnte sich die DC-Richtung nicht weiter etablieren, weil ihr einige Pfarrer, vor allem Böttcher und Reyter, direkten Widerstand entgegensetzten. Der Superintendent des Kirchenkreises Denkhaus verweigerte 1933 die Zahlung von Reisekosten für DC-Leute, die auf eine ihrer Versammlungen gefahren waren und setzte sich damit durch. Dessen ungeachtet unterschrieb auch Denkhaus – Mitglied der Bekennenden Kirche – einigermaßen offiziöse Briefe innerhalb der Kirche anfangs mit „brüderlichen Grüßen", am 27.11.1933 mit „deutsch-evangelischem Gruß" und am 16.1.1934 „Mit deutschem Gruß – Heil Hitler".[568]

Nach der zentralen Kundgebung im Berliner Sportpalast, auf der wüste Angriffe gegen Kirche und Glauben vorgebracht wurden, gründete Martin Niemöller den „Pfarrernotbund". Es kam zur Bildung von zunächst organisatorisch freien Bruderschaften – so auch in Moers. Pfarrer Karentz aus Kapellen war der Vertreter des Kirchenkreises Moers im Konvent der Bruderschaften; er war auch Mitherausgeber des „Grafschafter Sonntagsblatts", das sich in scharfer Form von der Reichskirche abwandte. Von ihm wird berichtet, daß er sogar den NSDAP-Ortsgruppenleiter Kapellens geohrfeigt habe.[569] Neben ihm gehörten der Pfarrbruderschaft die folgenden Pfarrer an: Emil Böttcher (Hochemmerich), Karl Denkhaus (Homberg), Rudolf Friedendorff (Schwafheim), Richard Gaul (Utfort), Ernst Haarbeck (Neukirchen), Samuel Henrichs (Homberg), Julius Keudel (Vluyn), Wilhelm Nitsch (Missionsanstalt Neukirchen), Wilhelm Reyter (Rheinhausen), Heinrich Schmitz (Alpen), Emil Schneider (Erziehungsverein Neukirchen), Robert Sohnius (Repelen), Franz Zahn (Bönninghardt) und Wilhelm Pabst (Friemersheim).[570]

Wenige Monate später kam es am 29./30.5.1934 auf Reichsebene zur Barmer Bekenntnissynode und zur Gründung der „Bekennenden Kirche". Im Oktober wurde auf der zweiten Bekenntnissynode in Dahlem die organisatorische Trennung von der deutschchristlichen Kirchenleitung beschlossen.

Über ein schwieriges und kräfteraubendes inneres Ringen um Einigkeit, zunehmende organisatorische Festigung und z.T. erfolgreich bestrittene Kämpfe gegen den deutschchristlich okkupierten Apparat entstand im Kirchenkreis Moers die „Bekennende Kirche". Im Jahre 1937 waren die Ämter der Bekenntnissynode Moers wie folgt besetzt:

Vertrauensmann:	Pfarrer Reyter
Leiter des Rüstdienstes	Pfarrer Böttcher
Leiter des Jugendamtes	Pfarrer Dr. Fink
Schatzmeister	Pfarrer Zahn

Reyter, Böttcher, J. Olyschläger und K. Pleines waren die Abgeordneten zur Provinzialsynode der Rheinischen Bekenntnissynode. Die Genannten bildeten einschließlich der Stellvertreter zusammen mit den Pastoren Pabst, Gaul, Zahn und Nitsch sowie G. und W. Jochums, Dr. Hofius, Smidt, Giesen, Coblenz, E. und R. Pleines den Bruderrat der Bekenntnissynode Moers.[571]

Besonders engagierten sich im Kampf um die Bekennende Kirche die Pfarrer Emil Böttcher (Christuskirche in Hochemmerich) und Wilhelm Reyter (Friedenskirche in Oestrum), aber auch Gemeinde und Presbyterium in Hochemmerich. Die beiden Pfarrer predigten abwechselnd in den Rheinhausener Kirchen, aber auch in den Gemeinden bis nach Essen, als die Zahl der Pfarrer durch Einberufungen und Tod dezimiert war. Ihre Gewohnheit war es, sich auf halbem Wege mit dem Fahrrad zu treffen, wo dann Schriften der Bekennenden Kirche ausgetauscht wurden. Zu den Kanzelabkündigungen der BK hieß es dann kurz: „Machst Du es?" Und auf das „Ja" des anderen fiel noch ein: „Gut, dann werde ich es auch so halten."[572] Pfarrer Reyter ließ sich auch durch mehrfaches Nachhaken der Gestapo, durch Verhaftungen und Hausdurchsuchungen nicht beirren. Einmal wurde er aus einer Beerdigungsfeier in der Wirtschaft Pauls abgeholt. Stets mußte er wieder auf freien Fuß gesetzt werden. Die Hausdurchsuchungen brachten ebenfalls für die Gestapo kein greifbares Ergebnis: die Flugblätter waren zum Glück von der befreundeten Familie Pleines übernommen

Der NSDAP ein Dorn im Auge: Pfarrer Emil Böttcher mit seiner Frau Erna (1950)

worden. In der Akte der Gestapo wurden Pfarrer Reyter unter anderem die Herausgabe von Rundschreiben der BK mit staatsabträglichen Äußerungen und die Beteiligung an einer illegalen theologischen Prüfung der BK vorgeworfen.[573]

Die Gemeinde Hochemmerich umschloß zu dieser Zeit nicht nur Rheinhausen, sondern auch Essenberg und Schwafheim.

Der dort wirkende Pfarrer Emil Böttcher war wahrlich keiner von den „Lauen": Er bekannte auch öffentlich! Eines seiner für ihn typischen, offenen Worte kann man z.B. im „Grafschafter Sonntagsblatt" 1934 nachlesen:

„Die D.C. wollten eine 'lebendige Kirche', keine 'Pastorenkirche'. Diese Rede gefällt uns allen gut! Wären nur die Taten danach! Aber die sind doch so ganz anders; denn statt der lebendigen Gemeinden kamen die unevangelischen Bischöfe, die deutsch-christliche Hierarchie (Priesterherrschaft) zog ein; den lebendigen Gemeinden, die sich doch einst die presbyterial-synodale Kirchenordnung selbst gegeben hatten, wurde gerade diese Ordnung zugunsten der bischöflichen zerschlagen, und zwar durch Gewaltherrschaft. Gewaltherrschaft aber hat es noch nie zu lebendigen Gemeinden gebracht!"[574]

Emil Böttcher blieb seiner Linie treu, auch als er ins Fadenkreuz der Gestapo geriet und während des Krieges, als es angesichts der verschärften Verfolgung aller Regimekritiker geboten war, „durch die Blume" zu sprechen. „Es ist ein wahres Glück, daß ich die Blumensprache sehr gut verstehe, und weil ich selbst Soldat und im Krieg gewesen bin, verstehe ich sie noch besser."[575] So schreibt Pfarrer Böttcher in einem seiner Briefe an die Gemeindemitglieder an der Front. Und so fanden Andeutungen und Zweideutigkeiten ihren Weg durch die scharfe Zensur, etwa wenn Böttcher vom „nordischen Krieg" schreibt, bei dem man leider auch zwei schöne Schiffe verloren habe: „Wir sind dem Führer dankbar, dessen Staatskunst diese Überraschung zuwege brachte."[576]

Zugleich war es ihm immer um den Zusammenschluß der Gemeinde gegangen, hier hatte er seinen festen Halt, wie die Protokolle der Sitzungen von den Antragsgefechten zwischen ihm und dem DC-Pfarrer Voß zeigen. Gemeinsam mit Pfarrer Reyter versuchte er ebenso wie der Kapellener Pfarrer Karentz, in zahllosen Gesprächen und Briefen seine Mitbrüder von der Notwendigkeit praktischen Widerstandes zu überzeugen. Auch Pfarrer Böttcher wurde nachts abgeholt und verbrachte zwei Nächte im Rathaus. Seiner Mutter schlug er es ab, daß sie ihm Essen brachte: „Wenn die mich schon einlochen, dann sollen sie mich auch verpflegen."

Emil Böttchers Tochter Christa Goedeking erinnert sich an die Unterstützung, die ihr streitbarer Vater in der Familie erfuhr:

„ Meine Mutter stand in ihrer Aversion gegenüber dem Hitler-Regime ganz zu ihrem Mann, konnte manchmal nach Meinung meines Vaters 'unvorsichtig deutlich werden'. So wollte mich eines Tages eine kaum siebzehn Jahre alte Führerin in die BDM-Stunde holen, käme ich nicht mit, seien 50 Reichsmark Strafe fällig. Meine Mutter, sehr energisch: 'Meine Tochter hat keine Zeit, samstags auf der Straße herumzumarschieren. Sie muß Strümpfe stopfen für acht Personen.' Das ihr von den Nazis verliehene Mutterkreuz für Kinderreiche hing sie sich trotz etlicher Ermahnungen von Seiten der Frauenschaft nicht um – mit der Begründung: 'Ich bin doch keine prämiierte Kuh!' Wenn aus dem Radio – Volksempfänger – Hitlers Stimme tönte, sagte mein Großvater: 'Stopf ihm das Maul!', woraufhin ich das Radio abstellen durfte."[577]

Emil Böttcher sah man in Hochemmerich niemals ohne schwarze Kleidung und schwarzen Hut, nicht einmal, wenn er nachts beim Löschen des brennenden Nachbarhauses mit anpackte; er wollte in dieser Zeit stets als Pfarrer erkennbar sein. Eine Befreundete der Familie Böttcher zitierte nach dem Krieg noch gerne den NSDAP-Ortsgruppenleiter Heidböhmer: „Für die Zeit nach dem Krieg haben wir schon zwei Bäume ausgesucht, an den einen hängen wir Pfarrer Böttcher..."[578]

Bereits in der Woche nach der Barmer Synode versuchte Pfarrer Karentz, die Bekennende Kirche in Moers fester zusammenzufügen. An die Bekenner unter den Presbytern und Pfarrern des Kreises schrieb er am 11.6.1934: „Zaghaftigkeit, kluge Berechnung, Kompromißpolitik, Scheu vor Unannehmlichkeiten in der Gemeinde sind nicht mehr am Platze. 'Bekennen' heißt gewillt sein, alle – aber auch alle Konsequenzen auf sich zu nehmen, die nun einmal das Bekennen mit sich bringen kann. Das wird zu Unannehmlichkeiten, zu Angriffen, Verleumdungen führen. Aber wir kommen um das Entweder – Oder nicht mehr herum.

Was ist zu tun? Zunächst das Allernächstliegende: die Bekenner in der Gemeinde sammeln – sie und uns stärken unter Gottes Wort und mit ihnen unermüdlich die Gemeinde aufklären. Von seiten der D.C. bereitete Schwierigkeiten können nur der Grund sein, diese Arbeit umso intensiver zu tun.

Den Presbytern – vor allem den D.C. in ihrer Mitte klar und unmißverständlich sagen, daß sie durch Festhalten an der Irrlehre sich mitschuldig machen an der Zerstörung der Kirche... Für die Pfarrbrüder gilt es, in die Bruderschaft einzutreten, daß wir in der Synode einen festen Block bilden. Nur an Mitglieder der Rf. Pfarrbruderschaft gehen die Mitteilungen über die Lage und das Material zur Aufklärung und Aufbauarbeit."[579]

Es wurden Mitgliedskarten gedruckt, die die Verbindlichkeit und einen kleinen finanziellen Grundstock sichern sollten. In recht schneller Zeit bildete sich eine Gegenorganisation zur Reichskirchenleitung, die sich aber sofort zahllosen Schwierigkeiten bei Finanzierung, Raumfragen gegenüber sah. Konten wurden gesperrt, Kollekten verboten und noch zum Kreiskirchentag der Bekenntnisgemeinden 1937 gelang es nicht, die Moerser Stadtkirche für die Zusammenkunft zu bekommen, so daß zeitversetzt die nördlichen Gemeinden in Neukirchen, die südlichen in Hochemmerich tagen mußten.

Superintendent Karl Denkhaus

In Wort und Schrift bezogen die Pfarrer der Bekenntnissynode Stellung gegen den Entwurf einer zentralistischen Reichskirchenordnung. Den BK-Pfarrern am Ort lagen dazu die streng vertraulichen Richtlinien der Gegenseite vor, in denen es entlarvend heißt: „Die herkömmliche Formulierung des sog. Gemeindeprinzips ('Die Kirche baut sich auf der Gemeinde auf') ist zu vermeiden."[580] In einem einstimmigen Beschluß (denn Pfarrer Voß war nicht da) hielt das Presbyterium Hochemmerich fest: „Das Presbyterium mußte die widerspruchsvollen, vom Führerprinzip beherrschten 'Vorbemerkungen' entschieden ablehnen... Der Entwurf dagegen entmündigt auf schriftwidrige Weise die Gemeinde."[581]

Am 17.8.1934 wurden dann sechs rheinische Superintendenten durch den DC-Mann Dr. D. Forsthoff des Amtes enthoben, darunter der des Moerser Kirchenkreises, Karl Denkhaus. Die Spaltung der Kirche wurde hier besonders deutlich, indem Denkhaus sich als weiter im Amt befindlich betrachtete. Vier Monate später wurde er offiziell wieder bestätigt. Auch Denkhaus wurde das Leben schwer gemacht. Ein Presbyter seiner eigenen Gemeinde Homberg-Hochheide schwärzte ihn wegen seiner Predigt am 24.5.1935 bei der Gestapo an. Polizeichef Imig berichtete am 4.3.1937 über eine Konferenz in der Moerser evangelischen Kirche, der Denkhaus vorstand. In Anfragen der Abwehrstelle Münster vom 1.2.1944 und vom Reichssicherheitshauptamt am 19.8.1944 wird er als „nur Mitglied der NSV" bezeichnet und als Kritiker der nationalsozialistischen Bewegung. Über die Vorgänge von 1937 heißt es: „Da die Ausführungen Denkhaus hart an der Grenze des für eine Predigt Erlaubten lagen, bestand keine Möglichkeit, gegen D. mit staatspolizeilichen Mitteln vorzugehen."[582]

Es scheint so, als habe es in dieser Phase seitens der Nationalsozialistischen Führung keine klare Strategie für die Weiterführung des Kampfes gegen die evangelische Kirche gegeben. Die Bekenntnissynoden konnten sich sammeln, während das Vorgehen der Deutschen Christen uneinheitlich war. In dieser Phase des Kirchenkampfs bis etwa Ende 1937 gelang es den Gegnern nicht, die Bekennende Kirche entscheidend zu schlagen. Wohl aber setzten sie den Druck massiv fort. Besonders den Pfarrern Böttcher und Reyter ist es in dieser Zeit gelungen, v.a. in der Gemeinde Hochemmerich, aber auch mit Ausstrahlung auf die gesamte Synode, die Haltung der Bekenner zu festigen. Dabei gingen die Meinungen über das richtige Vorgehen auch innerhalb der Bekenntnissynode naturgemäß auseinander. In der Frage der sogenannten Kanzelabkündigungen (hier ging es vor allem um die öffentliche Bekanntgabe von Kirchenaustritten und um die Verhaftungen von Pfarrern) vertraten die Hochemmericher die Linie, daß alle Bekennenden trotz des Verbots, diese Demonstration für das Recht, die Gemeinde über die Kirche betreffende Vorgänge zu informieren, weiterführen sollten. Über diese und später die Frage der Eidesleistung auf den nationalsozialistischen Staat, die den Pfarrern in einem Erlaß Bormanns abverlangt wurde, kam es zu Kontroversen. So wird z.B. aus Neukirchen geantwortet, daß die Bekennende Gemeinde dort, diese „Übung“ (nämlich die Bekanntgabe der Kirchenaustritte) nicht eingeführt habe, noch daran denke. Der Brief des Pfarrers aus Neukirchen zeigt, wie schwierig es war, eine einheitliche Front auch innerhalb der Bekennenden Kirche zusamenzuführen: „Ich stelle mich mit ganzem Herzen hinter die Brüder, die um ihres Bekenntnisses willen ins Gefängnis oder in allerlei andere Nöte gekommen sind. Aber ich halte Fürbitte für wichtiger als Erklärungen und Sammlung von Unterschriften. Insbesondere kann

Streiter für die Bekennende Kirche: Pfarrer Reyter

ich nicht wohl eine Erklärung unterschreiben, die die Bekanntgabe der Kirchenaustritte als Verhaftungsgrund nennt. Es ist mir nämlich sehr fraglich, ob es wirklich nötig war, aus diesem Grund in Opposition mit dem Staat zu treten."[583] Im Laufe der Zeit versuchten viele Pfarrer der Bekennenden Kirche – so auch der Moerser Superintendent – eine Position der Mitte einzunehmen. Das hieß, weiterhin den Kontakt zur hierarchischen Kirchenleitung aufrecht zu erhalten und die Staatsmacht nicht zu provozieren. Der DC-Mann Voß aus Rheinhausen hatte sich bereits entnervt Ende 1935 in eine auswärtige Gemeinde versetzen lassen. Das Presbyterium Hochemmerichs verwarf einstimmig eine Gemeindeabschiedsfeier für den Deutschen „Christen", der sich auf der Sitzung am 12.10.1934 zu seiner Spitzelarbeit im Presbyterium bekannt hatte. Während einige Pfarrer es ablehnten, mit solchen Galionsfiguren der Deutschen Christen sich an einen Tisch zu setzen, lud Denkhaus den Pfarrer Grewel wieder zur Missionskonferenz ein. Der bedankte sich höflich, lehnte es aber seinerseits ab, einer solchen „Ausnahmeeinladung" Folge zu leisten.[584] In dem unterschiedlichen Verständnis eines taktischen Vorgehens lag die Gefahr einer weiteren Spaltung – nunmehr in der Bekennenden Kirche – sehr nahe.[585]

Böttcher und Reyter dagegen organisierten ein Protestschreiben wegen der fortdauernden Inhaftierung Martin Niemöllers und einen Helferkreis, der z.B. das Flugblatt „Entweder – Oder" in alle Familien der Gemeinde tragen sollte. „In die alte Kirche können wir nicht mehr zurück, sie ist zerstört."[586] Das war die andere Position.

Unabhängig vom Kampf der Mitglieder der Bekenntnissynode um innere Geschlossenheit gingen die Drangsalierungen durch das Regime weiter. Dabei arbeiteten Gestapo, Denunzianten und kirchliche Stellen Hand in Hand. So fragte der Reichsverband der evangelischen Presse bei der Gestapo nach dem Leumund des Pastors Werner Axmacher von Asberg. Die Gestapo Essen antwortete: „Eine nationalsozialistische Tageszeitung wird von ihm nicht gehalten, auch hat er, obwohl ihm dazu Gelegenheit geboten wurde, die Hakenkreuzfahne bislang nicht geflaggt."[587] Ein früheres Verfahren wegen eines Verstoßes gegen das Sammlungsgesetz (Axmacher hatte für den Kirchenbau in Asberg gesammelt) war eingestellt worden. Aber kein Pfarrer war sicher. So schreibt die Jungmädel-Scharführerin Ilse B.: „Herr A. hat die Jungmädelgruppe 37 im höchsten Grade beleidigt, indem er unsere Arbeit, insbesondere unsere Fahrten als Dreck bezeichnet hat."[588]

Auch 1939 wurde Axmacher von den Zellenleitern Arians und Millinghaus wegen verschiedener „Delikte" angezeigt. Der Ortsgruppenleiter Asbergs Ladage schrieb an den Landrat, dieser an die Gestapo, welche Vernehmungen forderte, denn die Äußerungen Axmachers stellten ein Heimtückevergehen dar. Aus diesen Vernehmungen konnte sich Axmacher geschickt herauswinden, aber die tägliche Bedrohung war doch präsent. Wegen seiner abfälligen Bemerkungen über den BDM wurde er protokollarisch verwarnt.

In eine härtere Phase trat der Kampf des NS-Staates gegen die Bekennende Kirche dann durch den Erlaß Himmlers, alle von den Gliedern der Bekennenden Kirche unterhaltenen Arbeitsgemeinschaften, Lehr- und Prüfungsämter und sämtliche von ihnen veranstalteten theologischen Kurse und Freizeiten zu verbieten. „Die von den Organen der sogenannten bekennenden Kirche seit langem gezeigte Haltung, unter Mißachtung der vom Staat geschaffenen Einrichtungen den theologischen Nachwuchs durch eigene Organisationen auszubilden und zu prüfen, enthält eine bewußte Zuwiderhandlung gegen die 5. Verordnung zur Durchführung des Gesetzes zur Sicherung der Deutschen Evangelischen Kirche vom 2.Dezember 1935 und ist geeignet, das Ansehen und Wohl des Staates zu gefährden."[589]

Mit diesem Erlaß war die Arbeit der Bekennenden Kirche aufs höchste gefährdet, zudem verschärfte er natürlich den Konflikt zwischen der radikalen und der „mittleren" Linie. Es gelang der Bekennenden Kirche jedoch – nun illegal – ihre Tätigkeit aufrecht zu erhalten.

Im Jahr 1938 sah das Verteilernetz der Bekenntnissynode Moers so aus, daß die Pfarrer sich Nachrichten nur persönlich überbrachten. Reyter gab über Böttcher weiter an Fink, Pabst, Denkhaus und Vowe; Vowe verteilte an Gaul (dieser an Faulenbach) und Gustorff, der wiederum Karentz, Schneider, Nitsch und Lührmann bedachte. Von diesem ging die Kette über Höfermann an Zahn und Asteroth.[590]

So war man nicht auf riskante Post- oder Telefonwege angewiesen.

Das alles geschah vor dem Hintergrund einer rasch anwachsenden Zahl von Kirchenaustritten. Die Propaganda der Nazis hatte 1937 den Schafspelz abgeworfen und zeigte sich offen kirchenfeindlich. Eine Welle von Austritten, oft genug um der politischen Konformität willen, war die Folge.

Allein in der zweiten Hälfte des Jahres 1937 kehrten im Stadtgebiet Moers 838 evangelische Christen ihrer Kirche den Rücken. Im ersten Quartal 1938 waren es 479, im gleichen Zeitraum 1939 sogar 507. Mit Kriegsbeginn ging die Zahl der Austritte deutlich zurück, dennoch bildeten auch 300 Austritte pro Jahr einen enormen Aderlaß für die Gemeinden. Leider sind nicht alle Zahlen zugänglich, doch wird man bei vorsichtiger Hochrechnung davon ausgehen müssen, daß ein Drittel der etwa 17 000 Gläubigen in Moers der nationalsozialistischen Propaganda gefolgt war.[591]

Der damalige Hilfsprediger der Bekennenden Kirche und spätere Pfarrer Helmut Werkle geriet in die Verfolgungsmaschinerie der Gestapo, weil er sein Examen am 8.3.1939 bei der Bekennenden Kirche abgelegt hatte.

Bei seiner ersten Vernehmung durch die Gestapo am 12.6.1939 gab Helmut Werkle zu Protokoll: „Über alle mir vorgelegten Fragen kann ich um meines Gewissens willen keine Auskunft geben. Ich kann lediglich bekunden, daß ich mein Examen vor der Evangelischen Bekenntnissynode abgelegt habe und zwar im Rheinland. Weitere Angaben kann ich nicht machen, da es sich um innerkirchliche Angelegenheiten handelt."[592] Bei einer zweiten Vernehmung am 24.6.39 gab Helmut Werkle, der Mitglied der SA und der NSDAP gewesen war und inzwischen wieder ausgetreten, an: Ich werde nichts darüber sagen, bei wem ich die Klausurarbeiten geschrieben und die praktische Prüfung abgelegt habe...Ich möchte deshalb keine Personen benennen, weil wir Kandidaten übereingekommen sind, bei der Polizei keine Angaben zu machen, um den leitenden Persönlichkeiten der BK keine Schwierigkeiten zu machen. Auch über den Ort, an dem ich am 8.3.39 die Prüfung abgelegt habe, werde ich keine Angaben machen..."[593]

Trotz dieser geradlinigen Haltung Werkles geschah ihm nichts, ihm half die Amnestie vom 9.9.1939. Der Beginn des Krieges setzte andere Schwerpunkte. Viele Pfarrer der Bekennenden Kirche wurden eingezogen, das religiöse Leben erlahmte. Zugleich beruhigte sich auch der Kirchenkampf – die Nationalsozialisten hatten die endgültige Lösung der Kirchenfrage auf die Tage nach dem „Endsieg" verschoben. Die staatlich geförderten Kirchenbehörden existierten weiter und erfüllten einen Teil der ihnen zugedachten Funktion, wie ein Schnellbrief des Reichsministers für die kirchlichen Angelegenheiten vom 30.9.39 an alle Kirchenbehörden zeigt:

Mitgliedskarte der Bekennenden Kirche Moers

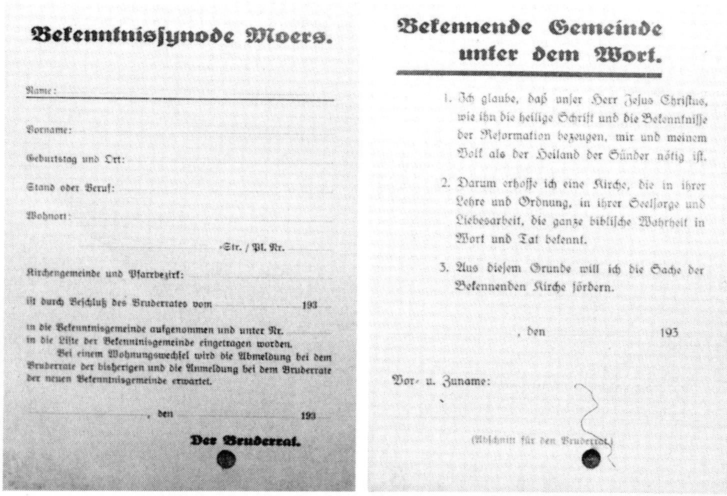

Bekenntnissynode Moers.

Name:

Vorname:

Geburtstag und Ort:

Stand oder Beruf:

Wohnort:

-Str. / Pl. Nr.

Kirchengemeinde und Pfarrbezirk:

ist durch Beschluß des Bruderrates vom 193

in die Bekenntnisgemeinde aufgenommen und unter Nr.
in die Liste der Bekenntnisgemeinde eingetragen worden.
Bei einem Wohnungswechsel wird die Abmeldung bei dem Bruderrate der bisherigen und die Anmeldung bei dem Bruderrate der neuen Bekenntnisgemeinde erwartet.

, den 193

Der Bruderrat.

Bekennende Gemeinde unter dem Wort.

1. Ich glaube, daß unser Herr Jesus Christus, wie ihn die heilige Schrift und die Bekenntnisse der Reformation bezeugen, mir und meinem Volk als der Heiland der Sünder nötig ist.
2. Darum erhoffe ich eine Kirche, die in ihrer Lehre und Ordnung, in ihrer Seelsorge und Liebesarbeit, die ganze biblische Wahrheit in Wort und Tat bekennt.
3. Aus diesem Grunde will ich die Sache der Bekennenden Kirche fördern.

, den 193

Vor- u. Zuname:

(Abschnitt für den Bruderrat)

„Aus Anlaß des bevorstehenden Einzuges der deutschen Truppen in Warschau wird hierdurch ersucht anzuordnen, daß vom Tage des Einmarsches ab alle Glokken zum dankerfüllten Gedenken des Sieges und zum Gedenken an die Gefallenen für die Dauer von 7 Tagen mittags eine Stunde lang, und zwar von 12 bis 13 Uhr zu läuten sind."[594] Neben der verratenen lebte aber auch die Bekennende Kirche fort.

Auch im Kirchenkampf sind Beispiele zu finden für persönlichen Mut und kämpferischen Einsatz gegen das nationalsozialistische Regime. Das kann die Frage nicht ersetzen, ob es den Kirchen möglich gewesen wäre, massiver gegen das Unrecht aufzustehen. Einige katholische Bischöfe haben dies z.B. zur Vernichtung der Juden, der evangelische Landesbischof Wurm hat es zur Frage der Euthanasie getan. Es ist Aufgabe der Kirchen im Moerser Raum selbst, hier zu detaillierteren Einschätzungen zu kommen.

Die evangelische Kirche hat sich früh – trotz der unbestrittenen Verdienste der Bekennenden Kirche, trotz des Kampfes Niemöllers und Bonhöffers – auch zu einer Schuld bekannt. Auf der ordentlichen Tagung der Kreissynode in Moers am 8. Dezember 1947 führte Pfarrer Stähler aus:

„Was unsere Kirche in Stuttgart gegenüber der Oekumene als ihre Schuld an der Welt bekannt hat, das gilt es auch an Schuld im Blick auf die innerkirchlichen Verhältnisse zu bezeugen, nämlich daß wir nicht mutiger bekannt, nicht treuer gebetet, nicht fröhlicher geglaubt und nicht brennender geliebt haben. Und wenn ich hier von unserer Schuld rede, dann meine ich damit in erster Linie die Schuld der offiziellen Diener am Wort, denen die Verkündigung in besonderer Weise aufgetragen ist. Was ist auf unseren Kanzeln nicht alles zu hören gewesen. Und was ist nicht alles verschwiegen worden! Aber in gleicher Weise ergeht das Gericht über die gesamte Gemeinde der Gläubigen, die sich nur zu willig in die Passivität geflüchtet hat, und deren alltägliches Handeln oft genug ihrem vorgegebenen Glauben Hohn sprach...

Ohne die Größe dieser Schuld unter dem Kreuze Christi erkannt und bekannt zu haben, werden wir nicht frei zu einem gesegneten Dienst in der Zukunft."[595]

Eine Aussprache über diese Worte unterblieb auf der Sitzung aus Zeitgründen, sie wurde auch auf den nächsten Treffen nicht mehr nachgeholt...

Bernhard Schmidt

6.3 Auch sie paßten nicht ins System: Jugendbünde, Kittelbach- und Edelweißpiraten

Der Monopolanspruch für die Hitlerjugend im NS-Staat wurde zum 1. Dezember 1936 gesetzlich fixiert. Doch waren bereits davor die meisten Jugendverbände in diese überführt worden. Die bisherigen Organisationen waren verboten, insbesondere die Jugendorganisationen der Arbeiterparteien und Gewerkschaften sowie die verschiedenen Gruppen der bürgerlichen „bündischen Jugend" aus der Weimarer Republik. Lediglich katholische Jugendorganisationen standen – bis zu ihrem Verbot im Jahre 1938 – unter dem Schutz des Konkordats vom 20. Juli 1933.

Die Jugend schuf sich oft Ersatz durch illegale Fortführung früherer Strukturen oder durch neue Zusammenschlüsse. In Großstädten wie Köln und Krefeld verschworen sich „Piraten der Großstadt" wie die Edelweißpiraten, in Oberhausen die Kittelbachpiraten. In Krefeld soll in den Kriegsjahren fast ein Drittel der Hitlerjugend zugleich insgeheim den Edelweißpiraten angehört haben.[596]

Auch für den Altkreis Moers lassen sich Spuren rekonstruieren. So berichtet die Rheinische Landeszeitung vom 15. Februar 1936:[597] „Am 6. Oktober vorigen Jahres unternahm die Polizeibehörde von Krefeld und von Moers eine größere Razzia auf dem sogenannten Wolfsberg bei Hüls. Es war bekannt geworden, daß eine größere Anzahl von 'Kittelbachpiraten' eine Sonderfahrt zum Wolfsberg unternommen hatte... In der typischen 'Kluft' der Kittelbachpiraten, kurze Sommerhose, weißes Hemd, Koppel an der Hosenschnalle, Mutzpfeife im Stiefelschaft, waren an die 80 junge Burschen von 16 bis 25 Jahren auf Fahrt gezogen." Etwa 70 dieser „irregeleiteten jungen Burschen" wurden wegen Tragens einer verbotenen Uniform vor ein Krefelder Gericht gestellt, 10 Führer erhielten vor einem Düsseldorfer Sondergericht zwischen 75 Mark Geldstrafe und zwei Monaten Gefängnis.

Das Vernehmungsprotokoll des Neukirchen-Vluyners Walter Dreschkau von Oktober 1935 beschreibt die Situation:

„Im April oder Mai d. Js. lernte ich Hans Gielen aus Moers kennen. Im Gespräch sagte er, ob ich nicht einmal mit auf Fahrt ginge. Ich habe dann zugesagt... Verabredungsgemäß trafen wir uns dann auf dem Wolfsberg... Gielen hat mir gesagt, auch er wäre Mitglied der Kittelbachgruppe gewesen. Ich habe dann nachdem an einem Abend in Moers in der Eisdiele den Eduard Priewisch, genannt Edi von Niep, kennengelernt... Unser Gruß bestand meistens in „Ahoi", es wurde auch schon mal mit „Heil Hitler" gegrüßt. In der Eisdiele in Moers bin ich häufiger gewesen... Ich habe gewußt, daß die Kittelbachpiraten und Nerother verboten waren, bin aber trotz des Verbotes mitgelaufen. In meiner Gegenwart ist nicht über die H.J. geschimpft worden, auch sind keine jungen Leute angehalten worden, in die getarnten Kittelbachgruppen überzutreten. Was sonst zwischen den Jungen und Mädels getrieben wurde, weiß ich nicht. Ich weiß wohl, daß zwischen den Jungen und Mädels ein lockeres Verhältnis bestand... Mir ist auch nicht bekannt, daß noch versteckte Kittelbachgruppen in irgendwelchen Städten am Niederrhein bestehen."

Dazu der Vermerk der Moerser Kriminalpolizei: „Auch bei den hier Festgenommenen handelt es sich wohl um die Zugehörigkeit einer versteckten wilden Wandergruppe. Bei den letzten Vernehmungen hat sich nicht einwandfrei feststellen lassen, daß sich in Moers eine derartige versteckte Wandergruppe befindet... in Krefeld ... ca. 500 Mitglieder... ist anzunehmen, daß beabsichtigt war, in Moers eine derartige Gruppe zu gründen. Bisher hat sich ein Führer dieser Sache nicht herausgeschält, als Hauptleiter dieser wilden Wanderungen ist wohl Hans Gielen und Josef Schneitz, z.Zt. im Landjahr in Holstein, anzusprechen. Gleichzeitig ist ... Dreschkau auch einer der Rädelsführer, weil er ein intimer Freund von dem bereits festgenommenen Eduard Priewisch, genannt Edi von Niep, ist. Moers, den 13. Oktober 1935, gez. Unterschrift, Kriminal-Sekretär."

Eduard Priewisch hatte sich 1934 den verbotenen „Roten Falken" angeschlossen und traf sich weiterhin mit katholischen und evangelischen Jugendlichen und einer Jüdin, die sich zur SPD gehörig fühlten. Die Gruppe, die in Moers, Krefeld und Neukirchen-Vluyn zusammenkam, betrachtete sich nicht als Widerstandsorganisation, sondern wollte Sand im Getriebe sein und andere zum Nachdenken bewegen. Eduard Priewisch flüchtete später nach Belgien. Dort wurde er nach der deutschen Besetzung durch die Gestapo verhaftet und in Aachen und Duisburg inhaftiert.[598]

Allein die erhaltenen Gestapoakten weisen für das Jahrzehnt bis zum Kriegsende ein halbes Dutzend weiterer Fälle von verbotener Jugendtätigkeit für den Altkreis Moers aus, insbesondere für Rheinhausen. Der Vorwurf lautete auf „wildes Wandern", „bündische Betätigung" und Zugehörigkeit zu den Edelweiß- oder Kittelbachpiraten (vgl. Anhang 10.5).

Der Moerser Fritz Uhlen wurde im März 1943 auf dem Schulhof der Hans-Schemm-Schule abgeholt (Evangelische Kastellschule). Der 14jährige stand gemäß seiner etwa 20-seitigen Gestapoakte unter dem Verdacht, einen Jugendbund zu gründen.[599] Kriminalsekretär Imig hatte dessen Mitschüler, die ihn bereits auf dem laufenden hielten, ermutigt, zum Schein beim „Bund der Korsaren" mitzumachen. Zur Angelegenheit wurde auch der neunjährige Willi Hamacher vernommen. Alle Beteiligten kamen mit einer Belehrung und Verwarnung davon. Fritz Uhlen im Rückblick: „Als ich die mit ihren grauen Mänteln auf dem Schulhof sah, wußte ich sofort, die kommen meinetwegen. Ich lief nach der Schule nach Hause, so schnell wie nie in meinem Leben. Ich hatte noch einen Zettel 'Für ein freies Rheinland', den hab ich gleich auf der Toilette weggespült. Als die Kripobeamten wieder weg waren, bekam ich von meiner Mutter eine Ohrfeige. Es war die einzige meines Lebens."[600]

Hanns Dieter Hüsch berichtet vom Moerser Gymnasium Adolfinum, daß nicht wenige Mitschüler gegen Hitler waren. Von richtigem Widerstand in Moers habe er nie gehört, wohl aber von Edelweißpiraten. Die katholischen Mitschüler seien immer besser informiert gewesen und hätten leichter Witze gegen Hitler und die Nazis erzählt, zum Beispiel: „Heil Hitler!" – „Heil Du ihn!" Er und seine Freunde hätten längere Haare getragen und gern Jazz gehört. Und 1944, nach dem Attentat, da hätte sich einer beinahe vor Freude verplappert.[601]

„Allein das Zeugnis ihres Handelns widerlegt die These von der Kollektivschuld des deutschen Volkes."
Beatrix Herlemann[602]

6.4 Flucht ins Ausland und Kampf gegen Hitler in Spanien

Exil und Ausweisung

Mindestens drei Dutzend namentlich bekannte Menschen aus dem südlichen Altkreis Moers – es mögen sehr viel mehr gewesen sein – wählten nach 1933 den Weg ins Exil, auch wenn sie nicht jüdischen Glaubens waren. Für die einen kam der Zeitpunkt kurz nach der Machtergreifung Hitlers, für andere erst nach Schutzhaft oder Verurteilung. Häufig waren es kommunistische Funktionäre, für die die Lage gefährlich wurde. Sozialdemokraten aus Moers entschieden sich, soweit erkennbar, nicht für das Exil.

Aus dem Reich ausgewiesen wurden zahlreiche Ausländer, darunter solche, die seit langem ihren Lebensunterhalt im Industriegebiet um Moers verdienten. Am 24. Juli 1933 meldete der Moerser Landrat an die Stapoleitstelle in Düsseldorf das „Verzeichnis der im Kreise Moers wohnhaften staatsfeindlichen Ausländer", eine umfangreiche Liste von 115 Österreichern, Ungarn, Tschechoslowaken, Jugoslawen, Italienern und anderen.[603] Ausgewiesen wurden nach Österreich z.B. die Familie Leo Schmidt (samt Ehefrau, Schwester und Eltern) und in die Tschechoslowakei Hans Kübich sowie Anna und Josef Kaffrahn. Nach Jugoslawien zurück mußten, mit zwei weiteren Brüdern, Franz, Therese und Thomas Dimitz.[604] Ihre Namen stehen zugleich für aktiven sozialen Einsatz.

Die Wege der unfreiwilligen Auswanderer waren unterschiedlich. Viele emigrierten nach Holland, Frankreich, Österreich oder in die Tschechoslowakei, die Juden auch in entferntere Länder.

Sie schlossen sich dort oft Widerstandsgruppen an oder nahmen am spanischen Bürgerkrieg teil. Für nicht wenige war die erste Fluchtstation das Saarland, so für den Neukirchener KPD-Funktionär Alfons Lorscheider und die Rheinhausener Spanienkämpfer Felix Hartmann und Friedrich Krause.[605] Der französischen Fremdenlegion schlossen sich KPD-Leute wie Wilhelm Hellwig aus Moers-Asberg und der Moerser Bergmann Georg Hüsken an.[606] Die Kamp-Lintforter Haushälterin Gertrud Schroer emigrierte 1934 mit einem KPD-Funktionär nach Antwerpen, die Moerserin Elisabeth Kaufmann, mit einem Juden verheiratet, 1939 in die Niederlande. Beide wurden 1940 „zurückgeführt".[607]

Einige emigrierten in die Sowjetunion. Zu ihnen gehört die Moerserin Ruth Kahn aus der Rheinberger Straße, jüdischen Glaubens und Kommunistin.[608] Dorthin waren, aufgrund ihrer Arbeitslosigkeit oder auch um den Aufbau der „neuen Gesellschaft" zu unterstützen, bereits vor der Machtergreifung zahlreiche Arbeiter aufgebrochen. Unter ihnen auch einige Moerser und Lintforter, wie Rudolf Rautenberg oder die Familien Petersohn und Proboll. Ihre Hoffnungen endeten nicht selten in der Katastrophe stalinistischer Säuberungen. Einige waren bereits vor 1933 enttäuscht zurückgekehrt.

Das Exil war auch sonst kein bequemer Weg. Viele Entbehrungen und ständige Ängste mußten in Kauf genommen werden, auch in den Niederlanden, wohin wohl der Weg der meisten Moerser führte. In allen Ländern Europas gab es V-Männer der Gestapo. Nicht wenige holländische Polizeibehörden arbeiteten, wie die Akten immer wieder zeigen, gut mit den deutschen zusammen. Die faschistische Bewegung in den Niederlanden, die auch Provinzgouverneure stellte, und die bürgerlich-rechte Colijn-Regierung sorgten dafür, daß im Grenzgebiet keine offen gegen das Reich gerichteten Aktivitäten entwickelt werden konnten. Immer wieder wurden deutsche Antifaschisten ausgeliefert, während die Bevölkerung – auch durchaus bürgerliche Kreise – ihren Kampf breit unterstützte. Adam Erbach (vgl. Kap. 3.2) gab 1957 eine anschauliche Schilderung seines Exils in Holland und Frankreich:[609]

„Während der ganzen Zeitdauer meines Aufenthaltes im Ausland war ich gezwungen, meinen richtigen Namen abzulegen und unter fremdem Namen zu leben. Es war aus Gründen der persönlichen Sicherheit gefährlich, mit einem Landsmann in der Muttersprache sich öffentlich zu unterhalten. Vom Besuch eines Kinos oder öffentlichen Lokals war ich aus gleichen Gründen, aber auch wegen Fehlens des notwendigen Geldes ausgeschlossen. Als Quartier diente in der Regel eine durch die Emigrantenorganisation besorgte Unterkunft bei einer Arbeiterfamilie, die häufig kinderreich oder erwerbslos war. Ich brauche wohl nicht zu unterstreichen, mit welchem Gefühl man sich an den Tisch dieser wohl braven, aber wirtschaftlich schwachen Familien setzte, um eine angebotene Mahlzeit anzunehmen... Mit Bitterkeit denke ich an die Quartiere, wo die Schlafstelle getrennt von der Etage auf einer Mansarde war, die keine Toilette hatte."

In Frankreich wurde Erbach im April 1937 von der Polizei in Limoges in Haft genommen, er hatte sich mit anderen Emigranten im Stadtpark laut auf Deutsch unterhalten.

Gertrud Lemmnitz, geborene Pusch, aus der Moerser Mattheck, befand sich seit Frühjahr 1934 im niederländischen Exil (bis 1940). Sie nahm an einem vergeblichen Versuch von vier Frauen teil, sich von Holland nach Spanien durchzuschlagen. Ein holländischer Arzt hatte ihnen von furchtbaren Verhältnissen in den spanischen Lazaretten erzählt, weshalb sie mithelfen wollten: „Viele gingen nach Spanien, damit sie mal endlich in Bewegung kamen und dieses tote illegale Leben, dieses Versteckspielen, dieses Gehetztsein aufgeben konnten. Die waren froh, daß sie ... dort mit der Waffe in der Hand gegen den Faschismus kämpfen konnten."[610] Von Paris kehrten sie jedoch erfolglos zurück, da ein unzuverlässiger französischer KP-Funktionär ihre Weiterreise hintertrieb.

Tapfere Grafschafter im spanischen Bürgerkrieg

Über ein Dutzend Personen aus dem Altkreis Moers kämpfte im spanischen Bürgerkrieg. Ihr erklärtes Ziel war es, Hitler in Spanien zu besiegen.[611] In Spanien hatten am 18. Juli 1936 mehrere Generäle mit massiver Unterstützung durch den deutschen Faschismus gegen die demokratisch gewählte, sozialistisch-republikanische Regierung geputscht. Der dadurch ausgelöste „Bürgerkrieg" wurde zu einem Experimentierfeld der Nazis für den Zweiten Weltkrieg. 1938 zerstörte Hitlers Legion Condor die baskische Stadt Gernika (kastilisch: Guernica) mit einem brutalen Flächenbombardement, bei dem fast nur Zivilpersonen umkamen. Berlin hielt sich nicht an das Nicht-Einmischungs-Abkommen mit Paris und London.

Freiwillige aus der ganzen Welt eilten der spanischen Republik zu Hilfe, darunter Willy Brandt und der Schriftsteller Ernest Hemingway. Im Oktober 1936 wurden die ersten internationalen Brigaden im Bürgerkrieg eingesetzt. Diese erreichten die Stärke von 50 000 Mann und erwarben sich legendären Ruf im Kampf gegen die ausgebildete Armee der Putschisten. Ende 1938 wurden die Brigaden freiwillig aus Spanien abgezogen, im Gegensatz zu den italienischen Bodentruppen und der deutschen Luftwaffe. Im März 1939 obsiegte Franco, die spanische Regierung flüchtete über die Pyrenäen nach Frankreich. Die von Franco gefangengenommenen und die in südfranzösischen Konzentrationslagern bereits seit 1938 internierten Deutschen wurden in der Regel an das Hitler-Regime ausgeliefert.

Zu seinen Motiven gab der Moerser Adam Erbach in einem Gestapo-Verhör von August 1939 zu Protokoll:[612]

„Aufgrund meiner politischen Anschauung muß ich es grundsätzlich verurteilen, daß ein Volk unterdrückt wird... Das Volk stand nach meiner Überzeugung in seiner Gesamtheit hinter der Regierung, die von aufständischen Generälen gestürzt werden sollte. Ich fühlte mich verpflichtet, mich auf die Seite des unterdrückten Volkes zu stellen und mit der Waffe in der Hand die Freiheit des spanischen Volkes zu verteidigen. Als eine rein kommunistische Angelegenheit, die nur von Rußland diktiert wurde, habe ich die Sache nie angesehen... Ich würde auch in Deutschland gegen eine Unterdrückung des deutschen Volkes, gleichgültig von welcher Seite aus sie käme, kämpfen. Daß Spanien auch von Deutschland aktiv unterstützt wurde, habe ich erst erfahren, als ich schon in Spanien war."

Die bislang aufgrund von Gestapoakten und anderen Unterlagen ermittelten Spanienkämpfer aus dem Altkreis Moers waren:[613]

	aus	Schicksal / letzte Nachricht
Johann Biefang	Moers	1938 in Spanien gefallen
Adam Erbach	Moers	
Rudolph Frank	Moers	Gefangenenlager 1938 San Pedro de Cardeña
Max Friedemann	Orsoy	
Thea Friedemann	Orsoy	KZ Gurs, † Auschwitz
Felix Hartmann	Rheinhausen	
Heinrich Hauser	Moers	
Franz Höfer	Moers	† 27.10.1937 in Spanien
Georg Hüsken	Homberg	
Friedrich Krause	Rheinhausen	Mitte 1944 im KZ Sachsenhausen
Ludwig Krispin (geb. in Baerl)	Homberg	Internierungslager Albi 1940
Ernst Plawky (geb. in Moers)	HO-Hochheide	befand sich am 4.6.1943 im KZ Dachau
Rudolf Salomon	Homberg	1938 in Spanien gefallen
Gustav Szinda	Rheinhausen	

Über Paris nach Spanien und Mexiko: Heinrich Hauser

Der am 27.1.1913 in Moers geborene Heinrich Hauser, von Beruf Schlosser, war lange Jahre Mitglied der sozialdemokratischen SAJ (Foto Kap. 1). 1931 wechselte

Heinrich Hauser (r.) in der „Kolonie" Hochstraß, Willi Kantuser, der nach Holland emigrierte, und Hein Schmitz. Alle boxten bei „Rotsport Fichte" in Meerbeck.

Der Moerser Hans Biefang in der Uniform der spanischen Republik. Auf der Rückseite vermerkt: „Meinem lieben Sohn gewidmet, 12/XI/1937".

er mit einigen anderen, darunter Adam Erbach, zum Kommunistischen Jugendverband über, wo er laut Gestapoakte eine Funktion bekleidete.[614] Er emigrierte kurz nach der Machtübernahme mit Mimi Kantuser, die er aus der SAJ kannte, zunächst nach Holland, dann nach Paris. Sein Bruder Stefan Hauser wurde im Februar 1935, zusammen mit Willi Müller aus Meerbeck, und zwei anderen jungen Kommunisten zu drei Jahren Zuchthaus verurteilt (vgl. Kap. 3.4). Am 2. April 1938 geriet Heinrich Hauser, der im Thälmann-Bataillon kämpfte, in franquistische Gefangenschaft. Mit einem Freund rettete er sich über seine holländischen Sprachkenntnisse vor der Auslieferung an die Gestapo und gelangte über das Internierungslager Willemstad auf Curaçao nach Mexiko, von dort nach Venezuela.[615] 1939 war er vom Reich ausgebürgert, 1942 zur Fahndung ausgeschrieben worden.

Über Moskau nach Spanien: Johann Biefang

Johann Biefang ist ebenfalls gebürtiger Moerser (2.9.1893). Er wurde auf dem 11. Parteitag der KPD im März 1927 als einer der Vertreter des Ruhrgebiets zum Mitglied des Zentralkomitees der Partei gewählt. Bis 1930 arbeitete er bei der „Niederrheinischen Arbeiterzeitung" in Duisburg, bei der „Arbeiterzeitung" in Dortmund und beim „Ruhrecho" in Essen. 1930 emigrierte er in die Sowjetunion. Von dort ging er 1937 nach Spanien, wo er am 1. Juni zum Leutnant ernannt wurde. 1938 fiel er, er soll von einem Aufklärungsflug nicht zurückgekehrt sein.[616] Von seiner Ehefrau, die nach dem Krieg aus der Sowjetunion nach Ost-Berlin zog, sind noch einige Briefe erhalten.[617]

Über Holland nach Spanien: Rudolf Salomon

Rudolf Salomon, geboren am 28.1.1914 in Homberg, von Beruf Gärtner, trug, so seine Gestapoakte von 1941, den Decknamen „Fritz". Er war politischer Leiter der illegalen KPD Hombergs etwa von Juni 1933 bis Januar 1934, seitdem flüchtig.[618] 1932 bis 1934, so die Duisburger VVN-Dokumentation über Spanienkämpfer, war er als KJVD-Gebietsinstrukteur am linken Niederrhein, seit Sommer 1934 in der KJVD-Auslandsleitung in Amsterdam tätig. Seit 1934 wurde er wegen „Vorbereitung zum Hochverrat" gesucht. Ein sehr kooperatives Schreiben des Polizeipräsidiums in Den Haag (Holland) an die deutschen Polizeibehörden bestätigt seinen Aufenthalt dort am 22. Januar 1936. 1938 festgenommen und ausgewiesen. Im Oktober 1941 berichtet ein ehemaliger „Rotspanienkämpfer" (so die NS-Terminologie), daß er der 11. Internationalen Brigade in Spanien angehört habe. Dort wurde er, 24jährig, schwer verwundet und starb im Hospital.

Wegen Tapferkeit zum Offizier befördert: Gustav Szinda

Der Rheinhausener Schlosser und Bergmann Gustav Szinda wurde am 13.2.1897 in Blindgallen (Ostpreußen) geboren. Er war über mehrere Jahre Leiter des Rotfrontkämpferbundes in Rheinhausen. Bereits die ersten Verhaftungslisten des Landratsamtes Moers im März 1933 meldeten ihn als „flüchtig". 1940 war er im Deutschen Fahndungsbuch ausgeschrieben, und noch im November 1942 suchte ihn die Staatsanwaltschaft Hamm. Die Gestapoakte nennt ihn einen gefährlichen Hetzer, der in öffentlichen Versammlungen als Redner auftrat.[619]

1940 wurde Gustav Szinda von einem aus Innsbruck stammenden Spanienkämpfer identifiziert. Er war lt. Akte „Bataillonskommandeur des 1. Bataillons der 11. Internationalen Brigade. Nach Kriegsende soll er sich vermutlich nach Rußland begeben haben." Im August 1939 reichte die Gestapo in Berlin an die Gestapo in Düsseldorf jedoch eine andere Meldung zu „Umtrieben ehemaliger Rotspanienkämpfer" weiter. Ein V-Mann hatte aus Amsterdam gemeldet: „Vertraulich wurde hier bekannt, daß die Leitung der 'L'Amicalen' in Holland einem gewissen Gustav Schinderer aus Rheinhausen bei Duisburg übertragen wurde. Sch. hat in Spanien auf Seiten der Roten gekämpft. Er wurde wegen seiner Tapferkeit zum Offizier befördert und dem Stab der 11. Interbrigade zugeteilt. Gleichzeitig soll er in der geheimen Abteilung des Politbüros der Komintern tätig gewesen sein. Zu seinen für Holland übertragenen Aufgaben soll besonders die Ausbildung der Mitglieder im Straßenkampf gehören."

Gustav Szinda, der 1937 Stabschef der 11. Interbrigade im Rang eines Majors geworden war, emigrierte 1938 in die Sowjetunion und kämpfte als Partisan im 2. Weltkrieg. Nach 1945 lebte er als auch von der Sowjetunion hochdekorierter Veteran in der DDR.[620]

Einen Tag vor der geplanten KZ-Einweisung den Häschern entwischt

Ludwig Krispin wurde am 25.8.1898 in Baerl geboren und wohnte mit Frau und zwei Söhnen in der Homberger Paßstraße.[621] Zwischen dem 27.3. und 25.7.1933 wurde er als KPD-Funktionär in „Schutzhaft" genommen, am 22.3.1934 erneut verhaftet und am 19.11.1934 vom Oberlandesgericht Hamm wegen „Vorbereitung zum Hochverrat" zu zwei Jahren Gefängnis verurteilt.

Am 14.3.1936 wurde er aus dem Lager Brual-Rhede entlassen. Die Gestapo in Düsseldorf schrieb: „Die Strafe hat er am 14.3.36 verbüßt. Bei K. handelt es sich um einen gefährlichen Staatsgegner. Von ihm kann nach seinem ganzen bisherigen Verhalten angenommen werden, daß er sich bei vorzeitiger Entlassung sofort wieder der illegalen KPD zur Verfügung stellt, für diese tätig wird, und so die öffentliche Ordnung und Sicherheit gefährdet. Ich halte daher Schutzhaft bis auf weiteres und Unterbringung in einem Konzentrationslager für erforderlich."

Doch konnte Krispin in der Nacht zum 30. Mai aufgrund der „ungünstigen räumlichen Verhältnisse", wie der Homberger Bürgermeister schrieb, aus dem Polizeigefängnis entweichen. Am 15.6.1936 schrieb die Gestapo in Essen an jene in

Ludwig Krispin entwischte 1936 aus dem Polizeigefängnis in Homberg.

Düsseldorf, daß er nach einer Mitteilung der Polizei in Gennep, Holland, am 6. Juni vorübergehend festgenommen worden, aber wieder freigelassen worden sei. „Am 1.6.36 sollte er in das Konzentrationslager Esterwegen überführt werden".

Am 26. Februar 1940 wandte sich das Reichssicherheitshauptamt in Berlin an die Gestapo Düsseldorf: „Von Krispin ist inzwischen hier noch bekannt geworden, daß er in Rotspanien mitgekämpft hat und verwundet wurde. Durch einen Bajonettstich büßte er seine Felddienstfähigkeit ein. Krispin war bis zu seiner Rückkehr nach Frankreich auch in einer Tscheka-Abteilung tätig. Ich bitte daher um Vorlage eines Ausbürgerungsantrages gegen Ludwig Krispin."

Das letzte von Ludwig Krispin bekannte Lebenszeichen stammt aus dem südfranzösischen Internierungslager Albi, 1940.

Résistance-Auszeichnung für Orsoyer Juden

Max Friedemann, Jahrgang 1905, stammt aus einer großen jüdischen Familie in Orsoy, in Berlin studierte er Elektrotechnik. 1933 heiratete er, 1934 ging er – zunächst als Kaufmann – nach Spanien. Später bereitete er in Barcelona die Arbeiterolympiade mit vor.[622]

Am spanischen Bürgerkrieg nahmen etwa 6 000 jüdische Freiwillige teil.[623] Von Dezember 1937 an bestand eine eigene jüdische Einheit, die „Botwin-Kompanie", die eigene Zeitungen in jiddischer Sprache herausgab. Bei den Ärzten und Krankenschwestern, die zum freiwilligen Einsatz nach Spanien kamen, betrug der Anteil der Juden über die Hälfte. Max Friedemann und Chaim Besser kommandierten die zeitlich erste internationale Einheit des Bürgerkriegs, die mehrheitlich aus Juden bestehende „Gruppe Thälmann".

Nach dem Bürgerkrieg floh Friedemann nach Frankreich, wo er 1942 verhaftet wurde. Bei einem Transport sprang er aus dem fahrenden Zug. Den Krieg überlebte er in der französischen Résistance mit dem hohen Rang eines „Commandant". 1946 übersiedelte er mit seiner Frau Golda und seinem Sohn André nach Ost-Berlin. In der DDR wurde er für seinen Einsatz in Spanien mit der Hans-Beimler-Medaille ausgezeichnet. Er bekleidete hohe Funktionen und machte sich um die Deutsch-Französische Gesellschaft verdient. Er verstarb 1986.

Auch Thea Friedemann, die 1906 geborene Schwester von Max, ging 1936 nach Spanien. Nach dem Sieg Francos floh sie ebenfalls nach Frankreich. Dort heiratete sie Werner Schwarze und gebar einen Sohn. Doch wurde sie später verhaftet und in das südfranzösische Konzentrationslager Gurs verbracht. Von dort wurde sie nach Auschwitz deportiert, wo sie den Tod fand. Das Kind war zuvor gerettet worden.

Über Spanien zur Selbstbefreiung in Buchenwald: Adam Erbach

Adam Erbach war ursprünglich Sozialdemokrat mit Parteiämtern in der Moerser SPD und SAJ, sein Elternhaus war Am Pandick 65, *der* sozialdemokratischen Wohngegend in Moers-Hochstraß. Nach seinem Übertritt war er von Frühjahr 1934 bis März 1935 Politischer Leiter der illegalen KPD in Moers (vgl. Kapitel 3.2). Vor der Verhaftung der Moerser KPD-Widerstandsgruppe Jahny ergriff er die Flucht. Aus Gestapo-Verhören von 1938 und 1939 ergibt sich folgender weiterer Lebensweg:[624]

Nach seiner Flucht über Holland und Paris und einem kurzen Aufenthalt in Moskau meldete er sich im April 1937 als Spanien-Freiwilliger, wofür er auf dem

Adam Erbach 1938 im spanischen KZ San Pedro de Cardeña

Gewerkschaftsbüro der CGT in Paris Hilfe bekam. Anders als noch im Vorjahr war es nicht mehr möglich, die spanische Grenze legal zu passieren. Die Bevölkerung dort bereitete einen herzlichen Empfang: „Die Fahrt nach Albacete ist unvergeßlich. Jede Station auf der gehalten wurde, im kleinsten Ort und im größten, da kamen die Menschen – Alte, Frauen, Kinder –, die überschütteten uns mit Apfelsinen, mit Weintrauben, mit Wein, die umarmten uns und weinten, beiderseitig flossen die Tränen, ... unwahrscheinlich! Alle wußten, also das sind unsere Freunde, die stehen auf unserer Seite."

„Dann wurde die Verteilung nach den einzelnen Sprachgruppen vorgenommen ... Ich wurde dem Ausbildungsbataillon der 11. Brigade zugeteilt, das sich aus Deutschen, Österreichern, Tschechen ..., Niederländern, Schweizern und Angehörigen anderer nordischer Staaten zusammensetzte. Unsere Ausbildungszeit dauerte etwa sechs Wochen... Die 11. Brigade galt als Elite-Truppe und wurde als fliegende Brigade verwendet... Zuletzt, und zwar im März 1938, wurden wir beim zweiten Angriff der Ebro-Offensive durch die Nationalen eingesetzt... Bei der Verteidigung unserer Stellung brachen die Nationalen Truppen links und rechts von uns durch... Wir wurden umzingelt und mit etwa 60 Mann ... gefangengenommen. Wir kamen dann später nach dem Gefangenenlager in Zaragoza und nach einiger Zeit nach Burgos, wo ich bis zu meiner Auslieferung nach Deutschland am 3.5.1939 verblieb."

„Funktionsgemäß wurde ich an der Aragonfront zum Sergeanten ('sargento') befördert... Später, an der Teruel-Front, wurde ich mit der Führung eines Zuges betraut, weil mehrere Offiziere gefallen waren. Da ich mich als Zugführer bewährt

hatte, wurde ich bald darauf zum Leutnant ('teniente') befördert. Als Leutnant wurde ich dann im Januar 1938 in Vertretung des seinerzeit verwundeten Kompagnieführers mit der Führung der 3. Kompagnie des 3. Bataillons (Batl. Thälmann) betraut. Diesen Posten bekleidete ich bis zu meiner Gefangennahme."

Der Spanienkämpfer Robert Weinand, ebenfalls Offizier der 11. Brigade, berichtet über Erbach, der in Spanien Fritz Klein hieß:[625] „Adam Erbach war ... ein guter Kompagnieführer – die Soldaten hatten Respekt vor ihm. Er war klein von Statur, aber oho! Er sah ein bißchen aus wie Napoleon und fühlte sich auch so, d.h. er hat seine militärischen Aufgaben sehr ernst und gewissenhaft ausgeführt." Auch die gemeinsame Gefangennahme schildert Weinand in seinem Buch „Nie vergessen".[626] Die harten Haftbedingungen, besonders im spanischen KZ San Pedro de Cardeña, beschreibt er auf etwa 50 weiteren Seiten (danach seinen Aufenthalt im KZ Dachau bis 1945). Viele der 800 Kameraden aus 38 Ländern überlebten sie nicht. Adam Erbach: „Wir bekamen schlechtes Essen, wurden geschlagen, die Quartiere waren verlaust und auch sonst war die Behandlung menschenunwürdig." Nach über einem Jahr Gefangenschaft, Verhör und Folter, woran auch deutsche Gestapo-Beamte beteiligt waren, wurde er im Mai 1939 ausgeliefert. Am 23. Februar 1940 verurteilte ihn das OLG Hamm zu einer zehnjährigen Zuchthausstrafe. Diese verbüßte er zunächst im Zuchthaus Siegburg, dann im Konzentrationslager Buchenwald. Dort wurde er nicht als politischer Häftling, sondern als „Schwerverbrecher mit Sicherheitsverwahrung" geführt.

Adam Erbach überlebte die Lagerstrapazen und nahm 1945 an der Selbstbefreiung gegen die SS-Wachmannschaften aktiv teil. Ludwig Rusch, dem er in der Militärorganisation des Lagers als „Stabsoffizier" zugewiesen war, berichtet in dem Buch „Stärker als die Wölfe" über die Befreiung am 11. April 1945: „Zum befohlenen Zeitpunkt fand ich mich gemeinsam mit den Genossen Adam Erbach und Jan Heuken dort (in Block 50) ein und empfing 15 Karabiner, je zehn Schuß Munition sowie Handgranaten und Brandflaschen... Adam Erbach und Jan Heuken übernahmen die Gruppen und stürmten aus den vorgeschriebenen Ausgangsstellungen

Nach der Selbstbefreiung des KZ Buchenwald: Adam Erbach (klein, mit Baskenmütze)

auf die gesteckten Angriffsziele (Sektor 'Gelb', Teil des Lagers zwischen den Türmen 14 und 23). ... Alle Operationen verliefen im Sektor 'Gelb' so blitzartig und programmgemäß, weil die SS-Turmbesatzungen sich völlig deprimiert davonschlichen, ohne das Feuer eröffnen zu können, da sie ihre Waffen größtenteils zurückließen."[627]

Nach 1945 wurde Erbach Mitarbeiter der Moerser Stadtverwaltung, zunächst im Wohnungs- und später im Sozialamt. Zusammen mit Hermann Runge und anderen Antifaschisten hielt er auf Bitten des Stadtdirektors Vorträge an der 1946/1947 neugegründeten Moerser Volkshochschule. Zwei Verfahren mit Haussuchungen blieben ihm im „Kalten Krieg" nicht erspart, mußten aber letztlich niedergeschlagen werden. Über Jahrzehnte blieb er in der Kreis Moerser „Vereinigung der Verfolgten des Naziregimes" aktiv. Knapp 70-jährig starb er an einem Magenleiden, für das er sich schon unmittelbar nach dem KZ in klinische Behandlung begeben mußte. Zu seiner Beerdigung im Jahre 1974 kamen viele Menschen, es sprachen u.a. der Moerser Bürgermeister Albin Neuse und der Kommandant der 11. Internationalen Brigade, Ernst Buschmann. Am Gartentor des Mannes, der sicher einen der interessantesten Moerser Lebenswege in diesem Jahrhundert hinter sich hatte, stehen die Worte: „Es wird gehen, es muß gehen und es geht auch".

Im Exil von der Gestapo eingeholt: KZ

„Die totale kommunistische Verseuchung der Familie Pusch"

Mit der Besetzung der Niederlande und Belgiens durch die Hitler-Truppen wurden einige im Exil aktive Widerstandskämpfer aus Moers von der Gestapo eingeholt. Oft führte der Weg ins KZ, etwa bei dem Rheinhausener Kurt Müller. Er wurde nach Exil in Holland, Belgien, Saargebiet und Frankreich „1942 nach Deutschland zurückgeführt und einem KZ überstellt, in dem er noch 1944 einsaß".[628] Max Langusch aus Moers-Asberg (vgl. Kap. 3.3), seit Kriegsausbruch 1939 in Belgien und den Niederlanden in Haft, wurde nach dem Einmarsch den deutschen Behörden übergeben. Der Volksgerichtshof verurteilte ihn wegen Hochverrats „in erschwerter Form" am 11.11.1943 zu sechs Jahren Zuchthaus: Flugblätter in Moers bis Frühjahr 1935, „kommunistische Unterstützungsaktionen und gelegentliche politische Vorträge in Emigrantenkreisen".[629] Er verstarb 1944 im Zuchthaus Brandenburg.

Familie Pusch aus der Moerser Mattheck, anläßlich der Jugendweihe von Gertrud, 1927

Zu den sofort Verhafteten gehörten Alfred und Gertrud Lemmnitz, geb. Pusch, sowie deren Vater, der Steinsetzer Friedrich Wilhelm Pusch (vgl. Kapitel 1).

Friedrich Wilhelm Pusch wurde am 14.1.1941 in Hamm wegen „Vorbereitung eines hochverräterischen Unternehmens" zu drei Jahren und sechs Monaten Zuchthaus verurteilt:[630] „... bedeutet die Mitgliedschaft zur KPD und die Kassierung von Mitgliedsbeiträgen, aber auch die Inanspruchnahme der 'Roten Hilfe' eine Förderung der umstürzlerischen Bestrebungen der KPD. Der Angeklagte ist ein alter geschulter Kommunist. Er wußte ganz genau, daß durch seine Tätigkeit ein geeigneter Boden für die Verwirklichung hochverräterischer Ziele geschaffen wurde ... Der Angeklagte mußte mit Rücksicht auf die lange Dauer der Tat streng bestraft werden... auch ... weil die Schutzhaft, in der er 9 Monate zugebracht hat, für ihn keine Warnung gewesen ist."

Der Lebenslauf Friedrich Puschs ist für alte Sozialdemokraten aus der Kaiserzeit nicht untypisch:[631] „Pusch ist alter Marxist, der stets der äußersten Linken angehörte. Von 1910 bis 1919 gehörte er der SPD an, um dann zur USPD überzuwechseln. 1927 trat er der KPD bei, deren Mitglied er bis zur Auflösung im Jahre 1933 verblieb. Außerdem war er Mitglied der 'RH.' [Rote Hilfe], des 'Bundes der freien Schulgesellschaften' und des 'Zentralverbandes der Steinarbeiter'. Im letzteren Verband war er Vorsitzender der Ortsgruppe Moers und Gebietsleiter für das die Ortsgruppen Moers, Homberg und Rheinhausen umfassende Gebiet. Wegen seiner

Auch Moerser Behörden sind beteiligt: Aufnahme Friedrich Puschs im Gerichtsgefängnis 1935 und Einweisung ins KZ 1944. Viele Schreiben dieser Art sind 1939/1944 mit „i.V." oder „i.A. Proma" unterzeichnet.

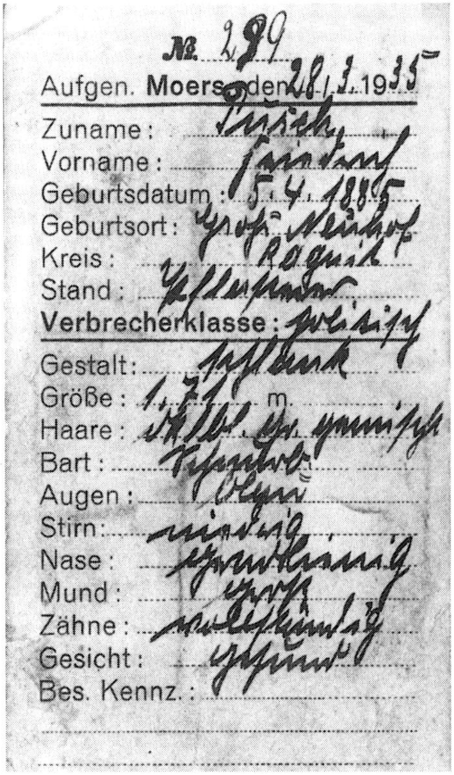

№ 299

Aufgen. **Moers**, den 28.1.1935

Zuname:

Vorname:

Geburtsdatum: 5.4.1885

Geburtsort:

Kreis:

Stand:

Verbrecherklasse:

Gestalt:

Größe: 1,71 m.

Haare:

Bart:

Augen:

Stirn:

Nase:

Mund:

Zähne:

Gesicht:

Bes. Kennz.:

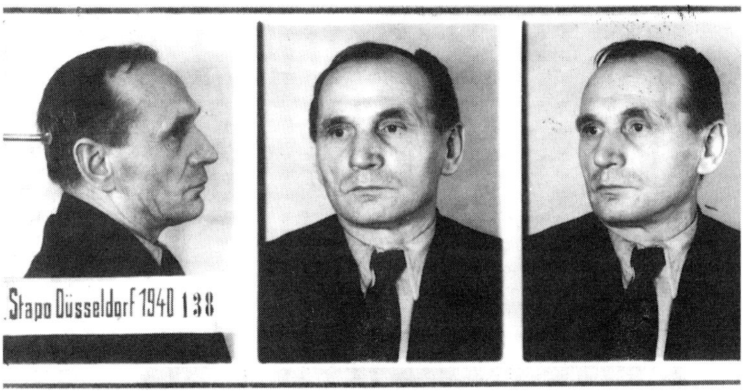

Geheime Staatspolizei
Staatspolizeileitstelle Düsseldorf
B.Nr. II A 117o2/43

Düsseldorf, den 13.Januar 1944

An den Herrn Landrat
in M o e r s .

Betrifft: Friedrich Pusch, geb. am 5.4. 1885 in Gross - Neuhof. zuletzt in Moers, Matek 5b wohnhaft.

Vorgang : Mein Schreiben vom 21.12.1943.

Unter Bezugnahme auf obiges Schreiben wird mitgeteilt, dass Pusch nach Strafverbüßung am 3o.12.1943 irrtümlich vom Zuchthaus Lüttringhausen an seinen Angehörigen entlassen wurde. Es wird gebeten, Pusch erneut festzunehmen und ihn mittels Sammeltransports dem Konzentrationslager Buchenwald zuzuführen. Von dem Abgang des Transports wird um Mitteilung gebeten.

Im Auftrage:
gez. Unterschrift

Am 4.2.1944 nach dem
Konzentrationslager Buchenwald in
Marsch gesetzt.
gez. Unterschrift 4,2,1944

für die Richtigkeit der Abschrift:
Geschz.Angest.

Der Landrat
~~Kreisausschuss~~
des Kreises Moers
FERNSPRECHER MOERS 2511

II A – 11702 3

Moers, den

15. FEB. 1944

die Staatspolizeileitstelle
in
R a t i n g e n .

Mülheimerstr.47

ABT. LIA /II d. I.

Betrifft: Friedrich P u s c h, Moers, Matthek 5 b.

Schreiben vom 14.1.44 -II A - 11702/43 -

Pusch ist am 4.2.44, 13,01 Uhr, mittels Sammeltransports ins Konzentrationslager Buchenwald abtransportiert worden.

I.A.

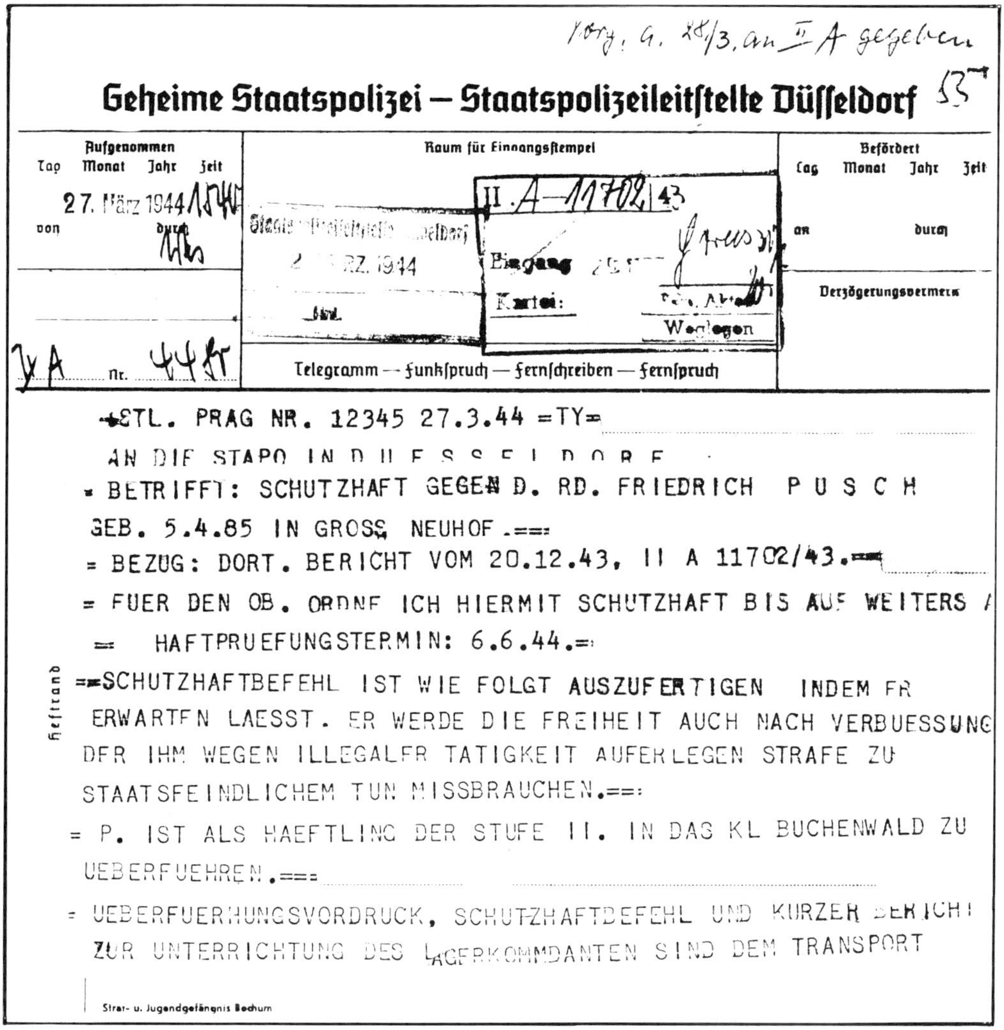

Vorg. G. 28/3. an II A gegeben

Geheime Staatspolizei – Staatspolizeileitstelle Düsseldorf

Aufgenommen Tag Monat Jahr Zeit	Raum für Eingangsstempel	Befördert Tag Monat Jahr Zeit
27. März 1944 1540 von durch	II A – 11702/43 Eingang Kartei: Wegelegen	an durch
		Verzögerungsvermerk
IV A Nr. 448	Telegramm – Funkspruch – Fernschreiben – Fernspruch	

+STL. PRAG NR. 12345 27.3.44 =TY=

AN DIE STAPO IN DUESSELDORF

= BETRIFFT: SCHUTZHAFT GEGEN D. RD. FRIEDRICH PUSCH

GEB. 5.4.85 IN GROSS NEUHOF.==

= BEZUG: DORT. BERICHT VOM 20.12.43, II A 11702/43.=

= FUER DEN OB. ORDNE ICH HIERMIT SCHUTZHAFT BIS AUF WEITERS A

== HAFTPRUEFUNGSTERMIN: 6.6.44.=

==SCHUTZHAFTBEFEHL IST WIE FOLGT AUSZUFERTIGEN INDEM ER

ERWARTEN LAESST. ER WERDE DIE FREIHEIT AUCH NACH VERBUESSUNG

DER IHM WEGEN ILLEGALER TATIGKEIT AUFERLEGEN STRAFE ZU

STAATSFEINDLICHEM TUN MISSBRAUCHEN.==

= P. IST ALS HAEFTLING DER STUFE II. IN DAS KL BUCHENWALD ZU

UEBERFUEHREN.===

= UEBERFUEHRUNGSVORDRUCK, SCHUTZHAFTBEFEHL UND KURZER BERICHT

ZUR UNTERRICHTUNG DES LAGERKOMMANDANTEN SIND DEM TRANSPORT

Heftrand

Straf- u. Jugendgefängnis Bochum

linksradikalen politischen Tätigkeit befand er sich von Juni 1933 bis April 1934 in Schutzhaft... Trotzdem beteiligte er sich bald wieder ... Im Jahre 1934 schlossen sich frühere Mitglieder der KPD in Essen und in dem linksrheinischen Unterbezirk Moers zusammen, um den Apparat der Kommunistischen Partei wieder aufzubauen... Als die Polizei im Jahre 1935 von den kommunistischen Wühlereien in Moers Kenntnis erhielt und zu Verhaftungen schritt, flüchtete der Angeklagte Ende Mai 1935 nach Holland."

Im Dezember 1943 schrieb die Stapoleitstelle Ratingen: „Gegen Pusch wird Schutzhaft und Überstellung in Konzentrationslager, Stufe II, beantragt" [Stufe I ausgebessert in Stufe II, d. Verf.]. Seinen Aufenthalt in Buchenwald überlebte der kranke Friedrich Pusch nur, wie seine Tochter berichtete, dank der Hilfe des dort ebenfalls inhaftierten Moersers Adam Erbach.[632] Am 30.12.1943 wurde Friedrich Pusch noch „irrtümlich" aus dem Zuchthaus entlassen, zuvor war ein „Gnadenerweis" abgelehnt worden: „Hinzukommt, daß Pusch nicht in ordentliche häusliche Verhältnisse zurückkehrt. Seine Tochter Gertrud und deren Bräutigam Alfred

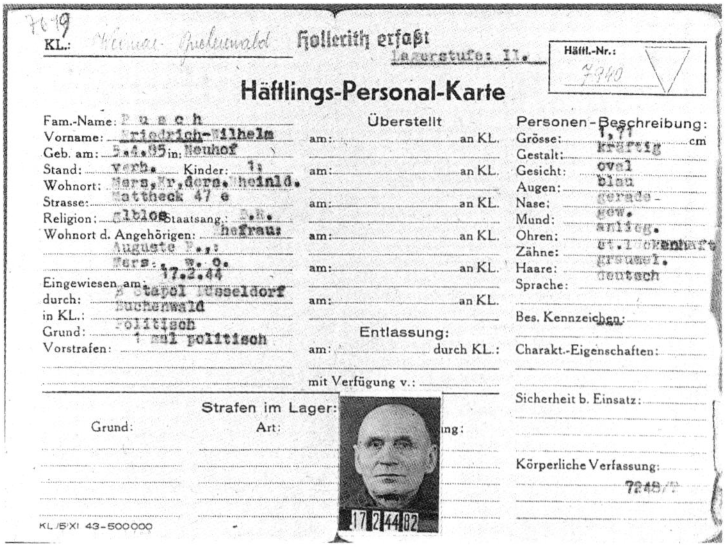
7019
KL.: Weimar-Buchenwald
Hollerith erfaßt
Lagerstufe: II.
Häftl.-Nr.: 7940

Häftlings-Personal-Karte

Fam.-Name: Pusch
Vorname: Friedrich-Wilhelm
Geb. am: 5.4.85 in: Neuhof
Stand: verh. Kinder: 1
Wohnort: Mers, Kr. Mors. Rheinld.
Strasse: Mattheck 47 e
Religion: glblos Staatsang.: D.R.
Wohnort d. Angehörigen: Ehefrau: Auguste P., Mers, w. o.
Eingewiesen am: 17.2.44
durch: Stapol Düsseldorf
in KL.: Buchenwald
Grund: Politisch
Vorstrafen: 1 mal politisch

Überstellt
am: an KL.
am: an KL.
am: an KL.
am: an KL.
am: an KL.
am: an KL.

Entlassung:
am: durch KL.:
mit Verfügung v.:

Strafen im Lager:
Grund: Art:

Personen-Beschreibung:
Grösse: 1,71 cm
Gestalt: kräftig
Gesicht: oval
Augen: blau
Nase: gerade
Mund: gew.
Ohren: anlieg.
Zähne: st. Lückenhaft
Haare: grsumel.
Sprache: deutsch
Bes. Kennzeichen:
Charakt.-Eigenschaften:
Sicherheit b. Einsatz:
Körperliche Verfassung:
7248

KL/5/XI 43-500000

17 2 44 82

Der Steinsetzer Friedrich Pusch aus der Mattheck überlebte im KZ Buchenwald.

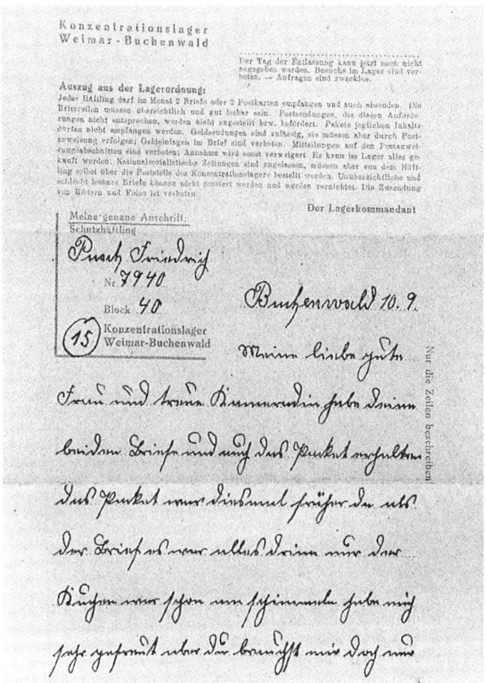
Konzentrationslager
Weimar-Buchenwald

Der Tag der Entlassung kann jetzt noch nicht angegeben werden. Besuche im Lager sind verboten. — Anfragen sind zwecklos.

Auszug aus der Lagerordnung:
Jeder Häftling darf im Monat 2 Briefe oder 2 Postkarten empfangen und auch absenden. Die Briefzeilen müssen übersichtlich und gut lesbar sein. Postsendungen, die diesen Anforderungen nicht entsprechen, werden nicht zugestellt bzw. befördert. Pakete jeglichen Inhalts dürfen nicht empfangen werden. Geldsendungen sind zulässig, sie müssen aber durch Postanweisung erfolgen; Geldeinlagen im Brief sind verboten. Mitteilungen auf den Postanweisungsabschnitten sind verboten; Annahme wird sonst verweigert. Es kann im Lager alles gekauft werden. Nationalsozialistische Zeitungen sind zugelassen, müssen aber von dem Häftling selbst über die Poststelle des Konzentrationslagers bestellt werden. Unübersichtliche und schlecht lesbare Briefe können nicht zensiert werden und werden vernichtet. Die Zusendung von Bildern und Fotos ist verboten.

Der Lagerkommandant

Meine genaue Anschrift:
Schutzhäftling
Pusch Friedrich
Nr. 7940
Block 40
Konzentrationslager
Weimar-Buchenwald
(15)

Buchenwald 10. 9.

Nur die Zeilen beschreiben

Lemmnitz, mit denen Pusch in Holland in einem gemeinsamen Haushalt lebte, wurde zwischenzeitlich zu vier Jahren, bzw. 12 Jahren Zuchthaus verurteilt, ein Zeichen für die totale kommunistische Verseuchung der Familie Pusch".

„Ein Glück", so Tochter Gertrud Lemmnitz heute, „daß die Gestapo nicht herausbekam, daß mein Vater für die Abwehr arbeitete, also geheimdienstlich tätig war. Die Nazis hätten sonst ganz kurzen Prozeß gemacht."[633]

Vom Schriftsetzer am Moerser Ostring zum DDR-Minister

Alfred Lemmnitz und Gertrud Pusch wurden nach ihrer Verhaftung Mitte 1940 in das holländische Internierungslager Nieuwershuis eingeliefert. Nach 13 Monaten Untersuchungshaft wurden sie am 15. August 1941 vom 2. Senat des Volksgerichtshofs in einem gemeinsamen Verfahren wegen „Vorbereitung zum Hochverrat" zu zwölf und vier Jahren Zuchthaus verurteilt. Beide hätten sich in Holland staatsfeindlich betätigt.

Alfred Lemmnitz, der als Führer der sozialdemokratischen SAJ Moers und später des KPD-Unterbezirks Duisburg bereits in den Kapiteln 1 und 3 ausführliche Erwähnung fand, überlebte im Zuchthaus Brandenburg-Görden. 1933 bis 1935 hatte er schon die Moorlager Papenburg und Esterwegen/Börgermoor überstanden, nachdem er in Duisburg 1933 zum KPD-Stadtverordneten gewählt worden war. Im Juni 1935 schrieb die Stapo-Außenstelle Duisburg-Hamborn an die Stapoleitstelle in Düsseldorf: „Eine Haftentlassung des Alfred Lemmnitz erscheint bei der z.Zt. herrschenden Rührigkeit der illegalen KPD nicht angebracht... Lemmnitz ist der typische Revolutionär und derart radikal verschlagen, daß von ihm keine Besserung erwartet werden kann".[634] Bei einem „Jugendprozeß" mit anderen Duisburgern erhielt er 1936 erneut ein Jahr neun Monate Gefängnis. Nach Verbüßung der Haft folgte er im Mai 1937 seiner Braut Gertrud Pusch in die Emigration nach Holland.

Nach dem Krieg wurde Lemmnitz zunächst Bezirksrat für Volksbildung in Berlin-Spandau, danach, ab Winter 1946/47 „lernender Lehrer" für politische Ökonomie an der Parteihochschule „Karl Marx". Doktorarbeit 1948 in Gesellschaftswissenschaften an der Universität Leipzig, danach Professor an der Parteihochschule. 1953 Professor an der Universität Rostock, Direktor des Instituts für Politische Ökonomie, Dekan.

1958 bis 1963 DDR-Minister für Volksbildung, in seine Amtszeit fallen der Mauerbau[635] und die Einführung des polytechnischen Schulwesens. 1965 erstmals wieder im Ruhrgebiet, zum Bundeskongreß der Vereinigung der Verfolgten des Naziregimes in Duisburg. Über Jahre führte Alfred Lemmnitz die Equipe von DDR-Wissenschaftlern an, die das Standardwerk „Politische Ökonomie des Kapitalismus" herausgab.[636] 1985 erschien im Berliner Dietz-Verlag seine Autobiographie „Beginn und Bilanz".

Meerbeckerin überlebt im Frauen-KZ Ravensbrück

Gertrud Lemmnitz, geb. Pusch, Jahrgang 1912, stammt aus Meerbeck. Von 1924 bis 1934 lebte sie in der Moerser Mattheck, danach in der holländischen Emigration. Die fast 82jährige erzählt aus dem Frauen-KZ Ravensbrück:[637]

„Nach Ravensbrück wurde ich im Juli 1944 eingeliefert. Zuvor war ich im Frauenzuchthaus Cottbus. Im August 1941 war ich vom Volksgerichtshof zu vier Jahren Zuchthaus verurteilt worden, nachdem uns die Gestapo in Holland verhaftet hatte.

Ich selbst hatte in Ravensbrück ziemliches Glück. Auf Empfehlung der Lagerältesten machte man mich schnell zur Lagerläuferin. Damit arbeitete ich auf der Schreibstube und konnte im Lager überall hin. Aber ich mußte immer die Frauen holen, die die SS zu Verhören brauchte. Auf der Schreibstube und in der politischen Abteilung arbeiteten viele „Politische".

Büroarbeit hatte ich ja bei der Unterbezirksleitung der KPD in Duisburg gelernt. Im Lager mußte ich über alle Transporte, die ankamen, und die Ausgänge

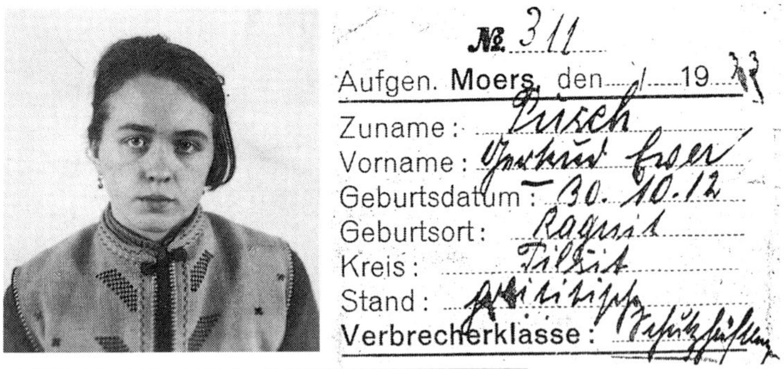

Gertrud Pusch aus der Mattheck überlebte im Frauen-KZ Ravensbrück, 1933 war sie im Gerichtsgefängnis in „Schutzhaft" genommen worden.

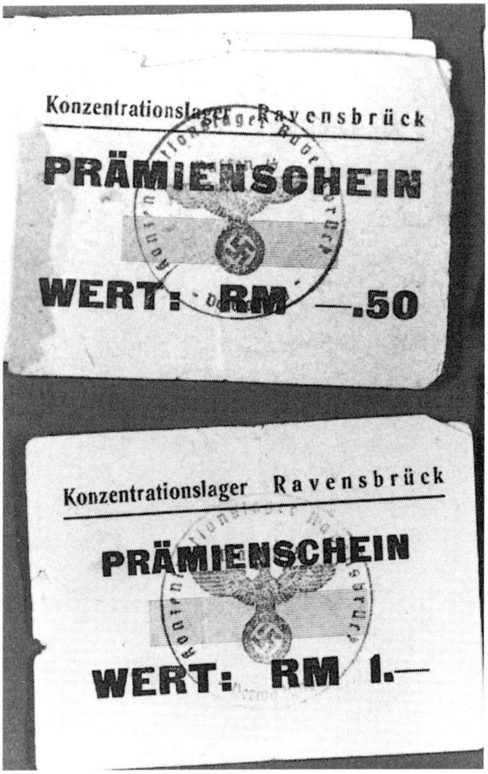

Buch führen. Und darüber, wer in welche Baracke kam. So wußte ich immer genau, wer im Lager war. Die Zahl mußte immer mit denen übereinstimmen, die Appell standen. Auf der Begleitakte mancher Ankömmlinge stand 'Wiederkommen nicht erwünscht'. Die einweisenden Behörden waren also oft darüber informiert, was sich im Lager abspielte. Die Frauen kamen dann zuerst als Arbeiterinnen in die Fabriken.

Eine Russin, die mußte ich dreimal zum Verhör holen. Sie war nach Deutschland verschleppt worden und arbeitete im Lager bei Siemens. Sie sollte erschossen werden, weil sie ihrem Bruder, der auch in Deutschland arbeitete, Unerlaubtes in einem Brief geschrieben hatte. Einmal habe ich sie noch mit in meinem Bett schlafen lassen, was auch für mich sehr gefährlich war. Beim dritten Mal kam sie nicht wieder. Wie sie umkam, weiß ich nicht. Ins Krematorium kamen nur die Leichenträger. Viele starben ja auch in den Baracken.

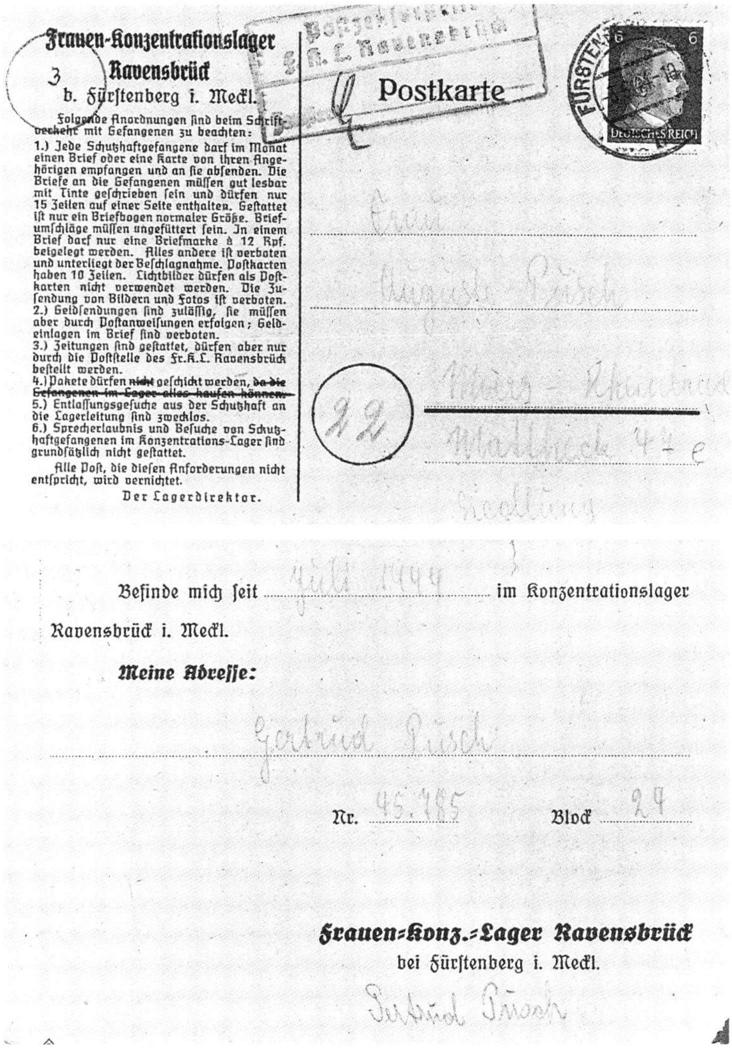

Frauen-Konzentrationslager Ravensbrück
b. Fürstenberg i. Meckl.

Folgende Anordnungen sind beim Schriftverkehr mit Gefangenen zu beachten:

1.) Jede Schutzhaftgefangene darf im Monat einen Brief oder eine Karte von ihren Angehörigen empfangen und an sie absenden. Die Briefe an die Gefangenen müssen gut lesbar mit Tinte geschrieben sein und dürfen nur 15 Zeilen auf einer Seite enthalten. Gestattet ist nur ein Briefbogen normaler Größe. Briefumschläge müssen ungefüttert sein. In einem Brief darf nur eine Briefmarke à 12 Rpf. beigelegt werden. Alles andere ist verboten und unterliegt der Beschlagnahme. Postkarten haben 10 Zeilen. Lichtbilder dürfen als Postkarten nicht verwendet werden. Die Zusendung von Bildern und Fotos ist verboten.
2.) Geldsendungen sind zulässig, sie müssen aber durch Postanweisungen erfolgen; Geldeinlagen im Brief sind verboten.
3.) Zeitungen sind gestattet, dürfen aber nur durch die Poststelle des Fr.K.L. Ravensbrück bestellt werden.
4.) Pakete dürfen ~~nicht~~ geschickt werden, ~~da die Gefangenen im Lager alles kaufen können.~~
5.) Entlassungsgesuche aus der Schutzhaft an die Lagerleitung sind zwecklos.
6.) Sprecherlaubnis und Besuche von Schutzhaftgefangenen im Konzentrations-Lager sind grundsätzlich nicht gestattet.

Alle Post, die diesen Anforderungen nicht entspricht, wird vernichtet.

Der Lagerdirektor.

Postkarte

Frau Auguste Püsch

Befinde mich seit Juli 1944 im Konzentrationslager Ravensbrück i. Meckl.

Meine Adresse:

Gertrud Püsch

Nr. 45.785 Block 24

Frauen-Konz.-Lager Ravensbrück
bei Fürstenberg i. Meckl.

Gertrud Püsch

Schlimm war das viele Appell-Stehen und das schlechte Essen. Es gab ein Blatt Kohl, etwas Wasser und ein bißchen Brot. Im Winter gab es nicht genügend warme Kleidung. Dann wurde Sommerkleidung ausgegeben.

Die älteren Frauen mußten getrennt antreten. Sie wurden beim Appellstehen manchmal aussortiert, vor allem, wenn sie dicke Füße hatten. Wir mußten dann vermerken „nach Mittweida". Danach sahen wir sie nie wieder. Die Kleidung kam zurück. Sie waren alle tot.

Wir lebten in ständiger Angst. Die „Nacht- und Nebelhäftlinge" waren auf einer besonderen Baracke. Sie konnten Tag und Nacht abgeholt werden. Auch vor Krankheiten herrschte große Furcht. Die hygienischen Verhältnisse waren ja ganz schlimm, besonders bei den Juden. Die waren oft so schwach, daß sie den Weg zur Latrine nicht mehr schafften. Auch die anderen schliefen sehr eng zusammengepfercht. Sie lagen manchmal bis zum Morgen mit Menschen zusammen, die gestorben waren. Es gab viel Typhus im Lager. Unsere ersten drei Baracken waren mit Leuten belegt, die mit der SS zusammenarbeiteten. Die Wachmannschaften hatten panische Angst vor Typhus. Deshalb war bei uns mehr Hygiene. Wir konnten jeden Tag baden. Ich hatte auch ein Bett für mich.

Prügelstrafen wurden nur durch Häftlinge durchgeführt. Eine Russin prügelte die Russinnen und andere Ausländerinnen. Eine deutsche Kriminelle schlug die deutschen Frauen. Da blieb kein Auge trocken. Es gab 25 oder 50 Stockhiebe. Danach mußte man sofort wieder an die Arbeit. Die Frauen durften nicht in die Baracken zurück. Manche waren zu hundert Stockhieben verurteilt, die mußten viermal antreten. Vor dem Raum standen die Häftlinge Schlange. Sie hörten schon die Schreie der anderen. Auf dem Prügelbock vorne lag eine Wolldecke. In die bissen die Frauen vor Schmerz. Manche taten es auch aus Solidarität mit denen hinten, um nicht so zu schreien. Ich selbst bin nie geprügelt worden.

Manches konnten wir auch verhindern oder in eigene Hände nehmen, wir waren ja organisiert. Gefährdeten Häftlingen gaben wir manchmal eine andere Identität. Sie bekamen die Nummern von gerade Verstorbenen. So konnten wir einige retten. An einem Sonntag mußten wir einmal alle so lange stehen, bis zwei Journalistinnen wieder identifiziert wären, die aus Auschwitz eingeliefert waren. Aber die haben sie nicht gefunden.

Im Lager habe ich auch zwei Frauen aus Moers gesehen, die beide umgekommen sein müssen. Die eine war Bibelforscherin, also Zeugin Jehovas. Sie stammte aus der Gegend um das Josefkrankenhaus. Eine sehr ruhige gefaßte Frau mittleren Alters. Was mit ihr genau geschah, weiß ich nicht. Nach dem Krieg kam ihr Mann zu mir – den Namen habe ich vergessen – und fragte nach ihr. Erlebt habe ich auch, wie die SS-Wachmannschaften ihre Bluthunde auf zwei andere Zeuginnen Jehovas hetzten. Es war unbeschreiblich. Die Frauen hatten sich standhaft geweigert, jeglichen Befehl im Lager auszuführen. Die flüchteten noch nicht einmal, wenn sie auf Außenstation waren.

Margarete Hänel aus der kleinen Mattheck in Moers ist mir im Lager auch mehrfach begegnet. Sie war etwas älter als ich und hatte zwei Kinder. Aber sie war sehr deprimiert. Sie hatte keine Hoffnung mehr, daß sich etwas bessert. Ich verstehe das auch nicht, denn wir dachten schon, daß die Nazis den Krieg verlieren würden und daß die Rote Armee im Vormarsch war. Manchmal schmuggelten Frauen, die auf Außenkommandos waren, Zeitungen mit ins Lager. Vorher im Zuchthaus waren wir noch besser informiert. Da waren die Aufseherinnen oft nicht nazistisch.

Gegen Ende wurde es eher besser. Das Internationale Rote Kreuz betreute uns von außen. Es gab Pakete aus Schweden. Allerdings nahm die SS die guten Sachen raus, die Zigaretten und die Dauerwurst. Einige Frauen aus Holland, Frankreich und Polen durften schon zurück nach Hause. Sie schmuggelten eine Deutsche mit nach draußen. Auch ich hätte diesen Weg versuchen können, es war aber sehr gefährlich. Eine Holländerin war da, die mochte uns Deutsche gar nicht. Sie sagte immer, die Deutschen würden schon mit dem Gewehr in der Wiege geboren."

Wieder verhaftet: Walter Kuchta

Der Moerser Walter Kuchta war bereits 1935 zu zweieinhalb Jahren Zuchthaus verurteilt worden (vgl. Kap. 3.4). Am 3.9.1941 wurde er in Den Haag durch Sicherheitspolizei und SD erneut festgenommen, nachdem ihn ein holländischer Polizist als Deutschen erkannt hatte. Die Anklageschrift des Generalstaatsanwalts in Hamm von März 1943 führt aus:[638]

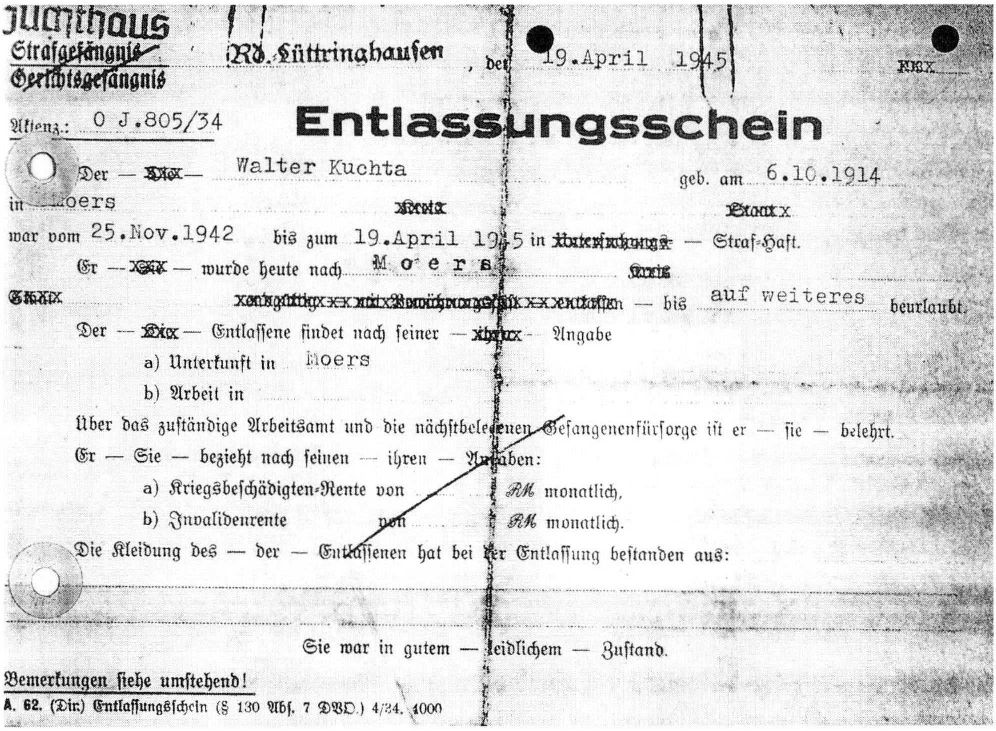

Zuchthaus
Strafgefängnis
Gerichtsgefängnis

Rd.-Lüttringhausen, den 19. April 1945

Aktenz.: 0 J.805/34

Entlassungsschein

Der — Die — Walter Kuchta geb. am 6.10.1914

in Moers Kreis Staat

war vom 25.Nov.1942 bis zum 19.April 1945 in Untersuchungs- — Straf-Haft.

Er — Sie — wurde heute nach Moers Kreis

Staat entlassen — bis auf weiteres beurlaubt.

Der — Die — Entlassene findet nach seiner — ihrer — Angabe

a) Unterkunft in Moers

b) Arbeit in

Über das zuständige Arbeitsamt und die nächstbelegenen Gefangenenfürsorge ist er — sie — belehrt.

Er — Sie — bezieht nach seinen — ihren — Angaben:

a) Kriegsbeschädigten-Rente von RM monatlich,

b) Invalidenrente von RM monatlich.

Die Kleidung des — der — Entlassenen hat bei der Entlassung bestanden aus:

Sie war in gutem — leidlichem — Zustand.

Bemerkungen siehe umstehend!

A. 62. (Dir.) Entlassungsschein (§ 130 Abs. 7 DVO.) 4/34. 4000

„Während der Strafverbüßung erkrankte er schwer, sodaß die Strafvollstrekkung am 6.8.1935 unterbrochen wurde. Nach seiner Entlassung aus dem Krankenhaus am 9.10.1935 begab er sich zu seinen Eltern nach Moers und flüchtete am 24.12.1935 nach Holland.“ Mit Hilfe der ebenfalls zuvor Verurteilten Rudolf Schmauch und Ernst Lörcher überschritt er die grüne Grenze bei Gronau und kam in holländischen Familien unter. „Er legte es darauf ab, nicht als Deutscher erkannt zu werden, so daß er auch bei Ausbruch der Feindseligkeiten zwischen Deutschland und Holland nicht interniert wurde. Er verschaffte sich sogar falsche holländische Papiere.“

Am 5.5.1943 wurde Walter Kuchta – er litt an offener Lungentuberkulose, die er sich bei der ersten Haft zugezogen hatte – wegen „Vorbereitung eines hochverräterischen Unternehmens" zu zwei Jahren Zuchthaus verurteilt. Ein Jahr Untersuchungshaft kam zur Anrechnung. Hauptvorwurf der Anklage war seine sieben Jahre zurückliegende Teilnahme an einer dreitägigen kommunistischen Konferenz in Amsterdam an Weihnachten 1935. „Eine weitere kommunistische Tätigkeit konnte ihm nicht nachgewiesen werden". Die Richter zeigten eine gewisse Nachsicht: „Der Angeklagte ist nicht nachweislich emigriert, um in Holland illegal tätig zu werden... Es kommt noch hinzu, daß er als kranker Mensch mehr als gewöhnlich unter der Strafvollstreckung leiden wird."

Zum Lebenslauf heißt es: „Nach dem Volksschulbesuch war der Angeschuldigte zunächst als ungelernter Arbeiter im Baufach tätig. Dann wurde er für 1½ Jahre Schlepper und Bremser in dem Untertagebetrieb einer Zeche, bis er erwerbslos wurde. Später bekam er Stellung als Hilfsmaschinist und Heizer bei einer Lohndrescherei in Moers... 1929 oder 1930 trat der Angeklagte dem KJVD bei, wo er Kassierer und Agit-Prop-Leiter im Zellenmaßstab war; ebenfalls war er Mitglied der Roten Hilfe. Er ist wegen Sachbeschädigung politischen Charakters vorbestraft..."

6.5 Sogar noch im Krieg: ein letzter Organisationsversuch der KPD

Während des Krieges bestanden im Reich nur noch wenige KPD-Widerstandsgruppen, darunter einige im rheinisch-westfälischen Industrierevier. Der von 1936 bis 1939 auf kleinerer Stufenleiter weitergeführte kommunistische Widerstand war, wie Detlev Peukert schreibt[639], unter dem Eindruck des Hitler-Stalin-Paktes und der Blitzkriegbegeisterung eines Teils der deutschen Bevölkerung fast vollständig erlahmt. Erst nach dem deutschen Überfall auf die Sowjetunion 1941 wurden die eingefrorenen, aber nicht ganz aufgegebenen Kontakte erneuert.

Auch in Moers gab es einen letzten Versuch zwischen 1942 und 1943 – die Repression ist diesmal noch erbarmungsloser. Die Initiative kam diesmal von außen, von ZK-Mitglied Wilhelm Knöchel, Abschnittleiter West der KPD in Amsterdam.[640] Dieser reiste selbst 1942 ins Reich ein, nachdem einige seiner Instrukteure sich dort bereits bis zu einem Jahr hatten halten können. Unter ihnen Alfons Kaps und Willi Seng, die auch nach Moers kamen.

Das Netz hatte seinen Schwerpunkt zwischen Düsseldorf, Duisburg und Dortmund, reichte aber bis Berlin, Frankfurt und ins Saargebiet. Am Niederrhein und im Ruhrgebiet konnten im Jahr 1942 illegale Zeitungen wie der „Friedenskämpfer" und das „Ruhrecho" vertrieben werden. Flugblätter richteten sich an die „Bürger und Bürgerinnen von Duisburg" und die „Bergleute an Rhein und Ruhr".[641]

Am 5. Februar 1943 wurde von der Krefelder Gestapo aus dieser Widerstandsorganisation der Moerser Bergmann Adolf Hänel in der Hochemmericher Straße 79 in Asberg verhaftet. Er stand am 15. August 1944 zusammen mit seiner Schwester Hedwig Langusch, geb. Hänel, vor dem Oberlandesgericht in Hamm.[642] Weitere 46 Angeklagte, unter ihnen viele Frauen, stammten aus den Niederlanden oder aus Städten wie Düsseldorf, Duisburg, Oberhausen, Mülheim und Wuppertal. Unter ihnen auch der Homberger Schmelzer Heinrich Podobinski. Er war 1933 nach Utrecht emigriert, hatte ebenfalls in Moers-Asberg gewohnt und war bei Krupp in Rheinhausen beschäftigt. Auch die Ehefrau Margarete Hänel war mitverhaftet worden, da die Treffs in der Wohnung Hänel stattgefunden hatten. Hauptangeklagte waren in diesem Verfahren Alfons Kaps und Willi Seng.

Im selben Zusammenhang wurde am 15. März 1943 auch der Moerser Maurer Ewald Kuchta, Bruder des vorerwähnten Walter Kuchta, verhaftet. In einem Einzelverfahren vor dem 2. Senat des Volksgerichtshofes wurde er am 24. Mai 1944 zu drei Jahren Zuchthaus verurteilt: „Der Angeklagte hatte glaubhafte Kenntnis von einem hochverräterischen Vorhaben, hat aber hiervon keine Anzeige erstattet."[643] Das Gericht argumentierte, er habe sich vom Herbst 1941 bis zum Frühjahr 1942 aufs neue kommunistisch betätigt:

„Als Verbindungsmann für Moers hatte Kaps den Angeklagten vorgesehen... Kaps kam zu diesem Treffen mit Seng, dem u.a. auch Moers zur Bearbeitung übertragen war... Dabei forderte Seng den Angeklagten auf, sich in Moers einen „Freundeskreis" zu schaffen und mit diesem fortan zusammenzuarbeiten. Der Angeklagte erklärte, er wolle versuchen, geeignete Leute zu finden, und traf sich bis Ende Februar 1942 mit Seng noch etwa viermal sonntags an derselben Stelle in Düsseldorf. Jedoch bei keiner dieser Zusammenkünfte konnte er Seng von einem Erfolg in Moers berichten; er erklärte Seng vielmehr stets, es sei ihm nicht gelun-

Adolf Hänel bei der Moerser Kripo im April 1943

gen, jemanden zu finden..." Der inzwischen zum Tode verurteilte Seng habe den Angeklagten sicher nicht zu Unrecht belastet, und „Kaps ist verstorben (!) und konnte deshalb nicht mehr als Zeuge gehört werden."

Ewald Kuchta wurde zu drei Jahren Zuchthaus und drei Jahren Ehrverlust verurteilt. Zu den Gründen für seine Verurteilung gehört auch sein Lebenslauf:

„Der Angeklagte, der immer in Moers (Rheinland) wohnte und auch dort arbeitete, ist alter Kommunist. Er trat im Jahre 1929 auf einem Schacht, wo er als Schlepper war, dem KJVD bei und wurde 1930 oder 1931 auch Mitglied der KPD. In dieser betreute er bis 1933 als Organisationsleiter eine Betriebszelle auf seinem Schacht. Dann verlor er seine Arbeitsstelle und wurde erwerbslos. Wie er behauptet, wurde er wegen seiner politischen Betätigung entlassen. 1934 trat er der illegalen KPD in Moers bei und vertrieb für diese Schriften. Er wurde deshalb am 28. Oktober 1935 vom OLG in Hamm zu vier Jahren Zuchthaus verurteilt und verbüßte diese Strafe bis 1939."

Wenige Monate später, im August 1944, wurde auch Adolf Hänel zu vier Jahren Zuchthaus verurteilt. Der Schlußbericht des Krefelder Kriminalsekretärs Joost, dessen Unterschrift viele Akten tragen, sagte aus:[644]

„Hänel gibt zu, daß er seit etwa 1936, erstmalig durch die Vermittlung seines zu dieser Zeit als Emigrant in Holland lebenden Schwagers Langusch, mit kommunistischen Funktionären in Verbindung gestanden hat und sich am Neuaufbau der KPD beteiligte..., daß er seit 1937 bis etwa August 1939 mit dem vorgenannten Kaps in Verbindung gestanden habe und von diesem kommunistische Propaganda- und Hetzschriften erhalten habe."

Hänel, Bergmann bei der Zeche Diergardt-Mevissen in Rheinhausen, habe zu Hause mit seiner Familie ein einfaches und ordentliches Familienleben geführt.

Ewald Kuchta um 1930

Mit 17 Jahren trat er dem Bergarbeiter-Verband bei und wurde mit 20 Jahren Mitglied der SPD. Da diese ihm nicht radikal genug war, trat er im Jahre 1922 zur KPD über. 1926 wurde er in den Betriebsrat der Zeche Diergardt gewählt. Im Februar 1933 Hauptkassierer in der kommunistischen Betriebszelle Mevissen. „Diese politische Betätigung führte dazu, daß Hänel nach der Machtübernahme aus dem Bergbau entlassen wurde. Er war dann bis Ende 1936 erwerbslos."

Beide Lebensläufe erwähnen, daß diese aktiven Antifaschisten 1933 aus politischen Gründen ihre Arbeit verloren (wie schon Willi Müller, Kap. 3.4). Dies deckt sich mit der Aussage Walter Kuchtas (Kap. 3.2), wonach am 15.4.1933 auf der Schachtanlage Diergardt-Mevissen in Rheinhausen-Bergheim 20 antifaschistische Bergleute wegen staats- und wirtschaftsfeindlicher Einstellung fristlos entlassen wurden.

Ewald Kuchta und Adolf Hänel überlebten Haft und Krieg. Nicht so zahlreiche andere Mitglieder der Knöchel-Widerstandsgruppe, der Beatrix Herlemann 1986 ein Buch mit dem kritischen Titel „Auf verlorenem Posten" gewidmet hat:[645] Insgesamt, so schreibt sie, gerieten über 200 Menschen dieser Gruppe in Zuchthäuser und Konzentrationslager, etwa ein Viertel von ihnen als nur mittelbar beteiligte Angehörige. Hingerichtet wurden mit Wilhelm Knöchel und Willi Seng insgesamt 23 Männer und Frauen, die meisten in Dortmund. Weitere 25 fanden den Tod durch Mord oder Selbstmord in Untersuchungshaft, in Zuchthaus und KZ sowie bei den Exekutionen in der Lüttringhauser Wenzelnbergschlucht. Hierbei nicht erwähnt ist die Moerserin Margarete Hänel, der der nächste Abschnitt gewidmet ist.

Für die Autorin der Studie waren diese Widerstandskämpfer letztlich mit einer bereits seit 1935 überlebten Methode von der Parteispitze aus ins Verderben ge-

Wilhelm Stermann, Moers a. Rh. 51

Niederrheinische Zelte- und Decken-Fabrik

An die

Kriminalpolizei,

Moers.

Stadt. Moers
Eing. 24. OKT. 1941
Abt.

Fernsprecher 2722
Bankkonto: Gewerbebank Moers
Postscheckkonto: Essen 5551
Bahnstation: Moers Rhein

Ihre Zeichen: Ihre Nachricht: Unser Zeichen: Sch. Tag: 22.10.1941

Militäreffekten aller Art

Wasserdichte Decken
für Auto, Wagen, Dreschmaschinen, Waggons und alle anderen Bedachungszwecke

Komplette Zelte
Zelthallen, Tanzzelte, Ausstellungszelte, Zelte für Industrie und Sport

Garten-u. Marktschirme
Komplette Markisen-Anlagen, Markisenstoffe und alle anderen Stoffe für Sonnenschutz

Pferde- u. Kuhdecken
Schürzen
Fausthandschuhe für Industrie und Gewerbe
Zeitungsträger-Taschen

Betr. Ehefrau Hedwig Langusch,
Moers-, Hochemmericherstr.79.

Wie ich jetzt erfahre, hat die seit dem 3.1.1940 in meinem Betrieb beschäftigte Ehefrau Hedwig Langusch dadurch verdächtig gemacht, dass sie im Kreise ihrer Arbeitskolleginen zersetzend wirkt, indem sie die Massnahmen der Regierung rügt und in anderen Personen Misstrauen zu wecken versucht. Auf dieses widrige Verhalten werde ich durch die Gefolgschaftsmitglieder aufmerksam gemacht. Ich melde diesen Vorgang hiermit und benenne als Zeugen:

1.) die Betriebsobmännin Frau Sophie W. , in Moers-Utfort, Krönerstr.
2.) Frau B. , Homberg-Hochheide, Sandstr.

Heil Hitler

Kriminalpolizei
Eingegangen am 1/11.41 Tageb. Nr. 800/41
Abgegeben am 29.10.41

Die Angezeigte hatte Glück: wegen ihres Herzleidens schlug die Kripo das Verfahren nieder.

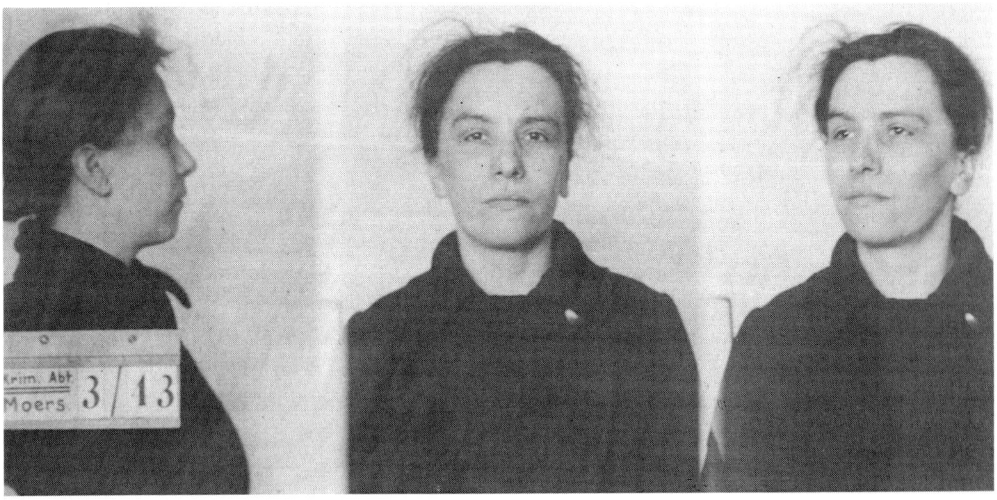

schickt worden: „Sie alle vermochten inmitten eines verblendeten Volkes nichts auszurichten gegen eine verbrecherische Regierung und einen barbarischen Krieg. Die Spuren ihres Handelns blieben, gemessen am Gesamtgeschehen und an den selbst gesteckten Zielen, unbedeutend. Ihre Taten fielen nicht ins Gewicht. Doch bedeutend war ihr persönlicher Mut, ihre Unbeirrbarkeit auch in totaler Isolierung, die Lauterkeit ihrer Motive. Allein das Zeugnis ihres Handelns widerlegt die These von der Kollektivschuld des deutschen Volkes, von dem sie ein wenn auch noch so geringer Teil waren."

Vergast im Frauen-KZ Ravensbrück:
Margarete Hänel aus der Hochemmericher Straße in Asberg

Adolf Hänels Schwester Hedwig Langusch, geb. 11.6.1905, war bereits 1941 wegen des „Verdachts auf staatsfeindliche und defaitistische Äußerungen" in die Fänge der Polizei geraten.[646] 1944 wurde sie zu vier Jahren Zuchthaus verurteilt und lebte nach dem Krieg wieder in Moers.

In die Mühlen der Vernichtungsmaschinerie geriet auch Adolf Hänels Ehefrau Margarete Hänel, geboren 3.6.1902 in Hamborn.[647] Die Krefelder Kripo, tätig im Auftrag der Gestapo, schrieb zu ihr: „Die Ehefrau Margarethe Hänel steht ... in dem Verdacht, daß sie sich an dem Neuaufbau der KPD beteiligt habe. ...fanden auch Treffs in der Wohnung ... statt... Bereits vor der Machtübernahme war die Hänel, zusammen mit ihrem Ehemann, bei allen politischen Versammlungen der KPD anzutreffen. Und der Kripo Moers ist bekannt, daß die Hänel besonders bei Umzügen der KPD in abfälliger Weise nach außen in Erscheinung trat. Es muß ihr deshalb auch jetzt unterstellt werden, daß sie über das Treiben ihres Ehemannes unterrichtet gewesen sein wird. Aus diesen Erwägungen heraus und weil die Hänel über Einzelheiten des Sachverhalts durch die Vernehmung unterrichtet wurde, wurde sie wegen Verdunklungsgefahr festgenommen. In krimineller und staatspolitischer Hinsicht war die Hänel bisher nicht in Erscheinung getreten."

Eine Erklärung von Adam Erbach erhellt das weitere Schicksal von Margarete Hänel.[648] „Adolf Hänel hat mir Folgendes aufgeschrieben: ... Mit mir verhaftet

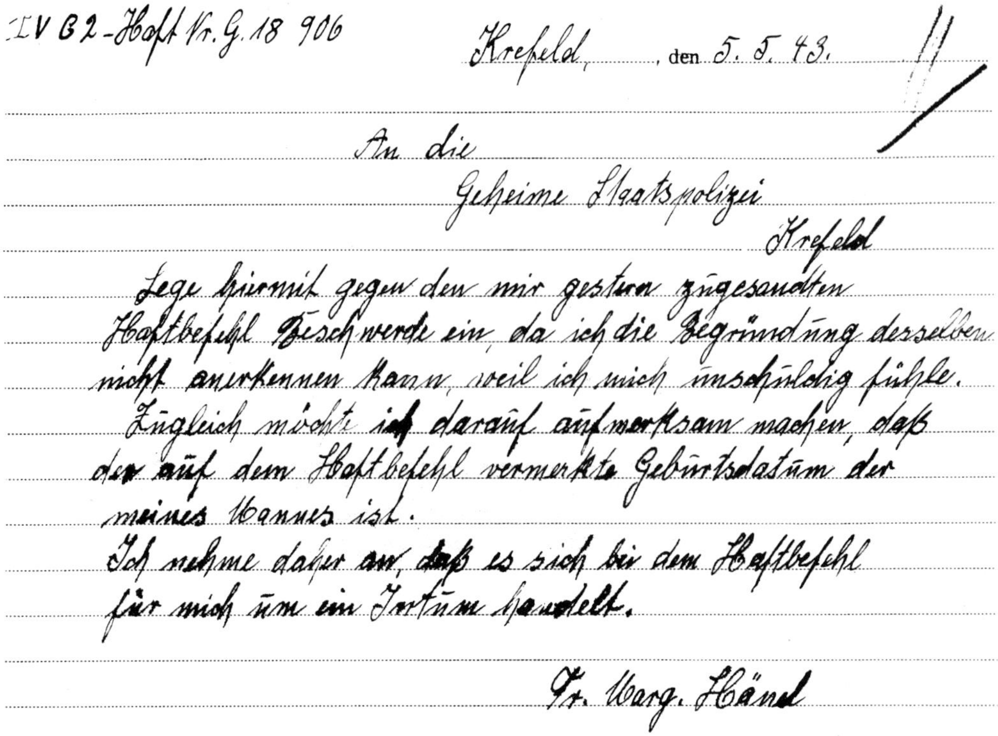
IV B2-Haft Nr. G. 18 906

Krefeld, den 5. 5. 43.

An die

Geheime Staatspolizei

Krefeld

Lege hiermit gegen den mir gestern zugesandten Haftbefehl Beschwerde ein, da ich die Begründung derselben nicht anerkennen kann, weil ich mich unschuldig fühle.

Zugleich möchte ich darauf aufmerksam machen, daß der auf dem Haftbefehl vermerkte Geburtsdatum der meines Mannes ist.

Ich nehme daher an, daß es sich bei dem Haftbefehl für mich um ein Irrtum handelt.

Fr. Marg. Hänel

wurden meine Frau und meine Schwester Hedwig Langusch... Gegen meine Frau Margarete wurde keine Anklage erhoben, sie wurde vier Monate später aus der Untersuchungshaft entlassen, von der Gestapo aber verhaftet und in das KZ Ravensbrück gebracht und am 8. Februar 1945 vergast."

Margarete Hänel hinterließ zwei minderjährige Kinder. Der Junge wurde von der Großmutter, das Mädchen von einer Schwester aufgenommen.[649]

6.6 Staatlich sanktionierter Mord

Um in die Fänge der Nazi-Häscher zu fallen, brauchte man nicht einer organisierten Widerstandsgruppe oder einer Glaubensgemeinschaft anzugehören. Auch die Zahl der Einzelfälle, wie sie von der für Moers zuständigen Gestapo-Außenstelle Krefeld erfaßt wurden, ist hoch. Sie liegt, obgleich nur Teile erhalten sind, für den Altkreis bis Kriegsende bei über einhundert Fällen allein für Verstöße gegen das sogenannte Heimtückegesetz, mit dem hauptsächlich „staatsfeindliche" oder „defätistische" Äußerungen geahndet wurden. Das „Verächtlichmachen von Nationalsozialisten" in einem Lokal in Rheinberg brachte dem Lederzuschneider Jakob Onkels 1937 die Einweisung in das KZ Buchenwald.[650] Unter der Kategorie „Opposition" gibt es knapp 60 weitere namentlich belegte Personen. Die für das heutige Stadtgebiet Moers noch durch Gestapoakten belegbaren über 100 Fälle sind im Anhang 10.5 aufgeführt.

Albert Müller aus Kamp, um ein Beispiel zu nennen, wird unter „Landesverrat" geführt. Der angebliche Kurier des französischen Nachrichtendienstes beging, wie es heißt, am 21. Juni 1936 Selbstmord durch Erhängen im Moerser Gerichtsgefängnis.[651] Die Lokalzeitung berichtete nicht darüber.

Einige besonders tragische Fälle, die bis heute erschrecken, sollen hier dargestellt werden.

David Lewkowicz: „lästiger Ausländer und nebenher noch Jude"

Der arbeitslose Schweißer David Lewkowicz, jüdischen Glaubens, wohnte mit Frau und sechs Kindern im Alter von 6-14 Jahren in Moers, Matthecksiedlung 67c. Er war am 2.4.1903 in Wielun/Polen geboren.[652]

Am 14. September 1936 wurde er zusammen mit dem Invaliden Wilhelm K. festgenommen, weil er in der Wirtschaft Großterlinden kommunistische Äußerungen getan und kommunistische Lieder gesungen haben soll. Anzeige erstatteten drei Moerser Bürger, alle Mitglieder der NSDAP, aus der unmittelbaren Nachbarschaft. Es waren die Eheleute D. und der Verputzermeister Willi B.

Der zuständige III. Strafsenat des Oberlandesgerichts in Hamm verurteilte am 21.1.1937 wegen „Vorbereitung zum Hochverrat" David Lewkowicz zu drei Jahren Zuchthaus und Wilhelm K. zu zwei Jahren Zuchthaus. In der Urteilsbegründung heißt es: „Die schwerere Strafe mußte hiernach den Angeklagten Lewkowicz treffen, der zudem als Gast des deutschen Volkes aufs gröblichste sich gegen den Staat verging..."

Mehr als seinen Pflichtteil zu diesem Urteil beigetragen hatte der führende Moerser Kripobeamte Konrad Imig mit seinem Vermerk: „Lewkowicz ist ein lästi-

Von David Lewkowicz ist nur dieses Polizeifoto erhalten (Moerser Gerichtsgefängnis, 14.9.1936), daneben seine Frau Agnes.

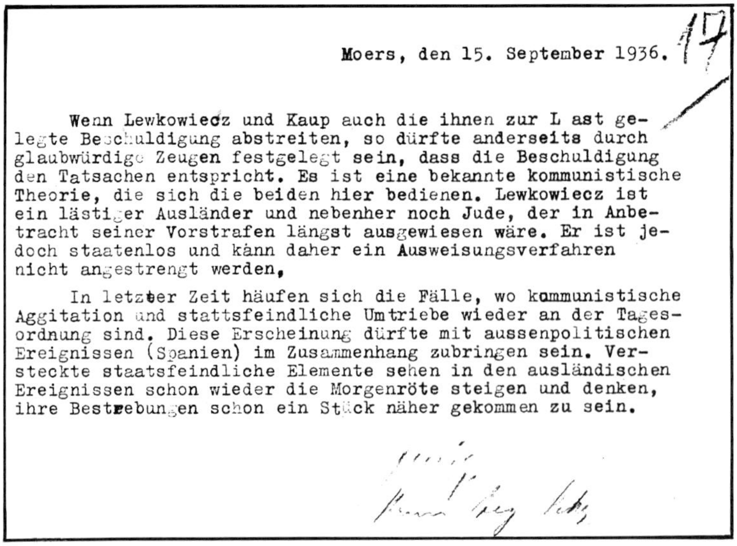

Moers, den 15. September 1936.

Wenn Lewkowiecz und Kaup auch die ihnen zur L ast gelegte Beschuldigung abstreiten, so dürfte anderseits durch glaubwürdige Zeugen festgelegt sein, dass die Beschuldigung den Tatsachen entspricht. Es ist eine bekannte kommunistische Theorie, die sich die beiden hier bedienen. Lewkowiecz ist ein lästiger Ausländer und nebenher noch Jude, der in Anbetracht seiner Vorstrafen längst ausgewiesen wäre. Er ist jedoch staatenlos und kann daher ein Ausweisungsverfahren nicht angestrengt werden,

In letzter Zeit häufen sich die Fälle, wo kommunistische Aggitation und stattsfeindliche Umtriebe wieder an der Tagesordnung sind. Diese Erscheinung dürfte mit aussenpolitischen Ereignissen (Spanien) im Zusammenhang zubringen sein. Versteckte staatsfeindliche Elemente sehen in den ausländischen Ereignissen schon wieder die Morgenröte steigen und denken, ihre Bestrebungen schon ein Stück näher gekommen zu sein.

Der staatserhaltende und antisemitische Eifer des höchsten Moerser Polizisten, Kriminalbezirkssekretär Konrad Imig, steht in deutlichem Gegensatz zu seiner Beherrschung der deutschen Grammatik und Rechtschreibung.

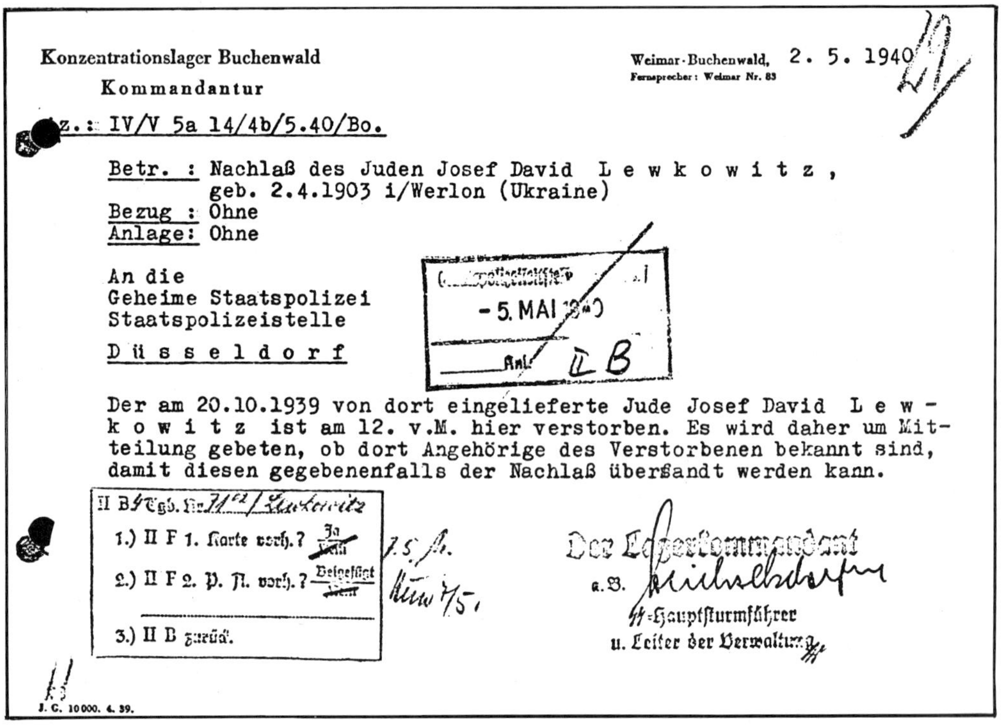

Konzentrationslager Buchenwald
Kommandantur

Weimar-Buchenwald, 2. 5. 1940
Fernsprecher: Weimar Nr. 83

Az.: IV/V 5a 14/4b/5.40/Bo.

Betr. : Nachlaß des Juden Josef David L e w k o w i t z , geb. 2.4.1903 i/Werlon (Ukraine)
Bezug : Ohne
Anlage: Ohne

An die
Geheime Staatspolizei
Staatspolizeistelle
D ü s s e l d o r f

- 5. MAI 1940

Der am 20.10.1939 von dort eingelieferte Jude Josef David L e w k o w i t z ist am 12. v.M. hier verstorben. Es wird daher um Mitteilung gebeten, ob dort Angehörige des Verstorbenen bekannt sind, damit diesen gegebenenfalls der Nachlaß übersandt werden kann.

II B 4 Tgb. Nr.
1.) II F 1. Karte vorh.? Ja
2.) II F 2. P. N. vorh.? Beigefügt
3.) II B zurück.

Der Lagerkommandant
a.B.
[Unterschrift]
SS-Hauptsturmführer
u. Leiter der Verwaltung

J. C. 10000. 4. 39.

ger Ausländer und nebenher noch Jude ...". Nach Verbüßung seiner Zuchthausstrafe in Lüttringhausen wurde David Lewkowicz auf Anweisung der Gestapo am 20. Oktober 1939 in das KZ Buchenwald/Weimar überführt. Dort verstarb er am 12. April 1940. Eine Tochter sagte den Autoren, er sei von den Hunden der SS-Wachmannschaft zerrissen worden. Diese Möglichkeit ist, vergleicht man die Berichte anderer Zeugen, nicht auszuschließen.

Agnes Lewkowicz überlebte zusammen mit ihren Mädchen die Nazi- und Kriegsjahre in der Matthecksiedlung, da sich die Nachbarn solidarisch verhielten und auch regelmäßige Warnungen von einem leitenden Mitarbeiter des Rathauses, Paul Beilecke, erfolgten. Dies zu tun, war für ihn lebensgefährlich (vgl. Kap. 6.1). Die Kinder leben heute über den halben Erdball verstreut, in Israel, England und anderen Ländern.

Dieselben Täter konnten sich zumeist, wie Johann Chwirot – im nachfolgenden Fall Leiss – auch von Kripochef Konrad Imig berichtet, nach 1945 an nichts mehr erinnern.[653] Oder sie beriefen sich darauf, daß sie doch nur Weisungen gehorcht und ihre Pflicht getan hätten.

Familien Leiss und Christen: 9-facher Mord durch Sippenhaft

Die Familie von Wenzel Leiss wurde mitten aus dem alten Moers abgeholt, vor 50 Jahren.[654] Wenzel und Theodora Leiss wohnten, zusammen mit der zweieinhalbjährigen Tochter Marianne, in der Augustastraße 2, über dem Möbelgeschäft Birk, heute das Haus des Lokals „Bierdoktor". Gegenüber die damalige Kreissparkasse, heute das Ärztehaus.[655]

Aufgewachsen war der 1909 in Moers geborene Wenzeslaus Leiss in der Meerbecker „Kolonie". Die Mutter, eine geborene Heyder, und der jüngere Bruder Josef wohnten noch in seinem Elternhaus in der Ruhrstraße Nr. 76 – unweit der heutigen Leiss-Straße, die damals wegen der Nähe des Bahndamms häufigen Luftangriffen ausgesetzt war. Auch das bekanntes, gutes altes Moers. Wie viele andere Zuwanderer waren seine Eltern dort 1907 zugezogen. Sie stammten aus der Gegend von Allenstein, die seit einer der vielen Teilungen Polens zum Reich gehörte.

Am 14. Dezember 1942, während die 6. deutsche Armee in Stalingrad bereits umzingelt ist, soll der Panzergrenadier Wenzel Leiss an einem anderen Abschnitt der Ostfront übergelaufen sein. Am 24. Dezember, also Heilig Abend, kabelt die

Hochzeit von Wenzel Leiss und Dora Chwirot, 1939

Krefelder Kripo nach Moers: „Der Reichsführer SS wünscht bis zum 25.12. mittags eingehenden Bericht... Leiss ist zu den Sowjetrussen übergelaufen. Er soll Vorstand des polnischen Jugendvereins in Moers gewesen sein."

Danach wird die Familie unauffällig überwacht. Theodora Leiss, geb. Chwirot, die Ehefrau von Wenzel, gibt bei einer Befragung auf dem Meldeamt arglos die Namen aller ihrer Familienmitglieder an. Es sind sechs lebende Geschwister im Alter von 19-36. Am Ende des Vernehmungsprotokolls heißt es in der Gestapo-Akte: „Vorstehende Vernehmung wurde von Kriminalsekretär Effenberg unter dem Deckmantel als Beamter des Einwohnermeldeamts Moers auf dem Meldeamt Moers durchgeführt, damit unauffällig die geforderten Angaben über die Familie Chwirot ermittelt werden konnten."

Am 2. Februar kapituliert in Stalingrad der Nordkessel. Es ist der Tag, an dem die Familie Leiss in Moers abgeholt wird:

Wenzels Ehefrau Dora (sie ist hochschwanger),
die knapp dreijährige Tochter Marianne,
seine Mutter Josefa,
seine Brüder Felix und Josef, 29 und knapp 27 Jahre alt,
seine Schwester Hanna, 22 Jahre alt (auch sie hochschwanger) und
deren Mann Wilhelm Christen, Schweizer Staatsbürger.

Sie alle werden im KZ Sachsenhausen ermordet, zwei Tage nach ihrer Verhaftung, ohne irgendein richterliches Urteil – sieben Menschen. Ihre Angehörigen, so

Durch Sippenhaft ausgelöscht: Josefa Leiss (l.u.), ihre Tochter Hanna, verh. Christen (daneben) und ihre Söhne Josef und Felix (l. und r. oben). Nach Felix Leiss wurde 1946 die Ausbildungswerkstatt in der Uerdinger Waggonfabrik benannt. Rechts unten: Vater Franz Leiss, der bereits verstorben war, oben Mitte: Wenzel Leiss.

die Polizeianweisung, sind schärfstens zu überwachen. Sie dürfen weder über das Schicksal der Kinder aufgeklärt werden noch selbst über die gesamte Angelegenheit sprechen. Die Hauptschlagzeile am selben Tag in der Zeitung lautet: „Sie starben, damit Deutschland lebe. Das heldische Opfer der 6. Armee. Der Kampf um Stalingrad ist beendet." Was die Machthaber in einem solchen Augenblick ihrer „Götterdämmerung" am wenigsten dulden können, ist, wenn jetzt jemand am „Endsieg" zweifelte oder gar zum Feind überliefe.

Mehrere Zeitungen im Reich, darunter auch der Moerser „Grafschafter", melden am 15. Februar – also erst 11 Tage nach dem Mord – im überlokalen Teil:

Polnische Verräterfamilie unschädlich gemacht

Die Sicherheitspolizei ist einer Verräterfamilie, die der polnischen Minderheit in Deutschland angehörte, auf die Spur gekommen und hat sie nunmehr unschädlich gemacht.

Nachdem ein Sohn der polnischen Familie Leiß in Moers (Rheinland) an der Ostfront zum Feind übergelaufen ist und weiteren, das Leben vieler deutscher Soldaten gefährdenden Verrat geübt hat, haben die angestellten polizeilichen Nachforschungen bei seinen Angehörigen ergeben, daß diese Familie seit Jahren kommunistische Zersetzungsarbeit betrieb und feindlichen Spionagezwecken dienstbar war.

Diese fortgesetzte Verratstätigkeit hat nunmehr durch die Hinrichtung der gesamten an der Verschwörung beteiligten Familie ihre Sühne gefunden.

Die vollständig erhaltene Gestapo-Akte Leiss beweist, wie harmlos und unauffällig die Familie war. Über den ermordeten Felix Leiss, nach dem heute die Ausbildungswerkstatt in der Uerdinger Waggonfabrik benannt ist, heißt es: „In krimineller und politischer Hinsicht ist über ihn und dessen Ehefrau nichts Nachteiliges bekannt oder zu ermitteln." Der Bruder Josef Leiss war als 17-jähriger wegen Verteilung kommunistischer Flugblätter zu 16 Monaten Gefängnis verurteilt worden (vgl. Kap. 3.4). Aber auch über ihn heißt es, daß er sich danach „klaglos geführt" habe und als Frontsoldat verwundet worden sei. Die Meldung war also wissentlich und absichtlich falsch. Man hätte sie mit allen Schlüsselwörtern auch einem Lehrbuch des Rassismus und Nationalismus entnehmen können: „polnisch" (also undeutsch), Verräter, kommunistische Zersetzungsarbeit, feindliche Spionage, Verschwörung. Das Regime braucht Sündenböcke für das eigene Versagen und setzt ein abschreckendes Beispiel in einem äußerst kritischen Augenblick.

Und noch etwas mag eine Rolle gespielt haben: die Herrschenden dürften sich – entgegen ihrer eigenen Propaganda und der verbreiteten Furcht – tatsächlich nicht so sicher im Sattel gefühlt haben. Auch im Landkreis Moers gibt es zahlreiche Menschen, die entgegen dem Verbot ausländische Rundfunksender empfangen oder die gegen das sog. Heimtückegesetz oder andere dieser Terrorgesetze verstoßen (vgl. Anhang 10.5). Drei Tage nach der Zeitungsmeldung, also 14 Tage nach der Ermordung der Familien Leiss und Christen, hält Goebbels seine berühmtgewordene Rede im Berliner Sportpalast. Der „Grafschafter" tituliert dazu am 19. Februar: „Der totale Krieg ist das Gebot der Stunde".

Wenzel Leiss als Soldat

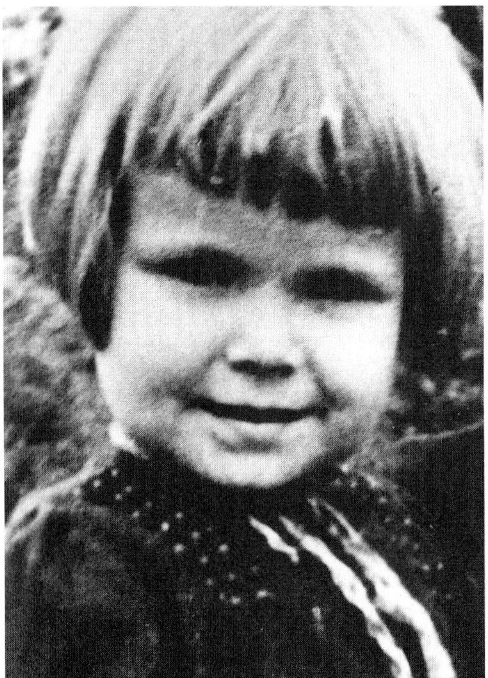

Marianne Leiss. Auch die Dreijährige wurde mit der Familie im KZ Sachsenhausen ermordet. Selbst über den Verbleib der Kinder durfte die Familie laut Polizeiakte nichts erfahren.

Ein zweiter wichtiger Grund für den Opfergang der Familie liegt wahrscheinlich in ihrer fremden Herkunft. Von den Menschen, die in die Unterdrückungsmaschinerie geraten, entkommt immer wieder der eine oder andere. Schlecht um jemand ist es jedoch fast immer bestellt, wenn ausländische Herkunft, jüdische Abstammung oder kommunistische Betätigung eine Rolle spielen. Bereits 1939, mit Beginn des Zweiten Weltkriegs, waren auch im Kreis Moers ein halbes Dutzend polnischstämmiger Menschen unterschiedlich lange in Schutzhaft genommen worden. Ihr Verbrechen laut Gestapounterlagen: sie sind in Vereinen zur Pflege ihrer alten Kultur tätig.[656] Das Adjektiv „polnisch" zieht sich durch alle Dokumente der Gestapoakte Leiss. Bereits der ursprüngliche Bericht der 2. Panzerdivision der Wehrmacht gibt unmißverständlich die Richtung an: „Leiss hinterließ einen polnisch geschriebenen Bericht seiner Ehefrau an ihn, in dem über Lebensmittelpreise pp. geklagt wird. Leiss scheint sich als Pole gefühlt zu haben. Sind unter den Angehörigen des L. nationalpolnische Tendenzen zum Ausdruck gekommen?" Im Nachsatz heißt es wörtlich: „Soldat seit 18.6.42, im Feld seit 17.11.42 (gut beurteilt!)".

Es ist wohl müßig, danach zu fragen, wie deutsch Wenzel Leiss war. In Moers geboren und aufgewachsen trug er einen deutschen Paß und eine deutsche Uniform. Die Eltern sprachen untereinander polnisch, die Kinder deutsch. Agnes Siebeneichler, heute 80, ergänzt (Int. 18.6.1993): „Die Familie Leiss wohnte bei uns schräg gegenüber. Wir haben das alles miterlebt. Die haben sie verhaftet und alle hingerichtet, sogar die junge Mutter. Das waren so nette Menschen, die kamen aus Polen. Meine Mutter war ja auch Polin, die haben sich immer gut unterhalten. Die Leiss wohnten im Giebel, aber die ... daneben, die haben die Leiss doch zu Fall gebracht. Die haben einfach gesagt, die hätten allerhand gemacht gegen Hitler. Aber das stimmte doch gar nicht."

Als Wenzel Leiss 1949 aus russischer Gefangenschaft nach Moers zurückkam, so berichtet sein Schwager Johann Chwirot[657], „war keiner da. Meine Mutter hat ihn aufgenommen. Nach über sechs Jahren Kriegsgefangenschaft kam er genauso geschunden und zerlumpt wie alle anderen nach Hause. Er bestritt auch immer, daß er übergelaufen sei: 'Ich wußte doch genau, was gespielt wird. Ich setz' doch meine Familie nicht aufs Spiel. Da hatte ich meine Familie viel zu gern. Meine Frau und mein Kind'. Wann und wie seine Familie umgekommen war – ob die Nazis auch seine kleine Tochter ermordet hatten –, hat Wenzel Leiss nicht mehr erfahren, als er 1983 starb. Er hörte nur von der Zeitungsnotiz von 1943, die viele gelesen hatten. Von der Existenz einer umfangreichen Gestapoakte im nahen Düsseldorf, die ein Familienfoto und andere Fotos enthielt, hat er nie Kenntnis erhalten. Auch die Bestätigung der Todesmeldungen für die einzelnen Familienmitglieder im KZ Sachsenhausen durch den Internationalen Suchdienst in Arolsen erfolgte erst 1986 auf Anfrage von Johann Chwirot.

Mit in die Gaskammer gehen sollte auch der dreijährige Wilhelm, Sohn des ermordeten Ehepaars Christen, der damals von der Schwester in Moers großgezogen wurde. Er entging seinem Schicksal nur dadurch, daß sein Transport nach Sachsenhausen durch einen Luftangriff verzögert wurde. Frau Breidenstein, geb. Christen, berichtet (Int. vom 9.11.1993):

„Eines Tages, da kamen vier Kriminalisten zu uns in die Krefelder Straße, da hatte ich den Jungen schon drei Jahre, und verhafteten ihn. Da er auf dem Spielplatz war, wurde mir sofort gesagt 'verstecken Sie ihn nicht, wir finden den ja sowieso'. Und dann holten sie den Jungen weg. Und er wollte nicht, er zog sich

Wilhelm Christen, links, mit seinen Brüdern, die „Am Pandick" aufwuchsen (Peter-Zimmer-Straße). Auch sein dreijähriger Sohn Wilhelm sollte in Sachsenhausen mit ermordet werden.

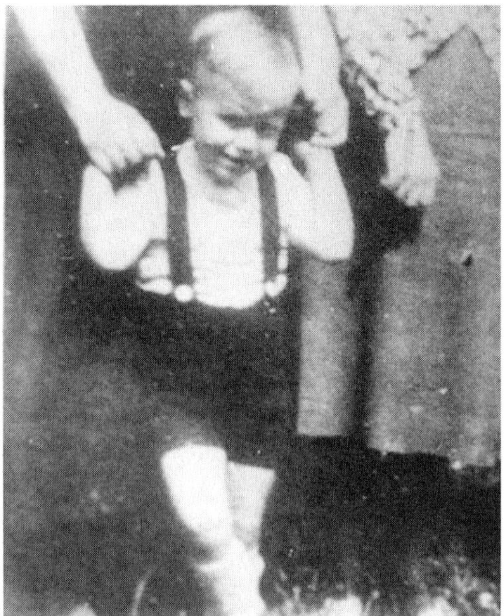

immer wieder die Schuhe aus. Ich hab gesagt, 'wir müssen dich in Sicherheit bringen, wegen der Bomben'. Mein Mann mußte mit. Am Königlichen Hof, da beim Meldeamt, da haben sie meinen Mann aussteigen lassen. Er mußte unterschreiben 'Willi Christen, auf unbekannt verzogen'. Dann haben sie den Jungen in das Auto gepackt und mein Mann stand da auf der Straße. Und der Junge haute gegen die Scheiben und weinte.

Und dann bin ich zu diesem obersten Kriminaler hingegangen... Und der sagte: 'Warum soll man den Jungen verschonen? Für den Schweinehund haben tausend Väter das Leben gelassen, die Kinder sind alle alleine. Der kommt dahin, wo er hingehört'. Und ich hab so geweint. Ich sag, Herr Imig, sagen Sie mir bloß, ob der Junge noch lebt. 'Das weiß ich nicht', sagte er. Den Jungen haben wir schließlich nach langer Suche in einem Kinderheim in Thüringen aufgespürt.

Und nach 1945, nach seiner Verhaftung, da schickte der Imig doch tatsächlich seine Frau zu mir: ich sollte ihm ein Leumundszeugnis ausstellen, daß er gesorgt hätte, daß ich den Jungen wiederkrieg. Und danach schickte er noch seinen Schwiegersohn."

In der Straßenbahn denunziert: der Lintforter Bergmann Dietz Tembergen

Dietrich Tembergen wurde 21.11.1887 in Baerl geboren und erlernte den Beruf des Bergmanns. 1942 wohnte er in der Lintforter Brandhofstraße und war im Ruhrorter Hafen beschäftigt. Mitte Juli nahm er wie jeden Morgen die überfüllte Straßenbahn um 5.52 Uhr nach Moers. Nach einem schweren Luftangriff zeigte er dort englische Flugblätter vor, wie sie damals massenhaft abgeworfen wurden. Zugleich äußerte er sich gegen den Krieg und die Politik der NS-Regierung. Die Straßenbahnschaffnerin V. und der Kontrolleur S. zeigten ihn an.[658]

Am 20. August 1942 wird Dietz Tembergen verhaftet. Alle verhörten Straßenbahnfahrgäste möchten ihn entlasten, außer Frau A. Die beiden Straßenbahnbediensteten und der Lintforter Kripobeamte werden nach Berlin zum Volksgerichtshof eingeladen. Das Gericht will offenbar nicht blind zuschlagen. In der 39-seitigen Gestapo-Akte heißt es über Tembergen: „Ist bisher in politischer Hinsicht nicht in Erscheinung getreten." Schwer wiegt jedoch der einleitende Satz des Krefelder Kripobeamten von August 1942: „Tembergen sympathisierte vor der Machtübernahme mit der KPD. Heute nur Mitglied der DAF und des RLB." Vor dem VGH wird

der Lintforter Kripobeamte, wie er Jahre später bei der Entnazifizierung angeben sollte, ausschließlich zu diesem Punkt gehört: Ja, der Bergmann habe vor der Machtergreifung mit den Kommunisten sympathisiert.

Am 7.1.1943 wird Dietz Tembergen vom Volksgerichtshof unter Vorsitz von Dr. Roland Freisler wegen „Vorbereitung zum Hochverrat“ zum Tode verurteilt. Zum später abgelehnten Gnadengesuch schreibt der Krefelder Kriminaloberassistent Joost am 19. Januar: „Auf die ... Anfrage des Oberreichsanwalts beim Volksgerichtshof in Berlin vom 12.1.1943 schlage ich vor, aus grundsätzlichen Erwägungen einen evtl. gestellten Antrag bezgl. eines Gnadenerweises nicht zu befürworten, da das Verhalten dieses gefährlichen Volksfeindes schärfste Bestrafung verlangt.“ Und weiter: „Gegen eine Überlassung der Leiche an die Angehörigen nach Strafvollzug ... dürften aus sicherheitspolitischen Gründen Bedenken zu erheben sein, da anläßlich der Beerdigung Unruhe in die dort kirchlich stark gebundene Bevölkerung, die fast durchweg katholisch ist (!), getragen werden kann.“

Am 8. April 1943 wird Dietrich Tembergen in Berlin-Plötzensee ermordet. Wie er hingerichtet wurde, erfuhr seine Familie nie. Sein Sohn Fritz Drumowitz, nach dem Krieg langjähriger Betriebsrat bei Rheinpreußen, war über Jahrzehnte aktiv in der Vereinigung der Verfolgten des Naziregimes in Moers. Dessen Frau Johanna verlor ihren Vater um dieselbe Zeit ebenfalls durch die Nazis. Ernst Altheide kam während der Verbüßung einer Zuchthausstrafe bei einem Bombenräumkommando in Duisburg um (vgl. Kap. 3.5).

Aus der Gestapoakte die Aussage der Straßenbahnschaffnerin, Beispiel für eine Denunziation:

Kamp-Lintfort, den 31.7.1942 – Die Ehefrau Heinrich V., Emmi geb. R., 20 Jahre alt, wohnhaft in Kamp-Lintfort, Xstr. 36a, erklärt:

Ich bin Schaffnerin bei der Straßenbahn Moers – Kamp – Rheinberg... Als Tembergen mir die Flugblätter zeigte, sagte ich zu ihm, er solle sie wegstecken. Daraufhin erwiderte er, er sammle dieselben, denn es sei ja wahr, was darauf stände. Daraufhin wurde ich frech und sagte zu ihm, daß das keine Unterhaltung sei und wenn er nicht aufhöre, würde ich das vorne beim Fahrer melden. Daraufhin sagte Tembergen zu mir: Gehst Du denn jeden Abend satt zu Bett?“. Ich erwiderte: „Ja sicher. Wir leben auch von unseren Karten. Ich bin auch noch nie hungrig gewesen.“ Darauf sagte Tembergen: „Ich gehe jeden Abend hungrig zu Bett und werde nicht satt.“ Tembergen sagte weiter, es wäre ein Krieg nur für die Dicken. Das Volk solle sich die Hand reichen und Revolution machen, dann hätten wir Frieden, und dann sollten die Dicken sich selbst die Köpfe blutig schlagen. Ich sagte zu ihm, wenn wir dann Frieden hätten und die Russen nach hier kämen, könnten wir uns einen Strick nehmen und uns aufhängen. Ich fragte ihn, ob er denn annähme, daß er mehr zu essen bekomme, wenn die Russen hier wären. Tembergen bejahte dieses. Mittlerweile waren wir in Utfort angekommen... Ich habe den Vorfall dem Kontrolleur S. gesagt. Die Fahrgäste müssen die Äußerungen des Tembergen wahrgenommen haben. Von den Fahrgästen kann ich noch eine Frau namentlich benennen, wenn ich mich nicht irre, ist es eine geborene Salobier von der Ringstraße. Es können durch die Polizei die Personalien der Fahrgäste festgestellt werden, da mit diesem Wagen fast immer dieselben Leute mitfahren. Der Unterhaltung des Tembergen hat sich noch ein älterer Mann angeschlossen; er hat dem Tembergen recht gegeben. Wie der Mann heißt, kann ich nicht sagen...

Ich bin auf die Folgen einer falschen Anschuldigung hingewiesen. Was ich angegeben habe, ist den Tatsachen entsprechend. Ich habe die Angelegenheit nicht übertrieben. Tembergen hat sich so geäußert, wie ich es angegeben habe.

v.g.u.g.w.o.

(Unterschrift Frau. V.) (Unterschrift Krim.-Sekretär B.)

Darunter der Vermerk: Flugblätter oder sonstiges Beweismaterial wurde in der Wohnung des Tembergen nicht vorgefunden.

Der Abschiedsbrief von Dietz Tembergen an seine Familie hat folgenden Wortlaut:[659]

„Berlin-Plötzensee, den 8.4.1945 – Lieber Fritz.

Ich schreibe Dir heute den Abschiedsbrief, denn das Gnadengesuch ist abgelehnt worden und das Urteil wird heute vollstreckt. Ich habe heute morgen Deinen lieben Brief vom 29.3. erhalten. Ich habe mich sehr darüber gefreut und danke Dir dafür.

Ich wünsche Dir und Deiner Frau und dem Enkelkind, sowie meiner lieben Anna alles Gute, ebenso Boleck. Ich denke in diesen letzten Stunden viel an Euch. Pfarrer Wolff ist bei mir, er schreibt diesen Brief, weil ich selber etwas aufgeregt bin und nicht die Ruhe dazu habe. Meine Sachen, die sich hier in der Anstalt befinden, werden Euch zugeschickt. Mein Fahrrad, das zu Hause steht, sollst Du, lieber Fritz haben. Die Tauben kann Hermann haben, wenn er sie will, sonst schlachtet sie ab.

Und nun seid alle zum letzten Mal herzlich gegrüßt. Behaltet mich in gutem Andenken. – Euer Dietz."

Mit einer „ernstlichen" staatsbürgerlichen Verwarnung kam hingegen der mitangezeigte Moerser Lohnbuchhalter Franz J. davon. Er hatte in der Straßenbahn geschimpft, er wolle „Führer, wir danken dir" an sein zerbombtes Haus in der Filderstraße schreiben. Von ihm berichtete der Krefelder Kripobeamte freundlich, daß er bei der Zeche als „zuverlässiger und fleißiger Arbeiter geschildert wird". Bei der Kripo Moers habe ebenfalls, „außer einer Vorstrafe, nichts Nachteiliges über J. ermittelt werden" können.

Der Fall Tembergen hatte nach 1945 ein zweifaches Nachspiel. Anfang 1948 spielte er eine Rolle bei der Entnazifizierung des Kriminalbeamten Dietrich B. und des Straßenbahnschaffners Johann Sch. Beide waren offenbar aus ihren Ämtern entfernt worden. Dabei berichtete B., daß auch der Bürgermeister von Kamp-Lintfort und der Landrat in Moers mit dem Fall befaßt gewesen seien.[660]

Die Straßenbahnschaffnerin Emmi V. und der Kontrolleur Johann Sch. hatten sich 1950 vor dem Schwurgericht wegen Verbrechens gegen die Menschlichkeit zu verantworten. Die Verteidigung betonte, daß die Angeklagten einer dienstlichen Weisung gefolgt seien, als sie die Äußerungen weitergaben. Das Gericht sprach die Schaffnerin wegen ihrer damaligen Unerfahrenheit frei (sie war 1942 19 Jahre alt). Den Angeklagten Sch. verurteilte das Gericht zu einem Jahr Gefängnis. Er, der seit 1932 NSDAP-Mitglied war, müsse sehr wohl gewußt haben, daß er Tembergen durch seine Anzeige der Gewaltherrschaft und Willkür des Naziregimes auslieferte.[661] Von dieser Verurteilung erfuhr der Sohn des Ermordeten erst 40 Jahre später im Rahmen der Nachforschungen zu diesem Buch. Er und seine Frau hatten gehört, daß die Straßenbahnschaffnerin ein behindertes Kind zur Welt gebracht und dies selbst als „Gottesstrafe" angesehen habe.

Entsprechend der NS-Gesetzgebung und Terminologie wird die Gestapoakte des so offen und mutig aufgetretenen niederrheinischen Bergmanns Dietz Tembergen unter der Kategorie „Heimtücke" geführt.

Schütze Franz Saumer: Todesurteil für standhafte Kriegsdienstverweigerung

Der Fall des Schützen Franz Saumer aus Moers führt in das vorletzte Kriegsjahr. Saumer war als Zeuge Jehovas Kriegsdienstverweigerer. Bereits in den dreißiger Jahren hatten etwa zehn Bibelforscher im Altkreis Moers Schutzhaft, Gefängnis- und Zuchthausstrafen für ihre Überzeugung auf sich genommen (vgl. Anhang 10.5).[662] Es genügt hier, der Methode Aurel Billsteins zu folgen und das Urteil zu zitieren:[663]

Reichskriegsgericht

...

Im Namen des Deutschen Volkes!
Feldurteil

In der Strafsache gegen
den Schützen Franz Saumer
von der 4./Landesschützen-Ers.- und Ausb.Batl.6,
wegen Zersetzung der Wehrkraft
hat das Reichskriegsgericht, 2. Senat, in der Sitzung vom 4. Januar 1944,
an der teilgenommen haben als Richter
Reichskriegsgerichtsrat Lueben, Verhandlungsleiter,
Vizeadmirald Arps,
Generalmajor Schöbel,
Oberst Graf von Pfeil und Klein-Ellguth,
Oberkriegsgerichtsrat Vollbrecht ...
für Recht erkannt:

Der Angeklagte wird wegen Zersetzung der Wehrkraft zum Tode sowie zum Verlust der bürgerlichen Ehrenrechte und der Wehrwürdigkeit verurteilt.

Von Rechts wegen.

Gründe.

I. Der Angeklagte ist am 30.9.1899 als Sohn des Bergmannes Franz Saumer und dessen Ehefrau Maria geb. Dekan, in Schmidhäuser, Bezirk Kalschin/Sudetenland, geboren. Im Jahre 1906 verzogen die Eltern des Angeklagten mit den Kindern nach Moers im Rheinland. Der Angeklagte besuchte hier die Volksschule bis zum Jahre 1913. Nach der Schulentlassung fand er Arbeit im Bergbau bis zum Jahre 1930. Nachdem er sodann 6 Jahre lang bis 1936 arbeitslos gewesen war, erhielt er nunmehr Arbeit in der Landwirtschaft.

Der Angeklagte hat sich seit dem Jahre 1930 mit der Literatur der Internationalen Vereinigung Ernster Bibelforscher beschäftigt und wurde Mitglied dieser Vereinigung. Er hat sich auch in der Folgezeit trotz Verbots dieser Vereinigung noch in ihr betätigt. Er ist deshalb durch Urteil des Sondergerichts Düsseldorf vom 11.12.1940 zu sechs Monaten Gefängnis verurteilt worden. Nach der Verbüßung der Strafe wurde er noch zwei Monate in Schutzhaft gehalten. Vor seiner Entlassung aus der Schutzhaft hat er eine schriftliche Erklärung dahin abgegeben, daß er sich künftig von jeder Betätigung als Bibelforscher fernhalten werde.

II. Der Angeklagte wurde im September 1943 zum Wehrdienst einberufen mit der Auflage, sich am 29.9.1943 bei dem Landesschützen-Ers.- und Ausb.-Batl.6 in Osnabrück zu melden. Er hat sich befehlsgemäß bei der Truppe gemeldet, jedoch am folgenden Tage erklärt, daß er jeden Wehrdienst ablehne. In seiner schriftlichen Eingabe vom 30.9.1943 hat er folgendes ausgeführt: 'Ich verweigere die Militärdienstpflicht aus dem Grunde, weil ich ein Zeuge für den Namen Jehova bin und [mich] verpflichtet habe, die Göttlichen Gesetze zu respektieren und sich von der Welt neutral zu verhalten; es steht geschrieben, Du sollst nicht töten.'

Bei dieser Verweigerung des Wehrdienstes ist der Angeklagte sowohl bei seiner Vernehmung durch seinen Kompaniechef, wie auch durch den Untersuchungsführer des Reichskriegsgerichts geblieben, obwohl er über die Folgen seines Verhaltens belehrt worden ist. Er hat dabei erneut zum Ausdruck gebracht, daß er es mit seinem Gewissen nicht vereinbaren könne, Wehrdienst zu leisten. Auch in der Hauptverhandlung vor dem Reichskriegsgericht ist der Angeklagte auf diesem Standpunkt verharrt. Er zeigte sich auch hier allen Belehrungen gegenüber, ihn zu einer anderen Auffassung zu bekehren, völlig unzugänglich; er erklärte, daß er den Wehrdienst in jeder Form ablehne. In seinem Schlußwort führte der Angeklagte aus, daß er den Wunsch habe, aus dieser Volksgemeinschaft auszuscheiden; deshalb wolle er sich auch nicht verteidigen.

III. Der Angeklagte ist als Reichsdeutscher wehrpflichtig. Durch seine Einberufung ist er vom Gestellungstage an Soldat geworden (21 des Wehrgesetzes). Er ist deshalb zum aktiven Wehrdienst verpflichtet. Dazu gehört der uneingeschränkte Dienst mit der Waffe... Die religiöse Überzeugung, die den Angeklagten zur Tat veranlaßt hat, schließt seine Schuld im Rechtssinne nicht aus. ...

IV. § 5 KSSVO. droht grundsätzlich die Todesstafe an. Nur in minder schweren Fällen kann auf eine Freiheitsstrafe erkannt werden. Ein solcher minderschwerer Fall liegt nicht vor. Der Angeklagte beharrt allen Belehrungen zum Trotz auf seinem Standpunkt und lehnt es ab, das deutsche Volk in seinem Daseinskampf zu unterstützen... Der Angeklagte verdient keine Milde. Auch in Anbetracht der seinem Verhalten innewohnenden gefährlichen Werbekraft ist aus Abschreckungsgründen die härteste Strafe geboten. Die Weigerung des Angeklagten ist eine ehrlose Handlung. Es waren ihm daher die bürgerlichen Ehrenrechte abzuerkennen. Gemäß § 31 MStGB war auf Verlust der Wehrwürdigkeit zu erkennen...

Der Präsident des Reichskriegsgerichts ... Torgau, den 12.1.1944

Bestätigungsverfügung. Ich bestätige das Urteil. Das Urteil ist zu vollstrecken / gez. Bastian, Admiral"

Handschriftlich ist hinzugesetzt: „Bemerkung: Das Urteil wurde am 4.2.1944 vollstreckt".

Hausfrau Erna Möhlendick: Hinrichtung in Plötzensee

Es wird nicht mehr zu klären sein, wie viele Fälle brutalen Mords durch das Naziregime an Menschen des Altkreises Moers begangen wurden. Zum Teil waren diese abgesichert durch eine scheinbar objektive „Rechtssprechung". Einer der verwerflichsten Fälle ist sicher jener von Erna Möhlendick, Mutter von vier Töchtern. 1904 in Homberg geboren, hatte sie 1928 den Fabrikarbeiter Friedrich Möhlendick geheiratet. Beide waren laut Wiedergutmachungsbehörde Mitglieder der SPD.[664]

Wenn ihr Mann nach Rußland käme, so sagte Frau Möhlendick Anfang 1944, müßte er sein Gewehr wegwerfen und sich für tot stellen. Wenn jeder Soldat so handeln würde, würde schnell der Krieg zu Ende sein. Sie bediente sich dann noch, wie das Gericht festhielt, mehrerer Schmähwörter auf Hitler, Göbbels und Göring. Für diese Äußerungen erhielt sie zwei Jahre sieben Monate Zuchthaus. Nach Einlegen der Revision durch den Staatsanwalt wurde das Verfahren dem Volksgerichtshof zur Weiterverhandlung übergeben. Ihr Mann hatte im September 1944 noch die Erlaubnis erhalten, anläßlich eines Fronturlaubs „ausnahmsweise" seine Frau im Gerichtsgefängnis zu besuchen, doch erreichte er sie dort nicht mehr. Dafür meldete sich Erna Möhlendick, nunmehr zum Tode verurteilt, am 19. November aus Berlin und flehte ihren Mann an, alles noch in seiner Macht Stehende zu tun. Als die Familie im Dezember nach Berlin kommt, ist Erna Möhlendick schon tot.

Am 8. Dezember hatte die 40jährige vor der Hinrichtung aus Berlin-Plötzensee, wo wenig zuvor viele Männer des 20. Juli hingerichtet wurden, ihre beiden letzten Briefe geschrieben. Ihre letzten Lebenszeichen sind so erschütternd und persönlich, daß wir sie nicht wiedergeben wollen.

6.7 Aktion „Gewitter": Die führenden Männer von 1945 werden im August 1944 verhaftet

Mündliche Berichte bezeugen eine Verhaftungswelle für Moers und den Altkreis im Gefolge des Attentats auf Adolf Hitler am 20. Juli 1944. So erzählt die damals 16jährige Tochter des Zentrumspolitikers Ernst Holla, Lene Ueffing:[665]

„Mein Vater wurde in der Bäckerei morgens um 6 Uhr abgeholt. Richtig wie ein Krimineller. Daß damit der Betrieb völlig unterbrochen war, interessierte die nicht. Meine Brüder und die Gesellen waren ja alle im Krieg. Meine Mutter war zu Tode erschrocken, mit ihr war die Tage nichts mehr anzufangen. Den ersten Tag verbrachte mein Vater im Moerser Gerichtsgefängnis in der Haagstraße. Dort befanden sich auch Rechtsanwalt Elmendorf, Johann Janssen, der spätere Stadtdirektor von Kamp-Lintfort, und Rektor Terheyden. Ich brachte meinem Vater das Essen bis an die Zellentür. Er hat aber kaum etwas gegessen. Janssen hatte mehr Appetit. Die Anschuldigung war, daß sich die Herren noch getroffen hatten, und wohl auch, daß sie sich auf eine Machtübernahme vorbereiteten. Von weiteren Verhaftungen – etwa Sozialdemokraten – haben wir nichts erfahren. Mein Vater war dann noch einen Tag in Krefeld und einen weiteren in Anrath im Gefängnis. Am dritten Tag hatte sie Kreisleiter Bubenzer wieder zurückgeholt. Das war genau am 26. August, einem Donnerstag."

Was keiner der Moerser, die von der Verhaftung ihrer Angehörigen berichteten, wußte: diese Aktion wurde reichsweit durchgeführt. Die Verhaftungen beruhten zumeist auf der „A-Kartei", die es nachweislich auch für den Kreis Moers gab.[666] Es ist die seit 1933 anläßlich des Volksentscheids über den Völkerbund verwendete Liste der „Staatsfeinde", wie sie in allen Städten nach bestimmten Richtlinien anzulegen war: „Organisation der karteimäßigen Erfassung der im Kriegsfall in Schutzhaft zu nehmenden Personen (A-Kartei); Statistiken und Listen der erfaßten Personen... Planung ihrer Festnahme und Unterbringung..."[667] In vielen Fällen wurde die Kartei auch 1939, bei Ausbruch des Krieges, und 1944/1945, vor dem Einmarsch der Alliierten, benutzt.

Eines der Opfer der reichsweiten Verhaftungswelle am selben Tag war der spätere Bundeskanzler Adenauer. In seiner Biographie von Hans-Peter Schwarz wird die historische Situation genau beschrieben:[668] Die Front in der Normandie ist zusammengebrochen, eine Woche lang existiert keine deutsche Westfront mehr, im Osten ereignet sich die Katastrophe der Heeresgruppe Mitte...

Vorübergehend verhaftet wurden in Moers auch mehrere Sozialdemokraten, darunter Peter Zimmer, Bernhard Jung und Emil Dörnenburg (den sein Sohn Emil „in einer Haftanstalt bei Mönchengladbach" besuchte).[669] In Kamp-Lintfort wurden zwei ehemalige Zentrumspolitiker festgenommen, Theodor Peters und Johann Paulus.[670]

Paul Gericke, damals stellv. Ortsgruppenleiter der NSDAP in Scherpenberg, hatte mehr erfahren:[671] „Die Gestapo in Düsseldorf holte im Kreis 20-30 Leute ab, darunter Ernst Holla, Peter Zimmer (ein guter Bekannter von Bubenzer), Tenbusch (ein ehemaliger Stadtrat, ein einfacher Arbeiter) und einen Mann aus der Sparkasse, der mit einer Jüdin verheiratet war. Bubenzer, der die Leute zurückholen wollte, rief alle Ortsgruppenleiter zusammen, und fragte: 'Habt ihr etwas gegen diese Leute vorzubringen?' Als sie nach drei Tagen zurück waren, sagte er ihnen: 'Diesen Leuten [d.h. den Ortsgruppenleitern] haben Sie Ihre Freilassung zu verdanken, sie haben sich für Sie eingesetzt."

Auch in Duisburg wurden mehrere Personen verhaftet, unter ihnen der Sekretär der katholischen Arbeiterbewegung Gottfried Könzgen (vgl. Kap. 6.2), der die anschließende KZ-Haft nicht überlebte.

Interessant im Rückblick, daß die Angehörigen der Opfer jeweils nur einen begrenzten Ausschnitt sahen, die Verhaftung in der eigenen Familie und vielleicht noch jene von unmittelbaren Parteifreunden. Ebenso interessant die Auswahl der von den Nazis festgesetzten Personen: es sind genau jene (aus den Eliten der Weimarer Zeit), die ein halbes Jahr später, in der „Stunde Null", mit den zurückkehrenden Verhafteten die Geschicke von Stadt und Kreis übernehmen werden.

6.8 Die Verfolgung und Vernichtung der Juden (Autor: Kurt Jakob)

Kaum jemanden konnte es überraschen, wenn neben den Kommunisten und den Sozialdemokraten die Juden als erste Ziel der nationalsozialistischen Verfolgung wurden. Schließlich war der Antisemitismus neben dem Antibolschewismus der zweite Eckpfeiler nationalsozialistischer „Ideologie". Bereits durch die Jahre der Weimarer Republik hindurch waren die Juden Zielscheibe rechter Propaganda gewesen, in diesen Kreisen galt die Weimarer Republik als „verjudet". Schon im Kaiserreich war der Antisemitismus alles andere als unbekannt gewesen. Aber erst recht nach der Revolution von 1918/19 und dem „Schmachfrieden" von Versailles hatte die Rechte in den Juden die Sündenböcke gefunden, die in ihrer Propaganda für alle Mißstände der Republik verantwortlich gemacht werden konnten.

Hitler war bekanntlich in diesem Sumpf von Antisemitismus groß geworden, gerade mit seiner antisemitischen Radikalität hatte er auf sich aufmerksam machen können. Schon in seinen frühen Schriften und Reden sprach er von einer „planmäßigen gesetzlichen Bekämpfung und Beseitigung der Vorrechte der Juden".[672] Bereits 1920 benutzte er die Forderung nach „Entfernung der Juden aus

Postkarte aus dem Kaiserreich

unserem Volke“[673]. Als er nach seinem gescheiterten Putsch vom November 1923 während der Festungshaft seine Weltanschauung in „Mein Kampf“ niederlegte, durften natürlich lange Ausführungen über die Juden – pseudo-wissenschaftlich verbrämt – nicht fehlen. Sie wurden hier in seiner Rassentheorie als „Parasiten“ und „Schmarotzer“ bezeichnet[674], die auch und gerade die „arische Herrenrasse“ in ihrer Existenz bedrohten. Folglich mußten die Juden im permanenten „Überlebenskampf der Rassen“ vernichtet werden.

Wahlplakat aus dem Jahr 1924

Zwar war Hitler zu Beginn der 20er Jahre noch ein politischer Außenseiter, aber auch die von Beginn der Republik im Reichstag vertretene DNVP – in Moers immer eine der stärksten Parteien – formulierte in ihrem Parteiprogramm aus dem Jahre 1920:

„Nur ein starkes deutsches Volkstum, das Art und Wesen bewußt bewahrt und sich von fremdem Einfluß freihält, kann die zuverlässige Grundlage eines starken deutschen Staates sein. Deshalb kämpfen wir gegen jeden zersetzenden, undeutschen Geist, mag er von jüdischen oder anderen Kreisen ausgehen. Wir wenden uns nachdrücklich gegen die seit der Revolution immer verhängnisvoller hervortretende Vorherrschaft des Judentums in Regierung und Öffentlichkeit ..."[675]

Überdies war in der alltäglichen politischen Auseinandersetzung die Tatsache, daß jemand Jude war, ein schlagkräftiges „Argument". So war um 1920/21 dieser Vers gegen Reichskanzler Wirth und gegen den dann tatsächlich ermordeten Außenminister Rathenau in nationalistischen Kreisen verbreitet:

Haut immer feste auf den Wirth,
Haut seinen Schädel, daß es klirrt.
Auch Rathenau, der Walter,
Erreicht kein hohes Alter.
Knallt ab den Walter Rathenau,
Die gottverfluchte Judensau![676]

Die Juden in Moers

In Moers hatten seit Jahrhunderten Juden gelebt. Wieweit sie in der Vergangenheit antisemitischen Pressionen ausgesetzt waren oder ob es in Moers davon relativ wenig gab, läßt sich kaum feststellen. Wohl kann man sagen, daß etwa seit der Jahrhundertwende, spätestens nach dem 1.Weltkrieg Juden in Moers scheinbar integriert, wenn nicht etabliert waren. Jedenfalls wurde seit den 90er Jahren des vorigen Jahrhunderts in verstärktem Maße Grundbesitz im Moerser Innenstadtbereich von Juden erworben. Vor 1933 lebten in Moers zwischen 200 und 250 Bürger jüdischen Glaubens. Eine Umfrage für statistische Zwecke über die Anzahl der jüdischen Bürger ergab 1928 für die Städte und Gemeinden des Kreises folgende Zahlen[677]:

Moers	244	Rheinhausen	57
Homberg	76	Kamp-Lintfort	38
Rheinberg	9	Orsoy	7
Alpen	33	Büderich	6
Kaldenhausen	4	Rheurdt	15
Neukirchen-Vluyn	8	Sonsbeck	10

Für Moers entsprach dies einem knappen Prozent der Bevölkerung, die Stadt lag damit etwa im Reichsdurchschnitt. Welch wichtige Rolle im Moerser Wirtschaftsleben dieses eine Prozent spielte, wird deutlich, wenn man sich bei einem Rundgang durch die Moerser Innenstadt vor Augen führt, wieviele jüdische Geschäfte es dort gab: Wenn man aus Richtung Hülsdonk oder Repelen kam, lag unmittelbar am Rande der Innenstadt an der Repelener Straße 2, dort wo sich heute das Möbelhaus Kleier befindet, ein Grundstück der Familie Salomon Kaufmann, deren Mitglieder als Viehhändler und Metzger tätig waren. In der Neustraße 35, heute Domizil des Sportamtes, wohnte Jakob Moses, ein weiterer Viehhändler. Das Gebäude gleich nebenan, Neustraße 33a, in dem sich heute ein Pelzgeschäft befin-

Der Viehhändler Leopold Moses mit seiner Tochter Hildegard vor seinem Haus Neustraße 36

det, war im Besitz von Dr. Julius Coppel, einem Tierarzt. Das Haus genau gegenüber, Neustraße 36, heute das Kinderausstattungsgeschäft „Storchennest", gehörte dem Viehhändler Leopold Moses. Weiter die Neustraße hinunter in Hausnummer 26, heute Herrenausstatter Reeker, hatte Alex Coppel sein Lebensmittelgeschäft. Kurz vor dem Neumarkt in der Neustraße 5, heute Teil des Modehauses Braun, hatte die bereits erwähnte Familie Kaufmann (Salomon Kaufmann mit seinen Söhnen Ernst und Karl) ihre Metzgerei. Gegenüber, Neustraße 10, heute im Bereich des Braunschen Kinderhauses, lag das Parfumgeschäft Louis Leyser. Daneben, Neustraße 6-8, befand sich das große Textilgeschäft der Brüder Paul und Walter Kaufmann. Mittlerweile steht dort ein neues modernes Geschäftshaus. In der Steinstraße befanden sich die meisten und bedeutendsten jüdischen Geschäftshäuser. Steinstraße 4, heute BB-Moden, war im Besitz der Eheleute Leopold Kaufmann. Die Geschäftsräume waren zuletzt an den ebenfalls jüdischen Schuhhändler Max Jakob Schmerler vermietet. Steinstraße 6, heute Langhardt-Lederwaren, war die Adresse des Textilgeschäfts Josef Leyser. In der Steinstr. 13, jetzt Reformhaus Plate, verkaufte Julius Bloch Tabakwaren und nebenher auch Straßenbahnfahrkarten und Lose. In der Steinstraße 19 hatte Jakob Leyser eine Metzgerei, und nebenan in Nr. 21 verkaufte Isaak Kaufmann Haus- und Küchengeräte sowie Eisenwaren aller Art. An der Stelle dieser beiden Häuser befindet sich jetzt das Möbelgeschäft Humpertz. Isaak Kaufmann gehörte auch das Gebäude Burgstraße 16. Ein Stück weiter an der Ecke Burgstraße (Steinstraße 33) lag das Schuhgeschäft Rosenberg, das im Besitz der Familie Kugelmann war. Zwei Häuser weiter, heute Metzgerei Peters, betrieb Hermann Kaufmann schon damals eine Metzgerei. Ihm gehörte auch das Haus Oberwallstraße 53. In der Steinstraße 43, heute Gerd Lang, war bereits damals ein großes Textilgeschäft beheimatet, nämlich das Herren- und Knabenbekleidungshaus Julius Busack. Das Haus nebenan, Steinstraße 45, heute Drogeriemarkt Fuchs und Schuhgeschäft Deichmann, gehörte den Brüdern Max und Josef Winter, die dort ein renommiertes Möbelgeschäft betrieben. Gegenüber in der Steinstraße 30 hatten, bis das Haus Ende der 20er Jahre an die Kaufhalle vermietet

Textilgeschäft Leyser an der Ecke Steinstraße/Altmarkt

Textilgeschäft Busack in der Steinstraße

wurde, die Brüder Cahn ein weiteres Textilgeschäft innegehabt. Daneben gab es noch in der Homberger Straße einzelne und im Bereich der Altstadt, also in der Kirchstraße, der Friedrichstraße und der Pfefferstraße und auch in der Niederstraße eine ganze Reihe meist kleinerer jüdischer Geschäfte. Sie alle aufzuzählen, würde den Rahmen dieses Kapitels sprengen. Ebenso können hier nicht die jüdischen Geschäfte in den anderen Städten und Gemeinden des Kreises genannt werden, stellvertretend möchten wir die großen Textil- und Bekleidungshäuser Zander in Kamp-Lintfort und Wallach in Rheinhausen erwähnen.

Metzgermeister Hermann Kaufmann vor seinem Geschäft in der Steinstraße

Grundsätzlich spielten die Juden in Moers – wie auch andernorts – im Wirtschaftsleben eine wichtige Rolle, ohne dabei eine beherrschende Rolle zu übernehmen. Dies gilt auch für die Branchen, in denen sie als Folge jahrhundertelanger Einschränkung ihrer Erwerbsmöglichkeiten überrepräsentiert waren. Insgesamt waren die jüdischen Geschäftsleute in Moers angesehene Bürger, ihre Geschäfte gingen gut. So war das Möbelhaus Winter wohl das führende Geschäft seiner Branche, schon in den 20er Jahren mit fünf Ausstellungs- und Verkaufsetagen und mit einem Aufzug ausgestattet. Die Textilhändler Busack, Leyser und Gebrüder Kaufmann gehörten zu den größten Geschäften in der Moerser Innenstadt. Bei Isaak Kaufmann ging man davon aus, daß man bei ihm jede Schraube oder jedes andere Kleineisenteil erhalten konnte. Der Metzger Kaufmann in der Neustraße war in ganz Moers für seine polnischen Würste bekannt. Nicht zuletzt wurde Dr. Coppel als Tierarzt von den Bauern der Umgebung geschätzt.Allgemein waren die Juden als ehrbare und fleißige Leute angesehen, auch ihr nicht-jüdisches Personal war bei ihnen mit Arbeitsklima und Bezahlung zufrieden.[678] Ein Mann wie Isaak Kaufmann war hochgeachtet, 13 Jahre lang hatte er der Moerser Stadtverordnetenversammlung, dem Stadtrat, angehört. Als er 1931 85 Jahre alt wurde, erhielt er Glückwünsche vom Reichspräsidenten. „Der Grafschafter" widmete dem Ereignis einen würdigenden Artikel.[679] Die Juden gehörten zum Moerser Leben. Sie gehörten Sportvereinen an wie die fünf Söhne von Isaak Kaufmann, er selber war sogar Ehrenmitglied des Moerser Turnvereins, oder sie unterstützten die Vereine sogar finanziell wie der Schuhhändler Schmerler, der dem Grafschafter Spielverein Spenden zukommen ließ.[680] Auch in anderen Vereinen wie Gesangverein, Schützenverein, Kriegerverein oder auch in der Feuerwehr waren Juden integrierte Mitglieder. In verschiedenen Handwerkerinnungen gehörten Juden dem Vorstand an.[681] Und auch das gab es: Bei „Jüll", dem jüdischen Tabakwarenhändler Julius Bloch, trafen sich jeden Mittag um 12 Uhr der Optikermeister Kaiser, der Apotheker Heuer und der jüdische Geschäftsführer der Kaufhalle, Julius Salm, auf eine Zigarre oder eine Pfeife, um die neuesten Neuigkeiten auszutauschen.[682]

Moers – eine judenfreundliche Idylle?

Und doch – trotz dieser scheinbaren Idylle – gab es ihn, einen latenten spießbürgerlichen Antisemitismus. Ihn greifbar zu machen, ist allerdings ein schwierigeres Unterfangen. Allein die Schändung des jüdischen Friedhofs in der Nacht zum Karfreitag des Jahres 1927 ist sicher kein Beweis. Aber schon die Art und Weise, in der die Ermittlungen geführt wurden, ist bezeichnend. Der Kriminalbeamte Imig schreibt in seinem Bericht, „daß der Friedhof einen schauderhaft verwüsteten Anblick darbot." Es waren 28 Grabsteine umgeworfen und beschädigt worden. Imig führt weiter aus: „Der Schaden, welcher verursacht worden ist, war noch nicht zu übersehen. Auch ließ sich noch nicht feststellen von welcher Seite und aus welchen Motiven die Tat ausgeführt worden ist." Aber man muß sich doch wohl kaum fragen, welche Motive und welche Seite für die Tat in Frage kamen. „Energische Ermittelungen sind im Gange", schließt Imig seinen Bericht.[683] Nach welchen Richtungen mag dann wohl gesucht worden sein? Von „energischen Ermittelungen" ist jedenfalls nichts festzustellen. Der oder die Täter wurden nie gefaßt, in den Akten fehlt sogar jeder weitere Hinweis auf konkrete Untersuchungen – und das bei einem Mann wie Imig, der später bei der Bespitzelung Andersdenkender und bei der Verfolgung der Juden besondere Akribie und Unnachsichtigkeit walten ließ.

Auch in der Tatsache, daß der Moerser Tennisclub TC 08 und ebenso die Societät keine Juden aufnahmen[684], läßt sich erkennen, daß trotz aller scheinbaren Integration der Juden gerade im gehobenen Bürgertum erhebliche Vorbehalte vorhanden waren. Daß darüber hinaus die gängigen Vorurteile in Moers wie anderswo weit verbreitet waren, daß z.B jemand „ein richtiger Jud" war, wenn er besonders

Der 1927 geschändete jüdische Friedhof in Moers

geschäftstüchtig war, ließe sich an Dutzenden von Beispielen belegen. Einen Überblick über antijüdische Ausdrücke, Redensarten und Verse im niederrheinischen Sprachgut gibt ein zweieinhalbseitiger Artikel im Heimatkalender des Jahres 1943. Dort heißt es u.a.: „Juden, das sind Sünder / schlachten Christenkinder / schneiden ihnen die Hälse ab / das verdammte Judenpack“[685]. Sicher muß man einen solchen Propagandaartikel mit Abstrichen versehen, aber das Material war sichtlich nicht aus der Luft gegriffen. Nur im proletarischen Meerbeck, so wird immer wieder von jüdischen Zeitzeugen hervorgehoben, gab es diesen Antisemitismus nicht. Den sichersten Beleg für sein Vorhandensein in der Innenstadt liefern die Entwicklungen nach der braunen „Machtergreifung“. Denn es gab offensichtlich nur bei wenigen Moerser Bürgern Schwierigkeiten, sich nach der „nationalen Erhebung“, wie die Nazis ihre Machtübernahme so gerne nannten, auf die neuen Verhältnisse – auch in Bezug auf die Juden – einzustellen. Im Gegenteil, in Gesprächen mit ehemaligen jüdischen Bürgern von Moers wird immer wieder deutlich, daß sie und ihre Familien die Verhältnisse in der Enge der hiesigen Kleinstadt als eindeutig noch schlimmer und bedrückender empfanden, als dies bei ihren Verwandten in größeren Städten wie Krefeld der Fall war. Jedenfalls wehte quasi über Nacht ein anderer Wind. Von heute auf morgen hieß das Motto nun Ausgrenzung und Diskriminierung statt Integration und Respekt, auch wenn viele Juden noch nicht glaubten oder glauben konnten oder wollten, daß die Verhältnisse so bleiben bzw. noch schlimmer werden würden. Sie fühlten sich ganz allgemein zu sehr als Deutsche, als Teil eines Volkes, für das sie als Kriegsteilnehmer ihre Haut zu Markte getragen hatten und für das Väter, Brüder, Söhne ihr Leben gelassen hatten. Dieser Glaube sollte für viele zur tödlichen Falle werden.

Zunächst einmal änderte sich das Leben der Juden „nur“ im kleinen, im Verhalten der nicht-jüdischen Umwelt. Nun konnte es geschehen, daß die SA grölend an der Synagoge vorbeizog, wenn die jüdische Gemeinde ihren Gottesdienst abhielt.[686] Arthur Moser mußte als Schüler des Adolfinums erfahren, daß seine Deutschaufsätze plötzlich nichts mehr wert, nur noch „Mist“, waren[687]. Esther Winter mußte schmerzhaft feststellen, daß ihre Klassenkameradinnen am Lyzeum sich nun von ihr fernhielten. Besonders in Erinnerung sind ihr ihre Freundinnen Hilde Schmidthuysen und Hermine Händeler, die sich von ihr zurückziehen mußten, weil ihre Väter als Angehörige des öffentlichen Dienstes, der eine als Polizist, der andere als Postbote, einen entsprechenden Wink von „oben“ bekamen. Schon seit dem Frühjahr 1933 konnten es „arische“ Kinder oder Jugendliche nicht mehr wagen, sich mit jüdischen Freunden sehen zu lassen[688].

Dabei setzte der 1. April 1933 einen ersten Markstein für die weitere Entwicklungen. Für das ganze Reichsgebiet wurde dieses Datum angeblich als Reaktion auf „ausländische Greuelpropaganda“ zum Tag des „deutschen Boykotts“ der jüdischen Geschäfte erklärt. Dieser Boykott fand auch in Moers statt – allerdings mit einem kleinen Unterschied zu anderen Städten: In Moers dauerte dieser Tag eine ganze Woche. Bereits am 29. März 1933 meldete Bürgermeister Eckert an den Landrat: „Gestern Nachmittag (also schon am 28. März!) wurden von der S.A. und der S.S. sämtliche jüdischen Geschäfte zum Schließen veranlaßt. Zu Zwischenfällen ist es hierbei nicht gekommen.“[689] Bemerkenswert ist auch hier, wie sehr sich der doch noch demokratisch gewählte Bürgermeister zwei Monate nach der Machtergreifung den neuen Verhältnissen angepaßt hatte. Das Ereignis war für ihn offensichtlich ein rein technischer Vorgang, der nur diese nüchterne Mitteilung

Der Grafschafter vom 3. April 1933

Der Tag des Boykotts in Moers.

Am Samstag abend, am Tage des allgemeinen deutschen Boykotts gegen die ausländische, jüdische Greuelhetze, veranstaltete die NSDAP im Moerser Stadtgebiet einen stattlichen Demonstrationszug. Die jüdischen Geschäfte waren von morgens 10 Uhr ab freiwillig geschlossen worden. Nachdem kurz vor 6 Uhr bei Steinschen gesammelt worden war, bewegte sich der große Zug, voraus die SS., dann folgend die Abteilungen der SA., SA-Reserve mit den Hakenkreuzfahnen, die Abordnungen der Beamten der Betriebe und städtischen Verwaltung, unter den Klängen der schneidigen SA-Kapelle und Gesang durch die Straßen der Stadt, die besonders im Zentrum von einer dichten Menschenmenge umsäumt waren. Der Marsch der NSDAP wurde trotz des zeitweise niedergehenden Regens in straffer Disziplin durchgeführt.

wert war. Wie sehr im übrigen die Moerser Parteileitung in ihrem Tatendrang höherer Weisung vorauseilte, belegt die Tatsache, daß die Richtlinien für das Verhalten der Polizei während des Boykotts kurioserweise erst am 2. April per Polizeifunkdienst eintrafen[690]. Die Meldung des „Grafschafter“ deutet ebenfalls bereits auf eindeutige Zustimmung sowohl des Lokalblatts als auch breiter Bevölkerungskreise hin:[691]

Die folgenden Wochen brachten die erste Stufe der auch formalen Entrechtung der Juden mit sich: Am 7. April 1933 wurde das „Gesetz zur Wiedereinführung des Berufsbeamtentums“ erlassen. Damit war die Handhabe gegeben, neben politisch Mißliebigen auch „Nicht-Arier“ aus dem öffentlichen Dienst zu entfernen. Davon betroffen waren von den Moerser Juden Hermann Moses, der von den Stadtwerken entlassen wurde[692], und Kurt Berkley, der seine Anstellung als Gerichtreferendar in Xanten verlor[693]. Am 22. April 1933 folgte die nächste gesetzliche Maßnahme. Den jüdischen Ärzten wurde per Verordnung des Reichsarbeitsministers die Kassenzulassung entzogen. Am 25. April schließlich wurden die Juden durch den sogenannten „Arier-Paragraphen“ aus allen Sportvereinen ausgeschlossen und die Aufnahme von Juden an höheren Schulen und Universitäten begrenzt.

Diese Ereignisse bewirkten schon zu diesem frühen Zeitpunkt die erste kleinere Fluchtwelle jüdischer Bürger. Im Laufe der Jahre 1933 und 1934 verließ mindestens ein gutes Dutzend von ihnen Moers, die meisten von ihnen in Richtung Ausland. Unter ihnen war die damals achtzehnjährige Esther Winter. Ihr Vater Max, Mitinhaber des Möbelgeschäftes auf der Steinstraße, nahm sie aus der Unterprima des Lyzeums und schickte sie nach London, wo sie dann ihr Abitur machte[694].

In der Folgezeit verschlechterten sich die Lebensumstände für die Juden zusehends. Die jüdischen Geschäftsleute gerieten immer mehr in wirtschaftliche Schwierigkeiten. Die Propaganda der braunen Machthaber, aber auch handfeste Maßnahmen führten zu einem kaum zu verkraftenden Rückgang der Geschäfte. So wurden z.B. die staatlichen Ehestandsdarlehen nicht gewährt, wenn die Brautleute Möbel oder sonstigen Hausrat „beim Juden“ kauften. Dies spürten u.a. die

Aus der Gestapo-Akte Karl Kaufmann: Der Text des mit Grünkohlblättern umrankten Schaufenster-Plakats „eine getarnte Verächtlichmachung der Saarbefreiungsfeier"

Moers, den 2. März 1935.

Vorlage.

Aus Anla ss der Saarbefreiungsfeier war am 1.3.1935 das Schaufenster der Metzgerei Gebrüder Kaufmann, hier, Adolf Hitlerstr. wie folgt dekoriert:

In demselben lag ein Plakat in Grösse 50 mal 50 cm mit der Aufschrift:

1919
Die Saar war deutsch!
1920 - 1934
Die Saar: doch deutsch!
13. Januar 1935
Die Saar bleibt deutscht!
1. März 1935
Die Saar istf frei!

Dieses Plakat war eingesäumt mit Grünkohlblätter. Sinnbildlich dargestellt mit der hier üblichen Aussprache "es ist Kohl" (Es ist Lüge und Schwindel)

Die Bevölkerung erblickte hierin eine getarnte Verächtlichmachung der Saarbefreiungsfeier und ist daher im Interesse der öffentlichen Ruhe und Sicherhei das fragliche Plakat mit den Kohlblättern aus dem Schaufenster entfernt und hier sichergestellt worden.

Gebrüder Winter beim Umsatz ihres Möbelgeschäftes sehr deutlich. Sie versuchten zunächst noch, die Zurückhaltung der „arischen" Kunden dadurch abzuwenden, daß sie nun ihre Möbel mit einem Lieferwagen ohne Firmenbeschriftung auslieferten[695]. Aber solche oder ähnliche Maßnahmen nützten nur wenig. Viele der Inhaber ehemals gut gehender Geschäfte mußten sich nun verschulden, um den Forderungen ihrer Lieferanten oder auch des Finanzamtes nachkommen zu können[696]. Ein besonderes „Vergnügen" war es natürlich, wenn man als jüdischer Metzger wie die Brüder Kaufmann auf der Neustraße einen „arischen" Konkurrenten genau gegenüber hatte. Dann kam es vor, daß die wenigen Kunden, die man noch hatte, von der Gestapo vorgeladen und belehrt wurden[697]. Dies war in diesem Fall ja auch besonders angezeigt, da Karl Kaufmann auch noch ein Jude war, der es gelegentlich wagte, deutlich seine Meinung kundzutun, mit der Folge, daß von der Gestapo vermerkt wurde, daß er „als unverbesserlicher Meckerer in der Bevölkerung von Moers bekannt" sei[698]. Folgerichtig versuchten die Machthaber, ihm etwas anzulasten. Der erste Versuch schlug zwar noch fehl, er entbehrt aber nicht einer gewissen Komik. Zur Saarbefreiungsfeier am 1. März 1935 hatte Kaufmann, ebenso wie seine fünf Brüder Weltkriegsteilnehmer und Inhaber des EK II und des Ehrenkreuzes für Frontkämpfer, ein durchaus patriotisches Plakat ins Schaufenster gestellt und mit Grünkohlblättern umrankt. In dieser Dekoration erblickte die Polizei – hier entwickelte Kriminal-Bezirkssekretär Imig sehr viel mehr Phantasie und Tatkraft als bei der Schändung des jüdischen Friedhofs 1927 – "eine getarnte Verächtlichmachung der Saarbefreiungsfeier"[699]. Allerdings blieb Kaufmann diesmal noch ungeschoren, da man ihm seine Einlassung nicht widerlegen konnte, daß er kein anderes Dekorationsmaterial gehabt habe und daß er auch in keiner Weise daran gedacht habe, daß Kohl als Sinnbild für Lüge und Schwindel verstanden werden könne[700]. Eine neue Gelegenheit, gegen Kaufmann vorzugehen, bot sich aber schon bald. Am 25.6.35 wurde er in „Schutzhaft" genommen, weil er einen Monat zuvor, am 27. Mai 35, auf der Kapellener Kirmes geäußert haben sollte: „In Deutschland sehe es augenblicklich sehr schlecht aus, es kann nicht mehr lange so bleiben. Wehe, wenn sich das Blättchen mal wendet, ich möchte es nicht erleben, wenn die Juden wieder ans Ruder kommen."[701] Von der Ermittlungsbehörde wurde dies so bewertet: „Seine Bemerkung, (...), ist derart aus Verlangen nach Rache und Vergeltung gemacht, daß sie unter keinen Umständen straflos hingenommen werden kann."[702] Zwar lehnte der Haftrichter die Ausstellung eines Haftbefehls ab, aber es gab ja das beliebte Mittel der „Schutzhaft". Man brauchte nur zu behaupten: „Sein Verhalten (...) hat eine große Verbitterung in weiten Kreisen der Bevölkerung hervorgerufen, so daß z.Zt. immer noch eine ernstliche Gefahr für die Sicherheit des K. besteht."[703] Kaufmann wurde ins KZ Esterwegen überführt und erst nach fünf Monaten auf Probe wieder entlassen.

Dies ist nur ein Beispiel dafür, wie die braunen Machthaber die Juden im kleinen bespitzelten (oder bespitzeln ließen) und schikanierten. Vor größeren, reichsweiten Maßnahmen schreckten sie nach dem Boykott vom 1.4.1933 allerdings vorerst zurück. Auch öffentlich sichtbare Aktionen einzelner gegen jüdische Einrichtungen waren nun verpönt, denn offensichtlich gab es zu diesem frühen Zeitpunkt nichts, was das NS-Regime mehr gefürchtet hätte, als negative Reaktionen der Auslandspresse. Dies wird mehr als deutlich in der Urteilsbegründung, die der Moerser Amtsgerichtsdirektor Hofius als Vorsitzender Richter im Prozeß gegen vier SA-Männer schrieb, die in der Nacht vom 1. zum 2. Februar 1935 in angetrunkenem Zustand auf dem jüdischen Friedhof von Orsoy Grabsteine beschädigt und zerstört hatten:

„Wäre der vorliegende Fall einer gewissen Auslandspresse zur Kenntnis gekommen, würde sie gewiß nicht davor zurückgeschreckt sein, ihn gegen Deutschland weidlich auszuwerten. Die Gefahr einer solchen Auswertung wäre aber auch dann gegeben, würde das Gericht nicht durch die Strafzumessung zum Ausdruck bringen, daß der verantwortungsbewußte Volksgenosse für ein derartiges Tun keinerlei Verständnis hat und es restlos ablehnt."[704]

Der Begründung entsprechend wurden harte Strafen ausgesprochen. Drei der Angeklagten erhielten Gefängnisstrafen zwischen fünf und neun Monaten, der vierte eine Geldstrafe von 300 RM. Allerdings wurden, nachdem für die Öffentlichkeit der Tat Genüge getan war, durch den Reichsminister der Justiz die Gefängnisstrafen auf zwei bzw. vier Monate, die Geldstrafe auf 100 RM reduziert.

Im übrigen enthielt die Urteilsbegründung den für den Nationalsozialismus typischen Zynismus, den offensichtlich mittlerweile auch die Justiz verinnerlicht hatte:

„Abgelehnt wird das Judentum als (...) nicht erwünschter Fremdkörper innerhalb unseres Volkes. Die Zurückdrängung des einzelnen Juden kann daher nur soweit gehen, als dies zur Erreichung des Gesamtziels, eben zur Zurückdrängung der jüdischen Einflußnahme auf das deutsche Volksleben schlechthin erforderlich ist. Daß damit aber die Verletzung der Ruhe eines toten Juden nichts mehr zu tun hat, ja solche Verletzung geradezu geeignet ist, dem Deutschen Volk größten Schaden zuzufügen, hätten auch die Angeklagten einsehen müssen."[705]

Die Verfolgung und Drangsalierung bezog sich also nur auf die Lebenden, ihre Rechte und ihre Würde galten bereits nichts mehr. Erst nach dem Tode kamen einem Juden die Rechte zu, die in einem zivilisierten Land normalerweise für alle gelten.

In die gleiche Richtung geht eine Verlautbarung der Kreisleitung der NSDAP, nachdem im August 1935 SA-Männer die Fensterscheiben einiger jüdischer Geschäfte in Moers eingeworfen hatten. Nun hieß es, die „Bewegung" vergreife sich nicht an „toten Gegenständen". Statt dessen werde die Auseinandersetzung mit dem Judentum mit „geistigen Waffen" geführt.[706]

Der an dem Übergriff beteiligte SA-Mann Wilhelm G. wurde daraufhin wegen parteischädigenden Verhaltens für sieben Tage in Schutzhaft genommen. Dem Haftrichter brauchte er nicht vorgeführt zu werden, da ein Strafantrag durch die Geschädigten nicht gestellt wurde.[707]

Vier Wochen später zeigte das Regime, welche „geistigen Waffen" es zur Hand hatte: Die Nürnberger Gesetze legten nun auch formal fest, was in der Praxis längst Realität war: die Juden waren in Deutschland Menschen zweiter Klasse, Menschen mit eingeschränkten Rechten bzw. ohne Rechte. Die Nürnberger Gesetze vom 15. September 1935, d.h. das Reichsbürgergesetz und das „Gesetz zum Schutz des deutschen Blutes und der deutschen Ehre", entzogen ihnen zunächst die Reichsbürgerschaft, d.h. sie waren nur noch deutsche Staatsangehörige, keine Reichsbürger mehr, und das politische Stimmrecht, soweit es dies noch gab; Ehen zwischen Juden und „Ariern" wurden verboten[708]. Vor allem das Reichsbürgergesetz bot die Möglichkeit, in der Folgezeit mit einfachen Ergänzungsverordnungen die Rechte der Juden immer weiter einzuschränken. Im Laufe der Jahre bis zur „Endlösung" wurden 13 solcher Ergänzungsverordnungen erlassen. Mit ihrer Hilfe wurden den Juden nach und nach sämtliche Lebensgrundlagen genommen. Zu-

Der Grafschafter vom 20. August 1935

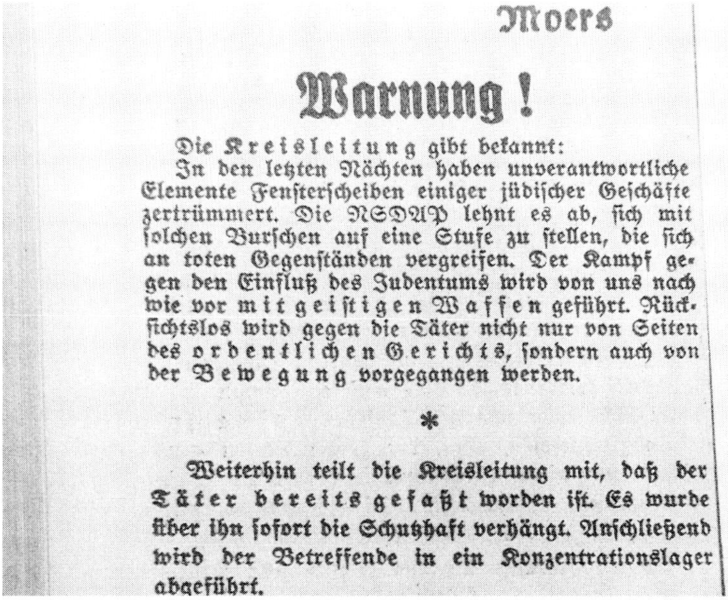

Moers

Warnung!

Die Kreisleitung gibt bekannt:
In den letzten Nächten haben unverantwortliche Elemente Fensterscheiben einiger jüdischer Geschäfte zertrümmert. Die NSDAP lehnt es ab, sich mit solchen Burschen auf eine Stufe zu stellen, die sich an toten Gegenständen vergreifen. Der Kampf gegen den Einfluß des Judentums wird von uns nach wie vor mit geistigen Waffen geführt. Rücksichtslos wird gegen die Täter nicht nur von Seiten des ordentlichen Gerichts, sondern auch von der Bewegung vorgegangen werden.

*

Weiterhin teilt die Kreisleitung mit, daß der Täter bereits gefaßt worden ist. Es wurde über ihn sofort die Schutzhaft verhängt. Anschließend wird der Betreffende in ein Konzentrationslager abgeführt.

nächst wurde ihnen die Ausübung aller freien Berufe untersagt, später durften sie nicht mehr Ladeninhaber, selbständige Kaufleute oder Leiter eines Unternehmens sein. Als Mieter verloren sie den Kündigungsschutz, sie durften Bäder, Theater, Konzerte, Kinos nicht mehr besuchen, die Benutzung öffentlicher Verkehrsmittel wurde untersagt, sie mußten Radiogeräte, Schreibmaschinen, Fahrräder, Kraftfahrzeuge etc. abliefern.

Und natürlich gab es unter den Juden Versuche, ihren Besitz zu retten. Dr. Coppel z.B. versuchte in der Hoffnung auf bessere Zeiten, die Beschlagnahme seines Autos dadurch zu verhindern, daß er es aufgebockt zwischen anderen kriegsbedingt stillgelegten Fahrzeugen der benachbarten Tankstelle und nicht in seiner Garage abstellte. Und tatsächlich verblieb es dort, bis kurz nachdem er deportiert worden war.[709] Weniger Glück hatte der Metzger und Viehhändler Steinmann, der an der Ecke Neumarkt/Niederstraße wohnte. Er schickte eines Abends im Schutze der Dunkelheit seine Tochter Erna zu seinem Nachbarn in die Niederstraße, dem christlichen Metzger Ott, mit der Bitte, die großen Schlachtermesser in Verwahrung zu nehmen, die die Juden nun ebenfalls nicht mehr besitzen durften. Das Mädchen wurde aber abgewiesen, die Nachbarn hatten zu viel Angst davor, irgend etwas mit Juden zu tun zu haben.[710]

Der Zugang zu den höheren Schulen wurde schließlich ganz gesperrt, die jüdischen Volksschulen selbstverständlich nicht mehr aus öffentlichen Mitteln gefördert, d.h. die jüdischen Gemeinden mußten für die Kosten der jüdischen Volksschulen vollständig selber aufkommen[711].

12a. Gesetz zum Schutze des deutschen Blutes und der deutschen Ehre

Vom 15. September 1935 (RGBl. I S. 1146)

Durchdrungen von der Erkenntnis, daß die Reinheit des deutschen Blutes die Voraussetzung für den Fortbestand des Deutschen Volkes ist, und beseelt von dem unbeugsamen Willen, die Deutsche Nation für alle Zukunft zu sichern, hat der Reichstag einstimmig das folgende Gesetz beschlossen, das hiermit verkündet wird:

§ 1. [Ehen zwischen Juden und Ariern] I [1] Eheschließungen zwischen Juden und Staatsangehörigen deutschen oder artverwandten Blutes sind verboten. [2] Trotzdem geschlossene Ehen sind nichtig, auch wenn sie zur Umgehung dieses Gesetzes im Ausland geschlossen sind.

II Die Nichtigkeitsklage kann nur der Staatsanwalt erheben.

§ 2. Außerehelicher Verkehr zwischen Juden und Staatsangehörigen deutschen oder artverwandten Blutes ist verboten.

§ 3. [Arierinnen in jüdischen Haushalten] Juden dürfen weibliche Staatsangehörige deutschen oder artverwandten Blutes unter 45 Jahren in ihrem Haushalt nicht beschäftigen.

§ 4. I **[Reichsflagge]** Juden ist das Hissen der Reichs- und Nationalflagge und das Zeigen der Reichsfarben verboten.

II **[Jüdische Farben]** [1] Dagegen ist ihnen das Zeigen der jüdischen Farben gestattet. [2] Die Ausübung dieser Befugnis steht unter staatlichem Schutz.

§ 5. [Strafvorschriften] I Wer dem Verbot des § 1 zuwiderhandelt, wird mit Zuchthaus bestraft.

II Der Mann, der dem Verbot des § 2 zuwiderhandelt, wird mit Gefängnis oder mit Zuchthaus bestraft.

III Wer den Bestimmungen der §§ 3 oder 4 zuwiderhandelt, wird mit Gefängnis bis zu einem Jahr und mit Geldstrafe oder mit einer dieser Strafen bestraft.

§ 6. [Durchführungsvorschriften] Der Reichsminister des Innern erläßt im Einvernehmen mit dem Stellvertreter des Führers und dem Reichsminister der Justiz die zur Durchführung und Ergänzung des Gesetzes erforderlichen Rechts- und Verwaltungsvorschriften.*

---

* Die vom Führer und Reichskanzler erlassene **Erste Ausführungsverordnung vom 14. November 1935** (RGBl. I S. 1334) i. d. F. d. ErgVO vom 16. Februar 1940 (RGBl. I S. 394) lautet:

§ 1. I [1] Staatsangehörige sind die deutschen Staatsangehörigen im Sinne des Reichsbürgergesetzes.

II Wer jüdischer Mischling ist, bestimmt § 2 Abs. 2 der Ersten Verordnung vom 14. November 1935 zum Reichsbürgergesetz (Reichsgesetzbl. I S. 1333).

III Wer Jude ist, bestimmt § 5 der gleichen Verordnung.

§ 2. Zu den nach § 1 des Gesetzes verbotenen Eheschließungen gehören auch die Eheschließungen zwischen Juden und staatsangehörigen jüdischen Mischlingen, die nur einen volljüdischen Großelternteil haben.

§ 3. I [1] Staatsangehörige jüdische Mischlinge mit zwei volljüdischen Großeltern bedürfen zur Eheschließung mit Staatsangehörigen deutschen oder artverwandten Blutes oder mit staatsangehörigen jüdischen Mischlingen, die nur einen volljüdischen Großelternteil haben, der Genehmigung des Reichsministers des Innern und des Stellvertreters des Führers oder der von ihnen bestimmten Stelle.

II Bei der Entscheidung sind insbesondere zu berücksichtigen die körperlichen, seelischen und charakterlichen Eigenschaften des Antragstellers, die Dauer der Ansässigkeit seiner Familie in Deutschland, seine oder seines Vaters Teilnahme am Weltkrieg und seine sonstige Familiengeschichte.

III Der Antrag auf Genehmigung ist bei der höheren Verwaltungsbehörde zu stellen, in deren Bezirk der Antragsteller seinen Wohnsitz oder gewöhnlichen Aufenthalt hat.

Die Nürnberger Gesetze

Teure jüdische Schüler

Die jüdische Volksschule in Moers hatte bereits 1932 ihre angestammten Räumlichkeiten am Neumarkt (heute im Bereich des Einkaufszentrums Neumarkteck) verlassen müssen, weil die Besitzer des Hauses den Mietvertrag gekündigt hatten. Die Schule wurde nun zunächst für zwei Jahre in einem Raum der Ohl-Schule an der Diergardtstraße untergebracht, dann nach wiederholtem Protest des Schulleiters in der Tannenbergschule[712]. Während der Diskussion über die weitere Zukunft der jüdischen Schule stellte die Moerser Stadtverwaltung 1935 eine Kostenrechnung auf:

„Die Durchschnittskosten betragen für einen christlichen Volksschüler ... 61.35 RM. Die Durchschnittskosten betragen für einen jüdischen Volksschüler 144,56 RM. ... Diese hohen Zuschußbeträge erfordern die Nachprüfung der Fragen: Ist die Stadtverwaltung in der jetzigen Zeit noch verpflichtet, Zuschüsse zu den Unterhaltungskosten der jüdischen Schule zu zahlen? Kann die jüdische Schule nicht aufgelöst werden? Muß die Stadtverwaltung zum Religionsunterricht der jüdischen Kinder noch Zuschüsse zahlen?"[713]

Hier wird mit keinem Wort erwähnt, daß es ja nur wenige jüdische Schüler gab und die Durchschnittskosten somit naturgemäß erheblich höher lagen. Schließlich wurde die Schule zu Ostern 1936 in die Matthecksiedlung verlegt. Als Begründung wurde von Kreisschulrat Meyer an die Regierung in Düsseldorf mitgeteilt, daß es zu einem gewissen „Kriegszustand" zwischen den jüdischen Schülern und den Schülern der Tannenbergschule und der benachbarten Alexanderschule gekommen sei. Es sei daher notwendig geworden, die jüdischen Kinder zu isolieren und ihre Schule zu verlegen[714]. Die jüdischen Kinder mußten nun bis zur Schließung der Schule im September 1939 täglich den beschwerlichen Weg von der Moerser Innenstadt, wo ja fast alle wohnten, in die rund zwei Kilometer außerhalb liegende Matthecksiedlung auf sich nehmen.

Der „Grafschafter" beteiligt sich aktiv an der Hetze

Begleitet wurde der zunehmende Druck auf die Juden in Form von staatlichen Verordnungen und behördlicher Willkür durch eine verstärkte Propagandatätigkeit, an der sich auch „Der Grafschafter" fleißig und tatkräftig beteiligte. Seit der offensichtlich problemlosen Gleichschaltung der Lokalzeitung wurden nicht nur die Erklärungen der Kreisleitung NSDAP abgedruckt oder detailliert über Propagandaveranstaltungen der Partei berichtet, sondern auch die redaktionellen Eigenbeiträge lagen uneingeschränkt auf der Linie des Regimes. Es läßt sich heute kaum mehr feststellen, wieviele Schulungsabende oder Vorträge parteiintern oder öffentlich seit 1933 zur „Aufklärung" über den Einfluß des Judentums und seiner Bekämpfung stattgefunden haben. Aber es ist deutlich zu bemerken, daß „Der Grafschafter" ab etwa 1937 vermehrt und ausführlich darüber berichtete. Dabei war die Rede von der „zersetzenden und vernichtenden Wühlarbeit des internationalen Judentums" und von seinen „heimtückischen Angriffen"[715] oder davon, daß „der Jude es verstanden hat, sich Könige und Fürsten abhängig zu machen und in alle Gebiete des öffentlichen und kulturellen Lebens einzudringen"[716]. Ein anderes Mal wird von der „Weltpest des Judentums" gesprochen und über „die rassisch bedingte moralische Skrupellosigkeit des Juden, demgegenüber kein Mitleid – auch nicht gegenüber dem sogenannten 'anständigen' Juden – angebracht sei."[717] In einem Vortrag über Juden, Araber und Engländer in Palästina – Überschrift im

„Grafschafter": „Mord und Brand im heiligen Land" – hieß es: „In knapp zehn Jahren haben die Juden fast sämtlichen fruchtbaren Boden in Palästina an sich gebracht. Tel-Aviv, nach London und Newyork die größte Judenstadt der Welt, ist eine der Metropolen, auf deren Existenz und auf deren prunkhaften, aus ergaunertem Gelde ermöglichten Aufbau sie sich maßlos zugute tun."[718]

Bei den soweit zitierten Formulierungen handelt es sich um die Wiedergabe des Wortlauts von Vorträgen, meist gehalten von Kreispropagandaleiter Dr. Reible. Aber auch die Redakteure des „Grafschafter" beherrschten selber das einschlägige Vokabular: Im Sommer 1935 waren die jüdischen Brüder Alex und Moritz Hartog, Viehhändler aus Sonsbeck, wegen „verschiedener Betrügereien und Preistreibereien" in Schutzhaft genommen worden. „Der Grafschafter" kommentierte dies auf seine Weise: „Bezeichnend für die Einstellung verschiedener Volksgenossen ist es, daß sie trotz aller Hinweise und Warnungen sich immer wieder mit den jüdischen Volksbetrügern einlassen und deren üblen Geschäftsmethoden zum Opfer fallen. ... Es sei daher aus Anlaß dieses Falles besonders bemerkt, daß die Maßnahmen gegen die Juden nicht im Interesse dieser unbelehrbaren Volksgenossen getroffen wurden, sondern zu ihrem persönlichen Schutze und um die Allgemeinheit von diesen Parasiten zu befreien."[719] Die Brüder Hartog mögen schon in gewisser Weise schwarze Schafe gewesen sein, einer von ihnen hatte schon vor 1933 ein rundes Dutzend Vorstrafen wegen verschiedener kleinerer Betrügereien angesammelt[720], aber trotzdem spricht die Sprache des Artikels für sich.

Mindestens ebenso deutlich wird die Haltung des „Grafschafter" in einem weiteren Fall. Anfang Juli 1941 stand die Moerser Jüdin Henny Kaufmann vor Gericht, weil sie mit Hilfe falsch bzw. mehrfach vorgelegter Fettkarten mehr Butter bezogen hatte, als ihr per Verordnung zustanden. Das Urteil fiel mit drei Monaten Gefängnis unter Anrechnung der Untersuchungshaft recht milde aus[721]. Der Staatsanwalt hatte 6 Monate und zusätzlich 500 RM Geldstrafe gefordert. Aus dem Artikel des „Grafschafter" spricht ganz unübersehbares Bedauern über die Milde des Urteils. Schon die Überschrift „Raffiniertes jüdisches Täuschungsmanöver aufgedeckt" unterstellt, daß die Handlungsweise der Angeklagten für Juden typisch sei, als wenn es nicht auch genügend Nicht-Juden gegeben hätte, die versucht hätten, die zugeteilten Rationen in irgendeiner Weise aufzubessern. In der Berichterstattung über die Vorgeschichte heißt es dann: „Dreist, wie Juden nun einmal sind, hatte sie dem Geschäftspersonal fünf Fettkarten vorgelegt, von denen aber nur die oberste Karte in dem Geschäft eingetragen war." Schließlich wird das Plädoyer des Staatsanwalts wiedergegeben: „Der Vertreter der Anklage stellte fest, daß die Angeklagte durch ihr strafbares Handeln eine ungeheure Dreistigkeit an den Tag gelegt hätte. Gerade sie als Vertreterin einer volks- und artfremden Rasse hätte erst recht in augenblicklicher Kriegszeit allen Grund gehabt, sich zurückzuhalten."[722] Der Artikel schließt dann mit dem Antrag des Staatsanwalts und dem Urteil. Offensichtlich wurden der Angeklagten mildernde Umstände zugestanden, anders ließe sich das milde Urteil nicht erklären. Darüber aber schweigt sich „Der Grafschafter" aus.

Auch bei der Ankündigung des Films „Der ewige Jude", eines der übelsten Machwerke, das das Propagandaministerium je hervorgebracht hat, erfüllte „Der Grafschafter" seine Aufgabe. Zunächst wurde am 5. Dezember 1940 das Anlaufen des Films im Gau Essen gemeldet. Dieser Artikel ist bereits – dem Film angemessen – hetzerisch genug, u.a. heißt es dort: „Wenn die Bilder dieses Films vor uns

Grafschafter Lichtspiele

Nur bis einschl. Montag!

Heute 2.30 Uhr Festvorstellung

(Jugendliche nicht zugelassen)

mit einer Ansprache des stellv. Kreisleiters Pg. Prang

Ein einmaliges Großfilmwerk!

Dieser Film ist einmalig, weil er nicht Phantasie, sondern unverfälschte Wirklichkeit ist

Im Beiprogramm: **Die Deutsche Wochenschau**

Kulturfilm: **Ostraum - Deutscher Raum.**

	Wochentags			Sonntags:				
Wochenschau	2.40	4.25	6.20	3.05	4.45	6.30		Uhr
Hauptfilm	3.20	5.05	7.00	2.00	3.40	5.20	7.05	Uhr

Jugendliche haben wochentags nur bis 5 Uhr und sonntags nur bis 3.40 Uhr Zutritt (Fassung ohne Schächtszenen) die auch empfindsamen Naturen empfohlen wird.

Zum Filmvolkstag Sonntag, 16. Februar, vorm. 11 Uhr zeigen wir Leni Riefenstahl in: Die weiße Hölle vom Piz Palü

Jeder Volksgenosse hat Zutritt geg. Spendenbeitrag von 10 Pf. Jugendfrei

Anzeige der Grafschafter Lichtspiele

Wer kennt ihn nicht?

Es ist ein besonderes und bezeichnendes Merkmal der jüdischen Rasse, daß sie tunlichst vermeidet, ihre Herkunft den Völkern zu verraten, bei denen sie sich durch Lug, Trug und Wucher eingeschlichen haben. Wenn sie aus ihren Ghettos auswandern, bemühen sie sich schnellstens, sich ihrer Umwelt anzupassen. Sie nennen sich, sobald sie nur wenige Monate in irgendeinem Land der Welt ansäßig geworden sind, Bürger dieses Staates und vermeiden es besonders, zu zeigen, daß sie Juden sind. Auch hier gilt ihnen das jüdische Gesetz, daß der Zweck die Mittel heilige. Sie erreichen nämlich eins, daß der unvoreingenommene Arier in ihnen nicht den Juden, sondern einen guten Bürger seines Staates sieht. Tut er dies, so hat der Jude leichteres Spiel, er kann ihn besser betrügen und ausplündern.

Juden waren es, die das Gesetz propagierten und in alle Welt hinausschrien, daß alle Menschen gleich seien. Sie wollten damit die abstoßenden Merkmale ihrer Rasse verwischen. Wie sie aber wirklich sind, wie sie feilschen, betrügen, schachern und wie sie in ihren Ghettos leben, das zeigt uns in eindrucksvollster Form der große Dokumentarfilm „Der ewige Jude", der in diesen Tagen in den Lichtspielhäusern des Gaues Essen zum erstenmal gezeigt wird. Dieser Film bringt Originalaufnahmen aus den polnischen Judenvierteln, zeigt Ausschnitte aus jüdischen Filmen, die die Juden für sich selbst gedreht haben.

Wenn die Bilder dieses Films vor uns ablaufen, dann erkennen wir so manche Fratze wieder, die einst auch in Deutschland heuchlerisch ihr Unwesen trieb. Es wird uns bei diesem Filmstreifen noch einmal klar, warum es möglich sein konnte, daß ein so arbeitsames, kulturell und geistig hochstehendes deutsches Volk wirtschaftlich so zerbrechen konnte.

Der Grafschafter zum Film „Der ewige Jude"

ablaufen, dann erkennen wir so manche Fratze wieder, die einst auch in Deutschland heuchlerisch ihr Unwesen trieb."[723] Wahrscheinlich erschien dieser Artikel überall im Gau in der gleichen Form in der gleichgeschalteten Presse. Als der Film zwei Monate später auch in Moers gezeigt wurde, veröffentlichte „Der Grafschafter" diesmal vermutlich aus der eigenen Feder einen nochmals verschärften Kommentar, in dem es u.a. hieß: „Drastischer und schonungsloser, als Worte vermögen, werden sie (die Bilder) den letzten Deutschen darüber aufklären, daß der Jude als Rasse das unter den Menschen ist und ewig bleiben wird, was die Ratten unter den Tieren sind: Schmarotzer, Giftträger und heimtückische Wühler."[724]

Verlust der wirtschaftlichen Existenz

„Der Grafschafter" trug auch mit dazu bei, daß den Juden die Lebensgrundlagen entzogen wurden. Mindestens zweimal druckte der Lokalanzeiger Aufrufe der Parteileitung zur Einstellung der Geschäftsbeziehungen mit Juden ab. Einmal lautete es: „Bauern, handelt nicht mit Juden"[725], ein anderes Mal konnte man bereits in der Überschrift lesen: „Wer beim Juden kauft, ist ein Volksverräter." Gleichzeitig wurde angekündigt: „Judenfreunde werden in Zukunft rücksichtslos in der Tagespresse angeprangert"[726]. Und dies wurde dann auch in die Tat umgesetzt. (Siehe Seite 357)

Solche Maßnahmen verfehlten ihre Wirkung nicht. Die wirtschaftliche Grundlage der Juden verschlechterte sich kontinuierlich. Gleichzeitig mußte ähnliches auch befürchten, wer als „Arier" in irgendeiner Form mit Juden in Verbindung gebracht wurde. So verklagte der Knappschaftsarzt Dr. Meyer von der Lotharstraße in Moers 1939

Kreisleiter Bubenzer im Grafschafter am 10. März 1938

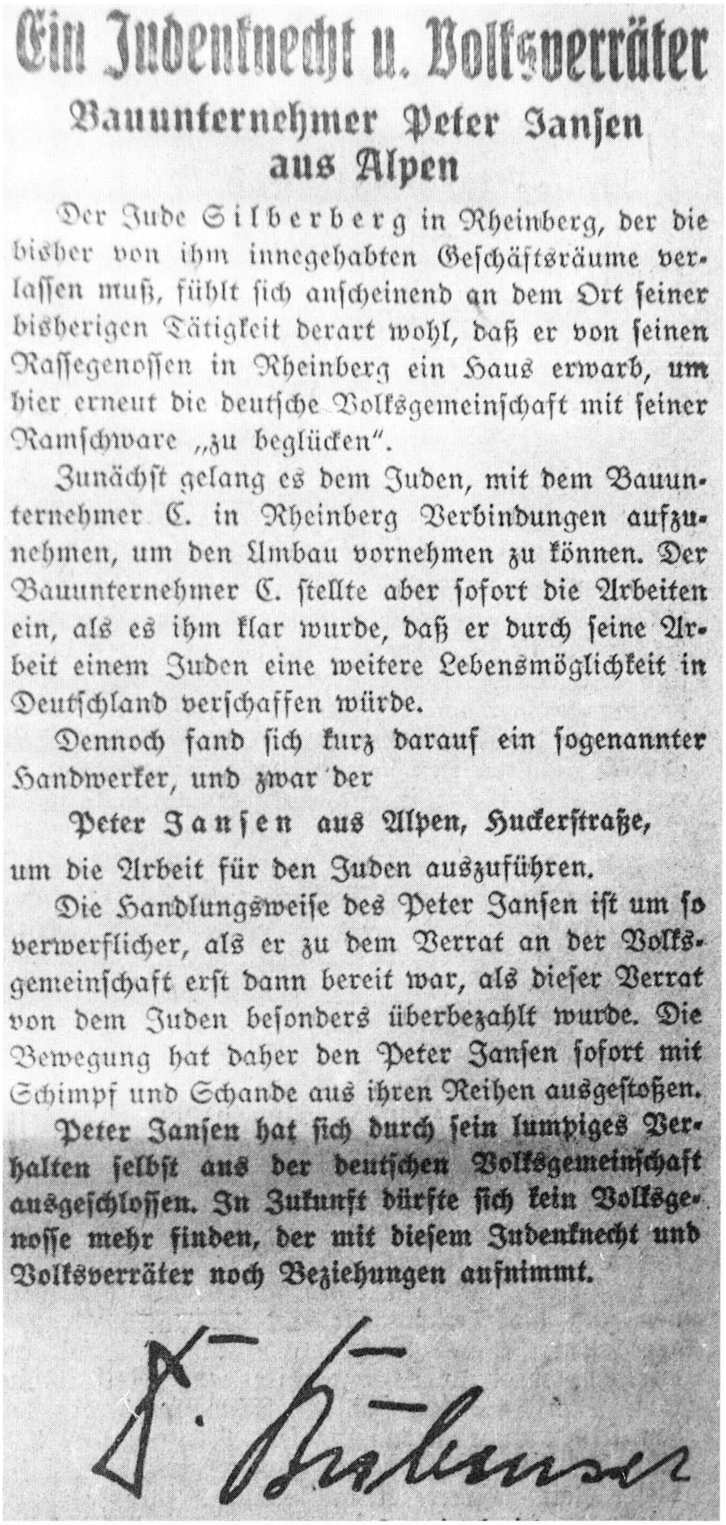

Ein Judenknecht u. Volksverräter

Bauunternehmer Peter Jansen aus Alpen

Der Jude S i l b e r b e r g in Rheinberg, der die bisher von ihm innegehabten Geschäftsräume verlassen muß, fühlt sich anscheinend an dem Ort seiner bisherigen Tätigkeit derart wohl, daß er von seinen Rassegenossen in Rheinberg ein Haus erwarb, um hier erneut die deutsche Volksgemeinschaft mit seiner Ramschware „zu beglücken".

Zunächst gelang es dem Juden, mit dem Bauunternehmer C. in Rheinberg Verbindungen aufzunehmen, um den Umbau vornehmen zu können. Der Bauunternehmer C. stellte aber sofort die Arbeiten ein, als es ihm klar wurde, daß er durch seine Arbeit einem Juden eine weitere Lebensmöglichkeit in Deutschland verschaffen würde.

Dennoch fand sich kurz darauf ein sogenannter Handwerker, und zwar der

Peter J a n s e n aus Alpen, Huckerstraße,

um die Arbeit für den Juden auszuführen.

Die Handlungsweise des Peter Jansen ist um so verwerflicher, als er zu dem Verrat an der Volksgemeinschaft erst dann bereit war, als dieser Verrat von dem Juden besonders überbezahlt wurde. Die Bewegung hat daher den Peter Jansen sofort mit Schimpf und Schande aus ihren Reihen ausgestoßen.

Peter Jansen hat sich durch sein lumpiges Verhalten selbst aus der deutschen Volksgemeinschaft ausgeschlossen. In Zukunft dürfte sich kein Volksgenosse mehr finden, der mit diesem Judenknecht und Volksverräter noch Beziehungen aufnimmt.

drei Frauen, weil sie das Gerücht weiterverbreitet hatten, seine Ehefrau sei jüdischer Abstammung. Sein Rechtsanwalt Dr. Kleifeld forderte in der Klageschrift: „Die Beleidigung ist nach heutiger Auffassung eine so schwerwiegende und mit derartig schweren wirtschaftlichen Folgen verbundene, daß ihr mit der ganzen Schärfe des Gesetzes entgegen getreten werden muß."[727] Das Moerser Amtsgericht schloß sich dieser Auffassung voll inhaltlich an: „Durch die Verbreitung solcher Gerüchte ist der Knappschaftsarzt Dr. Meyer in seinem Berufe geschädigt worden. Die Behauptung, er sei mit einer Jüdin verheiratet, ist unwahr und daher eine schwere Beleidigung und ein Angriff auf die Ehre des Dr. Meyer."[728] Entsprechend hart fiel die Strafe aus, denn 30 RM Geldstrafe waren für die wenig begüterten Angeklagten nur schwer aufzubringen. Eine der drei Verurteilten mußte sogar auf dem Gnadenwege um Erlassung der Strafe bitten. Da sie von 57 RM Rente lebte, dürften die verbleibenden 91 RM Anwalts- und Gerichtskosten für sie noch Strafe genug gewesen sein.

Viel härter als ein Dr. Meyer – zu seinem Schicksal vgl. Kapitel 6.6 – wurden natürlich die jüdischen Geschäftsleute in ihrer wirtschaftlichen Situation getroffen. Ihre Umsätze gingen ganz offensichtlich nach der nationalsozialistischen Machtergreifung sehr schnell und nachhaltig zurück. Dies läßt sich zwar nicht in Mark und Pfennig zum Ausdruck bringen, denn es gibt fast nichts Geheimeres als Steuerakten. Aber in jedem Gespräch mit ehemaligen jüdischen Bürgern von Moers kann man etwas dazu hören. Konkrete Belege finden sich überdies in den Grundakten, die im Archiv des Amtsgerichts Moers noch vorhanden sind. Dort läßt sich nachweisen, daß bereits Mitte 1933 bis dahin unverschuldete jüdische Geschäftsleute in wirtschaftliche Not geraten waren. Die von diesem Zeitpunkt an eingetragenen Hypotheken und Grundschulden zeigen, daß vielfach Kredite nötig waren, um sich noch über Wasser halten zu können. Spätestens ab 1936 setzte dann das ein, was die Nazis mit dem bösen Wort „Arisierung" belegten. Juden im gesamten Reich, und eben auch in Moers und Umgebung, mußten unter dem Druck ihrer wirtschaftlichen Lage und der politisch-rechtlichen Situation in der Folge der Nürnberger Gesetze ihren Grundbesitz verkaufen.

Ausnutzung der Notlage

Die Notsituation der jüdischen Verkäufer bescherte den „arischen" Erwerbern im allgemeinen ein günstiges Geschäft. In den meisten Fällen überstieg der Kaufpreis nur geringfügig den vom Finanzamt festgesetzten Einheitswert, der tatsächliche Verkehrswert dürfte immer erheblich höher gelegen haben. Zum Beispiel wurden Haus und Grundstück Steinstraße 4 im November 1938 von den Eheleuten Leopold Kaufmann für 50.000 RM an den Heilpraktiker Martin K. verkauft. Das Finanzamt setzte den Einheitswert per 1.1.1935 auf 47.700 RM fest. In den meisten Fällen wurden vom Verkaufspreis die mittlerweile auf dem Grundstück lastenden Schulden abgezogen, so daß den jüdischen Verkäufern häufig nur eine ganz geringe Summe ausgezahlt wurde. Im übrigen mußte davon dann noch die sogenannte Reichsfluchtsteuer beglichen werden.

Ein wenig „Pech" hatte der Erwerber des Grundstücks Uerdinger Straße 11: Zwischen der jüdischen Witwe Johanna Levy und dem Ingenieur Peter E. wurde am 16. Februar 1942 ein Kaufvertrag über den Verkauf dieses Grundstücks geschlossen, der einen Kaufpreis von nur 12.400 RM vorsah. Bevor der Kaufvertrag allerdings gültig wurde, war die Verkäuferin deportiert und ihr Vermögen eingezogen worden. Der Kaufinteressent mußte nun an das Deutsche Reich als neuen Besitzer 16.000 RM zahlen, aber auch dies war sicher noch ein günstiger Preis.

Die Gebrüder Winter hatten ihr Geschäftshaus in der Steinstraße 1925 für 200.000 Goldmark gekauft. Als sie es 1941 verkaufen mußten, konnten sie gerade noch 140.000 RM als Erlös von der Dortmunder Firma Kühndahl erzielen. Von diesen 140.000 RM dienten 110.000 RM zur Ablösung inzwischen aufgenommener Grundschulden, so daß noch ein „freier" Betrag von 30.000 RM zur Verfügung gestanden hätte. Dieser wurde allerdings dem Erwerber gestundet und nie ausgezahlt. Nach dem Krieg wurde zwischen der Fa. Kühndahl und den Überlebenden der Familie Winter ein Vergleich geschlossen, durch den das Haus wieder in den Besitz der Familie Winter zurückging. Dies blieb aber eher eine Ausnahme.

In vielen anderen Fällen wurden ebenfalls durch die früheren Besitzer, ihre Erben oder durch die Jewish Trust Corporation Rückerstattungsklagen angestrengt. Danach mußten die neuen Eigentümer im Vergleichsverfahren zumeist Nachzahlungen in – aus heutiger Sicht – geringer Höhe leisten.

Ein besonders krasses Beispiel unrechtmäßiger, weil unterbezahlter Eigentumsübertragung betraf den Grundbesitz des Metzgermeisters Hermann Kaufmann in der Steinstr.37 und Oberwallstraße 53. Seine Witwe Betty mußte den Besitz im März 1936 verkaufen, um die Zwangsversteigerung abzuwenden. Seit 1933 war das Geschäft rapide zurückgegangen. Mitte 1933 mußte Frau Kaufmann erstmals ihren Grundbesitz belasten. Nachdem auch noch ihre beiden Söhne vor der Gestapo ins Ausland geflohen waren – ihr Ehemann war 1931 gestorben -, war die Witwe völlig auf sich allein gestellt und mußte in den folgenden Jahren weitere Hypothekenforderungen und Grundschulden auf ihren Besitz eintragen lassen. Schließlich wurden zwischen ihr und dem Metzgermeister R. aus Homberg bzw. dessen Ehefrau Anfang 1936 als Verkaufspreis 14.593.82 RM für den Grundbesitz in bester Geschäftslage vereinbart. Davon dienten 14.093,82 RM der Tilgung der Schulden, so daß als Barauszahlungssumme gerade noch genau 500 RM verblieben. Frau Kaufmann mußte zusätzlich Hausrat verkaufen, um ihre Auswanderung nach Südafrika finanzieren zu können. 1952 stellte das Landgericht Kleve im Rückerstattungsverfahren fest, „daß die wirtschaftlich sich von Mitte 1933 stetig verschlechternde Lage der Antragstellerin allein dadurch entstanden ist, daß sie als jüdische Inhaberin einer Metzgerei die gerichtsbekannten Nachteile jüdischer Betriebe ab 1933 hinnehmen mußte."[729] Das Gericht schloß sich der Ansicht der Klägerin an, „daß in dem Verkauf der Grundstücke im März 1936 eine ungerechtfertigte Entziehung infolge Verfolgung aus Gründen der Rasse liege."[730] Ausdrücklich wurde betont, daß der Kaufpreis unangemessen gewesen sei. Der Wert des Objekts lag einem Gutachten entsprechend zum Zeitpunkt des Verkaufs bei 29.500 RM, also rund 100% höher als der vereinbarte Kaufpreis. Das Gericht ordnete die Rückübertragung der Grundstücke an die Antragstellerin an.[731]

Im übrigen war es auch nicht ungünstig, an der richtigen Stelle zu sitzen, um frühzeitig Informationen zu erhalten oder u.U. auch den Gang der Dinge beeinflussen zu können. Am 20. Januar 1937 erwarb der Drogist Heinrich L. das Gebäude der Firma R. und E. Kann auf der Homberger Straße 13, indem er das Meistgebot von DM 36.000 bei der Zwangsversteigerung zeichnete. Auf dem Gebäude lasteten Grundschulden von knapp über RM 50.000, folglich dürfte auch hier der Verkehrswert erheblich höher gewesen sein. Im März 1937 ließ die Stadtsparkasse Moers das Objekt unter Zwangsversteigerung stellen, offensichtlich weil die

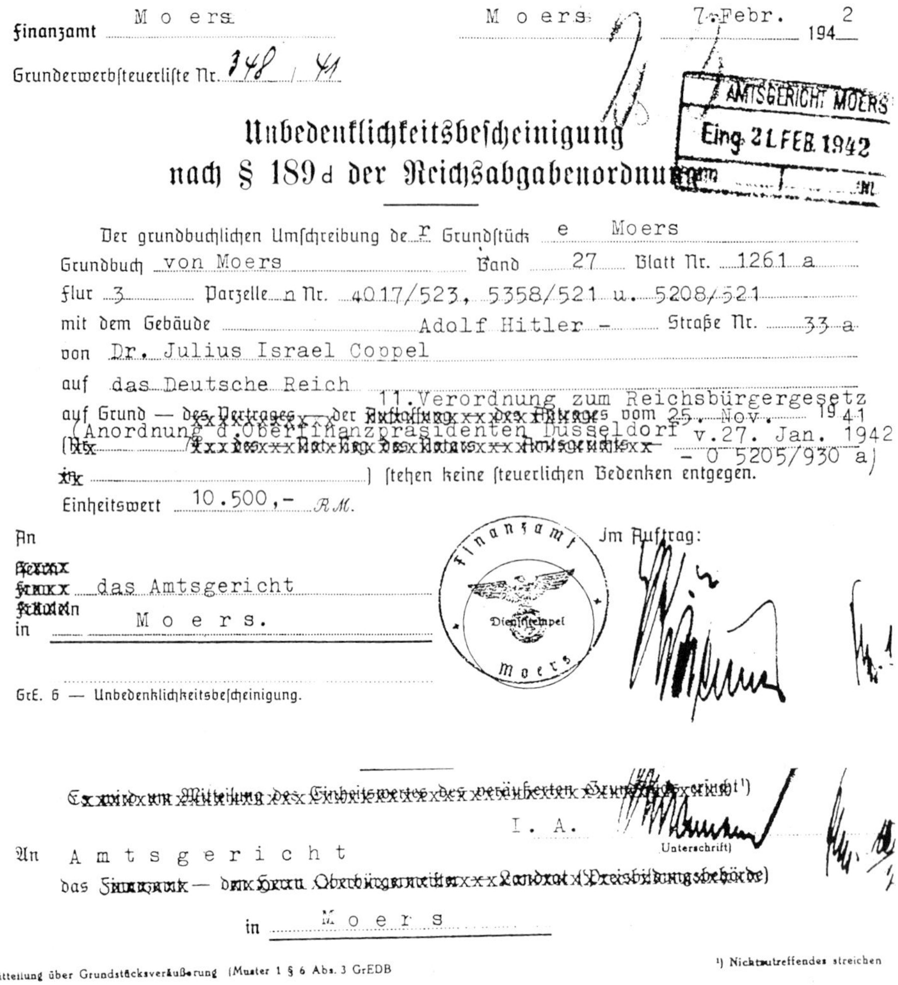

Finanzamt Moers Moers, 7. Febr. 1942

Grunderwerbsteuerliste Nr. 348 / 41

AMTSGERICHT MOERS Eing. 21 FEB. 1942

Unbedenklichkeitsbescheinigung nach § 189 d der Reichsabgabenordnung

Der grundbuchlichen Umschreibung der Grundstücke Moers

Grundbuch von Moers Band 27 Blatt Nr. 1261 a

Flur 3 Parzellen Nr. 4017/523, 5358/521 u. 5208/521

mit dem Gebäude Adolf Hitler - Straße Nr. 33 a

von Dr. Julius Israel Coppel

auf das Deutsche Reich

auf Grund — ~~des Vertrages — der Auflassung — des Antrags~~ 11. Verordnung zum Reichsbürgergesetz vom 25. Nov. 1941 (Anordnung d. Oberfinanzpräsidenten Düsseldorf v. 27. Jan. 1942 – O 5205/930 a)

stehen keine steuerlichen Bedenken entgegen.

Einheitswert 10.500,- RM.

An das Amtsgericht in Moers.

Finanzamt Moers Dienststempel

Im Auftrag:

GrE. 6 — Unbedenklichkeitsbescheinigung.

~~Ersuchen um Mitteilung des Einheitswertes des veräußerten Grundstücks~~[1])

I. A. (Unterschrift)

An Amtsgericht das ~~Finanzamt — den Herrn Oberbürgermeister — Landrat (Kreisbildungsbehörde)~~[1])

in Moers

GrE. 1 Mitteilung über Grundstücksveräußerung (Muster 1 § 6 Abs. 3 GrEDB

[1]) Nichtzutreffendes streichen

Firmeninhaber in Zahlungsverzug geraten waren. Der Erwerber war Mitglied des Sparkassenrates.

Ebenso wie im Fall des Grundstücks Uerdinger Str. 11 wurde mit allen Grundstücken verfahren, die zum Zeitpunkt der Deportation noch in jüdischem Besitz waren. Sie wurden vom Deutschen Reich eingezogen, d.h. beschlagnahmt. Die Machthaber bemühten sich bei diesen Vorgängen, das Unrecht ihrer Vorgehensweise durch bürokratische Korrektheit zu kompensieren oder zumindest zu übertünchen. Das Reich als „Erwerber" der Grundstücke ließ sich jeweils vom Finanzamt eine Unbedenklichkeitsbescheinigung ausstellen und auch die Umschreibung der Grundstücke auf das Reich erfolgte nach dem Muster einer ganz normalen Grundveräußerung.

Im übrigen profitierte auch die Stadt Moers von der „Arisierung". Mehrere Grundstücke gingen in den Besitz der Stadt über, wenigstens eines davon gehört ihr auch heute noch, nämlich Neustr. 35, derzeit städtisches Sportamt.

Reichspogromnacht und Deportation

Nur einer Minderheit der Moerser Juden gelang es rechtzeitig, ihren Besitz zu verkaufen und ins Ausland zu fliehen. Manche von ihnen wurden dann aber dort z.B in Holland oder Frankreich wieder von der deutschen Besetzung eingeholt. Viele der Moerser Juden waren zu sehr mit ihrer Heimat, mit Deutschland, mit Moers, verbunden, so daß sie sich nicht frühzeitig genug entschließen konnten, sich in Sicherheit zu bringen. Meist glaubten sie zu lange, daß sich die politischen Verhältnisse wieder ändern würden. Manche fühlten sich auch zu alt, um irgendwo anders völlig neu anzufangen. Diesen Schritt machte man häufig nur unter dem Eindruck einschneidender Ereignisse wie der Verabschiedung der Nürnberger Gesetze oder der Pogromnacht vom 9. zum 10. November 1938, im Zynismus des Nazi-Jargons als „Kristallnacht" bezeichnet.

Auch in Moers und in einigen anderen Städten und Gemeinden des Kreises entlud sich – wie Goebbels es formulierte – die „berechtigte und verständliche Empörung" des Volkes – oder besser des Mobs – in „Vergeltungsaktionen" gegen die Juden und ihre Geschäfte und Gebäude. Bereits gegen Abend des 9. November riegelte die SA in Moers die Eingänge der Kaufhalle ab und brüllte: „Wo ist der Jude Salm (der Geschäftsführer der Kaufhalle)?" Dieser war aber bereits untergetaucht. Später wurde ein Mann, offensichtlich ein Jude, mit einem Schild „Ich bin ein Blutsauger" auf eine Karre gesetzt und durch die Stadt gefahren[732]. In der Nacht wurden die Scheiben aller noch bestehenden jüdischen Geschäfte[733] und auch der meisten Wohnhäuser eingeschlagen. Ein damals zwölfjähriger Augenzeuge berichtet, daß die Moerser Bürger teilnahmslos dabei gestanden und zugesehen hätten. Er schätzt die Stimmung heute so ein, daß die Zuschauenden etwa zur einen Hälfte schockiert und empört gewesen seien, aber aus Furcht um die eigene Sicherheit nicht einzugreifen wagten. Die andere Hälfte habe wohl die Vorgänge gebilligt und begrüßt, ohne allerdings selber direkt aktiv zu werden.[734] Am Morgen war vor dem Schuhgeschäft Schmerler am Altmarkt das Pflaster mit Schuhen bedeckt. Vor dem Bekleidungshaus Busack in der Steinstraße lag u.a. ein Klavier auf der Straße.[735] Die Synagoge wurde im Innern völlig demoliert und auch in Brand gesteckt. Nach der Aussage einer Zeitzeugin wurde das Feuer von dem SS-Mann Jakob Schülling von der Unterwallstraße und einem zweiten Mann, der auf der Uerdinger Straße wohnte, dessen Name ihr aber entfallen ist, gelegt.[736] Anscheinend wurde es aber nach kurzer Zeit wieder gelöscht, wahrscheinlich weil die Gefahr bestand, daß es auf die angrenzenden Häuser der Altstadt übergreifen würde. Über dem mit Brettern vernagelten Eingang konnte man dann diese Schmiererei lesen: „Dieser Talmud-Stall ist für immer geschlossen."[737] Tatsächlich war es nach der Pogromnacht nicht mehr möglich bzw. niemand wagte es mehr, dort Gottesdienste abzuhalten. Die jüdischen Geschäfte durften nicht mehr geöffnet werden, vielmehr mußten die Besitzer auf eigene Kosten die Schäden beseitigen lassen, um das alte Straßenbild wiederherzustellen. Dazu wurde den Juden im Reich eine sogenannte „Sühneleistung" von 1 Milliarde Reichsmark auferlegt, die später noch auf 1,25 Milliarden erhöht wurde.

Während der „Kristallnacht" wurden alle jüdischen Männer aus Moers verhaftet. Einzelne wurden nach einigen Tagen wieder entlassen, viele aber ins KZ abtransportiert.[738]

Die jüdischen Gemeinden verloren durch das Gesetz über die Rechtsverhältnisse der jüdischen Kultusvereinigungen vom 28.3.1939 ihren Status als Körperschaf-

Antijüdische Kundgebungen im ganzen Reich

Vielfach starke antijüdische Aktionen

Berlin, 10. November. Nach Bekanntwerden des Ablebens des durch feige jüdische Mörderhand niedergestreckten deutschen Diplomaten Parteigenossen vom Rath haben sich im ganzen Reich spontane judenfeindliche Kundgebungen entwickelt.

Die tiefe Empörung des deutschen Volkes machte sich dabei auch vielfach in starken antijüdischen Aktionen Luft.

*

vom Rath fiel auf seinem Außenposten für das Reich. Dem jungen Diplomaten ist das Schicksal Wilhelm Gustloffs widerfahren. Beide wurden ahnungslos und schuldlos von den Kugeln jüdischer Mörder getroffen. So verbrecherisch wie die Tat Frankfurters war auch der Anschlag des fanatisierten Revolverschützen Grünszpan. Die beiden Morde sind so übereinstimmend in ihrer inneren Motivierung und in ihrem äußeren Ablauf, daß sie nicht als Verfehlungen verblendeter Jünglinge dargestellt werden können. Sie w[illegible]n gedeckt und gebilligt von der Masse jener He[illegible]atlosen, denen sich mehr und mehr die Grenzen der Staaten verschließen. Der tragische Tod vom Raths ist ein Signal.

In Westdeutschland

Synagogen niedergebrannt

Kreis Moers, 10. November. Das gemeine Attentat des jüdischen Meuchelmörders Grünszpan auf den in Paris wirkenden deutschen Diplomaten vom Rath ist vom ganzen deutschen Volke mit größter Empörung aufgenommen worden. Wieder einmal hat sich der verbrecherische Trieb des internationalen Judentums in diesem Vorfall auf das schamloseste offenbart, wobei der Zynismus des jüdischen Mörders, der sich in seinem Bedauern darüber ausdrückte, „daß sein Opfer nicht gleich tot gewesen sei", die Erbitterung ins Ungemessene steigen ließ.

Als nun am Mittwochabend bekannt wurde, daß Gesandtschaftsrat vom Rath seinen Verletzungen erlegen war, machte sich die bis zum Höhepunkt gestiegene Erregung der Bevölkerung in der natürlichsten [illegible]eise Luft: Ueberall kam es in der Nacht zu Demonstrationen und Vergeltungsaktionen gegen jüdische Gebäude und jüdische Geschäfte. Auch im Kreise Moers wurde dem Judentum klargemacht, daß die Langmut des deutschen Volkes bei den unaufhörlichen Provokationen seiner Rassegenossen im Ausland, deren letztes Opfer, ein junger, lebensfroher deutscher Mann, am 9. November 1938 sein Leben aushauchen mußte, einmal ein Ende hat.

In der Stadt Moers bildeten sich in den späten Abendstunden des Mittwoch spontan judenfeindliche Demonstrationen; die empörte Bevölkerung forderte Vergeltungsmaßnahmen für den feigen und hinterhältigen Feuerüberfall des Judenbengels Grünszpan. Im Zuge der Vergeltungsmaßnahmen wurde die jüdische Synagoge auf der Friedrichstraße stark in Mitleidenschaft gezogen. Die Schaufenster der jüdischen Geschäfte, von denen es in Moers nicht mehr allzuviele gibt, wurden zertrümmert. Die Inhaber der Judengeschäfte mußten zu ihrer eigenen Sicherheit von der Polizei in Schutzhaft genommen werden.

In Homberg sammelten sich vor den wenigen jüdischen Geschäften schon in früher Morgenstunde hunderte Volksgenossen, die Vergeltungsmaßnahmen für den neuerlichen Mord des internationalen Judentums forderten. Die Erbitterung der Bevölkerung nahm dabei solche Formen an, daß die Schaufensterscheiben von jüdischen Geschäften auf der Moerser Straße und auf der Rheinstraße im Ortsteil Homberg sowie einige im Ortsteil Hochheide zerschlagen wurden. Die ständig steigende Erbitterung der Bevölkerung machte es notwendig, daß die jüdischen Inhaber durch Polizeibeamte geschützt werden mußten. Im Laufe des Vormittags wurden, durch die Polizei in Gemeinschaft mit der SS Haussuchungen nach Waffen vorgenommen. Weiter wurde der Jude Coppel aus der Rheinstraße, der lange Jahre als Viehhändler deutsche Bauern und kleine Kötter aufs schlimmste erpreßte, in Haft genommen, da er sich der Rassenschande schuldig gemacht haben soll.

Und so wie in Moers und Homberg war es auch in fast allen übrigen Orten des Kreises; so ging in Alpen die Synagoge in Flammen auf.

*

Der Grafschafter vom 11. November 1938

ten des öffentlichen Rechts und hatten sich nun als Vereine zu organisieren. So mußte der Vorstand der einstigen Synagogengemeinde Moers, Dr. med. Hermann Bähr, Emil Moses und Max Buschhoff, am 18. Juli 1939 beim Notar in Moers als Vorstand eines noch nicht eingetragenen Vereins erscheinen, um das Gebäude der im Innern zerstörten Synagoge in der Friedrichstraße zu verkaufen – zu einem Preis von RM 6.500. Neue Besitzerin des Gebäudes war nun eine Neunjährige, eine Nichte der Moerser Nazi-Größe Bruno H., seinerseits seit 13. April 1933 Mitglied des Vorstands der Kreissparkasse Moers. Von ihr bzw. ihrem Vater, Wilhelm H.,

Kaufmann aus Moers-Asberg, wurden in dem Gebäude Mietwohnungen eingerichtet. 1968 wurde das Gebäude dann im Zuge der Altstadtsanierung für DM 145.000.- an die Stadt Moers verkauft.

Für kurze Zeit war es nach der Pogromnacht für Juden noch möglich, das Land legal zu verlassen. Mit Kriegsbeginn war dieser Weg aber faktisch nicht mehr gegeben, und am 1.10.1941 wurde die Auswanderung auch formal verboten, die Falle hatte längst zugeschnappt. Es folgte jetzt noch die völlige Diskriminierung der Juden durch Ausschluß der letzten jüdischen Schüler vom Schulunterricht, Einweisung in sogenannte „Judenhäuser“, Ausgangs- und Einkaufsbeschränkungen und vieles andere mehr bis hin zur Einführung des Judensterns in Deutschland am 19.9.1941, nachdem er schon 1939 in Polen und danach auch in den anderen besetzten Ländern eingeführt worden war. Es fehlte dann – in der Logik der „Endlöser“ – nur noch der allerletzte Schritt, die Deportation und die Ermordung im KZ.

Aus der Stadt und dem Kreis Moers wurden die Juden in drei Gruppen in die Vernichtungslager im Osten deportiert. Der erste Transport erfolgte am 11. Dezember 1941. Mit ihm wurden 71 Männer, Frauen und Kinder aus dem Kreisgebiet ins Rigaer Ghetto gebracht. Sie (zumindest die meisten von ihnen – Genaueres ist nicht bekannt) hatten sich am Abend vor dem Abtransport im Hause von Dr. Coppel in der Neustraße 33a in Moers einfinden müssen und dort die Nacht verbracht. Im Morgengrauen waren sie von dort in einer langen Kolonne die etwa 100 Meter zur Straßenbahnhaltestelle Steinschen marschiert und hatten die Straßenbahn nach Krefeld bestiegen. Kaum war die Gruppe außer Sicht, als die SA vorfuhr und das Haus ausräumte[739]. In Krefeld wurde ein größerer Transport aus dem gesamten Niederrheingebiet zusammengestellt und per Eisenbahn nach Düsseldorf gebracht. Dort mußten die Beteiligten die nächste Nacht sinnigerweise im Schlachthof verbringen, bevor es weiter Richtung Riga ging.[740] Die beiden weiteren Transporte aus dem Kreisgebiet erfolgten am 22. April 1942 nach Izbica und am 25. Juli 1942 nach Theresienstadt[741]. Danach war der Kreis Moers, um es im Nazi-Vokabular zu sagen, „judenfrei“. Am 15. Dezember 1942, ein halbes Jahr nach dem letzten Transport, erwarb die Stadt Moers von der Reichsvereinigung der Juden in

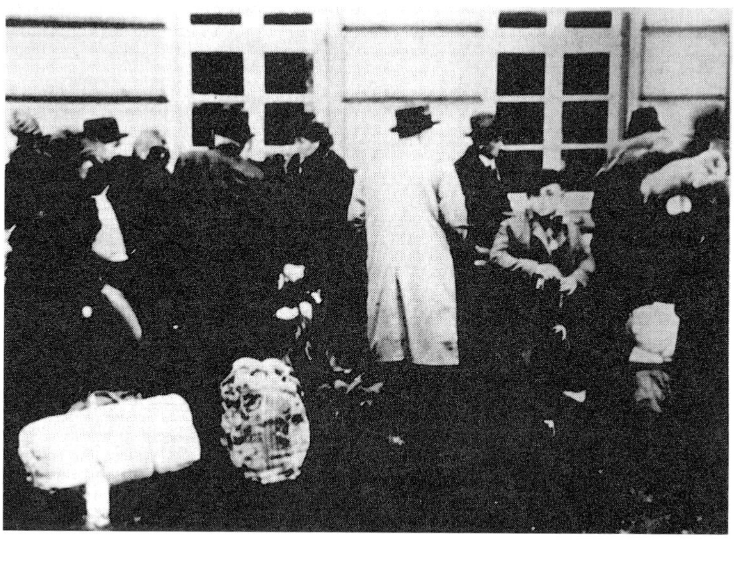

Beim Einsteigen in die Straßenbahn nach Krefeld am „Jägerhof Steinschen“: Die erste Gruppe aus Moers deportierter Juden am 11. Dezember 1941.

Deutschland das letzte Stück jüdischen Grundbesitzes in der Stadt, den jüdischen Friedhof, für RM 1.383.

In einer nach 1945 beim Amtsgericht Moers angelegten Kartei sind 224 Personen enthalten, deren Grundbesitz im südlichen Kreis Moers darauf überprüft wurde, ob er im Zuge der „Arisierung" unrechtmäßig erworben worden war. Über das Resultat dieser Überprüfung gibt die Kartei selber keine Auskunft. Von den entsprechenden Grundakten konnte im Rahmen der vorliegenden Arbeit nur ein geringer Teil mit den oben wiedergegebenen Ergebnissen bearbeitet werden. Der gesamte Komplex der „Arisierung" muß weiterer Forschungsarbeit vorbehalten bleiben. Es kann aber davon ausgegangen werden, daß – bis auf einen geringen Anteil solcher Fälle, in denen sozusagen nur auf Verdacht der Grundbesitz ehemaliger Nazigrößen überprüft wurde – die Kartei das enthält, was an jüdischem Besitz „arisiert" wurde.

Welche Haltung hatten die nicht-jüdischen Moerser gegenüber den Juden eingenommen? Man kann noch heute die Ansicht hören, den Juden sei es in Moers doch gut gegangen. Ein Mann wie der ehemalige NS-Kreisleiter Dr. Bubenzer behauptete nach dem Krieg sogar, ein halbes Dutzend Juden gerettet zu haben. Beides gehört eindeutig in den Bereich der Mythen und Legenden. Widerstand gegen die Aktionen der Nationalsozialisten gegen die Juden hat es wohl nicht gegeben. Die meisten unterstützten das Regime oder arrangierten sich oder schauten weg.

Immerhin gibt es einige wenige Beispiele für Widerspruch gegen einzelne Maßnahmen oder auch heimliche Hilfe. So erklärte ein Apotheker von der Homberger Straße in Moers, daß er so lange Arzneimittel an die Juden abgeben werde, wie die Post Briefmarken an sie verkaufe[742]. Eine Frau Hoffmann von der Haagstraße beschimpfte einen der SA-Männer aus ihrer Nachbarschaft, die am Abend vor der Pogromnacht die Kaufhalle abriegelten, mit den Worten, er solle gefälligst beiseite gehen. Was er im übrigen dort herumstehe, wo er früher „für lau" gegessen habe. Sie bezog sich damit darauf, daß die Kaufhalle mit dem jüdischen Geschäftsführer Salm während der Wirtschaftskrise jeden Donnerstag kostenlos Suppe für die Arbeitslosen ausgab. Gerade jener SA-Mann hatte regelmäßig davon Gebrauch gemacht. Hilfe geschah z.B. dadurch, daß Bauern den Juden, die sich zum Abtransport bei Dr. Coppel versammelt hatten, noch heimlich Wurst und Schinken brachten oder daß der Sattlermeister Otto Schulz für sie Rucksäcke nähte, die seine Frau Maria ihnen im Schutz der Dunkelheit brachte, so daß sie die wenigen Habseligkeiten, die sie mitnehmen durften, einigermaßen bequem tragen konnten[743]. Sicherlich gäbe es noch mehr Beispiele solcher oder ähnlicher Art. Aber es bleiben Einzelbeispiele, die Einstellung der Mehrheit war es nicht...

Auch nach dem Krieg lautete das Motto im wesentlichen Vergessen, Verdrängen, Beschönigen. Ein treffendes Beispiel hierfür widerfuhr Max Winter, dem ehemaligen Mitinhaber des Möbelgeschäfts auf der Steinstraße, der in Holland in einem Versteck überlebt hatte. Als er 1947 oder 1948 zum ersten Mal wieder nach Moers kam, wurde er in der Straßenbahn von einem Moerser Bürger angesprochen: „Ach, Herr Winter, kommen Sie nach Moers zurück?" Als dieser mit der Antwort zögerte, fügte der Mann hinzu: „Sie, Herr Winter, können doch zurückkommen, Sie haben doch niemandem etwas getan."[744]

Kapitel 7:
Der Krieg

7.1 Der Weg in den Krieg

„Hitler bedeutet Krieg" – diese von den Gegnern des Nationalsozialismus bereits 1930 verbreitete Befürchtung war auch in den Wohnstuben von Älteren, die den ersten Weltkrieg mitgemacht hatten, geäußert worden. Aber wenige wollten so recht daran glauben. Zudem trug die Propaganda ihre Früchte: der Traum von Großdeutschland war nicht allein der Traum der nationalsozialistischen Parteimitglieder geworden. Das in Moers mit ungeheurem Propagandaaufwand begleitete „Heim ins Reich" Österreichs wurde 1938 von allen kräftig gefeiert. Im April war Kreisleiter Bubenzer in Österreich, wo er sich im Kreis Krems um den Anschluß verdient machte, später sprach Bubenzer auf mehreren Veranstaltungen von „seinen Erlebnissen" in der Ostmark.[745]

Anfang Mai kamen 208 Mädchen und Jungen aus Österreich nach Moers in Gastfamilien. Der Tag der Heimat im Kreis Moers am 19.6.1938 wurde in Form von Österreich-Feiern begangen, auf denen alte Kämpfer des Nationalsozialismus über den illegalen Kampf der SA vor dem „Anschluß" erzählten.

Daß auch im Anschlußgebiet der Terror mit aller Macht eingesetzt hatte, konnten die Moerser im Grafschafter nachlesen. Das „Dementi" des Reichskommissars Bürkel gegenüber der „Greuellüge", in Österreich seien 20.000 Juden eingesperrt, gab – nach einem guten Vierteljahr „Anschluß" immerhin zu, daß es 3780 politische Häftlinge gebe und „das Judenproblem werde kompromißlos gelöst werden".[746]

1938: Zirkus Busch in Moers

Kriegsvorbereitung: Strohsäcke werden gestopft

Daneben ging der Alltag weiter. Willkommene Abwechslung brachte der Besuch des Zirkus Busch – eine der wenigen Attraktionen, die ohne Uniformen, Reden und „Formationen" ablief. Das letzte Stadtschützenfest war deutlich von den Nazis vereinnahmt, natürlich wurden auch die „Ehrenschüsse" von der braunen Elite abgegeben: Landrat Bollmann, Kreisleiter Dr. Bubenzer, Bürgermeister Grüttgen, SA-Oberführer Dahlem und Beigeordneter Linden.

Der Österreich – Propaganda folgte die Kampagne um die Sudetendeutschen von September 1938 bis März 1939, dann war auch die Tschechoslowakei „erledigt". Moers sammelte derweil für die armen Sudetendeutschen, die auch „heim ins Reich" wollten und nahm statt österreichischer nun 409 sudetendeutsche Kinder in seine Obhut.[747]

Im August 1939 setzte dann auf allen Ebenen die unmittelbare Einstimmung auf kriegerische Auseinandersetzungen und Denunziation des nächsten Opfers ein.

Der „Grafschafter" überschrieb seine Artikel:

27.8. Sonderausgabe: „Fieberhafte Kriegsvorbereitungen in Polen"
29.8. „Himmelschreiende Grausamkeiten entmenschter polnischer Horden"
30.8. „Polnische Verfolgungen – 5 volksdeutsche Flüchtlinge niedergeknallt"
31.8. „Viehische Barbarei polnischer Horden in Ostoberschlesien", „Der Friedensstörer Europas", „Wieder floß deutsches Blut"
1.9. „Angriffe Polens"
2.-3.9. „Gegenangriff"

Am 11.9.1939 wurden in den Städten des Kreisgebietes etliche Polen – vor allem Bergleute – verhaftet und mit der Begründung „führender Kopf der polnischen Minderheit" für Monate in „Schutzhaft" genommen.[748]

7.2 Die ersten Einschränkungen

Wer nach den Jahren der Festigung der nationalsozialistischen Herrschaft geglaubt hatte, es gebe keine Steigerung mehr im Zugriff des Staates auf das Privatleben im Dritten Reich, sah sich getäuscht. Mit dem Beginn des Krieges nimmt zwar auch noch einmal die verharmlosende Propaganda zu : „Behaglichkeit im Luftschutzkeller" überschrieb der Grafschafter einen Artikel.[749] Aber die Einschränkungen sind unübersehbar. Vieles ist plötzlich nur noch über Bezugsscheine zu erhalten, es gibt einen Kriegszuschlag zur Einkommensteuer, die Verteuerungen für Bier und Tabak betragen 20% – das alles in der ersten Kriegswoche. Die Strafen für Verstöße bei der Luftschutzpflicht werden drastisch erhöht, in Moers gibt es zahllose Anzeigen, wegen Nichteinhaltung der Verdunklungsvorschriften. In der Zeitung konnte man lesen, daß ein Mann in Wiesbaden zu einem Jahr Gefängnis verurteilt wurde, weil er mit einer leeren Weinflasche nach einem Luftschutzwart geworfen hatte.[750] Dennoch: die Propaganda und mehr noch die Meldungen von den großen Erfolgen der Wehrmacht bringen hier 8000 Männer dazu, sich für die vormilitärische Erziehung durch die SA zu melden![751]

Man richtet sich ein, der Krieg ist fern. Die Presse ist kaum noch Informationsquelle: wann z.B. wo Fliegeralarm war oder ähnliche örtliche Meldungen, die interessieren könnten, werden unterdrückt: „Feind hört mit". Ende 1940 hat der Grafschafter ohnehin nur noch 3 Blatt und besteht weitgehend aus reinen Propagandaartikeln und amtlichen Bekanntmachungen.[752] Dagegen weiß jedes Kind, wie man die „Reichskleiderkarte" auslastet, daß Knochen auf die Fleischkarte angerechnet werden. Und die erste Kriegsweihnacht kommt. „Wiegen aus Obstkisten, Autos aus ATA-Dosen. Reichsmütterdienst macht aus altem Plunder ein Märchenreich".[753]

7.3 Die innere Front

Man richtete sich ein: private Sorgen durften nur hinter vorgehaltener Hand geäußert werden, und schließlich waren ja auch schon die ersten Offiziellen kriegsbedingt aus dem öffentlichen Leben in Moers verschwunden, z.B. Bürgermeister Grüttgen oder Prof. Heinz, den erst Gebühr, dann Hillen vertrat. Auch Kreisleiter Bubenzer war vorübergehend mit Organisationsaufgaben im besetzten Norwegen betraut. Knapp ein Viertel der Beschäftigten der Stadtverwaltung war 1940 bereits eingezogen.[754]

1939: Landesschützenkompagnie 469 in Wartestellung in der geräumten Tannenbergsschule

Putz- und Flickstunde

Auch die Partei und ihre Untergliederungen klagten über Mangel an verfügbarer Arbeitskraft, da ihr neue Aufgaben zuwuchsen, die auch ein Mehr an eigenem praktischen Einsatz, aber auch an Bespitzelungsaufgaben einbrachten.

„In mühevoller Kleinarbeit außerhalb des Blickfeldes der Allgemeinheit wurde in den Blocks und Zellen, in den Arbeitsstätten und Stuben ein neuer Frontabschnitt organisiert. Die innere Front. Heute steht auch im Kreise Moers die innere Front".[755]

Dazu wurden zahllose Propagandaveranstaltungen organisiert – etwa eine Serie von Kundgebungen „Die Front spricht zur Heimat", in der Frontsoldaten vom Heldentum berichteten, z.B. über den „Partisanenkampf" in Rußland. In den Ortsgruppen ohne Kinos wurden Filme und vor allem die Wochenschauen mit den Kriegserfolgen gezeigt; fast sechshundert solcher Veranstaltungen wurden im Jahr 1941 inszeniert! Viele zusätzliche Sammlungen galten nun der Versorgung der Männer „im Felde". Wintersachen, Spinnstoffe, Bücher und Zeitschriften wurden ebenso gesammelt wie Fahrradschläuche und Reifen. Kaum ein Volksgenosse konnte es wagen, sich den Zellen- und Blockwarten zu verweigern – tatsächlich stieg der Wert der Sammlungsergebnisse trotz der schwieriger werdenden Lage der Bevölkerung noch an.

Der stellvertretende Kreisleiter Prang und der Kreisbeauftragte für das Winterhilfswerk de Fries schreiben in einem Aufruf 1941:

„Unser allernächstes Ziel, ob wir Soldaten oder Arbeiter des Führers sind, ist die Niederringung der Geldsackherrschaft des Feindes. Sichtbarer Ausdruck dieses Willens ist der deutsche Sozialismus, die deutsche Volksgemeinschaft, die sich in einer stetigen Steigerung des Spendenaufkommens zu den großen Reichssammlungen widerspiegelt.

Jede Mark mehr ist ein Hammerschlag auf die Lügenmäuler der unsozialen Plutokraten!

Es muß von Haushalt zu Haushalt ein edles Wettrennen um die höchste Spende sein, und es soll nicht nur eine Spende, sondern sogar ein Opfer sein."[756]

In unregelmäßigem Abstand – so hatte die Kreisleitung angeregt – schickten die Ortsgruppen Spenden und sogenannte „Heimatbriefe" an alle Feldpostadressen von Eingezogenen ihres Wohngebietes. Meldungen von lokalem Interesse wie goldene Hochzeiten wurden geschickt gemischt mit Berichten von der Spendenfreudigkeit der Heimatfront und Weihevollem: daß man zu den Helden draußen in festem Glauben stehe.

Die „Heimatfront" mußte dennoch weiterhin mit anderen Methoden geschützt werden.

„Der fein verästelte Apparat der Partei war ja darauf eingespielt, die mannigfaltigen Spannungen abzuhören, die sich in der Kriegszeit begreiflicherweise ergeben und hatte hinreichend Mittel verfügbar, schnell und ohne bürokratische Hemmungen einzugreifen"[757], schreibt der Kreispropagandaleiter Dr. Reible. „Wo immer aber die Partei auf Äußerungen volksschädigender oder staatsfeindlicher Haltung unbelehrbarer Elemente stieß, wurde deren Unschädlichmachung betrieben."[758]

Daß hierbei Partei- und Verwaltungsstellen in Moers gut zusammenarbeiteten, ist eine Tatsache.[759]

Die Ortsgruppen waren gehalten, monatliche „Stimmungsberichte" anzufertigen, so daß die Kreisleitung stets umgehend reagieren konnte. Die von Zellen- und Blockleitern zusammengetragenen Berichte meldeten in der Regel im ersten Satz gute Stimmung, um dann auf einige kleinere Schwierigkeiten zu verweisen. Z.B. berichtete eine Ortsgruppe am 5.Mai 1941 an das Kreispropagandaamt der Kreisleitung:

„Die Stimmung in der Bevölkerung ist weiterhin gut, nur finden es die Bergleute ungerecht, daß sie als die einzigsten nicht nur Sonntagsarbeit verrichten sollen, sondern auch noch am Tag der Arbeit Schichten verfahren mußten."[760] Die immer stärker werdenden Einschnitte in der Versorgung mit dem Nötigsten lassen die Zufriedenheit der Moerser mit dem „Blitzkrieg" sichtbar schrumpfen. Die – sicherlich geschönten – „Stimmungsberichte" geben einen Eindruck davon:

„Durch die schlechter gewordene Ernährungslage ist die Stimmung gesunken. Daß hieran das schlechte Jahr schuld ist mit seiner langen Kälte, seiner plötzlichen Hitze und Trockenheit, sowie der darauffolgenden Nässe und Kühle, sehen alle ein; aber nicht einsehen will man, daß die vorhandenen Waren als Flüsterware unter der Theke verkauft, oder gegen andere Waren eingetauscht werden, so daß die-

Stolz der Heimat: Ritterkreuzträger Nachtjäger Beier (Mitte), links BM Linden, rechts Bubenzer

Aufmarsch HJ und BDM zu Führers Geburtstag (20.4.1941)

jenigen, die nichts einzutauschen haben, wie z.B. der Arbeiter, leer ausgehen. Große Sorgen machen sich die Volksgenossen um die Kartoffelfrage, und immer wieder sieht man Männer und Frauen zu Rad oder mit der Bahn ankommend Pakete, Säcke usw. schleppen. Diese wilden Aufkäufe, bei denen jeder Preis bezahlt wird, nehmen ähnliche Formen an, wie im Jahre 1917.

Die lange Dauer des Ostfeldzuges mit seinen Opfern, dazu die ständigen Fliegeralarme machen ebenfalls die Leute mißmutig, und alle sehen mit Sorgen dem kommenden Winter entgegen. Es sind kirchlich stark beeinflußte Volksgenossen, die sich zu hetzerischen Äußerungen hinreißen lassen wie: Das können wir uns doch nicht länger gefallen lassen! – oder: Das machen wir nicht länger mehr mit! – Schuld daran sind die Hirtenbriefe, die Sonntag für Sonntag von den Kanzeln verlesen und, was das Schlimmste ist, von allen Zuhörern geglaubt werden. Dadurch wird eine große Unruhe in die Bevölkerung getragen. Die Leute äußern sich dazu: Es muß doch etwas Wahres daran sein, sonst würde die Regierung dagegen einschreiten."[761]

Gut, daß wenigstens die Moerser Kleinode Luise Henriette und König Friedrich der I. für die „Metallspende" ungeeignet sind. Die Stadtverwaltung teilt im April 1940 mit, daß sie aus Zinkblech seien. Moers also noch nicht betroffen? Der Krieg holt auch hier mit harter Wirklichkeit die Phantasie ein. Im März „Heldengedenken in Heldischer Zeit", im April „Verpflichtungsfeier der HJ", im Juni übt die „Nachrichten-HJ" schon für den Krieg im Lauersforter Wald, im September ist wieder eine Gefallenengedenkfeier in Moers – es sind die neuen Gefallenen.

7.4 Einsicht: das wird kein „Blitzkrieg"

Am 12.5.1940 fiel die erste Bombe auf Moers – in Asberg in der Rudolfstraße gab es den ersten Toten. Insgesamt wurden im Jahr 1940 167 Luftalarme gezählt. 258 Stunden saßen Moerser im Luftschutzkeller – das entspricht einem ganzen Monat an Arbeitstagen. Aber noch kamen die Flieger nur nachts, und die überwiegende Zahl der Alarme blieb ohne Folgen, ein Großteil war unter dem Gesichtspunkt der

Übung veranstaltet worden. So konnte man sich in Moers noch einigermaßen sicher fühlen. 13 Brandbomben, die in Moers gezählt wurden, entsprachen gerade mal dem zweitausendsten Teil der Menge, die 1944 auf die Stadt niederging.[762] In einer Geheimmeldung der Ortsgruppe Hochstraß-Scherpenberg vom 7.April 1941 werden allerdings mehrfach Schäden an Gebäuden durch Blindgänger der Flak angegeben.[763]

Wie Hohn mußten später die Worte Bollmanns im Heimatkalender 1941 erscheinen: „Wir empfinden es heute fast als ein Glück, daß seit den Tagen, wo unsere tapferen Truppen hier vom Niederrhein aus siegreich nach Holland, Belgien und Frankreich hineinstürmten, unsere Heimat sich in besonderem Maße der nächtlichen Belästigungen durch Churchills Fliegerbanditen 'erfreute'. Aber das ist es gerade, das uns noch stolzer und entschlossener macht als zuvor: Wir durften ein wenig mittragen von den Lasten und Beschwerden des Krieges..."[764]

Die Euphorie des „Blitzkriegs" legte sich, wurde ersetzt durch pausenlose Meldungen von großen Siegen und Gefangennahmen an der russischen Front. Daß diese Siege teuer bezahlt werden mußten, war in Moers nicht mehr zu übersehen: bis Januar 1942 meldete allein die Ortsgruppe Hochstraß – Scherpenberg jeden Monat etwa 5 Gefallene, im Januar 42 waren es bereits insgesamt 55.

Im November 41 war im Soldatenbrief von Ortsgruppenleiter Hegels, den er „in Feuerstellung" schrieb, noch vom schwersten Winter die Rede gewesen, vor dem man stehe, und von seiner Ungeduld, wann England endlich erobert würde. Daß sich die Wissenden auf eine längere Dauer des Krieges einstellten, kann man an der perspektivischen Arbeit in der Hitlerjugend ablesen. Trotz fehlender Führer war es möglich, „die Jugend durch die harte Schule der HJ-Erziehung zu schicken und sie damit auf die schweren Aufgaben vorzubereiten, die sie in den kommenden Jahren erwartet."[765] Die harte Schule war inzwischen rein militärisch zweckorientiert geworden. Gelände- und Schießausbildung wurden forciert, die Wahl der zukünftigen Waffengattungen wurde vorgezogen. Die Marine-HJ übte Knoten, Spleißen und Morsen, in den Motoreinheiten ging es um Technik, die Flieger-HJ arbeitete auf Prüfungen hin. Neben dem Einsatz in der Ernte, als Melder und z.T.

Nach dem ersten Angriff auf die Innenstadt: Haagstraße

Gärtnerei van der Zwaag an der Rheinbergerstraße nach Luftangriff

auch in Fabriken ersetzten Hitlerjungen in über 20 ausgebildeten Feuerlöschzügen des Kreises die eingezogenen Feuerwehrleute.

Die Jüngsten kamen in die „Kinderlandverschickung". Das schützte die Kinder vor den angstvollen Stunden der Bombennächte, bereitete sie aber auch frühzeitig auf die Uniformierung und Wehrertüchtigung der HJ vor.

So wurden im Juni des Jahres 1941 aus dem Kreisgebiet „verschickt":

- 2200 Kinder im Alter von 3 – 10 Jahren in Familienpflegeanstalten in Pommern und Schlesien
- 2715 Kinder in HJ-Lager (Slowakei und sog. Protektorat)
- 2176 Kinder mit 1534 Müttern nach Hessen, Thüringen, und Niederdonau
- 215 Kinder und 100 Mütter zu Verwandten
- 175 Kinder ins Lipperland.[766]

7.5 Die Arbeitssklaven

Ein Großteil der anfallenden Arbeit wurde in Moers durch die Frauen geleistet. Bei den wachsenden Aufgaben konnten aber auch sie die 5000 eingezogenen Soldaten nicht ersetzen. So wurden für mannigfaltige Arbeiten zügig Kriegsgefangene und in den besetzten Gebieten ausgehobene Zivilisten eingesetzt. Wehrmacht, SS, die Organisation Todt und Verwaltungsstellen in Kreis und Stadt arbeiteten hier Hand in Hand. Inzwischen waren die Landwirtschaft und der Bergbau gar nicht mehr ohne diese Zwangsarbeiter denkbar.

Wie schnell man auch in die dunkelsten Seiten des Unrechtsregimes involviert war, zeigte sich nicht nur an den Bewachern der Kriegsgefangenen in Kreis Moers. Die Verwaltung der besetzten Gebiete beinhaltete auch das „Ausheben" der männlichen Zivilbevölkerung zur Ergänzung der Kriegsgefangenen als Arbeitssklaven im Reich. Auch Moerser waren beteiligt. 14 Tage nach Kriegsbeginn wurden die ersten 5oo uniformierten Polizisten im Regierungsbezirk Düsseldorf angefordert. Von den damals 26 Polizisten dieser Art in Moers wurden 4 in Marsch gesetzt: „Statt des Tschakos ist der Stahlhelm zum Dienstanzug zu tragen."[767] Am 16.9. trafen sie in Gleiwitz ein, zur Verfügung des Militäroberbefehlshabers in Krakau, am 18.10. in Warschau. Am 12.12.1939 war ihr Einsatz einstweilen beendet. Schon 1941 wurde die dreifache Menge von Polizisten für den „Einsatz in den neu besetzten Ostgebieten" angefordert. „Der schwierige und verantwortungsvolle Dienst in diesen Gebieten erfordert den Einsatz der besten Kräfte. Es sind daher nur solche Männer abzustellen, die sich für diesen Dienst in charakterlicher Hinsicht und nach ihrer Gesamthaltung voll eignen."[768]

Deutsche Wehrmacht und deutsche Polizei (eben nicht nur SS) haben Hunderttausende Zivilisten in den besetzten Gebieten hinter der Kampflinie ermordet, durch Massenerschießungen von Geiseln, barbarische Behandlung in Lagern und beim Arbeitseinsatz, durch Verhungernlassen und Niederbrennen ganzer Ortschaften.[769] Auch das gehört zur Geschichte des Nationalsozialismus in Moers, denn es fand seine Fortsetzung in der „Heimat".

Man kann es heute kaum glauben: Ende Mai 1943 waren 12,1 Millionen Fremdarbeiter auf Reichsgebiet eingesetzt – nicht gezählt die Zwangsarbeiter in den Protektoraten und besetzten Gebieten![770]

Im Kreisgebiet wurden schon 1941 23 Ausländerlager eingerichtet mit fast 3000 Insassen.[771]

Laut offizieller Propaganda handelte es sich bei den Insassen um Kriegsgefangene und freiwillige Arbeiter. Ein verschwindend geringer Teil war tatsächlich einmal – z.B. aus Holland und Frankreich – auf Werbemaßnahmen hereingefallen und mit der Berufsbezeichnung „Westwallarbeiter" nach Deutschland gekommen. Die „angeworbenen" Arbeitskräfte aus den Ostgebieten und die „Freiwilligen", die z.B. das Vichy-Regime Frankreichs abstellte, waren dagegen schlichtweg Zwangsverschleppte.[772] Allein vom 1.4.1941 bis 1.12.1942 wurden 2.749.652 Menschen durch die Organisation des Gauleiters Sauckel aus Osteuropa nach Deutschland gebracht – fast die Hälfte von ihnen waren Frauen.

„Mit meiner Dezemberplanung werden am Ende des Jahres 3 Millionen Arbeitskräfte der deutschen Kriegswirtschaft in 9 Monaten zur Verfügung gestellt worden sein.

Eingehende Untersuchungen und Beobachtungen zeigten, daß die Arbeitsleistung dieser fremden Kräfte zwischen 70 und 100% der deutschen Leistung liegt."[773]

Von diesen 2,7 Millionen waren zu diesem Zeitpunkt noch 417.524 Kriegsgefangene = 15,2 Prozent; ihr Anteil ging mit fortschreitender Kriegsdauer immer weiter zurück.

Wenn also in Akten für den Kreis Moers von „Zivilarbeiterlagern", „Lagern der Organisation Todt", „Ostarbeiterlagern", „Stalag-Lagern" oder „Kriegsgefangenenlagern" die Rede ist, so verbirgt sich dahinter stets eine Einrichtung, deren Ziel es war, hauptsächlich Zwangsverschleppte als Arbeitssklaven bis an die Grenze ihrer Leistungsfähigkeit (und oft darüber hinaus) für die deutsche Kriegsproduktion auszubeuten. Sicher ist hier mancher Kriegsgefangene auf einem deutschen Bauernhof ganz gut durch den Krieg gekommen, sicher gab es auch Menschlichkeit in der Behandlung. Das Los der Kriegsgefangenen aus westlichen Ländern war nicht annähernd so schwer wie das der Ostarbeiter, die ohnehin als „Untermenschen" galten. Aber daß es deutschen Stellen nur darum ging, das absolut Nötigste bereitzustellen, zeigt ein geheimer Vortrag vom 20.Februar 1942:

„Die gegenwärtigen Schwierigkeiten im Arbeitseinsatz wären nicht entstanden, wenn man sich rechtzeitig zu einem großzügigen Einsatz russischer Kriegsgefan-

Gräber russsischer Kriegsgefangener auf dem Friedhof Meerbeck

gener entschlossen hätte. Es standen 3,9 Millionen Russen zur Verfügung, davon sind nur noch 1,1 Millionen übrig. Allein vom November 41 – Januar 42 sind 500.000 Russen gestorben... Es stehen insgesamt 600.000 – 650.000 zivile Russen zur Verfügung... Der Einsatz dieser Russen ist ausschließlich eine Transportfrage. Es ist unsinnig, diese Arbeitskräfte in offenen oder ungeheizten geschlossenen Güterwagen zu transportieren, um am Ankunftsort Leichen auszuladen."[774]

7.6 „Wir haben nichts gewußt"? – Zwangsarbeiter in Moers

Es gab eine große Anzahl von Zwangsarbeitern in Moers und Umgebung, die auf Bauernhöfen arbeiteten und auch untergebracht waren. Ebenso gab es Familien, die ein „Russen"- oder Polenmädchen als Haushaltshilfe hatten. Deren Zahl und Verbleib kann heute nicht mehr geklärt werden.[775] In Neukirchen-Vluyn gibt es 37, in Rheinberg, Borth und Budberg 15 und in Moers auf dem Friedhof Lohmannsheide 141 Gräber von hier umgekommenen Zwangsarbeitern.[776] Es ist sicher, daß eine weit größere Zahl von ihnen zu Tode kam.

Für den Kreis Moers sind allein 558 umgekommene russische Zwangsarbeiter urkundlich belegt! Diese Zahlen geben allerdings ein vollkommen unzutreffendes Bild wieder. Wenn für Repelen-Baerl 146, Trompet 107, Meerbeck 52 und für Lintfort 50 tote russische Staatsangehörige angegeben werden, so liegt das sicherlich an den meist in der Zahl identischen noch vorhandenen Grabstätten, die nicht zu-

Nr.	Name	geb. am	Todesort	Todestag	Todesursache	Bestattungsort
416	Andreoscuk Theodor	3. 3.08	Rep.-Baerl	2. 6.44	Epilepsie	Lohmannsheide
417	Korol Prokofil	12.11.04	"	5. 4.42	Lungenentzündung	"
418	Didenko Demus	3. 8.04	"	15. 5.42	"	"
419	Maiboroda Aleye	5. 7.24	"	20. 4.42	Kopfschuss	"
420	Kowtun Alexe	13. 3.28	"	20.4.42	"	"
421	Schebelof Iwan	24.12.24	"		Kopfschuss	"
422	Subkow Nikolai	29.11.25	"	20. 2.42	"	"
423	Martinenko Nikolai	11. 4.25	"	20. 4.42	"	"
424	Pretun Aksiete	14.12.15	"	30. 5.42	Fraktur der Halswirbelsäule	
4[illegible]5	Raaschkin Nikolai	17.12.22	"	9. 6.42	Auf der Flucht erschossen	"
426	Jerjomin Georgin	8. 3.25	"	9. 6.42	" " " "	"
427	Saranski Alexi	29. 3.96	"	9. 6.42	Herzschlag	"
428	Sihkuta Denis	1. 8.05	"		Lungenblutung	"
429	Powtow Iwan	1902	"	20. 6.42	Selbstverstümmelung	"
430	Belakow Fjodor	13. 8.03	"	25. 6.42	Herzmuskelschwäche	"
433	Chripkow Iwan	29. 1.17	"	29. 6.42	"	"
434	Chaibulin Chen	13. 3.00	"	29. 6.42	Allg. Körperschwäche	"
435	Ponemorjew Andre	5.11.18	"	4. 7.42	Freitod	"
436	Gobernow Peter	26. 6.11	"	7. 7.42	Herzschwäche	"
437	Simschenko Pawles	14.1. 01	"	8. 7.42	"	"
438	Davidkin Iwan	1903	"	8. 7.42	Körperschwäche	"
[illegible]	Brusko Alexei	2.10.07	"	10. 7.42	Erschöpfungszustand	"
440	Maraschnicenko Alexei	16. 3.12	"	12. 7.42	"	"
441	Pepewcoko Alex	11. 8.16	"	23. 7.42	Zellgewebsentzündung	"
442	Fergun Denstro	20.10.04	"	28. 7.42	Allg. Erschöpfung	"
443	Sabludd Petro	15. 5.03	"	13. 7.42	Kehlkopfleiden Herzschwäche	
444	Iwanus Peter	9. 7.14	"	3. 9.42	Schädelbruch	"
445	Mikilucha Wasyl	14.12.19	"	3. 9.42	Tod durch Erstickung	"
446	Serdjuk Andreas	15. 8.25	"	3. 9.42	Schädelbasisbruch	"
447	Waschtschuk Máxim	18. 6.22	"	21.10.42	Schädeldachbruch	"
448	Workiewitsch Wladimir	1908	"	5.12.42	Nierenvergiftung	"
449	Manzur Nikola	1910	"	13. 3.43	Lues	"
450	Abesow Alex	25.12.25	"	16. 6.43	Halswirbel-u.Schädelbruch	"
451	Chrapow Fiodor	12. 1.19	"	12. 7.43	Drüsentuberkulose	"

Auszug aus der Liste beurkundeter Todesfälle russischer Kriegsgefangener

ließen, daß nach dem Krieg Zahlen weiter nach unten gedrückt wurden. Für Homberg etwa werden nur drei (!) Tote angegeben.[777]

Und dies sind nur die Toten einer Nationalität.

Die ärztlich festgestellten Todesursachen kaschieren nur mühsam die entsetzliche Lage der Zwangsarbeiter. Lungenentzündung wird weit häufiger angegeben als etwa „Entkräftung" oder „lebensmüde" (mehr als 10 Nennungen für Repelen-

Russische Zwangsarbeiter beim Bau eines Rundbunkers

Baerl). Die Toten, bei denen „Herzschwäche“ notiert wird, sind 31 oder 35 Jahre alt. Knochen- und Schädelbrüche sind immer „Unglücksfälle“. In Meerbeck sterben 15 Gefangene an Schußverletzungen, 4 davon sind „auf der Flucht erschossen“ worden.[778] Es konnte nicht nachvollzogen werden, wie viele Zwangsarbeiter insgesamt in Moers starben, doch dürfte die Zahl allein für Moers weit höher liegen, als die mehr als 200 hier nachgewiesenen Fälle. Hinzu kommen viele weitere, die in ihrem geschwächten Zustand die Verlegung in rechtsrheinische Gebiete Anfang 1945 nicht überstanden haben.

Unmenschliche Arbeitsbedingungen, völlig unzureichende Ernährung, brutale Behandlung durch Bewacher, das sind die Ursachen für das Sterben 20-30jähriger ehemals kräftiger Männer, die auf dem Friedhof Lohmannsheide liegen oder irgendwo verscharrt wurden!

Bei Fliegerangriffen durften die Ost-Gefangenen nicht mit den Deutschen zusammen in die Bunker. Vom „Russenlager“ an der Königsberger Straße wurde uns übereinstimmend von mehreren Zeugen berichtet, daß bei Fliegerangriffen Gefangene getötet wurden und man Leichenteile in der Straße fand.

Eine der vielen kleineren Unterkünfte für Zwangsarbeiter befand sich beim Gefängnis in der Uerdinger Straße.

„Dort waren 10 Russen, die beim Bau unseres Bunkers eingesetzt wurden. Dieselben Menschen, die unser Haus löschen halfen, als der Dachstuhl durch Bombeneinwirkung brannte, sollten schutzlos draußen bleiben. Bei einem Fliegerangriff schrien die Leute vor Angst. Mein Vater hat dann durchgesetzt, daß die Russen mit in den Bunker durften.“[779]

„Wir waren noch Kinder – aber die Kriegsgefangenen haben wir gut mitgekriegt. Wir haben ja Handel mit denen getrieben. Die wurden immer so zu zehnt durch die Straßen geführt, mußten zur Arbeit. Vorn und hinten waren bewaffnete Männer, die waren vom Volkssturm.

Die Gefangenen wurden oft geschlagen. Die waren unheimlich geschickt und haben so Vögel gebastelt, da saßen vier auf einem Teller, und wenn man dran zog, dann nickten die. Wenn die so was für uns gebastelt haben, dann haben wir zu Hause gefragt, ob wir das machen dürfen und dann zwei Eimer mit Kartoffeln

Merkblatt

über die Behandlung von Kriegsgefangenen.

Zur Sicherung der Ernährung stellt die Wehrmacht der Landwirtschaft Kriegsgefangene zur Verfügung.

Für ihre Behandlung gilt die nachstehende Anordnung:

Wer gegen eine zur Regelung des Umganges mit Kriegsgefangenen erlassene Vorschrift verstößt, oder sonst mit einem Kriegsgefangenen in einer Weise Umgang pflegt, die das gesunde Volksempfinden gröblich verletzt, wird bestraft.

Beispiele:

1. Jeder deutsche Volksangehörige, der sich ohne Erlaubnis und unaufgefordert mit Kriegsgefangenen in Verbindung setzt, macht sich strafbar. Deshalb sind gemeinsamer Kirchgang, gemeinsame Mahlzeiten und überhaupt jeder Familienanschluß mit Kriegsgefangenen verboten.
2. Kleidungsstücke, alkoholische Getränke und andere besondere Genußmittel, Streichhölzer, Feuerzeuge, feuergefährliche Gegenstände, nicht zur Arbeitsleistung benötigte Werkzeuge sowie selbstverständlich Waffen und Munition, dürfen an Kriegsgefangene weder ausgehändigt noch verkauft werden. Auch ist jede Hilfeleistung beim Einkauf dieser Gegenstände unzulässig.
3. Die Abgabe von kursfähigem Geld, Briefmarken, Schreibpapier und anderem Schreibmaterial an Kriegsgefangene ist untersagt.

Als Landesverrat wird angesehen und entsprechend gerichtlich verfolgt:

1. Annahme und Aushändigung oder heimliche Beförderung von Briefen oder anderen schriftlichen Mitteilungen,
2. Zulassung zum Fernsprechverkehr,
3. jede Hilfeleistung zur Flucht.

Besonderer Hinweis für den Betriebsführer:

Der Betriebsführer ist dafür verantwortlich, daß die seiner Gefolgschaft angehörenden Volksgenossen eine Berührung mit den Kriegsgefangenen während der Arbeit auf das unbedingt notwendige Maß beschränken und außerhalb der Arbeit ganz vermeiden.

Deutsche Volksgenossen, bedenkt, daß in jedem Einzelfall unwürdigen Verhaltens gegenüber Kriegsgefangenen die Ehre des ganzen deutschen Volkes verletzt wird!

Moers, den 2. April 1940

Der Landrat:

Bollmann.

vollgemacht. Die haben wir den Russen dann dafür gegeben. Die haben sich dann eine Decke umgebunden und die Kartoffeln drin verteilt, so daß man nichts sah. So haben sie die vom Arbeitseinsatz zurückgebracht. Man hat öfters gemerkt, wenn einer nicht wiederkam, die sind ganz schlecht behandelt worden. Nach dem Krieg haben wir unsere Eltern immer gefragt, warum sie den... und den ... nicht abholen – die haben ja viele geholt damals, weil sie Nazis waren. Aber die, die das mit den Gefangenen gemacht haben, die wurden in Ruhe gelassen und das fanden wir nicht richtig."[780]

Eine humane Einstellung gegenüber den Zwangsarbeitern war nicht erwünscht: an Pfingsten hatte der Landwirt Jakob B. aus Rheurdt einen ihm zugeteilten Polen mit zum Gottesdienst genommen und anschließend mit ihm zwei Bier getrunken. Dafür bekam der Mann vier Monate Gefängnis. Sein Verhalten, das im Gegensatz zu den meisten anderen Volksgenossen Achtung der Menschenwürde und Mut zeigt, ist ihm schon einmal zum Verhängnis geworden und dient jetzt dem Gericht als weiterer Vorwand: „Anläßlich des 9.11.1938 wurden wegen der judenfreundlichen Einstellung der Gebrüder B. sämtliche Scheiben des Gehöftes B. zertrümmert – das Gericht würdigte dies als weiteren Beweis, daß B. sich über die rassischen und völkischen Grundsätze des nat. soz. Staates hinwegsetzte und diese nicht anerkennen will."[781]

Eines der Zeugnisse niedriger Gesinnung – ein anonymes Denunziationsschreiben vom 6.7.1944, das schon tags darauf die Gestapo auf den Plan rief, lautet:

„Wie ihr wißt ist Frau Beier aus Möers Matthek ferhaftet. sie hat Schnaps an die Kriegsgefangenen für Kaffe und Speck abgegeben dawo sie bauer arbeitet. Die schlimmste ist aber die schwester frau Knur aus Hülsdonk. die schläppt auch viel Schnaps und Kaffe nach die Gefangenen. Das weiß die Beier gut. Auch der Bauer tut alles teuer verkaufen."[782]

7.7 Als Menschen verachtet, als Menschenmaterial begehrt

Wie hat man sich den Einsatz von Kriegsgefangenen und verschleppten Zwangsarbeitern im Kreis Moers vorzustellen?

Zuständig für ihre Verteilung im Kreisgebiet war der Landrat, später der Kreisleiter, dem ein bestimmtes Kontingent zugewiesen wurde.

1940 bereits ergeht ein von Landrat Bollmann unterzeichnetes Merkblatt über die Behandlung von Kriegsgefangenen an die Bürgermeister, es soll an allen Schulen verteilt werden, die Lehrer sollen die Schüler entsprechend belehren. „Die Behandlung der Kriegsgefangenen ist besonders wichtig, um so mehr, als über 1000 Mann im Kreis Moers untergebracht sind."[783] Das war erst der Anfang. 1942 waren 23 Ausländerlager mit fast 3000 Insassen eingerichtet.[784] Nun mußten die Gefangenen niemand „aufgedrängt" werden, in den letzten Kriegsjahren arbeiteten, als Ersatz für die eingezogenen und gefallenen Männer praktisch auf jedem Bauernhof, in vielen Betrieben, bei der Stadtverwaltung usw. Frauen und Männer aus Polen und der UdSSR. Als 1940 die ersten Zwangsarbeiter im Kreis verteilt wurden, schlugen sich z.B. Homberger Geschäftsleute darum, auch ihre Betriebe mit den extrem billigen Arbeitskräften auszustatten. Am 28.8.1940 trifft man sich mit einigen Firmeninhabern (z.T. Ratsmitglieder) im „Ratskeller" Adolf-Hitler-Straße 48 und läßt sich vom Arbeitsamt die Bedingungen erläutern. Die anwesenden Stiel-

So zeichnete Willi Müller das Elend der Zwangsarbeiter beim Einsatz im Bergbau

fabrikanten und Bauunternehmer beantragen schon mal 50 Gefangene, die Firma Maas soll mit dem Bau der Unterkünfte beauftragt werden. Zu ihrem Leidwesen scheitert die Initiative an den Sicherheitsvorstellungen des Stammlagers, und so treffen sich acht „Interessenten“ (so werden sie in den Akten genannt) Anfang 42 wieder, denn es sollen jetzt mehr Russen kommen. Endlich ist es soweit: Tesch liefert den Maschendraht, und es kann gebaut werden.[785] Später werden Massen von Kriegsgefangenen nicht nur zur Arbeit in den Zechen des Kreises, sondern auch zu Aufräum- und Bauarbeiten herangezogen. Ab Herbst 1944 versuchen die Verantwortlichen möglichst viele Zwangsarbeiter auf die rechte Rheinseite zu schaffen, so werden z.B. Anfang September 2400 Kriegsgefangene von den linksrheinischen Rheinpreußen-Schächten abgezogen, es verbleiben aber allein in den Gruben dieser Gesellschaft noch 2000 Zwangsarbeiter.[786] Andere werden noch für Schanzarbeiten am Niederrhein eingesetzt.[787]

Zeitzeugen haben viel darüber berichtet, wann, wo und mit wieviel Gefangenen in Moers Lager existierten, in dieses Buch wurden jedoch nur Standorte aufgenommen, die in irgendeiner Form durch Aktenbelege nachgewiesen werden konnten.

An Zwangsarbeiterlagern auf Moerser Stadtgebiet konnten ermittelt werden:[788]

In der Asbergerstraße Ecke Annastraße gab es ein Lager der Organisation Todt. Es bestand aus 4 Wohnbaracken plus einer in der Annastraße. Das Lager wurde im September 1942 eingerichtet und im Dezember erstmalig belegt. Zum Teil waren dort französische Handwerker untergebracht. Ende 1944 belief sich die Stärke auf 134 Mann. Für die Beseitigung von Bombenschäden wurden im August 1944 200 Mann aus diesem Lager angefordert.[789]

In der Bornheimerstraße 111 standen 3 Behelfsunterkünfte für die Unterbringung von 150 Ostarbeitern für die Fa. Gietmann in Rheinberg, hier sollen aber auch Italiener und Holländer gewesen sein. Auch die Bauunternehmung Fenners in Utfort beschäftigte 180 Gefangene – wo sie untergebracht waren, konnte nicht mehr ermittelt werden.[790]

Die Eichenstraße 148 war 1944 mit circa 100 Ukrainern belegt, es handelte sich um ein Lager der Deutschen Reichsbahn.

An der Kreuzung Essenbergerstraße/Bergstraße hatte ein Lager in der Regie der Organisation Todt 1944 eine Stärke zwischen 104 und 134 Personen.

In der Homberger Straße – mitten in der Stadt – waren mindestens an zwei Stellen ebenfalls Zwangsarbeiter untergebracht, allerdings erst relativ spät. Zum einen im evangelischen Gemeindehaus, das am 30.6.44 zerstört wurde, ferner in der

Hombergerstraße 89 /Wirtschaft Theunissen – später Gaststätte Kambartel – ein „Polenlager“[791].

Erst Anfang 1945 wurde der Saalbau Schäfer, der schon so vielen Propagandaveranstaltungen gedient hatte, ebenfalls als Unterkunft benutzt.

Die „Ostarbeiter“ wurden für den Kreis Moers zum Teil gezielt aus Bergarbeitern zusammengestellt. Das Durchschnittsalter lag unter 30 Jahren. Im Gebiet der Staatspolizeileitstelle Düsseldorf gab es 1942 155 Lager mit Zwangsarbeitern, die über 100 Gefangene hatten, darunter:

Nr 85)	Gewerkschaft Diergardt-Mewissen in Rumeln, Am Volkesberg	340 Männer
Nr.86)	Zeche Friedrich-Heinrich Kamp – Lintfort	900 Männer
Nr.87)	Steinkohlenbergwerke Rheinpreußen	

	Lager Mörs, Neckarstr.	160 Männer
	Lager Mörs Norkusstr.	100 Männer
	Lager Mörs Pattbergschächte	750 Männer[792]
Nr.89)	Reichsbahn, Bahnmeisterei Trompet (Lager Wahlen)[793]	100 Männer

Das Lager an der Neckarstraße[794]e des Lagers an der Neckarstraße 35 mit 800 Personen angegeben. Dokumenten-Sammlung Billstein lag an der Ecke zur Blücherstraße und bestand aus Nissenhütten, die nach dem Krieg für Flüchtlinge genutzt wurden und erst einige Jahre später abgerissen wurden. Die Insassen kamen wie die 750 russischen Zwangsarbeiter im wohl größten Moerser Lager an der Königsbergerstraße im Bergbau zum Einsatz, v.a. auf Schacht V. Vielen Meerbeckern ist das in der Bevölkerung so genannte „Russenlager" in Erinnerung.

Das in der Königsbergerstraße 25 brannte bei einem Luftangriff vollkommen aus.[795]

Das Lager an der Steinbrückenstraße – 30 Personen (Franzosen, Polen, Russen) – soll nach Aussagen von Zeitzeugen aus der Nachbarschaft wesentlich größer gewesen sein. Die meisten arbeiteten in der Landwirtschaft und in Gärtnereien.

In den speziellen Zechenlagern mit einer Größe von über 100 Insassen befanden sich im Kreis Moers mindestens 2750, für den Bereich der Gestapo-Außenstelle Krefeld werden insgesamt 30.000 Zwangsarbeiter angegeben.

Darüber hinaus gab es eine Vielzahl weiterer Lager, für die weder über die Größe noch die Dauer der Belegung Unterlagen vorhanden sind, so z.B. im Lager Liesen in Baerl.[796]

In Kapellen gab es ein großes sogenanntes Zivilarbeiterlager, das dem Arbeitsamt unterstellt war. Es lag dort, wo heute in der Bahnhofstraße ein Supermarkt steht, diagonal gegenüber der Kirche.[797] Nach Zeugenaussagen lagen hier immer mindestens hundert Personen, bestimmt hauptsächlich für den Einsatz auf den umliegenden Bauernhöfen. Sie wurden morgens in kleinen Gruppen zum Teil von den Bauern selbst abgeholt. Im allgemeinen galt auch hier die Regel: je kleiner das Lager bzw. der Einsatzort, desto humaner die Behandlung der Gefangenen. Lediglich den zwei ortsansässigen SS-Leuten wird eine strenge Behandlung der Gefangenen nachgesagt. Daß es zu Kontakten zwischen der deutschen Bevölkerung und den Gefangenen kam, wird von vielen Moersern erinnert. Allerdings gibt es weniger Berichte, daß Deutsche sich über die strengen Bestimmungen hinwegsetzten und Gefangenen direkt halfen. Meist war es den Kindern vorbehalten, Menschlichkeit wirksam werden zu lassen, mußten doch Erwachsene mit Denunziation und härtester Verfolgung rechnen. Doch gab es in Meerbeck und auf den Zechen praktische Solidarität. In Rheinhausen wurde ein Schriftsetzerlehrling angeklagt, weil er mehrmals französischen Kriegsgefangenen Zigaretten gegeben hatte. Vier Mädchen bekamen einen Monat Gefängnis wegens eines Fotos gemeinsam mit Kriegsgefangenen.[798]

Schon am 22.8.1940 war im Grafschafter der Aufruf ergangen „Haltet Abstand zu den Kriegsgefangenen". Ein Jahr später klingt das schon härter: „Jeder, der mit Kriegsgefangenen zu tun hat, beherzige deshalb: 'Feind bleibt Feind'".[799] Und im Schreiben des Sicherheitsdienstes vom 4.8.1942, das auch in Moers einging, heißt es:

„Wenn es Not tut, sollen sich die Gendarmen hierbei auch nicht scheuen, mit körperlicher Züchtigung vorzugehen, insbesondere spontan zur sofortigen Ahndung unbotmäßigen Verhaltens bei der Zurredestellung oder aber auch durch Verabreichung einer angemessenen Zahl von Stockhieben, die nach Möglichkeit durch Polen selbst vollzogen werden soll..."[800]

Besonders übel erging es in Moers – wie im ganzen Reich – den Zwangsarbeitern aus dem Osten, vor allem aus der Sowjetunion. Diese kamen nach langer Fahrt schon entkräftet hier an und mußten schwerste Arbeit bei völlig unzureichender Ernährung verrichten. Es gab auch einen Kriegsgefangenen, der im Bettenkamper Meer ertrank. Aber dies ist die Ausnahme. Die Wahrheit ist, daß im heutigen Stadtgebiet von Moers Hunderte von Menschen aus eroberten Gebieten ermordet oder zu Tode geschunden wurden.

Die Grundlage dieser unmenschlichen Behandlung lag in der nationalsozialistischen Ideologie, die bei nicht wenigen in der Bevölkerung Wirkung zeigte. Das Merkblatt der Gestapo Staatspolizeileitstelle Düsseldorf vom 24.6.1942, entnommen den Akten des Landratsamtes Moers, zeigt die Gesinnung der Herrschenden und die Bedingungen für die Verschleppten:

„...daß es dem Bolschewismus gelungen ist, alle menschlichen Werte zu vernichten und im russischen Volk einen biologischen Tiefstand zu erzielen, der jede Gemeinschaft mit diesen Menschen ausschließt. Strengste Vorsorge ist daher zu treffen.

1. Es muß verhindert werden, daß die Sowjetrussen mit deutschen oder ausländischen Arbeitern Fühlung nehmen und versuchen können, ihr bolschewistisches Gift zu verbreiten...

3. Es muß verhindert werden, daß die Sowjetrussen in Zusammenhang mit deutschen Volksgenossen kommen und diese daher unerträglich belästigen. Eine scharfe Absonderung der Sowjetrussen in fest verschlossenen und gut bewachten Wohnlagern ist erforderlich...

Bei dem geringsten Anzeichen von Widersetzlichkeit und Ungehorsam ist rücksichtslos durchzugreifen und zur Brechung von Widerstand auch von der Waffe schonungslos Gebrauch zu machen. Auf fliehende Russen ist sofort zu schießen mit der festen Absicht zu treffen."

Unter „VI. Verbot des Geschlechtsverkehrs mit Deutschen" ist erwähnt, „die russischen Arbeitskräfte sind darüber sofort beim Eintreffen zu belehren, ihnen ist zu eröffnen, daß männliche Arbeitskräfte aus dem altsowjetrussischen Gebiet bei Zuwiderhandlung mit dem Tod bestraft...werden."[801]

Bereits 1940 wurden deutsche Frauen und Mädchen, die sich mit Kriegsgefangenen einließen (auf eine Weise, die, wie es hieß, „das gesunde Volksempfinden gröblich verletzt"), mit mindestens einem Jahr Konzentrationslager bedroht.[802]

7.8 Der Krieg kommt nach Moers

Was änderte sich in den Jahren 42 bis 45 für die Moerser?

Kurz gesagt: es gab weniger Nahrung und Brennstoffe, weniger Information, weniger Siegesmeldungen – dafür mehr Fliegerangriffe, also mehr Stunden im Bunker, mehr Dienste und Arbeitsleistung, mehr Unterdrückungsmaßnahmen.

Zunächst vollzog sich dieser Wechsel schleichend.

Die Siegesmeldungen verloren an Häufigkeit, von „erbitterten Kämpfen" war die Rede. Noch rückte die Front nicht rasch näher, aber der Glaube an den Sieg und eine kurze Kriegsdauer war schwächer geworden.

Von einer Luftmine zerstört: Haus des Mühlenbesitzers Giesen in der Zahnstraße

1941/42 wurde die „Battle of Britain" mit dem Verlust von mehr als 4000 Flugzeugen bezahlt. Nach der Niederlage in der Luftschlacht um England nahmen die Angriffe auf deutsche Städte an Häufigkeit und Intensität zu. Mitte 1943 war der Kampf um die Luftherrschaft über dem deutschen Reich verloren, damit wurde der Krieg auch in Moers verlustreicher, die Zahlen der zivilen Opfer schnellten schon 1942 wie die der an der Front Gefallenen in die Höhe.

Von den wahren Meldungen war die Moerser Bevölkerung abgeschnitten. Längst war man in Kreisen der Partei dazu übergegangen, die Gesamtzahlen von Verlusten der Wehrmacht und der Zivilbevölkerung nicht mehr preiszugeben. Doch ganz verheimlichen ließ sich der Preis für „Großdeutschland" nicht. Die Todesanzeigen für Gefallene und bei Luftangriffen Umgekommene bedeckten öfter eine halbe Seite in der auf drei, später auf zwei Blätter geschrumpften Zeitung. Für Trauer war keine Zeit. Der Heimatdichter Erich Bockemühl läßt eine Bäuerin ihren Schmerz über den Verlust des Sohnes mit den Worten überwinden: „Man denkt doch oft an den Führer. Wie schwer muß das alles doch für ihn selber sein."[803]

Bürgermeister Grüttgen war bereits den „Heldentod" gestorben, Linden wurde offiziell am 20.2.1943 Nachfolger.

Aus dem Grafschafter konnte man kaum Nachrichten entnehmen, schon gar nicht aus der National-Zeitung. Selbst als der Reichsorganisationsleiter Ley Ende 1942 wieder einmal in Moers war und einen Betrieb besichtigte (vermutlich das Treibstoffwerk), wurde der Ort in der Presse nicht genannt.

Zugänglich waren für die Moerser Informationen, die ihr erwünschtes Verhalten betrafen. Ziemlich massiv wurde darauf gedrängt, z.B. nicht mit Kleinigkeiten zum Arzt zu gehen, so kurz wie möglich Radio zu hören („kein Stromverzehrer sein"), seine Kräfte durch frühes Aufsuchen des Bettes zu schonen. Derlei sinnlose

Titelblätter ändern sich: Wo sonst der Landmann pflügte.

Appelle nützten der Bevölkerung wenig: sie war im dritten Kriegsjahr ohnehin ausgelaugt. Im März 1942 wurde die knappe Lebensmittelzuteilung für Brot, Fleisch und Fett gekürzt. Am 19.9.1942 meldete der Grafschafter: „Das Landvolk arbeitet 14 – 16 Stunden täglich." [804]

Am 19.2.1943 wurde die berühmte Goebbelsrede „Wollt ihr den totalen Krieg?" in Moers veröffentlicht – die nächsten Tage und Wochen gehörten der Umsetzung und propagandistischen Erläuterung dieses Ziels.

Nicht kriegswichtige Betriebe wurden geschlossen („Flurbereinigung" nannte man solche zwangsweisen Geschäftsschließungen hier), die dort Verbliebenen kamen in die Rüstungsindustrie. Vor allem die Frauen wurden verstärkt eingesetzt.

Der „totale Krieg" brachte eine spürbare Verschlechterung der Lebensbedingungen.

Die Versorgung mit Nahrung konnte einigermaßen auf dem bisherigen Stand gehalten werden, die Lage bei den Brennstoffen, obwohl Moers doch „auf der Kohle saß", wurde im Winter 42/43 kritisch. Auch wenn die Rationen vorläufig nicht weiter gekürzt wurden: es gab immer häufiger nichts mehr zu kaufen.

Den Versuchen der Bevölkerung, selbst an Grundnahrungsmittel zu kommen, wie er auch immer wieder in den Spitzelberichten geschildert wird, begegneten am 3.7.1942 Bollmann, Bubenzer und Bauernführer Vutz mit dem Aufruf: „Bleibt weg von den Bauernhöfen und stört durch Disziplinlosigkeit nicht die gerechte Versorgung."[805] 1943 hieß es dann: „Hamsterer werden nicht geduldet".[806] Gefälschte Lebensmittelkarten tauchten auf.

Etwa 150 gefallene Soldaten hat die Stadt zu diesem Zeitpunkt zu beklagen, bald wird es jede Familie getroffen haben. Die Frauen und die wenigen Männer, die zurückgeblieben sind, verrichten ihren 12-14 Stunden währenden Arbeitstag,

Aus einer Anzeigenserie im Grafschafter Juli 1942

Totaler Krieg: Behelfsküche in der Turnhalle der Tannenbergschule

müssen dann zusätzliche Dienste ableisten. Besonders die Frauen trifft es hart, bleibt doch seit Jahren kein Geld für inzwischen dringend gewordene Anschaffungen – oder es gibt einfach nichts zu kaufen. Die wenigen Stunden, in denen keine Arbeit oder Dienstverpflichtungen zu Rot-Kreuz oder Aufräumarbeiten anstehen, müssen für Stopfen, Handarbeit oder Ausbesserungsarbeiten an der eigenen durch Bombenkrieg geschädigten Wohnung aufgewendet werden. Im Bunkerbau sind hauptsächlich Frauen und Kriegsgefangene eingesetzt – und auch das ist Schwerstarbeit. Sich ins Bett zu legen, wenn man Fieber hat – das geht jetzt nicht. Die Versorgung der Familie muß gesichert werden.

Bei den „Hamsterfahrten" aufs Land haben die Moerser bessere Bedingungen als Großstädter in Essen oder Bochum. Dennoch heißt es im Februar 1943 in einem der Berichte an die Kreisleitung:

„Der lange Winter hat mit seinen Verkehrsschwierigkeiten allerlei Unannehmlichkeiten mit sich gebracht, die sich nun nachteilig auf die Ernährungslage auswirken. In vielen Haushaltungen fehlen Kartoffeln, so daß bei der sparsamen Einteilung von Brot die Lebenshaltung unzureichend ist. Die Leute sind über die Tatsache ungehalten, daß in Moers lagernde Kartoffeln nicht ausgegeben werden. Kinder werden nicht in die Schule geschickt, weil ihnen die Mutter kein Frühstück mitgeben konnte."[807]

Bereits im Januar wurde die Kreisleitung über die Folgen solcher Mißstände informiert: „Selbst bei Parteigenossen spürt man eine gewisse Lethargie, die meisten wollen in Ruhe gelassen werden, darum sind Veranstaltungen und Versammlungen oft schlecht besucht. Man findet kaum jemand zur Mitarbeit, da jeder mit sich selber zu tun hat. Es wird nur das Nötigste getan."[808]

Kein Wunder; allein die Ehre, das „Braunhemd" zu tragen, schlug sich in der Statistik des Jahres 1943 so nieder: bei 383 öffentlichen Alarmen des Jahres wurden

10.656 Stunden Streifendienst und Aufräumungsarbeiten bei Bombengeschädigten, 180 Stunden Verdunklungskontrolle, 7.980 Stunden Dienst bei der Heimatflak und 320 Stunden Hilfsdienste bei der Polizei absolviert.[809] Der „normale" Volksgenosse hatte sicher ebensoviel an zeit- und kräfteraubenden Diensten zu leisten. Wer überhaupt das Glück hatte, in einem „kriegswichtigen Betrieb" zu arbeiten und so der Front entging, der wurde daheim zu Schanzarbeiten, Heimatflak oder Feuerwehrdiensten herangezogen. Einfache SA-Mitgliedschaft schützte da auch nicht: Ende 1943 standen 143 Moerser SA-Männer bei der Wehrmacht. Wer sich „abseilen" konnte, das waren die Führer, und von deren Gnade und Bescheinigungen hing manchmal das Leben ab.

7.9 „UK-gestellt" – das Zauberwort

Wer sich im ersten Kriegsjahr eines Arbeitsplatzes in der Stadt- oder Kreisverwaltung, bei Polizei oder SS erfreuen konnte, war zunächst „sicher". Natürlich gab es auch Freiwillige, die das „Feld der Ehre" geradezu suchten. Für die Masse der insgesamt 5000 Moerser, die als Soldaten in den imperialistischen Krieg geschickt wurden, war das anders. Und so wurde das Wort „an die Ostfront" zum Schreckenswort. Väter versuchten, ihre Söhne zu halten, Freunde schrieben Bescheinigungen, daß auf diesen oder jenen nicht verzichtet werden könnte aufgrund seiner Tätigkeit, aber auch Formeln wie „kriegswichtiger Einsatz" oder „wehrmachtbeliefernder Betrieb" schützten nur eine Zeitlang. Ab 1942 gingen die Wehrbezirkskommandos daran, die Gruppen der Verbliebenen auszudünnen. Listen der „Gefolgschaftsmitglieder" in den Verwaltungen, am Ort noch vorhandene SS-Männer mußten gemeldet werden, und am Ende waren auch über 55jährige schon dem „Landsturm" zugeteilt und flugs

Vater ist auch Soldat: der 46-jährige Paul Gericke mit seinen Kindern

in eine Uniform gesteckt. 1944 haben in der Kommunalverwaltung – in der sich nur noch einer im Alter unter 35 Jahren befindet – zwei Drittel unter „Bemerkungen" ein „Ehrenamt" stehen: vom Kreis-Propagandaleiter, SA-Oberscharführer und Bannarzt über den Blockwart bis zum NSV-Zellenleiter. Das half lange. Je mehr der Krieg nach Moers kam, desto mehr Macht wuchs manchem Volksgenossen zu, z.B. in der Feuerwehr – angesichts der ständigen Fliegerangriffe und mit mehr als 1900 Mann im Kreis eine höchst wichtige Einrichtung, aber auch Quelle weiterer Dienstverpflichtungen. Anstreichermeister van den Berg, zunächst Oberzugführer, dann Hauptzugführer, dann kommissarischer Leiter der Feuerwehr, berichtet ab 1943 14-tägig an den Bürgermeister über die „säumigen" Kameraden, die nicht zum Dienst erschienen sind, diese erhalten umgehend Schreiben mit Strafandrohung. Am 19.6.43 geht van den Berg einen Schritt weiter: „Ich bitte die unten aufgeführten Feuerwehr-Kameraden, welche bei der Heimatflak eingezogen werden sollen, für den Feuerwehrdienst frei zu bekommen. Diese Männer sind für den Einsatz nicht zu entbehren." (folgen 7 Namen) „ Vielleicht wäre es möglich, daß wir die säumigen Kameraden, die nie zum Dienst und Alarm erscheinen, als Austausch der obengenannten Kameraden für die Flak dem WBK zur Verfügung stellen." (folgen 9 Namen) Van den Berg wird bald darauf „Wehrführer" und – freilich zu alt fürs Militär und dem Landsturm II zugewiesen – uk-gestellt: „Zur Erhaltung der Schlagkraft der Feuerwehr ist die uk.-Stellung unbedingt erforderlich" schreibt Jochums für die Ortspolizeibehörde – und man muß ihm zugestehen, daß die Aufgabe der Feuerwehr für die Zivilbevölkerung bei weitem wichtiger war als etwa die der Mitarbeiter im Kreispropagandaamt.[810]

Endlich – im April 1944 – kann Dr. Bubenzer im Heimatbrief schreiben: „Ich bin stolz darauf, daß im Kreise Moers keine Männer mehr sind, die den alten und diesen Weltkrieg nicht mitgemacht haben. Soweit sie mir als Kreisleiter und Landrat unterstehen, tragen sie heute alle das graue Kleid des Führers. Auch diejenigen, die nur den Frankreichfeldzug mitgemacht haben, sind wieder eingerückt. Denn ich weiß aus eigener Erfahrung: wer nicht im Osten war, hat diesen Krieg nicht miterlebt."[811]

Diejenigen, die durch keine Funktion und frühzeitige Bewährung geschützt waren, trugen die Last des Krieges, ebenso wie die Frauen. Wer noch eine Zeitlang Glück hatte, der mußte sich mühen, nicht aufzufallen, aber seine Kraft reichte nicht ewig.

Im Juni 1943 sprach Propagandaleiter Jochums in der Aula der Tannenbergschule zum Thema „Zur allgemeinen Lage. Unsere Haltung" und konnte dafür ganze 33 Parteigenossen aus 7 Zellen erwärmen. Die Parteiführung versuchte dieser abnehmenden Bereitschaft am Gemeinschaftsleben der Volksgemeinschaft etwas entgegenzustellen, und dies gelang partiell auch. Zum Teil aber erwiesen sich die jahrelang gepflegten Instrumente zur Erzeugung einer Masseneuphorie als stumpf. Der Bericht aus der OG Hochstraß-Scherpenberg vom August 1944 belegt dies deutlich:"Im Laufe des Berichtsmonats bemühte sich die Ortsgruppenleitung weiterhin, durch zahlreiche Sprechabende die Haltung der Partei- und Volksgenossen zu festigen und im Glauben an unsere ungebrochene Kraft zu stärken. Derartige Sprechabende fanden statt

am 8.8. bei Fischer	mit 36 Teilnehmern
am 15.8. bei Kampmann	mit 22 Teilnehmern
am 23.8. bei Heister	mit 21 Teilnehmern
am 27.8. bei Kampmann	mit 4 Teilnehmern."[812]

Im Bereich der Ortsgruppe lebten über 10.000 Volksgenossen.

Ohnehin war die Zeit der großen Aufmärsche vorbei, als die Flieger auch tagsüber ihre Angriffe fortsetzten. Die Kreisleitung erkannte offensichtlich schnell, daß die Zeit der bombastischen Goldfasanenauftritte vorüber war. Wie jede Politprominenz mit dem Instinkt für die richtigen Fotos zur rechten Zeit zeigte man sich jetzt bei Bombenopfern und Witwen. Gefallenenehrungen, die immer „erhebend" waren, ersetzten die Jubelfeiern. Die Ortsgruppen berichten nun der Kreisleitung, bei welchen Beerdigungen sie repräsentiert waren. Wie beim Führer und seinem Propagandaminister zu sehen, wandeln die Moerser Parteigrößen ihr Vokabular. Was vorher noch salopp-sportliches und zynisches Gerede vom „Gegner erledigen" und „eine Schlappe" beibringen war, gerät jetzt zum mystischen Geschwätz. Wo keine konkreten Siegesmeldungen mehr zu bringen sind, da ersetzt der „Glaube" an den Endsieg alle differenzierteren Betrachtungen über die Kriegslage. Vom Führer ist ohnehin fast nur noch im Zusammenhang mit der „Vorsehung" die Rede, die ihn alle Deutschen retten läßt. Aus dem Mund des doch recht cleveren Dr. Bubenzer hört sich das so an: „Wir können alle Schwierigkeiten meistern, wenn nur der gute Wille vorhanden ist. Da wir wissen, daß wir die besten Soldaten und in Adolf Hitler den besten Führer in der Welt haben, wird und muß der Sieg unser sein!"[813]

7.10 Was bleibt? – die „Volksgemeinschaft.

Mehr als alle Sprachpropaganda verfing bei der Bevölkerung die Besetzung des Feldes „Solidarität": wenn überhaupt noch ein Element der NS-Ideologie tragfähig war, dann der Gedanke der „Volksgemeinschaft". Wo jeder auf andere angewiesen war, wo es tatsächlich zahllose Beispiele von Nachbarschaftshilfe und echter Humanität gab, da wurde es schwerer für den einzelnen, sich auszuschließen. Sinnfälliger Ausdruck hiervon waren die Sammlungen, die noch einmal gesteigert wurden. 1944 wurden in Moers offiziell durchgeführt (nicht gezählt die kleinen häuserblockbezogenen Sammlungen für Hinterbliebene oder Bombengeschädigte): Pelz- und Spinnstoff-, Schuh-, Heilkräuter-, Schrott-, Woll-, Bücher- und Papiersammlung. Das waren alles eigenständige Sammlungen, zu denen Ende 44 die Knochensammlung hinzukam. Mit fortschreitender Kriegsdauer wurden fast alle Grundstoffe rar, und man versuchte mit diesen Naturaliensammlungen, das Letzte zusammenzukratzen, zugleich aber vor allem das Zusammengehörigkeitsgefühl und den Durchhaltewillen zu stärken. Denn längst überwog bei dieser Art Sammlung der Verwaltungs- und Logistikaufwand das Sammelergebnis. Ergiebiger waren die reinen Geldsammlungen, von denen es die Haussammlungen und Straßensammlungen der Ortsgruppe gab. Hinzu kam die Gau- und die Reichsstraßensammlung, die Eintopf- oder Opfersonntage und die Sondersammlungen, etwa am „Tag der nationalen Solidarität" und am „Tag der Polizei" (15.Februar). Eine beliebige Sammelwoche schon 1941 erbrachte in Hochstraß-Scherpenberg z.B.: 8677 Stück Flaschen „für unsere Wehrmacht" am 8.November, 3147,34 Mark bei der Haussammlung am 9.Novenmber und 1257,25 Mark bei der Straßensammlung am 15./16. November. Solche Ergebnisse wurden 1944 weit übertroffen (zum Vergleich die Reichsstraßensammlung am 19./20. 11. 1944 in demselben Gebiet bei

Kinder bei der Spinnstoffsammlung (Maus, Anlahr, Rusch, Hergenröder)

Solidarität mit dem ausgebombten Ruhrgebiet

weniger Einwohnern: 6117,22 RM – insgesamt wurden über 102.000 RM in diesem Jahr erzielt), und es stellt sich die Frage, wie es geschehen konnte, daß die Spendenfreudigkeit der Bevölkerung – gerade angesichts der eigenen prekären Lage – nicht zum Erliegen kam. Zwei Antworten liegen nahe: 1. die Bevölkerung hat den Gedanken der Solidarität ernst genommen, umgeben von Not, selbst oder in der Verwandtschaft von besonderen Belastungen betroffen, die erwachsenen Männer irgendwo in Rußland. Darauf weist auch die Tatsache hin, daß in den letzten beiden Kriegsjahren die Ergebnisse der Rot-Kreuz-Sammlungen die der anderen weit übertrafen.

2. Spenden war eine Möglichkeit des „Freikaufs": wenn es für Geld ohnehin nichts zu kaufen gab und man für eine mittlere Spende mit zugedrücktem Auge bei der „blaugemachten" nächsten Feier rechnen konnte. Wer weiß, daß in den Gesinnungsberichten über politische Zuverlässigkeit – z.B. immer angefordert, wenn es um eine Arbeitsstelle oder den Fronteinsatz ging – eine Rubrik „Spendenverhalten" üblich war, den wundert das Anwachsen der Beträge bei den Geldsammlun-

gen mit dem Fortschreiten der Unterdrückungsmaßnahmen nicht. Dem entspricht auch, daß Haussammlungen, sozusagen registrierfähiges Spenden unter dem direkten Druck des Blockwarts, immer weit mehr erbrachten als die anonymen Straßensammlungen.

Wer nicht mehr zur Volksgemeinschaft gehörte

Widerstand versuchte das Regime mit brutalen Mittel zu brechen. Die Verurteilungen in den Kriegsjahren bestimmten immer drakonischere Strafen. Nun wurde jeder, der sich nicht vollständig unterordnete, zu einem „Volksverräter". Menschen, die sich einen Sinn für Realität bewahrt hatten und der Propaganda von den siegbringenden Wunderwaffen nicht erlegen waren, mußten mit dem Äußersten rechnen, wenn sie im Beisein der falschen Leute zur falschen Stunde ihre Meinung preisgaben. Was eine „staatsabträgliche Äußerung" war, konnte niemand so genau wissen. So reichte eine Postkarte, auf der geschrieben stand „...man sieht hier nur besoffene Soldaten", um wegen Beleidigung der Wehrmacht belangt zu werden.[814]

Die Verurteilungen wegen des Abhörens von Feindsendern nahmen zu, sogenannte Arbeitsbummelanten wurden ins „Arbeitserziehungslager" eingewiesen.[815]

Heinrich Peschken trank Bier mit einem Menschen, der ihm freundschaftlich verbunden schien. Der hörte zu, forderte ihn auf weiterzumachen und horchte ihn aus, wie er in seinem Bericht selbstlobend erwähnt.

Am 17.2.43 denunziert der Zellenleiter Mundorf seinen Gesprächspartner, er habe „schwerste Beleidigungen gegen führende Persönlichkeiten der Partei" erhoben. Z.B. hätte Moers früher einen Juristen als Bürgermeister haben müssen, heute könne das auf einmal ein Käsereisender (nämlich Bollmann). Von Bollmann hätte er einmal einen persönlichen Brief gelesen, „wenn sein 14-jähriges Mädel solche Fehler machen würde, hätte er es nach allen Regeln geschlagen." Peschken kam mit 21 Tagen Haft davon, weil er gleich 500,- RM – eine stattliche Summe – ans Winterhilfswerk spendete.[816]

7.11 Die „Moerser Töpfe"

Auch vor diesem Hintergrund erreichten die Luftangriffe der Alliierten ihre Ziele – die Demoralisierung der Bevölkerung, Kriegsmüdigkeit und Auflehnung gegen die Naziherrschaft – nicht.

Daran änderten auch die von den Alliierten hier in großer Zahl abgeworfenen Flugblätter nichts, obwohl sie an Deutlichkeit nichts zu wünschen übrigließen. So sahen die Moerser Fotos von Massengräbern, darunter die Frage: „Wo bleiben die deutschen Verlustlisten?", und weiter heißt es: „Terror gegen die Zivilbevölkerung, rücksichtslose Zerstörung von Wohnbezirken sollte im Herbst 1940 Großbritannien auf die Knie zwingen. Hitler hat sich verrechnet! Jetzt legen wir erst richtig los. Unsere Antwort auf Hitlers Terror: Bomben, immer größere Bomben! Was Ihr heute Nacht erlebt habt, waren nur die ersten Tropfen, die den kommenden Gewittersturm ankündigen. Immer wuchtiger, immer vernichtender wird es auf Deutschland herabprasseln: so rechnen wir mit Hitler ab! Wenn es zuviel für Euch wird, wenn Ihr der Urgewalt des Orkans nicht mehr widerstehen könnt, dann denkt daran: Das dankt Ihr Hitler!"[817]

Wieder, wie schon zu Beginn des Luftkriegs, war es Meerbeck, das durch die Nähe zum Treibstoffwerk die Hauptlast der Zerstörungen zu tragen hatte. 1942

Wo bleiben die deutschen Verlustlisten?

Alle kriegführenden Lander, sogar Ungarn, die Slovakei, Rumänien, Eure Verbündeten, veröffentlichen Verlustlisten.

Nur Ihr dürft die furchtbare Wahrheit nicht erfahren.

Von alliierten Flugzeugen über Moers abgeworfene Flugblätter

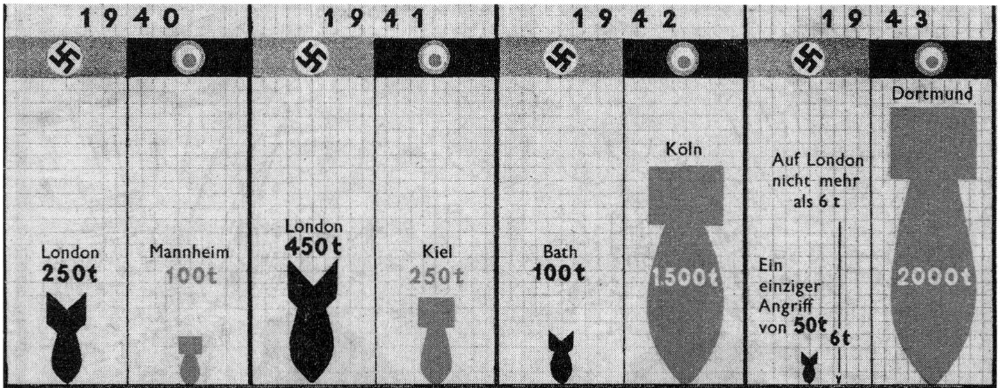

Die schwersten Luftangriffe von 1940 bis Mai 1943

Die Festung Europa hat kein Dach

IM April 1943 warf die R.A.F. mehr als 10 Millionen Kilogramm Bomben auf deutsche Industrieziele.

Im Mai 1943 wurden über 12 Millionen Kilogramm Bomben abgeworfen.

In einer einzigen Woche im Mai fielen 750 000 Kilogramm Bomben allein auf das Ruhrgebiet.

Bis 1. Juni 1943 haben englische Flugzeuge über 100 Millionen Kilogramm Bomben auf Deutschland abgeworfen.

Die Royal Air Force ist heute stärker als die deutsche und italienische Luftwaffe zusammen.

In Amerika wurden allein im April 1943 7 000 Flugzeuge fertiggestellt.

Die amerikanische Flugzeugindustrie hat am 31. Mai das 100 000 Flugzeug für diesen Krieg geliefert.

Amerika produziert heute mehr Flugzeuge als Deutchland, Italien und Japan zusammen.

Das sind die Tatsachen. Was folgt daraus? Man könnte sagen: Was die Engländer ausgehalten haben, können die Deutschen auch aushaltern.

Aber der Vergleich hinkt. Die englisch-amerikanische Luftoffensive gegen Deutschland ist bereits jetzt weit schwerer als die deutsche Luftoffensive gegen England je war. In ihrem schwersten Angriff auf eine englische Stadt (London, 10. Mai 1941) warf die Luftwaffe 450 000 Kilogramm Bomben in einer Nacht.

In ihrem bisher schwersten Angriff auf eine deutsche Stadt (Dortmund, 23. Mai 1943) warf die R.A.F. 2 000 000 Kilogramm Bomben in einer Nacht. Mehr als viermal soviel — und das ist erst der Anfang.

Die Engländer konnten standhalten, weil sie wussten: Wenn sie standhalten, musste es besser werden. Sie hatten kaum angefangen zu rüsten. Sie kamen erst in Gang. Sie wussten, dass ihre eigene Luftmacht und Luftverteidigung von Tag zu Tag wuchs.

Sie sahen amerikanisches Kriegsmaterial in Massen ankommen und sie konnten hoffen, dass Amerika eines Tages als Verbündeter an ihrer Seite stehen würde.

Was haben heute die Deutschen zu hoffen, wenn sie sich standhaft weiter bomben lassen?

Neue Verbündete gibt es nicht mehr. Deutschlands eigene Kampfkraft lässt nach. Die englisch-amerikanische wächst von Tag zu Tag. Deutschlands Fabriken werden bombardiert. Seine Produktion ist um 20% gesunken. Amerikas Produktion ist „bombensicher".

Deutschlands geschwächte Luftwaffe muss an drei Fronten kämpfen. Überall ist sie in der Defensive. Die R.A.F. und die amerikanische Heeresfliegerei haben, trotz Atlantik-Wall, eine Front im Herzen Deutschlands geschaffen. Die „Festung Europa" hat kein Dach.

Daran ist nichts mehr zu ändern. Die deutschen Arbeiter und Ingenieure, die in den Fabriken aushalten, können den Gang des Krieges nicht mehr wenden. Sie können den Krieg nur verlängern. Das heisst: Sie können dafür sorgen, dass noch mehr Bomben auf Deutschland fallen.

Es werden immer mehr werden von Monat zu Monat.

Wie lange soll das noch so weiter gehen ?

hatte es hier innerhalb von 12 Tagen des Juli 39 Tote gegeben – am Mittwoch dem 22.7. beim bisher schwersten Angriff allein 29. Auf der letzten Sitzung des Grubenvorstandes der Rheinpreußen-Zechen am 7.2.1945 wird der Zerstörungsgrad der Meerbecker Werkswohnungen summiert: keine einzige blieb unbeschädigt, 1782 wurden leicht oder mittel beschädigt, 1000 wurden vollkommen zerstört.[818]

Königsbergerstraße am 22.7.1944

Ziel der Angriffe war wiederum das Treibstoffwerk. Die in Moers gern erzählte Geschichte von den Bombern, die lange ihre Last über dem Attrappenwerk im Baerler Busch abluden, entbehrt wohl jeder Grundlage: die Alliierten waren im Besitz detaillierter Karten und werden sich bei den später üblichen Tagesangriffen schon gar nicht verflogen haben.

1944 erreichten die Zerstörungen im Werk solche Ausmaße, daß – auch durch die zerstörte Bahnlinie – der Nachschub mit Hydrierbenzin ernsthaft in Gefahr geriet. Für das an chronischem Treibstoffmangel leidende Reich war der Produktionsstandort Meerbeck so wichtig, daß ein einmaliger Sondereinsatz für die Beseitigung der Bombenschäden angeordnet wurde. Der Sondereinsatz Rheinpreußen erfolgte vom 29.7. bis 14.8.44. Von auswärtigen Gebieten wurden jeweils 1500 Arbeitskräfte der Organisation Todt und 1500 Mann der Wehrmacht herangeführt, die in Homberg in Schulen und den Vereinshäusern untergebracht wurden. Zusätzlich stellte der Landrat Kriegsgefangene aus der Umgebung ab: „Kriegsgefangene Polen müssen KZ/mässig untergebracht werden. Bewachung durch SS gestellt. Zusätzliche Bewachung durch Polizei oder Stadtwache auf Baustelle erforderlich."[819] Dem massierten Einsatz ist es zuzuschreiben, wenn bei Kriegsende der Zerstörungsgrad des Werkes nur mit 30% angegeben wurde. Freilich mußte die Werksleitung im letzten Kriegsjahr auch die letztendliche Sinnlosigkeit solcher Bemühungen einsehen:

„Es wird berichtet, daß der Wiederaufbau des Treibstoffwerkes eingestellt ist, nachdem dreimal der Wiederaufbau durchgeführt und bei Inbetriebnahme der Anlage dieselbe jeweils wieder durch Feindangriffe zerstört worden ist."[820]

Sperrballon an der Kirschenallee

Das Jahr 1943 überstand Moers relativ glimpflich und ohne Tote in der Zivilbevölkerung. Aber die Luftalarme nahmen ständig zu, meist wurde Moers überflogen, große Geschwader der RAF nahmen Kurs aufs Ruhrgebiet, die Angst und die Stunden im Bunker blieben. 1944 erreichte der „totale Krieg" endgültig die Grafenstadt. Schwere Luftminen gingen auch in der Filderstraße und in der Innenstadt z.B. in der Haagstraße nieder. Jetzt kamen fast täglich Angriffe, und das Hauptziel war wieder das Treibstoffwerk und die zu ihm führende Bahnlinie. Vom Wind abgetriebene Bomben trafen Meerbeck, in der heutigen Donaustraße und in der Cecilienstraße waren die Verluste besonders schwer. Am 8.11.1944 gab es wieder 29 Tote.

„15.10.1944 Tages- und Nachtangriff – 23 Sprengbomben, davon drei Blindgänger, 2 Minen, 500 Brandbomben. Gebäudeschäden: 14 total, 21 schwer, 43 mittelschwer und 215 leicht. Umquartierungen: 23 Familien mit 80 Personen." Das war einer der schon fast „normalen" Angriffe, es gab zwei Verwundete.[821]

Anfang März 1944 verschwanden die Sperrballone, die – insgesamt 30 – 40 Stück – den Himmel über Moers so malerisch belebt hatten, z.B. in den Filder Benden oder an der Norkusstraße auf der Wiese hinter Heyer. Scheinbar hatten sie nicht den Zweck erfüllt, den man von ihnen erwartet hatte. Immer wieder machte sich einer selbständig und richtete durch über Dächer geschleppte Trossen Schäden an, so mancher sank von Flaksplittern getroffen zu Boden.

Ein anderes Mittel des Schutzes war erfolgreicher: die Kleinbunker, eine Moerser Spezialität. Bunkergemeinschaften, zwischenzeitlich etwa 150, arbeiteten trotz

Alle helfen mit: Bunkerbau in Scherpenberg

Bunkergemeinschaft Mittelstraße/Augustastraße

Materialmangel und Fliegerangriffen unverdrossen an der Fertigstellung einer persönlichen Schutzunterkunft. Das Propagandaamt schätzte die Anstrengungen

So lautet die von einer dreiköpfigen Kommission endgültig festgesetzte Bunkerordnung für den Moerser Topf:

Elf Gebote hab im Kopf,
Wenn du bist im „Moerser Topf"!

1. Bleib nicht an der Türe stehen,
drängle nicht, kannst langsam gehen!

2. Geh nur hinein mit leicht Gepäcke,
Denk auch an Karten, Maske, Decke!

3. Weil sich hier viele wollen schützen,
mußt du den Platz auch richtig nützen!

4. Wo viele Menschen Luft gebrauchen,
da unterlasse ja das Rauchen!

5. Verboten ist hier lautes Schwätzen,
das Schimpfen, Meckern und das Hetzen!

6. Laß deine Kinder auch nicht tollen,
bedenk, daß andre Ruhe wollen!

7. Du mußt nicht gleich in Ohnmacht fallen,
wenn Bomben und Granaten knallen!

8. Werd nicht nervös, bleib ruhig sitzen,
so wirst du dir und anderen nützen!

9. Den Bunker halte blank und rein,
es muß drin wie zu Hause sein!

10. In allen diesen wichtigen Fragen
hat nur der Bunkerwart zu sagen!

11. Und wird entwarnt, schnell aufgemacht,
nach Haus zu gehen. Nun „gute Nacht"!

Nun die Namen der Preisträger

An dem Preisausschreiben für die Bunkerordnung haben sich zahlreiche Volksgenossen, Mann und Frau und Kinder, beteiligt. Aus dem ganzen Kreisgebiet sind Einsendungen an den Kreisleiter erfolgt; auch Soldaten haben sich daran beteiligt. Nachfolgend geben wir die Namen der Preisträger bekannt. Die Reihenfolge der Namen bedeutet indessen keine Rangfolge; sie sind alle gleichwertig beteiligt. Die Preisträger heißen: Elisabeth Bongarts, Moers, Adolf-Hitler-Straße 11; Frau Martha Pfahl, Moers, Asberger Straße 94; 7. Klasse der Markus-Paffrath-Schule in Moers, Cecilienstraße; Stabsgefreiter Paul Niemeyer aus Repelen, zur Zeit im Osten; Max Pritzel, Kamp-Lintfort, Bernhardstraße 9; Josef Stegmanns, Utfort, „Rheinpreußen", Schacht V; Josef Ortner, Moers, Bismarckstraße 21; Paul Kreis, Homberg-Hochheide, Moltkestraße 17; Friedrich Remplewski, Rheinhausen, Friedrich-Alfred-Hütte; Franz Bültjes, Moers; Paul Gericke, Moers, Cecilienstraße 40; Heinr. Franken, Moers, Schlageterstraße. Die Preise können im Laufe der nächsten Woche beim Kreisleiter (Landratsamt) abgeholt werden.

so ein: „wenn die Zahl der Menschenopfer gemessen an der Schwere der Angriffe verhältnismäßig klein ist, so hat das seine Ursache in dem Vorhandensein der inzwischen fertiggestellten zahlreichen Erdbunker...Dieser Schutz trägt ebenfalls wesentlich dazu bei, die Volksgenossen zum Verbleiben im gefährdeten Gebiet zu veranlassen. Die für die Schaffung der Bunker aufgewendete Energie macht sich somit wirklich bezahlt."[822] Es waren in die Erde eingelassene Rundbunker mit starker Decke und einer Säule in der Mitte, für jeweils 10 – 20 Personen berechnet. Der Moerser Ingenieur Eberlein hatte diesen Bunkertyp, der recht einmalig für Deutschland war, entwickelt. Mehrere Hundert waren geplant, sicher über 100 wurden fertig, Bubenzer berichtete sogar von 500 fertigen Bunkern. Und noch heute gibt es etliche davon im Stadtgebiet, meist zugeschüttet. Größere öffentliche Luftschutzräume gab es in der Steinstraße 1, Bornheimerstraße 23, der Hombergerstraße, der Uerdinger Straße 4 und der Kirchstraße 11. In der Matthecksiedlung standen ein Bunker und ein großer Luftschutzkeller zur Verfügung. Weitere z.B. der Befehlsbunker der Feuerwehr im Südring und die Bunker „Amtsgericht", „Königlicher Hof" und „Braunes Haus" kamen hinzu.[823]

Man kämpfte für das Überleben der eigenen Familie, die Motive der Partei und die allgemeine Propaganda spielten dabei kaum eine Rolle. Bezogen auf die Gerüchte über die schweren Luftangriffe und Opfer im ganzen Reich stellt im Mai 1944 die Ortsgruppe Hochstraß-Scherpenberg fest: „Der verantwortungsbewußte Volksgenosse kann hieran nicht mehr gedankenlos vorübergehen, und für den Parteigenossen wird es immer schwerer, überzeugend zum Ausdruck zu bringen, daß es Pflicht ist, abzuwarten, zu glauben und zu vertrauen. Um der Wahrheit die Ehre zu geben, muß gesagt werden, daß es nicht mehr viele Volksgenossen gibt, die noch mit der Vergeltung rechnen."[824]

Insgesamt starben 126 Moerser im Bombenhagel auf das Stadtgebiet, darunter 32 Kinder im Alter von 16 oder weniger Jahren, weitere 24, die sich gerade in Nachbargemeinden aufhielten,.[825]

7.12 Das letzte Aufgebot

Mit dem Kreis Moerser Heimatbrief von Januar 1945 – keine sechs Wochen vor dem Einzug der Alliierten in der Grafenstadt – gab Kreisleiter Bubenzer die Parole aus. „Mit dem Führer aushalten, mit dem Führer und seinen neuen Waffen kämpfen bis zum Endsieg!"

Welche Verblendung spricht aus den Worten:" Ihr an der Front und wir in der Heimat wissen, daß der augenblickliche Vorsprung des Gegners nur in der Luftherrschaft begründet ist. Das Deutsche Volk wird das Problem der Luftherrschaft genauso meistern wie alle anderen Probleme. Aber dann wehe ihnen!"[826]

Bis Januar hatte der Kreis 20 Kilometer „Westwall" gebaut. Es wurden alle als „arbeitsfähig" definierten Menschen – oft 15jährige Hitlerjungen – in LKWs in die Gegend um Xanten, Goch und Kalkar gebracht, um dort zu „schanzen". Daß damit die Alliierten nicht mehr aufzuhalten waren, mußte den Parteifunktionären klar sein. Dennoch beschäftigte sich die Partei mit dem letzten Aufgebot.

Und die Kreisstadt selbst sollte ebenfalls mit allen Mitteln gehalten werden, ein Befestigungssystem wurde in freiwilligen Schichten an den Wochenenden geschaufelt, Wälle, Splittergräben, ein breiter Panzergraben von Hülsdonk aus Rich-

Flakhelferin 1944

tung Neukirchen-Vluyn. Auch hier waren wieder viele Zwangsarbeiter im Einsatz.[827]

„Was die Organisation des Volkssturms betrifft, so wird überall mit großem Unbehagen empfunden, daß dem Feind unter Umständen in Zivilkleidung, nur mit einer Armbinde als Angehöriger der Wehrmacht kenntlich gemacht, gegenüber getreten werden muß. Man befürchtet bei Gefangenschaft Behandlung als Partisan."[828]

Am 8. Februar 1945 war es soweit: die Alliierten, die sich einige Zeit umgruppiert hatten, nahmen den Kampf um Brückenköpfe am Rhein auf, und damit entbrannte die Schlacht um den Niederrhein, der Städte wie Wesel und Hunderte von Gehöften zum Opfer fielen. Die Operation „Veritable" begann im Gebiet um den Reichswald und Goch und wurde durch den amerikanischen Angriff aus dem Raum Düren (Operation „Grenade", Beginn am 23.2.1945) komplettiert. Mit z.T. zigfacher Übermacht, v.a. im Bereich der Panzer und Geschütze, errangen die Alliierten Kilometer um Kilometer des Landes, das zwischen ihnen und dem Strom lag. Darüber ist viel geschrieben worden: erbitterte Nahkämpfe im Reichswald und in kleinen Ortschaften, die für die endgültige Niederlage entscheidende Rheinüberquerung und die strategischen Überlegungen der Alliierten. Eine typisch „soldatische" vorgeblich neutrale Berichterstattung aus diesen Tagen liest sich so: „Wo aus den sechs Kriegsjahren die wichtigsten und geschichtsträchtigsten Abschnitte aufgezählt werden, taucht der Niederrhein neben Stalingrad, Normandie, Arnheim und Berlin in vorderster Linie auf."[829]

„Wie einfach war die Kriegsführung für den Angreifer (!! die Verfasser) geworden! Es hätte ein Spaziergang werden können, wenn auf der anderen Seite der Front nicht der deutsche Landser gelegen hätte, der sich trotz aller Unzulänglichkeiten immer wieder verbissen stellte. Was er gegenüber der erdrückenden Über-

Churchill und Eisenhower im Hof des Kasinos Kamp-Lintfort

macht der Alliierten gerade bei der Schlacht um den Niederrhein geleistet hat, nötigte selbst den nüchternen Tagesberichten in London immer wieder die anerkennende Feststellung im BBC ab: 'Der Feind verteidigt den Reichswald mit unwahrscheinlicher Zähigkeit!'"[830]

Es waren die 1. Fallschirmjäger-Armee, das II. Fallschirm-Korps und vier Fallschirmjägerdivisionen, die mehr als einen Monat lang mit dafür sorgten, daß weite Teile des Niederrheins zum Trümmerfeld wurden. Natürlich hatten die Amerikaner kein Interesse daran, so kurz vor dem greifbaren Kriegsende noch im Nahkampf zu verbluten. Also belegten sie jeden Bauernhof, in dem deutsche Soldaten auf höheren Befehl und gegen den Willen des Besitzers (was zählte das schon) noch ein Maschinengewehrnest eingerichtet hatten, erst einmal mit einem mörderischen Geschützfeuer, um dann an den Ruinen vorbei weiter vorzudringen. Der „heldenhafte Kampf" der Elitetruppen kostete die Zivilbevölkerung im Kreis Moers noch einmal einen entsetzlichen Blutzoll, von den immensen Zerstörungen ganz zu schweigen.

Hitlerjungen, notdürftig ausgebildet und in einem Ein-Mann-Loch mit einem Karabiner bewaffnet im Glauben an die Wende: ein Panzer kam, fuhr übers Loch und drehte sich einmal – ein junges Leben für den Endsieg. Das ist die Wahrheit über die Verheizung vieler Menschen durch ein verbrecherisches Regime wenige Wochen vor der endgültigen Niederlage. So wie sich Hitler und Goebbels der Verantwortung entzogen, so widmeten sich Kreis- und Ortsgruppenleiter, Nazibürgermeister und Kreisamtsleiter höheren Aufgaben, bevor die Amerikaner in Moers

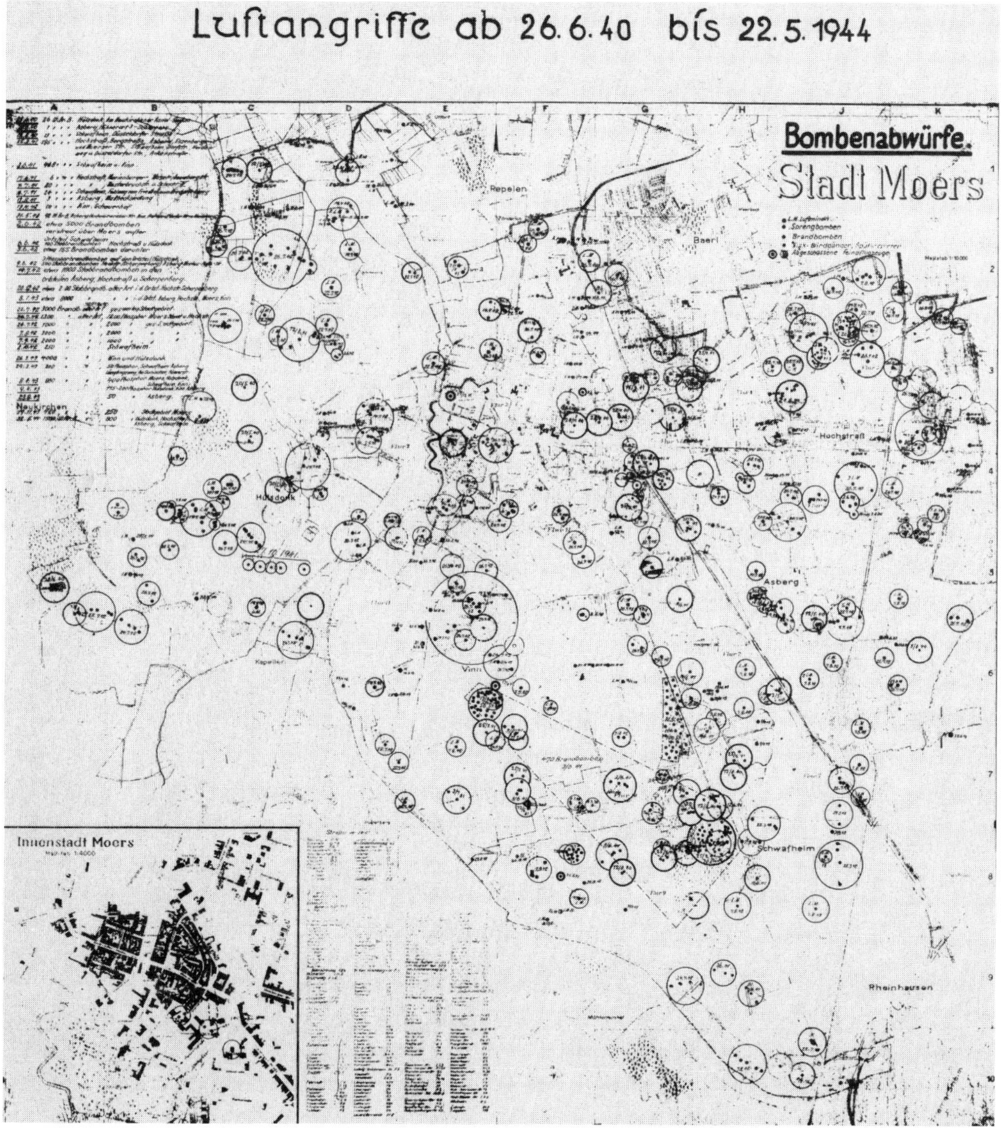

einmarschierten: auf der rechten Rheinseite! Daß sich Bürgermeister Linden am 3.3.45 Gehalt „vorschußweise" für seine drei mitgeflohenen Beamten aus der Bürokasse nahm und am 8.3. 1000,- bei der Sparkasse Arnsberg, am 19.4. 1500,- bei der Sparkasse Röbel abheben konnte, grenzt ans Irrwitzige. In Arnsberg verkaufte er noch einen Ford-Lieferwagen („nicht mehr fahrbereit") der Stadt Moers für 1800,-RM an einen Privatmann. Erst Anfang 1946 wurde dem nachgegangen und Linden mußte diese Gelder abstottern.[831]ige Aufklärung der von BM Linden nach Einmarsch der Alliierten veranlaßten Verkäufe". Siehe Bericht von Stadtinspektor Ohlmann vom 30.7.45 und Brief vom 28.2. 1946

Hitlerjungen glaubten im Januar/Februar 1945 noch an den „Wehrwolf" und vergruben vor dem Einmarsch der Alliierten Karabiner[832] – die Älteren wußten, was die Stunde geschlagen hatte: viele Moerser versuchten noch zu verschwinden, auf sicheres Gebiet zu gelangen, zu sehr hatte die Nazipropaganda von der erbarmungslosen Verfolgung durch den Feind gewirkt. In einem Flugblatt am 2.Februar schreibt der „Reichsverteidigungskommissar für den Reichsverteidigungsbezirk Essen", der stellvertretende Gauleiter Schleßmann, an die „Bevölkerung der roten Zone" am Niederrhein:

„Die militärische Lage erfordert es, daß die räumungspflichtigen Volksgenossen die rote Zone nunmehr sofort verlassen. Die seitherigen Erfahrungen an anderen Abschnitten der Westfront beweisen, daß bei gegnerischem Angriff die frontnahen Städte und Dörfer durch Bombenabwurf und Artilleriebeschuß restlos zerstört werden."[833]

Die meisten verharrten in dumpfer Lethargie in ihren Kellern und Bunkern.

7.13 Das Ende

Am 1. März erschien die letzte Zeitung in Moers, am 3.3. setzten sich noch 30 Polizisten „auf höheren Befehl" auf die rechte Rheinseite ab, was auch einem Teil der noch verbliebenen Truppen durch die Schachtanlagen gelang. Auch die Parteistellen entfalteten ihre letzte wichtige Aktivität. „In der Zentrale der SA-Standarte in der Uerdinger Straße wurde hektisch gepackt. Überall lagen Ordner auf dem Fußboden, wohl zur Vernichtung bereitgelegt. Die Sekretärin sah ich kurz darauf in Hemer wieder."[834]

„Die letzten Wochen bis zum Einrücken der Besatzungstruppen wechselten mit Anordnungen bezüglich der Anlegung von Befestigungen, Evakuierungen, Aufstellung des Volkssturms und so manchem anderem...Dr. Bubenzer, der seit Herbst 1944 einen Abschnitt der Westgrenz-Befestigung und später das Evakuierungsgeschäft leitete und hierdurch wenig in das eigentliche Kreisverwaltungsgeschäft eingriff, hielt am 1. März 1945 seine letzte Dienstbesprechung mit den Bürgermeistern und einem Kreis sogenannter prominenter Personen ab. In dieser Sitzung... schilderte er die derzeitige Situation als ernst aber nicht hoffnungslos. Wo nicht ein allgemeines Kopfschütteln sichtbar wurde, zeigten die Gesichter der Anwesenden den Ausdruck des Unglaubens. Sonnabend, den 3. März, verabschiedete sich Dr. Bubenzer von den befohlenen Herren und übertrug hierbei dem Kreissyndikus Dr. Herschel offiziell die Amtsgeschäfte. Dr. Bubenzer, der die Uniform eines Oberstabsveterinärs trug, verabschiedete sich mit den Worten: 'Meine Herren, wir kommen bald wieder.' Soweit die übrigen nazistischen Gemeindeleiter ihren Behörden und dem Kreis noch nicht den Rücken gekehrt hatten, gingen auch sie am gleichen Tag über den Rhein. Das Schicksal der ihnen anvertrauten Gemeinden galt ihnen nichts: ihr eigenes Leben alles. Der Altgardist Amtsbürgermeister Neumann schloß sich nicht an; er blieb in Neukirchen.

So ging im Kreise Moers nach 12jähriger Herrschaft eine Weltanschauung unter, die sich anmaßte, Ewigkeitsansprüche zu besitzen und die der gläubig folgenden Masse der Bevölkerung ein Spiegelbild höchsten Lebensstandards vorgegaukelt hatte. Schneller als einst mit öffentlichem Geld beschafft und als Art Heiligtum in jedem Geschäftszimmer aufgehängt, entfernten sich die Bilder eines Hitler und seiner Mitgrößen von Wänden und Fluren des Kreishauses...

Den Nachtdienst vom 3. zum 4. März 1945 im Bunker des Kreishauses versahen Kreisbeamte. Gegen 08.00 Uhr des angehenden Sonntags, des 4.3.1945, betrat der

Bombentrichter in Moers, Aufnahmen der Alliierten vom 25.3.1945

erste amerikanische Soldat den Landratspark. Deren Aufforderung, auf dem Kirchturm die weiße Fahne zu hissen, damit die Stadt der Bombardierung entgehe, wurde entsprochen."[835]

„Die Amerikaner pirschten sich in einem dünnen Schützenschleier vor. In den späten Nachmittagsstunden pfiffen die ersten Maschinengewehrkugeln nach Kaldenhausen und Schwafheim hinein. Jetzt griffen die Flakbatterien in Schwafheim in den Erdkampf ein. In der Nacht sollte niemand zur Ruhe kommen. Man rechnete jeden Augenblick mit dem Erscheinen von amerikanischen Panzern. Doch die amerikanischen Truppenführung war sehr vorsichtig. Bis in die Morgenstunden des 4. März dauerte der Artilleriekampf. Wie eine Fackel leuchtete der brennende Wasserturm in Vinn.

Gleich nachdem sich die deutschen Truppen zurückgezogen hatten, wurden überall auf den Bunkern und den Häusern weiße Fahnen gehißt."[836]

Die Bilanz des Schreckens für Moers

150 zivile Bombenopfer gab es unter der in Moers gemeldeten Bevölkerung. 1410 Luftminen waren im Kreisgebiet niedergegangen, mehr als 25.000 Sprengbombem und fast eine halbe Million Brandbomben, wobei im Februar und März 1945 niemand mehr zählte... 6 Rheinbrücken wurden zerstört und insgesamt 117 sonstige Brücken und Durchlässe. Nur 38% des Wohnraums war nicht zerstört oder schwer beschädigt worden. Mehr als die Hälfte aller Klassenräume in Schulen des Kreisgebiets war zerstört oder unbrauchbar.

Der Grubenvorstand von Rheinpreußen stellte schon am 7.2.1945 Überlegungen zum Wiederaufbau an. Er nahm Kenntnis davon „daß der Regierungspräsident zu Düsseldorf uns einen Vorschuß für Nutzungsschäden für Rheinpreußen und Neumühl in Höhe von 17,5 Millionen gezahlt hat... Der GV steht ferner auf dem Standpunkt, daß es richtig sei, auch jetzt schon Entschädigungen für Sachschäden anzunehmen."[837]

Etwa 5000 Soldaten der Jahrgänge 1884 – 1927 waren aus Moers einberufen worden. Die Statistik der gefallenen Moerser:

1939:6 – 1940:31 – 1941:135 – 1942:170 – 1943:179 – 1944:278 – 1945:161, zusammen mit den später gemeldeten ergibt sich eine Gesamtzahl von 975 Toten.[838]

Die Registrierung der Vermißten am 11.März 1950 (!) ergab noch insgesamt 875 Personen. Bis Ende 1946 waren 2000 Männer aus der Gefangenschaft zurückgekehrt, mehr als tausend waren noch in der Sowjetunion, der letzte – Karl Schoisingei – kam 1956.

161 jüdischen Mitbürgern hatte das Terrorregime – nicht allein das Hitlers, auch das der Bubenzers, Bollmanns, Reibles, Dahlems, Imigs das Leben gekostet... Kommunisten, Sozialdemokraten, Gewerkschafter waren bestialisch ermordet worden. Die Familie Leiß wurde ebenso ermordet, wie Hunderte von Kriegsgefangenen und Zwangsarbeitern. Durchziehende Truppen, Flakhelfer aus anderen Orten, Flüchtlinge – viele von ihnen auch vom Bombenhagel überrascht: nicht registriert. Und die 16 auf Stadtgebiet verscharrten britischen Bomberpiloten – abgeschossen, gelyncht – gehören sie nicht in dieses Buch?

Die Toten des Luftangriffs auf Homberg vom 14. auf 15.10.1944

Nr. 37. — 100. Jahrgang.

Donnerstag, den 1. März 1945

Bezugspreis: Monatlich durch Boten zugestellt frei Haus: 1,80 RM.; für Selbstabholer 1,40 RM.; durch die Post bezogen 1,80 RM. einschl. 0,32 RM. Postbeförderungsgebühren, hierzu 0,36 RM. Postbestellgeld. — Drahtanschrift: „Grafschafter Moers"; Postscheckkonto Köln 110 51; Fernsprecher: Moers Sammelnummer 2874.

Der Grafschafter

Anzeigenpreis: Für den 12gespalt. 1 mm hohen Raum 10 Pfg. — Bezugszeit: Monatlich. Abbestellungen sind bis 15. d. Mts. in der Geschäftsstelle Moers anzubringen. — Erscheint täglich außer an Sonn- u. Feiertagen. — Erfüllungsort und Gerichtsstand ist Moers. Die Behinderung der Lieferung rechtfertigt keinen Anspruch auf Rückzahlung des Bezugspreises.

Gegründet 1845

Anzeiger für Moers, Homberg und den Niederrhein

früher „Dorfchronik und Grafschafter"

Adolf Hitler: „Heute prophezeie ich am Ende den Sieg des Deutschen Reiches"

Geschichtliche Wende noch in diesem Jahre

Ansprache des Führers an seine alten Parteigenossen aus Anlaß der Verkündung des Parteiprogramms vor 25 Jahren

Fritz Burger

Kapitel 8:
Die Nachkriegszeit

8.1 Die Stunde Null

Für die Operation „Plunder", die Rheinüberquerung, ließen sich die Alliierten nach der Einnahme von Moers und Krefeld noch Zeit. In der Nacht zum 24. März begann die Aktion, und bis zu diesem Zeitpunkt gehörte der Kreis, obschon nicht mehr umkämpft, zum Kriegsschauplatz. Für die Artillerievorbereitung hatten die Amerikaner schwere Geschütze in Stellung gebracht, z.B. im Garten des Martinsstiftes und beim Bauern Ueltgesforth in Vinn. Die Kommandantur lag zunächst im Amtsgericht, dann im Kreishaus.

Die Moerser hatten den Bombenhagel hinter sich, nun mußten sie zum Teil wegen der Einquartierungen ihre Häuser verlassen. Auch nicht einfach war es angesichts der herrschenden Not, innerhalb weniger Tage 900 komplette Bekleidungsgarnituren zu stellen. Die Stadtverwaltung organisierte im Auftrage der Alliierten diese Aktion zugunsten der Zwangsarbeiter, für deren Gelingen die Militärverwaltung der deutschen Bevölkerung ausdrücklich dankte. In der ersten Besatzungs-

Die Amis sind da!

April 1945, Bedburg: Wie Nomaden hausten Tausende in Zelten

woche plünderten Zwangsarbeiter das Lebensmittellager der Lohengrinwerke in Kapellen – dennoch bleibt es erstaunlich, daß es von Seiten der ehemaligen Arbeitssklaven nicht in größerem Ausmaß zu Racheakten kam.

Als sich Mitte April der „Ruhrkessel" ergab, konnten die vom linksrheinischen Uferstreifen Evakuierten zurückkehren. Die britischen und amerikanischen Kampftruppen waren schon vorher abgezogen. Rund 1700 Wohnungen in Moers mußten für einige Zeit geräumt werden.[839] In Moers lebten zu diesem Zeitpunkt 15.514 Menschen, etwas mehr als die Hälfte der Vorkriegseinwohnerschaft. Ende Mai 1945 waren es 17 396, Ende Juni 19 955 und zwei Monate später 24 502, die sich in den bewohnbaren Gebäuden versammelten.[840]

Die Volkszählung am 29./30.10.1946 ergab einen Einwohnerstand von 30 395, zu diesem Zeitpunkt hatte Moers schon viele der 17 000 dem Kreisgebiet zugewiesenen Flüchtlinge von den Gebieten jenseits der Oder-Neiße aufgenommen.

In den Märztagen kam es mehrfach zu Plünderungen von Geschäftshäusern, der Notar Teusch wurde von Plünderern in seiner Wohnung erschlagen.[841]

Die Situation kurz nach der Stunde Null in Moers beschreibt knapp und trefflich Dr. Maiweg, der als Stadtdirektor auf einen detaillierten Fragebogen des Oberkreisdirektors nach Kriegsschäden antwortet: „In den ersten Märztagen hat sich in den meisten Häusern in Bezug auf Hab und Gut ein 'Besitzwechsel' vollzogen, von dem nicht nur die abwesenden sondern auch die anwesenden Eigentümer betroffen wurden. Genaue Unterlagen liegen aus verständlichen Gründen nicht vor. Die Annahme, daß 75% der Bevölkerung Einbuße an Möbeln, Wäsche, Kleidung und anderem Hausrat erlitten hat, wird nicht fehlgehen."[842]

Neues Leben entwickelt sich

Die zeitweilige Anarchie des öffentlichen Lebens bestand nur kurz, wenn man vom wichtigsten Sektor – der Ernährung – einmal absieht. Moers wechselte von der amerikanischen Besatzungsbehörde, die nur für den südlichen Teil des Kreises zuständig war und Dr. Herschel als Landrat benannte, am 21.6.1945 in britische Hände. Ein Blick auf die Lebensmittelkarten der ersten zwei Jahre weist ständig

Zerstörte Uerdinger Rheinbrücke

neue Bezeichnungen für das Gebiet, in dem Moers lag, aus: „Rhine-Province-Military-District", „Britisches Kontrollgebiet", „Britische Besatzungszone Nord-Rheinprovinz", „US- und britische Besatzungszone", „Vereinigtes Wirtschaftsgebiet Nordrhein-Westfalen", bis am 2.10.1946 die erste Landtagssitzung des neuen Landes Nordrhein-Westfalen eröffnet wurde.

Trotzdem kann von einem Verwaltungschaos im Kreis nicht die Rede sein. Außerordentlich rasch wurden Ernährungs- und Transportämter im Kreis und in der Stadt wieder flott gemacht. Trotz manchen Papierkriegs bei der Wiederaufnahme der Produktion unterstützte die Militärregierung den Wiederaufbau nach Kräften. Ein bezeichnender Schriftwechsel aus der Anfangszeit: „To the Landrat. Sind die Telefonverbindungen mit den Feuerwehren ausreichend? gez. Military Government L/K Moers"[843]

Viele Betriebe gingen sofort an die Enttrümmerung. Mit z.T. primitivsten Mitteln und Erfindungskraft wurde der Grundstein gelegt für eine Produktion, die endlich wieder einen Überlebensstandard verhieß. Bei Zerstörungsgraden von 50% z.B. auf Schacht V und etwa 30% bei Molkereien, den Kiesbaggereien und der Bauindustrie war aller Anfang schwer. Der größte Betrieb des Kreises, die Friedrich-Alfred-Hütte in Rheinhausen, war recht schnell wieder in Betrieb genommen, die auf den Krieg ausgerichtete Produktion umgestellt worden. Um die Jahreswende 45/46 hatten die Besatzungsmächte die Lizenz hierfür erteilt. Schon Mitte April 1946 mußte die Hütte wegen des akuten Mangels an Kohlen jedoch wieder für ein Vierteljahr stillgelegt werden.[844] Arbeitslos wurde niemand, wurden doch in den rechtsrheinischen Hütten und vor allem in der Landwirtschaft dringend Arbeitskräfte gesucht.

An allen Ecken fehlten Arbeitskräfte: das war die Stunde der sogenannten „Trümmerfrauen". Sie hatten schon die Last der letzten Kriegsjahre daheim gemei-

Blick von der evangelischen Kirche 1945, im Hintergrund das zerstörte Adolfinum

stert, sie waren nun auch gezwungen, für ihr eigenes Überleben und das ihrer Kinder zu sorgen. Was diese Menschen durchmachen mußten und geleistet haben, ist außerordentlich.

Erstaunlich ist auch, wie Bereiche des kulturellen Lebens und das Schulwesen sich wieder mit Leben füllten. Nach Jahren der Zensur, der militaristischen Erziehung und der Pseudokultur der Naziorganisationen entwickelte sich neben dem täglichen Kampf um ein menschenwürdiges Leben auch eine Suche nach neuen Inhalten, nach Wissen und Kultur.

Die erste Zeitung – jetzt Rheinische Post – erschien Anfang 1946. Zuvor waren der Bevölkerung alle wichtigen Nachrichten, wie Bekanntmachungen der Militärregierung oder Aufrufe bezüglich der Lebensmittelzuteilung nur durch öffentlichen Aushang zugänglich. Die ersten gedruckten Artikel, die nicht mehr nach den Weisungen des Propagandaministeriums entstanden waren, fanden reißenden Absatz: „In den meisten Städten übersteigt die Zahl der Bestellungen unsere Auflage um das Drei- bis Vierfache. Wir müssen, so erfreulich diese große Nachfrage auch für uns ist, zu unserem Bedauern erklären, daß wir diese Bestellungen mit der für uns festgesetzten Auflage von 235 000 Exemplaren nicht ausführen können."[845] Nur einige tausend Exemplare gelangten ab dem 1.5.1946 in den freien Verkauf, so daß Verlag und Redaktion die Leser baten, die Zeitung an Freunde und Bekannte weiterzugeben.

Dem Hunger nach unverfälschter Information und Bildung entsprach die Militärregierung, indem sie den Landrat am 27.9.1945 anwies, einen Kreisausschuß für die Erwachsenenbildung einzurichten. Bald tagte der Ausschuß, dem neben dem zuständigen Kreisbeigeordneten vier Parteien-, drei Schul- und ein Gewerkschaftsvertreter angehörten. Auf seine Initiative hin nahm die Kreisvolkshochschule ihre Arbeit auf. Ihr erstes Programm für den Winter 1946/47 enthält eingangs „Ein Wort an unsere Hörer", in dem die Begriffe „der deutsche Mensch" und „das Volksganze" noch je dreimal auf einer halben Seite verwendet werden.[846] Doch sind Richtung und Themen der Referenten repräsentativ für den kulturellen Wiederbeginn:

Adam Erbach gab eine „Einführung in die politische Ökonomie"; Parteisekretär Hermann Runge referierte in allen Zweigstellen zum Thema „Sozialistisches Streben in Vergangenheit und Gegenwart". Weitere Themen und Referenten waren z.B.: der SPD-Redakteur H. Simecek und der Homberger CDU-Arbeitersekretär Wilhelm Lamers zu „Historischer Materialismus", „Imperialismus" und christliche Staatslehre, Pastor Böttcher in Rheinhausen zu „Der Auftrag der bekennenden Kirche seit ihrer Entstehung 1934".

An den Schulen dauerte es ein halbes Jahr bis zum Neubeginn, z.B. am Lyzeum: „Wenige Monate nach Kriegsende, im Herbst 1945, sammelt Herr Direktor Bauer persönlich die bisher zurückgekehrten Primanerinnen. Frohe Kunde verbreitet sich in Windeseile: wir können in einem halbjährigen Sonderkurs als erste das Abitur machen. Viele strömen herbei. Der beschränkte Raum im Schülerheim Martinsstift, das uns an Stelle unserer schwer beschädigten Schule provisorisch beherbergt, reicht kaum aus...Den Heftmangel versuchen wir durch 'Organisieren' nur einseitig bedruckter Fragebogen der Militärregierung zu beheben: wir ziehen uns Linien und beschreiben die Rückseiten. Auch unsere Abiturarbeiten entstehen teilweise auf solchen, in der Rückschau 'historisch' gewordenen Formularen."[847]

Auch am Adolfinum war seit dem Bombenangriff vom 8.11.1944, der einen Teil der Schule zerstörte, nicht mehr unterrichtet worden. Ungeduld und beinahe Sehnsucht sprach aus der Frage: „Wann fängt die Schule wieder an?" berichtet Dr. Marx. Am 15.10.1945 wurde der Unterricht wieder aufgenommen – ebenfalls im Martinsstift: es gab Schichtbetrieb mit wöchentlichem Wechsel von Vor- und Nachmittagsunterricht, Bemühungen um 'Schlammkohle', damit wenigstens etwas geheizt werden konnte und kaum Lehrmaterial. Ostern 1946 besuchten schon wieder 690 Schüler in 24 Klassen den Unterricht, doch bis Juli 1951 mußte man sich noch im Martinsstift behelfen.[848]

Am 12.7.1946 berichtete der englische Erziehungsoffizier nach einer Besichtigung der katholischen Kastellschule, die Schule sei außerordentlich überfüllt: 1000 Kinder würden in 9 Räumen unterrichtet. „Tafeln und Übungshefte verzweifelt knapp... Gesamteindruck: Die Schulleitung macht das Beste aus der schlechten Lage."[849] Die Schulen an der Diergardtstraße und an der Duisburger Straße, die evangelische Volksschule am Kastell, die Bergschule an der Uerdinger Straße und die Kreisberufs-

Adolfinum nach dem Krieg

und Handelsschule an der Wilhelm-Schröder-Straße waren ebenso zerstört wie die evangelische Schule in Meerbeck in der Bismarkstraße, viele andere Gebäude stark beschädigt. Aber auch das Krankenhaus Bethanien, das Finanzamt in der Kirchstraße, das Arbeitsamt am Nordring, das städtische Verwaltungsgebäude am Kastell 17/19 und die katholische Kirche am Kastellplatz lagen darnieder.

Der Krieg war vorüber, seine Folgen blieben.

Noch jahrelang werden Schulkinder Kartoffelkäfersammelaktionen machen und durch die überall noch liegenden Blindgänger und weggeworfene Munition gefährdet sein. Im Rahmen der monatlich wiederholten Belehrungsaktion schrieb z.B. das Schulamt in Neukirchen die Schulen am 11.6.1946 an wegen der Gefährdung durch Munition im Wald um Schloß Bloemersheim: „Die Munitionsmengen, die in den Waldungen lagern, sind so groß, daß sie bei einer Explosion, etwa durch Brand und dergleichen, große Zerstörungen in den Gemeinden Vluyn, Vluynbusch, Rheurdt, Schaephuysen, Tönisberg anrichten würden."[850]

Die Not hat kein Ende

Buchstäblich nichts war zu bekommen in den ersten drei Nachkriegsjahren – und wenn, dann zu überhöhten Preisen auf dem Schwarzmarkt. Die Rationierung aller wichtigen Güter erforderte – wie in den letzten Kriegsjahren – den ganzen Erfindungsreichtum der Menschen. Die umgefärbten und umgeschneiderten Uniformstücke gehörten ebenso dazu wie manches jetzt einem nützlicheren Zweck zugeführte Militärgut. Das war besonders schlimm für die Familien, deren gesamtes

Bettelnde Kinder am Zechentor

Der Kohlenklau

Hamsterer 1947

Hab und Gut in den Bombennächten verbrannt war, und für die Flüchtlinge. Mit „Organisieren" – im Rheinland nach dem Kardinal Frings aus Köln auch „Fringsen" genannt –, Schwarzbrennen und Tauschhandel auf der Verrechnungsbasis der „Zigarettenwährung" versuchten sich viele über Wasser zu halten.

Der Wiederaufbau der zerstörten Grundlagenindustrien machte solche Maßnahmen nötig wie das Verbot des Vertriebs von Messern und Scheren. Am 1.4.1946 trat das „Gesetz über Rationierung von Elektrizität und Gas" in Kraft, das hohe Strafen vorsah. Wer die Zuteilung von Energie überschritt, mußte das Hundertfache des Normalpreises zahlen, im Wiederholungsfall wurde für einen Monat „der Hahn abgedreht". Wer einen Kranken zu versorgen hatte, Babymilch erhitzen mußte und deshalb zum dritten Mal zuviel verbraucht hatte, kam ins Gefängnis.[851]

Am schlimmsten aber war die Lage bei der Ernährung. Am 27.Juli 1947 berichtete die Rheinische Post: „Die Kurve der Hungerkrankheiten steigt erschreckend an." Hungerödeme und ein rapides Anwachsen der Tuberkulose waren die Zeichen. In Kamp-Lintfort wurde eigens ein Hilfskrankenhaus zur Behandlung der Hungerkrankheiten eingerichtet. Die Krankenhäuser, die viele geschwächte ältere Menschen aufnehmen mußten, litten Mangel an allen Ausrüstungsgegenständen.

Jeder, der heute vielleicht eine Kalorientabelle neben den Kochbüchern stehen hat, weiß: von 1000 Kalorien kann niemand auf Dauer leben. Und doch war es so: mit 1275 Kalorien pro Tag gingen die Moerser ins Jahr 1946. Und dann wurde in der 86. Versorgungsperiode ab 4. März 1946 die Brot- und Nährmittelzuteilung um die Hälfte gekürzt. Die nur mit äußersten Anstrengungen aufrechterhaltene Zuteilung betrug für Normalverbraucher 1014, für Schwerarbeiter 1714 Kalorien.[852]

Eine „Hamsterfahrt" war oft die letzte Rettung. „Hamstern", das bedeutete, mit den letzten, einigermaßen wertvollen Habseligkeiten oder gar nur bettelnd zu vielen Bauernhöfen mit dem Rad zu fahren, eine alte Vase, Schmuck, Teppiche gegen Eier oder ein paar Kartoffeln zum Tausch anzubieten. Viel war nicht mehr zum Tauschen da, und die Preise waren astronomisch – und dennoch war manche Familie froh, wenn sonntags statt des alten Familienerbstücks ein Rucksack voll Kartoffeln auf dem Tisch lag. Doch wie oft kehrte man erfolglos heim! Der damalige Leiter des Ernährungsamtes und spätere Oberkreisdirektor Dr. Reintjes stellte im April 1946 fest, daß „täglich 30-40 Hamsterer jeden Bauernhof im Kreis" besuchen, was natürlich zu Lasten der Feldbestellung ging.[853] Die Polizei berichtete, daß Nacht für Nacht etwa 100 Hühner gestohlen werden.

Schlangestehen eine bekannte Übung

Die Lage der Hungernden war so verzweifelt, daß es zu massenhaften Plünderungen kam. Am 22. Mai 1946 meldet die Rheinische Post: „In den letzten Wochen wurden Eisenbahnzüge im Gebiet des Verschiebebahnhofs Hohenbudberg z.T. von Hunderten von Personen geplündert. Während es sich zunächst nur um Plünderungen von Kartoffelzügen handelte, wurde bald jeder Zug, in dem Lebensmittel vermutet wurden, aufgebrochen und durchsucht. Dabei ging Flüchtlingsgepäck verloren und wertvolle Medikamente wurden zerstört. Die deutsche Polizei mußte Verstärkungen von insgesamt 300 Mann nach Rheinhausen ziehen. Im Verlauf der Säuberungsaktionen des Bahngeländes wurden zwei Personen getötet."[854]

CDU, SPD, KPD und das Kreiskartell der neuen DGB-Gewerkschaften gaben einen gemeinsamen Aufruf heraus, in dem es u.a. heißt:

„Die kleinen Vorräte in den eigenen Haushaltungen sind erschöpft. Die Ernährungslage hat sich katastrophal verschlechtert, und die Not ist groß.

Volksgenossen, die Alleinschuld an der Not und diesem Elend tragen die Nazis mit ihrer Wahnsinnspolitik. Nicht die Konkursverwalter, sondern die Bankrotteure sind die Verantwortlichen für die katastrophalen Zustände auf allen Gebieten. Es gibt aber nur einen Weg aus dieser Not, und zwar den Weg der Ordnung und Disziplin. Überfälle und Plünderungen der Güterzüge dürfen und können nicht geduldet werden. Diese Methoden sind verwerflich, denn die Not der Allgemeinheit wird dadurch nicht beseitigt, sondern noch vergrößert. Jeder anständige Deutsche muß von diesen Plünderern abrücken."[855]

Mancher Deutsche hat diese Zeit in schlechter Erinnerung, mal unter dem Stichwort „Nachkriegsjahre", mal unter dem Namen „Besatzungszeit" (obwohl diese ja viel länger dauerte). Der Gerechtigkeit halber sei angemerkt, daß sich die Sieger nach besten Kräften bemühten, die Lage der Besiegten erträglich zu gestalten. Am Ende des Jahres 1946 las man in der Zeitung unter der Überschrift „Dank und Anerkennung" eine kleine Notiz, die von Major McCall, dem Kreiskommandanten des Kreises Moers unterzeichnet war: „Das britische Personal im Kreise Moers nimmt dies zur Gelegenheit, um dem Deutschen Volk und besonders den Einwohnern im Kreise Moers größere Wohlfahrt und mehr Glück im neuen Jahr und den kommenden Jahren zu wünschen.

Den Bergleuten, von denen so viel abhängt, möchten wir für ihre bisherigen Anstrengungen danken, und ersuchen um noch mehr Leistungen im neuen Jahr, da ohne 'das Deutschland der Kohle' die Industrie nicht in der Lage ist zu funktionieren, und der allgemeine Maßstab, überhaupt leben zu können, nicht erhoben werden kann."[856]

8.2 Die gescheiterte Entnazifizierung

Bevor die große Auseinandersetzung mit den Trägern des Nationalsozialismus in die Bahnen der „Entnazifizierung" geleitet wurde, gab es einige Monate, in denen es aus heutiger Sicht nicht nur nach einem Aufatmen, sondern nach „Abrechnung" roch.

Doch auch für Moers trifft zu, was Clemens Vollnhals schrieb:" Die blutige Abrechnung mit verhaßten Scharfmachern, Nazi-Bonzen oder Gestapo-Spitzeln fand nicht statt...hierin spiegelte sich vor allem die tiefe Kompromittierung breitester Gesellschaftsschichten durch den Nationalsozialismus wider, die auch vor der Ar-

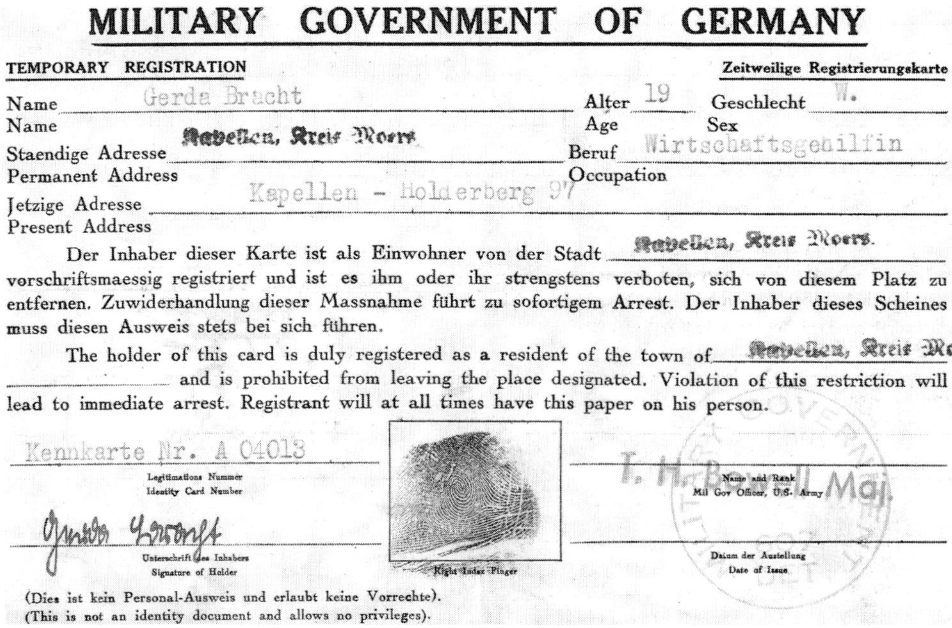

MILITARY GOVERNMENT OF GERMANY

TEMPORARY REGISTRATION — **Zeitweilige Registrierungskarte**

Name / Name: Gerda Bracht — Alter / Age: 19 — Geschlecht / Sex: W.

Staendige Adresse / Permanent Address: Kapellen, Kreis Moers — Beruf / Occupation: Wirtschaftsgehilfin

Jetzige Adresse / Present Address: Kapellen - Holderberg 97

Der Inhaber dieser Karte ist als Einwohner von der Stadt Kapellen, Kreis Moers. vorschriftsmaessig registriert und ist es ihm oder ihr strengstens verboten, sich von diesem Platz zu entfernen. Zuwiderhandlung dieser Massnahme führt zu sofortigem Arrest. Der Inhaber dieses Scheines muss diesen Ausweis stets bei sich führen.

The holder of this card is duly registered as a resident of the town of Kapellen, Kreis Moers and is prohibited from leaving the place designated. Violation of this restriction will lead to immediate arrest. Registrant will at all times have this paper on his person.

Kennkarte Nr. A 04013
Legitimations Nummer
Identity Card Number

Unterschrift des Inhabers
Signature of Holder

Right Index Finger

T. H. Bowell Maj.
Name and Rank
Mil Gov Officer, U.S. Army

Datum der Austellung
Date of Issue

(Dies ist kein Personal-Ausweis und erlaubt keine Vorrechte).
(This is not an identity document and allows no privileges).

Der erste Ausweis - auf der Rückseite einer Fliegerkarte gedruckt

beiterschaft nicht Halt gemacht hatte. Insofern verweist das Ende auf den Anfang zurück: Die deutsche Gesellschaft war nicht, wie es nach 1945 in apologetischer Rede gerne hieß, vom Dämon Hitler überwältigt und wider Willen mit hemmungslosem Terror in Schach gehalten worden; der 8.Mai 1945 konnte deshalb auch nicht als Tag der Befreiung in die Erinnerung eingehen.

Begeisterung, Anpassung und partielle Resistenz waren im alltäglichen Leben unter der NS-Diktatur zu einem vielschichtigen Komplex verschmolzen, so daß 1945 kaum jemand guten Gewissens einen moralischen Rigorismus verfechten konnte."[857]

Die Vorstellungen vieler Deutscher, die den Neuanfang organisierten, flossen mit der erklärten Absicht der Alliierten zusammen, das Land von allem nazistischen Einfluß zu säubern. Dennoch kam es dazu, daß am Ende – nach anfänglicher Unterstützung durch eine Mehrheit der Bevölkerung – eine Minderheit von Deutschen und die Besatzungsmacht mit dem Experiment gescheitert sind, eine auch von der Ideologie des Faschismus durchdrungene Gesellschaft durch eine „Reinigung von oben" zu verändern. Eine Reihe von Fehlern, die in der historischen Situation kaum vermeidbar waren, begünstigte dabei die Pervertierung der guten Grundidee. So erlebten auch die Moerser die Entwicklung von der anfänglichen Ausschaltung der Nazi-Führer hin zum „Persilschein".

Die für Moers zuständigen Briten orientierten sich an der amerikanischen Praxis, legten allerdings die Verantwortung für den „de-Nazification process" erst spät in die Hände von berufenen Deutschen.

In der ersten Phase ging es zunächst um den öffentlichen Dienst. Alle Mitglieder von NSDAP, SA und SS mit Eintrittsdatum vor 33 und alle mit Parteiamt oder Rang vom Scharführer aufwärts sowie weitere Inhaber von genau definierten Funktionsstellen waren zu entlassen bei gleichzeitigem Verlust von Gehalt oder

Pension. Das wären für Moers für die Stadtverwaltung, Kreisverwaltung, Polizei, Schulen, Gesundheitsamt, Schlachthofbedienstete usw nach groben Schätzungen mehrere hundert Personen gewesen. Mit der Kontrollratsdirektive Nr. 24 und der fünf Tage später erfolgten Umsetzung durch die Briten[858] bedienten sich die Alliierten erstmals der Mitarbeit der Deutschen – freilich nur in beratender Form. Da die Verantwortlichen für die britische Zone auf die generelle Registrierpflicht verzichteten, war es für die einstige Naziprominenz ein Leichtes, an anderen Orten unterzutauchen. Als Eldorado für Schwerbelastete galt damals die französische Zone, deren Militärregierung vor allem das Ziel einer raschen wirtschaftlichen Ausnutzung des besetzten Gebietes verfolgte, um die enormen Kriegsfolgen in Frankreich zu kompensieren. Aber auch in der britischen Zone hatten z.B. Freiberufler gute Chancen, unerkannt zu bleiben. So konnte z.B. Kreispropagandaleiter Dr. Reible – sinnigerweise – seine Fähigkeiten im Vertrieb von Versicherungen weiter unter Beweis stellen. So wie zahlreiche KreisMoerser Führer der Partei unerreichbar für den örtlichen Ausschuß in anderen Gemeinden überwinterten, mußten nun auch völlig unbekannte ehemalige Ortsgruppenleiter, z.B. aus Hannover, vom Entnazifizierungsausschuß eingestuft werden. Solche Verfahren führten zu erheblichem Schriftverkehr und versandeten meist ohne konkretes Ergebnis.

Nun wurden die Kriterien aber auch auf Reichsbahn, Banken und Sparkassen angewandt, und es kam – auch infolge von schematischen Entlassungen – zu zahllosen Ungerechtigkeiten.

Noch befanden sich etliche Nationalsozialisten in Internierungslagern: die Auswahl erscheint zufällig, in Recklinghausen saßen z.B. Phillip Charbon, der letzte Bürgermeister Peter Linden, Polizeichef Imig und Paul Gericke, der erst 38 Partei-

Der Moerser Bürgermeister Peter Linden im Internierungslager in Hemer, gezeichnet von Paul Gericke

mitglied und ganz am Ende stellvertretender Ortsgruppenleiter in Hochstraß-Scherpenberg geworden war, SA-Oberführer Dahlem saß in der französischen Zone ein. Von der Militärregierung in Haft genommen worden waren auch der frühere Beigeordnete Jochums, Kreisobermedizinalrat Dr. Enke, der NS-Devotionalienhändler Geiling und Kreisbauernführer Vutz. Im Herbst 1946 wurde über Teilamnestien und andere Maßnahmen eine rasche Leerung der Internierungslager vor dem drohenden Winter veranlaßt. Nach einer Kette widersprüchlichster Weisungen gelangte auch die britische Militärregierung zur Kategorisierung nach amerikanischem Muster:

I Kriegsverbrecher oder Hauptschuldige
II Aktivisten, Militaristen und Nutznießer des NS-Regimes
III Minderbelastete
IV Mitläufer
V Unbelastete

Im Herbst 1947 trat der Prozeß der Entnazifizierung in seine letzte Phase, indem er vollends in deutsche Hände überging. Die Entnazifizierungsausschüsse leisteten eine wahre Sisyphus-Arbeit – und dennoch konnte ihre Arbeit nur unvollständig und im Ergebnis ungerecht bleiben. Mit der Einführung eines Widerspruchsrechts, was sicher dringlich geboten war, versanken die Ausschüsse vollends in einer zeitraubenden und unbefriedigenden Schnüffelarbeit, denn aus der immensen Zahl von Fällen, die wahren Täter zu ermitteln und die zu Unrecht Verfolgten zu erkennen, hätte auch eines riesigen Apparates bedurft, der den deutschen Ausschüssen nicht zur Verfügung stand. Auch Anfragen von außen mußten schriftlich beantwortet werden, so z.B. eine der französischen Gendarmerie in Hilden, die einen ausführlichen Bericht zum SA-Oberführer Dahlem anforderte.[859] Im Fall Peter Linden, der sich 1948 in Esch Kreis. Euskirchen aufhielt, gingen die Zuständigkeiten zwischen Köln und Moers hin und her – ohne feststellbares Ergebnis.[860]

Dr. Bauer vom Lyzeum war am 1.5.33 in die NSDAP eingetreten, und ihm nützte es zunächst gar nichts, daß zahlreiche Gewährsleute seine Mitgliedschaft in der NSDAP gewissermaßen als Tarnung bezeugten.

„Im Falle des Oberstudiendirektors Dr. Bauer, Moers erkennt der Ausschuss einstimmig das Vorliegen der Voraussetzungen des $ 5 VO 24 an u. befürwortet im Hinblick auf die Tatsache, dass Dr. Bauer nur im Interesse des Kollegiums u.d. Anstalt Pg. geworden ist und er sich auch erwiesenermaßen an der Arbeit der Gruppe Goerdeler beteiligt hat, nachdrücklichst die Belassung im bisherigen Amt, und zwar als Leiter der Studienanstalt."[861]

Und doch mußte sich am 4.8.47 der Entnazifizierungsausschuß Moers erneut mit einem der doch „klaren Fälle" beschäftigen, was zugleich ein Licht auf den ungeheuren bürokratischen Aufwand wirft, der durch die schematische Fragebogenaktion entstanden war: „Unter Bezugnahme auf das vorstehende Protokoll, aus dem der Widerstand des Dr. Bauer gegen die Anordnungen der Partei deutlich hervorgeht, verbleibt der Ausschuß bei seinem Gutachten vom 4.6.47 und betrachtet Dr. B. als in vollem Umfang entlastet."[862]

In den Schulen war mit einer Überprüfungsquote von 97% besonders systematisch vorgegangen worden. So wurde z.B. Dr. Christians, Lehrer am Adolfinum, früh im nationalsozialistischen Sinne im Rat der Stadt und Schulausschuß aktiv, im ersten Durchgang entlassen, aber ebenso wie Dr. Rendenbach 1949 wieder eingestellt. In seinem Bericht zur Nachkriegszeit kann daher Dr. Marx feststellen: „Bei unserem Kollegium hat es keine endgültigen Nichtzulassungen gegeben."[863]

Dagegen bekam der Kreisgruppenführer des Reichsluftschutzbundes, Kreishauptstellenleiter des Vereins für das Deutschtum im Ausland Phillip Charbon tatsächlich ein Verbot der Tätigkeit im öffentlichen Dienst und in weiteren Bereichen. Er war seit 1.5.1933 in der Partei und in insgesamt zehn Unterorganisationen, die Auschußmitglieder Bernhard Jung und Dr. Martin kannten ihn und bezeichneten ihn als Aktivisten. Der Rheinhausener Ortsgruppenführer Lüttgens, seit 1926 in der Partei und bereits 1930 ihr Sprecher im Kreistag, wurde vom Ausschuß als „ausgesprochener Aktivist und Propagandist, der besonders üble Hetzreden gehalten hat" in Kategorie III eingestuft. Wehrführer van den Berg wurde der Kategorie V zugeordnet „Belassung als Feuerwehrleiter empfohlen, da politische Belastung nicht festgestellt." Dr. Schalloer – weiter beim Gesundheitsamt – inspizierte Schulen, nunmehr als Obermedizinalrat.[864]

All diese Entscheidungen dokumentieren einerseits das Bemühen um Gerechtigkeit, andererseits die Überforderung der Kommission, mit dem Massenverfahren in angemessener Zeit fertigzuwerden, und eine kontinuierlich in Richtung „Entlastung" zeigende Entwicklung.

Ende 1945 waren zwei ehemalige Polizeioffiziere und zehn Wachtmeister der Moerser Polizei entnazifiziert und wieder im Dienst. Noch schneller ging es bei den Verantwortlichen des Bergbaus. Karteien von Vorstandsmitgliedern weisen lediglich den Stempel „erledigt" aus, ohne die sonst üblichen Angaben über Mitgliedschaften und Einstufungen.

Bei vielen Entscheidungen hatte der Moerser Ausschuß gründlich recherchiert, Zeugen vorgeladen, Einsprüche anhand von Entlastungszeugen und Leumundszeugnissen verhandelt, und viele seiner Entscheidungen sind auch heute nachvollziehbar und begründet. Allein: die Wirkung auf die gesamte Bevölkerung war eine andere. Beispiele von unsinnigen Einordnungen machten ebenso die Runde wie die Erkenntnis, daß man „die Großen mal wieder laufen läßt". Und so sank die Zustimmung der Deutschen zum Entnazifizierungsverfahren rasch. Hinzu kam die immer noch verbreitete Angst, daß auch in der britischen Zone das Verfahren ausgeweitet würde und man vielleicht selbst „Schwierigkeiten" bekommen könnte. Damit wiederum verschlechterten sich die Arbeitsbedingungen der Männer in den Ausschüssen. Es ist bezeichnend, daß am Ende eines riesigen Aufwandes in Moers kein einziger nach Kategorie I oder II eingestuft wurde – in ganz Nordrhein-Westfalen waren es 90. Für die in Kategorie III – Minderbelastete – eingestuften Nationalsozialisten ging es nun darum, in zähem Papierkrieg in die nächstniedrigere Kategorie zu gelangen. Es brach die Zeit der „Persilscheine" an. „Entnazifizierte" bescheinigten alten Freunden Äußerungen, die „innere Distanz zum Hitlerismus" belegen sollten. Jedes Parteimitglied kannte natürlich auch ein Nichtmitglied, dem er vielleicht einmal in harten Zeiten etwas zugesteckt hatte; und wenn dies nicht der Fall war, so konnte es ja jetzt nachgeholt werden. Selbstverständlich beteiligten sich auch integere und versöhnlich gestimmte Persönlichkeiten, gemäß ihrer Überzeugung daran, den Mantel des Vergessens und der Güte über ehemalige Aktivisten zu breiten. „Ich selbst bekam von meinem Schulleiter die Bescheinigung, daß ich während des Krieges gegen die Hitlerjugend intrigiert hatte. Diese Bescheinigung verhalf mir dazu, bereits mit 17 meinen Führerschein zu machen, wodurch ich in einem fast autolosen Gebiet fahren konnte."[865]

Entnazifizierung nicht unkritisch gesehen bei der Sozietät.

Am Ende kehrte sich ein Verfahren, das angetreten war, Gerechtigkeit wiederherzustellen und die neue demokratische Ordnung zu sichern, in sein Gegenteil: die Entnazifizierung wurde das, was ihr Name schon nahelegt – eine Weißwäschereinrichtung. Am Ende stellte sogar der stellvertretende Stabschef der SA (auf Reichsebene!) Lutze seinen Antrag auf Einstufung als „Mitläufer", da er ja nur Befehlsempfänger gewesen sei.

Fortsetzung auf Gerichtsebene

Abgesehen von einigen großen Prozessen, in denen es fast ausnahmslos um die Verbrechen in den Konzentrationslagern ging, gab es in wenigen, ja verschwindend geringen Fällen ein gerichtliches Nachspiel für die Täter des Dritten Reiches. Das war auch in Moers nicht anders. Der Mord an Zwangsarbeitern, Juden der Stadt, die Ermordung von Widerstandskämpfern – sie alle blieben ungesühnt. Einer der ganz wenigen Prozesse – auch er erst spät ins Rollen gekommen – fand u.a. gegen den stellvertretenden Kreisleiter Prang und den Kreisamtsleiter Franz Jakob de Fries vor dem Landgericht in Kleve statt. Es ging um die Mißhandlung mehre-

Stellvertretender Kreisleiter Prang

Aufnahme: Wieland. — Der Grafschafter.
Kreisleiter-Stellvertreter Prang spricht auf dem Hindenburgplatz in Moers zu den Politischen Leitern.

rer Xantener anläßlich der ersten Verhaftungswelle 1933. Nach einer Verurteilung legten sowohl die Angeklagten als auch der Oberstaatsanwalt am 17.1.1950 Berufung ein. Am 6.3.1952 hob der 3. Strafsenat des Bundesgerichtshofs das Urteil auf. Am 30.3. 1953 – mehr als 20 Jahre nach den Taten – stellte das Landgericht schließlich das Verfahren ein. Es berücksichtigte einerseits das Straffreiheitsgesetz vom 31.12.1949 und andererseits, „daß diese Straftaten zu einem wesentlichen Teil nicht einer besonders ausgeprägten deliktischen Energie der Angeklagten, sondern der allgemeinen Verwirrung der Begriffe in der damaligen Revolutionszeit entsprungen sind. Weiter hat es den Angeklagten zugute gehalten, daß seit Verübung der Straftaten inzwischen 20 Jahre ins Land gegangen sind, so daß ... der Sühnezweck ohnehin schon in Frage gestellt ist."

Die geringe „deliktische Energie" der Angeklagten brachte einem der Zeugen für sieben Jahre Krücken ein, die allgemeine Verwirrung der Begriffe durch das Gericht den Angeklagten Straffreiheit.[866].

Was wurde aus den Goldfasanen?

Sicher gab es auch einige Härten, die jedoch in der Relation zum Vorausgegangenen aus heutiger Sicht geringfügig oder unvermeidbar erscheinen. Nicht nur die Lehrer und städtischen Angestellten und Beamten nahmen bald ihre alten Plätze wieder ein. Gastwirte und Betriebsleiter, Bauern und Schriftleiter, sie alle, denen man zunächst scheinbar die Existenzgrundlage entzogen hatte, fanden einen Weg.

Im Falle des Bauern und Hauptabteilungsleiters Jakob H. verlief das wie in vielen anderen Fällen auch. In der Entnazifizierungsakte seiner Frau Anna H. steht: „Der Ehemann war Führer der NSDAP: Er befindet sich in einem Internierungslager. Trotz der Einstellung des Ehemannes hat die Ehefrau sich nie parteipolitisch betätigt und ist auch nie für die nationalsozialistische Ideologie eingetreten. Kom. hat gegen die Ehefrau, die jetzt Pächterin des Hofes ist, keine Bedenken."[867]

Einige Ortsgruppenleiter und SA-Führer waren verschwunden, wie Otto Suhr, der nach Norddeutschland floh und dort verstarb. Andere überstanden die Entnazifizierung und wurden blitzschnell Demokraten. Propaganda- und Schulungsleiter Jochums trat als Pastorensohn natürlich schnell wieder der Kirche bei...

Dr. Bubenzer, sozusagen die zentrale Figur des Nationalsozialismus in Moers, erwischte es da mit einem Praktizierverbot als Tierarzt schon vergleichsweise hart. Er mußte die Hunde und Katzen der Nachbarschaft, ohne über ein entsprechendes Türschild zu verfügen, behandeln. 1973 wurde er Ehrenmitglied des Vereins ehemaliger Adolfiner. „Über fünf konfliktreiche Jahrzehnte gehörte er zu uns, davon 42 Jahre als Vorstandsmitglied. Wir werden ihm ein ehrendes Andenken bewahren", heißt es im Nachruf, den der Verein Bubenzer widmete.[868]

Ernst Bollmann, der die NSDAP-Ortsgruppe Moers aufgebaut und den frühen NS-Aktivisten den Namen „Bollmänner" beschert hatte, wurde nach seiner Entlassung aus der Internierung Vertreter. Der einstige Kaufmann war bis zum 6.7.1942 Landrat gewesen, dann Oberbürgermeister von Oberhausen, parallel dazu hatte er insgesamt sechs Funktionen auf Gauebene inne. 1949 klagte er gegen die Stadt Oberhausen auf Zahlung von Versorgungsbezügen, was 1960 abgewiesen wurde. „Nach erfülltem Leben" starb er 1974 als Landrat a.D. – so die Todesanzeige.[869]

Auch der nationalsozialistische Bürgermeister von Moers Peter Linden kam mit seinem Pensionsanspruch nicht durch. Dem Kamp-Lintforter NS-Bürgermeister Heinrich Lesaar wurde vom Entnazifizierungshauptausschuß am 22.9.1948 die volle Pension eines Bürgermeisters zuerkannt.[870] Der langjährige Bürgermeister von Repelen-Baerl Altwicker kam bei einem Bombenangriff im Bunker ums Leben. Nach ihm wurde eine Straße benannt. Amtsbürgermeister Neumann blieb in

Goldfasanen: die Kreisleitung der NSDAP

Neukirchen-Vluyn als „Privatier", von vielen geachtet, offenkundig in soliden Verhältnissen.

Einen bitteren Nachgeschmack hinterläßt die Feststellung: so wenig, wie die Aufarbeitung des Dritten Reiches den nationalsozialistischen Führern und Postengewinnlern anhaben konnte, so wenig konnte sie anfänglich denen gerecht werden, die keine „Goldfasanen" waren.

Hermann Meiwes, den Bürgermeister Kapellens, der zumindest versucht hatte, seine Gemeinde ohne die Auswüchse der Bespitzelung und Drangsalierung durch jene 12 Jahre zu steuern, traf zunächst die „Pflichtentlassung". Erst später wurde seine Charakterfestigkeit vom Ausschuß anerkannt: „Ausschuß ist einstimmig der Auffassung, daß M. nur im Interesse der Gemeinde die Mitgliedschaft in der NSDAP erworben hat und sich die ganzen Jahre hindurch als ausgesprochener Gegner bewährt hat, wofür genügend Beweise vorliegen."[871]

Die ersten Erinnerungslücken

Mit dem Funktionieren der Behörden begann auch das, was Ralph Giordano „die zweite Schuld" genannt hat.[872] Direkt nach dem Kriege forschten Rotes Kreuz und alliierte Einrichtungen sofort intensiv nach den „displaced persons" – naturgemäß nicht nur nach Flüchtlingen und Vermißten an der Front, sondern auch nach dem Schicksal der Millionen ausländischer Zwangsarbeiter im Deutschen Reich. Am 2.7.1946 meldete Stadtdirektor Maiweg an den Oberkreisdirektor auf eine Anfrage hin 17 tote Russen unter der Rubrik „Wohnhaft gewesene und hier verstorbene Angehörige der Vereinten Nationen" und:"Ich bescheinige, daß nach bestem Wissen und nach allen Bemühungen das hierin enthaltene Material all das darstellt, was in dem Bezirk meiner Verwaltung erhältlich ist und daß die Listen richtig sind."[873] Am 14. Juni 1949 gab der Stadtdirektor in einem Schreiben die ungefähre Stärke der Kriegsgefangenen in Moers mit zusammen 450 an. Drei Jahre zuvor mußte sich im Nürnberger Prozeß der Generalbevollmächtigte für den Arbeitseinsatz der Gefangenen Fritz Sauckel von den Anklägern vorhalten lassen, daß 10 Millionen ausländische Arbeitskräfte in Deutschland eingesetzt waren; hiervon waren bei Kriegsende noch fünf Millionen vorhanden. „Wo sind die 5 Millionen?" wurde Sauckel gefragt.[874] In Moers wurde zwar gefragt, aber die Frage nach dem Verbleib von nachweislich Tausenden nicht beantwortet.

„Die Namen der Wachmannschaften und sonstige Einzelheiten sind hier nicht bekannt."[875] Später wurden dem britischen „International Tracing Service" immerhin die in den Sterbebüchern beurkundeten verstorbenen Ausländer aus dem damaligen Stadtgebiet gemeldet.[876]

Wenn es zutrifft, was Ralph Giordano sagt, nämlich „die kollektive Lüge quer durch die ganze Nation war so überwältigend offenbar, so unübertrefflich schäbig, so grauenhaft einhellig", dann kann ein Vorgang aus dem Moers des Jahres 1993 keine Verwunderung auslösen. Schüler berichteten nach einer Befragung älterer Bürger auf dem Meerbecker Markt:

„Die meisten, die wir befragten, sagten aus, daß es in Moers gar keine Kriegsgefangenenlager gegeben habe. Und dann fingen sie an, von Rheinberg zu erzählen..."

Während in keiner Publikation die Moerser Zwangsarbeiterlager auch nur erwähnt werden, beschäftigen sich allein drei Bücher mit dem im März 1945 bei Rheinberg eingerichteten Kriegsgefangenenlager der Alliierten.[877] Besonders bekannt wurde das Buch „Menschen auf den Acker gesät" von Josef Nowack, in Rheinberg wurde auch eine gleichnamige Ausstellung organisiert.[878]

Jeder ältere Bürger aus Moers kennt die Geschichten von jenem Horror-Lager, in dem die jungen Soldaten zu Tausenden krepieren mußten.

Es ist eine Tatsache, daß die Bedingungen der auf grüner Wiese eingezäunten kriegsgefangenen Deutschen schlecht waren. Die meisten Schätzungen gehen von einer Zahl von 100.000 Insassen aus, die keine Unterkünfte besaßen. Das Lager existierte von Ende März bis September 1945 und nahm als Durchgangslager Soldaten auf, die dann anschließend nach Frankreich gebracht wurden.

1965 hatte die Justiz einen Anlaß, wenigstens dieser Kriegsfolge nachzugehen. Am 4.2.1965 gab der Generalbundesanwalt eine Anzeige weiter an die Staatsanwaltschaft beim Landgericht in Kleve. Die nun folgende Ermittlung gegen Unbekannt wegen Mißhandlung von Kriegsgefangenen und unterlassener Hilfeleistung im Kriegsgefangenenlager Rheinberg wurde mit großer Energie über viele Monate hinweg vorgenommen. Zeugen aus allen Teilen Deutschlands wurden vernommen, im Anschreiben an die vernehmenden Stellen war stets die Rede von Hunderten von Toten. Als dies nichts ergab, versuchte die Staatsanwaltschaft bei Behörden und „zeitgeschichtlich interessierten Privatpersonen" brauchbare Angaben zu finden, allein, alle Mühe war umsonst. Schließlich muß die Justiz Bücher lesen. Zu „Menschen auf den Acker gesät" vermerkt der Justizbeamte: „In dem Buch wurde zwar behauptet, die im Lager befindlichen Kriegsgefangenen seien vorsätzlich so schlecht verpflegt und ohne medizinische Versorgung belassen worden, um sie zu Tode zu bringen. Irgendwelche Beweise hat der Verfasser jedoch nicht angegeben, es handelt sich also vielmehr nur um eine aus dem Eindruck der Verhältnisse aufgestellte Behauptung."[879]

Die Zeugenaussagen bestätigten eindrucksvoll, daß an der Geschichte von den Hunderten, die täglich im Lager Rheinberg verreckten, nichts wahr ist.

Sämtliche Zeugen – alles ehemalige Insassen des Lagers – zusammengenommen haben nicht einen Toten gesehen.

„Die Kranken wurden nach allen ärztlichen Regeln und soweit es die Umstände zuließen, versorgt."[880]

„Mir ist auch gesprächsweise nicht bekanntgeworden, daß innerhalb meiner Hundertschaft den Kameraden ärztl. Hilfe verweigert worden ist."[881]

„Jedenfalls ist in meiner Tausendschaft, d.h. bis zu meiner Entlassung im August 1945, niemand gestorben...Auch vom Hörensagen habe ich nichts Diesbezügliches gehört. Es gab wohl wenig zu essen, aber nicht so wenig, daß jemand an Hunger sterben mußte.... Ich kann bescheinigen, daß alle Ärzte sich restlos für die Kranken eingesetzt haben..."[882]

Ende des Jahres teilt die ermittelnde Stelle aus Kamp-Lintfort mit, daß im Lager Rheinberg in diesem halben Jahr „etwa 150 Gefangene verstorben sein sollen"[883] – eine Sterblichkeit, die, gemessen an den 100.000 Gefangenen, weit unter der Todesrate der Zivilbevölkerung lag.

So endete die große Ermittlung aus staatsanwaltschaftlicher Sicht ohne Ergebnis. Der Anlaß, der zu dieser Großaktion geführt hatte, ist bezeichnend. Am 20.1.1965 schrieb ein Paul Thomas an den Generalbundesanwalt: „Ich bin Pommer, hatte mich – als Landser – bei den Russen durchgeschlagen.... Auf dieser Wanderung traf ich einen Landser, der mir folgendes erzählte...Leider kann ich Ihnen diese Angaben nur aus dem Hörensagen machen."[884]

Die Greuelgeschichten, die zwanzig Jahre nach den Geschehnissen ein Mann „vom Hörensagen“ weitergab, reichten aus, um umfangreiche Ermittlungen in Gang zu bringen. Warum ist in den Fällen der Kriegsgefangenen- und Zwangsarbeiterlager nicht Ähnliches geschehen?

Die Staatsanwaltschaft kam „durch den Irrtum zur Wahrheit“ – nur ist diese Wahrheit in Moers nicht bekanntgeworden. Die Legende, daß die anderen schlimmer waren, lebt weiter.

Moers 1948: Heimgekehrter Kriegsgefangener

„Nachher, nach dem Krieg, da wollte keiner etwas gemacht haben. Da waren sie alle so verlogen, die Herren da am Amt. Oh, waren die freundlich, du lieber Himmel."
Hilfsarbeiterin Agnes Siebeneichler aus Moers-Hochstraß, sechs Jahre Zuchthaus

8.3 Der politische Neubeginn in Kreis und Stadt

Der politisch-soziale Neubeginn in Moers kann im Rahmen dieser Studie nur bezogen auf Widerstand und den Umgang mit der damals jüngsten Vergangenheit behandelt werden. Die sich neu formierende Politik sah sich einer starken Kontinuität in der Geschäftswelt gegenüber – bei Bergbau, Industrie und Mittelstand, im Einzelhandel und im Handwerk. Eine herausragende Rolle spielte von Anbeginn an Rheinpreußenchef Heinrich Kost, jüngst noch „Reichswirtschaftsführer".

Bei der Bevölkerung gab es unterschiedliche Voraussetzungen: Moers-Mitte, Repelen-Mitte, Baerl, Schwafheim und Kapellen hatten zu einem überwiegenden Teil das Dritte Reich und seine Ideologie mitgetragen, die „Kolonien" waren eher den Traditionen der Arbeiterparteien treugeblieben. Neu kamen Flüchtlinge, Vertriebene und Evakuierte, aber auch Nazis von außerhalb, die hier untertauchten.

Bis zum 21. Juni 1945 gehörte der Kreis Moers noch zum „Rhine-Province-Military-District" der US-Armee, danach wurde er Teil der britischen Besatzungszone. Die ersten von Amerikanern und Engländern eingesetzten lokalen Verantwortlichen, der Landrat und die Bürgermeister, waren nicht belastete, unabhängige Persönlichkeiten oder stammten aus dem Widerstand. Ihnen zur Seite standen bald Räte, deren Mitglieder im Dezember 1945 auf Vorschlag der Parteien ernannt wurden. Einer britischen Vorgabe zufolge sollten sie sich nach dem Ergebnis der Gemeindewahlen von 1929 richten, jedoch auch zu 40% parteiunabhängige Mitglieder aus Gewerkschaften, Berufsgruppen und Religionsgemeinschaften aufweisen. Die ernannten Räte wurden nach den ersten freien Wahlen vom 15.9. und 13.10.1946 abgelöst, bei starker personeller Kontinuität. Ihnen allen ist eine antifaschistische Grundhaltung bei CDU und SPD gemeinsam sowie auch die relativ selbstverständliche Einbeziehung der KPD, die damals kreisweit noch ca. 9% erreichte, im industriellen Süden sogar 15%.

Hermann Runge, Mitglied des ersten Kreistages und eine der beherrschenden Figuren der ersten Nachkriegszeit in Moers, berichtet vom Kriegsende:[885] „Am 27. April kam ich auf der linken Rheinseite an, das war in Essenberg. Am gleichen Tag noch war ich in Moers bei meiner Frau. Ich war sofort wieder politisch tätig. Wieder illegal, denn die Besatzungsmacht hatte uns noch keine Genehmigung erteilt. Zu Pfingsten im gleichen Jahr hatte ich schon alle Ortsvereine der SPD aufgebaut. Den letzten am Pfingstsamstag in Borth. Ich war mit einem geliehenen Fahrrad

Linke Politiker bei der ersten Moerser Kreistagssitzung nach dem Krieg 1946. Die vorher Inhaftierten oder Verfolgten mußten nun die von der Naziherrschaft hinterlassenen Trümmer beseitigen. Vorne, v. l.: Hermann Runge (SPD), Otto Schulenberg (BM Rheinhausen, SPD), Hugo Josef Simecek (SPD, Landrat 1948-1963), KPD-Kreisleiter Wilhelm Kever (im Kreistag ab 1948), Richard Buchmann (KPD) und Dr. Hilmar Evora (SPD), beide zuvor verfolgt.

von Ort zu Ort gefahren. Als im September 1945 endlich die Genehmigung kam, die Parteien dürften wieder aufgebaut werden, stand bei uns schon alles."

Kreis Moers

Die von den Parteien im Dezember 1945 vorgeschlagenen ersten Kreistagsmitglieder kamen oft aus dem Widerstand, bei der CDU u.a. der Bäckermeister Ernst Holla aus Moers und der Arbeiter Gerhard van Clev in Rheinberg, bei der SPD Hermann Runge und Peter Zimmer aus Moers, bei der KPD Paul Günther aus Repelen und Wilhelm Spatzier aus Kamp-Lintfort. Am 13. Oktober 1946 wurden u.a. dazugewählt Ernst Friese (SPD) aus Neukirchen und Richard Buchmann (KPD) aus Moers.

Erster Landrat in Moers wurde der zuvor als Kreissyndikus tätige Dr. Herschel. Als er am 10. September 1945 in seine alte Funktion zurückkehrte, löste ihn Heinrich Reintges ab. Dieser war 1933 als Beigeordneter der Stadt Rheinhausen seines Postens enthoben worden. Er amtierte bis Ende 1946 als Landrat, danach bis 1954 als Oberkreisdirektor.

Die Kreisverwaltung, die sich zunächst einiger weniger belasteter Mitarbeiter entledigte, verpflichtete einzelne Personen aus dem Widerstand, darunter Heinrich Hirschmann (vgl. Kapitel 3), der zunächst für die Vereinigung der Verfolgten des Naziregimes dem Flüchtlingsausschuß angehörte (später Amt für Wiedergutmachung). Der „Verwaltungsbericht des Kreises Moers für die Zeit vom 1. April

1945 bis zum 31. März 1947" fand nicht nur deutliche Worte gegenüber den vorher Verantwortlichen wie Dr. Bubenzer, sondern erwähnte auch ehrend die von den Nazis aus ihren Ämtern entfernten Beamten.

Gründung einer Einheitsgewerkschaft

Auch im Kreis Moers empfing die Gewerkschaftsbewegung nach dem Krieg die entscheidenden Impulse von Männern (und wohl ganz wenigen Frauen) aus dem Widerstand. Die Zersplitterung der Arbeiterbewegung vor 1933 und die bittere Erfahrung in den Konzentrationslagern legte ihnen nahe, nichts anderes als die Einheitsgewerkschaft anzustreben. Walter Leese, einer der führenden Köpfe des Widerstandskreises Germania (vgl. Kap. 4), wurde erster Kreisvorsitzender des DGB. Sein Rückblick im ersten Heimatkalender nach dem Kriege 1949 begann so:[886]

„Das Alte ist gestürzt, die Zeit hat sich geändert; helft mit, daß neues Leben aus den Ruinen erblüht!

Unter diesem Motto versammelten sich am 11. November 1945 in unserem Kreise 400 Delegierte aus allen Berufsgruppen, um einmütig ihren Willen für den Zusammenschluß aller Arbeiter, Angestellten und Beamten in einer Organisation zu bekunden... denn dadurch wurde die Zersplitterung in Richtungsgewerkschaften (Freie, Christliche und Hirschdunkersche Gewerkschaften) und nach Berufsgruppen überwunden und die Form des Neuaufbaus auf der Basis der Industriegewerkschaften gewählt...

Richtungweisend für diese Organisationsform war die Erkenntnis aller Schaffenden, daß die tiefsten Ursachen der Hitlerdiktatur, des Krieges und seiner verheerenden Folgen materieller und geistiger Art im kapitalistischen Wirtschaftssystem liegen... Mit der Umgestaltung der Wirtschaft fällt den Gewerkschaften eine weitere bedeutungsvolle Aufgabe zu: die geistige Umerziehung der deutschen Menschen im demokratischen Sinne."

Der Artikel schließt mit folgenden Sätzen: „An Stelle der alten fehlerhaften Wirtschafts- und Gesellschaftsordnung muß die neue sozialistische treten. Nur so können künftig Fehler vermieden werden und die Schaffenden berechtigte Hoffnung haben, sich ein lebenswertes Dasein zu erringen."

Bereits in der ersten Nachkriegsbroschüre des DGB hatte es unter der Überschrift „Der ewige Verrat" geheißen:[887] „Genau wie damals [1918] verlassen die Bankrotteure das von ihnen auf den Strand gesetzte Wirtschaftsschiff und überlassen es anderen, dieses Schiff wieder flottzumachen. Sobald das Schiff in Gang ist, wollen diese Bankrotteure das Steuer wieder übernehmen, um es erneut nach ihrem alleinigen Willen und persönlichen Macht- und Profitstreben zu lenken. Zweimal in einer Generation wurde Deutschland auf diese Weise durch die Vertreter des Kapitals in tiefstes Elend gestürzt. Wenn sich dieses nicht ein drittes Mal wiederholen soll, darf die Arbeitnehmerschaft nie wieder zulassen, daß privatkapitalistische Kreise die Führung der Wirtschaft – und damit unmittelbar des Staates – an sich reißen."

Ein Sechser-Gremium bildete den ersten Ausschuß für alle Berufe außerhalb des Bergbaus. Ihm gehörten mindestens vier aktive Widerstandskämpfer und Verfolgte an: Walter Leese, Hermann Mantel, Johann Weber, Gerhard van Clev, Heinrich Hirschmann und Willi Tenbusch.[888] Tenbusch war noch wenige Monate zuvor im Gefolge des 20. Juli 1944 von den Nazis abgeholt worden. Ein Polizeibericht von 1932 hatte ihn als Führer der Revolutionären Gewerkschaftopposition ausgewiesen.

Die erste Gemeindewahl nach dem Krieg

Bei der ersten Gemeindewahl am 15.9.1946 in den Orten des Landkreises Moers hatte jeder Wähler drei Stimmen. Die Wahl erbrachte an Stimmen und Sitzen:[889]

	CDU	SPD	KPD	FDP
Moers-Stadt	15 977/11	20 142/15	5 266/1	596
Repelen-Baerl	7 407/ 8	9 327/12	2 697/1	-
Kapellen	5 693/10	3 577/ 2	266	-
Neukirchen-V.	8 672/13	5 503/ 8	1 090/0	-
Kamp-Lintfort	21 281/ 6	28 257/17	6 078/1	-
Homberg	14 979/12	14 700/11	5 054/1	1 829
Rheinhausen	20 518/11	23 552/18	7 294/1	647
Kreis insgesamt	169 526	123 718	31 624	3 088
	(50%)	(36,5%)	(9,3%)	(0,9%)
Erste Kreistagswahl vom 13.10.1946: Gesamtkreis				
Moers	169 150 (43,4%)	164 604 (42,2%)	34 617 (8,9%)	(3,5%)
dazu Zentrumspartei	1,9%			

Stadt Moers (etwa heutiges Stadtgebiet)

Bürgermeister in Kapellen blieb bis 1949 der seit 1924 amtierende Hermann Meiwes, Landwirt, der sich der CDU anschloß und als einer der ganz wenigen Bürgermeister der Nazizeit im Amt bleiben konnte. Ihm folgte von November 1949 bis Dezember 1958 Johann Anlahr, SPD, Sohn des Kapellener SPD-Ratsmitgliedes Wilhelm Anlahr, der 1933 sein Mandat verlor.

Repelen-Baerl, das spätere Rheinkamp, erhielt zunächst den parteilosen Wilhelm Brüggemann als Bürgermeister, vor 1933 Stadtrat in Rheinhausen. Ihm folgten die sozialdemokratischen Widerstandskämpfer Johann Steegmann (ab Februar 1946, wieder 1949-1956) und Walter Ulrich (September 1946 bis November 1949). Beide waren im „Brotfahrer"-Prozeß zu Zuchthausstrafen verurteilt worden.

Johann Steegmann wurde am 28.7.1880 in Repelen/Moers geboren. Auch als „Einheimischer" vom Bauernhof wurde er Bergmann, war jahrelang vor dem Ersten Weltkrieg Mitglied der SPD und des Alten Bergarbeiterverbands. Er wurde am 3. Juni 1935 aus der Franz-Seldte-Straße 90 abgeholt (benannt nach dem Stahlhelmführer und ersten Arbeitsminister Hitlers) und am 22.7.1936 zu 2 Jahren und 2 Monaten Zuchthaus verurteilt. Die Ortspolizeibehörde Utfort bescheinigte ihm am 3.8.1935: „Steegmann war führendes Mitglied der SPD und gehörte als solcher viele Jahre hindurch dem hiesigen Gemeinderate an. Er war auch eine Zeitlang Beigeordneter. Besonders hervorgetan hat Steegmann sich nie und legte stets ein ruhiges Wesen an den Tag. Ob ein Gesinnungswandel bei ihm eingetreten ist, läßt sich schwer sagen, ist aber kaum anzunehmen."[890]

Der erste Rat der Stadt Moers sah u.a. die verfolgten Zentrumsleute Franz Brauer und Ernst Holla, die sich nun der CDU anschlossen, sowie bei der KPD die Widerstandskämpfer Heinrich Brandenbusch und Blasius Schmid (früher Rheinhausen). Die SPD unterbreitete am 12.11.1945 folgende Vorschlagsliste – es sind fast alles Personen aus dem Widerstand:[891]

„1. Hermann Runge, Angestellter, Moers, Hombergerstr. 161
2. Willy Müller, Klempner, Moers, Friedhofstr. 48

Johann Steegmann 1880-1957

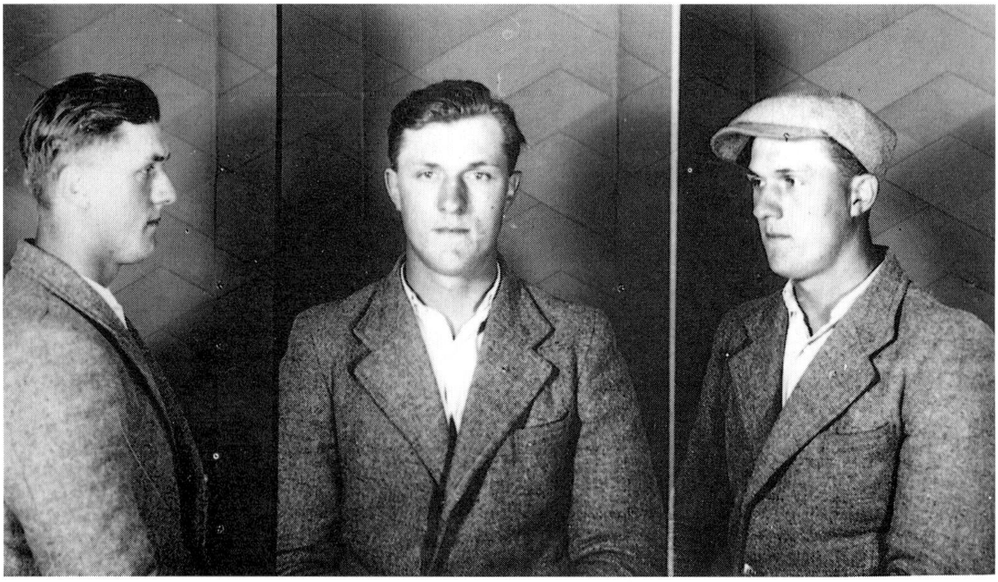

Wladislaus Szutarski

3. Wilhelm Holtschneider, Fördermaschinist, Moers, Siedweg 56
(6. Elisabeth Anlahr, Hausfrau, Moers, Engelbertstr. 27)
10. Walter Leese, Angestellter, Moers, Am Pandick 53"

Das Auszählungsverfahren benachteiligte die KPD. Trotz eines Stimmenanteils von 12,5% erreichte sie nur ein Ratsmandat, gegenüber 15 für die SPD und 11 für die CDU, dasselbe in Repelen-Baerl mit 13,8% (12:8:1).

Aufgrund von Militärdienst, Todesfällen, Flucht und politischer Belastung verfügten die Gemeindeverwaltungen 1945 oft nurmehr über ein Drittel ihres Personals. Deshalb kam es auch in Moers zu Neueinstellungen oder der Übernahme von Mitarbeitern von der englischen Besatzungsbehörde. Unter ihnen befanden sich Verfolgte wie der frühere KPD-Führer Alois Weiser, der den früheren Kripo-Chef Imig verhaften ließ, und Adam Erbach. Wladislaus („Klaus") Szutarski, 1935 noch als Aktiver des Kommunistischen Jugendverbands Deutschlands zu zweieinhalb Jahren Gefängnis verurteilt, stieß erst 1948 dazu:[892]

„Viele Ehemalige aus dem Widerstand können wir bei der Stadt nicht gewesen sein. An einem Verwaltungslehrgang der Stadt Duisburg, speziell für Leute wie uns, nahmen auch nur Adam Erbach und ich teil. Beim Schlachthof gab es Karl Ziegelmeier, der auch in der Nazizeit verurteilt war. Jupp Leyers war da noch, der Fahrer von Bürgermeister Neuse. Und ein gewisser Breitenstein im Gartenamt... Im übrigen gab es schon eine große personelle Kontinuität zur Nazizeit. Da waren ja fast alle in der Partei gewesen, zum Beispiel alle Oberinspektoren."

In wenigen anderen Behörden übernahmen Männer des Widerstands, wie Bernhard Jung als Leiter des Arbeitsamtes, leitende und die Zukunft prägende Stellungen. Die Führungskräfte wurden zumeist weiterbeschäftigt oder bald wieder eingestellt, so z.B. bei der Justiz, im Finanzamt, bei Knappschaft, Lineg oder Niag.

Ernst Holla: demokratischer Neubeginn über Moers hinaus

Ernst Holla war einer der führenden Männer des demokratischen Neubeginns im Altkreis Moers.

Geboren als Bäcker-Sohn am 24. Juni 1888 in Krefeld, kam er 1911 nach Moers, um sich nach ein paar Monaten auf der Kirschenallee 5 als Bäckermeister selbständig zu machen. Nach dem Kriege 1919 wurde er Obermeister der Bäckerinnung, 1925 Mitglied im Vorstand des Zweigverbands Rheinland und der Zentralgenossenschaft in Düsseldorf. Seit 1921 Stadtverordneter der Stadt Moers, seit 1926 Kreistagsabgeordneter für die Zentrumspartei. 1933 Schikanen durch die Nazis, Entlassung als Obermeister der Bäckerinnung 1934, kurze Verhaftung im August 1944. 1945 Mitgründer der Kreis-CDU, Mitglied des Kreistages und des Entnazifizierungsausschusses, Bundestagsabgeordneter 1953-1961. 1948 Landesinnungsmeister des Bäckerhandwerks, 1960 Kreishandwerksmeister.

Zum 70. Geburtstag erhielt Ernst Holla den großen Verdienstorden zum Bundesverdienstkreuz. Das Bäckerhandwerk ehrte ihn mit der bundesweiten „Ernst--Holla-Stiftung", die in Not geratenen Bäcker-Kollegen hilft. An seiner Beerdigung im März 1963 nahmen 500 Trauergäste teil, darunter die Minister Katzer und Schmücker.

Antifaschistische Nachkriegsbürgermeister für Moers

Erster Moerser Bürgermeister ab 4.3.1945, also unmittelbar nach der Befreiung der Stadt durch die Alliierten, war der parteilose Dr. Otto Maiweg. Er hatte 1942-1945 das

Ernst Holla

wichtige Amt für Kriegsschäden in Moers geführt. Seine beiden Stellvertreter waren der 1891 in Moers geborene Karl Peschken, CDU-Mann der ersten Stunde, und Wilhelm Müller, SPD. Vom 12. Februar 1946 an wahrte diese Equipe Kontinuität, indem der 75jährige Dr. Maiweg zum Verwaltungsleiter der Stadt bestimmt wurde (bis 15. April 1947), Wilhelm Müller – entsprechend der SPD-Wählermehrheit – in das Bürgermeisteramt aufrückte und Karl Peschken seine Stellvertretung übernahm. Auch nach der ersten Kommunalwahl, bis 1952, wurde Willi Müller als Bürgermeister bestätigt.

Emil Dörnenburg und Willi Müller legen 1951 den Grundstein für das neue Moerser Rathaus (heute „Altes Rathaus"). Viele Ratsmitglieder stammen aus antifaschistischen Familien: Arnold Abel, Elisabeth Anlahr, E. Dörnenburg, E. Holla, W. Müller, Gerhard Schefels, Willi Tenbusch

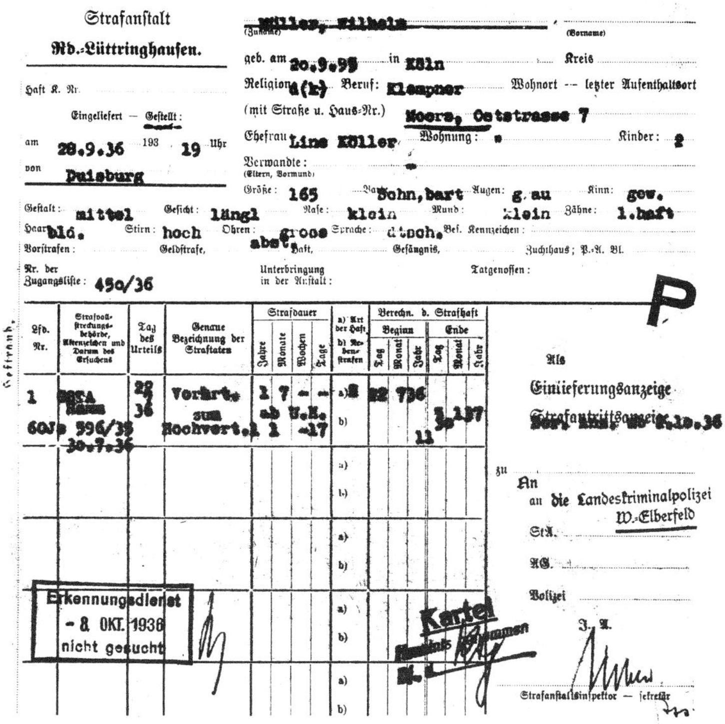

Strafanstalt
Rd.-Lüttringhausen.

Haft K. Nr.

Eingeliefert — Gestellt:

am 28.9.36 193 19 Uhr

von Duisburg

~~Müller, Wilhelm~~ (Zuname), (Vorname)

geb. am 20.9.99 in Köln Kreis

Religion d(k) Beruf: Klempner Wohnort — letzter Aufenthaltsort (mit Straße u. Haus-Nr.) Moers, Oststrasse 7

Ehefrau Line Müller Wohnung: " Kinder: 2

Verwandte: (Eltern, Vormund) –

Größe: 165 Bart: Sohn, bart Augen: grau Kinn: gew.

Gestalt: mittel Gesicht: längl Nase: klein Mund: klein Zähne: l.haft

Haar: bld. Stirn: hoch Ohren: gross abst. Sprache: dtsch. Bes. Kennzeichen:

Vorstrafen: Geldstrafe, Haft, Gefängnis, Zuchthaus; P.-A. Bl.

Nr. der Zugangsliste: 450/36 Unterbringung in der Anstalt: Tatgenossen:

P

Lfd. Nr.	Strafvollstreckungsbehörde, Aktenzeichen und Datum des Ersuchens	Tag des Urteils	Genaue Bezeichnung der Straftaten	Strafdauer Jahre	Monate	Wochen	Tage	a) Art der Haft b) Nebenstrafen	Berechn. d. Strafhaft Beginn Tag	Monat	Jahr	Ende Tag	Monat	Jahr
1	OStA Hamm 6OJs 396/35 30.7.36	28.7.36	Vorbrt. zum Hochvert.	1 ab U.H. 1	7 1	–	– -17	a) Z b)	22	7	36	3. 11	1	37
								a) b)						
								a) b)						
								a) b)						
								a) b)						

Erkennungsdienst
– 8. OKT. 1936
nicht gesucht

Kartei

Als
Einlieferungsanzeige
~~Strafantrittsanzeige~~ Verf. Anz. v. 3.10.36

zu

An
an die Landeskriminalpolizei W.-Elberfeld

StA.

AG.

Polizei

I. A.

Strafanstaltsinspektor — sekretär

Wilhelm Müller stammt aus einer Handwerkerfamilie in Köln, wo er am 20.9.1895 geboren wurde. Als junger Mann fand der gelernte Klempner Arbeit bei der Moerser Kreisbahn, wo er es bis zum Werkmeister brachte. Gestapoakte: „Nach eigenen Angaben war Müller seit 1920 Mitglied der SPD, er hatte in dieser die Funktion eines Beisitzers inne und war zeitweilig 2. Vorsitzender der SPD des Ortsvereins Moers. Dem Reichsbanner gehörte er von 1925 bis 1931 an, außerdem korporativ auch der Eisernen Front".[893] Festnahme am 6.6.1935, Wohnung Oststraße 7. 1936/1937 1 Jahr 7 Monate Zuchthaus wegen „Vorbereitung zum Hochverrat und Beteiligung am Wiederaufbau der illegalen SPD" im „Brotfahrerprozeß".
Nach seiner sechsjährigen schwierigen Tätigkeit als erster Nachkriegsbürgermeister („Man konnte kaum mit einer Schubkarre durch die Straßen. Alles war zerstört ..."[894]), mehrere Jahre Mitglied des Landtags in NRW. Verstorben am 19.8.1965 in Moers. Nach ihm ist eine Straße in der Moerser Mattheck benannt.

1952 wurde der Sozialdemokrat *Albin Neuse* einstimmig zum Bürgermeister gewählt. Auch ihn zeichnet eine antifaschistische Biographie aus:

Am 20.2.1899 wurde er in Bielefeld als jüngstes von acht Kindern geboren. Der Vater war schon zwei Monate vor seiner Geburt gestorben, die Mutter führte die Buchbinderei allein weiter. Kaufmännische Lehre, Kriegsfreiwilliger bei der Marine, 1920 Reifeprüfung in Kiel.[895] 1923 trat Albin Neuse der SPD bei, 1927 wurde er Arbeitersekretär beim Allgemeinen Deutschen Gewerkschaftsbund, 1928 Wahl in den Rat der Stadt Brackwede. 1931 verschlug ihn die Gewerkschafstätigkeit nach Stuttgart. Verhaftung vom Arbeitsplatz weg am 3. Mai 1933 und sog. „Schutzhaft" bis Herbst 1933 auf dem berüchtigten „Heuberg" bei Stuttgart (dort auch Kurt Schumacher). Danach kaufmännischer Angestellter und Marinesoldat. Nach dem Krieg Arbeit bei der IHK in Detmold, 1950 nach Moers als DGB-Kreissekretär.
Moerser Bürgermeister bis 1977, also 25 Jahre, dienstältestes Stadtoberhaupt in NRW. 1972 wurde er zum Ehrenbürger und 1977 zum Ehrenbürgermeister ernannt. „Papa Neuse" verstarb 90-jährig am 17.4.1989. Freunde erinnern sich an folgende Begebenheit[896]:
„Im Juli 1951 sollte auch in Moers im Nebenraum der Gaststätte Rösgen in der Kirchstraße eine Gründungsversammlung der rechtsextremen Sozialistischen Reichspartei (SRP) stattfinden, die als Nachfolgeorganisation der NSDAP galt. Mit einigen Freunden von den Homberger Falken und IG-Metall-Gewerkschaftlern begab sich auch Albin Neuse dorthin. Nachdem der Versammlungsleiter einem sehr bieder auftretenden ehemaligen Nazifunktionär das Wort erteilt hatte, erhob sich Albin Neuse und redete in einer Art und Weise, die man bei ihm nie kannte: '*ich* erlaube mir jetzt, zu reden'. Danach geißelte er in beschwörenden Worten die Absicht, wieder eine (getarnte) Nazi-Partei ins Leben zu rufen. Er endete mit den Worten: 'Bürger von Moers, wollt ihr, daß diese Herrschaften, die so viel Not und Elend über unser Volk gebracht haben, noch einmal das Sagen haben und das gleiche Spiel noch einmal beginnen dürfen?' Die Versammlung löste sich auf. Eine SRP kam in Moers nicht zustande."

Blick auf die Nachbargemeinden

In Neukirchen-Vluyn wurde neben dem altgedienten SPD-Mann Willy Schrinner auch Eduard Priewisch in den ersten Gemeinderat berufen, der vor den Nazis in die Niederlande und nach Belgien geflohen und nach der Besetzung dieser Länder in Gestapohaft geraten war (vgl. Kap. 6). Die ersten Nachkriegsbürgermeister waren hier jedoch nicht von der gemeinsamen Erfahrung des Widerstands geprägt, was mit erklären mag, daß diese Gemeindevertretung über Jahre nicht ohne Regierungsaufsicht auskam. Dem mehrjährigen späteren SPD-Bürgermeister Oskar Kühnel warfen einige Parteifreunde vor, während der Nazizeit gut mit Bürgermeister Neumann zusammengearbeitet und diesem bei der Entnazifizierung geholfen zu haben. In einer Broschüre zum 70-jährigen Bestehen der SPD in Neukirchen heißt es[897], daß dort eine sofortige Aberkennung von Hitlers Ehrenbürgerschaft nicht erfolgt sei, doch war ein solcher Antrag bei der ersten Ratssitzung am 25.

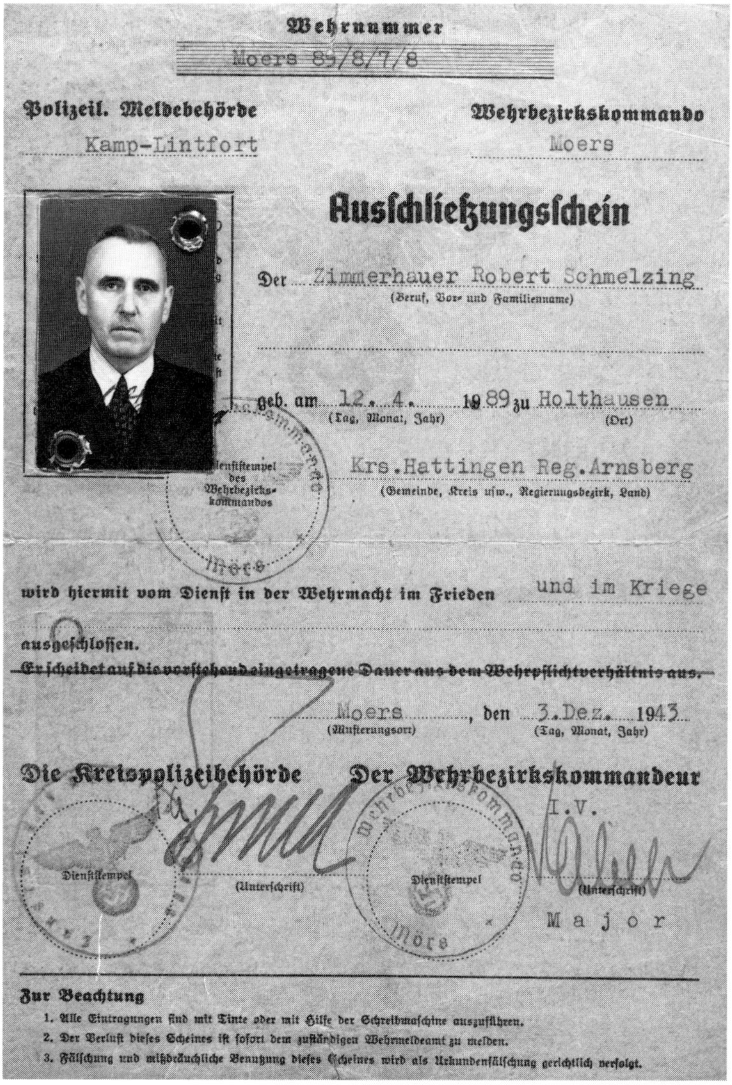

Wehrnummer
Moers 89/8/7/8

Polizeil. Meldebehörde
Kamp-Lintfort

Wehrbezirkskommando
Moers

Ausschließungsschein

Der Zimmerhauer Robert Schmelzing
(Beruf, Vor- und Familienname)

geb. am 12. 4. 1889 zu Holthausen
(Tag, Monat, Jahr) (Ort)

Dienststempel des Wehrbezirkskommandos

Krs. Hattingen Reg. Arnsberg
(Gemeinde, Kreis usw., Regierungsbezirk, Land)

wird hiermit vom Dienst in der Wehrmacht im Frieden und im Kriege ausgeschlossen.

~~Er scheidet auf die vorstehend eingetragene Dauer aus dem Wehrpflichtverhältnis aus.~~

Moers, den 3. Dez. 1943
(Musterungsort) (Tag, Monat, Jahr)

Die Kreispolizeibehörde
Dienststempel
(Unterschrift)

Der Wehrbezirkskommandeur
I.V.
Dienststempel
(Unterschrift)
Major

Zur Beachtung
1. Alle Eintragungen sind mit Tinte oder mit Hilfe der Schreibmaschine auszuführen.
2. Der Verlust dieses Scheines ist sofort dem zuständigen Wehrmeldeamt zu melden.
3. Fälschung und mißbräuchliche Benutzung dieses Scheines wird als Urkundenfälschung gerichtlich verfolgt.

Robert Schmelzing, 1943 noch „wehrunwürdig"

Februar 1946 von der SPD eingebracht und einstimmig angenommen worden. An der Sitzung nahm als Gemeindeverordneter der KPD auch Adolf Deuse teil, der durch Zuchthaus und Moorlager so geschwächt war, daß er im Jahr darauf 47jährig an Lungentuberkulose verstarb.[898] Am 7. Juni 1983 stimmte der Stadtrat einem Bürgerantrag zu, in dem es u.a. hieß: „Er will mit dieser Erklärung angesichts wiederaufflammender neonazistischer Aktivitäten und ausländerfeindlicher Aktionen verschärft ins Bewußtsein der Bevölkerung Neukirchen-Vluyn rücken, daß nie in Vergessenheit geraten darf, was in den Jahren 1933 bis 1945 im Namen des deutschen Volkes geschah."

In Kamp-Lintfort wurde zunächst der aus Moers stammende Johann Janssen zum Bürgermeister ernannt, der im August 1944 zusammen mit anderen Zentrumsleuten anläßlich der „Aktion Gewitter" verhaftet worden war (vgl. Kap. 6). Ehrenbürgermeister wurde der Sozialdemokrat Robert Schmelzing, der 1933 „Schutzhaft" und nach 1935 das KZ Börgermoor kennengelernt hatte. Nach der ersten Kommunalwahl von 1946 fand hier dieselbe Rochade wie in Moers statt: Schmelzing wurde (einstimmig) zum Bürgermeister gewählt, sein Vorgänger wurde Stadtdirektor. Die britische Militärregierung entließ bei der Gemeindeverwaltung aus politischen Gründen mindestens fünf Kommunalbeamte und 13 Angestellte, acht Polizisten sowie 12 Volksschullehrer und 1 Mittelschullehrer. Allerdings durften die meisten der Entlassenen später wieder ihren Dienst aufnehmen.[899] Diese Angaben seien hier beispielhaft gemacht, da Entsprechendes für die Stadt Moers und den Kreis nicht vorliegt.[900]

Robert Schmelzing als Bürgermeister

Robert Schmelzing, nach dem heute in Kamp-Lintfort eine Straße benannt ist, wurde am 12.4.1889 in Holthausen/Hattingen geboren.[901] Auf der Zeche Friedrich Heinrich als Hauer tätig, trat er 1909 dem Alten Bergarbeiterverband, 1924 der SPD bei. Ab 1926 Vorsitzender der OG Lintfort des Alten Verbands, 1928-1932 Ratsmitglied in Kamp. Ein Tag „Schutzhaft" vom 4.-5. April 1933. Nach Vernehmung am 27.6.1933 muß sich Robert Schmelzing täglich vor und nach der Arbeit bei der Polizei melden. Festgenommen mit den „Brotfahrern" am 6.6.1935, am 22.7.1936 wegen Vorbereitung eines hochverräterischen Unternehmens zu 3 Jahren und 3 Monaten Zuchthaus verurteilt. Nach seinem Ausscheiden aus dem Amt des Bürgermeisters wurde Robert Schmelzing 1962 zum Ehrenbürgermeister ernannt.

In Homberg endete die Amtszeit des Nazibürgermeisters Friedrich Sonnen erst am 21.4.1945, sechs Wochen nach der Befreiung durch die Alliierten. Seine Nachfolge trat der SPD-Mann Wilhelm Röpling an, der am 13. Februar 1946 an die Verwaltungsspitze wechselte, um dem CDU-Vertreter August Löckmann Platz zu machen. Ihm folgte nach der ersten freien Wahl am 5.11.1946 der CDU-Mann Friedrich Bellingkrodt. Die CDU hatte bei 14 979 Stimmen 12 Sitze errungen, die SPD bei 14 700 Stimmen 11 Sitze und die KPD bei 5 054 Stimmen nur einen Sitz, weshalb trotz deutlicher linker Wählermehrheit die CDU das Stadtoberhaupt stellte.

Unter den ersten Stadträten befand sich eine Reihe von SPD-Leuten aus dem Umkreis des Widerstands oder des alten SPD-Kerns, darunter Else Nöthen, Karl Frießnegg, Helmut Kenn, Ernst Morschek und die im Brotfahrerprozeß verurteilten Josef Cigan und Roman Ebner. KPD-Sitze hatten Johann Plawky, Bruder des Spanienkämpfers Ernst Plawky, und der einst von der Gestapo verhaftete Karl Müller.[902]

Rheinhausen hatte zunächst in Dr. Wilhelm Weinstock seinen bisherigen Stadtkämmerer an der Spitze, gefolgt am 13.2.1946 von Otto Schulenberg, SPD, der seit 1911 in der Arbeiterbewegung stand. Er wurde nach der Septemberwahl am 1.10. desselben Jahres vom Rat bestätigt und übte das Amt über eineinhalb Jahrzehnte aus.[903] Allein hier gab es in F. Lahrmann für mehrere Monate einen von der KPD gestellten zweiten Bürgermeister, bald gefolgt von Paul Schwarzbach, CDU.

In Rheinberg etablierte sich als langjähriger Nachkriegsbürgermeister der Arbeiter Gerhard van Clev. Er hatte bereits in den 20er Jahren die Zentrumspartei mit im Kreistag vertreten (Schutzhaft 1933), bereits auf der Gründungssitzung der CDU wurde er Ende 1945 in den ersten Nachkriegs-Kreisvorstand gewählt. Zugleich zählte er zu den aktiven Mitgründern des Kreis-DGB als Einheitsgewerkschaft.

8.4 Umgang mit der jüngsten Vergangenheit

Die Wiedergutmachung für politisch, rassisch oder religiös Verfolgte begann offiziell mit der Einrichtung des Kreissonderhilfsausschusses am 3.5.1946. Als Vertreter des Kreises wurden von der Militärregierung bestätigt Heinrich Hirschmann, Moers, „als ehemaliger KZ-Häftling", der Moerser Amtsgerichtsrat Dr. Kröger „als Jurist" und Stadtinspektor a.D. Wäsche als Vertreter der Allgemeinheit. Ab Oktober 1947 war bei jedem Stadt- und Landkreis eine amtliche Betreuungsstelle als Zweigstelle der Kreisfürsorgeämter einzurichten, die sich der Anträge und Anliegen der Verfolgten anzunehmen hatte.

Heinrich Hirschmann, einer der vier verhafteten Hirschmann-Brüder, in den 30er Jahren

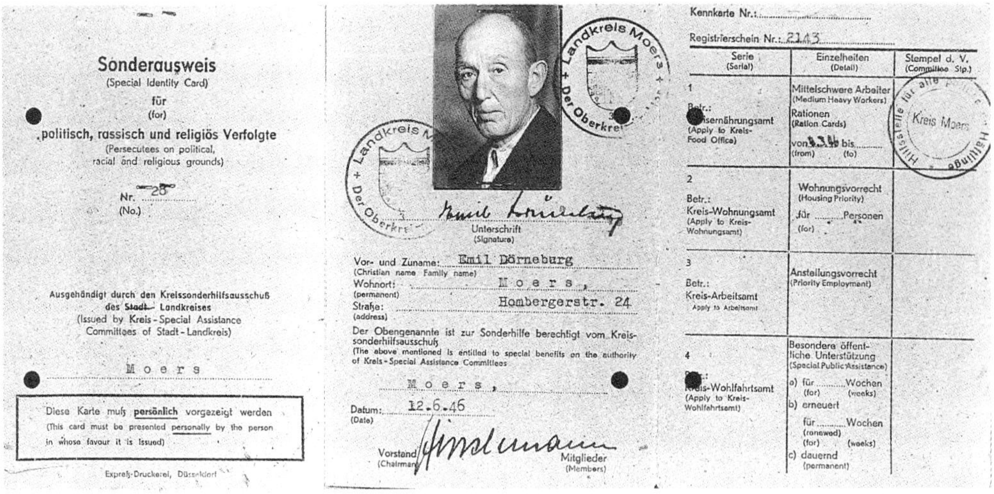

Sonderausweis
(Special Identity Card)
für
(for)
politisch, rassisch und religiös Verfolgte
(Persecutees on political, racial and religious grounds)

Nr. 28
(No.)

Ausgehändigt durch den Kreissonderhilfsausschuß des ~~Stadt~~- Landkreises
(Issued by Kreis-Special Assistance Committees of Stadt-Landkreis)

Moers

Diese Karte muß persönlich vorgezeigt werden
(This card must be presented personally by the person in whose favour it is issued)

Expreß-Druckerei, Düsseldorf

Landkreis Moers + Der Oberkreis...

Unterschrift
(Signature)

Vor- und Zuname: Emil Dörneburg
(Christian name Family name)
Wohnort: Moers,
(permanent)
Straße: Hombergerstr. 24
(address)

Der Obengenannte ist zur Sonderhilfe berechtigt vom Kreissonderhilfsausschuß
(The above mentioned is entitled to special benefits on the authority of Kreis-Special Assistance Committees

Moers,
Datum: 12.6.46
(Date)

Vorstand
(Chairman)
Mitglieder
(Members)

Kennkarte Nr.:
Registrierschein Nr.: 2143

Serie (Serial)	Einzelheiten (Detail)	Stempel d. V. (Committee Stp.)
1 Betr.: Kreisernährungsamt (Apply to Kreis-Food Office)	Mittelschwere Arbeiter (Medium Heavy Workers) Rationen (Ration Cards) von 3.3.46 bis ... (from) (to)	Hilfsstelle für alle ... Häftlinge Kreis Moers
2 Betr.: Kreis-Wohnungsamt (Apply to Kreis-Wohnungsamt)	Wohnungsvorrecht (Housing Priority) für ... Personen (for)	
3 Betr.: Kreis-Arbeitsamt Apply to Arbeitsamt	Anstellungsvorrecht (Priority Employment)	
4 Betr.: Kreis-Wohlfahrtsamt (Apply to Kreis-Wohlfahrtsamt)	Besondere öffentliche Unterstützung (Special Public Assistance) a) für ... Wochen (for) (weeks) b) erneuert für ... Wochen (renewed) (for) (weeks) c) dauernd (permanent)	

Vor 1933 und nach 1945 im Moerser Rat: Emil Dörnenburg

Sicher half es den Betroffenen, daß mit Heinrich Hirschmann in der zuständigen Moerser Kreisbehörde selbst ein Verfolgter arbeitete, der Verständnis aufbrachte. Sein Büro war dem für Soziales zuständigen Oberinspektor Müller zugeteilt, es bestand nur aus ihm und einer Schreibkraft.[904] Die Berechtigung zu „Sonderhilfe" für die Betroffenen bezog sich auf Lebensmittelkarten, ein Wohnungs- und ein Anstellungsvorrecht. Sie brachte jedoch, wie Betroffene immer wieder berichten, im Alltag so gut wie nichts. „Für jeden Haftmonat", so erinnert sich Klaus Szutarski, „bekam ich eine einmalige Wiedergutmachung von 150 Mark. In der damaligen Zeit war das schon etwas. Aber dafür hatte ich mir aus dem Gefängnis und dem Moorlager ein Herzleiden mitgebracht".[905]

Im „Kalten Krieg" wurden jene, die der KPD treu geblieben waren erneut in die Rolle von Verfolgten gedrängt. Adam Erbach, mittlerweile Mitarbeiter der Stadtverwaltung, wurde wieder zu mehreren Verhören abgeholt. Der Sohn des Moerser

Widerstandskämpfers G. kam ins Gefängnis. Mehrfach bezeugt ist allerdings, daß hier Sozialdemokraten über die Parteigrenzen hinweg freundschaftliche Bande zu Leuten aus dem Widerstand aufrechterhielten. Der neuerliche Antikommunismus dürfte jedoch auch verhindert haben, daß die SPD ihren Widerstand im Naziregime in den folgenden Jahren offensiv vertrat.

Die Vereinigung der Verfolgten des Naziregimes wurde durch den „Kalten Krieg" als kommunistische Tarnorganisation kriminalisiert. Bereits seit dem 6. Mai 1948 durften ihr Sozialdemokraten nicht mehr angehören, sie wurden sonst aus der Partei ausgeschlossen. 1959 beantragte die Bundesregierung ein Verbot der VVN beim Bundesverwaltungsgericht, dessen Präsident selbst ehemaliges Mitglied der NSDAP und der SA gewesen war. Das Verfahren, das im Ausland große Beachtung fand, wurde 1963 durch ein neues Vereinsgesetz gegenstandslos. Männern wie Karl Schabrod jedoch, dessen Buch „Widerstand an Rhein und Ruhr" hier mehrfach zitiert wurde, wurden in dieser Zeit die Eigenschaft des politisch Verfolgten und alle Ansprüche aus einer fast zwölfjährigen Inhaftierung aberkannt, wie Diether Posser schreibt.[906] Und dies, obwohl Demokraten wie Heinz Kühn, der Präses der Evangelischen Kirche Westfalens oder ein aus der CDU hervorgegangener Bundesverfassungsrichter sich für den Mann einsetzten, der unbestrittene Verdienste an der Erarbeitung der neuen Verfassung Nordrhein-Westfalens hatte.

Eine Wiedergutmachung für erlittene materielle Schäden fand in einem gewissen Umfang für Juden statt, die nach dem Krieg solche Ansprüche noch anmelden konnten. Für die zahllosen Fremdarbeiter gab es eine solche kaum, es sei denn kollektiv über Staatsverträge der Bundesrepublik mit den entsprechenden Ländern.

Fast überall kam es nun, wie der Schriftsteller Ralph Giordano es nannte, zum „großen Frieden mit den Tätern".[907] Dieser fand in Moers seinen Niederschlag darin, daß der ehemalige SA-Führer von Meerbeck, Lehrer X, oder Bürgermeister Neumann in Neukirchen-Vluyn in Vereinen und im öffentlichen Leben wieder zu hohem Ansehen gelangten. Der ehemalige Landrat und Kreisleiter Dr. Bubenzer wurde Ehrenmitglied im Verein ehemaliger Adolfiner – um nur einige Beispiele zu nennen.

Die Mutter und die Schwester des 1930 ermordeten Nazi-Idols Horst Wessel lebten etwa von 1950 an unerkannt in Moers, Karl-Hoffmeister-Straße. Sie hatten über die gesamte Nazizeit hohe Einkünfte aus den Rechten am Horst-Wessel-Lied bezogen und waren von den Machthabern bis zuletzt hofiert worden (das Lied wurde nach dem Krieg verboten: „Die Fahne hoch / die Reihen fest geschlossen / SA marschiert mit ruhig festem Schritt"). Die Mutter, Margarethe Wessel, bis 1945 eine der führenden Nazi-Damen, verstarb 1970 in Uedem. Die 1909 geborene Schwester, Ingeborg S., veröffentlichte Anfang des Dritten Reiches eine von Antisemitismus strotzende Biographie ihres Bruders. Sie praktizierte in Moers als Ärztin bis weit in die 80er Jahre und verstarb 1993.[908]

8.5 Tätige Erinnerung

In einer Reihe von Städten erfolgten bald nach der Befreiung vom Faschismus 1945 spontane Ehrungen von Opfern des Faschismus, etwa durch Umbettungen von Opfern oder die Errichtung von Mahnmalen. In Duisburg fand eine solche Zeremonie am 14. September 1947 statt, unter Beteiligung des Stadtoberhauptes, der Vereinigung der Verfolgten des Naziregimes, aller Parteien, des DGB und des Volkschores: „Unter großer Anteilnahme fand am Sonntag in Duisburg die Trauerfeier für die Opfer des Faschismus statt. Im Rathaus waren die sterblichen Überreste ermordeter Duisburger in 13 Urnen aufgebahrt. Im feierlichen Zuge wurden die Urnen durch die Stadt zum Waldfriedhof gebracht, wo sie in einem Ehrenhain beigesetzt wurden.“[909] Ein Ehrenmal wurde errichtet. Vergleichbares hat es in Moers nicht gegeben.

Auf dem Meerbecker Friedhof liegen im Ehrenteil für Bombenopfer und Gefallene in einer Reihe auch drei ermordete Widerstandskämpfer, Albert Freiberg, Alex Nöthen und Karl Rautenberg.

Auf dem Friedhof in Meerbeck finden sich 52, in Neukirchen 24, in Lintfort 50 und auf dem Friedhof Lohmannsheide 142 Gräber von russischen Kriegsgefangenen und Zwangsarbeitern, die zwischen 1940 und 1945 umkamen. Die Gräber sind gut erhalten, doch gibt es keine Hinweistafeln mit Erläuterungen. Ein sowjetisches Mahnmahl liegt im hintersten Teil des Friedhofs Lohmannsheide so hinter Büschen verborgen, daß es nur ein bewußt Suchender finden kann. Seine Inschrift ist nicht übersetzt.

Nach den von der Duisburger Gestapo ermordeten Meerbeckern Reinhold Büttner, Gustav Großmann, Hermann Vennemann und später nach Altbürgermeister Johann Steegmann, der mit den „Brotfahrern“ zu zwei Jahren Zuchthaus verurteilt war, wurden in Rheinkamp vier Straßen benannt. Im Juli 1955 berichtete die NRZ von einer großen Gedenkfeier für die vor zwanzig Jahren erschlagenen Sozialdemokraten Büttner, Großmann, Nöthen und Hitz, unter Teilnahme der

Bundestagsabgeordneten Friedhelm Mißmahl, Hermann Runge, des Landtagsabgeordneten Willi Müller und vieler Abgeordneter des Kreistags und der Gemeindefraktionen.

In Moers wurden fünf kleinere Straßen – und dies relativ spät – nach heimischen Verfolgten benannt, nach Dr. Hermann Bähr (Rabbiner), Maria Djuk (jüdische Christin), Ernst Holla (CDU), Alex Nöthen (SPD), Peter Zimmer (SPD). Nicht aufgegriffen wurden die Anregungen Adam Erbachs, der in einem Schreiben an Bürgermeister Neuse Albert Freiberg, Karl Rautenberg und Thomas Igl vorschlug. „Noch hat die Stadt Moers kein Erinnerungsmal an diese Zeit".[910] Zugleich regte Erbach die Umbenennung „erdgeschichtlicher Fossilien" wie Königgrätzer, Kaiser-, Kronprinzen- und Goebenstraße an.

Auch vier Schulnamen in Moers mahnen an Opfer des Faschismus: Adolf Reichwein (1965) und Maximilian Kolbe (1966) bei den Grundschulen, Geschwister Scholl (bereits für die dort zuvor beherbergte Realschule, 1966) und Anne Frank (Neugründung 1988) bei den Gesamtschulen. Anläßlich der Namensgebung für die Geschwister-Scholl-Gesamtschule am 1. September 1989, dem 50. Jahrestag des Ausbruchs des Zweiten Weltkriegs, warnte Bürgermeister Brunswick mit einem „Wehret den Anfängen!" vor Ausländerhaß und Menschenverachtung.[911] Am 16.5.1990 benannte der Stadtrat die Stichstraße zur Schule nach Greta Rothe, die ihre Aktivität im Hamburger Zweig der „Weißen Rose" mit dem Tod bezahlen mußte.

Mit Blick auf das 40-jährige Kriegsende am 5. Mai 1985 stellte die VVN Moers einen Bürgerantrag, „die nach antifaschistischen Persönlichkeiten benannten Straßen mit erläuternden Zusatzschildern zu versehen, aus denen das Anliegen

40-jähriges Bestehen der Moerser VVN, 1985, vorne v.l.: Willi Müller, Paul Siebeneichler, Johannes Schürmann, dahinter: Fritz Drumowicz, Christine Hirschmann, Karl Lösch

und Schicksal der Widerstandskämpfer ersichtlich wird".[912] Dem Antrag, unterschrieben von Johanna Drumowicz, der Tochter des ermordeten Kamp-Lintforter KPD-Führers Ernst Altheide, seit 15 Jahren in Meerbeck wohnhaft, wurde nicht entsprochen. Doch wurden die Zusatzschilder auf Betreiben des SPD-Ratsherren Helmut Pitz angebracht.

Im Gegensatz zu Moers erinnern in der französischen Partnerstadt Maisons-Alfort bei Paris, einer Gemeinde mit überwiegend konservativer Tradition, fast alle zentralen Straßenzüge an den Widerstand.[913] In der pikardischen Partnerstadt Bapaume erinnert ein Denkmal an der zentral gelegenen Avenue Abel Guidet an den früheren Bürgermeister von Bapaume. Abel Guidet hatte es als Sozialist in der Nationalversammlung abgelehnt, für die Vollmachten der mit Hitler verbundenen Pétain-Regierung zu votieren. Er wurde im deutschen KZ Groß-Rosen ermordet, ein Hüne von Gestalt und früher bekannter Sportler, der zuletzt auf 40 kg abgemagert war. Die Partnerschaft kam 1974 auf Betreiben seines Sohnes Henri Guidet (1912-1982), ebenfalls Bürgermeister, zustande, nach dem heute in Kapellen ein Sportzentrum benannt ist.[914]

Eine der beiden Mahn- und Sühnestätten, die im heutigen Kreis Wesel an Widerstand und Verfolgung erinnern, befindet sich im Xantener Dom (vgl. Kap. 6.1). Gedenktafeln mit Lebensläufen erinnern an mehrere Opfer des NS-Regimes, darunter der Gewerkschaftssekretär und spätere Redakteur der „Westdeutschen Arbeiterzeitung" Nikolaus Groß, der nach dem 20. Juli 1944 hingerichtet wurde. Immer wieder wurde hier, insbesondere von Mitgliedern der Katholischen Arbeiterbewegung, die Erinnerung an diese Widerstandskämpfer in Feierstunden wachgehalten. Auch eine 1979 angebrachte Mahntafel in der Eingangshalle des Rathauses von Neukirchen-Vluyn erinnert an die „Opfer der nationalsozialistischen Gewaltherrschaft 1933-1945".

Gedenksteine befinden sich auch auf heutigem Duisburger Gebiet: Das Mahnmal für Alfred Hitz auf dem gleichnamigen zentralen Platz in Rheinhausen-Bergheim ist „Den politisch Verfolgten 1933-1945" gewidmet. Der 1992 errichtete Gedenkstein auf dem Ehrenfriedhof in Homberg trägt die Inschrift: Zum Gedenken an die Opfer der nationalsozialistischen Gewaltherrschaft / Die Würde des Menschen wurde mit Füßen getreten / So soll es unter uns nicht sein / Darum wollen wir aus der Geschichte lernen und in Zukunft wachsam sein.

In Repelen-Baerl ließ die Gemeinde nach dem Krieg im Jungbornpark ein Mahnmal für die Opfer des Zweiten Weltkriegs (und der Gewaltherrschaft?) errichten, das eine große in Stein gehauene leidende Frauengestalt darstellt und keinerlei Inschrift trägt. In Moers ergriffen weder Altbürgermeister Albin Neuse nochseine Partei die Initiative für eine Gedenkstätte für die Opfer des Faschismus. So findet sich an einem schlichten Stein im städtischen Friedhof an der Klever Straße lediglich die Inschrift „Den Opfern der Kriege".

Erst 1987 wurde in der Moerser Altstadt als Mahnmal ein Torbogen errichtet, in den die Namen aller durch die Nazis umgekommenen Moerser Juden eingemeißelt sind. Hier wurden seither immer wieder kleine Gedenkfeiern oder Mahnwachen abgehalten. Die dorthin führende Dr.-Hermann-Bähr-Straße trägt den erklärenden Zusatz „Arzt und Vorsteher der jüdischen Gemeinde, im KZ ermordet". Eine Gedenktafel wurde bereits 1982 an einem neuen Gebäude angebracht, vor dem früher die Synagoge stand:

Diese Inschrift ist mißverständlich, denn das Gebäude selbst war erst sieben Jahre zuvor der Abrißbirne zum Opfer gefallen, ohne daß sich – dem Vernehmen nach – die Verantwortlichen dessen bewußt waren, was sie da abreißen ließen. 1938 war lediglich das Innere des Gebäudes verwüstet worden.[915]

Für Moers, Kamp-Lintfort, den Altkreis Moers und den Kreis Wesel gibt es bis heute keine Gedenktafel oder Mahnstätte, die an den mutigen Widerstand gegen die faschistische Gewaltherrschaft erinnert. Warum ist es so selbstverständlich, Ehrenmale für die in den Kriegen Gefallenen zu errichten – in Moers übrigens oft mit äußerst bedenklichen Texten? Und warum verzichtet man so schnell auf ein solches „Brimborium", sobald es sich darum handelt, Demokraten in der deutschen Geschichte zu ehren?

„... der große Frieden mit den Tätern ...
ist das historische Fundament, auf dem die Bundesrepublik Deutschland steht“
(Ralph Giordano, Die zweite Schuld)

8.6 Verdrängen, verleugnen, vergessen: Blick auf die Geschichtsschreibung

Stadt Moers: die Unfähigkeit zu trauern, großer Friede mit den Tätern
Es gibt bislang keine einzige zusammenfassende veröffentlichte Würdigung der Opfer des nationalsozialistischen Gewaltregimes in der Stadt oder im Landkreis Moers, die hier entstanden oder in Auftrag gegeben worden wäre. Es bestehen hierzu noch nicht einmal kleinere Aufsätze, beispielsweise in den Jahrbüchern des Kreises. Dasselbe gilt für einzelne Opfergruppen.

Untersucht wurden also weder Widerstand und Verfolgung noch etwa die Ermordung Hunderter von ausländischen Zwangsarbeitern und Kriegsgefangenen. Letztere sind bislang nirgendwo erwähnt: die Unfähigkeit zu trauern.

Dagegen würdigen allein drei Buchpublikationen und eine große örtliche Ausstellung das Lager mit deutschen Kriegsgefangenen in Rheinberg von 1945 (vgl. 8.2). Und Dutzende von Büchern haben Krieg und „Schicksalsschlacht“ am Niederrhein zum Gegenstand. Die Erinnerung funktioniert also gut, aber doch recht einseitig.

Einzige Ausnahme in den 49 Jahren Moerser Geschichtsschreibung seit Kriegsende bildet die ausführliche Studie von Brigitte Wirsbitzki über die Geschichte der Moerser Juden nach 1933. Sie wurde von der 1987 gegründeten „Gesellschaft für christlich-jüdische Zusammenarbeit“ angeregt, im Rahmen einer zweijährigen Arbeitsbeschaffungsmaßnahme durchgeführt und erschien 1991.[916]

Als einer der Autoren zusammen mit seiner Tochter 1985 anläßlich der Namensänderung des Moerser „Aufbaugymnasiums“ die Widerstandskämpfer Hermann und Wilhelmine Runge ins Spiel brachte, war dies ein allenfalls belächelter Außenseitervorschlag. Niemand in Moers außer einigen älteren SPD-Aktiven kannte diese Namen, obschon sie in zahlreichen Publikationen *außerhalb von Moers* längst für einen bedeutsamen Teil des Arbeiter-Widerstands im westlichen Reichsgebiet standen.

Die Aufarbeitung von Nationalsozialismus und Widerstand in anderen Städten und Regionen begann zumeist in den 60er Jahren, hauptsächlich in den 70ern.

In Duisburg gibt es seit 1964, bei durchaus unterschiedlicher Herkunft, etwa ein Dutzend Bücher über die NS-Vergangenheit der Stadt, das letzte, „Tatort Duisburg 1933-1945, Band II“ 700 Seiten stark. Bereits 1973 erschien im Auftrage der Stadt Kuno Bludaus umfassende Studie „Gestapo geheim. Widerstand und Verfolgung in Duisburg 1933-1945“, die bereits den Meerbecker Hermann Runge als Kopf des SPD-Widerstands am Niederrhein würdigte.

In Krefeld schrieb Aurel Billstein seit Beginn der 70er Jahre mehrere Bücher und ein Dutzend Broschüren zu Widerstand, Fremdarbeitern usw. Auch viele andere rheinische Städte untersuchten ihre jüngere Vergangenheit, z.B. Solingen (1975), Mülheim (1979), Dinslaken (1983) oder Rheinberg (1988).

Für Moers faßte 1975 Stadtdirektor Heinz Oppers in seinem Festvortrag „675 Jahre Stadt Moers" zusammen:[917]

„Die Stadt erlebte auch ausgiebig die Nöte der Arbeitslosigkeit am Ende der 20er und Anfang der 30er Jahre. Sie überstand die schwere Zeit des Nationalsozialismus verhältnismäßig glimpflich. Vor 1933 war Moers nie eine besondere Hochburg der NSDAP, und man kann wohl auch sagen, daß die Nationalsozialisten nach 1933 in Moers nicht zu den bösartigsten und grausamsten in Deutschland gehörten. Vielleicht haben die Lehren einer jahrhundertelangen niederrheinisch-nüchternen, moderierten und humanistischen Geschichte dazu beigetragen, daß besonders schlimme Auswüchse vermieden wurden...

Nach Kriegsende, als alles darniederlag, gab es – wie an vielen Orten in Deutschland – auch in Moers tatkräftige Männer der ersten Stunde, die gemeinsam mit den Besatzungsmächten oder, was schwieriger war, oft im Gegensatz zu ihnen eine demokratische neue Stadt Moers aufbauten."

Zu Zeiten, wo viele andere Städte ihre Nazizeit genauer unter die Lupe nahmen, Moers jedoch gerade in der Altstadt die ehemalige Synagoge der Abrißbirne preisgab, erteilte der Moerser Stadtdirektor (SPD) bereitwillig Absolution. Er gab „Entwarnung", ohne daß die Geschehnisse in der Stadt je kritisch durchleuchtet worden wären oder daß dem Verhalten von aus Moers stammenden Nazis nachgespürt worden wäre (einige leiteten Einsätze in Norwegen, an der Ostfront oder in der Ukraine).

Statt des verharmlosenden „Friedens mit den Tätern" hätte der Vergleich auch anders ausfallen können: Moers und das Gebiet seiner alten Grafschaft waren, verglichen mit anderen Städten am Niederrhein und an der Ruhr, eher eine Nazi-Hochburg – sowohl was die Stärke der „Bewegung" als auch die doch recht mobile Wählerschaft anbelangt. Die Nazis des Altkreises Moers marschierten stolz, wie im ersten Kapitel dargelegt, mit 92 von 100 „Altparteigenossen" an der Spitze des Gaues Essen. Dort, wo die „tatkräftigen Männer der ersten Stunde" erwähnt werden, hätte sich eine gute Gelegenheit geboten, die vielen Widerstandskämpfer und Antifaschisten unter ihnen zu erwähnen. Doch es wird lieber jenen Deutschen Lob gezollt, die es besser wußten als die Befreier, als die – wie es heißt – „Besatzungsmächte".

Vor und nach dieser Festrede von 1975 sind keine offiziellen Textstellen aus der Stadt Moers überliefert, die an die Opfer des NS-Regimes erinnern oder dem Moerser Widerstand Ehre zollen. Hier macht sich sicher auch bemerkbar, daß die Großstadt Moers ihr Archiv weder personell noch materiell so ausgestattet hat, daß auch nur die bisher vorhandenen Bestände zugänglich gemacht werden könnten. Im selben Jahr, am 26.12.1975, schrieb Aurel Billstein in Krefeld an Walter Kuchta, einen Moerser Widerstandskämpfer, der in Köln das Archiv der VVN aufbaute und mit ihm eine Dokumentation über den Moerser Widerstand begonnen hatte:[918]

„Die bei mir angehäuften Dokumente und Unterlagen für eine Darstellung des Widerstands im Moerser Bereich genügen vollkommen... Ein anderes Kapitel ist die Drucklegung... Die ... Etatschwierigkeiten bei den Städten und Gemeinden, Unverständnis und mangelndes Können an manchen Stellen in den befreundeten Organisationen, lassen erwarten, daß man uns auf einem eventuell erarbeiteten Manuskript sitzen läßt. Nachher wird dann noch behauptet, wir tragen selbst die Schuld."

Am 20.5.1978 berichtete die NRZ/WAZ lokal über die „Denkwürdige Lücke in Kommunalarchiven": „Es ist eigenartig. Wenn man in den kommunalen Archiven stöbert, so scheinen zwölf Jahre jüngerer Zeit überhaupt nicht zu existieren. 'Wir haben nichts', mußten jetzt auch der Moerser Stadtarchivar Brinkmann und die Kreisarchivarin achselzuckend feststellen, als sie von Aurel Billstein nach Dokumenten der Verfolgung von Regime-Gegnern gefragt wurden." „Wie arm wird eine Stadt, die ihrer Vorzeit vergißt!" schrieb 1922 der Heimatforscher Ludwig Mathar im Moers-Kapitel seines Buches „Der Niederrhein" (S. 158).

Demgegenüber dokumentierte Aurel Billstein mit seiner 78-seitigen Broschüre über die Moerser Juden und einem damals dem Archiv überreichten materialreichen Leitzordner mit Hauptstaatsarchiv-Dokumenten aus allen Bereichen des Moerser Widerstands eindrucksvoll, wie ergiebig derartige Untersuchungen noch sein konnten.

Noch in einer dem Telefonbuch 1993/1994 vorangestellten „Chronik" warb Moers, das sich gern „Drehscheibe am Niederrhein" nennt, für sein 20. Jahrhundert mit einem weißen Fleck anstelle der Nazizeit:

„1909	Die Moerser Kreisbahnen eröffnen ihren Betrieb
1918-1923	Die Matthecksiedlung wird als ein Lager der belgischen Besatzungstruppen gebaut
1951	Am 25. August Grundsteinlegung des neuen Rathauses
1970	Inbetriebnahme des Autobahnteilstückes Moers-Duisburg..."

Kreis Moers: Nazis unbesehen in der Ahnengalerie

Im Jahre 1957 erschien eine Festschrift anläßlich des hundertjährigen Bestehens des Kreises Moers, herausgegeben vom damaligen sozialdemokratischen Oberkreisdirektor Wilhelm Hübner.[919] Trotz politischer Abschnitte wie „Im Kampf um Selbstbehauptung" (gegen die belgische Besatzung) und „Die Entwicklung zur Kreisselbstverwaltung" (um die Jahrhundertwende) findet sich nichts zur Nazizeit, in der eben diese Selbstverwaltung abgeschafft und der Kreistag aufgelöst wurde. Am Ende sind alle ehrwürdigen Landräte von 1857 bis 1957 porträtiert, darunter in bester Kontinuität auch die Nationalsozialisten Bollmann (1933-1942) und Bubenzer (1942-1945).

20 Jahre nach Beendigung des Zweiten Weltkrieges, 1965, im umfangreichsten Nachkriegs-Sammelband über den Landkreis Moers ebenfalls keinerlei Würdigung der Verfolgten des Naziregimes oder auch nur ein Wort des Bedauerns über das in dieser Zeit Geschehene.[920] Nicht anders der 43-seitige Aufsatz „Werden und Vergehen des Kreises Moers" von OKD Hübner im letzten Jahrbuch des Altkreises im Jahre 1975. Auch hier keine Erwähnung der Politik zwischen 1933 und 1945, auch hier die Portraitierung von Landräten und Oberkreisdirektoren, einschließlich Bollmann und Bubenzer.

Im selben Jahrbuch findet sich ein Artikel von Alois Tack zum „Nationalsozialismus im Kreis Moers 1925-1933" (S. 119-196), fußend auf einer 1968 in Köln eingereichten Staatsarbeit (vgl. auch Kapitel 4.5). Tack, der mehrfach mit Ernst Bollman und Dr. Karl Bubenzer gesprochen hatte, stellt in dieser die Moerser Nazis als durchaus menschlich dar. Obgleich die Arbeit bis 1935 reicht und er Dutzende von Akten aus dem Hauptstaatsarchiv zitiert, findet er bei ihnen kein Fehlverhalten. Vielmehr beschwert sich Bubenzer – nach eigenem Bekunden – beim Gauleiter über die Mißhandlung des verhafteten Sozialdemokraten Reinhold Büttner (S.101).

Die Kommunisten, so Tack, hätten mit Terror geantwortet. Als Mißhandelte und Ermordete kommen sie nicht vor. Sozialdemokratische Todesopfer „soll" es gegeben haben (100/101). Jedenfalls gefällt diese Arbeit dem ehemaligen NS-Landrat Dr. Bubenzer so gut, daß er eine Kopie davon Oberkreisdirektor Hübner widmet. Auf dem im Kreisarchiv Wesel erhaltenen Exemplar heißt es handschriftlich:

„Herrn OKD / W. Hübner zu seinem 60ten /
Geburtstag zugeeignet / K. Bubenzer / 10.1.1971
Bitte vertraulich zu behandeln! Dr. B."

Erst der 1983 erschienene Sammelband „Der Kreis Wesel"[921] widmet dem „Kreisgebiet im Dritten Reich" ein Kapitel mit eigener Überschrift. Auf dreieinhalb Seiten gibt der Autor, Dieter Lück, einen knappen Überblick, der auch den Widerstand von KPD, SPD und Kirchen auf einer halben Seite streift, jedoch nichts zu den Opfern sagt. Auch hier freilich keine Erwähnung der in den Altkreis Moers verschleppten (und ermordeten) Ausländer. Erstmals der „Heimatkalender" von 1983 räumt anläßlich der Machtergreifung vor 50 Jahren dem Thema breiteren Raum ein.

Beispiel für eine „Bewältigung" der jüngeren Vergangenheit ist die 1980 wieder aufgelegte 464-seitige „Chronik der Gemeinde Rheinkamp, Geschichte einer niederheinischen Gemeinde" von 1960. Der Verfasser, Professor Ernst Kelter, war damals bereits Ruheständler, hatte also die Nazizeit miterlebt. Er beklagt die „Mühsal" und die „schwere Zeit" nach dem Ersten Weltkrieg, den Bombenkrieg am Ende des Zweiten. Eine „Todesflut [kam] über (!) die Erde, über Deutschland und auch über Repelen-Baerl". Doch benennt er weder die Nazizeit als solche noch gibt es ein Wort zu Unterdrückung und Verfolgung. Unauffällig gibt es Kontinuität bei Bürgermeister Altwicker von 1924 bis 1944. Wo blieben die demokratisch gewählten Ratsmitglieder von SPD, KPD und Zentrum? Immerhin hat der erste Nachkriegsbürgermeister, der „aus einem alten Rheinkamper bäuerlichen Geschlecht" stammende Johann Steegmann, in zwei Jahren Konzentrationslager „viel Unrecht erlitten".

Von Heinrich Kost, der 1932 „an das Steuerruder von Rheinpreußen trat", mußte das Unternehmen „nicht nur durch jene lange Krise, sondern auch durch einen unbarmherzig harten und verheerenden Krieg geführt werden." Trotz so viel Mitgefühls für den ehemaligen „Reichswirtschaftsführer" findet Kelter kein Wort zu den in Meerbeck und Baerl umgekommenen Fremd- und Zwangsarbeitern, die Rheinpreußen beschäftigte und deren Gräber unübersehbar waren. Die neun Seiten lange Aufzählung von gefallenen Rheinkampern am Ende des Buches ist mit „In die Heimat kehrten nicht zurück" überschrieben. Wäre gerade dies nicht auch eine gute Überschrift für die jungen Russen, Franzosen und Ukrainer gewesen?

Die Namen der Rheinkamper Bauern lesen sich alle wie jene tausendjähriger Rittergeschlechter. Wie agil braun diese bereits 1930/1932 wählten und wie begeistert sie in ihrer Mehrzahl 1933 den neuen Machthabern zujubelten (vgl. Kapitel 1 und 2), bleibt unerwähnt. Wie könnte man bei so viel Verdrängung etwas dazulernen?

„Längst steht der Feind auf deutschem Boden", schreibt Kelter, als im Dezember 1944 die Trauerfeier für den durch Bomben ums Leben gekommenen Bürgermeister Altwicker stattfindet. Indes: kam der eigentliche Feind, um sinngemäß mit Brecht zu fragen, für die meisten Meerbecker nicht bereits 1933?

Die besondere Geschichtslosigkeit der Moerser SPD

Angesichts der großen Lücke in der Geschichtsschreibung läge die Annahme nahe, daß sich die Sozialdemokratische Partei, in Moers seit dem Kriege Mehrheitsfraktion, auf ihre Geschichte besonnen und diese aufgearbeitet hätte. Dies umso mehr, als ja auch die Meerbecker, Hochstraß-Scherpenberger oder Repelener Altsiedlungen baulich und von der Kontinuität der Wohnbevölkerung her völlig intakt geblieben waren.

In der Tat finden sich auch in den ersten Nachkriegsjahren Anstrengungen jener, die im Widerstand waren, ihre Geschichte aufzuarbeiten. So bat etwa Hermann Runge als Parteisekretär in Düsseldorf schon am 17.7.1947 die „Genossin Büttner" in Moers um eine Biographie ihres ermordeten Mannes für eine geplante Dokumentation der VVN zu jenen, „die als Mitglieder der Widerstandsbewegung gegen den Nazismus ihr Leben lassen mußten".[922] Dergleichen Initiativen blieben jedoch stecken. Erfolgreichere, wenn auch bescheidene Ansätze gab es bei der SPD in allen größeren Gemeinden des südlichen Altkreises, so in Homberg, Rheinhausen, Kamp-Lintfort und Neukirchen-Vluyn. Nur in Moers selbst ist nichts Schriftliches bekannt.

1985/1986 setzte sich SPD-Ratsherr Helmut Pitz in seiner Fraktion vergebens dafür ein, die Tannenbergschule in Hochstraß nach Hermann Runge zu benennen. Diese läge dessen Wirken räumlich näher als das Aufbaugymnasium, dessen Namensgebung gerade diskutiert wurde.

Nur die Presse berichtete immer wieder

Letztlich einzige Informationsquelle in Moers darüber, daß es einen antifaschistischen Widerstand in der Stadt gegeben hat, war über all die Jahrzehnte die Tagespresse. Sie berichtete immer wieder, insbesondere anläßlich von Jubiläen. Genannt seien hier nur die Serien anläßlich der 50jährigen „Machtergreifung" zum 30. Januar 1983 in NRZ/WAZ und Rheinischer Post, die z.T. in ganzen Seiten zum Widerstand der Arbeiterschaft oder von Kirchenmännern berichteten, sowie die fünfteilige Serie der WAZ im Juni 1969.

Auch die alternative „Stattzeitung" berichtete immer wieder über Verfolgung und Widerstand, so Ralf Köpke in einer 14-teiligen Serie über „Die Geschichte der Bergarbeitersiedlung Meerbeck" (Nr.10/1988 bis 24/1989) oder Hans Hanke über die Moerser Spanienkämpfer (Dezember 1988) und Maria Djuk (Nr. 46/1991).

Runge bundesweit bekannt – in Moers ein Unbekannter

Schwer verständlich ist, warum Hermann Runge in Moers nicht zu der Anerkennung finden konnte, die er seit Anfang der 70er Jahre bundesweit genießt. Obgleich Moerser Zeitungen immer wieder auf ihn und den Widerstand der „Brotfahrer" hinwiesen[923], gibt es keine in Moers veranlaßte oder erschienene Arbeit über ihn, noch nicht einmal in Aufsatzform.

– 1973 widmete ihm Kuno Bludau mehrere Abschnitte in seinem Buch „Gestapo geheim", das Widerstand und Verfolgung in Duisburg untersucht (Duisburger Forschungen und Forschungen der Friedrich-Ebert-Stiftung).

– 1974 erschien innerhalb der Reihe „Werkkreis Literatur der Arbeitswelt" der von Aletta Esser aufgenommene Bericht über Hermann und Wilhelmine Runge in dem Fischer-Taschenbuch „Der rote Großvater erzählt".

– 1980 wurde die Geschichte von Hermann und Wilhelmine Runge auch in dem weit verbreiteten rororo-aktuell-Taschenbuch „Alltag der Entrechteten. Wie die Nazis mit ihren Gegnern umgingen" als Beispiel für „Sozialdemokraten im Widerstand" übernommen. Das Buch dokumentiert unter der Rubrik „Sippenhaft als Terrorinstrument" auch den Fall Leiss aus Moers.

– Ebenfalls 1980 erschien die Ausstellungsdokumentation der Friedrich-Ebert-Stiftung über „Widerstand 1933-1945", die im letzten Drittel „Hermann und Wilhelmine R. – zwei Einzelschicksale unter dem Nationalsozialismus" ausführlich dokumentiert. Der Widerstand von Moerser Sozialdemokraten – im kleinen wie im regionalen – also exemplarisch für das gesamte Reich. Die dazugehörige Ausstellung wurde in der gesamten Bundesrepublik und im Ausland gezeigt, mit Wartezeiten bis zu 1½ Jahren, nur nach Moers gelangte sie nie. Erst im April 1989 wurde sie in verkleinerter Form gezeigt, in der 1. Etage der Zentralbibliothek.

Ausführliche Erwähnung finden Runge und die „Brotfahrer" u.a. in einem Dutzend weiterer Publikationen.[924]

Ein offizieller Nachruf der Stadt Moers in Form einer Todesanzeige (NRZ/WAZ vom 5.5.1975), unterzeichnet von Bürgermeister Neuse und Stadtdirektor Oppers, nennt Hermann Runge einen „Mann der ersten Stunde", der dem Rat der Stadt und dem Verfassungsausschuß angehörte. Sein Mut im Moerser Widerstand bleibt unerwähnt. Der SPD-Bezirk Niederrhein in Düsseldorf schreibt deutlich in die Todesanzeige: „Als Organisator des sozialdemokratischen Widerstandes gegen das Hitlerregime saß Hermann Runge neun Jahre im Zuchthaus von Lüttringhausen". Ob dergleichen in Moers, wo man es wußte, als nicht opportun erschien? Moers, keiner stör's? Bereits die Todesanzeige der Stadt für den 1965 verstorbenen Altbürgermeister Willi Müller enthält einen solchen Hinweis nicht.

Ende 1984 unterstützten die Moerser Jungsozialisten (und auch die Grünen) die Initiative, das Moerser Aufbaugymnasium nach den Runges umzubenennen: „Das Bekenntnis zum Antifaschismus sollte gerade in einer Zeit zunehmender Ausländerfeindlichkeit ein pädagogisches Ziel sein".[925] Erst drei Jahre danach, im September 1987, erhielt ein Gebäude der Arbeiterwohlfahrt in der Waldenburger Straße den Namen „Hermann- und Wilhelmine Runge-Haus". Anläßlich der Namensgebung verwies Heinz-Wilhelm Rosendahl, zweiter Bürgermeister, auf die mutige Widerstandstätigkeit der Runges, auf Hermann Runge als „Kopf des Widerstandes am Niederrhein" und als Parlamentarier.[926]

Bis heute jedoch ist in Moers kein öffentliches Gebäude oder eine Straße nach Hermann oder Wilhelmine Runge benannt.

Reichsweit die meisten Opfer aus Moers: dennoch keine Erinnerung am Ort bei DGB und IGBE

Obgleich fast der gesamte Widerstand im Altkreis Moers von Gewerkschaftern getragen wurde, findet man auch hier in der Nachkriegsgeschichte praktisch keine Spuren einer Ehrung durch den Moers-Weseler DGB oder seine Einzelgewerkschaften. Dies gilt bereits für die erste Publikation des Kreis-DGB, besorgt vom ersten Vorsitzenden des Kreiskartells, Walter Leese, selbst ein Widerstandskämpfer.[927]

Die Industriegewerkschaft Bergbau und Industrie in Bochum hat auf Bundesebene immer wieder ihre Opfer aus der Nazizeit geehrt. 1948 wurde zur Generalversammlung in Recklinghausen eine Gedenktafel für die in Deutschland ermordeten Bergleute eingeweiht. 22 der reichsweit 67 Opfer – also ein Drittel – stam-

GEDENKET DER KAMERADEN
DIE DEM NAZI-TERROR
ZUM OPFER FIELEN
Fritz Husemann, Bochum
Heinr. Imbusch, Essen
Albert Funk, Essen
Anton Andreyzak lintfort
Ernst Altheide lintfort
Hans Galwelat lintfort
Franz Tepas lintfort
Hermann Scheffler Moers
Herm. Vennemann Moers
Gustav Schwede Moers
Adolf Ende Moers
Karl Rautenberg Moers
Albert Freiberg Moers
David Lewkowitz Moers
Max Langusch Moers
Georg Hirschmann Moers
Herm. Brandenbusch Moers
Jakob Wolff Moers
Fritz Jusak Moers
Gustav Grossmann Moers
Alex Nöthen Moers
Herm. Schelinski Moers
Alex Ruland Homberg
Alfred Hilz Rheinhausen
Reinhold Büttner Moers
Kurt Spindler Hamborn
Paul Maas Hamborn
Robert Mainka Duisburg
Hans Klein Essen
Hubert Gross Essen
Peter Burggraf Essen
Ferd. Kreulich Essen
Wenzel Klewitz Essen
Johann Maddis W.-Eickel
Hans Schindewolf
Paul Franke W.-Eickel
Karl Schröper Bochum
Hugo Wigold Bochum
Wilh. Morfeld Bochum
Philipp Lotz Bochum
August Sereka Bochum
Wilh. Knapp Bochum
Johann Schlenkhoff G.-Buer
August Nehrhoff Gronau
Heinrich Schröder Recklinghausen
Joh. Kwasigroch Bottrop
Michael Mast Bottrop
Julius Rosemann Hamm
Erich Mörchel Dortmund
Heinz Goldczajd Dortmund
Heinrich Halbing Dortmund
Nistatek Dortmund
Gustav Florin Dortmund
Gustav Budnik Dortmund
Karl Klose Dortmund
Friedr. Schramm Dortmund
Gustav Musal Dortmund
Karl Schmartz Dortmund
Wilh. Kannstein Dortmund
August Bauer Berge Krs. Hamm
Friedr. Menze Dortmund
Karl Gähner Dortmund
Karl Altenhenne Dortmund
Paul Leitner Merkstein
Kurt Berkner Merkstein
Dietz Eschweiler
nold Scheeren Kohlscheid

men aus dem Altkreis Moers, der einen höheren Blutzoll als etwa Dortmund oder Essen entrichtet hat.[928] 1983 legte die IGBE auf Bundesebene eine 64-seitige Gedenkschrift „11. März 1933 – ein Tag der Mahnung“ vor. Auch hier bei der Liste der Opfer „Meerbeck-Moers“ der reichsweit am meisten genannte Ort.[929]

Den Kreis Moers/Weseler Gewerkschaften war dies bisher keine Verpflichtung. Eine Ehrung dieser Gewerkschaftler – etwa in Form einer Gedenktafel am heutigen Gewerkschaftshaus am Moerser Ostring – steht noch aus.[930] In Krefeld mahnt eine vor zwei Jahrzehnten angebrachte Tafel am DGB-Haus: DENKT AN DIE OPFER DER DIKTATUR / SEID WACHSAM / SCHÜTZT DIE FREIHEIT!

Worin liegt die „zweite Schuld“[931]?

Vergleicht man, wie liebevoll Moerser ihre eigene Geschichte sonst immer wieder bis ins Detail aufgearbeitet haben, fällt besonders auf, wie souverän sie bislang die Nazivergangenheit verdrängten. Wer indes – auch nach Abklingen des unmittelbaren Schreckens – Hunderte von Opfern in der jüngsten Vergangenheit niemals erwähnt, die Ursachen und Umstände überhaupt nicht aufarbeitet, muß sich fragen lassen, ob er eine ehrliche Lokalgeschichte betreibt, wenn er sich statt dessen nur für die tapferen Moerser im Trosse Napoleons oder die vor-oranischen Mauern des ruhmreichen Städtchens interessiert.

Wer solchermaßen verdrängt und vergißt, begibt sich der großen Chance, aus der Geschichte zu lernen.

Dies gilt kollektiv, aber auch individuell für die „Täter“ und ihre Familien. Allenthalben waren die Autoren bei alten und neuen Moersern auf das so liebgewonnene Selbstbildnis gestoßen, wonach diese verträumte „deutschnationale“ Kleinstadt völlig unschuldig in die Nazizeit geschlittert sei. Und gerade dies verhindert die Einsicht, daß es 1928 nur ein paar hundert Stimmen für die Nazis gab und vier Jahre später die angeblich so schwerfälligen „alten Moerser“ in den bürgerlichen Wahllokalen zu 61% (Königlicher Hof) bis 82% (Repelen-Mitte) in freier Wahl für die Nazikoalition gestimmt haben. Es verhindert die erschreckende Einsicht, daß auch durchaus brave Bürger, die in ihrer großen Mehrheit sicher nichts Böses wollten (etwa den Juden oder den Kommunisten), Hitler mit in den Sattel hoben. Auch sie machten sich – die einen mehr, die anderen weniger – zu Gehilfen einer ungeheuren Mordmaschinerie.

Unkenntnis der tatsächlichen Geschichte würde dann auch bedeuten, daß die gebrachten Opfer weitgehend sinnlos waren. Dies ist das Schlimmste für die damals Inhaftierten und die Familien der Opfer.

Und wie schnell haben jene, die mehr als andere verantwortlich waren, schuldig geworden sind, den Mythos verbreitet, daß sie hier am Ort ja so schlimm nicht gewesen seien. Daß „anständige Deutsche“ eben damals alle mitmachten, anders als die Drückeberger, als jene, die Feindsender hörten oder gar als jene „Vaterlandsverräter“, die, wie etwa Willy Brandt, im Ausland in den Widerstand gingen.

„Zweite Schuld“ ist dann auch, wenn man anderen das Ausfüllen einer Lücke in der Geschichtsschreibung überläßt. Historisch gewollt sein kann auch nicht – von Demokraten, die ihr eigenes Geschick für bestimmbar halten –, daß viele „Täter“ recht ungeschoren davonkamen, noch nicht einmal fürchten mußten oder müssen, daß ihre Namen genannt werden.

Und wie müssen sich jene fühlen – wir haben das in Moers immer wieder gespürt –, die als Sozialdemokraten, Kommunisten oder andere Regimegegner über die gesamte Nazizeit von Nachbarn schief angesehen wurden? Haben sie nicht bis kurz vor Kriegsende mit der bangen Frage gelebt, daß Hitler mit seinen großen Erfolgen nicht vielleicht doch recht hätte? Und waren die Eingesperrten nicht „Kriminelle"? Bekamen sie in den Nachkriegsjahrzehnten wirklich Zuspruch und Rehabilitation?

Hat man nicht Hermann Runge über Jahrzehnte – versteckt oder offen – den Vorwurf gemacht, er habe so viele Leute mit sich unverantwortlich ins Unglück gestürzt? Sie seien „von denen im Rathaus" und von der regierenden SPD vergessen worden, wurde den Autoren aus diesen Familien oft gesagt.

Man gestatte den Autoren die Wiedergabe einer subjektiven – und damit nicht beweisbaren – Wahrnehmung: noch anläßlich der Ausstellung zu Widerstand und Nazizeit in der Moerser Zentralbibliothek im Jahre 1992 hatten wir den Eindruck, daß jene leiser sprachen, die aus Familien des Widerstands kamen. Und lauter sprachen die, deren Väter bei der SA waren oder die selbst stramme Aufsätze über die heldenhafte Zeit bei Kriegsende und die Bombardierungen in Moers geschrieben hatten.

„Das Problem der Deutschen heute ist, ihre Vergangenheit zu leugnen."
Claudine Pesquié
Stadtdirektorin der französischen Partnerstadt Maisons-Alfort, anläßlich eines Gesprächs über Morde an Ausländern in der Bundesrepublik, 1993

Kapitel 9
Nachbetrachtung

Hätte man, statt dies Buch zu schreiben, die Vergangenheit nicht besser ruhen lassen?

Warum Dinge aufrühren, die so schmerzlich sind, daß sie oft bis heute in manchen Familien noch Sprachlosigkeit verursachen? Haben nicht auch die zumeist noch in Moers lebenden Kinder der Nazischergen ein Recht auf Schutz? Wurde über das Dritte Reich nicht schon zu viel gesagt? Können Fremde – unter den Autoren befindet sich ein gebürtiger Franke und ein Schwabe – überhaupt ein Buch über Moers in jener Zeit schreiben? Haben nicht diejenigen recht, die in Anlehnung an ein Sprichwort sagen, man solle nicht auf eine bereits tote Kuh einprügeln? Die Leserinnen und Leser unseres Buches können sich auf diese nicht ganz unberechtigten Fragen selbst eine Antwort geben. Dies gilt auch für die Zweckmäßigkeit der Feststellung eines ehemaligen Stadtdirektors, daß Moers „verhältnismäßig glimpflich" über die Nazizeit gekommen sei und die Moerser Nazis nicht zu den bösartigsten gehörten.

Für uns, die wir bei der Arbeit viel gelernt haben, sind die Antworten hierauf ziemlich klar:

Zunächst einmal: Die Kuh ist sicher nicht tot. Es gab um dieses Buchprojekt sehr rasch falsche Gerüchte in Moers. Und sicher auch nicht untypisch: ein alter Lehrer aus Moers-Mitte stellte in einem ausgiebigen Gespräch mit der zuständigen Redakteurin eine Information zu unserem Thema in der Zeitung richtig. In der Öffentlichkeit freilich wollte er nicht namentlich damit in Verbindung gebracht werden. Oder auf einer anderen Ebene: einem angesehenen Moerser werden heute von mehreren Seiten dezidierte Haßtiraden gegen Ausländer nachgesagt. Für die Autoren ist er Sohn einer Führungsperson im Unterdrückungsapparat der Moerser Nazis. Es war daher auch nicht zu spät, das Thema anzugehen: noch war es möglich, mit einer ganzen Reihe von Zeitzeuginnen und -zeugen zu sprechen und damit mehr Wahrheit zwischen Dokumenten und mündlichem Bericht herauszufiltern.

Beim Nennen von Namen mußten wir einen Mittelweg gehen. Ihre Nennung könnte unwissenschaftlicher Sensationslust Vorschub leisten. Dies wäre einer ernsthaften Auseinandersetzung mit dem Thema abträglich. Andererseits muß Lokalgeschichte auch konkret sein. Es waren Nachbarn, mit Namen, konkret in der

Kaiser- oder der Jahnstraße, die abgeholt wurden. Und auch die auf der anderen Seite trugen Namen. So fragten wir einen dreißigjährigen jungen Mann in Moers nach seinem Großvater. Er hatte in der Familie nie gehört, daß dieser ein führender SA-Mann in Moers-Mitte war, über den die Zeitungen damals schrieben. Für ihn dürften Nazis immer nur „die anderen" gewesen sein, aber doch nicht der eigene Opa. Natürlich haben die Autoren erheblich mehr Informationen erhalten, aus der Bevölkerung oder etwa über die Entnazifizierungs-, Gestapo- und Grundbuchakten. Doch wozu etwa, ohne die jeweiligen Hintergründe aufzeigen zu können, die Liste aller ehemaligen Moerser SS-Mitglieder abdrucken?

Die Nazivergangenheit von Moers war im Gegensatz zu den meisten anderen Städten derselben Größenordnung noch nicht aufgearbeitet. Daß diesbezüglich eine Riesenlücke klaffte – von der historischen Werbung der Stadt im Telefonbuch bis hin zu Publikationen – ist allgemein bekannt. Zu sagen, es sei schon zu viel darüber geredet worden, wäre eine pure Schutzbehauptung. Interessant bleibt, zu erörtern, warum dies so war. Damit ist auch die Frage müßig, ob sich zwei ursprünglich Ortsfremde mit an dieses Thema wagen durften. Andere hatten es eben nicht gemacht. Und selbstverständlich wurde deshalb hier noch mehr versucht, ehemalige Moerserinnen und Moerser, Menschen aus dem südlichen Altkreis Moers, selbst zu Wort kommen zu lassen. Es wurden etwa 200 Interviews geführt, die von einer halben Stunde bis zu sechs Stunden reichten.

Hier zugleich eine große Bitte um Verständnis an die Gewährsleute, die uns oft jahrelang geholfen haben: alle ihre Organisationen haben damals historische Fehler gemacht. Dies gilt auch für jene, die den Widerstand mittrugen, KPD, SPD, Gewerkschaften jeder Couleur und Zentrumspartei. Daher können wir bei unserer Analyse heute nicht so tun, als wäre damals alles ideal abgelaufen. Vielmehr müssen wir kritisch-behutsam jeweils den damaligen Gesamt-Kontext herstellen. Erinnert sei an die oft viel weiter gehende Selbstkritik der Organisationen selbst, etwa bei Kurt Schumacher für die Sozialdemokratie oder das Stuttgarter Bekenntnis der Evangelischen Kirche.

Wir hoffen, daß es einmal weitere Forschungen zum hier behandelten Zeitraum geben wird. Mit unserer Arbeit konnten einige Legenden widerlegt und auch einige Erkenntnisse, etwa zur Arbeiterbewegung und zum Arbeiterwiderstand, gesichert werden. In vielem konnten wir jedoch nur zu sehr vorläufigen Einschätzungen gelangen. Nahezu offen müssen Themen bleiben wie Medizin, Frauen im 3. Reich, Entnazifizierung, zu denen es interessantes Material gibt. Sicher wird die Zeit nicht nur Ergänzungen, sondern auch Korrekturen an unseren Gewichtungen, Einschätzungen usw. bringen. Nichts haben wir gefunden zu den Bereichen Anarchisten, Sinti und Roma (Zigeuner) und Homosexuelle.

Trotz intensiver dreijähriger Materialsuche konnten wir einige Archive und Quellen nicht erschließen, zum Beispiel die noch erhaltenen Schulchroniken. Und in den meisten Archiven hätten wir gern mehr Zeit gehabt. „Aber über die Nazizeit in Moers gibt es doch nichts mehr, da ist doch alles verbrannt..." – dies war auch so ein gängiges Vorurteil in Moers, das wohl eher auf einer Schutzbehauptung oder gar auf Wunschdenken beruhen dürfte. Umgekehrt: viele Informationen aus unserer Arbeit konnten nicht zwischen die beiden Buchdeckel gepreßt werden. Wir wollen künftig das Thema weiterverfolgen und bitten weiterhin um Informationen, Bilder und Material. Vielleicht können wir in Zusammenarbeit mit Moerser Kultureinrichtungen zusätzlich Ordner mit Originaldokumenten und weiterführenden Informationen anlegen. Dann könnten auch andere, z.B. Schulklassen, an diesen Themen weiterarbeiten.

Was wir unter anderem selbst gelernt haben:
Die „kleinen Leute" haben wenig Chancen, daß ihre Geschichte gebührend geschrieben wird. Über die mutigen Menschen – Niederrheiner oder Zugewanderte – in den „Kolonien" wie Meerbeck, Hochstraß, Rheim, Kamp-Lintfort, Neukirchen, Bergheim oder über die Rheinpreußen-Siedlung in Homberg gibt es wenig in den Büchern. Die bürgerliche Legende behauptet sogar noch, vor allem sie, die Arbeitlosen dort, hätten am meisten Hitler gewählt. Und zuvor hieß es ja noch allzuoft in Moers: „Alles, was hinterm Bahndamm wohnt, taugt nichts".

Sehr ausgeprägt war die Unfähigkeit, um die auf Kreis Moerser Gebiet umgekommenen Ausländer zu trauern. Ihr Schicksal wurde nur verdrängt. Mehr Zeit hatte man für die eigenen Opfer und die große „Schicksalsschlacht am Niederrhein", aus deren Betrachtung hoffentlich nicht wieder eine unkritische und verklärende Heldenverehrung hervorgehen wird.

So mußten auch wir uns selbst erarbeiten, daß es überhaupt einen Arbeiterwiderstand im Raum Moers gab. Viele, auch wohlmeinende Bekannte aus Moers, fragten uns eingangs, ob wir ihn nicht erst erfinden mußten, um ein Thema zu haben. Nein, dieser Widerstand war auf das gesamte Reich gesehen weit überdurchschnittlich. Viele Publikationen in den großen Nachbarstädten und auf Bundesebene belegen dies. Nur Moers selbst hat diesbezüglich seine eigenen Propheten ebenso gründlich wie hartnäckig verleugnet.

Unverständlich, auch im Vergleich zu durchaus kleineren Orten, warum die Stadt Moers, die Moerser SPD und die Gewerkschaften die guten Seiten ihrer Geschichte so unter den Scheffel stellen. Noch ließe sich auch zur Ehrung von Widerstand und Verfolgten in Stadt und Kreis manch Versäumtes nachholen.

Lokalgeschichte bedarf, das glauben wir ebenfalls für uns erfahren zu haben, auch der gegenseitigen Durchdringung mit der eigenen *politischen* Geschichte, besonders sogar, wenn diese mit traumatischen Erinnerungen verbunden ist. „Maikirschen" ist ein wunderschönes Mundartbuch mit den Kindheitserinnerungen einer Moers-Kapellener Bauerntochter. Aber es sage doch keiner, in jenen 20er und 30er Jahren habe es von seiten der Bauern der Region keine Politik geben.

Wir machen uns keine Illusionen über die unmittelbare Wirkung eines solchen Buches. Es würde uns genügen, wenn wir einige „Mythen" aufbrechen und den demokratischen Widerstand von damals als etwas Positives ins Geschichtsbewußtsein einiger Moerser tragen könnten. Und wenn unsere Kinder jenen Schulkameraden konkrete örtliche Gegenbeispiele nennen können, die da sagen, es habe gar keine Nazigreuel gegeben. Wenn darüber hinaus einige historische Parallelen die Wachsamkeit von Demokraten erhöhen, wäre das sehr viel. Es gibt ja am heutigen Faschismus und Rassismus wenig Originelles, kennt man die Geschichte etwas besser.

Gelernt haben wir hier für uns, daß der NS-Staat vielfach von normalen „braven" Leuten getragen wurde, die zumeist nicht viel Böses vorhatten. Menschen freilich, deren Grundstimmung oft rassistisch und antidemokratisch war. Und die deshalb in der Not wohl nur nach dem falschen Strohhalm greifen konnten.

Und gelernt haben wir, daß die Demokratie gerade die Schwächsten verteidigen und ihre Menschenwürde garantieren muß. Das waren damals Juden und Kommunisten. Weder die Organisationen von Christen noch die der SPD-orientierten Arbeiterbewegung in Moers haben sich erkennbar für diese eingesetzt, als dies zum Teil noch möglich war. Es gilt also immer, den Anfängen zu wehren – Pastor Martin Niemöllers bekanntes selbstkritisches Wort: „Als sie die Kommunisten holten, habe ich geschwiegen ...".

Wir Autoren wollen nicht mit dem erhobenen Zeigefinger dastehen oder über andere richten. Wir wissen nicht, wie wir damals selbst gehandelt hätten. Zwei unserer eigenen Väter waren Nazis in verantwortlicher Stellung. Nur der Vater von Helmut Pitz – auch das gab es – wirkte im Altkreis Moers am Widerstand mit.

„Wie gut, daß Sie das alles noch dokumentieren", sagte uns, als wir mit unserer Arbeit bereits fertig waren, Else Engeln. Ihr Mann Will Engeln war noch 1933 als Jüngster in den Moerser Rat gewählt worden, später kam er ins KZ Sachsenhausen. „Uns hat ein Leben lang kaum einer glauben wollen, was da wirklich passiert ist".

Kapitel 10
Anhang

10.1 Dank

Wir danken den Mitarbeiterinnen und Mitarbeitern des Moerser Stadtarchivs und der Zentralbibliothek, insbesondere Herrn Bertermann †, Frau Esser, Frau Wetter, Herrn Richter, Herrn Hostermann und Herrn Heuser, deren Unterstützung und Interesse für unsere Arbeit oft weit über das Dienstliche hinaus ging. Entscheidende Hilfe wurde uns auch zuteil von Herrn Direktor Bank, Gymnasium Adolfinum, Herrn Dr. Pohl im Kreisarchiv Wesel und den Herren Dr. Becker und Dr. Klefisch im Hauptstaatsarchiv Düsseldorf.

Dank schulden wir Herrn Bürgermeister Brunswick, Herrn Stadtdirektor Wittrock und Herrn Landrat Röhrich, die uns Türen öffneten und wichtige Hinweise lieferten. Die örtlichen und regionalen Vertretungen von CDU und SPD gaben Hilfestellungen und gestatteten uns freundlicherweise Einsicht in ihre im Düsseldorfer Hauptstaatsarchiv lagernden Akten aus der ersten Nachkriegszeit.

10.2. Quellen

Archive

Stadtarchiv Moers (abgekürzt STA MO)
Kreisarchiv Wesel (früher Kreis Moers)
Amtsgericht Moers, Grundbücher
Archiv der Arbeiterjugendbewegung, Oer-Erkenschwick
Archiv der Sozialen Demokratie, Bonn
Archiv der Stadt Duisburg (STA DU)
Archiv der Stadt Krefeld (STA KR)
Archiv der Stadt Neukirchen-Vluyn (STA NV)
Archiv des Kirchenkreises Moers
Bergbauarchiv, Bochum
Archiv der Vereinigung der Verfolgten des Naziregimes, Duisburg
Archiv der Vereinigung der Verfolgten des Naziregimes (und Nachlaß Walter Kuchta), Köln
Dokumenten-Sammlung Aurel Billstein, Krefeld
Landesarchiv der Vereinigung der Verfolgten des Naziregimes, Wuppertal
Nordrhein-Westfälisches Hauptstaatsarchiv, Düsseldorf (abgekürzt HSTAD)
Nordrhein-Westfälisches Staatsarchiv, Münster
NS-Dokumentationszentrum, Krefeld
Verein Niederrhein, Ortsverein Kamp-Lintfort e.V.

Interviewpartnerinnen und -partner, Hilfe bei der Materialsuche

Folgende Personen aus Moers, Neukirchen-Vluyn, Kamp-Lintfort, Homberg und Rheinhausen unterstützten uns mit Rat und Materialien (in Klammern das Datum der Gespräche oder Interviews, wenn solche geführt wurden):

Herbert Abel (Int. 23.8.93), Paul Aue, Bruno Bachler (Duisburg), Gisela Bachmann, Martha Bärwinkel/van Haag (KR), Hugo Bartl, Aurel Billstein (Krefeld), Hartmut Boblitz, Erna Böhm, Frieda Boer, Stefan Bongen (Köln), Norbert Booms, Aloysia Breidenstein geb. Christen (Int. 9.11.93), Gerda Brinkmann, Frieda Büttner † (Int. 23.3.87), Annette Burger, Elfriede Burhans geb. Müller, Karl Burhans, Klaus Burkamp, Bernd Bours, Gisela und Walter Busch (Oberhausen), Ernst Buschmann (Düsseldorf), Johann Chwirot (Int. 4.3.93), Helene Clees geb. Hoffmeister, Karl Coppel, Werner Coppel (USA, Int. 1982), Martha Dammers, Gisela Daniels, Elisabeth Denkhaus (Int. 27.9.93), Sonja Derkum geb. Hänel, Josef Devers, Gerda Dijksma, Gerhard Doris, Werner Drüen (Int. o. Datum), Fritz Drumowicz † und Johanna, geb. Altheide (Int. 8.8.92)

Käthe Ebner (Int. 12.6.92), Hans-Helmut Eickschen, Heini Eisl (Int. August 1992), Karl Emsbach (Archivar Neuss), Else Engeln (Int. 20.10.93), Gertrud Esser geb. Buchmann, Friedlinde und Lothar Fischer (Oberhausen), Albert Förster, Reinhild Freese (Int. Peter Kubasek von Herbst 1980), Paul Gericke (Int. 18.1.93), Harald Gies (Int. 23.8.93), Birger Gesthuisen, Christa Gödeking geb. Böttcher (Bad Kreuznach, Int. 20.10.93), Josef Gottschild (Int. 10.8.92), Peter Grasshoff, Georg Häckel, Barbara Hänel, Hans-Friedrich Haffmann, Hans Hanke, Erna Heller geb. Steinmann (London, Int. Juni 91), Burghard Hennen, Monika Henning (Teneriffa), Hannelore Hilgert geb. Schmelzing, Christine Hirschmann † (Int. 8. u. 10.4.92, 9.4.93), Maria Hirschmann geb. Holzum, Maria Hirschmann geb. Zimmermann, Ruth Hoefer, Hannelore Hoffmeister geb. Stahlschmidt, Manfred Horbach (Neuss), Margarethe Huber (Int. 29.3.93), Hanna Hüsch geb. Steegmann

Hildegard Igl geb. Hänel (Int. 30.8.92), Hermann Immel (Int. 6.9.93), Karl Jacoby (Int. Dezember 1992), Helga Jammann geb. Runge, Käthe Kann ehem. verh. Brandenbusch, Rudolf Kaufmann (New York, Int. 23.6.93), Hans-Werner Keienburg, Helmut Kellershohn, Ulrich Kemper (Rheurdt), Hermine Kluten geb. Leupold (Int. 12.6.92), Norbert Knorr (Dinslaken), Ralf Köpke, Karl Krieger, Peter Kubasek (Int. Herbst 1980), Else Lambracht, Inge Lay-Ruder, Gerhard Leese (Int. 20.5.93), Edith Leinung geb. Andrejczak, Alfred Lemmnitz und Gertrud Lemmnitz geb. Pusch (Berlin, Int. 22.8.93, Moers, und 30.3.82, VVN DU), Gertrud Lenzen, Hans Georg Lenzen (Grevenbroich), Hedwig Leyers, Reiner Lindemann, Adelheid Lischka (Int. 10.4.92), Heinrich-Peter und Hildegard Löhr geb. Thamm, Werner Lotz

Käthe Märcz geb. Frost (Int. 20.7.92), Josef Mallmann, Helene Middelhoff †, Sibylle Möller geb. Hölterhoff, Heinz Molz (Int. 2.6.93), Arthur Moser (USA, Int. 23.6.93), Willi Müller † (Int. 1990), Sigrid Muntenbeck geb. Büttner, Esther Namm geb. Winter (Int. 29.4.93), Else und Roland Nöthen, Hans Gerd Nothers, Hilde Oedinghofen geb. Grunert, Isolde de Paeuw, Peter Pechmann, Karl-Heinz Peil (Int. 18.8.93), Magdalene Pfeiffer geb. Grunert (Int. August 1992), Shulamit Pickmann geb. Lewkowicz (Israel, Int. Juli 1991), Käthe Piskorz geb. Igl (Int. 17.6.93), Katharina Pleines, Horst Pravlovsky

Else Rein geb. Fährle, Käthe Reiners, Günter Reiß, Franziska Reuther (Int. 3.3.91), Hanna Reyter (Int. 23.9.93), Ilse Rindt, Werner Röhrich, Jürgen Rosemann, Heinz-Wilhelm Rosendahl, Hanni Ruder (Int. 9.4.92), Helga Rühl, Hildegard Rülke, Alex Rüsenberg, Susanne Runge geb. Skora (Ramsau; Int. 29.11.91), Ulrich Ruthenkolk, Helga Sakowski geb. Ulrich, Elvira Schaeder geb. Erbach, Hajo Schellenberg, Helmut Schmelzing, Ernst Schmidt (Essen), Katja Schmidt (technische Hilfe), Maren Schmidt, Agnes Schmitz geb. Skrypczak (Int. 18.6.93), Theo Schneid, Kurt

Schneider, Nikolaus Schneider, Klaus Schönwald, Ursula Scholz, Dagmar Schroeder, Maria Schulz (Int. 13.7.93), Johannes Schürmann †, Renate Schulte, Fritz Seidel, Josef Skrypczak, Hans Slomka, Albert Spitzner-Jahn, Rolf Starr, Elise Steudner geb. Hoffmeister, Ulrich Steuten, Wladislaus Szutarski (Int. 9.10.93)

Karl-Heinz Tepper, Johanna Theiss früher verh. Holtappels (Osnabrück, Int. 23.1.93), Hans Thoenes, Manfred Tietz (DU), Helmut Timpe, Hugo und Lene Ueffing geb. Holla, Bernd Ueltgesforth, Wilhelm Uher, Fritz Uhlen (Int. 10.9.93), Albert van den Berg, Gottfried von Thenen, Friedrich Villis (Dortmund), Rainer Vowe (Bochum), W.W., Maria Walter geb. Leiss, Anna Wartmann geb. Holtappels (Int. Juni 1992), Robert Weinand † (Essen, Int. Sommer 1992), Käthe Weiser, Rudolf Weiser, Meta Weißer geb. Hänel, Else Weist, Inge Wenzel geb. Nöthen, Brigitte Werkle geb. Martin, Ursula Wilmschen, Brigitte Wirsbitzki, Frieda Wolf geb. Großmann, Helmut Wolf (Krefeld), Jo Wolf, Ilse Wüllenweber, Friedrich Wilhelm Wüstemeyer, Friedel Zahn, Hildegard Ziegelmeier geb. Rautenberg (vorher verh. Freiberg, Int. 17.10.93), Günther Zimmer, Käthe Zimmer geb. Holtschneider, Walter Zimmer, Margret Zorek geb. Winter (London, Int. 23.6.93).

Weitere Primärquellen

Die Nachweise können nicht vollständig sein, sondern beziehen sich nur auf die hauptsächlich benutzten Quellen.

Stadtarchiv Moers

Fotosammlung
Bestand Karten und Pläne
Verwaltungsberichte der Stadt Moers
Flugblätter
Bestand 4
Bestand Rheinkamp
Bestand Kapellen
Einwohnerbuch der Stadt Moers 1930
Einwohneradreßbuch für den Kreis Moers 1938

Andere lokale Einrichtungen/Quellen

Straßennamenarchiv, Vermessungsamt Stadt Moers
Grundakten, „Arisierungskartei“, Amtsgericht Moers
Postkartensammlung Schroeder, Moers
Archiv St. Barbara, Meerbeck

Kreisarchiv

Fotosammlung
Verwaltungsberichte des Kreises Moers 1927-1933, 1945-1950
Protokollbuch der Beschlüsse des Kreistages 3.4.1930-30.4.1933

Stadtarchiv Neukirchen-Vluyn

Karton 4030 – Schulamt 83/86, 4031/01, 4042

Stadtarchiv Duisburg
Fotosammlung
Bestand Homberg
Bestand Rheinhausen

Bergbauarchiv Bochum, Bestand Rheinpreußen
Protokollbuch der technischen Betriebsleitung 1939-1942
Protokollbuch der Sitzungen des Grubenvorstandes
Oktober 1941 – August 1945
Geschäftsberichte 1924-1943

Rheinisch-Westfälisches Hauptstaatsarchiv Düsseldorf
Bestand Landratsamt Moers (LA Moers)
Bestand Regierung Düsseldorf
RW 58 (Gestapo-Personenakten)
RW 23, RW 36 (Polizei), RW 134, RW 164 (SPD), RWN 243 (CDU), RWV 31 (CDU)
Medicinalia
Entnazifizierungskarteien und -akten
Bestand SO-E (Sonderbeauftragter)
Hauptausschuß Moers
Wiedergutmachungsakten
Bestand Akten Landgericht und Staatsanwaltschaft Kleve, Rep 7 (Düsseldorf-Kalkum)
Behördenarchiv Rheinland, Bestände 1004, 1013, 1024

Rheinisch-Westfälisches Staatsarchiv Münster
Bestand Gerichtsakten Staatsanwaltschaft Hamm

Zeitungen und Zeitschriften

Der Grafschafter	(Stadtarchiv)
NRZ-WAZ	(Stadtarchiv)
Rheinische Post	(Stadtarchiv)
National-Zeitung, NSDAP	(Kreisarchiv)
(Niederrheinische) Volksstimme, SPD	(Stadtarchiv Oberhausen)
Echo vom Niederrhein, Zentrumspartei	(Stadtarchiv Duisburg)
Niederrheinische Arbeiterzeitung, KPD	(einzelne Exemplare in Gestapo-Personenakten und Polizeiakten des HSTAD)

Heimatkalender Kreis Moers
Jahrbuch Kreis Moers
Jahrbuch Kreis Wesel
Moerser Monat

10.3 Literaturverzeichnis

Um mehr Raum für lokal- und regionalgeschichtliche Literaturhinweise zu gewinnen, wurde auf die Nennung allgemeiner oder einführender Bücher zu Widerstand, Verfolgung und Nationalsozialismus weitestgehend verzichtet.

Bei nicht allgemein zugänglichen Schriften ist zumeist der Standort angegeben. Die Publikationen des Gymnasiums Adolfinum sind, wenn nicht allgemein zugänglich, in der Bibliothek der Schule einsehbar.

Abelshauser, Werner / Himmelmann, Ralf: Revolution in Rheinland und Westfalen. Quellen zu Wirtschaft und Politik 1918-1923, Essen 1988

Amtlicher Bericht über die Verhandlungen der Kreissynode Moers in den Jahren 1947 – 1949. Als Handschrift gedruckt, o.V., o.J., Kirchenarchiv des Kreises

Arbeiter-Turn- und Sport-Verein „Vorwärts“: Festbuch zum 10jährigen Bestehen 25.-27. Oktober 1930, Moers-Meerbeck, Kreisarchiv

Arbeitsamt Moers (Hg.), Die Wirtschaftsstruktur im Arbeitsamtsbezirk Moers, Moers, Frühjahr 1935, Maschinenskriptum, 111 S., Kreisarchiv

Archiv der Arbeiterjugendbewegung Oer-Erkenschwick (Hg.): Bilder der Freundschaft, Fotos aus der Geschichte der Arbeiterjugend, Münster 1988

Archiv der Sozialen Demokratie (Hg.), s. Widerstand 1933-1945

Auweiler, Josef: Krieg in unserer Heimat. Landkreis Moers 1945, Rheinberg, o.J.

Baedeker, Friedrich: Mitteilungen aus der Geschichte der evangelischen Gemeinde Moers, Moers 1942, STA MO

Bajohr, Frank u.a.: Freie Schulen. Eine vergessene Bildungsalternative, Essen 1986

Beckmann, Joachim: Rheinische Bekenntnissynoden im Kirchenkampf. Eine Dokumentation aus den Jahren 1933 bis 1945, Neukirchen 1975

Beilecke, Paul: Zur 65o-Jahr-Feier am 20.7.1950, Moers 1950

Bergbau AG Niederrhein (Hg.): 125 Jahre Steinkohlenbergbau am linken Niederrhein, Duisburg-Homberg 1982

Bernett, Hajo: Nationalsozialistische Leibeserziehung. Eine Dokumentation ihrer Theorie und Organisation, Schorndorf bei Stuttgart 1966

Bernhard, Herbert: 1945 – Entscheidungsschlacht am Niederrhein, Essen 1985

Beuys, Barbara: Vergeßt uns nicht. Menschen im Widerstand 1933-1945, Reinbek 1987

Biewend, Edith: Letta. Eine Kindheit in Deutschland, Roman, München 1980, Bergisch-Gladbach 1982

Billstein, Aurel: Der eine fällt, die andern rücken nach. Dokumente des Widerstands und der Verfolgung in Krefeld 1933-1945, Frankfurt 1973

ders.: Fremdarbeiter in unserer Stadt. Kriegsgefangene und deportierte „fremdländische Arbeitskräfte“ 1939-1945 am Beispiel Krefeld, Frankfurt/M. 1980

ders.: Broschüren (zumeist hg. von der IG-Metall Krefeld, und ohne Jahresangabe):

1. Verfolgung-Widerstand. 1933-45. Die Tätigkeit der Gestapo-Außendienststelle Krefeld
2. Der große Pogrom, die „Kristallnacht“ in Krefeld
3. Christliche Gegnerschaft 1933-1945 im Bereich der Gestapo-Außendienststelle Krefeld
4. Richtlinien für Scharfrichter und Henker, 1933-1945, Todesurteile, Hinrichtungen und andere Formen des gewaltsamen Todes...

5. Gewerkschafter im Widerstand, als Verfolgte, als Gegner, als Opfer (1979)
6. Jugend contra Nationalsozialismus
7. Judendeportationen aus der Stadt und dem Landkreis Moers in die Vernichtungslager (1981)
8. Alltägliche Wirklichkeit im Nationalsozialismus
9. Jugend gegen Faschismus und Krieg
10. Widerstand und Gegnerschaft von Sozialdemokraten (SPD), Sozialistische Bildungsgemeinschaft Krefeld, o.J. (1990)
11. Euthanasie im Dritten Reich. Der „Gnadentod" am linken Niederrhein (1991)
12. Die spanische Tragödie. Ein nationalrevolutionärer Verteidigungskrieg (Maschinenskriptum, erscheint Stadtarchiv Krefeld 1994)

ders.: Maschinenskripten:

Die mit den blauen Schein. Die Wehrunwürdigen im 3. Reich;

Die Zeugen Jehovas im Dritten Reich;

Maßnahmen gegen Angehörige der Schutzpolizei – Dienstentlassungen, Verdächtigungen, Schutzhaft

Bludau, Kuno: Gestapo geheim! Widerstand und Verfolgung in Duisburg 1933-1945, Bonn-Bad Godesberg 1973

Bockemühl, Erich: Das Unabänderliche, in: Kriegsheimatkalender 1945, Duisburg, S. 172 f.

Böhnke, Wilfried: Die NSDAP im Ruhrgebiet 1920-1933, Bonn-Bad Godesberg 1974

Bongen, Stefan: Der Kreis Moers in den Jahren der Weimarer Republik, Schriftliche Hausarbeit im Rahmen der Ersten Staatsprüfung, Historisches Seminar der Universität Köln, Köln 1993

Bracher, Karl Dietrich: Die Technik der nationalsozialistischen Machtergreifung, in: Bracher u.a.: Die nationalsozialistische Machtergreifung. Der 30. Januar 1933 in Rheinland-Westfalen-Lippe, Düsseldorf 1983.

Brotfabrik Bonn-Beuel (Hg.): Der Düsseldorfer Maler Karl Schwesig und der politische Widerstand um die „Germania"-Brotfabrik 1933-1935, Bonn 1989

Brotfabrik Germania in Duisburg-Hamborn. Ein Zentrum des Widerstandes gegen die nationalsozialistische Terrorherrschaft im Rhein-Ruhrgebiet. Ein Beispiel für das Wirken von Gewerkschaftlern im Widerstand, hg. vom DGB Kreis Duisburg und der IG-Metall, Duisburg 1986

Bruckauf, Herbert: Alles braucht seine Zeit. Zum 50. Jubiläum der Gemeinde Rheinkamp, Duisburg o.J. (1960)

Buschmann, Jürgen: Die Straßenbahn Friemersheim-Homberg-Baerl, in: Jahrbuch 1989/90, hg. v. Freundeskreis Lebendige Grafschaft e.V., Duisburg 1991

Catalogue of Camps and Prisons in Germany Bd.I-III, Arolsen 1950, Dokumentensammlung Aurel Billstein

Caumanns, Peter: Unsere Heimat, der Kreis Moers, Heft I: Geschichtlicher Teil, Moers 1958

Chronik des St. Joseph-Arbeitervereins Meerbeck, 1910-1920, Meerbeck, Katholische Kirchengemeinde St. Barbara

Constantin, Otto (Hg.): Der Landkreis Moers. Monographien deutscher Landkreise, Bd. III, Berlin 1926

Dahlmann, Michael: Der Aufstand: Die Märzunruhen 1920 im Raum Dinslaken-Wesel, Kleve 1988

Dalbram, Edelgard: Zur Geschichte der Juden in Moers, Moers 1984, Maschinenskriptum, STA MO
Daniels, Hans-Hermann / Grüner, Karl A. (Hg.): Festschrift zur 200-Jahr-Feier der Gesellschaft Sozietät in Moers, Moers 1981
Dinslaken in der NS-Zeit. Vergessene Geschichte 1933 – 1945, hg. v. Stadtarchiv Dinslaken, Kleve 1983
Düwell, Kurt / Köllmann, Wolfgang (Hg.): Rheinland-Westfalen im Industriezeitalter. Beitrag zur Landesgeschichte des 19. und 20. Jhds., Bände 3 und 4. Vom Ende der Weimarer Republik bis zum Land Nordrhein-Westfalen, Wuppertal 1984
Duisburg im Nationalsozialismus. Eine Ausstellung des Stadtarchivs Duisburg ... 1982/1983, Stadt Duisburg 1982
Dzudzek, Jürgen: Von der Gewerksgenossenschaft zur IG-Metall. Zur Geschichte der Metallgewerkschaften in Duisburg, Oberhausen 1991
Ebeling, Hans / Hespers, Dieter: Jugend contra Nationalsozialismus, Frechen 1968
Elling, Hanna: Frauen im deutschen Widerstand 1933 – 45, 3. Aufl., Frankfurt 1981
Epping, Jörg: Der Kirchenkampf in meinem Heimatort Kapellen sowie in den Nachbarorten Moers und Neukirchen-Vluyn, Maschinenskriptum, 32 S., Kapellen 1983, MSAut
Esser, Aletta: „Hermann und Wilhelmine Runge“ und „Die Moerser SPD im Kampf gegen die Nazis, in: Der rote Großvater erzählt, hg. v. Werkkreis Literatur der Arbeitswelt, Frankfurt 1973
Fabricius, Wilhelm / Hofius, Karl: Gymnasium Adolfinum zu Moers ... zum 75. Jahrestag seiner Wiederanerkennung als Vollanstalt, Moers 1949
Faust, Anselm: Die „Reichskristallnacht“ im Rheinland, Düsseldorf 1987
Felbinger, Manfred: Als die Lehrer noch Kerle waren, in: Gymnasium Adolfinum – Schola Meursensis 1582-1982, Moers 1982
Feller, Irmgard: Der erste Sonderlehrgang nach dem Krieg 1945/46, in: Festschrift 50 Jahre Mädchengymnasium Moers, Moers 1961
Festgabe des Gymnasiums Adolfinum und des Vereins ehemaliger Adolfiner e.V. zur 650-Jahrfeier der Stadt Moers, hg. v. Wilhelm Marx und Wilhelm Fabricius, Moers 1950
Festschrift Gesellschaft Sozietät 1781 – 1931 (150 Jahre), 17./18. Oktober 1931, Moers 1950
Festschrift 100 Jahre Evangelische Volksschule Moers, Moers
Festschrift 350 Jahre Gymnasium Adolfinum 1582-1932, hg. v. Wilhelm Fabricius und Friedrich Heinz, Moers 1932
Festschrift 75 Jahre – Lyzeum – Mädchengymnasium – Grafschafter Gymnasium 1911-1986, Moers 1986
Festschrift zur 6o-Jahresfeier des DRK, Moers, Mai 1953
Fischer, Iris (Hg.): Das ist unsere Stadt. Neukirchen-Vluyn, Neukirchen-Vluyn 1991
Fittkau, Ludger / Schlüter, Angelika: Ruhrkampf 1920 – Die vergessene Revolution. Ein politischer Reiseführer, Essen 1990
Focke, Harald / Reimer, Uwe: Alltag der Entrechteten. Wie die Nazis mit ihren Gegnern umgingen, Reinbek 1980, Alltag unterm Hakenkreuz, Bd. 2
Frankfurter Kunstverein (Hg.): Kunst im Dritten Reich. Dokumente der Unterwerfung, Frankfurt 1975, Katalog zur Ausstellung
Gärtner, Gerhard: Krankenhaus Bethanien 25.3.1852 – 25.3.1977, Moers 1977

Giesen, Ferdinand: Buch der Ortsgruppe Hochstraß-Scherpenberg [der NSDAP], Moers, Dezember 1937
Giordano, Ralph: Die zweite Schuld oder Von der Last Deutscher zu sein, München 1990 (Hamburg 1987)
Glück-Auf (Hg.): Die Bergmannsssiedlung Linker Niederrhein GmbH Mörs, Düsseldorf 1928
Goebel, Ulrich / Peters, Martin: Widerstand und Opposition in Duisburg 1939-1945, Schülerwettbewerb Deutsche Geschichte „Alltag im Nationalsozialismus" 1982, betreut von Manfred Tietz, Duisburg, Theodor-Heuß-Gymnasium 1983
Gollnick, Rüdiger und Monika: Zerbombt und zerschossen. Der Niederrhein 1944/45, Kleve 1984
Gottschild, Josef: Mein Lebenslauf, Maschinenskriptum, 54 S., Moers o.J. (1992)
Grafschafter Gymnasium Moers (Hg.): 75 Jahre Grafschafter Gymnasium Moers, Moers 1986
Grunwald, Günter / Merz, Friedhelm: Vorwärts 1876-1976. Ein Querschnitt in Faksimiles, Berlin 1976
Gymnasium Adolfinum (Hg.), Gymnasium Adolfinum. Schola Meursensis 1582-1982, Moers 1982
Hengstenberg, Hans Eduard: Die religiöse Situation des Soldaten heute, Flugschrift Essen 1943, Kaplan Peus Überarbeiter oder Verbreiter, Kreisarchiv
Heimatkalender für den Kreis Moers, 1938-1945, 1949
Heinz, Friedrich: Das Adolfinum und die Reichsschulreform, in: Jahresberichte des Vereins ehemaliger Adolfiner, Moers 1935/36
Heinz, Friedrich (Hg.): Denkschrift zum 31.1.1926, dem Tage der Befreiung der Grafschaft Moers von feindlicher Besatzung, Moers, Verein ehemaliger Adolfiner 1926
Heinz, Friedrich (Hg.): 350 Jahre Gymnasium Adolfinum, Jahresbericht des Vereins ehemaliger Adolfiner für das Jahr 1932/1933, Moers 1933
Heinz, Friedrich (Hg.): Festschrift zum 13.3.1924 – dem 50. Jahrestag seiner Anerkennung als Vollanstalt, Moers 1924
Heinz, Friedrich (Hg.): Festschrift zum Einzug in das neue Heim. Dem Gymnasium Adolfinum gewidmet vom Verein ehemaliger Adolfiner, Moers 1928
Heinz, Friedrich (Hg.): Sozietät 1780 – 1955. Festschrift zur 175-Jahrfeier der Gesellschaft Sozietät in Moers, Moers 1955
Heukelum, Hans van (Hg.): Niederrheinischer Almanach, Stimmen einer Landschaft. Aus der Gegenwartsdichtung zusammengestellt, Düsseldorf 1939
Hitler, Adolf: Mein Kampf, ungekürzte Ausgabe, 85. – 94. Auflage, München 1934
Höderath, Udo: Die Entwicklung der Gewerkschaftsbewegung in Duisburg von 1929-1933. Eine Rekonstruktion der Geschichte nach Dokumenten und Biographien von Gewerkschaftsveteranen, 2 Bde, unveröff. Diplomarbeit, Gesamthochschule Duisburg 1981
Hövelmann, Gregor (Hg.): Niederrheinische Kirchengeschichte, Kevelaer 1965
Hofius, Karl: K.-H. Hofius zum Gedächtnis, Moers 1936
Hogeforster, Max: Der Fall Hogeforster – Ein Schulbeispiel nationalsozialistischer Machtentfaltung des Reichsnährstandes und seiner Funktionäre, Maschinenskriptum, Kapellen, Kreis Moers, Februar 1947, STA MO
Hübner, Wilhelm: Werden und Vergehen des Kreises Moers, in: Kreis Moers Jahrbuch 1975, 32. Jg., S. 7-48

Hüsch, Hanns-Dieter: Du kommst auch drin vor. Gedankengänge eines fahrenden Poeten, München 1990
Hüttenberger, Peter / Molitor, Hans-Georg (Hg.): Franzosen und Deutsche am Rhein: 1789 – 1918 -1945, Essen 1989
Industriegewerkschaft Bergbau und Energie (Hg.), 11. März 1933. Ein Tag der Mahnung, Bochum 1983
Initiative wider das Vergessen: KZ-Außenlager Duisburg-Ratingsee. Das Lager und die Entstehung des Mahnmals, Stadt Duisburg, o.J. (1986)
Jäckel, Eberhard / Kuhn, Axel (Hg.): Hitler. Sämtliche Aufzeichnungen 1905-1924, Stuttgart 1980
Jäger, Wolfgang: Bildgeschichte der deutschen Bergarbeiterbewegung, München 1989
Janssen, Heinz: Ausstellung „Menschen auf den Acker gesät": Kriegsgefangenenlager Rheinberg 1945, Rückblick auf die Ausstellung Rheinberg 1985, Kreisarchiv
ders.: Erinnerungen an eine Schreckenszeit. Rheinberg 1933-1945-1948, Rheinberg 1988, Schriften der Stadt Rheinberg zur Geschichte und Heimatkunde, Bd. 1
Jurjutz, Friedrich: Die Entwicklung der NSDAP im Kreis Moers von 1925 – 1933, Staatsexamensarbeit an der Pädag. Hochschule Dortmund 1967, STA MO
Kastner, Dieter / Köhnen, Gerhard: Orsoy – Geschichte einer kleinen Stadt, Duisburg 1981
Kelter, Ernst: Chronik der Gemeinde Rheinkamp. Geschichte einer niederrheinischen Gemeinde, Moers 1960, Nachdruck 1979/1980
Klaus, Martin: Mädchen im Dritten Reich, Köln 1983
Klein-Reesink, Andreas: Das Gymnasium Adolfinum in Moers in der Zeit von 1815 bis 1950, Moers 1992
Knorr, Norbert: Wahlen und Parteienentwicklung im Landkreis Moers in den Anfangsjahren der Weimarer Republik, Schriftliche Hausarbeit im Rahmen der Ersten Staatsprüfung, Universität Duisburg, Fachbereich Sozialwissenschaften 1988
Koch, Wilhelm Herbert: Kippen stark gefragt, Düsseldorf 1956.
Kreis Moers (Hg.): Der Landkreis Moers, Berlin 1926
Kreis Moers (Hg.): Der Landkreis Moers, Bildband mit 89 Abbildungen, Moers 1963
Kreis Moers (Hg.): Der Landkreis Moers. Geschichte, Landschaft, Wirtschaft, Gesamtredaktion Wilhelm Hübner, Oldenburg 1965
Kreis Moers (Hg.): Verwaltungsbericht des Kreises Moers für die Zeit vom 1.4.1945 bis zum März 1947, Rheinberg 1947
Der Kreis Moers im Abwehrkampfe, hg. von den politischen Parteien und Wirtschaftsverbänden des Kreises (nach deren Zusammenkunft am 10.5.1928), Moers 1928
Kreis Wesel (Hg.): Der Kreis Wesel, Stuttgart 1983, Reihe Heimat und Arbeit
Kreisappell der NSDAP, s. Kreisleitung
Kreisleitung Moers der NSDAP (Hg.): Die Sünden schwarzroter Systemlinge im Kreise Moers. Aus dem Untersuchungsergebnis der Kreisleitung der NSDAP über die Prüfung der Tätigkeit des Landrates van Endert und seiner getreuen Vasallen im Kreisausschuß Moers 1933, Neukirchen 1933, gedruckt bei Heinrich Schlayer

Kreisleitung Moers der NSDAP: Die Bewegung erkämpft den Kreis Moers, in: Heimatkalender Kreis Moers 1938, S. 50 ff.
Kreisleitung Moers der NSDAP (Hg.): Kreis Moerser Heimatbriefe, STA MO
Kreisleitung Moers der NSDAP (Hg.): Kreisappell der NSDAP des Kreises Moers am 13. und 14. Juni 1936, Moers 1936
Kreissynodalvorstand der Kreissynode Moers (Hg.): 400 Jahre Reformation in der Grafschaft Moers, zusammengestellt von Paul Mast, Essen 1960
Krüger, Wolfgang: Entnazifiziert! Zur Praxis der politischen Säuberung in Nordrhein-Westfalen, Wuppertal 1982
Lampert, Heinz: Staatliche Sozialpolitik im Dritten Reich, in: Bracher u.a. (Hg.): Nationalsozialistische Diktatur 1933 – 1945. Eine Bilanz, Bonn 1983
Langhoff, Wolfgang: Die Moorsoldaten, Nachdruck Tübingen 1973
Lemmnitz, Alfred: Beginn und Bilanz. Erinnerungen, Berlin 1985
Lengkeit, Reinhold: 80 Jahre Sozialdemokratische Jugendbewegung in Duisburg, Duisburg 1990, Schriftenreihe des Archivs der Arbeiterjugendbewegung, Nr.14
Lengkeit, Reinhold u.a.: Das Dritte Reich in Duisburger Augenzeugenberichten, Duisburg 1983
Lenzen, Hans-Georg: Das Mitlaufen – die ganz normale Schuld, Rückblick auf die Zeit zwischen 1928 und 1945, Maschinenskriptum 1992, MSAut
Lorenz, Hans: Graubrot mit Rübenkraut. Eine Jugend unterm Hakenkreuz, Moers 1993
Mäschig, Theo: Die Rheurdter Juden, Gemeinde Rheurdt 1988
Martin, Waldemar: Der Krieg rollt übers Land – zwanzig Jahre zurückgeblickt, Maschinenskriptum, STA MO, größtenteils 1965 in der Rheinischen Post veröffentlicht
Marx, Wilhelm: Das Adolfinum in den Jahren 1936-1939, in: Gymnasium Adolfinum – Schola Meursensis 1582-1982, Moers 1982
Mathar, Ludwig: Die Rheinlande. Bilder von Land und Kunst, Band 1: Der Niederrhein, Köln [1922]
Meyer, Friedrich Albert: Von der Ruhr über den Rhein. Rheinhausens Schwerindustrie, Rheinhausen 1966
Michels, Wilhelm / Sliepenbeek, Peter: Niederrheinisches Land im Krieg, Ein Beitrag zur Geschichte des Zweiten Weltkrieges im Landkreis Kleve, Hg. vom Landkreis Kleve, Kleve 1964, 1975
Micherlich, Alexander und Margarete: Die Unfähigkeit zu trauern, München 1967
Mommsen, Hans / Borsdorf, Ulrich: Glück auf, Kameraden. Die Bergarbeiter und ihre Organisationen in Deutschland, Köln 1979.
Mommsen, Wilhelm (Hg.): Deutsche Parteiprogramme, 2. Aufl., München 1984
Müller, Carl: Die Polenbewegung im Kreis Moers 1907-1918, in: Heimatkalender Kreis Moers 1970, S. 130 ff.
Museumsverein Neukirchen-Vluyn (Hg.): Zwangsarbeiter in Neukirchen-Vluyn 1939 – 1945, Schriftenreihe des Museumsvereins Nr.1, Köln 1992
Neumann, Erich (Hg.): Rückschau auf 10 Jahre gemeindliche Arbeit in der Gemeinde Neukirchen, Kreis Moers, 1928-1938, Neukirchen 1938
Niethammer, Lutz u.a.: Die Menschen machen ihre Geschichte nicht aus freien Stücken, aber sie machen sie selbst. Einladung zu einer Geschichte des Volkes in NRW, Berlin-Bonn 1984

Nowak, Josef: Menschen auf den Acker gesät, Kriegsgefangenenlager Rheinberg, Hannover 1956
NOWOSTI (Hg.): Dokumente über deutsche Kriegsverbrechen: Eine Schuld, die nicht erlischt, Köln 1987
o.V.: Bei uns in Deutschland, Berlin 1939
Ovelgönne, Josef / Tepper, Karlheinz: Kirche vor Ort. 75 Jahre „St. Barbara" Meerbeck, Duisburg o.J. (1983)
Pannen, Wilhelm (Hg.): Moers – Wegweiser für Fremde und Einheimische (mit Pharus-Stadtplan), Moers 1929
Peukert, Detlev: Die KPD im Widerstand, Verfolgung und Untergrundarbeit an Rhein und Ruhr 1933 – 1945, Wuppertal: Hammer 1980
Peukert, Detlev: Ruhrarbeiter gegen den Faschismus, Dokumentation über den Widerstand im Ruhrgebiet 1933 – 1945, Frankfurt/M. 1976
Peukert, Detlev: Der deutsche Arbeiterwiderstand 1933-1945, in: Der deutsche Widerstand 1933-1945, hg. v. Klaus-Jürgen Müller, Paderborn 1986, S. 157-181
Pfändtner, Bernhard / Schell, Reiner: Weimarer Republik – Nationalismus, Bamberg 1986
Pietsch, Hartmut / Scherschel, Horst: 125 Jahre Sozialdemokratische Partei in Duisburg, Duisburg 1989
Pietsch, Hartmut (Hg.): Erinnerungen an die Geschichte der Homberger SPD. Gespräch am 14.3.1987, Falkenheim Homberg, Kirchstraße, Maschinenskriptum, MSAut
Pohl, Meinhard (Hg.): Raumordnung am Niederrhein. Kreisreformen seit 1816, Wesel 1985
Posser, Diether: Anwalt im Kalten Krieg. Ein Stück deutscher Geschichte in politischen Prozessen 1951-1968, München 1991
Propstgemeinde St. Viktor (Hg.): Der Stankt-Viktor-Dom in Xanten, Xanten 1992
Reible, Karl: Die Partei im zweiten Kriegjahr, in: Heimatkalender 1942 des Kreises Moers, Moers 1943, S. 36-42
Reichsverkehrsministerium (Hg.): Allgemeine Dienstanweisung für die Reichsbahnbeamten, gültig ab 1. April 1938, Berlin 1938
Reulecke, Jürgen / Gräfin zu Castell Rüdenhausen, Adelheid: Aspekte der nationalsozialistischen Gesellschaftspolitik am Beispiel der Jugend- und Rassenpolitik, in: Düwell, Kurt / Köllmann, Wolfgang (Hg.): Rheinland-Westfalen im Industriezeitalter, Bd. 3
Rheinischer Turnerbund (Hg.): Festbuch Bundesturnfest vom 14.-16. Juli 1950, Moers 1950
Schabrod, Karl: Widerstand an Rhein und Ruhr 1933-1945, Düsseldorf 1969
Schabrod, Karl: Widerstand gegen Flick und Florian. Düsseldorfer Antifaschisten über ihren Widerstand 1933-1945, Frankfurt 1978
Scheler, H.: Erlebnisse eines Schülers des Adolfinums während des Nationalsozialismus, In: Gymnasium Adolfinum – Schola Meursensis 1582 – 1982, Moers 1982, S. 133-135
Das Schicksal der Moerser Juden im 3. Reich. Ein Beitrag zum Schülerwettbewerb Geschichte 1982/1983, Aufbaugymnasium Moers, Maschinenskriptum, 130 S., betreut von Kurt Jakob
Schilke, Peter, Niederheinische Dichter und Heimatschriftsteller, in: Kriegs-Heimatkalender 1944, S. 138-151

Schmidt, Ernst: Lichter in der Finsternis. Widerstand und Verfolgung in Essen 1933-1945, 2 Bde, Essen 1988/1989 (Frankfurt 1979)
Schneid, Theo: Widerstand und Verfolgung in Duisburg. Eine politische Stadtrundfahrt, Jugendamt der Stadt Duisburg, 2. Aufl. 1988
Schönfelder, Heinrich (Hg.): Deutsche Reichsgesetze, München und Berlin 1942
Schwesig, Karl: Schlegelkeller, mit einem Vorwort von Heinrich Mann, Berlin 1983
Specht, Katharine: Maikirschen. Kindheitserinnerungen an niederrheinisches Landleben, Köln 1991
Spethmann, Hans: 12 Jahre Ruhrbergbau 1914-1925, 2 Bde, Berlin 1928
Spitzner-Jahn, Albert: 80 Jahre Sozialdemokraten in Kamp-Lintfort, 1909-1989, Kamp-Lintfort 1989
ders.: Kamp-Lintfort im 20. Jahrhundert. Von den Anfängen der Industrialisierung bis zur Gegenwart, Köln 1992
Stadt Moers (Hg.): Festschrift „650 Jahre Stadt Moers", Moers 1950, darin der gleichnamige Aufsatz von Paul Beilecke
Stadt Moers (Hg.): Festschrift „675 Jahre Stadt Moers", darin „675 Jahre im Leben einer Stadt", von Stadtdirektor Heinz Oppers, Moers 1975
Steiger, Wilhelm: Erinnerungen eines simplen Buchhändlers, Moers 1950, Neudruck 1978
Stöters, Friedhelm: Rheinische Eisenbahn. Vom Niederrhein ins Ruhrgebiet, Bühl 1988
Tack, Alois: Die nationalsozialistische Machtergreifung im Kreis Moers, Hausarbeit zur Ersten Philologischen Staatsprüfung für das Lehramt am Gymnasium, Köln 1968
ders.: Nationalsozialismus im Kreis Moers 1925 bis 1933, in: Kreis Moers Jahrbuch 1975, S. 119-126
Tappe, Rudolf / Tietz, Manfred: Tatort Duisburg 1933-1945. Widerstand und Verfolgung im Nationalsozialismus, 2 Bde, Essen 1989 und 1992
Thüer, Heinz: Von der Einheitsgewerkschaft Deutsche Arbeitnehmer Groß-Duisburg zum Deutschen Gewerkschaftsbund Ortsausschuß Duisburg: Der gewerkschaftliche Wiederaufbau in Duisburg 1945-1947, Duisburg 1985
Trotz alledem! Arbeiterkultur in Duisburg. Arbeiteralltag – Arbeiterbewegung – Arbeiterkultur 1848-1939, hg. v. der Stadt Duisburg, Niederrheinisches Museum, Duisburg 1989, Begleitheft zur Ausstellung
Trotz alledem! Arbeiteralltag und Arbeiterkultur zur Zeit der Weimarer Republik in Duisburg, hg. v. der Stadt Duisburg, Essen 1992
Verein ehemaliger Adolfiner 1921-1971, hg. v. Verein ehemaliger Adolfiner, Moers 1971
Vereinigung der Verfolgten des Naziregimes / Bund der Antifaschisten (Hg.): Republikaner ist der Mond. Duisburger Antifaschisten im spanischen Bürgerkrieg, Duisburg 1986
Vereinigung der Verfolgten des Naziregimes / Bund der Antifaschisten, Landesvorstand (Hg.): Jahre in Lüttringhausen. Endstation Wenzelnberg. Berichte von antifaschistischen Widerstandskämpfern, Düsseldorf o.J. (nach 1982)
Volkschor Moers (Hg.): Festschrift zum 75-jährigen Bestehen, Moers 1981
Vollnhals, Clemens (Hg.): Entnazifizierung. Politische Säuberung und Rehabilitierung in den vier Besatzungszonen 1945-1949, München 1991
vom Hellweg, Fritz: Rheinwiesen 1945, Wuppertal o. J.

Voss, Heinrich: Geschichte des Fernsprechwesens in Moers, Moers o.J.
Vowe, Gerhard: Werte im Widerschein des Holocausts, in: Gymnasium Adolfinum. Schola Meursensis 1582-1982, Moers 1982, S. 163-165
Wagemann, Karl: Die Stunde Null- 40 Jahre danach. Zerstörung, Demontage, Wiederaufstieg und Zukunft der Wirtschaft am Beispiel der Region Duisburg, Duisburg 1984
Wehling, Hans-Werner: Werks- und Genossenschaftssiedlungen im Ruhrgebiet: 1844-1939, Bd. 1: Kreis Wesel, Essen 1990
Weinand, Robert: Nie vergessen. Für Spaniens Freiheit. Dachau und dennoch, Essen o.J. (Selbstverlag, ca. 1977)
Werkkreis Literatur der Arbeitswelt (Hg.): Der rote Großvater erzählt, Berichte und Erzählungen von Veteranen der Arbeiterbewegung aus der Zeit 1914-1945, Frankfurt 1974, Berlin 1983
Werkle, Helmut: Verein ehemaliger Adolfiner e.V. Moers 1921-1982, in: Gymnasium Adolfinum – Schola Meursensis 1582-1982, Moers 1982, S. 59-69
Widerstand 1933-1945. Sozialdemokraten und Gewerkschaftler gegen Hitler, hg. vom Archiv der sozialen Demokratie der Friedrich-Ebert-Stiftung, Bonn 1980, 2. Aufl. 1983
Wildschütz, Oliver: Kriegsende 1945, Maschinenskriptum, Moers 1983, Schülerarbeit, STA MO
Wirsbitzki, Brigitte: Geschichte der Moerser Juden nach 1933, Moers 1991
Wisotzky, Klaus: Der Ruhrbergbau im Dritten Reich, Düsseldorf 1983
Wüstemeyer, Friedrich Wilhelm: Erinnerungen an Kindheit und Jugendzeit. 1928-1945, Maschinenskriptum, 60 S., Vennikel o.J. (1990)
Zwangsarbeiter in Neukirchen-Vluyn 1939-1945, mit Beiträgen von Peter Pechmann u.a., Köln 1992, Schriften des Museumsvereins Neukirchen-Vluyn, Nr. 1
Zymek, Bernd: Expansion und Differenzierung des höheren Schulsystems im Staat Preußen, in: Düwell, Kurt / Knöllmann, Wolfgang (Hg.): Rheinland-Westfalen im Industriezeitalter, Bd.4

10.4 Abkürzungen und Erläuterungen

a.a.O.:	am angegebenen Ort
ADGB:	Allgemeiner Deutscher Gewerkschaftsbund, auch „freie Gewerkschaften"; stärkste Organisation der damaligen (politischen) Richtungsgewerkschaften, SPD-nahe
„Alter Verband":	Verband der Bergbauindustriearbeiter, SPD-orientiert
Arbeitsdienst:	Freiwilliger Arbeitsdienst für arbeitslose Jugendliche, 1931 von der Regierung Brüning eingerichtet; 1935 Reichsarbeitsdienst als Pflicht
BDM:	Bund Deutscher Mädel, 14 bis 18-Jährige innerhalb der Hitlerjugend
BM:	Bürgermeister
DAF:	Deutsche Arbeitsfront, trat im Dritten Reich in vieler Beziehung an die Stelle der verbotenen Gewerkschaften

DNV(P):	Deutsch-Nationale Volkspartei, Partei der bürgerlich- extremen Rechten, zumeist auch antidemokratisch und rassistisch; regierte während der Weimarer Republik in der Stadt Moers
DVP:	Deutsche Volkspartei, bürgerliche Partei mit zwiespältigem Verhältnis zur Weimarer Republik, verlor später viele Wähler an die NSDAP
Eiserne Front:	Antwort der SPD-nahen Kräfte auf den Zusammenschluß der extremen Rechten in der „Harzburger Front" 1931 mit dem Ziel, die Republik zu verteidigen: Reichsbanner, Arbeitersportverbände und freie Gewerkschaften
EVBD:	Einheitsverband der Bergarbeiter Deutschlands, KPD-nahe
Flak:	Flugabwehrkanone
Freidenker:	auch „proletarische Freidenker" oder „Freidenker für Feuerbestattung"; ihren nach der Jahrhundertwende gegründeten Verbänden gehörten viele Aktive der Arbeiterbewegung an
Harzburger Front:	Zusammenschluß der beiden rechtsextremen Parteien, DNVP (Hugenberg) und NSDAP (Hitler) sowie des „Stahlhelm" (Seldte) und der Vereinigung Vaterländischer Verbände am 11. Oktober 1931 in Bad Harzburg, unterstützt von Teilen der Wirtschaft; Vorläuferin der Hitlerkoalition von 1933
hg./Hg.:	herausgegeben / Herausgeber
HJ:	Hitlerjugend
HSTAD:	Hauptstaatsarchiv Düsseldorf
IBV:	Internationale Bibelvereinigung (Zeugen Jehovas)
Int.:	Interview
Kapp-Putsch:	Putschversuch am 13. März 1920 gegen die junge Weimarer Republik, Zusammenschluß von Freicorpsführern und Reichswehrkommandeuren; wurde durch den entschlossenen Widerstand vor allem der Arbeiterschaft im Ruhrgebiet vereitelt, wo es zu heftigen Kämpfen kam
KJVD:	Kommunistischer Jugendverband Deutschlands
KPD:	Kommunistische Partei Deutschlands
KZ:	Konzentrationslager
LA:	Landratsamt
LG:	Landgericht
LR:	Landrat
MSAut:	Materialsammlung der Autoren
NRZ:	Neue Ruhrzeitung
NSBO:	Nationalsozialistische Betriebsorganisation
NSDAP:	Nationalsozialistische Deutsche Arbeiterpartei
NSKK:	NS-Kraftfahrer-Korps
NSV:	Nationalsozialistische Volkswohlfahrt
o.J.:	ohne Jahr (bei Literaturangaben)
OG:	Ortsgruppe
OGL:	Ortgruppenleiter
OJ:	Schlüssel-Signatur für Akten von Hochverratsprozessen des OLG Hamm
OLG:	Oberlandesgericht

ORA:	Oberreichsanwalt
o.V. oder o.Verf.:	ohne Verfasser
PG:	Parteigenosse
Reichsbanner:	SPD-nahe Organisation, die 1925 zur Verteidigung der Republik ins Leben gerufen wurde, auch viele Mitglieder aus der Zentrumspartei
Repelen-Baerl:	Name der Gemeinde Rheinkamp bis 1960, zu ihr gehörte auch Meerbeck
RFB:	Roter Frontkämpferbund, KPD-nahe
RGO:	Revolutionäre Gewerkschafts-Opposition (-organisation), KPD-naher Gewerkschaftsdachverband
Rote Ruhrarmee:	Von der Arbeiterschaft anläßlich des rechten Kapp-Putsches 1920 aufgestellte Armee der bewaffneten Arbeiterschaft; hielt für kurze Zeit viele Städte an der Ruhr
RP:	Regierungspräsident; auch: Rheinische Post
RW 58:	Bestand Gestapoakten im Hauptstaatsarchiv Düsseldorf
SA:	Sturmabteilung der NSDAP, seit 1921
SAJ:	Sozialistische Arbeiterjugend (der SPD)
SAP(D):	Sozialistische Arbeiterpartei, linke Abspaltung des SPD (z.B. Willi Brandt)
SD:	Sicherheitsdienst (der SS)
SOPADE:	SPD im Prager Exil
SPD:	Sozialdemokratische Partei Deutschlands
SS:	Schutzstaffel (der NSDAP), seit 1925
SSD:	Staatssicherheitsdienst
Stahlhelm:	„Bund der Frontsoldaten", der der DNVP sehr nahe stand und ab 1929 offen gegen die Republik auftrat; gegründet 1918 von F. Seldte, einem Idol vieler Moerser, der 1933 ins erste Kabinett Hitler eintrat; im Juni 1933 weitestgehend in die SA überführt
Stapo:	Staatspolizei
STA MO:	Stadtarchiv (MO = Moers, NV = Neukirchen-Vluyn, DU = Duisburg)
UB:	Unterbezirk
USPD:	Unabhängige Sozialdemokratische Partei. Spaltete sich 1917 von der SPD ab, die Mehrzahl ihrer Aktiven trat 1920/1922 der KPD bei.
VeA:	Verein ehemaliger Adolfiner (des Gymnasium Adolfinum)
VVN/BdA:	Vereinigung der Verfolgten des Naziregimes / Bund der Antifaschisten, gegründet 1947, 1950 Abspaltung der meisten nichtkommunistischen Mitglieder; verfolgt im „Kalten Krieg"
WAZ:	Westdeutsche Allgemeine Zeitung
WHW:	Winterhilfswerk
Zentrum:	Zentrumspartei, gegründet 1850/58: eine der staatstragenden Parteien der Weimarer Republik, vertreten in allen Regierungen bis 1932; dominierte im Moerser Kreistag und besonders im (katholisch geprägten) nördlichen Altkreis
ZK:	Zentralkomitee

Ursprüngliche Schreibweise wurde bei Zitaten oder Aufzählungen oft beibehalten, z.B. Mörs, Camp, Capellen, oder Straßennamen, die früher zumeist in einem Wort geschrieben wurden (z.B. Asbergerstraße).

Immer wieder unterschiedlich geschriebene Eigennamen wie Am Pandick/Pandyk oder Lewkowicz/Lewkowitz/Levkowiecz wurden vereinheitlicht, im Zweifel nach den Einwohnerbüchern der Stadt Moers von 1930 und 1938.

Wörtliche Zitate aus mündlichen Interviews waren öfter zu straffen, zusammenzufassen und, wenn schwer verständlich, dem Satzbau der Schriftsprache anzupassen.

10.5 Verhaftungen 1933-1945 in Moers (Stadtgebiet)

KPD-Widerstand

Die Angaben beziehen sich nur auf Moers, Kapellen und Repelen-Baerl/Rheinkamp, d.h. das heutige Stadtgebiet Moers. Sie beruhen auf erhaltenen Gestapoakten im Hauptstaatsarchiv Düsseldorf, Prozeßakten im Staatsarchiv Münster, Angaben aus den VVN-Archiven in Wuppertal (Landesarchiv), Köln und Duisburg, anderen Dokumenten – oft aus den Familien – und mündlichen Berichten. Damit dürften die meisten Moerser Fälle erfaßt sein. 59 der nachfolgend aufgeführten 150 Fälle konnten aus den Forschungen von Aurel Billstein übernommen werden.

Die entsprechenden Daten für Kamp-Lintfort, Homberg, Rheinhausen und Neukirchen-Vluyn wurden von den Autoren weniger systematisch erfaßt. Doch wären auch diese Listen, die hier nicht wiedergegeben sind, zusammen weitaus länger als die vorliegende.

	Name Beruf/Funktionen	Wohnort	Jahrgang	Gruppe Partei	Vorwurf/Anklage	Strafe/Schicksal
1.	Gerhard Albri Arbeiter	MO-Asberg	1908		"kommunistische Äußerungen" 1938	Gestapoakte[932]
2.	Wilhelm A.	Meerbeck		KPD (?)	Waffenbesitz September 1933	8 Monate Gefängnis
3.	Bernhard Amend	MO-Hochstraß	1900	KPD	Schutzhaft 30.3.1933	
4.	Vinzenz Asic Arbeitsloser	Repelen-Baerl		KPD	Schutzhaft 28.3.1933	
5.	Karl Ballon Bergmann	Meerbeck		KPD	Schutzhaft 1933	?
6.	Heinrich Balters Bergmann	Meerbeck	1900	KPD	Schutzhaft 1934 Verbreitung Flugblätter	Gestapoakte
7.	Hubert Berchtold Säger, Bergmann	Baerl	1901	KPD	Vorber. Hochverrat[933] verhaftet 29.5.1935	?
8.	Johann Berns Bergmann	Moers	1901	KPD	Vorb. Hochverrat Jahny-Prozeß 1936[934]	2 Jahre 3 Mon. Zuchthaus Gestapoakte, PoLL[935]
9.	Josef Bien Bergmann	Meerbeck	1904	KPD	Schutzhaft 1933 Vorb. Hochverrat Jahny-Prozeß	 4 Jahre 6 Mon. Zuchthaus PoLL
10.	Jakob Bögen/Boegen Bergmann	Meerbeck	1910	KPD	Vorb. Hochverrat Rautenberg-Prozeß 1936	1 Jahr 10 Mon. Gefängnis
11.	Peter Bongers	Repelen		KPD	Schutzhaft bis 29.4.1933	
12.	Heinrich Bossert Bergmann	Moers	1899	KPD	Vorb. Hochverrat Rautenberg-Prozeß 1936	8 Monate Gefängnis
13.	Heinrich Brandenbusch Bergmann, Mitglied des ersten Moerser Rates, Februar 1946				KPD	
14.	Hermann Brandenbusch, Bergmann	Moers	1906	KPD	Vorb. Hochverrat 1934	1 Jahr 9 Mon. Zuchthaus Gestapoakte
15.	Franz Breitenstein Bergmann, Leiter der „Freien Spieler" (Rotsport), Führer des Rotfrontkämpferbundes	MO-Hochstraß		KPD	Schutzhaft 1933	
16.	Richard Buchmann Bergmann, Schriftführer OG Moers-Meerbeck Beigeordneter 1939-1933	Moers-Hochstr.	1900	KPD	Schutzhaft 1933 Vorb. Hochverrat Jahny-Prozeß 1936	6 Jahre Zuchthaus, dann KZ 1941-1945 Gestapoakte
17.	Paul Burkhardt Hilfsarbeiter	Meerbeck		KPD	Vorb. Hochverrat 1936 verhaftet 10.4.1935	Verfahren eingestellt Rautenberg-Prozeß
18.	Josef Czerwinski Bergmann	Moers	1887	KPD	Vorb. Hochverrat Jahny-Prozeß 1936	2 Jahre 9 Monate Gestapoakte, PoLL
19.	Wilhelm Elsenbruch Schreiner Wenkel-Prozeß	Moers	1892	KPD	Vorb. Hochverrat 1935 Wiederaufbau illeg. KPD	U-Haft, Freispruch Gestapoakte
20.	† Adolf Ende Berginvalide	Meerbeck Weserstr. 19	1880	KPD	Vorb. Hochverrat 1935 Am 3.6.1939 in Meerbeck an den Haftfolgen (aus dem Zuchthaus Butzbach) verstorben, PoLL	1 Jahr 9 Mon. Zuchthaus

	Name Beruf/Funktionen	Wohnort	Jahr- gang	Gruppe Partei	Vorwurf/Anklage	Strafe/Schicksal
21.	Adolf Ende	Meerbeck	1906	KPD	Vorb. Hochverrat	Freispruch, aber
	Elektriker				verhaftet 10/36-3/37	schwerst mißhandelt
					Jahny-Prozeß 1936	PoLL
	Herbert Ende: KPD, Mitglied des 1. Kreistags 1945					
22.	Wilhelm Engeln	MO-Hochstraß	1906	KPD	Schutzhaft 1933	KZ Sachsenhausen 1937
	Bauarbeiter, Kampfbund gegen Faschismus, Vorstand KPD-Ortsgruppe Moers					
	Am 12.3.1933 in den Rat gewählt					
23.	Peter Engelskirchen	Moers	1901	KPD	Vorber. Hochverrat	Freispruch
	Schmied				Rautenberg-Prozeß 1936	
24.	Adam Erbach	Moers	1904	KPD	Vorber. Hochverrat 1940	10 Jahre Zuchthaus
	Bergmann, Polit. Leiter der KPD im Kreis Moers,				Spanienkämpfer	KZ Buchenwald bis 45
	Am 12.3.1933 in den Rat gewählt				Schutzhaft 1933	Gestapoakte, PoLL
	Mitarbeiter Stadt Moers nach 1945					
25.	Johann Ernst	Moers	1901	KPD	verhaftet 29.5.1935	
	Bergmann					
	(Johann Esser	Rheinhausen/	1896	KPD	Schutzhaft 1933	KZ Börgermoor
	Bergmann	Meerbeck			Dichter des Moorsoldatenliedes)	
26.	Willi Flecken	MO-Hochstraß	1908	KPD	Schutzhaft 8.4.1933	
27.	Peter Forster	Meerbeck/Baerl	1901	KPD	Schutzhaft 28.2.-6.4.33	Freispruch
	hieß vormals Moczigemba, Bergmann				Vorb. Hochverrat 1936	PoLL
28.	Wilhelm Frakowiak	MO-Hochstraß	1910	KPD	Vorb. Hochverrat 1936	1 Jahr Gefängnis
	(oft Frankowiak)				Rautenberg-Prozeß	
	Elektriker/Mechaniker					Schutzhaft 1933Gestapoakte
29.	†Albert Freiberg	MO-Hochstraß	1885	KPD	Vorb. Hochverrat 1936	7 Jahre Zuchthaus
	Bergmann, Leiter des	T-Str. 7			Rautenberg-Prozeß	am 5.2.1937 in Haft
	Freidenkerverbands,	(Lindenstraße)			Schutzhaft 1933	verstorben an
	Kreistagsmitglied 1929, Beigeordneter 1930					„Lungenentzündung"
30.	Ernst Freiberg	MO-Hochstraß	1915	KPD	Vorb. Hochverrat 1936	7 Monate Gefängnis
	Maschinenschlosser				Rautenberg-Prozeß	
31.	Johann Frevel	Meerbeck		KPD	Schutzhaft 1933	
32.	Josef Friedrich	Moers	1893	KPD	Schutzhaft 1933	
33.	Emil Gaidt	MO-Asberg	1908	KPD	Vorb. Hochverrat	2 Jahre 3 Mon. Zuchthaus
	Bergmann				Jahny-Prozeß 1936	Gestapoakte, PoLL
	Nach 1945 Mitglied im Entnazifizierungsausschuß Moers					
34.	Matthias Gaidt	Repelen-Rheim		KPD	Schutzhaft bis 29.4.1933	
	Bergmann				Vorb. Hochverrat	Freispruch
					Festnahme 12.10.1936	Ulrich-Prozeß
35.	Heinrich Gorres	Meerbeck		KPD	Schutzhaft 1933	
	Am 12.3.1933 in den Rat Repelen-Baerl gewählt					Vorb. Hochverrat U.-Haft/Freispruch
	Mitgl. im ersten Rheinkamper Rat Feb. 1946				Jahny-Prozeß 1936	PoLL
36.	Josef Gottschild	Meerbeck	1912	KPD	Schutzhaft 1.3.-Ende Juni 1933	
	Bergmann				Schutzhaft 28.8.-30.9.33	PoLL
37.	Anton Grunert	MO-Mattheck	1891	KPD	Schutzhaft 1933	
	Bergmann					
38.	Eduard Grygier	MO-Mattheck		KPD	verhaftet 18.3.1933 wegen Verteilens von Flugblättern	
	Arbeiter					
39.	Adolf Hänel	MO-Asberg	1893	KPD	Vorb. Hochverrat 1944	4 Jahre Zuchthaus
	Bergmann					Gestapoakte
40.	† Margarete Hänel,	MO-Asberg	1902	KPD	Vorb. Hochverrat 1944	ermordet im Frauen-
	geb. Zakrzewski, Ehefrau				Keine Anklage	KZ Ravensbrück Ende
						1944, Gestapoakte
41.	Friedrich Hastermann			KPD	Schutzhaft	
42.	Heinrich Hauser	MO-Hochstraß	1913	KPD	Vorb. Hochverrat	Spanienkämpfer
	Schlosser					Gestapoakte
43.	Stephan Hauser	MO-Hochstraß	1915	KPD	Vorb. Hochverrat	3 Jahre Zuchthaus
	arbeitslos				Müller-Prozeß 1935	Gestapoakte
44.	Paula Heinrich	Moers	1907	KPD	Vorb. Hochverrat: Warnung eines Funktionärs	
	geb. Osterkamp, Ehefrau				Festnahme 28.5.1935	Gestapoakte
45.	Wilhelm Hellwig	MO-Asberg			Fremdenlegionär	Gestapoakte
46.	Andreas Hirschmann	Moers-Mattheck	1900	KPD		Schutzhaft 1933
	Bergmann				Vorb. Hochverrat 1936	2 Jahre 3 Mon. Zuchthaus
						Rautenberg-Prozeß
47.	Georg Hirschmann	Moers	1908	KPD	Vorb. Hochverrat 1936	2 Jahre 8 Mon. Zuchthaus
	Bauarbeiter/Bergbau	Martinstr. 7			Rautenberg-Prozeß	Gestapoakte

Nr.	Name Beruf/Funktionen	Wohnort	Jahr- gang	Gruppe Partei	Vorwurf/Anklage	Strafe/Schicksal
48.	Heinrich Hirschmann	MO-Hochstraß	1902	KPD	Schutzhaft 30.3.1933	
	Ortsbezirksleitung Moers der KPD					
	Vorsitzender des Kreissonderhilfsausschusses (Wiedergutmachung) 1946 bis in die 50er Jahre					
49.	Max Hirschmann					
50.	Karl Hoffmann	Meerbeck		KPD	Schutzhaft	
51.	Karl Hoffmeister	MO-Mattheck	1902	KPD	Schutzhaft 1933	
	Bauarbeiter				Vorb. Hochverrat	5 Jahre Zuchth.
					Jahny-Prozeß 1936	Gestapoakte
					Bewährungsbataillon (?)	
52.	Georg Hüsken	Moers	1901	KPD	Verdacht KPD und Sabotage 1944	
	Bergmann					Gestapoakte
53.	Wilhelm Hunnenberg	Moers-	1900	KPD	Vorber. Hochverrat	2 Jahre 9 Mon. Zuchthaus
	Bergmann	Scherpenberg			Rautenberg-Prozeß 1936	
54.	Heinrich Illbruck			KPD	Schutzhaft 1933	
	Arbeiter					
55.	Wilhelm Illbruck	Moers	1902	KPD	Verdacht auf Befreiung eines Schutzhäftlings	
	Bauarbeiter				Vorb. Hochverrat 1935	Gestapoakte
	Ehefrau Barbara Illbruck im 1. Kreistag 1946 (Verfahren gegen sie im Rautenberg-Prozeß 1936 war eingestellt worden)					
	(† Ferdinand Jahny	Hamborn/Moers	1903	KPD	Vorb. Hochverrat	ermordet Februar 1945
	Bergmann				Jahny-Prozeß 1936	bei Zuchthaus
	Hauptangeklagter und einziger von 80 Angeklagten,				Gestapoakte	Lüttringhausen
	der nicht aus dem Altkreis Moers stammte)					(Wenzelnbergschlucht)
56.	Theodor Jansen	Moers		KPD	Schutzhaft 1933	
57.	Franz Jauss	Moers	1903	KPD	verhaftet 28.5.1935	
	Bergmann					
58.	† Friedrich Jirsack	Repelen-Rheim	1885	KPD	Schutzhaft 1933	wie umgekommen?
	Bergmann	Böllkenstr. 9			Vorb. Hochverrat 1936	Freispruch
59.	Josef Juskowiak	Moers	1897		Festnahme 11.4.1936	Bibelforscher
					mit Rautenberg-Gruppe	
60.	Wilhelm Kantuser	Meerbeck	1914	KPD	1933	3 Monate Gefängnis
	Bergmann				Flugblattverteilung, Emigration	
	(Alfons Kaps		1901	KPD	Versuch Wiederaufbau der illeg. KPD	
	Kellner					Gestapoakte)
61.	Heinrich Kersken	Moers	1906	KPD	Vorber. Hochverrat	1 Jahr 6 Mon. Gefängnis
	Schlosser				Lerch-Prozeß 11/34	
62.	Wilhelm Kever	Moers/Baerl	1909	KPD	Vorb. Hochverrat	verhaftet 13.10.1936
	Bauarbeiter/Bergmann				Ulrich-Prozeß	?
63.	Heinrich Klein	Moers	1903	KPD	?	Gestapoakte
64.	Rudolf Klein	MO-Mattheck	1896	KPD	Vorber. Hochverrat	2 Jahre 9 Mon. Zuchthaus
	Arbeiter				Jahny-Prozeß 1936	Gestapoakte, PoLL
65.	Heinrich Klöttgen	MO-Mattheck	1891	KPD	Vorber. Hochverrat	2 Jahre Gefängnis
	Former				Jahny-Prozeß 1936	Gestapoakte, PoLL
66.	Gregor Köhler	Moers	?	KPD	?	Gestapoakte
67.	Franz König	Moers	1907	KPD	hat auf der Straße ein kommunistisches Lied	
					gesungen	Gestapoakte
68.	Wilhelm König	Moers		KPD		Schutzhaft 1933
	Kraftfahrer					
69.	Konrad Komp	Repelen		KPD	Schutzhaft bis 29.4.1933	
	70. Paula Koscielniak	Moers	1907	KPD	Vorb. Hochverrat 1933	Gestapoakte
	Ehefrau					
71.	Wilhelm Kraus	Moers-Vinn			machte sich auffällig am Polizeigebäude zu schaffen	
	Invalide				2 Monate „Schutzhaft" bis 20.4.1933	
72.	Lothar Krämer	?				
	(Ludwig Krispin	Homberg	1898	KPD	Vorb. Hochverrat	2 Jahre Gefängnis
	geb. in Utfort				Lerch-Prozeß 1934	Gestapoakte
	Spanienkämpfer)					
	(Peter Kubasek	Moers/Rheinh.	1912	KPD	4 Jahre Zuchthaus	Gestapoakte)
73.	Ewald Kuchta	Moers	1910	KPD	illeg. Aufbau KPD 1933	4 Jahre Zuchthaus
	Maurer, Leiter der KPD-Betriebszelle Mevissen				Vorb. Hochverrat 10/1935	Wenkel-Prozeß
					erneut KPD 1943	Gestapoakte
74.	Walter Kuchta	MO-Asberg	1914	KPD	Vorb. Hochverrat 1935	2 Jahre Zuchthaus
	Bergmann				und 1942	Gestapoakte
75.	Paul Kurowski	Meerbeck		KPD	Schutzhaft bis 13.4.1933	
	Bergmann, Einheitsverband der Bergleute					

Name Beruf/Funktionen	Wohnort	Jahr- gang	Gruppe Partei	Vorwurf/Anklage	Strafe/Schicksal
76. Johann Lajer Bauarbeiter	Moers	1912	KPD	Vorber. Hochverrat 1936 Rautenberg-Prozeß	3 Jahre Zuchthaus
77. Paul Langer Bergmann	Moers	1903	KPD	Schutzhaft 1933 Gestapoakte	Vorb. Hochverrat 1936
78. Hedwig Langusch geb. Hänel	MO-Asberg	1905	KPD	Verdacht staatsfeindl. und defaitistischer Äußerungen 1941, Gestapoakte Vorber. Hochverrat 1943	 4 Jahre Zuchthaus
79. † Max Langusch Bergmann	MO-Asberg	1904	KPD	Vorb. Hochverrat 1942 1944 im Zuchthaus Brandenburg gestorben	Gestapoakte
80. † Josef Leiß Prozeß Willi Müller	MO-Hochstraß	1916	KPD	Vorb. Hochverrat 1934 1943 über Sippenhaft im KZ Sachsenhausen ermordet	1 Jahr 4 Mon. Gefängnis
81. Alfred Lemmnitz Schriftsetzer Professor und DDR-Minister für Volksbildung 1958-1963	Moers	1905	KPD	Schutzhaft 1933-1935 Vorb. Hochverrat 1936 Vorb. Hochverrat 1941	 1 Jahr 9 Mon. Gefängnis 12 Jahre Zuchthaus durch Volksgerichtshof
82. Cecilie Levy geb. Hirschmann	MO-Mattheck	1904		Verd. auf Zugehörigkeit zur illeg. KPD	 Gestapoakte
83. Franz Levy Bergmann	MO-Mattheck	1900	KPD	Vorb. Hochverrat 1936 Jahny-Prozeß	6 Jahre Zuchthaus Gestapoakte/PoLL
84. † David Lewkowicz Schweißer, jüdischen Glaubens	MO-Mattheck	1903		Vorb. Hochverrat 1936: kommunist. Äußerungen	3 Jahre Zuchthaus Tod am 12.4.1940 im KZ Buchenwald
85. Paul Linsel Arbeiter	Moers	KPD		Schutzhaft 1933	
86. Eduard Lischka Vors. KPD Meerbeck	Meerbeck	1902	KPD	mehrfach Schutzhaft nach 1933	
87. Johann Löbbers	MO-Hochstraß	1901	KPD	Schutzhaft 30.3.1933	
88. Paul Löbbers	?				
89. Theodor Löbbers Bergmann	Moers	1901	KPD	Schutzhaft 1933 Schutzhaft 1937	 Gestapoakte
90. Heinrich Lösch Bergmann	MO-Hochstraß	1894	KPD	Vorb. Hochverrat 1936 Mißhandlungen im KZ Börgermoor und Esterwegen	6 Jahre 6 Mon. Zuchthaus Jahny-Prozeß, PoLL
91. Karl Lösch Bergmann	Moers	1903	KPD	Vorb. Hochverrat Jahny-Prozeß 1936	5 Jahre Zuchthaus Gestapoakte, PoLL
92. Johann Meimers Arbeiter Vors. des Kampfbundes gegen den Faschismus	MO-Mattheck	1902	KPD	Schutzhaft 28.2.33-30.1.34 Vorb. Hochverrat, Ulrich-Prozeß 1937, 4 Jahre Zuchthaus Lüttringhausen 1936-1940 KZ Sachsenhausen 1940-3.5.1945	Gestapoakte
93. Fritz Menzel Bergmann	Meerbeck		KPD	Vorber. Hochverrat 1936 Rautenberg-Prozeß	
94. Heinrich Moder Bergmann (Peter Moczigemba s. Peter Forster)	Moers	1904	KPD	Vorb. Hochverrat Jahny-Prozeß 1936	3 Jahre 6 Mon. Zuchthaus Gestapoakte/PoLL
95. Wilhelm Müller Hilfsarbeiter	Meerbeck	1912	KPD	Vorber. Hochverr. 1934 Schutzhaft 1933	2 Jahre 6 Mon. Zuchthaus Gestapoakte
96. Richard Naß Bauarbeiter	Moers	1888	KPD	Schutzhaft 1933 Staatsfeindl. Äußerungen 1938	Gestapoakte
97. Heinrich Olmesdahl	Repelen		KPD	Schutzhaft März 1933-1.10.1933	
98. Heinrich Otto Bergmann	Moers	1909	KPD	Vorber. Hochverrat Festnahme 11.4.1935	
99. Andreas Pachner Arbeiter	Meerbeck/ Neukirchen-Vluyn	1907	KPD	Vorber. Hochverrat	5 Jahre 9 Mon. Zuchthaus Jahny-Prozeß 1936PoLL
100. Paul	?				
101. Franz Pest	?				
102. Otto Pest	?				
103. Oskar Pfeiffer Arbeiter, Vorstand KPD-Ortsgruppe Moers	MO-Mattheck	1910	KPD	Schutzhaft 1933 Vorb. Hochverrat Jahny-Prozeß 1936	Freispruch nach U.-Haft
104. Max Pfretschner Glasschleifer	Moers	1905	KPD	Schutzhaft 1933 Vorb. Hochverrat Jahny-Prozeß 1936	6 Jahre Zuchthaus Gestapoakte Bewährungsbataillon
105. Friedrich Pietsch Schiffer	MO-Asberg	1902	KPD	Vorb. Hochverrat Jahny-Prozeß 1936	4 Jahre 6 Mon. Zuchthaus Gestapoakte

Nr.	Name Beruf/Funktionen	Wohnort	Jahrgang	Gruppe Partei	Vorwurf/Anklage	Strafe/Schicksal
106.	Wilhelm Pietsch Arbeiter, Ortsbezirksleitung Moers	Moers	1902	KPD	Vorb. Hochverrat Ulrich-Prozeß 1937	2 Jahre 6 Mon. Zuchthaus Gestapoakte
107.	Friedrich Wilhelm Pusch, Steinsetzer	MO-Mattheck	1885	KPD	Schutzhaft 1933/1934 Vorb. Hochverrat 1940 Gestapoakte	Flucht nach Holland 3 Jahre 6 Mon. Zuchthaus dann KZ Buchenwald
108.	Gertrud Pusch Kontoristin	MO-Mattheck	1912	KPD	Flucht nach Holland Vorb. Hochverrat 1943	4 Jahre Zuchthaus KZ Ravensbrück bis 1945
109.	Karl Rademacher Bergmann	Moers	1885	KPD	Vorb. Hochverrat 1937 Staatsfeindl. Äußerungen 1940, Gestapoakte KZ Lichtenburg u. Börgermoor PoLL	3 Jahre Zuchthaus
110.	† Karl Rautenberg Bergmann Hauptangeklagter	MO-Hochstraß	1909	KPD	Vorb. Hochverrat Rautenberg-Prozeß bereits 1933 5 Mon. Gef. wegen Fluglattverteilung	5 Jahre Zuchthaus am 20.3.1937 bei Haft an „Herzschwäche" verstorben
111.	Rudolf Ripka	Moers	1904	KPD	Schutzhaft 8.4.1933	
112.	Alex Ruschnawski	?				
113.	† Hermann Scheffler, Bergmann Fraktionsführer der KPD im Rat von Repelen-Baerl 1929-1933, am 12.3.1933 wiedergewählt	Meerbeck Schlägelstr. 14, Römerstr. 31	1899	KPD	Vorb. Hochverrat 1936 Am 21.11.1943 an der Ostfront gefallen	2 Jahre 9 Mon. Zuchthaus (Strafbataillon?)
114.	† Hermann Schelinski Bergmann	MO-Mattheck	1902	KPD	Vorb. Hochverrat 1933/1934, KZ Papenburg Verbr. illeg. Schriften Wolf-Prozeß 1934	Gestapoakte 1 Jahr 5 Mon.Gefängnis
115.	Alfred Schmidt Bergmann	Moers	1901	KPD	Vorb. Hochverrat 1936 Rautenberg-Prozeß	1 Jahr 8 Mon. Zuchthaus Gestapoakte
116.	Leopold Schmidt	MO-Mattheck	1907	KPD	Schutzhaft 8.4.1933	
117.	Waldemar Schmidt Bergmann	Moers	1909	KPD	Vorb. Hochverrat Gestapoakte	
118.	Wilhelm Schneider Verputzer	MO-Mattheck	1902	KPD	Vorb. Hochverrat 1934 Verbr. illeg. Schriften Wolf-Prozeß	1 Jahr 6 Mon. Gefängnis Gestapoakte
119.	Leopold Schöberl Bergmann, Mitglied der Unterbezirksleitung	Moers	1891	KPD	Vorb. Hochverrat Jahny-Prozeß 1936 Schwere Mißhandlungen bei Gestapo in Essen	3 Jahre 6 Mon. Zuchthaus Gestapoakte/PoLL
120.	Werner Scholz Schmiedelehrling	Meerbeck	1918	KPD	Vorb. Hochverrat 1934 Prozeß Willi Müller	9 Monate Gefängnis als 15-Jähriger
121.	Johannes Schürmann Bergmann	Meerbeck	1904	KPD	Vorb. Hochverrat Wolf-Prozeß	1 Jahr 6 Mon. Gefängnis
122.	Richard Schumacher Bergmann	Moers	1900	KPD	verhaftet am 30.5.1935	
123.	Wilhelm Schumann Angestellter	Moers	1907		Verdacht kommunistischer Umtriebe Gestapoakte	
124.	Franz Schwede Bergmann, Vorsitzender Rotsport Meerbeck	Meerbeck	1898	KPD	Schutzhaft 1933 Vorb. Hochverrat 1936 Bis zur Verhaftung 1935 etwa 10 Haussuchungen	3 Jahre Zuchthaus PoLL, Jahny-Prozeß
125.	† Gustav Schwede Bergmann	Meerbeck Warndtstr. 22	1904	KPD	Schutzhaft 1933 Vorber. Hochverrat 1936 unzählige Haussuchungen, verstarb 38jährig am 21.9.1942 an den Folgen der Haft im Krankenhaus Bethanien	2 Jahre 9 Mon. Zuchthaus Jahny-Prozeß, PoLL
126.	Erich Sell Bergmann, Kassierer Ortsgruppe Moers-Meerbeck	Meerbeck	1897	KPD	Schutzhaft 1933 Vorb. Hochverrat 1936	6 Jahre Zuchthaus PoLL, Jahny-Prozeß
127.	Agnes Siebeneichler geb. Skrzypszak	Moers	1912	KPD	Vorb. Hochverrat Jahny-Prozeß 1936	6 Jahre Zuchthaus Gestapoakte/PoLL
128.	Paul Siebeneichler Arbeiter	Moers	1911	KPD	Vorb. Hochverrat Mißhandlung durch Gestapo in Essen Jahny-Prozeß 1936	2 Jahre Zuchthaus Gestapoakte/PoLL
129.	Alexander Sirnik Bergmann	Moers		KPD	Schutzhaft 1933	
130.	Lukas Sirnik Berginvalide	Moers	1872	KPD	1933 nach Österreich ausgewiesen 1935 inhaftiert	 Gestapoakte
131.	Emanuel Slomka Invalide	MO-Hochstraß	1891	KPD	Vorb. Hochverrat Schwere Mißhandlung auf dem Polizeipräsidium in Essen Jahny-Prozeß 1936	5 Jahre 6 Mon. Zuchthaus Gestapoakte/PoLL

Nr.	Name Beruf/Funktionen	Wohnort	Jahrgang	Gruppe Partei	Vorwurf/Anklage	Strafe/Schicksal
132.	Ernst Stahlschmidt	MO-Mattheck	1878	KPD	Schutzhaft wegen „staatsfeindlicher Umtriebe"	
	Steiger				Oktober/November 1933, Gestapoakte	
133.	Ernst Stahlschmidt	MO-Mattheck	1905	KPD	Vorb. Hochverrat	2 Jahre 9 Mon. Zuchthaus
	Stukkateur				Jahny-Prozeß 1936	Gestapoakte
134.	August Steinhauer	?				
135.	Paul Stollenwerk	Meerbeck		KPD	Vorb. Hochverrat	2 Jahre Zuchthaus
	Führer KJVD				Rautenberg-Prozeß 1936	
136.	Johann Straub	Repelen-Baerl	1899	KPD	Schutzhaft 28.3.-29.4.1933	
137.	Wladislaus Szutarski	MO-Hochstraß	1914	KPD	Vorb. Hochverrat	2 Jahre 6 Mon. Gefängnis
	Dreher				Rautenberg-Prozeß 1936	Gestapoakte
138.	Wilhelm Tenbusch	Moers	1905	KPD	Kurze Verhaftung im August 1944 im Gefolge	
	Bergmann				des 20. Juli 1944 (aus sog. „A-Kartei")	
	Mitgründer des Kreis-DGB nach 1945					
139.	Max Michael Tomaschus		1898	KPD	Vorb. Hochverrat 1934	1 Jahr 6 Mon. Gefängnis
	Maschinist	MO-Mattheck			Wolf-Prozeß	Gestapoakte
140.	Heinrich Tripp	Meerbeck		KPD	Schutzhaft 1933	
	Gärtner, Ratsmitglied	Repelen-Baerl 1929-1933				
141.	† Paul Ulrich	Moers	1902	KPD	Vorb. Hochverrat	7 Jahre Zuchthaus
	Bergmann				Ulrich-Prozeß 1937	am 5.4.1943 im KZ
					Gestapoakte	Mauthausen verstorben
142.	Johann Vasen	MO-Hochstraß		KPD	verhaftet am 20.3.1933 wegen Besitzes von	
	Arbeiter				Flugblättern und einer Pistole	
143.	Heinrich Vennemann		1894	KPD		3 Jahre 6 Mon. Zuchthaus
	Bergmann	Repelen-Baerl			Vorb. Hochverrat 1936	PoLL, Jahny-Prozeß
144.	† Hermann Vennemann		1895	KPD	Schutzhaft zweimal 1933	10 Jahre Zuchthaus
	Bergmann	Repelen-Baerl (Gerdt)			Vorb. Hochverrat 1936	Jahny-Prozeß, PoLL
	bekannter Ringsportler				Verstarb am 6.6.1936 im Zuchthaus Lüttringhausen	
					an den Folgen der Haft	
145.	Josef Voß	Moers		KPD	Schutzhaft 1933	
	Arbeiter					
146.	Alois Weiser	Moers	1892	KPD	viermal Schutzhaft 1933-1935	
	Bergmann, auf Platz 1 der KPD-Liste am 12.3.1933 in den Moerser Rat gewählt					
147.	Richard Wilszek	Baerl	1907	KPD	Vorb. Hochverrat	Freispruch
	Bergmann, Schneider				Verhaftung 30.5.1935	Jahny-Prozeß
148.	Alexander Wolff	Repelen-Baerl		KPD	Schutzhaft 18.3.1933	
	Verputzer	Genend				
149.	† Jakob Wolff	MO-Asberg	1905	KPD	Vorb. Hochverrat	6 Jahre Zuchthaus
	Former	Römerstr. 61			Jahny-Prozeß 1936	Gestapoakte
					im Feb. 1945 in 999-Arbeitskompagnie in	
					Magdeburg umgekommen	
150.	Anton Wolkinger	MO-Asberg	1911	KPD	Vorb. Hochverrat	3 Jahre Zuchthaus
	Hilfsschlosser				Kuchta-Prozeß 1935	Gestapoakte
151.	Paul Zittlau	MO-Hochstraß	1898	KPD	Vorb. Hochverrat 1936	3 Jahre 6 Mon. Zuchthaus
	Arbeiter				Rautenberg-Prozeß	Gestapoakte

† : Fast alle der Aufgeführten sind heute verstorben; das Kreuz weist allein auf Opfer während der NS-Zeit

SPD-Widerstand – Verhaftungen 1933-1945 in Moers

Die Angaben beziehen sich nur auf Moers, Kapellen und Repelen-Baerl bzw. Rheinkamp, d.h. das heutige Stadtgebiet Moers. Sie beruhen auf erhaltenen Gestapoakten im Hauptstaatsarchiv Düsseldorf, Prozeßakten im Staatsarchiv Münster, Angaben aus den VVN-Archiven in Wuppertal (Landesarchiv), Köln und Duisburg, der Lokalpresse, anderen Dokumenten – oft aus den Familien – und mündlichen Berichten. Damit dürften die meisten Moerser Fälle erfaßt sein. 20 der nachfolgend aufgeführten etwa 50 Fälle konnten aus den Forschungen von Aurel Billstein übernommen werden.

Die entsprechenden Daten für Kamp-Lintfort, Homberg, Rheinhausen und Neukirchen wurden von den Autoren weniger systematisch erfaßt. Doch wären auch diese Listen, die hier nicht wiedergegeben sind, zusammen weitaus länger als die vorliegende.

„Gestapoakte" bedeutet: eine Gestapoakte über den Fall ist noch im Hauptstaatsarchiv Düsseldorf erhalten.

	Name Beruf/Funktionen	Wohnort	Jahrgang	Gruppe Partei	Vorwurf/Anklage	Strafe/Schicksal
1)	Friedrich Anlahr Bergmann	Rheinhausen geb. in Kapellen	1888	SPD	Vorber. zum Hochverrat Wiederaufbau illeg. SPD Brotfahrerprozeß 1936	2 Jahre 4 Mon. Zuchthaus Gestapoakte
2)	Friedrich Brandt Bergmann Mitglied im ersten gewählten Moerser Rat, Sept. 1946	Moers	1905	SPD	Vorber. zum Hochverrat Wiederaufbau illeg. SPD	9 Monate Gefängnis Gestapoakte Brotfahrerprozeß 1936
3)	Fritz Büttner späterer Bundestagsabgeordneter für Moers, Sohn von Reinhold Büttner	Meerbeck	1908	SPD	„Schutzhaft" 1933	
4)	† Reinhold Büttner Bergmann	Meerbeck	1879	SPD	Vorber. zum Hochverrat Wiederaufbau illeg. SPD Keine Anklage	5.7.1935 bei Gestapo-Verhören im Polizeigef. DU ermordet
5)	Emil Dörnenburg Hausmeister, 1929 (auf Platz 2 der SPD) und 1933 (Platz 1) in den Moerser Rat gewählt	Moers	1888	SPD	unbek.	„Schutzhaft" 1933 „Schutzhaft" 1935 „Schutzhaft" 1944
6)	Heinrich Elsner Bergmann	Moers	1894	SPD	Vorber. zum Hochverrat Wiederaufbau illeg. SPD Brotfahrerprozeß 1936	1 Jahr 7 Mon. Zuchthaus Gestapoakte
7)	Gustav Fährle Bergmann	Meerbeck	1890	SPD	Vorber. zum Hochverrat Wiederaufbau illeg. SPD Brotfahrerprozeß 1936	2 Jahr 6 Mon. Zuchthaus Gestapoakte
8)	† Gustav Grossmann Bergmann, Knappschaftsältester, Bergarbeiterverband	Meerbeck	1895	SPD	Vorber. zum Hochverrat Wiederaufbau illeg. SPD keine Anklage	9.7.1935 bei Gestapo-Verhören im Polizeigef. DU ermordet
9)	Gustav Grossmann Bergmann, Sohn des Vorgenannten	Moers	1908	SPD	Vorber. zum Hochverrat Wiederaufbau illeg. SPD Brotfahrerprozeß 1936	1 Jahr 4 Mon. Gefängnis
10)	Fritz Hattwig Führer der „Eisernen Front"	Moers	1898	SPD	„Schutzhaft" Juni 1933	
11)	Wilhelm Herrmann Bergmann	Meerbeck	1902	SPD	Vorber. Hochverrat Wiederaufbau illeg. SPD Brotfahrerprozeß 1936	2 Jahre 2 Mon. Zuchthaus Gestapoakte
12)	Wilhelm Höschen	Meerbeck		SPD	?	„wurde auch abgeholt"
13)	Wilhelm Holtschneider Mitglied des ersten Moerser Rates, Februar 1946	Moers		SPD	1933 aus dem Rathaus geworfen, 1944 verhaftet	
14)	Hermann Hoppe Bergmann	Moers	1902	SPD	Vorber. zum Hochverrat Wiederaufbau illeg. SPD Brotfahrerprozeß 1936	6 Monate Gefängnis
15)	Heinrich Huhndorf Bergmann	Meerbeck	1884	SPD	Vorber. zum Hochverrat Wiederaufbau illeg. SPD Brotfahrerprozeß 1936	1 Jahr 4 Mon. Gefängnis

Name Beruf/Funktionen	Wohnort	Jahr- gang	Gruppe Partei	Vorwurf/Anklage	Strafe/Schicksal
16) Bernhard Jung	Moers	1901	SPD	Vorber. zum Hochverrat	2 Jahre 6 Mon. Zuchthaus
kaufm. Angestellter, Mitglied des Berarbeiterverbands				Wiederaufbau illeg. SPD	Gestapoakte
				Brotfahrerprozeß 1936	
17) Killig, Vorname ?	Moers	?	SPD	„Schutzhaft" Juni 1933	
18) August Knoll	Meerbeck	1885	SPD	Vorber. zum Hochverrat	1 Jahr 4 Mon. Gefängnis
Bergmann				Wiederaufbau illeg. SPD	
				Brotfahrerprozeß 1936	
19) Paul Langer	Repelen	1903	SPD	Vorber. zum Hochverrat	1 Jahr 7 Mon. Gefängnis
Bergmann,				Wiederaufbau illeg. SPD	Gestapoakte
				Brotfahrerprozeß 1936	
Mitglied im ersten ernannten Rheinkamper Rat Februar 1946 und im ersten gewählten Rat, Sept. 1946					
20) Walter Leese	Moers	1901	SPD	Vorber. zum Hochverrat	3 Jahre 5 Mon. Zuchthaus
				Wiederaufbau illeg. SPD	Gestapoakte
				Brotfahrerprozeß 1936	
einer der führenden „Brotfahrer", Mitglied des Reichsbanners und Sekretär des Bergarbeiterverbandes, nach 1945 Gründer und erster Vorsitzender des Kreis-DGB					
21) Fritz Leuchtenberger	Meerbeck	1884	SPD	Vorber. zum Hochverrat	1 Jahr 7 Mon. Zuchthaus
Invalide, war SPD-Funktionär				Wiederaufbau illeg. SPD	Gestapoakte
				Brotfahrerprozeß 1936	
22) Josef Leyers	Moers	1912	SPD	Verhaftung am 4.6.1935 mit den „Brotfahrern"	
Kraftwagenführer				Untersuchungshaft	
23) Max Meier	Meerbeck	1894	SPD	Verhaftung am 3.6.1935 mit den „Brotfahrern"	
Angestellter				Untersuchungshaft	
24) Ludwig Mühlhausen	Meerbeck	1896	SPD	Verhaftung am 3.6.1935 mit den „Brotfahrern"	
Angestellter, Stadtsekretär				Untersuchungshaft	
25) Friedrich Müller	Moers	1906	SPD	Entlassung aus der Polizei wegen Zugehörigkeit zur SPD und wegen staatsabträglicher Äußerungen 1934, staatsfeindl. Äußerungen 1939, Gestapoakte	
Polizeiwachtmeister, später Kontrolleur					
26) Wilhelm Müller	Moers	1895	SPD	Vorber. zum Hochverrat	1 Jahr 7 Mon. Zuchthaus
Klempner				Wiederaufbau illeg. SPD	Gestapoakte
Mitglied im ersten Moerser Rat Februar 1946, Moerser Bürgermeister von September 1946 bis 1952				Brotfahrerprozeß 1936	
27) † Alex Nöthen	Moers	1885	SPD	Vorber. zum Hochverrat	7.7.1935 bei Gestapoverhören
Bergarbeiter,				Wiederaufbau illeg. SPD	im Polizeigefängnis Duisburg
Bergarbeiterverband, Betriebsratsvorsitzender				Keine Anklage	ermordet
28) Paul Pätzold	Meerbeck	1887	SPD	Vorber. zum Hochverrat	1 Jahr 7 Mon. Gefängnis
Bergmann				Wiederaufbau illeg. SPD	
				Brotfahrerprozeß 1936	
29) Wilhelm Platen	Repelen	1879	SPD	Vorber. zum Hochverrat	1 Jahr 4 Mon. Gefängnis
Invalide				Wiederaufbau illeg. SPD	Gestapoakte
				Brotfahrerprozeß 1936	
30) Wilhelm Röhricht	Meerbeck	1892	SPD	Vorber. zum Hochverrat	1 Jahr 7 Mon. Gefängnis
Bergmann				Wiederaufbau illeg. SPD	Gestapoakte
				Brotfahrerprozeß 1936	
31) Richard Rülke	Meerbeck	1896	SPD	Verhaftung am 3.6.1935 mit den „Brotfahrern"	
Bergmann				Untersuchungshaft	
32) Hermann Runge	Meerbeck	1902	SPD	Vorber. zum Hochverrat	9 Jahre Zuchthaus
Schlosser, Parteisekretär, Brotfahrer				Wiederaufbau illeg. SPD	Prozeßakten
1945 Mitglied im Kreis-Entnazifizierungsausschuß, Mitglied im ersten Moerser Rat, Februar 1946 und Kreistag Januar 1946 Mitglied des Parlamentarischen Rates, der das Grundgesetz erarbeitete, 1949-1957 Mitglied des Bundestags, verstorben 3.5.1975				Brotfahrerprozeß 1936	
33) Wilhelmine Runge	Meerbeck	1907	SPD	gab Brotmarken an einen kommunist. Funktionär, der sich illegal aufhielt	1 Tag U-Haft 1943
Brotfahrerin					Gestapoakte
Ausschußmitglied im ersten Kreistag 1946					
34) Johann Schaik	Wesel	1882	SPD	Verhaftung am 4.6.1935 mit den „Brotfahrern"	
Bäcker	geb. in Moers			Untersuchungshaft	
35) August Schiller	Meerbeck			Verhaftung am 4.6.1935 mit den „Brotfahrern"	
Bergmann				Untersuchungshaft	
36) Hermann Schiller	Meerbeck	1878	SPD	Vorber. zum Hochverrat	„Schutzhaft" 1933
Invalide, war Funktionär der SPD gewählt				Wiederaufbau illeg. SPD	1 Jahr 8 Mon. Gefängnis
in Gemeinderat Repelen-Baerl 1929 und 1933				Brotfahrerprozeß 1936	Gestapoakte
37) August Schneider	Meerbeck	1886	SPD	Vorber. zum Hochverrat	1 Jahr 7 Mon. Gefängnis
Bergmann				Wiederaufbau illeg. SPD	Gestapoakte
				Brotfahrerprozeß 1936	

	Name Beruf/Funktionen	Wohnort	Jahr- gang	Gruppe Partei	Vorwurf/Anklage	Strafe/Schicksal
38)	Paul Schneider	Meerbeck	1905	SPD	Vorber. zum Hochverrat	3 Jahre 4 Mon. Zuchthaus
	Bergmann, Ortsgruppenleiter des Reichsbanners				Wiederaufbau illeg. SPD	Gestapoakte
					Brotfahrerprozeß 1936	
39)	Karl Scholz	Meerbeck	1902	SPD	Betätigung für die	Gestapoakte
	Hauer				illegale SPD	
40)	Max Scholz	Meerbeck	1877	SPD	Vorber. zum Hochverrat	1 Jahr 10 Mon. Zuchthaus
	Berginvalide				Wiederaufbau illeg. SPD	Gestapoakte
					Brotfahrerprozeß 1936	
41)	Theodor Scholz	Meerbeck	1878	SPD	Vorber. zum Hochverrat	1 Jahr 4 Mon. Gefängnis
	Invalide				Wiederaufbau illeg. SPD	Gestapoakte
					Brotfahrerprozeß 1936	
42)	Heinrich Schroth	Meerbeck	1886	SPD	Vorber. zum Hochverrat	2 Jahre 7 Mon. Zuchthaus
	Bergmann				Wiederaufbau illeg. SPD	Gestapoakte
					Brotfahrerprozeß 1936	
43)	Johann Steegmann	Repelen	1880	SPD	Vorber. zum Hochverrat	2 Jahre 2 Mon. Zuchthaus
	Bergmann, Funktionär der SPD,				Wiederaufbau illeg. SPD	
	in den Gemeinderat gewählt 1933				Brotfahrerprozeß 1936	Gestapoakte
	Mitglied im ersten Repelen-Baerler Rat Februar 1946,					
	Bürgermeister in Rheinkamp Februar-September 1946, November 1949-April 1956					
44)	Otto Striebeck	Moers		SPD	Vorber. zum Hochverrat	2 Jahre 10 Mon. Zuchthaus
	verhaftet in Mülheim, war aber bis zum Verbot 1933					Wiederaufbau illeg. SPD
	Redakteur der sozialdemokrat. „Volksstimme" in Moers					Brotfahrerprozeß 1936
	nach dem Krieg Bundestagsabgeordneter der SPD					
45)	Paul Ullrich	Meerbeck	1884	SPD	Vorber. zum Hochverrat	1 Jahr 2 Mon. Gefängnis
	Bergmann				Wiederaufbau illeg. SPD	Gestapoakte
					Brotfahrerprozeß 1936	
46)	Walter Ulrich	Repelen-Rheim	1900	SPD	Vorber. zum Hochverrat	1 Jahr 6 Mon. Zuchthaus
	Bergmann				Wiederaufbau illeg. SPD	Gestapoakte
	Mitglied im ersten Rheinkamper Rat Februar 1946					Brotfahrerprozeß 1936
	Bürgermeister Rheinkamp September 1946 bis November 1949					
47)	G. Weinert	Moers	?	SPD	„Schutzhaft" Juni 1933	
48)	Rudi Weiss	Moers	1890	SPD	„Schutzhaft" wegen staatsfeindlicher Umtriebe	
	Bürobeamter, Stadtverordneter der SPD, Reichsbanner-Funktionär					Gestapoakte
	nach 1945 Leiter der Allgemeinen Ortskrankenkasse Moers					
49)	Friedrich Wilhelm	Meerbeck	1881	SPD	Vorber. zum Hochverrat	1 Jahr Gefängnis
	Bergmann				Wiederaufbau illeg. SPD	Gestapoakte
					Brotfahrerprozeß 1936	
50)	Wilhelm Wolf	Meerbeck	1904	SPD	Vorber. zum Hochverrat	1 Jahr 8 Mon. Gefängnis
	Bergmann				Wiederaufbau illeg. SPD	Gestapoakte
					Brotfahrerprozeß 1936	
51)	Peter Zimmer	Moers	1868	SPD	Vorber. zum Hochverrat	8 Mon. Gefängnis
	Invalide, SPD-Funktonär, Reichsbannerführer Moers,				Wiederaufbau illeg. SPD	Gestapoakte
	Bergarbeiterverband				Brotfahrerprozeß 1936	„Schutzhaft" 1944
	Mitglied im ersten Moerser Kreistag Februar 1946					
	Alterspräsident des ersten Landtags NRW 1946					

10.5 Verhaftete und verhörte Personen – außer KPD und SPD

Viele Gegner des NS-Regimes waren nicht politisch organisiert. Ihr Mut gegenüber den Herrschenden findet, soweit ihr Fall gestapoaktenkundig wurde, in der nachfolgenden Zusammenstellung seinen Niederschlag. Zugleich werfen ihre angeblichen „Delikte" ein deutliches Licht auf „Furcht und Elend des Dritten Reiches" im Alltag der Kreisstadt und ihrer Umgebung. In sehr vielen Fällen wurde denunziert – auch das leider der Alltag.

Über die nachfolgend aufgeführten Personen wurde eine Gestapoakte angelegt. Sie wurden häufig verhaftet, mindestens verhört. Die Aufzählung folgt den Kategorien der Gestapokartei des Nordrhein-westfälischen Hauptstaatsarchivs. Die Namen werden ausgeschrieben, da sie oft lokalgeschichtlich interessant sind, manchmal werden sie durch Abkürzung anonymisiert. Die erste Jahreszahl weist jeweils auf das Geburtsjahr, die am Ende auf die Zeit der Anlegung der Gestapoakten. Da die „Delikte" stets die der NS-"Justiz" sind, werden sie nicht ständig in Anführungszeichen gesetzt, die Formulierungen sind fast immer aus der Kartei übernommen. Der Krefelder Antifaschist und Geschichtsforscher Aurel Billstein stellte uns dabei freundlicherweise seine Auflistung für die Gestapo-Außenstelle Krefeld zur Verfügung, zu der Moers gehörte. Die Autoren haben sie für Moers vervollständigt.

Systematisch wurden alle Fälle in Moers, Kapellen und Repelen-Baerl erfaßt. Die der Nachbargemeinden im Altkreis, deren Zahl zusammen weit höher als die der Moerser wäre, sind nur dann erwähnt, wenn sie besonders interessant oder typisch erscheinen. Durchgezählt wurden die Fälle von Widerstand, Zivilcourage und Verfolgung für das heutige Stadtgebiet von Moers. Mit der Polizei in Konflikt geraten dürften natürlich noch sehr viel mehr Personen sein: in den Akten fehlen zahlreiche sonst bestätigte Fälle, wie z.B. der des von den Nazis ermordeten Moerser Arztes Dr. Alois Meyer.

Wer weiter über diese Personen arbeiten möchte, kann sich an die Autoren dieser Studie wenden.

Nicht hier mit aufgeführt sind die Kategorien KPD und SPD. Sie wurden vorstehend in Listen zusammengefaßt und in den Kapiteln 3 und 4 ausführlich behandelt.

Verstoß gegen das sogenannte Heimtückegesetz – oder: wen das Regime für „heimtückisch" hielt

1) Bruckschen, Andreas, geb. 1892 in Moers, Arbeiter, Moers: Abfällige und gehässige Äußerungen über Kriegsereignisse, 1941

2) Küppers, Heinrich, 1894, Schreiner, Repelen: Tragen von Stücken der Uniform des aufgelösten NSDFB (Stahlhelm), Verdacht staatsf. Einstellung, Auseinandersetzung mit SA-Mitgliedern, 1937-38

3) Lüdtke, August, 1881, Scherenschleifer, Moers: Staatsabtr. Äußerungen in einem aus dem Bethanienkrankenhaus abgeschickten Brief, 1940

4) Metschen, Wilhelm, geb. 1893 in Moers, Schlosser: Staatsf. Äußerungen, war Mitglied der SPD und des Reichbanners, 1937 und 1940

5) Metschen, Karl, geb. 1896 in Moers, Büroangestellter, Moers: Beleidigung Hitlers in Moers 1935 und OB-Osterfeld 1940

6) Hoffmann, Hermann, 1896, Gemüsehändler, Moers: Staatsf. Äußerungen 1935, tätl. Auseinandersetzung mit NSDAP-Mitgliedern 1936

7) Schulz, Wilhelmine, geb. Schoer, geb. 1892 in Moers, Hausfrau in Moers: Beleidigung eines NSDAP-Blockleiters und eines SA-Truppführers, die an ein Haus die Aufschrift „Judenknecht" gemalt haben, 1938

8) Dombrowsky, Willy, geb. 1921 in Moers, Bergmann Moers: Nichtgrüßen einer Hakenkreuzfahne der SA usw., 1939

9) Andermahr, Hermann, 1887, Versicherungsbezirksleiter, Kapellen: Abf. Äußerungen über Hitler, Göring, Dr. Goebbels usw. in Düsseldorf, 1936; stets abträgliche Äuß. über die Reichsregierung in Rheinfeld (1941); defaitistische und abf. Äuß. über Hitler in Kapellen 1943, 1936-1943; ehem. Mitglied der Zentrumspartei

10) Kolbe, Johannes, 1896, Elektromonteur in Moers: Beleidigung eines Ortsgruppenleiters der NSDAP, 1938

11) Jannsen, Franz, 1900, Kaufm. Angestellter, Moers: wurde „verantwortlich vernommen", weil er nach Bombenschäden gesagt hatte, man könne an sein bombengeschädigten Haus jetzt schreiben „Es lebe der Führer", 1943 (aus Akte Tembergen)

Schmidt, Gerhard, 1912, Anstreicher in Neukirchen-Vluyn: soll Greuelmärchen über Zustände im KZ verbreitet haben, 1941

Tembergen, Dietrich, geb. 1887 in Baerl, Bergmann Kamp-Lintfort: wurde wegen Vorbereitung zum Hochverrat zum Tode verurteilt, weil er britische Flugblätter in der Straßenbahn gezeigt und sich staatsf. geäußert hat; 1942-43

12) Schmidt, Bernhard, 1884, Architekt in Moers: Abfällige Äußerungen über das Mutter-Ehrenkreuz, 1939

Onkels, Jakob, 1900, Lederzuschneider Rheinberg: Festnahme wegen Verächtlichmachung von Nationalsozialisten in einem Lokal in Rheinberg; Verurteilung 1937, Einweisung in das KZ-Buchenwald; 1936-1939

13)-34) Staatsabträgliche, staatsfeindliche und/oder defaitistische Äußerungen, Beleidigung des Führers usw. (alle Moers):

Biefang, Heinrich, geb. 1899 in Moers, Arbeiter, 1941
Brohl, Karl, 1902, Kaufmann, Repelen 1937-38
Fladderich, Hermann, 1874, Vers.-Kaufmann, 1937
Führer, Johann, 1862, Invalide, 1935
Höing, Alois, 1912, Bäckergeselle, 1941
Jaskulke, Franz, 1898, Schlosser, 1937, 1943
Kitzhofer, Johann, 1872, Invalide, 1944
König, Emma, geb. Runte, 1886, ohne Beruf, 1939
Lamers, Adele, 1893, ohne Beruf, Kapellen, 1940
Meyers, Matthias, 1874, Schmied/Fahrradhändler, 1939
Moderski, Anton, 1868, Arbeiter, 1938
Nohmann, August, 1883, Steiger i.R., 1938
Peschken, Heinrich, 1895, Brauereivertreter, 1943
Pribyl, Emil, 1904, Bergmann, 1940
Schrepfer, Franz, 1876, Obermaschinensteiger, 1939
Schultz, Fritz, 1906, Mechanikermeister, 1938-39
Strozyk, Michael, 1875, Hüttenarbeiter, 1938
Terlinden, Dietrich, 1897, Rangierer, 1938
Uebler, Alfred, 1895, Werkschutzmann, 1941

Weise, Arthur, 1895, Kaufmann, 1942
Weyers, Margarete, geb. Stellner, 1884, Hausfrau, 1939
Zakrzewsky, Bernhard, geb. 1908 in Moers, Schneider, 1942-44

„Opposition" – womit man schon zu den Gegnern gehörte

Spichler, Augusta, 1878, Homberg: wurde für 2 Monate in Schutzhaft genommen, weil sie den Tod eines Soldaten als Strafe Gottes bezeichnet hatte, 1941-1942

35) Dr. Kaschade, Rudolf, 1886, Beigeordneter, Moers: wurde 1934 auf Grund des Gesetzes zur Wiederherstellung des Berufsbeamtentums als 1. Beigeordneter der Stadt Moers wegen charakterlicher und politischer Unzuverlässigkeit entlassen; Leumundsbericht (1942), 1939

36) Endert, Günter van, 1884, Moers: Oppositionelle Einstellung zur NSDAP usw. als Landrat in Moers bis zur Machtübernahme durch die NSDAP 1933; hier: Ermittlungen, Leumundsberichte anläßlich Sondergerichtsverfahren wegen Abhören ausländischer Sender in Hannover; 1933 von Moers nach Münster verzogen, 1942 in Hannover

37) Müller, Josef, geb. 1909 in Moers, Hammerschmied in Meerbeck: Einbürgerungsantrag, 1934; Verdacht abfällige Äußerungen über die NSDAP 1940-41

38) Bergmann, Heinrich, 1914, Handlungsgehilfe in Moers: Verdacht abfälliger Äußerungen über Hitler und die Regierung, 1940

39) Wenner, Franz, 1884, Postinspektor in Moers: Überwachung wegen des Verdachts, deutschfeindlich und frankophil eingestellt zu sein und enge Beziehungen zu Bewohnern des Saargebietes zu haben, 1934-35

40) Albrecht, Oskar, 1887, Rektor in Moers: Verdacht abfälliger Äußerungen über die nationalsoz. Bewegung, 1935

41) Burkhardt, Valentin, 1899, Maurer in Moers: Verdacht staatsf. Äußerungen und des Abhörens ausländ. Sender, 1942

42) Salomon, Heinrich, 1908, Schweißer in Moers-Schwafheim: Verdacht der Teilnahme an Zusammenkünften, bei denen abfällig über die Reichsregierung gesprochen wurde, 1935

43) Neufing, Johann, 1900, Invalide in Meerbeck: wurde verurteilt, weil er eine NSDAP-Fahne nicht gegrüßt hat, 1937 der Verbreitung unwahrer Gerüchte verdächtigt, 1933-1937

Dr. Underberg, Karl, 1896, Spanischer Wahl-Vizekonsul, Rheinberg: Versucht Befreiung vom Militärdienst, um seine Konsulatsgeschäfte fortzuführen; untersagt Sekretärin die Anwendung des Grußes „Heil Hitler" im Konsulat, 1942

44) Wilkening, Georg, 1871, Rektor a.D. in Moers: Staatsf. Äußerungen, 1936; ehem. Mitglied der DNVP und Vorsitzender des Bundes der Kaisertreuen

Ausländer

45) Rückert, Robert, 1902, Tscheche/Freiwaldau, Schriftsetzer in Moers: wurde 1937 ausgewiesen, emigrierte nach Belgien, stand in Gent usw. mit dem belg. Nachrichtendienst in Verbindung, kehrte 1939 nach Deutschland zurück, wurde in Ramrath wegen Spionageverdachts usw. festgenommen und 1942 wegen landesverräterischer Beziehungen vom 4. Senat des Volksgerichtshofes verurteilt

46) Sirnik, Lukas, 1872, Berginvalide in Moers: wurde 1933 wegen kommunistischer Betätigung aus dem Reichsgebiet ausgewiesen, kehrte 1934 aus Österreich zurück, wurde wegen Bannbruchs 1935 inhaftiert, erhielt danach die Aufenthaltsgenehmigung und wurde 1937 in Essen wohnhaft, Jude, 1937

Leiden für die religiöse Überzeugung – Bibelforscher bzw. Zeugen Jehovas
Aufgeführt sind nur die Moerser, insgesamt sind 40-50 Fälle aus dem Kreis Moers aktenkundig. Der Vorwurf lautete zumeist auf Betätigung für die illegale Internationale Bibelvereinigung (IBV).

47) Breisser, Frieda, geb. Müller, 1901, Haushälterin, Moers-Asberg, 1940

48) Daft, Gustav, 1905, Bergmann, Repelen-Rheim, 1937

49) Daft, Ottilie, geb. Zientz, 1903, Repelen-Rheim: Illegaler Briefverkehr mit ihrem im KZ inhaftierten Ehemann, Unterstützung d. Bibelforscher, Teilnahme an Bibelstunden, 1944

50) Deden, Peter, 1910, Moers: Ist bei der Postkontrolle als Bibelforscher in Erscheinung getreten, 1940

51) Juskowiak, Josef, 1897, Hilfsarbeiter, Moers, 1937

52) Karlinger, Georg, 1897, Meerbeck: Staatsabträgliches Verhalten als Bibelforscher, Weigerung aus religiösen Gründen, seinen Sohn in die HJ eintreten zu lassen. Entzug des Sorgerechts für seine Kinder, 1941

53) Krause, Richard, 1915, Schütze, Moers: Verweigerung des Wehrdienstes aus religiösen Gründen als Soldat in Bielefeld, 1937/1938

54) Laakmann, Elisabeth, geb. Morschen, geb. 1978 in Moers, Rentnerin, Moers-Asberg: Nichtausübung des Wahlrechts 1935, Postüberwachung, Bet. für die illegale IBV 1940, 1940-1941. Ihr Ehemann Heinrich ist 1940 im KZ Sachsenhausen gestorben, ihr Sohn Peter wurde 1938 dem KZ Buchenwald überstellt.

55) Laakmann, Peter, 1905, Landwirt, Moers-Asberg: Schutzhaft als fanatischer Bibelforscher 1937, Entziehung des Kraftwagens 1938

56) Laakmann, Heinrich, geb. 1878 in Moers-Hochstraß, Bauer, Moers-Asberg: zu 1 Jahr 3 Monaten Gefängnis durch Sondergericht verurteilt, 1937, Tod im KZ Sachsenhausen, 1940

57) Liesen, Agnes, geb. 1885 in Moers-Asberg, Ehefrau, Moers-Asberg: Ablehnung der Teilnahme an einem Luftschutzlehrgang aus religiösen Gründen, Betätigung für die illeg. IBV, Schutzhaft nach Strafverbüßung, 1937-38

58) Nepix, Luise, geb. Rademacher, 1876, Moers 1940, auch Abhören ausländischer Sender 1943

59) Roeske, Otto, 1901, Kraftfahrer, Moers, Verbreitung von Flugblättern 1937, 1938

60) Saumer, Franz, 1899, Landarbeiter Meerbeck: Schutzhaft nach Strafverbüßung 1941, Verweigerung des Wehrdienstes und Zersetzung der Wehrkraft, Hinrichtung 1944

61) Schrüfer, Georg, 1895, Invalide, Moers-Hochstraß: Inschutzhaftnahme nach Strafverbüßung 1937, 1938

62) Schürmann, Heinrich, 1912, Bergmann, Kamp-Lintfort, Inschutzhaftnahme nach Strafverbüßung und Einweisung in ein KZ 1938

63) Thoenes, Heinrich, 1895, Arbeiter, Moers: Entzug des Fürsorgerechts über seinen Sohn 1938, Schutzhaft 1938, 2 Jahre Gefängnis durch Sondergericht Düsseldorf 1940, Einweisung in das KZ Buchenwald 5.7.1943

64) Thoenes, Katharina, geb. Deden, 1905, Ehefrau, Moers: Entzug der Erziehungsgewalt über ihren Sohn 1935-1937, zwei Gefängnisstrafen und KZ Moringen

65) Trommel, Gertrud, geb. Horrighs, 1882, Moers, 1937-1938

66) Trommel, Heinrich, 1882, Bergmann, Moers, Inschutzhaftnahme nach Strafverbüßung, 1937-1939

67) Wandres, Albert, 1902, Schlosser, Moers: wurde 1937 zu 5 Jahren Gefängnis verurteilt und nach Strafverbüßung am 4.2.1943 dem KZ Mauthausen überstellt

Jugendbund/Bündische Jugend – neben der „Staatsjugend" darf es nichts geben

68) Uhlen, Fritz, 1928, Schüler in Moers: Verdacht bündischer Umtriebe, Mitglied der HJ, 1943

Dreschkau, Walter, 1917, Schlosser, Neukirchen-Vluyn: Kittelbachpiraten, 1935-1936

Bettenhausen, Rolf, 1927, Lehrling, Rheinhausen: Edelweißpiraten, 1943

Vetter, Theodor, 1926, Rheinhausen: Edelweißpiraten, keine Jahreszahl

Riemenschneider, Otto, 1917, Rheinhausen: Kittelbachpiraten, 1937-1938

Gunster, Antonie, 1931, Kaufm. Angestellte, Kamp-Lintfort: hat Edelweißpiraten-Abzeichen getragen, 1943

Verboten: Menschlichkeit – Umgang mit Kriegsgefangenen und Fremdarbeitern (50-60 Fälle im Altkreis Moers)

69) Zakrezewski, Antonie, geb. Beranek, 1916, Ehefrau, Moers: verbotener Umgang mit franz. Kgf., 1944

G., Anneliese, 1915, Büroangestellte Rheinhausen: verbotener Umgang mit franz. Kgf., hat Liebesbriefe geschrieben, 1 Jahr 6 Monate Zuchthaus, 1942

70) Dappen, Getrud, 1918, Landwirtschaftsgehilfin, Kapellen: Verwarnung wegen Umgang mit franz. Kgf, 1941

Sibilski, Eva, Witwe, 1884, Neukirchen: Umgang mit Kgf; vertrauliche Gespräche, gemeinsames Fotografieren, 1940

Thamm, Paul, 1902, Bergmann, Kamp-Lintfort: Ist als ehem. KPD-Mitglied ungeeignet, eine Gruppe Russen zu führen, wird abgelöst, 1943

71) Heitmann, Ella, 1892, Angestellte beim Gesundheitsamt, Moers: hat einem Brief an ihren Mann einen Bericht des Amtsarztes über die Zustände im Lager für russische Kgf. in Rheinhausen beigelegt, 1941

Lehmann, Hermann, 1905, Bergmann, Kamp-Lintfort: verbotener Umgang mit russischen Kgf., 1943

Sykora, Wenzel, 1902, Bergmann, Kamp-Lintfort: verbotener Umgang mit russ. Kgf. und Abhören ausl. Sender, 1944

Spork, Franziska, 1900, Budenwirtin, Rheinhausen: Umgang mit russischen Kgf., Abgabe übriggebliebener Speisereste, 1943

Büllingen-Wevelinghoven, Eugenie von, geb. Gräfin de Monceau, Gutsbesitzerin, Budberg: hat polnische Kgf. am Gottesdienst teilnehmen lassen, 1940

72) Kempermann, Johannes, 1922, Hilfsarbeiter, Meerbeck: Festnahme wegen Arbeitsbummelei auf Grund einer Sonderanweisung, 1933-44

73) Wobedo, Hermann, 1916, Meerbeck: Freundschaftlicher Verkehr mit einer poln. Fremdarbeiterin, 1940-41

74) N., Rosa, geb. Kilian, geb. 1915 in Moers, Ehefrau, Moers, Umgang mit franz. Fremdarbeiter, 1944

Bornstein, Gerhard, 1877, Bauer, Kamp: Hat einem Ostarbeiter Schnaps und Strümpfe geschenkt, 1943-1944

Johannes Werner, 1883, Maschinist, Rheinhausen: Nimmt zwei Ostarbeiterinnen mit in seine Wohnung, damit sie sich dort aufwärmen können, 1942

Anton Markiewicz, 1888, Grubenmaschinist, Homberg: Unterhaltung mit polnischen Arbeitern im Untertagebetrieb der Zeche Neumühl in Homberg, 1941

75) Benda, Georg, geb. 1912 in Antwerpen, Moers: hat als Chefmonteur eines Treibstoffwerkes in Moers und Betreuer der dort tätigen belgischen Arbeiter Urlaubsscheine einer Paßfälscherzentrale in Belgien zugeleitet, 1944

Hoogen, Johannes, 1879, Bauer, Kamp-Lintfort (Saalhoff): hat zwei poln. Kgf. am Gottesdienst in einer Kapelle in seinem Haus teilnehmen lassen, 1940

Emigrantentum und „fremdvölkische Minderheiten"

„Schutzhaft als führender Kopf der poln. Minderheit", 1939-41:

76) Prietrosiak, Ignatz, geb. 1913 in Moers, Moers

77) Michalowski, Valentin, 1878, Invalide, Moers

dazu sechs weitere Personen in Homberg, Rheinhausen und Kamp-Lintfort

Gefährlich: unter Spionageverdacht stehen

78) Blahnik, Wenzel, 1879, Moers: Verdacht, Beziehungen zu einem ausländ. Nachrichtendienst zu unterhalten, 1940

79) Kucera, Franz, 1907, Tiefbauarbeiter, Moers: Verdacht der Verbindung mit einem belgischen Nachrichtenagenten, Mitglied der SPD 1930-33, 1940

80) Vana, Wenzel, 1875, Bergmann-Invalide, Meerbeck: Beziehungen zu einem ausländischen Nachrichtendienst, 1940

81) Staub, Helmut, Schneider/Laborgehilfe, Moers: Verdacht der Spionage für den schweizerischen Nachrichtendienst, 1941

82) Kalski, Josef, 1906, Arbeiter, Moers: Vergehen gegen 92 a (Landesverrat), hat seinen Werkausweis verpfändet, 1941

83) Mohr, Wilhelm, Zahnarzt, 1877, Moers-Asberg: hat in niederl. Zeitungen staatsfeindliche Gerüchte über die SA, SS usw. veröffentlichen lassen, 1935 wegen Landesverrats zu 3 Jahren Zuchthaus verurteilt und am 1.9.1939 in Schutzhaft genommen; war im Januar 1942 noch im KZ, 1934-1942

Müller, Albert, 1893, Automonteur, Kamp: Landesverrat, war Kurier des franz. Nachrichtendienstes, hat am 21.6.1936 im Gerichtsgefängnis Moers Selbstmord durch Erhängen begangen, 1934

Rundfunk/Presse/Verschiedenes – oder:
wie schnell man mit der Staatsmacht in Konflikt geraten konnte

84) Brandt, Jakob, 1913, Arbeiter, Moers: Abhören ausl. Rundfunksender, 1939-40

Heintges, Jakob, 1888, Gastwirt, Neukirchen: wurde 8 Tage in Schutzhaft genommen, weil er ausländische Sender abgehört und sich gegen einquartierte Soldaten undeutsch benommen hat, 1940

85) Höhle, Heinrich, 1908, Hilfsarbeiter, Moers: Verdacht des Abhörens feindl. Auslandssendungen; staatsfeindl. und zersetzende Äuß. auf einer Arbeitsstelle in Krefeld-Uerdingen, Schutzhaft 1940-41, 1940-42

86) Schmitz, Sophie, 1900, Lehrerin, Moers: Abhören feindl. Rundfunksender, Entlassung aus dem Nationalsozialistischen Lehrerbund und aus dem Schuldienst

wegen Teilnahme an einer Abstimmung für die konfess. Schule in Oberhausen, 1940-42

Scholl, Gustav, 1871, Invalide, Rheinhausen: wurde wegen Anhörens ausländ. Sender am 3.12.1941 zu 1 Jahr 6 Monaten Zuchthaus verurteilt, war Mitglied der KPD und des Kampfbundes, 1941

Scholl, Wilhelm, 1893, Maschinist, Invalide, Rheinhausen: Festnahme wegen Abhörens ausl. Sender, ehem. Mitglied des Kampfbundes, 1941

87) Lösch, Anna, 1892, Zeitungsbotin, Moers: Abhören ausl. Sender, 1943

Dessin, Gustav, 1902, Verlagsredakteur, Schriftsteller, Neukirchen: Bestellung des verbotenen Buches von W. Gurian „Der Kampf um die Kirche im Dritten Reich" in Luzern, 1936

88) Heinsch, Franz Hans Josef, 1886, Kreissyndikus, später Schriftsteller, Moers: 1933 als Kreissyndikus wegen polit. Unzuverlässigkeit auf Grund des Gesetzes zur Wiederherstellung des Berufsbeamtentums entlassen; Kandidat der Deutschen Staatspartei für die Wahl im März 1933; Leumundsbericht (1938)

Evangelische Kirche (ca. 20 Fälle im Altkreis) –
Die Bekennende Kirche im Fadenkreuz

(BK = Bekennende Kirche)

Denkhaus, Karl, 1890, Superintendent, Homberg-Hochheide: Eifriger Anhänger der BK, vorübergehende Amtsenthebung 1934, Verdacht staatsfeindl. Äußerungen in Predigten 1935-37, Leumundssache 1943-44

Fink, Walter, Dr. phil., 1908, Pfarrer, Rheinhausen-Hochemmerich: hat 1935 in Wuppertel-Barmen in einer Bibelstunde von Mißhandlungen eines BK-Pfarrers durch Nationalsozialisten berichtet und 1938 in Hochemmerich kirchl. Flugblätter an Gemeindemitglieder verschickt

Reyter, Willi, 1906, Pfarrer, Rheinhausen: Rundschreiben der BK mit staatsabtr. Äußerungen, Vergehen gegen das Sammlungsgesetz, Beteiligung an illeg. theol. Prüfungen der BK, fanatischer Anhänger der BK, 1937-41

Böttcher, Emil, 1898, Pfarrer, Rheinhausen: Weigerung, eine Erklärung betreffs Kanzelabkündigung zu unterschreiben 1935, Verstoß gegen das Sammlungsverbot 1941 (Böttcher war Vertrauensmann der Bekennenden Kirche im Rheinland)

Lührmann, Hermann, 1909, Pfarrer (BK), Neukirchen: Verächtlichmachung führender Staatsmänner 1937, Redeverbot, 1937-40; 1939 von Neukirchen nach Mettmann versetzt, dort durch Konsisterium amtsenthoben

89) Vowe, Erich, 1909, Pfarrer (BK), Moers: Herausgabe und Versendung von Rundschreiben, staatsabtr. Äußerungen, Abhalten einer Konfirmandenfreizeit ohne Genehmigung, öffentl. Bekanntgabe von Kirchenaustritten, 1937

90) Axmacher, Werner, 1910, Pfarrer, BK, Moers-Asberg: hat Spenden für den Bau einer neuen Kirche sammeln lassen, abfällige Äußerungen über den BDM, 1937

91) Werkle, Helmut, 1913, Hilfsprediger (BK), Moers: Teilnahme an einer illeg. Prüfung der BK, 1939-40

92) Klammer, Hermann, 1889, Missionar in Meerbeck: staatsf. Äußerungen in einer Trauerrede in Meerbeck, 1943-44

93) Faulenbach, Karl, 1907, Pfarrer der BK, Repelen: Ablehnung des deutschen Grußes, staatsabtr. Äußerungen, 1934-39

94) Sohnius, Robert, 1870, Pfarrer, Repelen: Auseinandersetzung mit den Deutschen Christen, der SA usw., staatsfeindliche Äußerungen, Versendungen von Einladungen usw., 1934-1936

Müller, Rudolf, 1878, Pfarrer, Orsoy: Staatsabtr. Äußerungen betreffs deutscher Soldaten in Spanien 1936, Verstoß gegen das Sammlungsgesetz 1938, Anzeige wegen Einschlagens von Fensterscheiben, Bekanntgabe von Kirchenaustritten, staatsabtr. und unsoziales Verhalten gegenüber einquartierten deutschen Soldaten 1939-40

Auch sie brachte ihr Glaubensbekenntnis in das Räderwerk der Gestapo – Katholische Kirche (insgesamt ca. 45 Fälle im Altkreis)

95) Evers, Hans, 1902, Kaplan/Geistl. Studienrat in Kapellen:

Hat verbotswidrig zu früh nach nächtlichem Fliegeralarm Gottesdienst abgehalten, 1942

96) Neuendorf, Carl, 1906, Kaplan, Moers: Staatsfeindl. Einst. 1934, Äußerungen über Brandstiftung in einer Kirche in Borken durch SA-Leute 1935, abfällige Äußerungen über das Landjahr 1937

97) Ferdinand Péus, 1904, Kaplan Moers: Abfassung und Verbreitung einer religiösen Schrift an Soldaten, Verdacht der Wehrkraftzersetzung, 1943

98) Krimphove, Bernhard, 1907, Kaplan, Moers: Verstoß gegen das Reichsflaggengesetz, 1937

99) – 101) Vernehmung von drei Moerser Personen über Erholungsaufenthalt im St. Leonardisstift in Bad Godesberg im Zuge der Ermittlungen gegen die Augustinerinnen des Stifts wegen Verstoßes gegen die Verbrauchsmittelverordnung, 1942

Weingartz, Getrud, 1893, Lehrerin, ehem. Mitglied des Zentrums

Vatter, Helene, 1887 in Moers, Lehrerin, war Mitglied des Zentrums und Vorsitzende des Vereins Kath. deutscher Lehrerinnen

Basten, Gerhard, 1884, Regierungsrat, ehem. Mitglied des Zentrums

102) Thamm, Johann, 1896, Sekretär/Versicherungsagent: Ist als Redner für die religiöse Schulung der kathol. Arbeitervereine und Jungmänner vorgesehen, 1938

Gottfried Springen, 1857 in Vluyn, Fabrikant in Vluyn: Verdacht der Betätigung für die Kathol. Aktion, Postüberwachung, 1942

Fries, Karl, Bergmann, Neukirchen, kathol. Laie: wurde 10 Tage in Schutzhaft genommen, weil er sich abfällig über die Sonntagsarbeit der Bergleute geäußert hat, 1939

103) Alois Scharff, 1907 in Moers, Bergmann, Moers: Antrag auf Wiederaufnahme in die Kath. Kirche, 1942/43

Kempkes, Karoline, geb. Berger, 1887, Ehefrau, Rheinhausen: hat ihre Gartenlaube für konfessionelle Veranstaltungen zur Verfügung gestellt, 1942

*

Beispiel für einen anonymen Brief, wie er am 13.5.1935 bei der Moerser Polizei einging (Staatsarchiv Münster, GenSTA Hamm, Erstinstanz, 6365). Die darin erwähnten Personen wurden in den nachfolgenden Tagen tatsächlich vernommen:

„Ich wohne in der alten Schule und habe beobachtet, daß bei Familie S. in der Baracke öfters kommunistische Gesellen zusammenkommen. Die Wortführer sind S.J., A. und B.S., auch A. sein Schwager und mehrere aus der Kolonie. Da werden Reden geschwungen über Kommunismus und Sowjetdeutschland. Vor kurzer Zeit verkehrten A. und S. bei F. hier im Hause. Da habe ich vieles gehört, was F. und Frau bezeugen können. Auch geht die Bande nachts stehlen. Sie liegen ja den ganzen Tag und halbe Nacht zusammen bei S. Außerdem wird dort Kuppelei, Abtreibung und Sauferei betrieben. Ein paar Weiber als Lockvögel sind immer da. Vor längerer Zeit kam Polizist W. viel nach S.

Wenn A. betrunken und mit roten Kameraden zusammen ist, kann er viel erzählen. Bitte die Sache zu beobachten. Ich werde es auch tun und weiter berichten. Früher verkehrte F. mit seiner Geliebten auch dort, aber jetzt haben sie Krach.

Heil Hitler."

*

10.6 Opfer des Faschismus

Todesopfer aus Widerstand und Verfolgung (südlicher Altkreis Moers)

Die Zahl der für die Stadt Moers genannten Todesopfer dürfte relativ vollständig sein. Für den weiteren südlichen Altkreis Moers wurde keine systematische Untersuchung durchgeführt. Die Zahl dürfte erheblich höher gelegen haben als aus den hier aufgeführten Fällen abzulesen ist.

Die Anschriften werden hier – beispielhaft – angegeben, damit ein konkreteres Bild entsteht, wo Menschen abgeholt wurden. Sie belegen auch die räumliche Ballung des Widerstands nach Stadtteilen.

	Name Beruf/Funktionen	Wohnort	Jahrgang	Gruppe Partei	Vorwurf/Anklage	Schicksal
1.	Ernst Altheide Bergmann KPD-Betriebszellenleiter in Kamp-Lintfort	Camperbruch Kirchplatz 17	1902	KPD	Schutzhaft März-Mai 1933, August '33-Feb. '34 Verhaftung 2.11.1936, Vorb. Hochverrat Ulrich-Prozeß 1937, 10 Jahre Zuchthaus Tod in Duisburg-Laer beim Entschärfen einer Bombe am 29.1.1944 (Außenkommando des Zuchthauses Lüttringhausen)	
2.	Anton Andrejczak Bergmann KPD-Instrukteur, Vertreter des Unterbezirksbüros	Kamp-Lintfort Kattenstraße 65	1898	KPD	Schutzhaft 1.3.1933-13.2.1934 Jahny-Prozeß 1936, 8 Jahre Zuchthaus Tod in Bochum beim Entschärfen einer Bombe am 13.4.1943 (Außenkommando des Zuchthauses Lüttringhausen)	
3.	Beyer	Moers			„wurde abgeholt und kam nicht wieder" wer weiß mehr?	
4.	Johann Biefang Redakteur	Moers	1893	KPD	fiel 1938 als Leutnant im spanischen Bürgerkrieg	
5.	Reinhold Büttner Bergmann	Meerbeck Bismarckstraße 61	1879	SPD	Vorb. Hochverrat Keine Anklage	5.7.1935 bei Verhören durch Gestapo in DU ermordet (angeblicher Selbstmord)
6.	Busse Mann von Maria Busse	Meerbeck			„kam nicht wieder"	wer weiß mehr?
7.	Wilhelm Christen Bergmann	Moers-Asberg vorher Meerbeck, B-Straße	1916		Sippenhaft Fall Leiss	ermordet am 4.2.1943 im KZ Sachsenhausen
8.	Johanna Christen geb. Leiss, Hausfrau	Moers-Asberg vorher Hochstraß	1920		Sippenhaft Fall Leiss	ermordet am 4.2.1943 im KZ Sachsenhausen
9.	Adolf Deuse Bergmann	Neukirchen-Vluyn Etzoldstr. 15	1900	KPD	Schutzhaft März 1933, Vorb. Hochverrat, Ulrich-Prozeß 1937, 4 Jahre Zuchthaus, in Haft so erkrankt (TBC), daß er 1947 verstarb	
10.	Adolf Ende Berginvalide	Meerbeck Weserstraße 19	1880	KPD	Vorb. Hochverrat, Jahny-Prozeß 1936 1 Jahr 9 Mon. Zuchthaus, verstarb am 3.6.1939 in Meerbeck an den Haftfolgen (aus dem Zuchthaus Butzbach)	
11.	Albert Freiberg Bergmann Vorsitzender des Freidenkerverbands, Ratsmitglied 1930-1933	M0-Hochstraß Lindenstraße 7 g	1885	KPD	Schutzhaft 1933 Vorb. Hochverrat 1936, Rautenberg-Prozeß, 7 Jahre Zuchthaus, in Haft verstorben am 5.2.1937	
12.	Hans Galwelat Bergmann	Kamp-Lintfort Marienstraße 29		KPD	Vorb. Hochverrat, Jahny-Prozeß 1936 15 Jahre Zuchthaus, erschossen wenige Tage vor Kriegsende mit 71 Mitgefangenen beim Zuchthaus Lüttringhausen (Wenzelnbergschlucht)	
13.	Gustav Großmann Bergmann	Meerbeck Elbestraße 34	1895	SPD	Vorb. Hochverrat Keine Anklage	9.7.1935 bei Gestapoverhören im Polizeigefängnis Duisburg ermordet (angeblicher Selbstmord)
14.	Margarete Hänel Vorarbeiterin	Moers-Asberg Hochemmericher Str. 79	1902		Vorb. Hochverrat Keine Anklage	Am 8.2. 1944 ermordet im KZ Ravensbrück
15.	Alfred Hitz Bergmann	Rheinhausen- Friemersheim		SPD	Vorb. Hochverrat Illegale SPD	4.7.1935 bei Gestapoverhören im Polizeigefängnis Duisburg ermordet (angeblicher Selbstmord)

Nr.	Name Beruf/Funktionen	Wohnort	Jahrgang	Gruppe Partei	Vorwurf/Anklage	Schicksal
16.	Friedrich Jirsak Bergmann	Repelen-Rheim Boelckestr. 9	1885	KPD	Schutzhaft 1933 Vorb. Hochverrat Jahny-Prozeß	Freispruch wer weiß mehr?
17.	Heinrich Laakmann Landwirt	Moers-Asberg Moerser Straße 75	1898		Zeuge Jehovas verstarb 1940 im KZ Sachsenhausen	1 Jahr 3 Mon. Gefängnis
18.	Max Langusch Bergarbeiter	Moers-Asberg Hochemmericher Str. 79	1904	KPD	Vorb. Hochverrat 1942/1943	6 Jahre Zuchhaus 4.2.1944 im Zuchthaus Brandenburg/Görden gestorben
19.	Felix Leiss	Rheinhausen Hildegardstr. 17	1914		Sippenhaft	ermordet am 4.2.1943 im KZ Sachsenhausen
20.	Josef Leiss	MO-Hochstraß Ruhrstr. 76	1916		Sippenhaft	ermordet am 4.2.1943 im KZ Sachsenhausen
21.	Josefa Leiss	MO-Hochstraß Ruhrstr. 76	1881		Sippenhaft	ermordet am 4.2.1943 im KZ Sachsenhausen
22.	Theodora Leiss geb. Chwirot	Moers Augustastraße 2	1915		Sippenhaft	ermordet am 4.2.1943 im KZ Sachsenhausen
23.	Marianne Leiss	Moers Augustastraße 2	1940		Sippenhaft	ermordet am 4.2.1943 im KZ Sachsenhausen (als Dreijährige)
24.	David Lewkowitz Arbeiter jüdischen Glaubens	Moers Mattheck 67c	1903		Vorb. Hochverrat 1937	3 Jahre Zuchthaus ermordet am 12.4.1940 im KZ Buchenwald
25.	Dr. Alois Meyer Praktischer Arzt	MO-Hochstraß Lotharstr. 14			„hat sich immer wieder kritisch geäußert" „wurde abgeholt und kam nicht wieder" wer weiß mehr?	
26.	Erna Möhlendick Hausfrau (Name geändert)	Homberg	1904	(SPD)	„Wehrkraft- zersetzung"	Todesurteil Volksgerichtshof, ermordet 8.12.1944 in Berlin- Plötzensee
27.	Alex Nöthen Bergmann	MO-Hochstraß Homberger Str. 182	1885	SPD	Vorb. Hochverrat Keine Anklage	7.7.1935 bei Gestapoverhören illeg. SPDim Polizeigefängnis Duisburg ermordet (angeblicher Selbstmord)
28.	Otto Preul Briefträger	Moers Hopfenstraße 28			„hat sich immer wieder kritisch geäußert" „wurde abgeholt und kam nicht wieder" wer weiß mehr?	
29.	Karl Rautenberg Bergmann	Meerbeck Weserstr. 29	1909	KPD	5 Monate Gefängnis 1933 für Flugblattverteilung Vorb. Hochverrat 1936: 5 Jahre Zuchthaus, verstorben in Haft (Lüttringhausen und Düss.-Derendorf) am 20.3.1937	
30.	Alexander Ruland Bergmann	Homberg Kirchstr. 12	1901	KPD	Schutzhaft 1933 Verhaftung 12.10.1936, Ulrich-Prozeß, ermordet am selben Tag von Gestapo in Essen (angeblicher Selbstmord mit einemTaschentuch)	
31.	Rudolf Salomon Gärtner	Homberg Glückaufstr. 22	1914	KPD	fiel 1938 im spanischen Bürgerkrieg	
32.	Franz Saumer Bergmann, Schütze	Moers Elbestr. 9	1899		Bibelforscher, Kriegsdienstverweigerung am 12.1.1944 von Kriegsgericht zum Tod verurteilt, Hinrichtung am 4.2.1944	
33.	Hermann Scheffler Bergmann, Führer RGO	Meerbeck Römerstr. 31	1899	KPD	Vorb. Hochverrat 1936 Jahny-Prozeß	2 Jahre 9 Mon. Zuchthaus am 21.11.1943 an der Ostfront gefallen (Strafbataillon?)
34.	Hermann Schelinski Bergmann	Moers Kaiserstr. 38 Matthecksiedlung 16a	1902	KPD	Vorb. Hochverrat, Festnahme am 18.12.1933 Keine Anklage, KZ Papenburg bis 26.5.1934 Oktober 1934 1 Jahr 5 Mon. Gefängnis wer weiß mehr?	
35.	Heinrich Schoenfeld Bergmann	Kamp-Lintfort Kattenstr. 170	1903	KPD	Vorb. Hochverrat	im Strafbataillon (999) gefallen
36.	Gustav Schwede Bergmann	Meerbeck Warndtstr. 22	1904	KPD	Schutzhaft 1933 Vorb. Hochverrat, Jahny-Prozeß 1936, drei JahreZuchthaus, am 21.8.1942 an den Folgen der Haft verstorben (38jährig im Krankenhaus Bethanien)	
37.	Dietrich Tembergen Bergmann	Kamp-Lintfort Brandhofstr. 18	1887		Zeigen engl. Flugblätter in der Straßenbahn Todesurteil durch Volksgerichtshof 7.1.1943 Hinrichtung in Berlin-Plötzensee am 8.4.1943	

38.	Franz Tepass Führer der Erwerbslosenstaffel	Kamp-Lintfort Auguststr. 107a	1898	KPD	Vorb. Hochverrat „wurde während der Haft ermordet“
39.	Paul Ulrich Bergmann	MO-Hülsdonk Arnulfstr. 15 vorher Kamp-Lintfort Michaelstr. 40	1902	KPD	Vorb. Hochverrat, Ulrich-Prozeß 1937 7 Jahre Zuchthaus als Hauptangeklagter, am 5.4.1943 im KZ Mauthausen verstorben
40.	Hermann Vennemann Bergmann bekannter Ringsportler	Meerbeck-Gerdt Heinestraße 12	1895	KPD	Vorb. Hochverrat Jahny-Prozeß 1936 10 Jahre Zuchthaus am 6.6.1936 im Zuchthaus Lüttringhausen „an Herzschlag“ gestorben
41.	Jakob Wolff Former	Moers-Asberg Römerstraße 61	1905	KPD	Vorb. Hochverrat, Jahny-Prozeß 1936 6 Jahre Zuchthaus, im Februar 1945 bei Strafkompagnie in Magdeburg umgekommen
42.	Karl Zwanzig	MO-Hochstraß Kirschenallee 11			„übte immer laut Kritik“, „wurde abgeholt, kam nicht wieder“; wer weiß mehr?
43.	Zeugin Jehovas	Moers			kam zum Kriegsende im Frauen-KZ Ravensbrück um wer weiß mehr?

Umgekommene Fremd- und Zwangsarbeiter, Kriegsgefangene

Die Zahl der im Altkreis Moers während der NS-Zeit umgekommenen Ausländerinnen und Ausländer kann nicht exakt nachgewiesen werden. Die meisten starben als Kriegsgefangene oder Zwangsarbeiter. Bei Luftangriffen durften sie in der Regel nicht mit in die Luftschutzbunker.

Annähernd lassen sich lediglich die Zahlen einer Nationalität feststellen, die der umgekommenen Russen. Hier wurde unmittelbar nach dem Krieg eine Aufstellung angefertigt (Stadtarchiv Moers 4 – 228). Aber auch hier ist sehr zweifelhaft, ob die enthaltenen Angaben für alle Städte vollständig sind, vgl. Kapitel 7.5 bis 7.7.

Dieses Verzeichnis umfaßt allein für die aus Rußland deportierten oder im Krieg gefangengenommenen Russen 562 Todesopfer für den Altkreis Moers.

Davon verstarben in

Moers		201
Moers	53	
Kapellen	1	
Repelen-Baerl	144	
Neukirchen-Vluyn		25
Lintfort		52
Homberg		3
Rumeln		44
Trompet		108
Rheinhausen		92
Südlicher Altkreis insgesamt		525

Opfer jüdischen Glaubens

Die nachfolgende Liste der jüdischen Opfer des Nationalsozialismus im Kreis Moers ist dem Buch „Geschichte der Moerser Juden nach 1933" von Brigitte Wirsbitzki entnommen (Moers: Brendow 1991).

Die Aufstellung bezieht sich auf die Synagogengemeinde Moers, also auf Moers, Neukirchen-Vluyn, Kamp-Lintfort, Homberg und Rheinhausen. Sie enthält die Namen der jüdischen Opfer, die entweder im Synagogenbereich Moers geboren wurden oder hierher zugezogen sind. Sie wurden von hier oder von anderen Orten verschleppt und dann ermordet.

Bachrach, Hildegard geb. Moses, für Tod erklärt, Stutthoff
Bähr, Günther, ermordet im März 1945, vermutlich in der Tschechoslowakei
Bähr, Helene geb. Haas, verschollen in Auschwitz
Bähr, Hermann Dr., Todestag und -ort unbekannt
Bähr, Madchen geb. Wertheim, ermordet am 5.3.1943 in Theresienstadt
Bähr, Oskar Dr., ermordet am 18.10.1942 in Theresienstadt
Berger, Helene geb. Kaufmann, Schicksal unbekannt
Berkley, Johanna geb. Windmüller, verschollen in Auschwitz
Berkley, Philipp, verschollen in Auschwitz
Bloch, Ilse, verschollen in Riga
Bloch, Julius, Schicksal unbekannt, vermutlich in Riga ermordet
Bloch, Rosa, für tot erklärt, Riga
Bernhard, Paula geb. Coppel, verschollen in Minsk

Blumenthal, Else, verschollen in Auschwitz
Braun, Jakob, ermordet 1942 in Auschwitz
Busack, Julius, ermordet am 29.10.1943 in Auschwitz
Buschhoff, Martha geb. Feldheim, verschollen in Auschwitz
Buschhoff, Max, verschollen in Riga
Cahn, Alma, verschollen in Riga
Cahn, Betty, verschollen in Riga
Cahn, Else geb. Eichwald, ermordet am 8.1.45 in Stutthoff
Cahn, Emma, verschollen in Riga
Cahn, Helene geb. Heumann, 10.6.1942 Freitod
Cahn, Ida Dr., verschollen in Riga
Cahn, Josef, 10.6.1942 Freitod
Cahn, Ludwig, verschollen in Minsk
Cahn, Max, 30.3.33 Freitod
Cahn, Rosa, verschollen in Riga
Cahn, Sabine geb. Katz, verschollen in Riga
Cahn, Thea, verschollen in Stutthoff
Cahn, Walter, verschollen in Riga
Callmann, Ernst Ludwig, verschollen in Riga
Callmann, Jenny geb. Sternberg, verschollen in Riga
Callmann, Leni, verschollen in Riga
Callmann, Siegfried, ermordet am 6.2.1945 in Dachau
Carl, Berta geb. Leyser, verschollen in Minsk
Chaim, Golda geb. Teitelbaum, verschollen in Riga
Chaim, Moritz, verschollen in Riga
Coppel, Alfred, ermordet am 24.11.1944 in Dachau
Coppel, Amalie geb. Rothschild, für tot erklärt, Izbica
Coppel, Berta geb. Phillips, für tot erklärt, Auschwitz
Coppel, Frieda, Schicksal unbekannt
Coppel, Günter, verschollen in Riga
Coppel, Gudula geb. Jonas, verschollen in Riga
Coppel, Helene, verschollen in Riga
Coppel, Helene geb. Abraham, verschollen in Riga
Coppel, Henriette, verschollen in Riga
Coppel, Isaak, für tot erklärt, Izbica
Coppel, Julius Dr., für tot erklärt, Riga
Coppel, Karl, verschollen in Riga
Coppel, Paul, verschollen in Riga
Coppel, Siegfried, Schicksal unbekannt
Coppel, Sofie geb. Meyerhoff, Freitod
Coppel, Walter, ermordet in Auschwitz
Daniel, David, verschollen in Riga
Daniel, Grete, verschollen in Riga
Daniel, Hildegard, verschollen in Riga
Daniel, Klara geb. Kaufmann, verschollen in Riga
Djuk, Maria, ermordet in Auschwitz
Eichwald, Philippine, verschollen in Riga
Elsbacher, Hedwig geb. Buschhoff, verschollen in Riga

Falkenstein, Elli geb. Leyser, verschollen in Auschwitz
Frank, Hans J., ermordet in Auschwitz
Frohsinn, Anna geb. Hoffmann, verschollen in Auschwitz
Frohsinn, Doris, verschollen in Auschwitz
Frohsinn, Leopold, verschollen in Auschwitz
Geib, Juliane geb. Emanuel, ermordet am 4.3.1943 in Theresienstadt
Gerson, Johanna geb. Kaufmann, verschollen in Riga
Gerson, Karl, ermordet 1942 in Auschwitz
Gottschalk, Rosa geb. Moses, verschollen in Riga
Goldschmidt, Anna geb. Bloch, verschollen in Riga
Goldschmidt, Sally, verschollen in Riga
Goldschmidt, Thea, ermordet am 23.11.1944 in Stutthoff
Goldschmidt, Walter, verschollen in Riga
Gutmann, Betty geb. Coppel, für tot erklärt, Riga
Gutmann, Paul, ermordet am 23.6.1942 in Groß-Rosen
Gutmann, Otto, ermordet am 4.1.1943 in Theresienstadt
Heß, Emmy geb. Cahn, ermordet in Riga
Heumann, Hedwig geb. Kaufmann, verschollen in Minsk
Hübschmann, Hans, ermordet in Auschwitz
Isaacson, Leopold, Freitod
Jacob, Elisabeth, ermordet am 9.12.1944 in Stutthoff
Jacob, Frieda geb. Coppel, ermordet am 9.12.1944 in Stutthoff
Jacob, Julius, verschollen in Riga
Jacob, Rosalie geb. Abraham, verschollen in Minsk
Jas, Hendrika, ermordet in Auschwitz
Jonas, Amalia geb. Levi, ermordet am 9.12.1942 in Theresienstadt
Jonas, Karl, verschollen in Riga
Kann, Selma, ermordet am 30.9.1942 in Auschwitz
Karten, Fanny, ermordet am 13.3.1945 in Stutthoff
Karten, Israel, verschollen in Buchenwald
Kaufmann, Adolf, verschollen in Riga
Kaufmann, Ernst, ermordet in einem Lager in den Niederlanden
Kaufmann, Friedrich, verschollen in Riga
Kaufmann, Günter, verschollen in Riga
Kaufmann, Gustav, ermordet in Riga
Kaufmann, Heinz, verschollen in Riga
Kaufmann, Helene, Schicksal unbekannt
Kaufmann, Henriette, ermordet am 8.10.1942 in Theresienstadt
Kaufmann, Henny geb. Marchand, verschollen in Riga
Kaufmann, Herbert, verschollen in Minsk
Kaufmann, Herta geb. Cahn, verschollen in Riga
Kaufmann, Karl, ermordet in einem Lager in den Niederlanden
Kaufmann, Kläre, verschollen in Riga
Kaufmann, Leni geb. Eichenwald, für tot erklärt, Auschwitz
Kaufmann, Louis, verschollen in Riga
Kaufmann, Marianne, verschollen in Lodz
Kaufmann, Mathilde, verschollen in Auschwitz
Kaufmann, Max, verschollen in Riga

Kaufmann, Paul, für tot erklärt, Auschwitz
Kaufmann, Richard, für tot erklärt, Auschwitz
Kaufmann, Therese geb. Eichenwald, ermordet am 25.12.1944 in Stutthoff
Kaufmann, Walter, für tot erklärt, Auschwitz
Kaufmann, Wilhelm, verschollen in Riga
Kaufmann-Keller, Erna geb. Leyser, Schicksal unbekannt
Kohlmann, Marta geb. Löwenstein, ermordet am 2.6.1943 in Theresienstadt
Krämer, Peter, verschollen in Buchenwald
Lehrer, Wita geb. Hübschmann, ermordet in Auschwitz
Levkowitz, David, ermordet am 12.4.1940 in Buchenwald
Levy, Erich, verschollen in Riga
Levy, Johanna geb. Kaufmann, ermordet am 10.9.1942 in Theresienstadt
Levy, Simon, verschollen in Riga
Levy, Sofia geb. Cahn, verschollen in Riga
Leyser, Helene, verschollen in Riga
Leyser, Hugo, Schicksal unbekannt
Leyser, Jenny geb. Meier, ermordet in Auschwitz
Leyser, Louis, verschollen in Auschwitz
Leyser, Siegmund, ermordet 1942 bei Riga
Lieser, Paula geb. Windmüller, ermordet in Izbica
Lieser, Siegmund, ermordet in Izbica
Mandelberger, Sophia geb. Rosenbaum, verschollen in Stutthoff
Marburger, Emma geb. Coppel, verschollen in Auschwitz
Marchand, Siegmund, ermordet am 27.8.1942 in Theresienstadt
Marchand, Sofia Judith geb. Dublon, ermordet am 1.10.1942 in Theresienstadt
Mendel, Elfriede geb. Levy, verschollen in Auschwitz
Menke, Regine Antonie geb. Rosenthal, verschollen in Auschwitz
Meyer, Rebekka geb. Levy, ermordet in Minsk
Meyer, Rudolf, ermordet in Auschwitz
Michelson, Hermann, ermordet in Auschwitz
Moses, Ella geb. Czarlinski, verschollen in Riga
Moses, Emil, verschollen in Riga
Moses, Jeanette, ermordet in Sobibor
Moses, Leopold, ermordet in Riga
Moses, Max, verschollen in Lodz
Nathan, Ferdinand, verschollen in Lodz
Nathan, Richard, ermordet in Lenne
Nathan, Samuel, Schicksal unbekannt
Oster, Elly geb. Lehmann, verschollen in Lodz
Oster, Paul, ermordet in Polen
Polak, David, ermordet in Auschwitz
Polak, Selma geb. Boeninger, ermordet in Auschwitz
Ring, Laura geb. Kornfeld, verschollen in Riga
Ring, Manfred, verschollen in Riga
Rosenbaum, Jenny, ermordet in Lodz
Rosenbaum, Henriette geb. Coppel, Schicksal unbekannt
Rosenthal, Johanna geb. Moses, ermordet am 28.9.1942 in Theresienstadt
Rosenthal, Karl, ermordet am 19.6.1942 in Lodz

Rosenthal, Selma geb. Kaufmann, verschollen in Auschwitz
Rotschild, Friedrich, ermordet am 21.11.1942 in Auschwitz
Seelig, Jeanette geb. Gobas, verschollen in Auschwitz
Seelig, Leopold, verschollen in Auschwitz
Seelig, Marianne, verschollen in Flossenbürg
Seelig, Rudolf, verschollen in Riga
Seelmann, Frieda geb. David, verschollen in Izbica
Silberstein, Sally, verschollen in Minsk
Sobersky, Elisabeth geb. Voss, verschollen in Riga
Spiegel, Edith, verschollen in Riga
Spiegel, Johanna geb. Blumenfeld, verschollen in Riga
Spiegel, Nathan, verschollen in Riga
Spiegel, Ruth, verschollen in Riga
Schäfer, Julie geb. Leyser, verschollen in Auschwitz
Schartenberg, Helene geb. Leiser, ermordet am 23.9.1942 in Theresienstadt
Schmerler, Max-Jakob, Schicksal unbekannt
Schmerler, Paula geb. Weitzner, Schicksal unbekannt
Sternberg, Adele, ermordet am 6.9.1942 in Theresienstadt
Sternberg, Rosa, verschollen in Minsk
Vasen, Max, Schicksal unbekannt
Vollmann, Simon, ermordet am 14.3.1944 in Theresienstadt
Wallach, Philipp, ermordet am 8.8.1943 in Auschwitz
Windmüller, Albert, ermordet in Auschwitz
Windmüller, Else geb. Sänger, ermordet in Auschwitz
Winter, Josef, ermordet am 11.10.1944 in Auschwitz

Kriegsopfer

Gefallene und Vermißte

Auch die gefallenen deutschen Soldaten und sogenannten Zivilvermißten sind als Opfer von Faschismus und Gewaltherrschaft anzusehen. Ihre Namen hier aufzulisten, ist wegen der großen Zahl nicht möglich. Der Verwaltungsbericht des Kreises Moers von 1948 weist folgende Zahlen aus:

	Wehrmachtsvermißte am 31.8.47	Zivilvermißte am 31.8.47	Kriegssterbefälle männl. Wehrmachtsang.	insges. 1939-1947
Moers	585	153	696	1434
Repelen-Baerl	273	30	306	609
Kapellen	64	17	45	126
Neuk.-Vluyn	372	92	352	816
Kamp-Lintfort	504	74	840	1418
Homberg	621	104	569	1294
Rheinhausen	1065	321	1033	2419
Kreis Moers insgesamt	4470	921	4967	10358

Bombenopfer

Die nachstehenden Angaben beziehen sich nur auf das damalige Moers, also nicht auf Repelen-Baerl (Rheinkamp) und Kapellen.

Für Repelen-Baerl, das kleiner als Moers war, aber in der Nähe des häufig bombardierten Treibstoffwerks lag, zählt Ernst Kelter in seinem Buch 1960 namentlich 202 Bombenopfer auf.

	geboren	verstorben
1. Beilecke, Auguste, geb. Röseler	16.10.95	8.11.44
2. Böhm, Wilhelm	17. 9.79 (Utfort)	14.10.44
3. Bogdan, Henriette, geb. Joswig	28. 5.98	8.11.44
4. Bogdan, Inge	11. 4.26	8.11.44
5. Bongart, Gertrud, geb. Kochem	17. 4.90	17. 7.44
6. Borgards, Kätchen	16. 7.24	16. 7.41
7. Borgards, Lisette, geb. Giesen	18. 2.84	16. 7.41
8. Borgards, Wilhelm	20.10.86	16. 7.41
9. Boßert, Marta, geb. Rothert	4. 8.00	25.10.44
10. Bryll, Lieselotte, geb. Schade	26.10.19	22. 7.42
11. Bryll, Waltraud	22. 7.39	22. 7.42
12. Bruns, Gertrud	27.10.22	8.11.44
13. Bukovscsan, Friedrich	20. 1.12	25.10.44
14. Dicks, Hermann	2. 4.89	25.10.44
15. Dietrich, Adam	1. 6.81	13. 8.41
16. Dongenacker, Anna, geb. Brinken	3. 2.76	22. 7.42
17. Eichhorn, Agnes, geb. Schmitz	3. 3.78	21.11.44
18. Eichhorn, Jakob	17. 1.75	21.11.44
19. Fehmers, Luise, geb. Bösken	11. 9.66	21.11.44
20. Fehmers, Theodor	5. 7.68	21.11.44
21. Fenten, Franz	4. 8.85	15. 2.41
22. Fenten, Johann	6.12.14	15. 2.41
23. Fiß, Maria, geb. Davis	2.12.96	22. 7.42
24. Fleischacker, Viktoria, geb. Bukovscsan	10. 2.04	25.10.44
25. Forster, Sophia, geb. Josten	4. 5.17	20.11.44
26. Franzen, Anna, geb. Hogardt	1.10.11	25.10.44
27. Fünders, Elisabeth, geb. Eichenauer	5. 4.94	16. 7.41
28. Fünders, Margarete	7. 2.22	16. 7.41
29. Gehnen, Jakob	6.10.89	27. 8.44 (Utfort)
30. Gerlach, Franziska, geb. Lommel	20. 6.97	17. 7.44
31. Gerlach, Karl Eugen	12. 2.38	17. 7.44
32. Gerstenberg, Karl	11. 6.02	2. 3.45 (Utfort)
33. Giesen, Adolf	10. 7.85	24. 7.42
34. Glücks, Marianne	14.10.30	1. 7.44
35. Großart, Heinrich	4. 7.27	12. 6.41
36. Großart, Margarete	17. 3.25	12. 6.41
37. Groseli, Karl-Heinz	31. 1.35	8.11.44
38. Günning, Heinrich	22. 4.92	22. 7.42

39. Günning, Luise, geb. Weichel	4. 5.90	22. 7.42
40. Günning, Luise	8. 5.18	22. 7.42
41. van gen Hassend, Helene, geb. Frohland	24.1.04	22. 7.42
42. van gen Hassend, Helene	19. 6.27	22. 7.42
43. van gen Hassend, Margarete	31. 7.25	22. 7.42
44. van gen Hassend, Peter	9.10.02	22. 7.42
45. Hauffe, Karl-Heinz	23. 2.43	25.10.44
46. Hauffe, Kunigunde, geb. Rau	8.11.08	25.10.44
47. Hausmann, Maria, geb. Schaftinger	27. 8.07	20.11.44
48. Heemke, Christine, geb. Heitmann	13. 9.81	19.10.44
49. Henschen, Elisabeth, geb. Appel	20. 2.86	20.11.44
50. Hermanns, Heinrich	26.10.66	2.11.44
51. Hessels, Else, geb. Bertelt	4. 9.87	11. 1.45 (Krefeld)
52. Hessels, Heinrich	14. 7.79	11. 1.45 (Krefeld)
53. Hirsch, Aletta, geb. Illbruck	21.11.03	25. 2.41
54. Hirsch, Anna	5. 5.23	25. 2.41
55. Hirsch, Franz	5.11.99	25. 2.41
56. Hirsch, Heinz	19. 6.29	25. 2.41
57. Höschen, Wilhelm	26. 5.03	2.11.44
58. Holt, Gerhard	20. 1.92	2. 3.45 (Rep.Baerl)
59. Hox, Johann	24.10.03	2. 3.45
60. Hwazda, Franz	5. 7.78	8.11.44
61. Jansen, Margarete, geb. Stevens	14. 6.96	8.11.44
62. Jellessen, Gerhard	6. 7.05	22. 7.42
63. Jerig, Anna, geb. Hagens	27. 5.12	22. 7.42
64. Kammann, Maria	30. 9.01	8.11.44
65. Kerschen, Heinrich	21.12.35	8.11.44
66. Kerschen, Martha	19. 1.40	8.11.44
67. Klasen, Josef	12. 4.07	8.11.44
68. Knoche, Linus	13. 2.84	8.11.44
69. Kobierowski, Josef	18. 3.08	2. 3.45 (Utfort)
70. Koch, Louis	23. 9.89	14. 7.42
71. Koran, Ella	16.12.19	8.11.44
72. Koschmieder, Horst	11.10.37	26. 7.42
73. Kozinc, Franz	20.11.98	5. 1.45 (Rep.Baerl)
74. Krouß, Karl Heinz	11. 3.39	25.10.44
75. Krouß, Katharina, geb. Hooren	2. 8.10	25.10.44
76. Leekes, Alette, geb. Herkenrath	3. 6.83	8.11.44
77. Leutfeld, Tilmann	18. 8.96	25.10.44
78. Maas, Josef	4. 6.88	2. 3.45 (Rep.Baerl)
79. Marinello, Johann	2. 8.35	22. 7.42
80. Marinello, Paula, geb. Daniels	24. 2.08	22. 7.42

81. Markelc, Henriette, geb. Bündert	23. 8.80	8.11.44
82. Markelc, Mathias	12. 9.73	8.11.44
83. Markens, Josef	14. 3.93	26. 7.42
84. Markens, Maria, geb. Klostermann	29. 1.00	26. 7.42
85. Matko, Friedrich	6. 8.11	15. 2.41
86. Mauritz, Theodor	7.12.97	21. 7.44 (Rep.Baerl)
87. Meenen, Gerhard	7. 4.97	27. 8.44
88. Möller, Heinrich	10.11.89	2. 3.45
89. Morschen, Alette, geb. Hüfken	26. 7.81	8.11.44
90. Morschen, Hermann	5.10.01	22. 5.44 (Kaldenhs.)
91. Nellen, Johann	29. 8.75	12. 5.40
92. Neu, Auguste, geb. Lenz	24. 8.94	8.11.44
93. Nissing, Paula, geb. Dreveldt	23.12.93	8.11.44
94. Nüsse, Günter	5. 6.28	8.11.44
95. Olbricht, Luise, geb. Schlachthaupt	30.10.92	2.11.44
96. Op de Hipt, Irmgard	14. 2.26	22. 7.42
97. Op de Hipt, Mathilde, geb. Breyer	21. 3.99	22. 7.42
98. Op de Hipt, Wilhelm	21.12.24	22. 7.42
99. Opitz, August	31.12.02	2. 3.45 (Utfort)
100. Peters, Hedwig	1.11.19	22. 7.42
101. Peun, Karl	12. 7.28	22. 7.42
102. Pfingstner, Hans-Friedhelm	29.10.38	8.11.44
103. Pfingstner, Maria, geb. Filipic	26. 4.98	8.11.44
104. Ponten, Reinhard	25. 9.05	14.10.44 (Utfort)
105. Rausch, Johann	27. 7.93	14.10.44 (Duisb.)
106. Rehlinghaus, Gertrud	15. 3.39	20.11.44 (Rep.Baerl)
107. Rehlinghaus, Wilhelm	23. 8.44	20.11.44 (Rep.Baerl)
108. Reitz, Peter	26.12.50	8.11.44
109. Rimkus, Josefa, geb. Erjavec	11. 3.16	25.10.44
110. Rogowicz, Franziska, geb. Jankowska	1. 3.73	2.11.44
111. Rütters, Wilhelm	5. 1.80	8.11.44
112. Sauber, Anna, geb. Dongenacker	19. 6.08	22. 7.42
113. Sauber, Heinz	25. 6.36	22. 7.42
114. Schmalen, Katharina	20. 4.72	22. 7.42
115. Schmidt, Albertine, geb. Appel	27. 6.01	15. 2.41
116. Schmitz, Johann	23. 1.84	2. 3.45 (Rep.Baerl)
117. Schönfelder, Christel	7. 3.33	22. 7.42
118. Schönfelder, Hedwig, geb. Moj	10.10.09	22. 7.42
119. Scholz, Sofie, geb. Eickenfonder	16.10.03	15.10.44
120. Schoppmann, Gerhard	17. 4.03	25.10.44

121. Schreiber, Friedrich-Wilhelm	30. 8.42	25.10.44
122. Schreiber, Hans-Jürgen	30. 9.44	25.10.44
123. Schroer, Heinrich	13. 4.05	2. 3.45 (Rep.Baerl)
124. Schroer, Theo	5.11.27	26. 7.42
125. Schüler, Helmut	15. 6.29	8.11.44
126. Simon, Sofie, geb. Heister	8. 2.79	24. 7.42
127. Simon, Theresia, geb. Außerwinkler	3. 8.08	24. 7.42
128. Steves, Franziska, geb. Peters	14. 7.97	8.11.44
129. Stumm, Wilhelm	1.12.01	17. 7.44
130. Susen, Heinrich	1. 2.03	20.11.44
131. Susen, Tilmann	1. 8.86	8.11.44
132. Telin, Karl	1.11.12	2. 3.45 (Utfort)
133. Tittlbach, Heinz	4. 3.35	25.10.44
134. Tüpke, Friedhelm	27. 2.35	25.10.44 (Rep.Baerl)
135. Verheyen, Gerhard	19.10.88	18.12.44
136. Voigt, Erich	14. 5.05	2. 3.45
137. Voß, Heinrich	8. 6.05	21.11.44 (Rep.Baerl)
138. Vortuba, Adalbert	8. 6.05	8.11.44
139. Vortuba, Maria, geb. Ophaelders	19. 9.11	8.11.44
140. Wegberg, Elise,geb. Diecks	12. 5.09	2.11.44
141. Weyers, Gerhard	28.12.79	2. 3.45 (Rep.Baerl)
142. Weyers, Hermann	12.11.95	5.10.44 (Rheurdt)
143. Weigang, Emma, geb. Kriedel	29. 5.08	22. 7.42
144. Weigang, Erika	7. 6.34	22. 7.42
145. Weigang, Helga	7. 8.38	22. 7.42
146. Weigang, Josef	20. 4.76	22. 7.42
147. Wenzel, Günter	13. 8.26	26. 7.42
148. Wenzel, Walter	28. 8.02	26. 7.42
149. Wettels, Wilhelm	14. 1.06	21. 5.44
150. Zupan, Josef	4. 5.11	25. 2.45

10.7 Behörden und Verantwortliche zur NS-Zeit

Das im Stadtarchiv erhaltene Moerser Einwohnerbuch von 1938 gestattet einen guten Einblick in die Strukturen des Altkreises Moers und seiner Gemeinden zur NS-Zeit. Deutschland ist in 43 Gaue eingeteilt, der Kreis Moers gehört zum Gau Essen (Gauleiter Josef Terboven). Dieser zählt 1942 neun Kreise, 180 NSDAP-Ortsgruppen und 1,9 Millionen Einwohner. Bereits auf der ersten Seite beginnt das Einwohnerbuch mit den Verantwortlichen der NSDAP, noch bevor die Behörden von Kreis oder Stadt genannt werden. Nachstehend sind Auszüge daraus wiedergegeben.

Zuvor jedoch ein Überblick über die wichtigsten Funktionsträger und ihre Amtszeiten:

NSDAP-Kreisleiter	Dr. Karl Bubenzer Tierarzt	Januar 1934-1945
	Gauinspekteur der NSDAP	1934
	Stellvertr. Reichstierärzteführer	1937
	Mitglied des Reichstages	1939
Landrat	Ernst Bollmann (danach Oberbürgermeister von Oberhausen) Gauinspekteur der NSDAP 2. Vors. des Rhein. Sparkassen- und Giroverbands, Düsseldorf	18.6.1933-Juli 1942
	Dr. Karl Bubenzer (wie oben)	16.7.1942-1945
Bürgermeister Moers	Dr. Fritz Eckert	1917-1937
	Fritz Grüttgen (zuvor NSDAP-Kreisleiter in Wesel)	1937-1942
	Peter Linden (zuvor besoldeter Beigeordneter, ab 1942 kommissarischer Bürgermeister)	20.3.1943-1945
Fraktionsvorsitzender der NSDAP	Otto Suhr Steiger später u.a. Polizeidezernent	1933
Reichstagsabgeordnete	Otto Dahlem SA-Standartenführer Moers	1936
	Fritz Grüttgen, Wesel	1936
	Dr. Karl Bubenzer	1939

Nationalsozialistische Deutsche Arbeiterpartei
Kreis Moers

Kreisleitung: Moers, Südring 2, ☏ 2222.
Dienststunden: 8—13, 15—19 Uhr, Mittwochs und Samstags 8—14 Uhr.

Kreisleiter:
Dr. Karl Bubenzer, Moers, Südring 2
Privat: Eick bei Repelen, Buschstr. ☏ 2361 Moers

Leiter des Kreispersonalamtes u. stellv. Kreisleiter: Heinrich Prang, Moers

Leiter des Kreisorganisationsamtes: Theodor Quast, Moers

Leiter des Kreisschulungamtes:
Hans Haastert, Moers

Leiter des Kreispropagandaamtes:
Dr. Karl Reible, Moers

Kreiskassenleiter:
Heinrich Stifft, Moers

Kreisbetriebszellenobmann und Kreisobmann der DAF.:
Hermann Franzen, Moers, Homberger Str. 86

Leiter des Kreisamtes für Volkswohlfahrt:
Franz de Fries, Moers

Leiter des Kreisamtes für Beamte:
Karl Michel, Moers

Leiter des Kreisamtes f. Erzieher:
Fritz Giese, Moers, Rheinberger Str. 7

Leiter des Kreisrechtsamtes:
Heinz Imig, Moers

Leiter des Kreisamtes für Kommunalpolitik:
Rudolf Kahl, Moers

Leiter des Kreispresseamtes:
Dr. Karl Reible, Moers

Leiter des Kreisamtes für Volksgesundheit:
Dr. Theodor Geißelsöder, Moers, Haagstr. 2

Beauftragter für Kriegsopfer:
Gustav Bogdan, Moers, Kirchstr. 44

Leiter des Kreisamtes für Rassenpolitik:
Dr. Wilhelm Enke, Moers

Kreisfilmstellenleiter:
Wilhelm Grunert, Moers

Kreisfunkstellenleiter:
Hermann Höffken, Moers

Kreisausbildungsleiter:
Albert Könnemann, Moers

Leiter des Kreisamtes für Heimstätten:
Wilhelm Meis, Moers, Homberger Str. 86

Kreisgerichtsvorsitzender:
Dr. Adolf Schulte-Wissermann, Moers, Homberger Str. 16

Kreisfrauenschaftsleiterin:
Hanna Haring, Moers, Haagstr. 16

Landwirtschaftlicher Fachberater:
Peter Bullerschen, Moers, Essenberger Str. 2

Kreiswirtschaftsberater:
Hugo Heidtmann, Homberg/Niederrhein, Moerser Str. 9

Fachberater für Technik:
Kurt Bienert, Moers

Gliederungen der NSDAP.:
SA-Standarte 193, Moers, Wilh.-Schroeder-Straße 10
Oberführer: Otto Dahlem, Moers
NSKK.-Sturm 14/M 74 Moers, Amtsgericht
Sturmhauptführer Heinr. Becker, Moers
Sturm 13/M 74 Neukirchen, Hochstr.
Sturmhauptführer Joh. Nepecks, Neukirchen
HJ.-Bann 237, Moers, Adolf-Hitler-Str. 1
Bannführer Nölle, Moers
Jungvolk, Jungbann 237, Moers, Ad.-Hitler-Straße 1
Jungbannführer Willi Hartjchen, Moers
BDM., Untergau 237, Moers, Filderstr. 82
Untergauführerin Erika Töppe, Moers
Jungmädel, Untergau 237, Moers, Filderstraße 82
Jungmädeluntergauführerin Else Botz, Moers
Reichsnährstand, Kreisbauernschaft Moers, Essenberger Str. 2
Kreisbauernführer Butz, Moers-Hülsdonk
KdF., Kreiswaltung, Moers, Kirchstr. 10
Kreiswalter Bescherer, Moers
Reichsluftschutzbund Orts-Kreis-Gruppe Moers, Steinstr. 22
Leiter: Studienrat Fritz Schwarzer, Moers, Schillerstr. 11

Der Kreis besteht aus 33 **Ortsgruppen:**
Alpen, Bruchstr. 38
OGL. Johann Giesen, Alpen
Moers-Asberg, Schulstr. 3
OGL. Erich Ladage, Moers-Asberg
Baerl, Hindenburgstr. 2
OGL. Hermann Lohmann, Lohmannsheide
Bergheim-Oestrum, Lange Straße 15 in Bergheim
OGL. Erwin Schütte, Oestrum
Birten, Ginklicher Str. 85
OGL. Robert van Ackern, Unterbirten
Bönninghardt üb. Xanten Nr. 84
OGL. Karl Kaufmann, Bönninghardt
Borth-Wallach, Weseler Str. 90
OGL. Walter Haring, Borth
Büderich, Marktplatz 5
OGL. Anton Norff, Büderich
Budberg, Nr. 29
OGL. Johannes Hochwahr, Vierbaum
Friemersheim, Kaiserstr. 51
OGL. Peter Lüttgens, Rheinhausen-Friemersheim
Hochemmerich, Hochemmericher Str. 56
OGL. m. d. W. d. G. b. Peter Uphoff, Rheinhausen
Hochheide, Rheinpreußenstr. 73
OGL. Edmund Bellingkrodt, Hochheide
Moers — Hochstraß — Scherpenberg, Am Pandyck 52
OGL. Artur Hegels, Moers-Scherpenberg

Hoerstgen, Nr. 47
OGL. Heinrich Olyschläger, Hoerstgen
Homberg, Duisburger Str. 196
OGL. Heinrich Bacher, Homberg-Essenberg
Kamp, Rheinberger Str. (altes Rathaus)
OGL. Wilhelm Kraywinkel, Kamp
Lintfort, Adolf-Hitler-Str. 247
OGL. Fritz Achterberg, Kamp-Lintfort
Kapellen üb. Moers, Drinhaushof 216b
OGL. Heimermann, Kapellen
Marienbaum, Provinzialstr. 26
OGL. Friedrich Michels, Mörmter üb. Xanten
Meerbeck, Scharnhorststr. 1
OGL. Johannes Wiener, Meerbeck
Menzelen
OGL. Friedrich Ullenboom, Menzelen 279
Moers-Stadt, Uerdinger Str. 26
OGL. Karl Michel, Moers
Neukirchen-Vluyn, Rayener Str. 3
OGL. m. d. W. d. G. b. Hans Handick, Vluyn
Orsoy, Kuhstr. 2
OGL. Theodor Rütter, Orsoy
Ossenberg, Rheinberger Str. 56
OGL. Hermann Köppen, Ossenberg
Repelen, Adolf-Hitler-Str.
OGL. Peter Huppers, Repelen
Rheinberg, Holzmarkt 3
OGL. Otto Sonderkamp, Rheinberg
Rheurdt-Schaephuysen, Rheurdt über Krefeld Nr. 154
OGL. Hermann Specht, Wickrath Nr. 10
Rumeln, über Moers, alte Schule
OGL. Arnold Schroer, Rumeln über Moers
Sonsbeck, über Geldern, Hochstr. 1
OGL. Fritz Brinkmann, Balberg üb. Geldern
Moers-Schwafheim, Dorfstr. 66
OGL. Wilhelm Graf, Schwafheim
Veen, Veen-Dorf über Xanten
OGL. Gerhard Wellmanns, Veen-Dick
Xanten, Marsstr. 50
OGL. Wilhelm Rudolph, Xanten

Landkreis Moers

Einwohnerzahl: nach der letzten Volkszählung vom 16. Juni 1933: 187 179, nach der Personenstandsaufnahme vom 10. Oktober 1936: 190 126; hiervon männlich: 95 502, weiblich: 94 624.

Größe nach Flächeninhalt: 56 301,37 ha; davon Haus- und Hofflächen: 2 458,41 ha, Wegeland und Eisenbahnen: 3 405,65 ha. Unbebaute Fläche 50 437,31 ha.

Haupterwerbszweige: Landwirtschaft, Kohlen- und Salzbergbau, Hüttenbetriebe, Likörfabriken, Sand- und Kiesbaggereien, Eisen- und Kleinindustrie, Lebensmittelgroßhandel, Schiffahrt, Mühlenwerke, Farbwerke.

Provinz: Rheinprovinz.

Oberpräsident: Terboven, Gauleiter und Staatsrat.

Regierungsbezirk: Düsseldorf.

Regierungspräsident: Schmid.

Kreisverwaltung: Moers, Kastell 7, ☏ Moers Sammel-Nr. 2511, Duisburg 42167.
Dienststunden: Sommer: 7½—13, 15—18½ Uhr, Mittwochs und Samstags 7½—13½ Uhr; Winter: 8—13, 15—19 Uhr, Mittwochs und Samstags 8—14 Uhr.

Landrat und Vorsitzender des Kreisausschusses: Bollmann.

Staatliche Hilfsarbeiter: Regierungs-Assessor Dr. Hallier, Regierungs-Assessor Minning.

a) **Staatliche Abteilung:**
Kreisoberinspektor: Baedorf
Kreisversicherungsinspektor: Goettmann
Kraftfahrzeugabteilung: Baedorf
Gendarmerie-Inspektion: Oberleutnant der Gendarmerie Stechweg.

b) **Kreiskommunalverwaltung:**
Kreissyndikus: Dr. Herschel
Verwaltungsdezernent: Dr. Reible
Kreisausschußverwaltungsdirektor: Felix
Kreisbauamt: Kreisbaurat Rehpenning
Kreisgesundheitsamt: Amtsarzt Med.-Rat Dr. Enke
Chem. Untersuchungsamt: Direktor Dr. Hübner
Kreiskommunalkasse: Rendant Kühl
Kreissparkasse: Direktor Schwarz

Kreis-Moerser-Betriebe:
Kreisbahn, Kreiswerft, Rheinfähren, Wasserwerk und Straßenbahnen
Niederrheinische Automobilgesellschaft m. b. H.
Leiter: Betriebsdirektor Dipl.-Ing. Ibach

Kreisberufsschule: Direktor Weber, Rheinberg

Gärtnerfortbildungsschule Moers: Direktor Dr. Kötz, Moers

Fachlehrer für Obst- und Gartenbau: Viehweg, Moers

Kreiskorporationen und Ausschüsse:

Kreisausschuß:
Vorsitzender: Landrat Bollmann, Moers
Mitglieder: Kreiswalter der DAF. Franzen, Moers; Bauer Hans Heicks, Elverich; Generaldirektor Bergassessor a. D. Kost, Homberg; Amtsbürgermeister Neumann, Neukirchen; Stellv. Kreisleiter Prang, Moers; Kreisbauernführer Butz, Moers

Kreisverwaltungsgericht:
Kreiswalter der DAF. Franzen, Moers
Generaldirektor Bergassessor a. D. Kost, Homberg
Stellv. Kreisleiter Prang, Moers
Kreisbauernführer Butz, Moers

Der Kreis besteht aus 6 Städten, 5 Aemtern (mit 18 Gemeinden) und 9 amtsfreien Gemeinden.

1. Städte: Homberg, Moers, Orsoy, Rheinberg, Rheinhausen, Xanten.

2

Behörden, Körperschaften usw.:

Finanzamt in Moers: Vorsteher: Oberregierungsrat Dr. Kaiser

Zollamt in Moers: Vorsteher: Zollinspektor Martell, Moers

Zollamt in Orsoy: Vorsteher: Zollinspektor Giese, Orsoy

Amtsgericht in Moers: Vorsteher: Amtsgerichtsdirektor Füngling

Amtsgericht in Rheinberg: Vorsteher: Amtsgerichtsrat Theelen

Amtsgericht in Xanten: Vorsteher: Amtsgerichtsrat Thielemann

Niederrheinische Knappschaft Moers: Leiter: Direktor Rupprath

Wehrbezirkskommando in Moers: Kommandeur: Major von Grünewald

Reichsarbeitsdienst-Meldeamt 181 in Moers: Leiter: Oberstfeldmeister Canto

Arbeitsamt in Moers: Vorsteher: Regierungsrat Obelode

Preußisches Forstamt in Xanten: Forstmeister: Busch, Xanten

Katasteramt in Moers: Leiter: Vermessungsrat Enders

Katasteramt in Xanten: Leiter: Vermessungsrat Grond

Dampfkesselüberwachungsverein, Zweigstelle Moers, Leiter: Dipl.-Ing. Meynen

Schulaufsichtsbezirke Moers I Schulrat: Meyer, Moers; Moers II Schulrat: Machate, Moers; Moers III Schulrat: Basqué, Xanten.

Kreistierarzt: Veterinärrat Dr. Bingerhoet, Moers

Synode Moers: Superintendent: Denkhaus, Homberg

Dekanat Moers: Dechant: Paßmann, Rheinhausen

Dekanat Xanten: Dechant: Benf, Lüttingen

Dekanat Rheinberg: Dechant: Benedix, Alpen

Einzelhandelsvertretung der Industrie- und Handelskammer Krefeld, Geschäftsst. Moers, Leiter: Kaufmann Bruno Heger in Moers

Wirtschaftsgruppe Einzelhandel, Bezirksgruppe Niederrhein, Ortsstelle Moers, Leiter: Kaufmann Bruno Heger in Moers

Kreishandwerkerschaft in Moers: Vorsitzender: Metzgermeister Krach in Homberg

Kreisbauernführer in Moers: Bauer Heinr. Butz in Moers-Hülsdonk

Kapellen

Flächeninhalt: 1703 ha, Einwohnerzahl: 2314.

1. Gemeindebehörden:

Rathaus: Kapellen-Dorf 230, ☎ 3244 Amt Moers. Dienststunden für den Verkehr: vorm. 8—12.30, nachm. 14—18 Uhr.
Bürgermeister: Meiwes (Ehrenbürgermeister)
Beigeordnete: Ollefs und Huppers (Bauern)
Amtssekretär: Kamp (Amtsoberinspektor)

Standesamt Kapellen, Kreis Moers:

Standesbeamter: Kamp
Stellvertreter: van Westerveld (Kassensekr.)

Gemeindekasse:

Rendant: van Westerveld, Dienststunden für den Verkehr: vorm. 8—12.30, nachm. 14 bis 18 Uhr.

Kirchenwesen:

a) Kath. Pfarrgemeinde.
b) Evang. Pfarrgemeinde Kapellen, Kreis Moers.
Pfarrer: Karentz
Rendant: van Westerveld

Schulen:

Schule Bettenkamp, Leiter Rentmeister,
Schule Kapellen, Leiter Bongardt,
Schule Vennikel, Leiter Friesen.

Moers

Amtsgericht Moers.

Haagstraße 7, Fernruf 2112.

1. Richter:

Amtsgerichtsdirektor Füngling, Amtsgerichtsrat Fischenich, Amtsgerichtsrat Menne, Amtsgerichtsrat Lauerburg, Amtsgerichtsrat Kapp, Amtsgerichtsrat Lodowicks, Assessor Dr. Wigger, Assessor Dr. Dellbeck, Assessor Dr. Aland.

2. Justizoberbeamte:

Justizoberinspektor Koennemann (geschäftsleitender Beamter): Dienstaufsicht, Kirchenaustritte, Standesamtssachen, Gerichtsvollzieher-Verteilungsstelle;

5. Strafanstalt:

Verwaltungsinspektor Rabenstein.

Arbeitsamt Moers.

Gabelsbergerstr. 5 und Nordring 5, ☎ 2901.
Leiter: Arbeitsamtsdirektor Regierungsrat Obelode,
Versicherung: Abteilungsleiter und gleichzeitig kom. ständ. stellvertr. Vorsitzender Grunert,

Finanzamt Moers.

Kirchstraße 44a, ☎ 2393.

Vorsteher: Oberregierungsrat Dr. Kaiser,
Verwaltungsdienststelle: Steuerinspekt. Thomas.

Stadtverwaltung Moers.

Fernruf 2401 und Duisburg 43223.

Bürgermeister: Dr. Eckert
Besoldeter Beigeordneter und Stadtkämmerer: Linden
Unbesoldete Beigeordnete: Suhr, Otto, Fahrsteiger, und Heger, Bruno, Kaufmann.
Ratsherren: Averdunk, Wilhelm, Bauer; Berghausen, Alfred, Fabrikant; Bernhardt, Wilh., Architekt; Dr. Christians, Rudolf, Studienrat; Fehring, Karl, Baudirektor; Graf, Wilh., Bergmann; Klinger, Gottfried, Kaufmann; Mechlen, Wilhelm, Wirt; Pannenbecker, Wilhelm, Bäckermeister; Ritterskamp, Peter, Bauer; Sempell, Eduard, Installateur, Dr. Schulte-Wissermann, Rechtsanwalt; Stokvis, Hermann, Kreishauptstellenleiter.

Städtische Verwaltungsdienststellen.
Verwaltungsgebäude Kastell 17/19.

Hauptverwaltung und Kanzlei: Stadtinspektor Boblitz,
Steuerbüro: Stadtoberinspektor Hertel,
Schulbüro und Personalverwaltung: Stadtoberinspektor Gehnen,
Wohlfahrtsamt: Stadtinspektor Meyer,
Jugendamt und Amtsvormundschaft: Stadtinspektor Nühnen,
Kämmereiverwaltung: Stadtinspektor Zumschilde,
Rechnungsprüfungsamt: Stadtoberinspektor Becker,
Stadtkasse: Stadtrentmeister Keienburg.

Stadtbauamt.

Verwaltungsabteilung: Stadtinspektor Häbler
Tief- und Hochbau: Stadtbaumeister Pahl,
Vermessungsabteilung: Stadtoberlandmesser Voigt,
Baupolizei: Stadtoberinspektor Martensen,
Stadtgärtnerei: Garteninspektor Massias.

Verwaltungsgebäude Uerdinger Str. 4.

Standesamt: Stadtoberinspektor Schirmer,
Polizeiverwaltung: Polizeikommissar Gelse.

Polizeibüro: Stadtinspektor Susen,
Einwohnermeldeamt: Stadtoberinspektor Beilecke,
Polizeirevier Uerdinger Str. 4.
Reviernebenstelle im Verwaltungsgebäude Cecilienstraße 38.
Kriminalpolizei: Kriminal-Bezirkssekret. Imig.
Polizeigefängnis: Uerdinger Str. 4.
Städtische Desinfektionsanstalt: Friedhofstr. 25.

Städtische Sparkasse (Homberger Straße 31).

Sparkassendirektor Hellenbrock.

Stadtwerke (Uerdinger Straße 43).

Betriebsleiter Becker.

Städtischer Schlachthof (Konradstr. 37).

Schlachthofdirektor Dr. Daniels.

Schiedsmänner:

Für Moers-Stadt: Kamann, Wilhelm, Kaufm., Klosterstr. 4
Für Moers-Hochstraß: Alkämper, Bernhard, Lehrer, Römerstr. 37.
Für Moers-Asberg: Nesbach, Wilhelm, Rektor, Römerstr. 14.
Für Moers-Schwafheim: Volkertz, P., Schmiedemeister, Ackerstr. 176.
Für Moers-Vinn: Ramacher, Dietrich, Wirt, Vinner Str. 33.
Für Moers-Hülsdonk: Mevissen, Gerhard, Lehrer, Schule Hülsdonk.

Kreisschulräte:

Moers I: Kronenberg, Wilhelm, Augustastr. 11.
Moers II: Machate, August, Krefelder Str. 77.

Schulen im Stadtbezirk Moers.

Volksschulen:

Hans-Schemm-Schule, Leiter: Friedrich Giese, Rektor
Dietrich-Eckart-Schule, Leiter: Jakob Terheyden, Rektor
Ludwig-Knickmann-Schule, Leiter: Theod. Kaalberg, komm. Schulleiter
Tannenberg-Schule, Leiter: Karl Krämer, Rektor
Langemarck-Schule, Leiter: Karl Schwanen, Rektor
Parität. Hilfsschule: Leiter: Heinrich Haseke, Lehrer
Herbert-Norkus-Schule, Leiter: Josef Meyer, Hauptlehrer
Markus-Paffrath-Schule, Leiter: Jak. Mörters, Rektor
Horst-Wessel-Schule: Wilhelm Nesbach, Rektor
Wilhelm-Gustloff-Schule, Leiter: Joh. Andres, Hauptlehrer
Albert-Leo-Schlageter-Schule, Leiter: Friedrich Kuhlen, Hauptlehrer
Manfred v. Richthofen-Schule: Wilhelm Wagner, Hauptlehrer
Herbert-Howarde-Schule: Leiter: Gerh. Mevissen, Lehrer
Jüdische Schule, Leiter: Leop. Frohsinn, Lehrer

Andere Schulen:

Oberlyzeum u. Oberrealschule, Leiter: Dr. Egmont Bauer, Studiendirektor.
Berufs- und Handelsschule, Leiter: Wilhelm Freiberg, Direktor.
Gymnasium Adolfinum mit Aufbauschule (staatlich), Leiter: Prof. Friedrich Heinz, Oberstudiendirektor.
Bergschule und Bergvorschule (privat), Leiter: Karl Reuß, Bergassessor.
Bergmännische Berufsschule am linken Niederrhein, Leiter: Karl Reuß, Bergassessor
Landwirtschaftsschule und Wirtschaftsberatung, Leiter: Dr. Kötz, Direktor.

Evangelische Kirchengemeinde Moers.

Pfarramt 1: Pfarrer Vowe, Moers, Haagstr. 7, ☎ 2752
Pfarramt 2: z. Zt. unbesetzt.
Pfarramt 3: Asberg, Römerstr. 104, ☎ 2116, Pfarrer Axmacher.
Pfarramt 4: Pfarrer Munzert, Hochstraß, Jüchenstraße 4, ☎ 3122.
Evang. Gemeindeamt Moers, Haagstraße 11, ☎ 2012.
Evang. Jugendamt der Synode Moers, Lessingstraße 17, ☎ 2608.

Katholische Kirchengemeinde Moers.

Pfarrer Heuken, Haagstr. 26, ☎ 2262.
Kaplan Terhorst, Haagstr. 30, ☎ 2337.
Kaplan Krimphove, Haagstr. 28, ☎ 3052.
Religionslehrer Diekmann, Uerdinger Str. 13, ☎ 2808.
Rendant Küsters, kath. Krankenhaus, ☎ 2967.
Rektorat Hochstraß: Pfarrektor Thonemann, ☎ 2627.
Rektorat Asberg: Pfarrektor Franke.
Rektorat Neukirchen-Vluyn: Pfarrektor Grever.

Hauptverwaltung der Straßenbahnen Moers-Homberg und Moers-Kamp-Rheinberg.

Homberger Str. 113.

Betriebswerkstätte u. Triebwagenhalle: Moers, Bergstraße, ☎ Amt Moers 2755—2757, Amt Duisburg 42587,
Betriebsdirektor: Edmund Scheibner,

Kreis Moerser Betriebe.

Fernruf Amt Moers 2755—2757, Amt Duisburg-Nord 42587.
Direktor: Dipl.-Ing. Edm. Scheibner, Moers, Lessingstr. 15.
Vertreter: Dipl.-Ing. Eugen Ibach, Moers, Dr.-Karl-Hirschberg-Str. 6.

1. Direktion der Moerser Kreisbahnen, Moers, Homberger Str. 113.

Dienststellenvorsteher der Verwaltung: Kreisbahninspektor Wilhelm Schneider,

Katasteramt Moers.

Haagstr. 7 (im Amtsgericht), ☎ 2778.

Amtsleiter: Vermessungsrat Enders,
Geschäftsleitender Bürobeamter: Katasterinspektor Janßen.

Postamt Moers.

Uerdinger Straße 2.

Leiter: Oberpostmeister Wegener,
Geschäftszimmer: Postinspektor Willig,

Repelen-Baerl

Flächeninhalt: 5380 ha, Einwohnerzahl: 15 522.

Die Gemeinde umfaßt folgende Orte bzw. Ortschaften:

1. Baerl	Einwohner:	1 447
2. Binsheim	„	258
3. Bornheim	„	426
4. Eick	„	544
5. Genend	„	622
6. Gerdt	„	237
7. Graft	„	113
8. Hochhalen	„	32
9. Kohlenhuck	„	298
10. Lohheide	„	159
11. Lohmannsheide	„	506
12. Meerbeck	„	6 685
13. Niederhalen	„	16
14. Niephauserfeld	„	253
15. Repelen	„	1 026
16. Rheim	„	1 544
17. Rheinkamp	„	288
18. Uettelsheim	„	150
19. Utfort	„	918

1. Gemeindebehörden:

Rathaus in Utfort, Rheinberger Str. 95, ☎ 2084 Amt Moers. Dienststunden f. d. Verkehr: vorm. 8—12.30, nachm. 14.30—19 Uhr (außer Mittwoch und Samstag).

Bürgermeister: Altwicker.

Beigeordnete: Berns, Gervers, Laurenzen.

Polizeiverwaltung:

Polizeioberinspektor Mechlen, 11 Vollzugsbeamte.

Kirchenwesen:

a) **Kath. Pfarrgemeinde: kath. Kirchengem. Meerbeck, Pfarrer: Schölling, Kapläne: Moll und Feldmann, Pfarrektor Niewerth, Rendant: Moll.**

b) **Evang. Pfarrgemeinde: Evang. Kirchengemeinden in Repelen, Baerl und Utfort. Pfarrer: Faulenbach, Greeven und Gaul. Rendant: Spickermann, Schütten und Oberst.**

Schulen:

Lutherschule in Meerbeck, Leiter: Rektor Wiener.

Kath. Volksschule in Meerbeck, Leiter: Rektor Wagner.

Sonderschule in Meerbeck, Leiter: Hauptlehrer Rüland.

Evang. Volksschule in Repelen, Leiter: Hauptlehrer Schrooten.

Kath. Volksschule in Repelen, Leiter: Hauptlehrer Reichelt.

Evang. Volksschule in Repelen, Leiter: Oberschullehrer Bieg.

Vluyn

Flächeninhalt: 7350 ha, Einwohnerzahl: 13 601.

Das Amt umfaßt folgende Orte bzw. Ortschaften:

Gemeinde Neukirchen mit den Ortschaften Neukirchen, Vluyn, Vluynbusch, Rayen, Niep

Gemeinde Rheurdt mit den Ortschaften Rheurdt, Schaephuysen, Wickrath

Bürgermeister der Gemeinde Neukirchen: Erich Neumann

Bürgermeister der Gemeinde Rheurdt: Herm. Specht (ehrenamtl.).

Beigeordnete des Amtes Vluyn: Hans Handick, Peter Bullerschen, Heinr. Niepmanns, Johann Dimmers, Johann Heister.

Beigeordnete der Gemeinde Neukirchen: Hans Handick, Johann Dimmers

Beigeordnete der Gemeinde Rheurdt: Heinr. Niepmanns.

Leitender Bürobeamter: Bürodirektor Holstein

Baumeister: Amtsbaumeister Adolphs

Ortspolizeibehörde:

Amtsbürgermeister Neumann

Sachbearbeiter: Polizeimeister Schlink.

Sparkasse: Gemeindesparkasse Neukirchen-Vluyn in Neukirchen, Adolf-Hitler-Str.

Vorsitzender des Sparkassenvorstandes: Amtsbürgermeister Neumann.

Sparkassendirektor: Peter Rademacher

Kamp-Lintfort

Gemeinde: Kamp-Lintfort.

Flächeninhalt: 5 745 ha, Einwohnerzahl: 23 163

1. **Gemeindebehörden:**

Bürgermeister: Lesaar, Hubert

Beigeordnete: 1. Achterberg, Fritz, Zechenbeamter, 2. Tenhaeff, Theodor, Kleinhändler, 3. Bruckhaus, Julius, Schreinermeister

Gemeinderäte: Johann Bots, Heinrich Kroniger, Gottfried Bergmann, Jakob Maas, Werner Brand, Hubert Wagner, Robert Pannen, Georg Culm, Paul Heinrichsbauer, Hermann Hippe, Robert Lösche, Karl Olyschläger, Ludwig Bird, Heinrich Thennagels, Dietrich Spuyen

Polizeiabteilung:

Leiter: Polizeikommissar Blume

Stellvertreter: Polizeiobermeister Wagner

Kriminalabteilung: Kriminaloberassistent Bongers, Splittgerber, Neuß

Anmerkungen

Moers in den 20er Jahren

1) Der Niederrhein. Praktischer Reiseführer, 2. Aufl., Berlin 1924
2) Köln 1991
3) Wilhelm Hübner: Vom Werden und Vergehen des Kreises Moers, in: Kreis Moers Jahrbuch 1975, S. 14 f.
4) Hans-Werner Wehling: Werks- und Genossenschaftssiedlungen im Ruhrgebiet 1844-1939, Bd. 1: Kreis Wesel, Essen 1990
5) Peter Buyken: Verkehrsverhältnisse im Kreise Moers um die Jahrhundertwende, in: Heimatkalender Kreis Moers 1942, S. 46 ff.
6) Soeben entstand die unveröffentlichte Arbeit von Stefan Bongen: Der Kreis Moers in den Jahren der Weimarer Republik, s. Literaturverzeichnis.
7) Interessant wäre ohne Zweifel eine Untersuchung der Moerser Arbeiterbewegung im Kaiserreich (großer Bergarbeiterstreik 1912) und im Ersten Weltkrieg.
8) Schreiben Zimmers v. 29.12.1918, HSTAD, LA Moers 395, Bl. 134
9) Schreiben an den Moerser Bürgermeister vom 12. November, vgl. Hartmut Pietsch: 125 Jahre Sozialdemokratische Partei in Duisburg, Duisburg 1989, S. 122
10) Hierzu ausführlicher Dieter Lück: Das Kreisgebiet vom Ende der Franzosenzeit bis 1975, in: Der Kreis Wesel, hg. v. Kreis Wesel, Stuttgart 1983; darin insbesondere „Der Erste Weltkrieg und die Folgen", S. 121 ff.
11) Übergreifend hierzu: Werner Abelshauser (Hg.): Revolution in Rheinland und Westfalen ... (1918-1923), Essen 1988. Eine ihrer Geschichte verpflichtete Moerser SPD hätte nach dem Krieg, gerade als Mehrheitsfraktion, diesen Fragen für Moers noch nachgehen können, wie das in anderen Städten geschah. Sie hätte in den 50er bis 70er Jahren selbst noch viele lebende Zeitzeugen in den eigenen Reihen gehabt.
12) HSTAD, LA Moers 395, Bl. 200; den Aufruf gab es auch auf Französisch (Blatt 201)
13) Immer wieder in mündlichen Berichten, z.B. bei Käthe Märcz.
14) Strafprozeßakten Kleve, HSTAD, Rep 7, 1025 und 1030
15) Grafschafter, 13.12.1919
16) Grafschafter, 15.12.1919, und eigene Berechnungen
17) Ausführlicher zu diesen ersten Wahlen vgl. die unveröffentlichte Examensarbeit von Norbert Knorr: Wahlen und Parteientwicklung im Landkreis Moers in den Anfangsjahren der Weimarer Republik, s. Literaturverzeichnis.
18) Vgl. Friedrich Heinz: Moers und die Zeit des passiven Widerstands, in: Denkschrift zum 31. Januar 1926, Moers, Gymnasium Adolfinum, o.J., S. 13-32
19) Int. 10.4.1992
20) HSTAD, LA Moers 395 II
21) Grafschafter, 5.5.1924 und 6.6.1920, und eigene Berechnungen
22) Grafschafter v. 3.1.1929 anläßlich der Amtsverlängerung für den Bürgermeister
23) STA MO
24) Geschichte der Moerser Juden nach 1933, S. 41
25) Entnommen aus: Jahresbericht 1932, Gymnasium Adolfinum
26) Letta, eine Kindheit in Deutschland, München 1980
27) Beispielsweise umlagerten Frauen und Männer 1916 das Rathaus in Kamp-Lintfort, weil es keine Kartoffeln mehr gab, vgl. Spitzner-Jahn, Kamp-Lintfort im 20. Jh., S. 54/55.
28) Mein Lebenslauf, Maschinenskriptum, Moers 1991, MSAut, S. 1
29) Letta, S. 54
30) Wolfgang Jäger: Bildgeschichte der deutschen Bergarbeiterbewegung, München 1989, S. 88
31) Hartmut Pietsch (Hg.): Erinnerungen an die Geschichte der Homberger SPD. Gespräch am 14.3.1987, Falkenheim Homberg, Kirchstraße, Maschinenskriptum, MSAut, S. 1
32) Hartmut Pietsch (Hg.): 125 Jahre Sozialdemokratische Partei in Duisburg, Duisburg 1989

33) Umfassend zur Arbeiterkultur der Region: Trotz alledem! Arbeiterkultur in Duisburg. Arbeiteralltag – Arbeiterbewegung – Arbeiterkultur 1848-1939, hg. v. der Stadt Duisburg, Niederrheinisches Museum, Duisburg 1989, Begleitheft zur Ausstellung; ausführliches Textbuch dazu von Manfred Pojana und Martina Will: Trotz alledem. Arbeiteralltag und Arbeiterkultur zur Zeit der Weimarer Republik in Duisburg, hg. v. der Stadt Duisburg, Essen 1992
34) In: Pojana, Trotz alledem. Arbeiteralltag..., S. 22-40
35) Theo Schneid: Die proletarische Freidenkerbewegung in Duisburg und Umgebung, in: Pojana, Trotz alledem, S. 60-93
36) Pietsch, Erinnerungen..., S. 3
37) Int. 23.11.1991
38) Ebenda, S. 5
39) Brief an Fritz Büttner v. 15.2.1978, Privatbesitz, Kopie MSAut
40) Int. 12.6.1992
41) Der rote Großvater erzählt, S. 177
42) Vgl. Reinhold Lengkeit: Die Arbeiterwohlfahrt im Raum Duisburg, in: Pojana, Trotz alledem, S. 41-59
43) Pietsch, Erinnerungen..., S. 2/3
44) Albert Spitzner-Jahn: Die „Weltliche Schule" in Kamp-Lintfort von 1922 bis 1933, in: Jahrbuch Kreis Wesel 1994, S. 15-21; Frank Bajohr u.a.: Freie Schulen. Eine vergessene Bildungsalternative, Essen 1986
45) Int. 30.8.1992; sinngemaß auch Frau Märcz, Frau Kluten und Frau Pfeiffer
46) Vgl. Martina Will: Geschichte und Entwicklung der Duisburger Arbeitersänger zwischen 1919 und 1929, und Manfred Pojana: Zur Struktur und Funktion der Volksbühnenbewegung in Duisburg 1922-1933, in: Pojana, Trotz alledem ..., S. 181-222 und 161-180
47) Int. Dezember 1992
48) Peter Hanisch, Volkschor Moers. Festschrift zum 75jährigen Bestehen, Moers 1981
49) Pietsch, Erinnerungen ..., S. 3
50) HSTAD, LA Moers 395 und 395 II; Rep 7, 1025 und 1030
51) HSTAD, LA Moers 395
52) Int. 10.4.1992
53) HSTAD, Rep 7, 183/71
54) HSTAD, Rep 7, 968
55) Bürgermeister von Orsoy an den Landrat in Moers, HSTAD, LA Moers 147
56) HSTAD, LA Moers, 790
57) HSTAD, LA Moers, 790, 791, 693
58) HSTAD, Rep 7, 1004
59) HSTAD, LA Moers 147
60) Int. 10.4.1992
61) HSTAD, Rep 7, 969
62) Mein Lebenslauf, S. 7, MSAut
63) Fest-Buch zum 10-jährigen Bestehen, 25. Oktober 1930, Kreisarchiv, MO 65
64) HSTAD, Rep 7, 489
65) In der Weimarer Zeit fielen hier weniger Überwachungs- und Strafprozeßakten an, 1945 gingen die christlichen Gewerkschaften in der neugegründeten Einheitsgewerkschaft DGB auf.
66) HSTAD, Regierung Düsseldorf 15921, weist mehrere Satzungen des Vereins in Moers ab 1901 aus.
67) Grafschafter, 10.2.1933
68) Grafschafter, 30.1.1933
69) Chronik des St. Joseph-Arbeitervereins Meerbeck (1910-1920), Pfarrgemeinde St. Barbara, Meerbeck
70) Jäger, Bergarbeiterbewegung, S. 88 ff.
71) A.a.O., S. 142
72) Int. 19.8.1993
73) Int. 23.8.1993
74) Kreisappell der NSDAP des Kreises Moers am 13. und 14. Juni 1936 in Moers, hg. v. der Kreisleitung der NSDAP Moers, MSAut; dieselbe: Die Bewegung erkämpft den Kreis Moers, in: Heimatkalender für den Kreis Moers 1938, S. 50-59
75) Kreisappell, S. 11
76) Die Bewegung erkämpft ..., S. 55
77) Mein Lebenslauf, S. 10
78) Kreisappell, S. 7
79) STA MO, 57 32 01; der Youngplan von 1929 milderte die zu hohe Reparationslast aus dem Dawesplan.
80) MSAut
81) Original: MSAut
82) Hierzu ausführlich Alois Tack: Nationalsozialismus im Kreis Moers 1925-1933, in: Jahrbuch Kreis Moers 1975, S. 119-126; ders.: Die nationalsozialistische Machtergreifung im Kreis Moers, Hausarbeit zur Er-

sten Philologischen Staatsprüfung für das Lehramt am Gymnasium, Köln 1968; auch Friedrich Jurjutz: Die Entwicklung der NSDAP im Kreis Moers von 1925-1933, Staatsexamensarbeit an der Pädag. Hochschule Dortmund 1967
83) HSTAD, Rep. 7, 967
84) HSTAD, LA Moers 767 (Überwachung der NSDAP), Bl. 215 und 266
85) Grafschafter, 9.5.1930
86) HSTAD, LA Moers 790
87) HSTAD, Rep 7, 488
88) HSTAD, Rep 7, 490
89) Grafschafter, 9.7.1931
90) MSAut
91) HSTAD, Rep 7, 492
92) Beginn und Bilanz. Erinnerungen, Berlin 1985, S. 39
93) Ebenda
94) Jäger, Bergarbeiterbewegung, S. 151
95) Ebenda
96) HSTAD, LA Moers 767
97) HSTAD, LA Moers 767
98) Der rote Großvater erzählt, S. 178
99) Aus den in Kleve und Moers geführten Strafprozessen lagert im Staatsarchiv Düsseldorf/Kalkum noch ein gutes Dutzend, z.B. Rep 7, 962.
100) HSTAD, LA Moers 797
101) Mein Lebenslauf, S. 13
102) STA MO, Bestand 57 32 01 (Flugblätter)
103) Wirtschaftsstruktur im Arbeitsamtsbezirk Moers, hg. v. Arbeitsamt Moers, Frühjahr 1935, Kreisarchiv
104) Int. 22. 8.1993
105) HSTAD, LA Moers 149
106) HSTAD, LA Moers 791
107) Vgl. auch Prozeßakte im HSTAD, Rep 7, 1033
108) Die Zitate stammen aus den uns von der Familie überlassenen Gerichtsakten, 2 (SO) M 1/32. Das Gericht wertete die Aussagen der Igl-Brüder im Gegensatz zu den Aussagen der SA-Leute als den Tatsachen entsprechend.
109) Int. 22.8.1993
110) VVN Köln, Ordner 6/1933-1945, Moers
111) Niederrheinische Arbeiterzeitung, 25.11.1932
112) HSTAD, LA Moers 663
113) Int. 30.8.1992
114) Schreiben des Landjägers Stechweg an Landrat van Endert v. 4.11.1932, HSTAD, LA Moers 558
115) Grafschafter, 7.11.1932
116) Zahlen für Repelen-Baerl aus STA MO, Rheinkamp AZ 12-31
117) vgl. hierzu ausführlich Wilfried Böhnke: Die NSDAP im Ruhrgebiet 1920-1933, Bonn-Bad Godesberg 1974, S. 176 ff. und S. 195 ff.
118) Stadtarchiv Neukirchen-Vluyn
119) Kamp-Lintfort im 20. Jh., S. 73, 58
120) Int. 18.1.1993; Paul Gericke war damals Lehrer an der Tannenbergschule in Hochstraß, später wurde er dort stellvertretender NSDAP-Ortsgruppenleiter.
121) Robert Hoffmann: Geschichte der deutschen Parteien. Von der Kaiserzeit bis zur Gegenwart, München-Zürich 1993, Kapitel „Von der republikfeindlichen Sammlungsbewegung zum Steigbügelhalter Hitlers: die Deutschnationale Volkspartei (DNVP)", S. 166-175
122) HSTAD, LA Moers 482; vgl. Kapitel 6.8
123) Gespräch am 23.6.1993
124) Kreisappell, S. 11

1933: Die Machtergreifung in (und um) Moers

125) Vgl. Akten HSTAD, z.B. LA Moers 790 oder LA Moers 693 – Anträge auf Versammlungen, die v o r 1933 einsetzen.
126) HSTAD, LA Moers 901, Bericht Landjägeroberleutnant Stechweg vom 31.1.1933, die Akte enthält keine Seitenangaben
127) HSTAD, LA Moers 901, Bericht vom 1.2.1933 Dr. Kaschade
128) Grafschafter, 2.2.1933
129) Ebenda
130) HSTAD, LA Moers 901, Bericht des Landrats vom 31.1.1933

131) HSTAD, LA Moers 901, Aktennotiz Grotjan
132) HSTAD, LA Moers 901, Zusammenfassender Bericht Grotjan
133) HSTAD, LA Moers 901, diesen, wie auch die folgenden Vermerke hat Grotjan angefertigt
134) Meist wurde unkritisch ein angeblicher Zusammenstoß von Kommunisten und Nazis zur Grundlage der Schilderung gemacht.
135) HSTAD, LA Moers 901, aus dem Grotjan-Bericht
136) HSTAD, LA Moers 901, aus dem Bericht der Landjägerei (Oberleutnant Stechweg) vom 1.2.1933
137) HSTAD, LA Moers 901, Vernehmungsprotokolle
138) Grafschafter, 6.2.1933
139) Grafschafter, 2.2.1933
140) Grafschafter, 3.2.1933
141) Kreisappell der NSDAP des Kreises Moers 13./14.1936 – Broschüre herausgegeben von der Kreisleitung, S. 18
142) Grafschafter, 15.2.1933
143) HSTAD, LA Moers 901, Dr. Eckert am 3.2.1933 an den LR
144) HSTAD, LA Moers 660. aus den Berichten, die Dr.Eckert am 7.2. 1933 verfaßte und am 10.2. an den Regierungspräsidenten schickte
145) HSTAD, LA Moers 693
146) HSTAD, LA Moers 693
147) HSTAD, LA Moers 693
148) HSTAD, LA Moers 661
149) HSTAD, LA Moers 661
150) HSTAD, LA Moers 661, die Weitergabe erfolgte ebenfalls noch durch van Endert. MDJ – Minister des Innneren (Göring)
151) HSTAD, LA Moers 661
152) HSTAD, LA Moers 661, Funkspruch aufgenommen von der Polizeifunkstelle Krefeld-Uerdingen
153) HSTAD, LA Moers 661, Bericht des Landrats an den Regierungspräsidenten
154) HSTAD, LA Moers 661
155) Grafschafter, 11.3.1933, „Der neue Reichstag tagt ohne Kommunisten".
156) Alle Meldungen sind entnommen der Tagesausgabe des Grafschafter vom 29.3.1933. Ähnliche Berichte über Verhaftungen usw gibt es in dieser Ausgabe auch für Rheinhausen.
157) Hitler, Mein Kampf, S. 371
158) Daß Hitler die Widerstandskraft des Bürgertums im Vergleich zu dem der Linksparteien nicht ernst nahm, kann man nachlesen ebenda S. 367
159) Vgl. Wirsbitzki, S. 49, zu den Homberger Vorfällen
160) Grafschafter, 29.3.33
161) Wirsbitzki, S. 55 ff
162) Interessant in diesem Zusammenhang ist die Verquickung von geschäftlichem Interesse und menschlichem Desinteresse, die wir nicht allen unterstellen können und wollen. Aber man lese Julius Streicher (zitiert nach Grafschafter vom 31.3.33): „Als Leiter des Gaukomitees empfiehlt es sich, die Gauführer des Kampfbundes des gewerblichen Mittelstandes zu ernennen, da diese Organisation gemäß ihrer Eigenart über die notwendigen Unterlagen und Erfahrungen für den Aufbau der Abwehrbewegung verfügt... 13. Zur Finanzierung der Boykottbewegung organisieren die Komitees Sammlungen bei den deutschen Geschäftsleuten." Wo sonst?
163) Vgl. Süddeutsche Zeitung vom 1.4.1993 – Wir teilen allerdings nicht die Einschätzung Hans-Günter Richardis, der dort schreibt: „...hatte die Rechnung ohne die Mehrheit der deutschen Bevölkerung gemacht, die das erbärmliche Unternehmen ablehnte: In zahlreichen Städten kam es zu Solidaritätsbeweisen für die jüdischen Bürger."
164) HSTAD, LA Moers 662, Text des Schreibens vollständig zitiert
165) Vgl. Neumann (Hg.), Rückschau auf 10 Jahre gemeindliche Arbeit in der Gemeinde Neukirchen, 1928 bis 1938, Neukirchen 1938 – eine mehr als 100-seitige geradezu peinliche Selbstbeweihräucherung des ersten NS-Bürgermeisters, wobei Neumann immerhin noch aus der Verwaltungslaufbahn kam.
166) Vgl. Wirsbitzki, S. 57 ff
167) Vgl. HSTAD, RD 52 514, mit vielen Briefen Eckerts zur Durchführung
168) Bracher, Die Technik der nationalsozialistischen Machtergreifung, S. 17
169) Bruno Heger wurde am 14.4. zum Vorstand der Kreissparkasse gewählt. So wie er kamen auch andere Parteimitglieder in solchen Gremien „unter".
170) HSTAD, RW 58, 25 789 Kaschade, Rudolf – ev. , geb 3.11. 86. „Entlassungsgründe: charakterlich und politisch unzuverlässig in jeder Beziehung" – sagt die NSDAP-Kreisleitung. Als sein Sohn später in die Offizierslaufbahn will, wird die Akte Kaschade wieder angefordert. Die Auskunft seines Blockwalters und seine „Spendenfreudigkeit" stellten die Gestapo zufrieden.
171) HSTAD, RD 47 638

172) HSTAD, RD 47 469, Kleinert trat am 27.12.1926 der NSDAP bei (Mitgliedsnummer 49 290), wurde 1928 OGL von Oberhausen, nach der Umwandlung in einen Kreis auch 1932 Kreisleiter. Vgl. Grafschafter vom 3.10.33. Kleinerts Amtseinführung erfolgte am 1.10.33. Man sollte sich von den zum Teil erst nach Monaten vollzogenen Neubesetzungen nicht täuschen lassen: die alten Stelleninhaber waren weg, und die Arbeit wurde von den Nazis übernommen. Der übliche Papierkrieg zwischen Landrat und RP zog sich eine Weile hin, bis die Bestallung aus Düsseldorf kam. Hinzu kam die Tatsache, daß Stellungnahmen der NSDAP ebenso erforderlich waren wie der manchmal schwer zu beschaffende „Ariernachweis".
173) HSTAD, RW 58, 51 570 und 17 528. Laut seinem Lebenslauf wurde van Endert auf eigenen Wunsch beurlaubt und konnte 1934 als Oberbürgermeister in Münster, später als Oberregierungsrat bei der Regierung Hannover arbeiten. Im Bericht von Imig an die Stapoleitstelle heißt es dagegen: „Bei der Machtübernahme durch die NSDAP verließ er Moers heimlich... Durch seine heimliche Flucht entzog sich van Endert der vorgesehenen Festnahme." Im September 1942 holten die Akten und damit auch die Gesinnungsberichte Bubenzers und Bollmanns van Endert wieder ein. Anläßlich eines Sondergerichtsverfahrens wegen Abhörens ausländischer Sender wird berichtet, Bollmann halte van Endert „nicht für absolut charakterlos" (!), während Bubenzer schreibt: „Wir Nationalsozialisten des Kreises haben nie verstehen können, daß man solch einen Mann in späteren Jahren noch an einflußreichen Stellungen beibehielt."
174) Grafschafter, 12.4.1933
175) HSTAD, LA Moers 660, S. 130, die am 23.6.33 vom Beigeordneten Dr. Hobinder an den RP gereichten Fragebögen möchte 6 Wochen später Dr. Eckert zur Durchsicht überlassen bekommen, andernfalls erbittet er Mitteilung, wer SPD oder Reichsbannermitglied war.
176) HSTAD, LA Moers 660, S. 135, 136
177) HSTAD, LA Moers 660, S. 136
178) HSTAD, LA Moers 972, Schreiben des Bürgermeisters an den Landrat, Utfort 6. September 1933
179) STA MO, 4/82
180) Grafschafter, 1.9.1933, auf dem Göring-Platz in Kamp-Lintfort spielte sich bei der Verbrennung Tausender von Büchern diese Szene ab. Vgl. für Moers Bericht im Grafschafter vom 31.5.33
181) HSTAD, LA Moers 660, S.87, Bericht des Landrats an den RP, vom 30.6.33. Diese Berichte wurden 14-tägig erstellt unter dem Bezug: Durchführung der Verordnung zum Schutze von Volk und Staat vom 28.2.33
182) Grafschafter, 5.7.33, vgl. auch Berichte im Grafschafter vom 9.6.33 – wegen unbefugten Tragens des NSDAP-Abzeichens gab es einen Monat Gefängnis – und vom 5.8.33
183) Vgl. Grafschafter, 30.8.33, mit einem ähnlichen Fall in Rheinhausen
184) Vgl. Grafschafter, 11.9.1933 – es wird von 23 Verhafteten berichtet. Der Bericht wurde von Bubenzer entworfen und von ihm mehrfach redigiert, wobei er die Zahl der Beteiligten in den Neufassungen deutlich höher ansetzte. Die warnende Funktion dieser Berichterstattung wird darin deutlich.
185) Grafschafter, 2.12.1933
186) Vgl. Grafschafter, 5.5.33, mit einem Bericht über das KZ Strehlauer Chaussee bei Breslau, Grafschafter 5.8.33: Oranienburg, Paul Löbe eingeliefert, Grafschafter, 11.8.33 mit Fotos von Ex-Regierungs- und SPD-Größen im KZ und am 9.8.33 Titelseite
187) Grafschafter, 9.6.1933
188) Vgl. Grafschafter, 7.7. und 3.8.1933
189) HSTAD, RW 58, 33 633
190) Vgl. HSTAD, RW 58, 33 633, in der man u.a.finden kann: Schacht 4 am 26.5.33 (5 Entfernungen), Rheinpreußen Homberg (Schacht 1,2,3) (4 Entfernungen), Diergardt 1/2 (6 Entfernungen), Schacht 5, wobei es um 6 Vertreter von den freien Gewerkschaften und den Hirsch-Dunker-Verbänden geht: „Diese Personen sind Marxisten und als solche staats- und wirtschaftsfeindlich eingestellt."
191) Vgl. Grafschafter, 29.7.33 – die drei Zentrumsabgeordneten im Kreistag haben ihr Mandat niedergelegt
192) Zu den Kirchen vgl. Kapitel 5. Das Ausmaß der Unterdrückung von Kulturformen und Einzelpersonen nimmt in den folgenden Jahren noch zu. Es wird hier nur kurz skizziert, um zu zeigen, daß die denunziatorische Vorbereitung bereits lief und in etlichen Fällen auch schon zu massiven Maßnahmen führte.
193) Vgl. z.B. Grafschafter, 14.8.33, zum Werkmeisterverband und Bauring Kreis Moers. Aus dem Handlungsgehilfenverband wird die Nationalsozialistische Angestelltenschaft (NSA).
194) Sie bekamen recht. Vgl. Grafschafter vom 10.8.33, Abdruck der Parteikorrespondenz: Die Zugehörigkeit zum Guttemplerorden ist erlaubt, da der Vorstand aus 7 NSDAP-Mitgliedern und 3 Mitgliedern des Kampfbundes Schwarz-Weiß-Rot bestehe.
195) Vgl. HSTAD, LA Moers 659, „Erkundungsauftrag Nr. 4 des Höheren Polizeiführers im Westen".
196) Für die katholische Seite war dies der Abschluß des Reichskonkordats am 20.7.1933. Auf Seiten der Evangelischen versuchte man mit der Glaubensbewegung der „Deutschen Christen" Einfluß zu finden.
197) HSTAD, LA Moers 66o, Bericht vom 30.6.33, Landrat an RP

198) HSTAD, LA Moers 312, wenn es nur Brieftauben gewesen wären, die sich nationalsozialistische Gesinnungsgewinnler aneigneten!
199) STA MO, Protokollbuch des Schulausschusses. Die nationalsozialistischen Mitglieder waren Dr. Christians, Missmahl, Hessels, Graeber und Fischer.
200) Vgl. Kapitel 5, IHK-Berichte (HSTAD, Bestand RW 48 v.a. Nr.41 und 42)
201) STA MO, 4/333
202) Grafschafter, 24.4.33

Und dennoch: über zwei Jahre organisierter Arbeiterwiderstand: die KPD 1933-1935

203) Dies geht aus vielen Lebensläufen hervor, insbesondere bei den Angeklagten des späteren Jahny-Prozesses (VVN-Landesarchiv 3487).
204) Zit. nach Peukert, Ruhrarbeiter, S. 48
205) Göring war Innenminister.
206) Der Moerser Reichsbanner-Mann Karl Burhans erinnerte sich 1993, daß er nur als Einzelperson, wegen eines Freundes, dabeigewesen sei.
207) Zit. nach Tietz, Tatort Duisburg I, S. 46
208) Gemeint ist der „Staatsstreich von oben", die Absetzung der sozialdemokratischen Regierung Preußens durch Reichskanzler von Papen.
209) Vgl. das Kapitel „Widerstand der ersten Stunde" in Schabrod, Widerstand an Rhein und Ruhr..., S. 23 ff.
210) Ebenda, S. 23
211) So Max Langusch in seinem Bericht (s. u.) und Josef Gottschild (mündlich), der an solchen Aktionen selbst mehrfach beteiligt war.
212) Grafschafter, Chronik des Jahres 1933 vom 28.12.1933
213) Grafschafter, 1.2.1933
214) Schätzung K. Schabrods, Widerstand an Rhein und Ruhr, S. 24
215) HSTAD, LA Moers 659, Bl. 013
216) HSTAD, LA Moers 661
217) VVN-Archiv Duisburg, P 95 2, Interview mit Alfred Lemmnitz, Gertrud Lemmnitz, Willi Heinskill
218) Alle Angaben zu diesem Abschnitt entstammen, soweit nicht anders vermerkt, dieser Akte HSTAD, LA Moers 661, deren Blätter nicht numeriert sind.
219) MSAut
220) HSTAD, Rep. 7, 1035
221) Mein Lebenslauf, S. 14
222) Int. 8/10.4.1992
223) HSTAD, LA Moers 661
224) Zit. nach Billstein, Der eine fällt ..., S. 57 ff.
225) VVN-Landesarchiv Wuppertal, 3487 (Lebensläufe Moerser Kommunisten)
226) Mein Lebenslauf, S. 14
227) Int. 29.8.1992
228) VVN-Archiv Köln, Ordner „Geschichtsforschung 1933-1945", Prozesse Moers; abgedruckt bei Aurel Billstein: Jugend contra Nationalsozialismus, Krefeld 1980, S. 71-73
229) Zit. nach „Widerstand am Niederrhein (III): 1932 kam es zum ersten politischen Mord in Moers", in: WAZ vom 7.6.1969
230) Urteil v. 29.3.1940, HSTAD, RW 58, D 18 334
231) HSTAD, LA Moers 364, Landrat Bollmann an Gerichtsgefängnis Hamborn, 28.7.33
232) HSTAD, LA Moers 790, 791
233) Werkkreis Literatur der Arbeitswelt (Hg.): Der rote Großvater erzählt, Frankfurt: Fischer 1974, S. 139 ff.
234) Heimatkalender des Kreises Wesel 1980, S. 110-114; Röhrig nimmt dort Esser in Schutz, der auch einige den Nazis sehr genehme Gedichte geschrieben hatte.
235) Landrat Bollmann an RP, 11.5.33, und Vermerk Moers, 19.4.33, HSTAD, LA Moers 346 und 661
236) VVN-Archiv Duisburg, P 95/2, Int. A. Lemmnitz, G. Lemmnitz und Willi Heinskill
237) Mein Lebenslauf, S. 16 f.
238) Schreiben an Landesgeschichtskommission der VVN vom 4.12.1968, VVN Duisburg
239) Schreiben des Landrats vom 12.5.33, LA Moers 498
240) HSTAD, LA Moers 407
241) Int. 10.4.1992
242) HSTAD, LA Moers 364, Schreiben an die Bürgermeister des südlichen Altkreises
243) "Der Deutsche Arbeiterwiderstand", in: Müller, Der deutsche Widerstand 1933-1945, S. 166
244) Zitiert nach Peukert, S. 166
245) Tietz, Tatort Duisburg I, S. 263
246) Ruhrarbeiter ..., S. 69 und 87

247) Peukert, Ruhrarbeiter, S. 101
248) Nach Schabrod, Widerstand, S. 40 f.
249) Nach Tietz, Tatort Duisburg I, S. 47
250) HSTAD, RW 58, 10894
251) Bericht Heinrich Schmitz, VVN-Duisburg, aufgenommen durch den Vorstand der IG-Metall Frankfurt
252) Int. 29.8.1992
253) Verfahren O.J. 310/34 gegen Karl Lerch u.a., MSAut. Die Autoren stützen sich hier zumeist auf eigene Auszüge aus den Prozeßakten, welche aber auch im Staatsarchiv Münster (Staatsanwaltschaft Hamm) oder über einzelne Gestapoakten erhalten sind.
254) Verfahren O.J. 618/34 gegen Wilhelm Müller u.a., MSAut
255) Peukert, Ruhrarbeiter, S. 158 (Dokument VVN, Essen)
256) Mein Lebenslauf, S. 17
257) Müller, Die Geschichte meines Lebens, Maschinenskriptum, o. Datum, S. 2, MSAut
258) Ebenda, S. 3
259) Ebenda
260) Ebenda, S. 8
261) Mündlicher Bericht seines Schwagers Karl Burhans.
262) Von Martin Baumann, Marburg: Diagonal, 1993; ausführlicher Nachruf in NRZ/WAZ v. 6.3.1990
263) Willi Müller, zit. nach Baumann, Deutsche Buddhisten, S. 136
264) Urteil O.J. 805/34 gegen Hans Pink u.a., MSAut
265) VVN-Archiv Köln, Ordner „Geschichtsforschung 1933-1945", Prozesse Moers; abgedruckt bei Billstein, Jugend contra Nationalsozialismus, S. 74-75
266) O.Js. 155/35 gegen Gustav Wenkel u.a., MSAut
267) Staatsarchiv Münster, GenSTA Hamm, Erstinstanz, 6.O.Js. 195-35 (6362 ff.)
268) Int. v. 17.10.1993
269) Bestätigt durch Gespräche mit Ehefrau Christine Hirschmann, Int. 8.4.1992
270) Int. Christine Hirschmann, 4.4.1992
271) HSTAD, RW 58, 48985, Verfahren 5 O. Js. 387/35
272) VVN-Landesarchiv Wuppertal, 3487
273) Ebenda
274) Ausführlicher hierzu, Tietz, Tatort Duisburg I, S. 277 ff.
275) Tietz, Tatort Duisburg, Band I, S. 262
276) HSTAD, RW 58, 48985
277) Ausführlich in: Jahre in Lüttringhausen. Endstation Wenzelnberg, hg. v. VVN-Landesvorstand NRW, Düsseldorf o.J.
278) HSTAD, RW 58, 42019
279) VVN Köln, Ordner Moers, Brief an Karl Schabrod vom 7.12.1968
280) Peukert, Ruhrarbeiter, S. 403 (Fußnote 647)
281) HSTAD, RW 58, 28241 (Gestapoakte)
282) HSTAD, RW 58, 52001 (Gestapoakte)
283) Familienbesitz, MSAut
284) Schreiben vom 31.8.1933, MSAut
285) Angaben von Ehefrau Else Engeln, 20.10.1993
286) VVN-Archiv Köln, Ordner Moers, Schreiben von Walter Kuchta an Karl Schabrod vom 7.12.1968
287) VVN-Landesarchiv Wuppertal, 3487
288) VVN-Landesarchiv Wuppertal, 3487, Nr. 78
289) Int. 10.4.1992
290) Int. 18.6.1993
291) HSTAD, RW 58, 59908 und 12266, Verfahren 6 O.Js. 283/36
292) HSTAD, RW 58, 64621, Verfahren 5 O.Js. 358/36
293) HSTAD, RW 58, 64621
294) Mein Lebenslauf, S. 18
295) Nach Peukert, Ruhrarbeiter, S. 221
296) Int. 17.10.1993
297) HSTAD, RW 58, D. 2796
298) Der deutsche Arbeiterwiderstand, S. 166

Zwei Jahre Widerstand: die SPD 1933-1945

299) Grafschafter, 28.3.1933
300) Nach Kuno Bludau (welcher 1971 selbst noch ausführlich mit Runge sprechen konnte): Gestapo – geheim. Widerstand und Verfolgung in Duisburg 1933-1945, Bonn-Bad Godesberg 1973, S. 10

301) Grafschafter, 7.11.1932
302) Wir folgen in dem gesamten Abschnitt Bludau, Gestapo – geheim, S. 10 ff.
303) HSTAD, LA Moers 901; die Aktion mag nach einem reinen Nebenkriegsschauplatz aussehen, doch hatte die Flaggensymbolik damals einen größeren Stellenwert.
304) Ebenda
305) Lt. Peukert, Ruhrarbeiter, S. 49, hatte dort eine Einheitskonferenz stattgefunden, an der „Mitglieder und leitende Funktionäre von christlichen Gewerkschaften, BAV, EVBD, RGO, SPD, KPD, Kampfbund gegen den Faschismus und Reichbanner beteiligt waren". Erklärungen der Abkürzungen am Ende des Buches.
306) HSTAD, LA Moers 659
307) Ruhrarbeiter, S. 48
308) HSTAD, LA Moers 558
309) HSTAD, LA Moers 661; der BM als Ortspolizeibehörde, Unterschrift Dr. Kaschade
310) HSTAD, LA Moers 693
311) HSTAD, LA Moers 243, Aktenvermerk vom 20.3.1933
312) HSTAD, LA Moers 659
313) Kreisarchiv, Kreistagsprotokolle, Bd. VIII
314) HSTAD, LA Moers 407
315) HSTAD, LA Moers 149
316) HSTAD, LA Moers 407
317) HSTAD, LA Moers 711
318) Ratsprotokoll Kapellen, STA MO
319) Kreisarchiv
320) Viele Angaben von Enkel Heinz Molz, Int. 2.6.1993
321) Strafprozeßakte HSTAD (Kalkum), Rep 7, 967
322) Landrat Bollman an den Regierungspräsidenten, Schreiben vom 1.7. und 3.7.1933, HSTAD, LA Moers 407 und 660
323) HSTAD, LA Moers 364
324) HSTAD, LA Moers 407
325) So eine 1980 erschienene Runge-Dokumentation der Friedrich-Ebert-Stiftung, Widerstand 1933-1945, S. 129
326) Gestapo geheim, S. 18
327) Wir folgen den (später erpreßten) Zeugenaussagen im Urteil Runge u.a. (9 J. 479/35, Anklageschrift, S. 34 ff.) und Bludau, S. 18 ff.
328) Ebenda
329) Werkkreis Literatur der Arbeitswelt, Der rote Großvater erzählt, S. 180
330) Gestapo geheim, S. 19; Bludau dürfte hier wohl Moers und Utfort verwechseln.
331) HSTAD, LA Moers 661
332) Tietz, Tatort Duisburg I, S. 264
333) Privatbesitz, Kopie MSAut
334) Der rote Großvater erzählt, S. 181
335) Hans-Dirk Reim: Der Widerstandskämpfer Alfred Hitz aus Duisburg-Rheinhausen, Schülerwettbewerb Deutsche Geschichte 1980, Krupp-Gymnasium Rheinhausen, Maschinenskriptum, S. 17 (STA DU)
336) Tietz, Tatort Duisburg I, S. 264
337) "Sozialistische Aktion", Anf. Nov. 1934, zit. nach Tietz, Tatort Duisburg I, S. 267
338) Gestapo geheim, S. 23
339) Ebenda. Der 1939 in Paris verstorbene Otto Wels ist in der SPD nicht unumstritten. Die von ihm geführte Reichtstagsfraktion trug vor 1933 die Politik der Rechtsparteien in vielen Punkten mit (Panzerkreuzerbau, Abbau der Sozialgesetzgebung). Dies trug zur Entfremdung der Arbeiterschaft von der Weimarer Republik bei. Noch nach der Machtergreifung unterstützte er offen die außenpolitischen Forderungen Hitlers und distanzierte sich von der Berichterstattung der Auslandspresse über den Naziterror.
340) Ebenda
341) A.a.O, S. 24
342) Beginn und Bilanz, S. 49
343) Int. 22.8.1993
344) Geständnis vom 4.6.1935, Gespräch mit Haas und Ferl in Eupen, Januar 1935, MSAut
345) Tietz, Tatort Duisburg I, S. 268
346) Anklageschrift, S. 86, MSAut
347) DGB/IG-Metall, Kreis Duisburg, Brotfabrik Germania, S. 9
348) 115 f.
349) Zit. nach Bludau, S. 35
350) Ebenda, S. 36
351) Ebenda, S. 37

352) Der rote Großvater, S. 182
353) Die Aufgaben der politischen Polizei nahm seit April 1934 nicht mehr die Orts- oder Kreispolizei wahr, sondern die Politische Inspektion Essen der Staatspolizeistelle bzw. „Stapoleitstelle" Düsseldorf (RP an die Landräte am 31.3.1934, HSTAD, LA Moers 243).
354) Alles (z.T. wörtlich zitiert) nach Friedrich-Ebert-Stiftung, Widerstand ..., S. 145
355) Der rote Großvater, 184 f.
356) Gemeint ist vermutlich das damalige Büro der Kriminalpolizei in Moers (Uerdinger Straße 4), das eng mit der Gestapo-Außenstelle in Krefeld zusammenarbeitete; die meisten Zeitzeugen aus Moers sprechen hier ungenau von der „Gestapo".
357) Brief vom 15.2.1978 an Fritz Büttner, Privatbesitz, Kopie MSAut
358) Vgl. Jahre in Lüttringhausen. Endstation Wenzelnberg, hg. v. VVN-Landesvorstand NRW, Düsseldorf o.J. (nach 1982)
359) Quellen: Gerichtsakten und ein Schreiben von Wilhelmine Runge vom 15.2.1978 an Fritz Büttner (Privatbesitz, Kopie MSAut)
360) Int. 22.8.1993
361) HSTAD, Gestapoakten 4170, 27505, Interviews mit Verwandten
362) Ebenda
363) Int. 23.1.1993
364) Int. 20.7.1993
365) Int. 23.11.1991
366) Erinnerungen Fritz Runge, VVN Essen
367) 100 f.; Maschinenskriptum, einzusehen in den Stadt- und Kreisarchiven Moers und Wesel
368) HSTAD, RW 58, 38 283 (Gestapoakte Kordass), Bl. 101; Gestapo-Schreiben aus Berlin: Bl. 100
369) Tietz, Tatort Duisburg I, S. 275; Tietz benennt eine Reihe weiterer Quellen dafür, daß es kein Selbstmord war; auch Dzudzek geht unter der Überschrift „Der verlogene Mord an Alfred Hitz" ausführlich auf den angeblichen Selbstmord ein, welchem ein fingiertes Geständnis, kombiniert mit einem kurzen Lebenslauf, den Schein von Echtheit verleihen sollte (Von der Gewerksgenossenschaft..., S. 259; Dzudzek dazu auch ausführlich in „125 Jahre sozialdemokratische Partei in Duisburg", S. 167 ff.).
370) Nach Reinhold Lengkeit: Das Dritte Reich in Duisburger Augenzeugenberichten, Duisburg 1983, S. 40
371) Ebenda
372) Int. 23.3.1987
373) geb. am 29.9.1888 in Kapellen; Bruder des aus dem Kapellener Rat verbannten SPD-Mannes Wilhelm Anlahr.
374) Ausführlicher in Kapitel 6.3
375) Hubert Putzke und Jan Aarse: Die sechzigjährige Geschichte des Ortsvereins der Sozialdemokratischen Partei Deutschlands in Neukirchen-Vluyn, Maschinenskriptum, November 1978, S. 17
376) HSTAD, Gestapoakte 54951
377) HSTAD, Gestapoakte 3356
378) HSTAD, Gestapoakte 16513
379) Gespräch mit Sohn Kurt Schneider v. 13.7.1993
380) HSTAD, Gestapoakte 20082, sowie Gespäch mit der Tochter Else Rein v. 9.7.1993
381) Gestapo-Akte, HSTAD D.44489
382) Jürgen Grafen: Widerstand und Verfolgung der Dinslakener Arbeiterbewegung unter dem Hakenkreuz, in: Dinslaken in der NS-Zeit (Literaturverzeichnis), S. 141
383) So ein Lebenslauf von 1956, MSAut
384) HSTAD, D.44489
385) Wir folgen der HSTAD-Gestapoakte 71759 und einem Nachruf auf P. Zimmer im „Moers-Magazin" vom 21.6.1979
386) NRZ, 30.1.1957
387) Int. 22.8.1993
388) Tietz, Tatort Duisburg I, S. 313
389) So z.B. Gerhard Doris aus der Weserstraße (Gespräch v. 21.7.1993)
390) Interviews v. 1992
391) Int. 23.3.1987
392) Int. 18.1.1993
393) Int. 23.1.1993

1934–1938: Gleichschaltung, Ausschaltung und Propaganda

394) Grafschafter, 19.1.1934. „Neukirchen hatte im Krieg eine neutrale Stellung inne. Der Bürgermeister, Neumann war zwar Parteimitglied, versuchte aber wie Dr. Bubenzer, die 'Hand über alles zu halten'." So die klassische Weiterreichung der Legende von den harmloseren Nazis, in: Epping: Der Kirchen-

kampf in meinem Heimatort Kapellen, sowie in den Nachbargemeinden Moers und Neukirchen-Vluyn, unveröff. Manuskript, S. 18
395) Grafschafter, 3.7.34
396) Grafschafter, 20.10.1934, vgl. auch Grafschafter vom 27.10.1934: „Verleumdern zur Warnung", „wer nicht hören will muß fühlen" – Lehrer Gustav Schmidt und Rektor Oskar Albrecht am selben Tag verhaftet. Pahl verbrachte 7 Tage in Schutzhaft. Landrat Bollmann hatte die Verhaftung wegen „übler Verleumdung der Kreisleitung" veranlaßt. Vgl. HSTAD, RW 58, 35 039
397) Vgl. Grafschafter, 21.6.35, „Gegen Gerüchte und Schauermärchen", 26.8.35 „Warnung an Gerüchtemacher und Konjunkturritter", 26.10.36 Aufklärungskundgebung zu einem „unsozialen" Betriebsführer
398) Grafschafter, 16.5.1936, Verurteilung wegen „fortgesetzter Beleidigung der Stadtverwaltung Rheinhausens"
399) HSTAD, RW 48 – 41, Berichte über die allgemeine Wirtschaftslage im Kammerbezirk, hier: Nr. 201, vgl. auch RW 48 – 42 und 43
400) HSTAD, RW 48 – 42 Band XIV vom 1.11.33 – Juli 1934
401) Meyer, S. 44, 45
402) Meyer, S. 45)
403) STA DU, 22/1457
404) Arbeitsamt Moers: Wirtschaftsstruktur 1935. Eigene Berechnung auf der Basis der Zahlenangaben S. 95. Die Tendenz dieser Zahlen wird noch krasser, wenn man sie auf die tatsächlich Beschäftigten bezieht (1933: 33.056 Beschäftigte – 1.986 Kranke, 1935:42.824 Beschäftigte – 1.428 Kranke)
405) Buschmann, Jürgen: Die Straßenbahn Friemersheim – Homberg – Baerl. In: Jahrbuch 1989/90 herausgegeben vom Freundeskreis Lebendige Grafschaft e.V., Duisburg 1991, S. 67
406) Dies wird für das Reich meist anders gesehen. Vgl. etwa Lampert, Heinz: Staatliche Sozialpolitik im Dritten Reich, in: Bracher u.a. (Hrsg.) Nationalsozialistische Diktatur 1933 – 1945. Eine Bilanz. Bonn 1983 S. 185
407) Arbeitsamt Moers: Wirtschaftsstruktur, S. 95
408) Zu den Aufgaben der DAF vgl. T.W. Mason S. 100 ff
409) Entstanden aus der OG Hochstraß (diese existierte nur ein Jahr mit dem Ortsgruppenleiter Hermann Heines – vorher war sie Teil der OG Meerbeck) durch Zusammenlegung mit der am 1.6.33 gegründeten OG Scherpenberg (Ortsgruppenleiter: Otto Bruske) am 1.7.1935
410) Giesen Ferdinand: Buch der OG Hochstraß-Scherpenberg, Dezember 1937, erhalten von Paul Gericke
411) Vgl. z.B. Grafschafter vom 26.2.1934 mit der Meldung „1.017.000 Pol. Leiter, Amtswalter, HJ- und Arbeitsdienstführer vereidigt!" Zum Reichsparteitag nach Nürnberg fuhren 1937 810 politische Leiter aus dem Kreis Moers. Grafschafter vom 2./3.Februar 1935, 10.000 Amtsleiter und Amtswalter „beehren die Stadt mit ihrem Besuch" beim Kreisappell
412) Giesen, S.21, darunter 159 Anwärter. Das waren solche, die sich als Helfer bewährt, das hieß: eine dieser nachgeordneten Funktionen übernommen hatten
413) HSTAD, RW 58, 45 271 und Grafschafter, 16.10.1935
414) Giesen, S.21, Mitgliederzahlen: NSV: 1588 – DAF: 2976 – NS-Frauenschaft: 410 – RLB: 2182, die Einwohnerzahl betrug 10.539, darunter 1024 Ausländer (alle Zahlen für Ende 1937). Das erforderte auch einen gewaltigen Apparat. Hatte man zuerst noch in Räumen beim Wirt Blitschen getagt, so mußte später das Gebäude Am Pandyck 52 angemietet werden. Im Haus Nr. 54 residierte die NSV-Verwaltung.
415) Vgl. dazu verschiedene in diesem Buch angeführte Fälle aus den Gestapoakten, in denen solche Gesinnungsgutachten eine Rolle spielten z.B. Dr. Kaschade oder die Meldungen H. van den Bergs
416) Vgl. Heimatkalender 1939, S.107 ff
417) STA NV, 4031 01 Brief vom 27.10.1938
418) MSAut, Die Schar 1/34 S. 2, 6, 8.
419) Grafschafter, 15.10.1934, Fräulein Graeber muß es als nationalsozialistisches Mitglied des Schulausschusses wissen.
420) 150 Jahre Sozietät, S.58 – Abgesehen vom Ausfall der Hauptversammlungen und kulturellen Veranstaltungen im Krieg vom 15.4.44 bis nach 1945, konnte die Sozietät ihrem Zweck nachgehen.
421) Grafschafter, 30.6.1934, vgl. auch die „Kritiken" zum MGV-Auftritt im Grafschafter am 12.7.1934. Leider konnte nicht festgestellt werden, wann die Sänger ihr Repertoire so gründlich umstellten.
422) HSTAD, LA Moers 970, Dr. Reible war auch Kreispropagandaleiter
423) Es sind auch Nichtjuristen dabei wie die alten Nazis Sonnen und Neumann, aber auch der Bürgermeister von Repelen-Baerl Altwicker.
424) Grafschafter, 4.5.1934. Auf derselben Veranstaltung betonte Bubenzer, er sei stolz darauf, daß er zum Reichsbauernredner bestellt sei.
425) Das wird deutlich an den zentralen Vorgaben des Reichspropagandaministeriums.
426) Broschüre zum Kreisappell, S. 21
427) Giesen, Ortsgruppengeschichte, S. 26
428) Grafschafter, 4.1.1934

429) Grafschafter, 29.3.1934
430) Grafschafter, 23.3.1936
431) Grafschafter, 3.7.1937
432) Grafschafter, 6.12.1937
433) Vgl. Grafschafter, 28.5.1934, der berichtet „Nun liegen ja erfreulicherweise im Kreise Moers, wie auch in unserer Kreisstadt, die Verhältnisse so, daß hier die Zahl der 'Kleingläubigen' verschwindend gering ist." Redner waren u.a. Dr. Bubenzer, Dr. Reible, Bruno Heger
434) Reichsverkehrsministerium (Hrsg.) Allgemeine Dienstanweisung für die Reichsbahnbeamten (o.V.), Gültig ab 1.April 1938, Berlin 1938 S. 6
435) Bei uns in Deutschland (o.V.), Berlin 1939, S. 119
436) Es reicht hier, auf die damaligen Heimatkalender zu verweisen oder auf das unsägliche Bändchen Heukelum, Hans van (Hg.): Niederrheinischer Almanach, Stimmen einer Landschaft. Aus der Gegenwartsdichtung zusammengestellt, Düsseldorf 1939. Wer einen allgemeinen Eindruck bekommen will, dem sei empfohlen: Frankfurter Kunstverein: Kunst im Dritten Reich. Dokumente der Unterwerfung, Frankfurt 1975 Katalog zur Ausstellung – hier sind zahlreiche Beispiele von Plakaten und Fotos enthalten, die auch dem Moerser Publikum zugeführt wurden über Illustrierte und Beilagen.
437) Schilke, Peter, Niederrheinische Dichter und Heimatschriftsteller, in: Kriegs-Heimatkalender 1944, S. 144
438) Grafschafter, 5.7.1935
439) Grafschafter, 12.1.1934
440) "Gesetz gegen die Überfüllung der Hochschulen" vom 25.4.1933 – RGBl Nr. 43 – die Angaben sind entnommen: Elling, Hanna: Frauen im deutschen Widerstand 1933 – 45, 3. Aufl.,Frankfurt 1981 , S. 14 ff
441) STA MO, Amtliches Schulblatt für den Regierungsbezirk Düsseldorf vom 16.9.1933, Nr.18, S. 166
442) Zitiert nach: Bernett, Hajo: Nationalsozialistische Leibeserziehung. Eine Dokumentation ihrer Theorie und Organisation, Schorndorf bei Stuttgart, 1966
443) Kriegsheimatkalender 1945, S. 141
444) HSTAD, RW 134 – 24
445) Grafschafter, 2.11.1938, mit Aufruf zum Eintritt. In den folgenden Wochen gab es mehrfach Berichte über die Ziele dieser Einrichtung.
446) Vgl. Klaus, Martin: Mädchen im Dritten Reich, Köln 1983 S. 95 ff.
447) Vgl. auch Gesetz zum Schutz des deutschen Blutes und der deutschen Ehre vom 15.9.1935, das auch zur Auflösung bereits bestehender Ehen führte. Angaben nach: Schönfelder, Heinrich: Deutsche Reichsgesetze, Ausgabe von 1942, München und Berlin.
448) Vgl. HSTAD, RD 50 626 und 50 662 – Einbürgerungsanträge u.a. von Holländern z.B. in Kapellen. Hier werden in den Gutachten Rassemerkmale wie „ostbaltisch-nordisch" für die „rassische Eignung" ermittelt – und – allerdings eher selten – Anträge als „erwünschter Bevölkerungszuwachs" genehmigt.
449) HSTAD, RD 53 773, Schreiben des LR an den RP am 27.3.1935 Betr.: Durchführung des Gesetzes über die Vereinheitlichung des Gesundheitswesens vom 3.7.1934. Auch die Kreisleitung hatte 1933 anläßlich des Gesetzes zur Wiederherstellung des Berufsbeamtentums die politische Zuverlässigkeit von Kroes verneint.
450) Allerdings hatte auch Dr. Kroes anfangs Anteil an Zwangssterilisationsverfahren. Siehe HSTAD, RD M 54 158, S. 217. Am 30.4.35 beantragte auch Dr. Kroes als damaliger Kreisarzt die Genehmigung zur Durchführung einer Unfruchtbarmachung.
451) Das war Dr. Scheidtmann. Dr. Schalloer, der Stellvertreter, war der NSDAP am 1.5.1933 beigetreten; er scheint weniger aktiv gewesen zu sein, denn die Gauleitung Essen bescheinigte ihm als Qualifizierung lediglich, daß er sich schon des öfteren der SA zur Verfügung gestellt habe und sein Spendenverhalten gut sei. – HSTAD, 53 773 – Akten des Kreisgesundheitsamtes, Brief vom 19.6.1936 und Zusammenstellung vom 10.1.1940
452) Grafschafter, 7.2.1936
453) Die Akten im Hauptstaatsarchiv Düsseldorf, Bestand Regierung Düsseldorf Medicinalia sind praktisch vollständig erhalten geblieben – von Historikern als „historischer Glücksfall" gewertet. Vgl. dazu Reulecke, Jürgen und Gräfin zu Castell Rüdenhausen, Adelheid: Aspekte der nationalsozialistischen Gesellschaftspolitik am Beispiel der Jugend- und Rassenpolitik. In: Düwell,Kurt und Köllmann, Wolfgang (Hrsg.):Rheinland-Westfalen im Industriezeitalter Bd.3. S. 168 ff und S. 177, Anm. 80
454) HSTA Düsseldorf RD M 54 465, Schreiben des RMI vom 27.12.35 an den RP
455) HSTAD, RD M 54 465, S. 46 – 48
456) HSTAD, RD M 54 465, S. 61
457) HSTAD, RD M 54 491, vgl. S. 592 den Fall „wegen erblicher Fallsucht", den das Erbgesundheitsgericht beim Amtsgericht Duisburg am 16.6.1937 verhandelte „unter Mitwirkung des Amtsgerichtsrats Dr. Kerkhoff, stellvertretender Amtsarzt Dr. Schalloer und Röntgenarzt Dr. Penzold"
458) Ausgenommen einige ganz seltene Fälle von Kostenübernahme durch den Staat vgl. HSTAD, RD M 54 472

459) Dem Abschnitt und der Berechnung der Zahlen liegen zugrunde die Akten im HSTAD RD M 54465, 54466, 54467, 54468, 54472, 54473 und 54491, die z.T. Monats-, Vierteljahres- und später Jahresberichte enthalten.
460) HSTAD, RD M 54 491
461) Vgl. Billstein, Aurel: Euthanasie im 3. Reich. Der „Gnadentod" am linken Niederrhein, Krefeld 1991
462) Die Oberrealschule wurde aufgelöst. Aus dem später so genannten „Aufbauzweig" entstand 1971 das Aufbaugymnasium, heute Gymnasium in den Filder Benden. Es war als Ersatz für das aufgelöste Lehrerseminar eingerichtet worden.
463) Eine gründlichere Auseinandersetzung mit der Schule im Nationalsozialismus findet sich für das Adolfinum in: Klein-Reesink, Andreas: Das Gymnasium Adolfinum in Moers in der Zeit von 1815 bis 1950, Moers 1992
464) Marx, Wilhelm, S.139
465) Vgl. dazu Zymek, Bernd: Expansion und Differenzierung des höheren Schulsystems im Staat Preußen, in:Düwell, Kurz und Knöllmann, Wolfgang (Hrsg.): Rheinland-Westfalen im Industriezeitalter, Bd.4 v.a. S. 164 ff
466) Heinz, Friedrich: Das Adolfinum und die Reichsschulreform. In: Jahresberichte des Vereins ehemaliger Adolfiner (V.e.AD)1935/36 S. 18
467) Ebenda, S. 18/19
468) STA MO, Unterlagen für den Verwaltungsbericht 36 – 38, S.6
469) Dagegen wurde der Hitlergruß erst mit der Konferenz vom 7.5.1935 verbindlich eingeführt. Vgl. Protokollbuch Adolfinum S.177, Klein-Reesink, S. 178 zur Situation 1933
470) Vgl. Adreßbuch des Kreises Moers von 1938. Erstaunlich ist, daß in der Gemeinde Repelen – Baerl von 9 Schulen nicht eine umbenannt wurde, sogar die Lutherschule konnte ihren Namen weiter tragen.
471) NSLB (Hrsg.), Mitteilungsblatt Gau Köln-Aachen, 16.2.1934
472) Vgl. die „Charaktergutachten", die Klein-Reesink S. 220 ff zitiert. Die Aufstellung erfaßt auch nicht alle NS-Aktivisten unter den Lehrern – vgl. Mitgliederliste des Moerser Schulausschusses im Stadtarchiv
473) Vgl. Scheler, H.: Erlebnisse, S.134 f.
474) Vererbungslehre und Rassenkunde, Erlaß vom 15.1.1935 – Konferenz am Adolfinum vom 15.2.1935, Protokollbuch S. 347
475) Vgl. Klein-Reesink, S. 174 ff
476) Vgl. Klein- Reesink, S. 290 ff.
477) Lenzen, Hans-Georg: Das Mitlaufen – die ganz normale Schuld, Rückblick auf die Zeit zwischen 1928 und 1945 – Manuskript für die Autoren
478) Grafschafter vom 20.7.1939. Theodor Baule (Homberg) und Paul Ulrich (Moers) wurden nach § 218 zu je 15 Jahren (!) Gefängnis verurteilt – der Zusammenhang des von Baule gegründeten Bundes zur KPD sei erwiesen.
479) Grafschafter, 17.4.1934
480) In Moers, Kapellen und Repelen-Baerl fast 20, in Rheinhausen 15 Kriegerkameradschaften. Hinzu kamen überall Ortsgruppen ehemaliger Kriegsgefangener, ehemaliger Offiziere usw.
481) Nationalistisch-konservativer Historiker, Verfasser eines Standardwerkes zur Dt. Geschichte. Der Gedenkstein war dem Weichensteller Jakob Hackstein gewidmet, der bei der Bergarbeiterstreikbewegung 1931 erschosssen worden war.
482) Grafschafter, 5.1.1936
483) Grafschafter, 16.7.1937
484) Grafschafter, 19.10.1935 Artikel des Schriftleiters Schlebusch
485) Grafschafter, 2.2.1934, am 29.1. erfolgte der Aufruf in der Zeitung, keine anderen Veranstaltungen in dieser Zeit abzuhalten
486) Grafschafter, 3.7.1936
487) Vgl. Bericht im Grafschafter vom 21.4.1936, dasselbe fand auch in Homberg statt. Wir verzichten darauf, an dieser Stelle jede der Veranstaltungen nachzuweisen. Wer die Berichte dazu nachlesen will, kann sich einen beliebigen Monat in der Presseberichterstattung herausgreifen.
488) Es handelt sich um keine Übertreibung!
489) Grafschafter, 26.3.1938, mit Veranstaltungskalender
490) Vgl. Hogeforster, Max: Der Fall Hogeforster – Ein Schulbeispiel nationalsozialistischer Machtentfaltung des Reichsnährstandes und seiner Funktionäre – Hörnemannshof, Kapellen. Eigendruck Moers 1947
491) Etwa am 12.11.1938, als im Jungbann Moers 22 Beförderungen zum Fähnleinführer, Oberjungzugführer und Jungzugführer ausgesprochen wurden, vgl. Grafschafter vom 13.11.1938. Es gab auch mal auf einen Rutsch 8 neue Hauptgruppenführerinnen, 3 Mädelgruppenführerinnen und 16 Mädelschaftsführerinnen beim BDM.
492) Nationalzeitung vom 9.8.1938. Vgl. zu anderen Umbenennungen die Akten 4/84 (alle) und 4/96 (zu den Initiativen der Nationalsozialisten) im Stadtarchiv Moers
493) Wüstemeier, S.6

494) Eine eingehende „Würdigung" der Person Bollmanns unterbleibt an dieser Stelle. Der Leser mag sich selbst anhand weiterer Details, die dieses Buch enthält, ein Bild machen. Zur Vita vgl. Grafschafter vom 23.5.1942 und 17.7.1942
495) HSTAD, RW 58, 29 019
496) HSTAD, RW 58, 29 019, Gestapoakte Heinrich Prang, geb. 15.11.1897
497) Vgl. letztes Kapitel und HSTAD, Rep 224/42 u. 43
498) STA DU, 22/109, Aufstellung vom 3.5.1943
499) Grafschafter, 1.11.1937
500) Grafschafter, 3.5.1937
501) Grafschafter, 26.10.1935
502) Das betrifft vor allem den Kreisleiter Dr. Bubenzer, der nach Zeugenaussagen viele geschützt haben soll. Eine Frau, die die Kreisleitung beleidigt hatte, soll er nach Anhörung und 5,-Spende fürs WHW wieder ungeschoren heimgeschickt haben. Allerdings ist hier mit Sicherheit viel Legendenbildung im Spiel: alle Zeugenaussagen zusammengezählt hat Bubenzer ca. der Hälfte der Moerser Juden das Leben gerettet – und zumindest daran ist kein Wort wahr.
503) So wurde z.B. ein Dieb, der Bohnen aus einem Garten entwendet hatte, auf dem Marktplatz wie im Mittelalter „an den Pranger gestellt".
504) HSTAD, RW 58, Gestapokartei, Mitglieder der NSDAP
505) Daniels, H.H. und Grüner, K.: Festschrift zur 200-Jahr-Feier der Gesellschaft Sozietät in Moers, Moers 1981, S.8
506) Jahre Sozietät S. 13
507) Heinz, Friedrich (Hrsg.): Sozietät 1780 – 1955. Festschrift zur 175-Jahrfeier der Gesellschaft Sozietät in Moers, Moers 1955
508) Einige erst nach 1933. Als besonders bemerkenswert erscheint das Ausscheiden des damaligen Kreisleiters Bubenzer im Jahr 1937. Dr. Kuhlo fiel am 29.10.1941, Bürgermeister Altwicker beim Bombenangriff im Bunker am 25.10.1944
509) Der Verfasser nennt oben solche, die ihm wohl wichtig erschienen: Besetzung des Rheinlandes durch Deutsche Truppen, Besetzung des Sudetenlandes, Zerschlagung der Tschechoslowakei, Besetzung von Polen und Frankreich, Kämpfe in Nordafrika und Rußland. Angriff auf Pearl Harbour, die Studentenunruhen in München (meint er etwa die „weiße Rose"?), der 20.Juli 1944, der Eintritt Amerikas in den Krieg.
510) Wir wollen es an dieser Stelle bei der einen Frage belassen. Vgl. hierzu Kap. 8, zur zweiten Schuld
511) Vgl. Helmut Werkle: Verein ehemaliger Adolfiner e.V. Moers 1921 – 1982, In: Gymnasium Adolfinum – Schola Meursensis 1582 – 1982, Moers 1982, Werkle spricht vom „Triumvirat" Fabricius – Hofius – Heinz S. 62 und weiter S. 66: „es ist im Rahmen dieses Berichts unmöglich, Urteile zu fällen über das (Fehl-)Verhalten und die Auswirkungen von Reden und Wirken der im VeA Verantwortlichen während der Zeit des Nationalsozialismus"
512) Zur Einschätzung seiner Rolle als Direktor des Adolfinums vgl. Klein-Reesink, S 140 ff. und S.179 ff.
513) Vgl. die Laudatio der Rhein. Post am 4.1.1972 oder die der NRZ am 4.1.1962
514) Vgl. Grafschafter, 24.2.1930
515) Grafschafter, 2.9.1930, es wird berichtet, daß der Redner einer Wählerversammlung scharf mit dem NS ins Gericht ging
516) Vgl. dazu Klein-Reesink, S.102
517) Konferenz vom 24.4.1935 – Protokollbuch Adolfinum S. 354
518) Wir schließen uns hier der vorsichtigen Darstellung – v.a. in der Bewertung – der Untersuchung Klein-Reesinks an, wenn auch das Vorwort und etliche Formulierungen des Buches nahelegen, daß diese Vorsicht eher der Überzeugung des Herausgebers entspricht.
519) Daniels, Grüner, S. 61
520) Am 10. Januar 1945
521) MSAut, Brief Karl Hofius an Staatsanwalt Holtey-Weber. H.-W. verstarb am 19.3.1946 – Mitglied des Kuratoriums des Martinsstiftes, Abitur 1903, Hofius am 31.10.1950
522) MSAut
523) Voss, Heinrich: Geschichte des Fernsprechwesens in Moers o. J. – 7 Jahre später gab es erst 1755 Anschlüsse in Moers und Umgebung (mit Orsoy und Kamp-Lintfort) KA Wesel
524) Vgl. Grafschafter, 12.3.1934 mit Lebenslauf und der Beschreibung dieser „Opfer" – sein Leumund war so, daß ihn die Duisburger Presse anläßlich seiner Versetzung in diese Stadt mit dem Satz „Für Duisburg gut genug" empfing.
525) HSTAD, RD 47 444, Dr. Eckert wurde 1937 wegen seiner angegriffenen Gesundheit pensioniert
526) Vgl. Grafschafter, 17.3.1932
527) Vgl. HSTAD, RD 51 514, die zahlreiche üble Briefe – von ihm unterschrieben – enthält
528) Grafschafter, 8.9.1937

Verfolgung und Widerspruch

529) Das war Pfarrer Vowe. Bezeugt von Superintendent Nikolaus Schneider und Sohn Dr. Rainer Vowe
530) Zitiert nach Westdeutsche Allgemeine Zeitung vom 21.6.1972
531) Scheler, H.,Erlebnisse, S.135
532) Marx, Wilhelm, Das Adolfinum in den Jahren 1936 – 1939
533) Zitiert nach: Felbinger, Manfred: Als die Lehrer noch Kerle waren. Damit kein falscher Eindruck ensteht: Felbinger rühmt den Mut Rendenbachs, das Thema anzupacken.
534) Vgl. Rheinische Post vom 27.11.1956, Nachruf von Hubert Weihrauch
535) HSTAD Gestapoakte 2743
536) Die persönlichen Angaben zu Vowe beruhen auf Auskünften des Sohnes Dr. Rainer Vowe, die restlichen Angaben sind der Gestapoakte entnommen
537) Vgl. auch Vowes Gedanken nach dem Krieg. Vowe: Werte im Widerschein des Holocausts
538) Bericht Hermann Immel, September 1993
539) Vgl. Kapitel Kirchen zu H. Werkle und Kap. 8 zu Dr. Bauer
540) Shulamit Pickmann, geb. Lewkowicz, Int. Juli 1991
541) Die drastischere Variante ersetzte das Wort „Zucker" durch „Scheiße" und „Mehl" durch „Pisse".
542) HSTAD, LA Moers 801, Zusammenfassung des Landrats an den Regierungspräsidenten vom 2.5.1934
543) HSTAD, LA Moers 801
544) Ebenda, Bericht an den Landrat vom 12.6.1934, betr.: Kirchenpolitische Demonstrationen
545) Vgl. Grafschafter, 20.1.1935 mit den Äußerungen des Neukirchener Bürgermeisters Neumann zur katholischen Kirche. Ebenda: Bericht über Auswechslung des Direktors der katholischen Ernst-Moritz-Arndt-Schule in Neukirchen. Grafschafter, 10.11.1937
546) Grafschafter, 2.12.1937
547) HSTAD, BR 1013/483, Bl. 181
548) Ebenda, Bl. 187
549) HSTAD, BR 1013/197, eigene Berechnungen bzw Hochrechnung anhand von Übersichten in der Akte
550) Überliefert von H. Abel und H. Gies
551) HSTAD, RW 58, 36 284
552) Diese Aussage wie auch die folgenden Angaben zu Kaplan Neuendorf entstammen dem Interview mit H. Abel und H. Gies von August 1993. Vgl. Kapitel 6.1 und Gestapoakten HSTAD, RW 58, 2743 zu Peus und 8323 zu Neuendorf
553) Janssen und Ahls, der Sankt-Viktor-Dom in Xanten, S. 26 ff.
554) Vorsitzender Heinrich Imbusch, seit 1928 Nachfolger Adam Stegerwalds, hoffte, die Gewerkschaft – wie schon 1923 – durch eine gute Finanzpolitik über die kommenden Klippen zu führen. Die Verfolgung der Kommunisten, denen es nach seinen Worten „augenblicklich" schlechtging, spielte er herunter: „aber Mitleid kann man mit dieser Bande nicht haben" (vgl. Mommsen, Glück-Auf, Kameraden), S. 299.
555) Int. 18.8.1993
556) Int. 18.8.1993
557) Int. 23.8.1993
558) Int. 19.8.1993
559) Ermordet am 15.3.1945 im KZ Mauthausen, vgl. Bludau, Gestapo geheim, S. 205 f., und Tietz, Tatort Duisburg I, S. 413 ff; er war im Gefolge des 20. Juli 1944 von der Gestapo verhaftet worden.
560) Spitzner-Jahn, Kamp-Lintfort im 20. Jahrhundert, S. 80
561) Vgl. Grafschafter, 26.1.1934
562) Kirchliche Rundschau für Rheinland und Westfalen, 15.2.1934, S.30
563) Vgl. Junge Kirche, Halbmonatsschrift für reformatorisches Christentum, Heft 11, 1934, S. 479
564) HSTAD, BR 1013/483, S. 164 ff
565) STA DU, 22/1991
566) HSTAD, BR 1013/483, S. 163
567) Baedeker, Friedrich, Mitteilungen aus der Geschichte der ev. Gemeinde Moers, STA MO, S. 187 A
568) Vgl. Archiv des Kirchenkreises Moers, 06 – 7. Denkhaus war Mitglied der BK und keineswegs „nationalgesinnt".
569) Epping, Der Kirchenkampf in Kapellen, S. 17
570) Nach Epping, Der Kirchenkampf in Kapellen, S. 14
571) Archiv des Kirchenkreises Moers, 06 – 7, Rundschreiben Pfarrer Reyters vom 2.6.1937
572) Zeugnis Hanna Reyter
573) Vgl. Billstein, Christliche Gegnerschaft, S. 68, bei der Prüfung hat es sich wohl um diejenige gehandelt, nach der auch Helmut Werkle vernommen wurde.
574) Grafschafter Sonntagsblatt, 19.6.1934, S. 240
575) Brief Böttchers an die Soldaten der Gemeinde vom 30.10.1939, erhalten durch Christa Goedeking
576) Brief Böttchers an die Soldaten der Gemeinde vom 12.4.1940, erhalten durch Christa Goedeking

577) Zeugnis Christa Goedeking, geb. Böttcher, 27.10.1993
578) Zeugnis Christa Goedeking
579) Kirchenarchiv des Kreises, 06 – 7, Brief vom 11.6.1934
580) Kirchenarchiv des Kreises, 06 – 7, Abschrift o.V.
581) Kirchenarchiv des Kreises, Verhandlungen des Presbyteriums der evangelischen Kirchengemeinde Hochemmerich 1933 – 1944, gedruckte Zusammenstellung o.J.
582) HSTAD, RW 58, 8573
583) MSAut, Brief vom 31.7.1937
584) Kirchenarchiv des Kreises, 05 – 7
585) Und hier liegt wohl auch der Grund für die direkt nach dem Kriege geradezu erbittert geführten Auseinandersetzungen im Moerser Kirchenkreis um den Weg der Synode, tragischerweise gerade zwischen exponierten Mitgliedern der BK.
586) Kirchenarchiv des Kreises, 06 – 7, Brief Pfarrer Reyters vom 4.6.1937
587) HSTAD, RW 58, 11 119, Brief vom 21.7.1937, S. 6
588) Ebenda
589) Nationalzeitung, 1.10.1937
590) Kirchenarchiv des Kreises, 06 – 7
591) Alle Angaben zu Kirchenaustritten aus: HSTAD, BR 1013/197, die Akte umfaßt Vierteljahresberichte ab dem 1.7.1937 bis zum Jahresbericht 1943.
592) HSTAD, RW 58, 49536
593) Ebenda
594) HSTAD, BR 1013/483, S. 393
595) Amtlicher Bericht über die Verhandlungen der Kreissynode Moers in den Jahren 1947 – 1949. Als Handschrift gedruckt, o.V., o.J., Kirchenarchiv des Kreises, S. 60 f
596) Aurel Billstein und Fritz Junkers, Jugend gegen Faschismus und Krieg, Krefeld 1982, S. 5
597) Ebenda, S. 15 f.
598) Nach Jutta Lenzen: Widerstand während des Nationalsozialismus in Neukirchen-Vluyn, in Iris Fischer: Das ist unsere Stadt. Neukirchen Vluyn, Stadt Neukirchen-Vluyn 1991, S. 52-54
599) HSTAD, RW 58, 14889
600) Gespräch 10.9.1993
601) Gespräch 23.10.1993; in vielen größeren Städten, etwa Hamburg, gab es damals, noch ausgeprägter und mit deutlich antifaschistischen Aktionen, die „Swing-Jugend".
602) Vgl. Abschnitt 6.5, Ende
603) HSTAD, LA Moers 711; aufgrund einer Verfügung des RP vom 11.7.1933
604) Archiv VVN Köln, 6/1933-1945, Geschichtsforschung 1933-1945, Prozesse Moers, schriftliche Erklärung Walter Kuchtas an Aurel Billstein vom 25.11.1975
605) HSTAD, RW 58, 2816, D 63727, D 34036
606) HSTAD, RW 58, D 27 749, D 44 914
607) HSTAD, RW 58, D 44690, D 62914
608) Int. Erna Heller von Juni 1991
609) Schreiben in einer Entschädigungsangelegenheit an den RP in Düsseldorf, 4.2.1957, Privatbesitz, MSAut
610) Vgl. VVN Duisburg, Republikaner ist der Mond... Duisburger Antifaschisten im spanischen 'Bürgerkrieg', Duisburg 1986, verfaßt von Manfred Tietz, S. 13
611) Ebenda, S. 1
612) HSTAD, RW 58, 18334
613) Diese Personen wurden, mit Ausnahme von Biefang, Frank, Hartmann und Plawky, bereits von Aurel Billstein ermittelt, der freundlicherweise sein Maschinenskriptum „Die spanische Tragödie ..." zur Verfügung stellte (erscheint Krefeld, Stadtarchiv 1994).
614) HSTAD, RW 58, D 30 769
615) Wolfgang Kießling: Alemania Libre in Mexiko, Bd. 1, Berlin 1974
616) Nach einer aus der Familie nicht bestätigten Vermutung des Buchautors Hermann Weber soll Biefang stalinistischen Säuberungen in der Sowjetunion zum Opfer gefallen sein.
617) Informationen von seiner Schwester Käthe Weiser und einer Moerserin, Dokumentation Privatbesitz
618) HSTAD, RW 58, 35461
619) HSTAD, RW 58, 48425
620) Auskunft von Alfred und Gertrud Lemmnitz, Sept. 1993
621) HSTAD, RW 58, 21781, 31683; hieraus auch die nachfolgenden Zitate
622) Nach Aurel Billstein, Die spanische Tragödie... Billstein seinerseits verarbeitete Angaben aus Heinz Janssen: Die jüdischen Familien in Rheinberg und Orsoy und ihr Schicksal im III. Reich, Stadtarchiv Rheinberg (vgl. auch Kapitel über die Juden in Janssen, Erinnerungen an eine Schreckenszeit..., S. 173 ff., Literaturverzeichnis).

623) Arno Lustiger, Shalom Libertad: Juden im Spanischen Bürgerkrieg, Frankfurt 1989
624) HSTAD, RW 58, 18334; Aussagen, Anklageschrift und Urteil
625) Int. v. 28.8.1986, zit. nach VVN Duisburg, Republikaner ist der Mond, S. 64
626) Nie vergessen. Für Spaniens Freiheit. Dachau und dennoch, Eigendruck, Essen o.J. (1977?)
627) Günther Kühn / Wolfgang Weber: Stärker als die Wölfe, Berlin 1978, S. 242, 254 und 264
628) HSTAD, RW 58, D 102
629) HSTAD, RW 58, 4169, 5408
630) HSTAD, RW 58, D 66521 und Kr. 24625
631) Ebenda, Urteilsbegründung und Bericht der Stapoleitstelle Ratingen
632) Int. 22.8.1993
633) Int. 29.9.1993
634) Lemmnitz, Beginn und Bilanz, S. 50 (abgelichtetes Original)
635) Lemmnitz im Gespräch am 29.9.1993: „Fast die gesamte DDR-Regierung war vom Bau der Mauer überrascht. Das kam vom Warschauer Pakt und natürlich von den Spitzen des ZK. Ich selbst war damals auf einem Staatsbesuch in Ungarn, und man hat mir später immer vorgeworfen, daß ich damals nicht begeistert Verbindung mit meinem Ministerium aufnahm. Aber natürlich empfanden wir den Bau der Mauer als wirksame Maßnahme gegen die aggressive West-Propaganda und überhaupt nicht als etwas, was gegen die eigene Bevölkerung gerichtet war".
636) Erste bis dritte Auflage 1980-1984
637) Int. 29.9.1993; ein ausführliches, 45-seitiges Interview mit Gertrud Lemmnitz wurde Anfang der 80er Jahre von Rolf Richter aufgezeichnet, MSAut
638) HSTAD, RW 58, D. 9466, Kr. 17522, Es. 19249
639) Der deutsche Arbeiterwiderstand, S. 167
640) Beatrix Herlemann: Auf verlorenem Posten. Kommunistischer Widerstand im Zweiten Weltkrieg. Die Knöchel-Organisation, Bonn 1986
641) Abgedruckt in Herlemann, Auf verlorenem Posten, S. 181-297
642) Prozeß 5 O.Js. 208/43-168/44, Dokumentensammlung Aurel Billstein
643) HSTAD, RW 58, 4168, 18248, D 934; Prozeß 2 H 61 / 44, 11 (10) J 566 / 43, Dokumentensammlung Aurel Billstein
644) HSTAD, RW 58, 4164, 16724
645) Op. cit., S. 150 und 154
646) HSTAD, RW 58, Kr. 4166, D. 49347
647) HSTAD, RW 58, 4167
648) Dokumentensammlung Aurel Billstein
649) Schwiegertochter Barbara Hänel reagierte anläßlich des ersten Anrufs des Verfassers so (Gespräch am 17.10.1993): „Schade, mein Mann ist vor zwei Jahren gestorben. Er hat unter dem Tod seiner Mutter zeitlebens gelitten. Damals war er erst 14. Er hat das immer zu verdrängen versucht, obwohl mein Schwiegervater, Adolf Hänel, viel von früher berichtete. Erst als mein Mann krank wurde, totkrank, fing er immer wieder davon an. Er wollte wissen, wie seine Mutter umgekommen war, und warum. Er hatte noch nicht einmal ein gutes Foto von ihr. Seine Mutter soll eine hübsche Frau gewesen sein. Mir kommt eine Gänsehaut, wenn ich daran denke, daß Sie sich damals schon gemeldet hätten. Es hätte ihm so gut getan, darüber zu sprechen, das Bild aus dem Archiv zu sehen, sich mit Ihnen zu unterhalten."
650) HSTAD, RW 58, 46944
651) HSTAD, RW 58, 19651
652) HSTAD, RW 58, 12099 S
653) Int. über Familie Leiss, 4.3.1993
654) Text in Anlehnung an den Vortrag des Verfassers anläßlich der Gedenkfeier vom 4.2.1993 (zu der der Moerser Bürgermeister Wilhelm Brunswick eingeladen hatte), teilweise abgedruckt unter dem Titel „Wehret den Anfängen!" im Jahrbuch Kreis Wesel 1994, S. 28-34. An der Gedenkfeier nahmen einige Verwandte der Familie mit Namen Leiß und drei noch lebende Geschwister Chwirot teil.
655) Ausführliche Gestapoakte über den Fall Leiss im HSTAD, RW 58, 74304
656) HSTAD, RW 58, D 50 314, D 50315, D 50317, 14334, 23198, 32522, 27793, 23109
657) Int. mit Helmut Pitz und Horst Pravlovsky von 1987, MSAut
658) HSTAD, RW 58, Kr. 34991; der Fall wurde bereits durch Aurel Billstein dargestellt, in: Richtlinien für Scharfrichter und Henker, Krefeld o.J., S. 46
659) Privatbesitz, MSAut
660) Aussage vom 8. März, MSAut
661) Vgl. Rheinische Post vom 13.6.1950
662) Verhaftete und verhörte Personen, Nummern 47-67
663) Richtlinien für Scharfrichter und Henker, Krefeld o.J., S. 47-49
664) Daten aus einem Beschluß des Kreissonderhilfsausschusses vom 10.3.1948; die Namen sind geändert.
665) Int. 13.8.1993

666) Der Landrat, i.V. Proma, teilt am 14.1.1943 mit, daß der (später ermordete) Bergmann Heinrich Schoenfeld in Kamp-Lintfort „in der Gruppe A 2 in der A-Kartei aufgeführt ist“, HSTAD, RW 58, 9766, Bl. 24
667) HSTAD, Findbuch 411.01, Polizei- und Sicherheitsdienststellen 1933-1945, Köln und Aachen
668) Adenauer. Der Aufstieg: 1876-1952, Stuttgart 1986
669) Int. Heinz Molz v. 17.6.1993
670) Spitzner-Jahn, Kamp-Lintfort im 20. Jh., S. 80
671) Int. 18.1.1993
672) Eberhard Jäckel / Axel Kuhn (Hg.): Hitler. Sämtliche Aufzeichnungen 1905 – 1924, Stuttgart 1980, S. 89 f., zit. nach: betrifft uns: Geschichte, 5/91.8, S. 10
673) Ebenda
674) Hitler, Mein Kampf, 85.-94. Aufl., München 1934, S. 334
675) Grundsätze der Deutschnationalen Volkspartei, zit. nach Wilhelm Mommsen (Hg.): Deutsche Parteiprogramme, München 1964, 2. Aufl., S. 537
676) Bernhard Pfändtner / Reiner Schell: Weimarer Republik – Nationalsozialismus, Bamberg 1986, S. 66
677) HSTAD, LA Moers, 483
678) Int. Frau Maria Schulz v. 13.7.93
679) Vgl. Brigitte Wirsbitzki, Geschichte der Moerser Juden nach 1933, Moers 1991, S. 146
680) Vgl. ebenda, S. 38
681) Vgl. ebenda, S. 36
682) Interview mit Frau Schulz
683) HSTAD, LA Moers, 483
684) Vgl. Wirsbitzki, S. 36
685) Karl Gahlings: Der Jude im niederrheinischen Sprachgut. Wie unsere Vorfahren ihn ablehnten, in: Kriegs-Heimatkalender 1943 für Ruhr und Niederrhein, Duisburg 1943, S. 273 ff.
686) Erlebnisbericht von Werner Coppel, Toncassette von 1982
687) Gespräch mit Herrn Arthur Moser am 23.6.1993
688) Interview mit Frau Esther Namm, geb. Winter, am 29.4.1993
689) HSTAD, LA Moers, 662
690) Vgl. ebenda
691) Grafschafter, 3.4.1933
692) Vgl. Wirsbitzki, S. 57
693) Vgl. ebenda, S. 119
694) Interview mit Frau Namm am 29.4.93
695) Ebenda
696) Vgl. Grundakten des Amtsgerichts Moers
697) Interview mit Frau Schulz am 13.7.93
698) HSTAD, RW 58, 35515
699) Ebenda
700) vgl. ebenda
701) HSTAD, RW 58, 38441
702) HSTAD, RW 58, 35515
703) Ebenda
704) HSTAD, Rep 7, 936
705) Ebenda
706) Vgl. Grafschafter, 20.8.1935
707) HSTAD, RW 58, 35034
708) Vgl. Reichsbürgergesetz und Gesetz zum Schutz des deutschen Blutes und der deutschen Ehre vom 15.9.1935
709) Gespräch mit Herrn Hans-Friedrich Haffmann, Dezember 1993
710) Int. Erna Heller, geb. Steinmann, Juni 1991
711) Vgl. Wirsbitzki, S. 66
712) Vgl. ebenda, S. 66
713) Ebenda, S. 66
714) Vgl. ebenda, S. 67
715) Grafschafter, 2.12.1937
716) Grafschafter, 19.11.1937
717) Grafschafter, 23.11.1937
718) Grafschafter, 1.11.1940
719) Grafschafter, 1.9.1935
720) HSTAD, RW 58, 35036
721) Einschätzung des Urteils durch Richter Lindemann vom Amtsgericht Moers
722) Grafschafter, 9.7.1941

723) Grafschafter, 5.12.1940
724) Grafschafter, 14.2.1941
725) Wirsbitzki, S. 61
726) Grafschafter, 10.3.1938
727) HSTAD, Rep 7, 836
728) Ebenda
729) Urteil des Landgerichts Kleve vom 25. März 1952, AZ: RÜSP 1/50/Ru 53 / 49
730) Ebenda
731) Vgl. ebenda
732) Gespräch mit Frau Schulz
733) Vgl. Grafschafter v. 11.11.1938
734) Gespräch mit Herrn Hans-Friedrich Haffmann, März 1992
735) Gespräch mit Herrn Heinrich-Peter Löhr vom 20.8.93
736) Int. Christine Hirschmann, 8.4.1992
737) Wirsbitzki, S. 88
738) Int. Erna Heller, Juni 1991
739) Int. Maria Schulz, 13.7.1993
740) Vgl. Aurel Billstein, Judendeportationen aus der Stadt und dem Landkreis Moers in die Vernichtungslager, Krefeld o.J., S.26
741) Vgl. ebenda, S. 61 und S. 53
742) Gespräch mit Frau Grete Zorek, geb. Winter, am 23.6.1993
743) Int. 13.7.1993
744) Int. E. Namm 29.4.1993

Der Krieg

745) Vgl. z.B. Grafschafter vom 10.4.1938 mit Telegramm von Dr. Bubenzer aus Krems und vom 27.4. und 5.5.1938 mit Berichten und Fotos
746) Vgl. Grafschafter, 1.7.1938
747) Grafschafter, 14.1.1939
748) HSTAD, vgl. im Bestand RW 58 für Moers die Akten , 50 317, 14 334, für Rheinhausen 50 314, 23 109, 27 793, für Homberg 23 198, 50 315, für Kamp-Lintfort 32 622
749) Grafschafter, 5.9.1939
750) Grafschafter, 23.2.1940
751) Vgl. Grafschafter,10.10.1939
752) MSAut, ein stellvertretender Ortsgruppenleiter wird schon im Dezember 1941 zum Berichterstatter des Grafschafter ernannt. Selbst dort, wo „eigene" Berichterstattung vielleicht noch möglich wäre, bittet die Zeitung entsprechende NSDAP-Vertreter – gegen Erstattung von Spesen und Fahrtkosten –, den Bericht abzufassen (z.B. beim HJ-Konzert)
753) Grafschafter, 7.12.1939
754) STA MO, Verwaltungsbericht 1939 – 1949. 1938 waren es 269 insgesamt – 63 waren 1940 eingezogen.
755) Reible, Die Partei im zweiten Kriegjahr, S.36
756) MSAut, Aufruf zum WHW 40/41
757) Reible, a.a.O., S. 37. Die Partei beteiligte sich auch aktiv an der Überwachung der Verdunklung, S. 38
758) Reible, ebenda
759) Reible schreibt dazu: „Andererseits hat sich die Partei bei ihren Aktionen auf die verständnisvolle Mithilfe der Behörden jederzeit verlassen können." A.a.O., S. 38
760) MSAut, Kriegschronik April 1940. In diesem Bericht wird auch der „sehr schlechte" Besuch der Filmvorführung „Der ewige Jude" beklagt. Es wird angeregt „zwischendurch heitere Spielfilme" anzubieten.
761) MSAut, Kriegschronik vom August 1941
762) STA MO, Verwaltungsbericht 1939 – 1949
763) MSAut, Meldung an die Kreisleitung – z.B. Scherpenbergerstr. 12 (Dachstuhl zertrümmert am 20.7.40) oder das Haus Ecke Norkus- und Lippestraße am 28.11.1940
764) Bollmann, Vorwort zum Heimatkalender 1941, S.5
765) Reible: a.a.O., S. 41
766) Angaben nach Reible a.a.O., S. 40 f
767) STA MO, 4/90, Schnellbrief des Reichsführers SS vom 13.9.1939 und Mitteilung des Bürgermeisters vom 18.10.1939
768) STA MO, 4/90, Schnellbrief des Reichsführers SS vom 5.8.1941
769) Vgl. NOWOSTI: Dokumente über deutsche Kriegsverbrechen : Eine Schuld, die nicht erlischt , Köln 1987 Z.B. Dok Nr. 65, das auch in Moers selbst Verwendung fand, Dokumente Nr. 38 – 41, da sie Massenerschießungen und Einsatzbefehl zur Vernichtung von Ortschaften durch Polizeiregiment zeigen, aber auch Bekanntmachungen von Stadtkommandanten über Geiselerschießungen wie Nr. 23 und 24

770) Die Angaben stammen von Reichsminister Speer und Gauleiter Sauckel, Hitlers Generalbevollmächtigtem für den Arbeitseinsatz. In Moers veröffentlicht im Grafschafter vom 2.7.1943. Diese Zahlen werden auch in anderen Veröffentlichungen bestätigt. Der dtv-Atlas zur Weltgeschichte, Bd. 2 gibt ca. 9 Millionen zwangsverschleppte Zivilarbeiter an, ohne die Häftlinge in den Konzentrationslagern
771) Angaben aus Reible a.a.O., S. 41
772) Vgl. NOWOSTI, etwa den Bericht des OB von Kiew vom 1.4.1942 Dokument Nr. 99. Er *befiehlt* hier die „freiwillige Ausreise" von mindestens 20.000 Arbeitskräften.
773) NOWOSTI, Dokument 110 S. 278. Aus der Übersicht des Generalbevollmächtigten für den Arbeitseinsatz, Sauckel, über die Verwendung von Arbeitern aus den besetzten Ostgebieten nach dem Stand vom 30.11.1942.
774) NOWOSTI, Dokument Nr. 96, Vortrag von Ministerialdirektor Mansfeld über die Schwierigkeiten beim Arbeitseinsatz von Kriegsgefangenen und über den Stand des Einsatzes von Zivilpersonen aus den besetzten Ostgebieten zur Arbeit nach Deutschland vom 20.2.1942
775) Dies ist durch zahlreiche Zeugenaussagen belegt. Inwieweit auch bei kleineren Baufirmen – dort arbeiteten häufig Russen und Polen – Zwangsarbeiter beschäftigt waren, die nicht in den bewachten Lagern untergebracht waren, ist ungeklärt. Es gab diesbezüglich zumindest Verfahrensrichtlinien für Unterbringung und Bewachung.
776) Angaben nach Dokumenten – Sammlung Billstein und Museumsverein Neukirchen-Vluyn (Hg.), Zwangsarbeiter
777) Dzudzek, Metallgewerkschaften, S. 270. Hier werden für Homberg 830 Kriegsgefangene u.a. bei Sachtleben und 2640 bei Rheinpreußen angegeben, wobei die Zahlen für Rheinpreußen alle Schächte einschließen dürfte.
778) STA MO, 4/229
779) Mündl. Bericht Dr. Nothers, März 1993
780) Mündl. Bericht Karl Krieger, Juli 1991
781) Grafschafter, 20.8.1940. Die Urteilsbegründung entbehrt nicht eines gewissen Zynismus: wenn SA einem die Fensterscheiben einschlägt, ist dies ein Beweis, daß der Betreffende ein Schädling ist.
782) HSTAD, RW 58, 24 648
783) STA NV, Karton 4030 – Schulamt 83/86, Schreiben des Landrats vom 8.4.1940
784) Reible, a.a.O., S. 41
785) STA DU, 22/722 enthält den Vorgang, 22/1095 und 22/1103 die Kostenrechnungen.
786) Bergbauarchiv Bochum, Bestand 11/24, Protokollbuch der Sitzungen des Grubenvorstandes, 29.9.1944.
787) STA DU, vgl. 22/1908 – Einsatzstab Fischer – Abschnitt Dora: Einsatz von Italienern am Oermterberg und in Orsoy im Januar 1945.
788) Der Zusammenstellung liegen zugrunde die Akten des Stadtarchivs Moers 4 – 229 (Sterbebücher Kriegsgefangene), 4 – 222 und 4 – 227 (Ausgaben für Kriegsgefangenenlager im Moers), die Unterlagen von Aurel Billstein und die Akten des HSTAD RW 36 – 10, RW 36 – 26 und RW 36 – 46, RW 37 – 14, sowie Gestapoakten mit einschlägigen Verfolgungen von Zwangsarbeitern. Herrn Hostermann, dem Leiter des Stadtarchivs Moers, sei an dieser Stelle besonders gedankt. Er stellte uns seine eigenen Auswertungen der städtischen Akten zur Verfügung.
789) STA DU, 22/1103
790) Dokumenten – Sammlung Billstein, CCP I S.117
791) früher Geb. Fritz Krause, Lager der Organisation Todt, Bauleitung III, Essen-Steele
792) Vgl. auch Angaben nach Dokumenten-Sammlg. Billstein: CCP II, S.43. Dort wird das Lager unter „Lager Rheim, Schacht VI Rayenerstraße 243" geführt mit einer Belegung von 800 Personen.
793) HSTAD, RW 36 – 46. nach Angaben von Billstein, CCP I S.118 umfaßte das Lager 320 Personen
794) Laut CCP II S.43 wird die Größe des Lagers an der Neckarstraße 35 mit 800 Personen angegeben. Dokumenten-Sammlung Billstein
795) HSTAD, RW 36 – 46 Rundschreiben an die Lagerleiter der „Russenlager" vom 1.5.44
796) So kann man aufgrund von Sterbeurkunden oder Totenlisten bei Bombenangriffen auf solche Lager zurückschließen. Vgl. STA DU, 22/323 Liste der Toten vom Nachtangriff 14. auf 15.Oktober 1944: Nr.65 Ostarbeiter Trochym Petrowitsch Roschno, geb. 29.9.89, Ukraine. Das „Lager Liesen Baerl", der CCP II S.43 nennt 150 Insassen. Vgl. Dokumenten – Sammlung Billstein
797) Dokumenten-Sammlung Billstein, CCP I, „Westwall-Lager, Abschnitt Sued" Januar 1945
798) Grafschafter, 12.3.1941 und 23.4.1941
799) Grafschafter, 29.8.1941
800) HSTAD, RW 36 – 25. Geheimes Rundschreiben des Chefs der Sicherheitspolizei und des SD, Berlin, an alle Stapoleitstellen vom 4.8.1942 – IV D 2c – 183/42g – 33
801) HSTAD, RW 36 – 10, Merkblatt Stapoleitstelle Düsseldorf vom 24.6.1942 – Sicherheitspolitische Behandlung der sowjetrussischen Arbeitskräfte aus dem altrussischen Gebiet
802) HSTAD, RW 36 – 10, Stapoleitstelle Düsseldorf vom 4.2.1940
803) Bockemühl, Das Unabänderliche, in: Kriegsheimatkalender 1945, S. 172
804) Grafschafter, 19.9.1942

805) Grafschafter, 4.7.1942
806) Grafschafter, 21.6.1943
807) MSAut, Berichte an die Kreisleitung, Ziffer 30 , Kriegschronik der OG Scherpenberg-Hochstraß vom Februar 1943
808) MSAut, Bericht an die Kreisleitung vom Januar 1943
809) MSAut, Bericht über den Einsatz des SA-Sturmes 12/93 im Kriegsjahr 1943 von Obersturmführer Meyer
810) STA MO, Akte Feuerwehr, Berichte v.d.B. UK-Karte vom 24.3.1944
811) STA MO, Kreis Moerser Heimatbrief, April 1944
812) MSAut, Bericht an die Kreisleitung August 1944
813) Nationalzeitung, 30.1.1944, Bericht von der Großkundgebung der Bauernführer in Rheinberg
814) HSTAD, RW 58, D.33 654
815) Vgl. HSTAD, RW 58, D.49 749
816) HSTAD, RW 58, 9200
817) MSAut, mehrere Flugblätter, die über Moers abgeworfen wurden, u.a. zu den Grundsätzen des Kriegsgefangenenrechts mit einem Passierschein für Überläufer oder Grafische Darstellungen der alliierten Überlegenheit: die Festung Europa hat kein Dach.
818) Bergbauarchiv Bochum, 11/24, Protokollbuch des Grubenvorstandes, 7.2.1945.
819) STA DU, 22/1103, Telegramm des Sonderausschusses „Einsatz bei Bombenschäden"
820) Bergbauarchiv Bochum, Bestand 11/24, Protokollbuch des Grubenvorstandes, 29.11.1944.
821) MSAut, aus den Berichten an die Kreisleitung Oktober 1944
822) MSAut, Bericht Propagandaamt vom Juli 1944
823) STA MO, 4/265 Rechnungen für die Unterhaltung der öffentlichen Luftschutzräume
824) MSAut, Bericht an die Kreisleitung Mai 1944
825) MSAut, Liste Bombenopfer. Meist traf es gleich mehrere Mitglieder einer Familie, so am 16.7.1941 Kätchen, Lisette und Wilhelm Borgards, am 22.7.1942 Heinrich, Luise und Luise geb. Weichel aus der Familie Günning, am gleichen Tag vier Mitglieder der Familie van gen Hassend: Helene, geb. Frohland, Helene, Margarete und Peter, vier aus der Familie Weigang: Emma, Erika, Helga und Josef und Irmgard, Mathilde und Wilhelm Op de Hipt, am 25.2. 1941 Aletta, Anna, Heinz und Wilhelm Hirsch
826) STA MO, Kreis Moerser Heimatbrief, Folge 6, S.3
827) Vgl. Martin, Die Stadt Moers im letzten Jahr, S. 6
828) Berichte an die Kreisleitung Oktober 1944
829) Bernhard, Herbert: 1945 Entscheidungsschlacht am Niederrhein, Essen 1983, 3. Aufl. S. 7. In den bewertenden Teilen bemüht sich das Buch um eine pazifistische Grundhaltung. Es unterscheidet sich hierin von schlicht kriegsverherrlichenden Werken, bleibt aber der Tendenz treu: prima, daß noch so erbittert gekämpft wurde! Der deutsche Soldat tat seine Pflicht.
830) Bernhard, S.57
831) STA MO, 4/221 „Kassenmäßige Aufklärung der von BM Linden nach Einmarsch der Alliierten veranlaßten Verkäufe". Siehe Bericht von Stadtinspektor Ohlmann vom 30.7.45 und Brief vom 28.2. 1946
832) Mündlicher Bericht des Landrats Röhrich, Oktober 1991
833) MSAut, Flugblatt vom 2.2.1945
834) Mündlicher Bericht F.W.Wüstemeier, August 1993
835) Verwaltungsbericht des Kreises Moers für die Zeit vom 1.4.1945 bis zum März 1947 S. 17, 18
836) WAZ, 3.3.1955. Vgl. auch Martin, Die Stadt Moers. Er schreibt den Wasserturmbeschuß einer deutschen Batterie zu.
837) Bergbauarchiv Bochum, Bestand 11/24, Protokollbuch des Grubenvorstands, 7.2.1945.
838) Verwaltungsbericht, Moers 1948, S.35

Die Nachkriegszeit

839) MSAut, Meldung vom 5.11.1946 gez. Fidorra, Abt. XVI. Von allen Wohnungsinhabern sind Entschädigungsanträge gestellt worden.
840) MSAut, Einwohnerstand ermittelt nach der Zahl der ausgegebenen Lebensmittelkarten.
841) STA MO, Martin, die Stadt Moers im letzten Jahr des zweiten Weltkrieges, Maschinenskriptum, Moers 1945, S. 24. Das Manuskript wurde 1965 in einer Serie in der Rheinischen Post abgedruckt
842) MSAut, Brief vom 6.11.1946
843) Kreisarchiv, Geschichte des Fernmeldewesens, Chronologie August 1945
844) Rheinische Post, 10.4.1946
845) Rheinische Post, 23.3.1946
846) Aus Privatbesitz, Kopie an der Moerser VHS
847) Feller, Irmgard, Der erste Sonderlehrgang, S. 16
848) Marx, Wilhelm, Der Wiederbeginn des Unterrichts, S. 146

849) STA MO, Verwaltungsbericht der Stadt Moers 1939 – 1949,
850) STA NK, Karton 4030 – Schulamt 83/86. Brief vom 11.6. 1946: Schulamt an Schulleiter
851) Vgl. Rheinische Post, 27.3.1946
852) Ebenda
853) Rheinische Post, 10.4.1946
854) Rheinische Post, 23.5.1946
855) Ebenda
856) Rheinische Post, 30.12.1946
857) Vollnhals, Entnazifizierung, München 1991, S. 58
858) Es handelt sich um die sog. Zoneninstruktion Nr. 3 vom 17.1.1946 – die Angaben sind entnommen Vollnhals, Clemens: a.a.O. Wir verzichten im folgenden auf die detaillierte Auflistung der häufigen und z.T. sich widersprechenden Verordnungen und Direktiven, da eine differenzierte Einschätzung den Rahmen dieser Arbeit sprengen würde und an anderer Stelle geleistet wurde.
859) MSAut, Brief vom 17.1.1948 an das Ortskomitee in Moers
860) HSTAD, Kartei NW 1012 Kasten 241
861) HSTAD, Kartei NW 1012
862) HSTAD, Kartei NW 1012
863) Marx, Der Wiederbeginn, S. 146
864) HSTAD, NW 1012, Akten Landkreis Moers I (Kategorie III und IV), die Akten selbst sind nicht verzeichnet, sondern alphabetisch nach Namen geordnet.
865) STA MO, Interview mit Fritz Uhlen, S. 5
866) HSTAD, Rep 224/42, Bl. 90
867) HSTAD, NW 1012 Kasten 241, vgl entsprechende Akte
868) Rheinische Post, 24.11.1975, Todesanzeige des VeA unterzeichnet vom ersten Vorsitzenden, Pfarrer Helmut Werkle
869) WAZ, 18.12.1974
870) HSTAD, NW 1012, Kasten 235
871) HSTAD, NW 1012, Kasten 235
872) Giordano, die zweite Schuld, vgl. v.a. S. 10 – 13
873) STA MO, 4 – 229, vgl. Liste S. 187
874) Vgl. Rheinische Post, 1.6.1946
875) STA MO, 4 – 229, S. 167
876) STA MO, 4 – 229, 46 Russen, 2 Belgier, 3 Franzosen, 8 Polen und 16 Holländer – nicht berücksichtigt war dabei z.B. Repelen-Baerl
877) Koch, Kippen stark gefragt. Nowack, Menschen auf den Acker gesät. Vom Hellweg, Rheinwiesen 1945
878) Kreisarchiv, vgl. Broschüre gleichen Titels zur Ausstellung
879) HSTAD, Rep 7/817, Bl. 66. Die Behauptungen Nowaks werden im übrigen von Koch nicht gestützt.
880) HSTAD, Rep 7/817, Bl. 25, Zeugenaussage Deisenroth
881) HSTAD, Rep 7/817, Bl. 45, Zeugenaussage Bader
882) HSTAD, Rep 7/817, Bl. 49, Zeugenaussage Linke
883) HSTAD, Rep 7/817, Bl. 58, Vermerk vom 29.10.1965
884) HSTAD, Rep 7/817, Bl. 2
885) Werkkreis, Der rote Großvater, S. 191
886) Die Gewerkschaftsbewegung im Kreise Moers, Heimatkalender für den Kreis Moers, 1949, S. 96-97. Eine materialreiche örtliche Dokumentation dieser Epoche bietet die Studie über den gewerkschaftlichen Wiederaufbau in Duisburg von 1945-1947 von Heinz Thüer und IG-Metall-Sekretär Jürgen Dzudzek, s. Literaturverzeichnis.
887) Hg. v. DGB, Kreisausschuß Moers, 1947, S. 6
888) Ebenda, S. 7
889) Verwaltungsbericht des Kreises Moers von 1947, S. XXVII
890) HSTAD, RW 58, 36 357
891) MSAut
892) Int. 9.10.1993
893) HSTAD, Gestapo 1315
894) NRZ v. 12.6.1954
895) Vgl. Bericht von Gisela Kohnen im „Moerser Monat“ von Februar 1989, S. 3-5
896) Bericht von Helmut Pitz, Januar 1992
897) SPD. 70 Jahre Ortsverein Neukirchen-Vluyn. 1918-1988, hg. v. SPD-Ortverein Neukirchen-Vluyn (und redigiert von Sigrid Beppler), 1988, S. 19
898) Lebenslauf durch Gertrud Deuse, VVN-Landesarchiv 3487
899) Zusammenfassung und Zitate wörtlich nach Spitzner-Jahn, Kamp-Lintfort im 20. Jahrhundert
900) Trotz entsprechender Anfragen der Autoren im Herbst 1992 bei Stadt und Kreis

901) HSTAD, RW 58, 28 716
902) Die meisten Angaben stammen aus dem „Verwaltungsbericht der Stadt Homberg. 1938-1958", Stadtverwaltung Homberg 1970
903) Vgl. „50 Jahre Rheinhausen 1934-1984", Duisburg 1984; beschreibt gut die unmittelbare Nachkriegszeit und enthält eine deutliche demokratische Abrechnung mit der Nazizeit (Zwangsarbeiter usw.).
904) Int. Wladislaus Szutarski 9.10.1993
905) Int. 9.10.1993
906) Anwalt im Kalten Krieg, München, 2. Aufl. 1991, S. 226-233 (Kapitel „Karl Schabrod: Als Mensch und Abgeordneter geschätzt, als Kommunist verfolgt")
907) Die zweite Schuld oder Von der Last Deutscher zu sein, Hamburg/Zürich: Rasch und Röhring 1987
908) vgl. die 1994 in Bielefeld erscheinende Studie von Johannes Lübeck über Horst Wessel, Arbeitstitel „Und will kein Gott auf Erden sein".
909) Zit. nach Heinz Thüer, Von der Einheitsgewerkschaft ... Der gewerkschaftliche Wiederaufbau in Duisburg 1945-1947, Duisburg 1985, Dokumentation nach S. 54
910) Schreiben zur Verfügung gestellt vom Vermessungsamt der Stadt Moers
911) Geschwister-Scholl-Gesamtschule (Hg.), Feier zur Namensgebung am 1. September 1989, von Gottfried von Thenen u.a., 27 + 29 S., Moers 1989
912) MSAut
913) In Maisons-Alfort gelangt man über das Einfallstor Marnebrücke zunächst auf den Carrefour de la Résistance. Von ihm gehen die zwei zentralen Achsen ab, die Avenue du Géneral de Gaulle, an der auch das Rathaus liegt, und die Av. du Général Leclerc, benannt nach dem Führer der Résistance-Panzertruppen, die Paris befreiten. Die beiden weiteren Hauptkoordinaten sind die Av. de la République und die Av. Léon Blum (Chef der Volksfrontregierung von 1936, jüdischen Glaubens), nach Süden verlängert als Rue Jean Jaurès (nach dem 1914 ermordeten Sozialistenführer und Kriegsgegner). Der Platz vor dem Bahnhof ist nach Jean Moulin benannt, dem ermordeten Führer der Résistance.
914) Hieran erinnert auch eine von der Hauptschule Kapellen herausgegebene, die Geschichte einfühlsam aufarbeitende Broschüre anläßlich der Eröffnung des Henri-Guidet-Zentrums am 17. Januar 1986, „Henri Guidet. Berichte, Bilder, Begegnungen", hg. von Klaus Burkamp, Ulrich Hecker und Hans Orths.
915) Im schleswig-holsteinischen Friedrichstadt weniger mißverständlich: „Die Synagoge ... wurde in der Frühe des 10. November 1938 von Nationalsozialisten im Innern (!) zerstört". (Danach noch: „Lebende seid tolerant und allezeit wachsam!").
916) Ein Jahr später gab der Verein ehemaliger Adolfiner ein ähnlich entstandenes Buch von Andreas Klein-Reesink über die Geschichte des Gymnasiums heraus, das die Nazizeit nicht aussparte, s. Literaturverzeichnis.
917) Stadt Moers, Hauptamt, 1975, 22 (nicht numerierte) Seiten, S. 21
918) VVN Köln, Ordner Geschichtsforschung 1933-1945, Prozesse Moers
919) Jahre Kreis Moers. Festschrift zur Feier des hundertjährigen Bestehens am 3. Dezember 1957, Moers 1957, 160 S.
920) Der Landkreis Moers. Geschichte, Landschaft, Wirtschaft, hrsg. in Zusammenarbeit mit der Kreisverwaltung von OKD Wilhelm Hübner, Oldenburg: Stalling 1965
921) Von Hans Schleunig und Gabriele Süsskind (Red.), Stuttgart: Theiss 1983 (Reihe Heimat und Arbeit)
922) Privatbesitz, Kopie MSAut
923) Zum Beispiel NRZ/WAZ vom 28.1.1983, ganzseitig, anläßlich des 50. Jahrestags der „Machtergreifung": „Der Widerstand am Niederrhein – Brotfahrer kämpften gegen die Nazis".
924) Genaue Buchzitate im Literaturverzeichnis: Schabrod, Widerstand, 1969; Peukert, Ruhrarbeiter, 1976; Schwesig, Schlegelkeller 1983; Lengkeit, Das Dritte Reich, 1983; DGB-Kreis Duisburg, Brotfabrik Germania, 1986; Beuys, Vergeßt uns nicht, 1987; Brotfabrik Bonn-Beuel, 1989; Tietz, 1989; Billstein, Widerstand Sozialdemokraten, o.J. (1990); Dzudzek, Einheitsgenossenschaft/IG-Metall, 1991
925) NRZ/WAZ, 29.10.1984
926) NRZ/WAZ, 15. 9.1987
927) Die Broschüre „Die Gewerkschaftsbewegung im Kreise Moers", greift immer wieder auf die Geschichte zurück (z.T. bis 1889), erwähnt aber den Widerstand nicht.
928) Jäger, Bildgeschichte der deutschen Bergarbeiterbewegung, S. 187
929) Bochum, Juni 1983, S. 20 und 22
930) Nicht unerwähnt soll jedoch hier bleiben, daß der heutige DGB-Kreisvorsitzende, Klaus Schönwald, diese Arbeit in vielfacher Weise unterstützt und gefördert hat. Sein Vater, ein Duisburger Gewerkschaftler, verbrachte fast die gesamte Nazizeit als Widerstandskämpfer hinter Gittern.
931) Der Begriff ist von dem Schriftsteller Ralph Giordano übernommen: Die zweite Schuld oder die Last Deutscher zu sein, Hamburg-Zürich 1987; Giordano versteht darunter im wesentlichen die mißlungene Entnazifizierung, das Wiedereinrücken früherer führender Nazis in hohe Positionen (wie Staatssekretär Globke unter Bundeskanzler Adenauer), die Unfähigkeit der Nachkriegsjustiz im Westen, auch nur einen Vertreter

der NS-Mordjustiz zu bestrafen (welche von 1942 an 720 Personen im Monatsdurchschnitt zum Tode verurteilt hatte), sowie die kollektive Schuldverdrängung in den Nachkriegsjahrzehnten.

Anhang

932) Gestapoakte: Eine Gestapo-Akte im Hauptstaatsarchiv Düsseldorf liegt vor

933) Vorber. Hochverrat: Anklage bzw. Urteil lautete auf „Vorbereitung zum Hochverrat"

934) Jahny-Prozeß, Urteil gegen 80 Angeklagte am 14.1.1936, Verhaftungen im Mai/Juni 1935 Rautenberg-Prozeß, Urteil gegen 16 Angeklagte am 22.4.1936, Verhaftungen im März/April 1935 Ulrich-Prozeß, Urteil gegen 8 Angeklagte am 27.4.1937, Verhaftungen im Oktober/November 1936

935) PoLL: Es liegt ein „Politischer Lebenslauf" von März 1949 vor (VVN-Landesarchiv, 3487)

10.8 Abbildungsnachweis

„125 Jahre Steinkohlebergbau":	19;
„350 Jahre Adolfinum":	49;
„75 Jahre Volkschor Moers":	72;
„Auf verlorenem Posten":	319;
„Bildgeschichte":	451;
„Das deutsche Kaiserreich":	340;
„Der Landkreis Moers":	16;
„Gestapo geheim":	202,206;
„Jüdisches Leben":	340;
„Kreisappell":	88,91,108;
„Ruhrarbeiter":	157,206;
„Wirtschaftsstruktur":	99;
Archiv Adolfinum:	258;
Archiv des Kirchenkreises:	295,298;
Archiv der sozialen Demokratie:	52,94,201,213;
Bartl:	25;
Böhm:	399;
Bours:	396;
Breidenstein:	332;
Brinkmann:	244,409;
Brotfabrik Bonn-Beuel:	208,210,217;
Chwirot:	327,330;
Daniels:	127;
Denkhaus:	291;
Derkum:	159;
Dijksma:	253,372,416;
Drumowicz:	176,177,331;
Engeln:	141,181;
Esser:	180;
Gericke:	11,112,134,239,261,366,367,368,371,383, 386,387,390,394, 395,396,397,417;
Goedeking:	289;
Gottschild:	28,68,81;
Groetzebauch:	405;
Haffmann:	255;
Hauptstaatsarchiv Düsseldorf:	32,80,84,89,107,140,141,174,178,179,180, 193,194,195,196,214,216,226,303,309,310, 311,317,320,322,323,324,326,328,345,430;
Henning:	44,73,142;
Hirschmann, C.:	81;
Hirschmann, M.:	438;
Hoefer:	265;
Horbach:	51,60;
Horbach, Nachlaß W. Müller:	138,146,147,163,164,186,379,412,441;
Huber:	185;
Hüsch, H.:	430;
Jakob, K.:	443;

10.9 Index

Hans Illner
Reiseland
VIETNAM